Margarethe E. Milow

Margarethe E. Milow
Ich will aber nicht murren

Hrsg.: Rita Bake und Birgit Kiupel

Dölling und Galitz Verlag

Vorwort

Wie anders als mit der Entdeckung eines alten Manuskriptes kann unsere Geschichte beginnen! An einem schwülen Frühlingstag im Jahre 1986, leider nicht in einem alten, schönen Kloster in Italien, sondern im Magazin im 1.Stock des nüchternfunktionalen Hamburger Staatsarchives trafen sich die Historikerin Frau Dr. Rita Bake und der Referent Michael Stoffregen der Abteilung für Familienarchive und Nachlässe. Sie stöberten nach geeignetem Material für das Seminar »Nachlässe als Geschichtsquelle«. Bei ihrer Suche nach halbwegs lesbaren Quellen stießen sie im Nachlaß der Familie Milow auf ein Schreibmaschinenmanuskript. Dies war in einem hübschen Jugendstilumschlag eingebunden, ca. 100 eng beschriebene Seiten umfassend und auf Matrize abgezogen:

Magarethe Elisabeth Milow / Mein Leben
Ein Vermächtnis für meinen Mann und meine Kinder
Erster Theil

und auf die Stammtafel der Familie Milow, beginnend mit Margarethe Elisabeth und Johann Nicolaus Milow.

Als sie sich in den Text einlasen, da wurde ihnen von Seite zu Seite deutlicher, was für einen Schatz sie dort gefunden hatten.

Es handelte sich um die Lebensgeschichte einer Hamburger Bürgerstochter aus dem 18. Jahrhundert. Sie war weder mit einem berühmten schreibenden Mann verheiratet, noch, wie Johanna Schopenhauer, Berufsschriftstellerin. Dennoch hat sie ihr Leben, ihre Gefühle und Empfindungen schriftlich verarbeitet. Und das mit einer Frische und Genauigkeit, daß die beiden ihren Augen kaum trauen wollten.

Ein einmaliger Fund. Denn Frauenleben ist schwer zu erforschen. So können z.b. die Lebensverhältnisse der armen Frauen im Hamburg des 18. Jahrhunderts nur aus den Akten der Gefängnisverwaltung und der Armenanstalten und -stiftungen rekonstruiert werden. Bei den Bürgersfrauen sieht die Quellenlage ein wenig besser aus. Ihre Lebensumstände sind grob vorstellbar durch Briefwechsel, Romane und Memoiren, die meist jedoch von Männern geschrieben wurden.

Aber es blieben Fragen und Zweifel: Ist die Quelle authentisch? Ist sie vollständig? Gibt es weiteres Material über die handelnden Personen? Das im Staatsarchiv Hamburg befindliche Manuskript wurde von dem Hamburger Kaufmann Robert Matthaei (ein Verwandter der Milows. Margarethe Milows Tochter Henriette hatte einen Sohn mit Namen Heinrich Köster. Als dieser heiratete, bekam er eine Tochter mit Namen Betty, die einen Adolph Matthaei heiratete.) im Jahre 1909 abgetippt und von uns, da es nicht kopierfähig war, Wort für Wort mit der Hand abgeschreiben. Es wurde von uns 1987 unter dem Titel »Ich will aber nicht murren« herausgegeben.

Neue Enthüllungen über Margarethe E. Milow

Nun liegt uns das langgesuchte, fast vollständige, von Margarethe E. Milow mit eigener Hand geschriebene Buch ihrer Erinnerungen vor.

Allen Wissenschaftlern, Publizisten etc., die an der Authentizität des ersten Teils zweifelten, kann nun das Gegenteil bewiesen werden, aber wir waren von Anfang an von der Echtheit des Typoskripts überzeugt. Was für ein Gefühl, über Margarethe E. Milows kleine, präzise Schriftzüge mit den Fingerspitzen zu gleiten. Als ob dem Tod ein Schnippchen geschlagen wäre.

Doch der Reihe nach, historisch-chronologisch:

1990, also drei Jahre nach Erscheinen der Lebenserinnerungen im Dölling und Galitz Verlag, erhielten wir von einem Nachfahren der M. E. Milow einen Brief. Er wisse, wo sich das handgeschriebene Original der Lebenserinnerungen befindet: in einem privaten Familienarchiv, in einem Keller eines Bremer Kaufmanns, einem Nachfahren von M. E. Milows Tochter Betty, die nach Bremen geheiratet hatte.

An einem kalten Dezembermorgen machten wir uns per Zug auf nach Bremen. Bei Tee und Bremer Klöben durften wir, Verleger und Herausgeberinnen, in der Villa des Bremer Nachfahren den Milowschen Schatz sehen, der bis heute keine familienfremden Leserinnen und Leser gefunden hatte. Das DIN A5-formatige, eng mit Tinte beschriebene Buch barg wiederum eine kleine Sensation: es gab einen dritten Teil der Tagebücher, einen Teil, den unser »Informant«, der Familienforscher und Kaufmann Robert Matthaei, 1909 nicht abgetippt hatte. Da stellt sich die Frage: Hat er ihn gelesen und weggelassen, oder war er ihm unbekannt?

Weiterhin verschollen bleibt jedoch der zweite Teil der Tagebücher, der anscheinend peinliche Familieninterna enthält. Das Original scheint nachträglich neu gebunden worden zu sein, denn nach dem ersten Teil folgt gleich der dritte. Nichts deutet daraufhin, daß der zweite Teil herausgetrennt worden ist, daß es aber einen zweiten Teil gegeben haben muß, läßt sich nicht nur an Margarethe E. Milows Nummerierung der einzelnen Teile schließen, sondern auch an dem abrupten Ende des ersten Teils. In den letzten Zeilen des ersten Teils deutet sie unerfreuliche familiäre Auseinandersetzungen an. Auch schrieb Erik Samuelson aus Bremen, der 1906 den Stammbaum der Familie Milow aufstellte, daß der mittlere Teil des Gedenkbuches fehle: »Welcher, wie man sagt, absichtlich vernichtet wurde, weil er Ungünstiges über einzelne Familienmitglieder enthielt.« Aus diesem, der Familienzensur zum Opfer gefallenen, Teil wurde lediglich folgende geheimnisvoll-gruselige Geschichte mündlich überliefert: Margarethe habe 1783 nach einer Krankheit im Starrkrampf gelegen. Die Angehörigen dachten sie sei tot. Im Augenblick als der Sarg geschlossen werden sollte, bewegte sie mit größter Anstrengung den Finger, was den Sargschließer, der sich sowieso über Farbe und Zustand der Leiche verwunderte, zum Einhalten brachte. So ward sie gerettet. (Familienarchiv Milow 2, Ergänzungen zur Stammtafel der Familie Milow, herausgegeben von Erik Samuelson, Bremen.)

Die Angst, lebendig begraben zu werden, war im 18. Jahrhundert oft begründet. Erst mit Beginn des 19. Jhds. wurde eine offizielle Leichenuntersuchung gesetzlich vorgeschrieben.

Geschichten über Scheintote waren im 18. Jhd. auch sehr beliebt. Wir wissen also nicht genau, ob diese Geschichte der Wahrheit entspricht. Die Angst jedoch, scheintot zu sein, war so groß, daß einige Bürger in ihren Testamenten anordneten, nach ihrem Tode möge man ihnen die Pulsadern aufschneiden, um wirklich sicher zu gehen, nicht lebendig begraben zu werden. Auch wurden Klingeln oder Luftkanäle in den Särgen installiert. Ob Margarethe Elisabeth solche Vorkehrungen testamentarisch festgelegt hatte, wissen wir nicht. Und auch bei dieser krimininalistischen Frage können wir nur ratlos mit den Schultern zucken: Weshalb erkrankte Margarethe Elisabeth Milow an einem Starrkrampf? Wurde sie etwa das Opfer eines Giftanschlags? Denn Starrkrampf kann zwar auf Tetanie hinweisen – aber auch auf eine Vergiftung mit Strychnin. Selbstmord? Rache aus verschmähter Liebe? Aber an solchen sensationellen Spekulationen ist wohl wenig dran. Schließlich war der Wundstarrkrampf damals eine allgegenwärtige und alltägliche Bedrohung.

Nach dem Forscherinnenglück folgten zähe kaufmännische Verhandlungen mit dem Besitzer des Schatzes, ehe wir eine Kopie anfertigen durften und die Erlaubnis erhielten, den dritten Teil zu entziffern und zu veröffentlichen.

Zunächst verglich Archivar Michael Stoffregen unsere Vorlage, das Typoskript des Familienforschers Robert Matthaei, mit Margarethe E. Milows handschriftlichem Originaltext, 178 Seiten. Große Erleichterung, denn Matthaei hatte ziemlich korrekt abgetippt, bis auf einige Satzumstellungen und Benutzung anderer Wörter, die aber den Sinn nicht entstellen. Seine Auslassungen sind in >...< gesetzt worden. Die 133 engbeschriebenen Seiten des dritten Teils waren recht mühevoll zu dechiffrieren, zumal, bedingt durch die nachträgliche Bindung, einige Zeilenanfänge oder -enden nicht mehr eindeutig zu lesen waren. Einige Zeilen waren wohl von Margarethe E. Milow selbst unkenntlich gemacht worden, einiges war trotz aller Liebe zu ihrer Schrift nicht mehr zu entziffern. Dies ist mit Auslassungszeichen angemerkt. [...]

Um den Einstieg in Margarethe E. Milows Erinnerungen zu erleichtern, haben wir den Originaltext behutsam heutigen Lesegewohnheiten angepaßt. Insbesondere die Interpunktion erwies sich als problematisch. Margarethe E. Milow hat oft Kommata statt Punkte gesetzt, ein fast atemloser Schreibfluß. Erst durch lautes Vorlesen – so wird man sich ohnehin die Tradierung ihres Textes vorzustellen haben – schälten sich Sätze, Absätze heraus. Auch die Groß- und Kleinschreibung wurde heutigen Rechtschreibregeln angeglichen; so schreibt Margarethe E. Milow z.B. das Wort »Freude« klein. Erklärungen zu Begriffen, Personen, Topographie und historischen Details finden Sie in dem von uns zusammengestellten Universallexikon. Die kursiven Hervorhebungen entsprechen den Unterstreichungen im Originaltext.

Um was geht es nun im dritten Teil, was macht ihn bedeutsam und vielleicht für einen Familienforscher entbehrlich?

Margarethe E. Milow breitet hier die wenig freudvollen und wenig erforschten Seiten des Lebens einer bürgerlichen Hausfrau und Mutter des 18. Jahrhunderts aus. Dazu gehören Krankheiten und psychosomatische Beschwerden, Melancholie der Tochter, Hypochondrie des Gatten, die Flucht zu Gott als Therapeuten. Der schier endlose Alltagskram, sich immerzu wiederholend, ohne Ruhe, ohne Pause. Und sie wollte doch ganz anders leben! Alle Träume sind dahin, die Wirklichkeit frißt sie auf, der Ehemann ebenso mit seiner Flucht in die Krankheit, seiner Phobie, nicht mehr auf der Kanzel stehen zu können, wollte doch auch er ein ganz anderes Leben führen: das Leben eines Gelehrten und nicht das eines Predigers und Schulmeisters. Er frißt Margarethe E. Milow aber auch mit seinen Begierden auf. Sie bekommt noch mehr Kinder. Bei Abschluß des ersten Teils ihrer Erinnerungen hatte sie acht Kinder. Im dritten Teil schreibt sie dann vom »elften Mal«. Fehlgeburten umschreibt sie knapp: »An diesem Tag ging es mir nicht gut, ich war schwanger gewesen.«

Ihr Leben dreht sich nur um das »Eine«, aber nicht um das, was Sie vielleicht denken, das wäre ein Lichtblick gewesen. Das

»Eine« ist hier das trostlose Alltagsleben einer Mutter und Ehefrau, die kaum zu sich selbst kommt. Trost und Kraft findet sie in ihrer Laube, in der Natur beim Gebet zu Gott. Heute gehen viele Frauen, wenn sie den Mut aufbringen, zur Therapeutin. Die Ursachen des Seelenleidens ähneln sich seit Jahrhunderten. Margarethe E. Milows Leid wird durch eine Krankheit beendet, die bis heute sehr gefürchtet ist und deren Ursache in vielen Fällen im psychischen Bereich liegt.

Könnte Margarethe E. Milows Brustkrebs Ausdruck einer verknoteten Beziehung sein?

Als Margarethe E. Milows Erinnerungen im Dölling und Galitz Verlag erschienen, war es nicht möglich, sie selbst über ihre Brustkrebserkrankung berichten zu lassen, da die entsprechenden Textpassagen fehlten. Stattdessen haben wir aus den Lebenserinnerungen ihres Bruders, des Senators Johann Michael Hudtwalcker, zitiert, der Auszüge aus dem dritten Teil ihrer Lebenserinnerungen in seinen verarbeitet. Johann Michael Hudtwalckers Text fanden wir im Anhang des Typoskripts des Familienforschers Matthaei.

Margarethe Milows Originaltext verschweigt nichts, sie beschreibt ihre Krankengeschichte ausführlich, erfolglose und teure Quacksalber, und den Genesungsprozeß, der ihr zum ersten Mal erlaubt, Ruhe, Fürsorge und Zuwendung zu genießen. Auch heute hören wir von Frauen, die einen Krankenhausaufenthalt schätzen – insofern sie sich endlich einmal ausruhen und verwöhnen lassen können.

Was für ein Leben! Und gerade wegen seiner »Alltäglichkeit« bedeutsam! Doch scheint Familienforscher Matthaei da anderer Meinung gewesen zu sein. Aber es bleibt rätselhaft, ob er den dritten Teil überhaupt kannte. Ein Indiz dafür, daß ihm nur der erste Teil vorgelegen haben könnte, ist der Anhang des Typoskripts, in dem er Margarethe E. Milows Bruder Johann Michael aus ihren Lebenserinnerungen zitieren läßt.

Oder ist das nur ein Kunstgriff, um einerseits einen renommierten und prominenten Zeugen anzuführen, der noch dazu die »Sensation Brustkrebs« herausgefiltert hatte, aus einem

Text voller belastender, aufreibender, monotoner Geschäfte des Alltags? Sollte dies wieder ein Beweis dafür sein, daß Männer verschiedenster Epochen das Hausfrauenleben uninteressant finden, »Geschichte« somit anders definieren, aufzeichnen und interpretieren?

Das, was wir in den Archiven finden, ist Ausdruck der meist männlichen Sammelleidenschaft, die nicht für alles Augen und Ohr hat, insbesondere nicht für das Alltagsleben von Frauen. Vielleicht war das Leben damals doch ganz anders, als es uns in den herkömmlichen Geschichtsbüchern erscheint.

Durch Margarethe E. Milows Text erschließt sich eine Lebenswelt von Frauen, die eben nicht endgültig zur »Geschichte« gehört, sondern vielmehr bis heute noch erschreckend aktuell ist.

So traurig die Kontinuität von weiblichen Lebensbedingungen erscheint, so produktiv kann die Wut sein, die sich aus Margarethe E. Milows Text ziehen läßt. Und, wir vermuten, daß es noch viele schreibende Frauen wie Margarethe E. Milow gegeben hat, an die wir gern erinnern würden, wenn Geschichtswissenschaft nicht eine Domäne von Männern gewesen wäre.

Mein Leben
Ein Vermächtnis für meinen
Mann und meine Kinder

Margarethe Elisabeth Milow

Warum ich Euch mein Leben schreiben will? Weil es reich ist an Erfahrungen aller Art; weil Euch, meine Kinder besonders, diese Erfahrungen nützen können; Du lieber Mann Deine Frau, Ihr Eure Mutter kennen lernen sollt, wie sie war, mit ihren Fehlern, >mit den Ursachen dieser Fehler,< Euch ihrer nach ihrem Tode dabey erinnern solt, denn ich möchte nicht gern bald von Euch vergessen seyn; es Euch fester und fester an Euren Gott ketten soll, weil Ihr an meinem Leben überall seine besondere Vorsehung, die er für mich von meiner ersten Jugend an gehabt, sehen sollt, es Euren Glauben an diese Vorsehung stärken soll. Dir mein Lieber, und Euch meinen Kindern, stehen vielleicht noch sonderbare Schickungen bevor, es kann Euch zum Theil glücklich zum Theil unglücklich gehen, dann nehmt nach der Bibel, dies Geschichtsbuch Eurer Mutter zur Hand und seht zu, *warum* mich Gott hier *so*, dort wieder *so* führte und wie alles am Ende zu meinem wahren Glücke ausschlug, und dann denkt, daß Ihr in Gottes Augen eben das seyd, was ich ihm war. Auch seht, wie glücklich ich war, wenn ich fest an Gott, fest an der Tugend hing; wie dies innre Glück sank, wenn ich sank, und also seine Stärkung, Ermunterung zur Tugend, thätiger geworden als Warnung und Bitten.

Schon lange trug ich mich damit herum, mein Leben aufzuschreiben, aber Geschäfte, deren ich, wie Du, lieber Mann, meist viele hatte; widrige Schickungen, die mir oft das Hertz niederdrückten, oft, ich gestehe es, allen Muht benahmen, hielten mich davon ab. Jetzt im Jahre 1778 fange ich an, und Gott wird mich stärken, mir so lange das Leben lassen, bis ichs so weitläufig, wie ichs angefangen habe, vollführt habe.

Du, lieber Mann, giebst es dann nicht aus den Händen, und so wie du meinst, daß die Kinder einer nach dem andern es verstehen können, es ihnen nützlich werden kann, giebst Du es ihnen, daß ein jeder es sich abschreibe und zu meinem Andenken behalte. Das Original aber, Lieber, ist Dein Vermächtnis. Du hast ja doch kein ähnliches Bild von deiner Frau, laß dies mein Leben statt des Bildes dienen, es ist gantz ähnlich, gantz ich selbst, und als solches sey es Dir immer wehrt. Es zeige Dir noch lange nach ihrem Tode Deine Margr. Elis. Milow

Die erste Seite des Manuskriptes

[Erster Theil]

Ich bin im Jahre 1748, d. 2ten October gebohren. Mein Vater war Jakob Hinrich Hudtwalcker, meine Mutter Sara Elisabeth Ehlers, doch von beyden sollt Ihr nicht blos den Namen haben, sondern auch ihren Karracter, sie selbst. Mein Vater war (denn wenn Ihr Kinder dies lest, war er schon, und ist, wo ich nun bin) von feurigem, guten und glücklichen Temperamente, hatte von Natur Hang zur Arbeit und zum Fleiß, von seinen Eltern kein Vermögen, erwarb sich aber durch diesen Fleiß ein ziemlich ansehnliches, welches er immer mit ›hertzlichen,‹ lebhaftem Dank gegen Gott erkannte. Sein Gott war ihm immer alles, das Gebet seine größte Freude. Ihr hättet ihn beten hören sollen, Kinder! Und durch dies Gebet hatte er ein so festes Vertrauen zu Gott, welches ihn nie, auch bey den *größten Leiden* nicht verließ. Weil er Jakob hieß, so verglich er sich auch immer mit Jakob: »Herr, ich hatte nichts, wie diesen Stab, ›wie ich in diese Stadt gekommen‹ und nun bin ich ein großer Herr geworden«, das pflegte er oft zu sagen, um auch uns zum Dank zu ermuntern. Er hatte guten, natürlichen Verstand und ein immer fröhliches Hertz. Doch nachdem alle seine Kinder beynahe versorgt waren, ward er sorgsam, so sehr, daß er oft nicht glaubte, Brod bis an sein Ende zu haben, und fürchtete, es von seinen Kindern suchen zu müssen. Die Furcht machte ihn etwas sparsam, und da einmahl seine ganze Einrichtung mehr aufs Große war, so konnte er, wie natürlich, das nicht mehr erübrigen, was er in seiner Jugend bey weit weniger Aufwande erübrigt hatte, und daher fürchtete er zu darben. In seiner Jugend war er sehr auffahrend und hitzig, und *etwas* blieb ers auch immer. Er war ein guter, und ich möchte beinahe sagen, zu guter Ehemann; seine Frau hatte ›zu‹ viele Gewalt über ihn, welches sie sich durch ihre Schönheit und ihr gantzes Betragen gegen ihn sich erwarb. Aber es ist nicht gut, Kinder, daß die Frau, auch wenn sie die Beste ist, über den Mann herrscht, und vieles wäre gewiß anders und besser im Hause gewesen, wenn mein Vater mehr geherrscht, überhaupt mehr Mann gewesen wäre. Es war eine gewisse Schwäche, eine gewisse Gutheit in seinem Karracter, daß ich ihn immer mit David zu vergleichen pflegte.

Die Natur in ihrem Festkleid im Frühling zu sehen, und dem Schöpfer derselben für jeden Grashalm, für jede Blume zu danken, war seine größte Freude. Seine Kinder liebte er sehr und verwandte auf ihre Erziehung alles, was man ihm nur sagte. Meine Mutter war sehr schön, und das machte, daß mein Vater sich in sie verliebte. Er war, wie er sie heyrahtete 36 und sie 18 Jahre. Einige Jahre hatte er schon allein gehandelt und sich schon ein mäßiges Vermögen erworben. Meine Mutter bekam 1000 Mk mit, doch nachdem mein Vater sie einige Jahre gehabt, ward ihr Vater unglücklich und machte bankerot, und mein Vater verlohr sehr viel bey ihm, 12000 Mk Banco. Meine Mutter hatte nach der damahligen Gewohnheit in Hamburg die Töchter zu erziehen, Ordnung und Fleiß in häuslichen Geschäften und Handarbeit gelernt, etwas Schreiben, etwas Katechismus, Erkenntnis in der Religion, aber kaum konnte sie Hochdeutsch sprechen. So bekam sie mein Vater, aber mit dem tiefsten, durchdringendsten Verstande. Mit *einem* Blick konnte sie übersehen, wozu viele bey mehrerer Erziehung ihre gantze Seele brauchten.

Sie ward nach einem Jahre Mutter von meinem ältesten Bruder, wobey sie viel litt, und nach diesem Wochenbett ward sie erst in Hamburg bekannt. Sie fand viele Bewunderer und Liebhaber (sie war als Mädgen gantz unbekannt gewesen); sie ward vielen Verführungen ausgesetzt, aber der hohen Würde einer Frau hat sie *nie* was vergeben. Ihrem Mann blieb sie treu, hatte immer ein wachsames Auge auf ihre Kinder, die sie alle *sehr* liebte und in Krankheiten besonders *die Gabe* zu pflegen› verstand, die dem Artzt nicht nachtheilig ist‹.

Sie verstand zu herrschen, ohne jedoch den Ton davon zu haben; in Gesellschaften und wo es bemerkt werden konnte, ließ sie immer meinem Vater die Oberhand. Sie war eine fleißige, ordentliche Hausfrau, in den ersten 20 Jahren sehr sparsam, nachher verschwenderischer; doch sich zu putzen, wenigstens auf eine kostbare, nicht sehr in die Augen fallende Art, mochte sie immer gern. Gegen ihren Bedienten war sie auch die ersten 20 Jahre sehr strenge, nachher gelinder und zuletzt zu gelinde. Gegen Mann und Kinder sehr zärtlich, gegen Fremde nicht sehr gefällig und, ihrer eingezogenen Erziehung wegen, gegen Feinde rachsüchtig und unversöhnlich; doch wie es fiel, es kam bey ihr nicht so sehr auf die Beleidigung, sondern auf den Beleidiger an.

Von der Zeit an, da ich mich erinnern kann, ging ich in die Schule, um Lesen zu lernen. Wie ich 8 Jahre war, und meine Mutter 6 Kinder hatte, im Jahre 1756, bekamen wir 3 Mädgen eine Aufseherin im Hause, bey der wir die meiste Zeit waren, und wozu das Zimmer, welches mein Vater sonst wohl vermiehtet hätte, bereitet wurde. Doch war die Zeit der *ersten* Kindheit die glücklichste; kamen wir aus der

Schule, so hatten wir frey und spielten bey unserer Mutter; abends, bis wir zu Bette gingen, saßen wir bey einer Näherin, die so schöne Geschichten zu erzählen wußte, daß wir manche hertzliche Thräne dabey vergossen, auch manchmal so bange wurden, daß wir dichte zusammen krochen. Mein ältester Bruder war immer mit bey uns, und das gab unseren Spielen und Freude erst ein recht fröhliches Ansehn, besonders die Weyhnachtsfreuden, das Hoffen darauf, das Lernen der Weyhnachtswünsche, der kleinen Adventsgebete, alles das war eine herrliche Sache. Aus kamen wir nicht anders, als alle Jahr im Sommer einmahl in der großen Arche nach Harvestehude, und Winters einen Tag in Weyhnachten nach Altona zu meines Vaters Bruder, wo wir anders eben keine Freude hatten als eine schöne Apfeltorte, die schon auf dem Ofen stand, wenn wir kamen. Bey dieser Aufseherin nun lernten wir etwas französisch plappern, alle möglichen Handarbeiten, Katechismus und Gebete in Menge. Sie hatte einen Hang zur Schwärmerei, und wenn wir nähten, sang sie beständig. Doch hatte das den Vortheil, daß auch mir das Gebet meine liebste Beschäftigung ward. Sonst mußten wir beständig von 8 des Morgens bis 8 des Abends nähen oder lernen, und nur Sontags hatten wir Zeit und Erlaubnis zum Spielen. Diese Gewohnheit, beständig geschäftig zu seyn, ist, wie ihr wißt, bey mir geblieben. Wir durften kaum lachen, und sie hatte uns sehr in Furcht, doch liebte sie mich vorzüglich, weil ich mit ihr singen konnte und mochte. Auch bekamen wir Unterricht im Schreiben und nachher im Rechnen. Den Winter über kamen wir nicht aus dem Hause wie zur Kirche, auch wohl mahl nach unsern Großeltern, und jährlich einmahl nach den Tanten. Im Sommer gingen wir Sontags nach einem kleineren Garten im Mohre, den mein Vater gemiehtet hatte. Das war mahl eine Wonne, übern Wall ›sontags dahin‹ zu gehen, wenn wir die gantze Woche über in unsern Mauern gesessen hatten. Die Natur und freye Luft war schon damahls für mich alles, und doch genoß ich sie so selten. So lebte ich 4 Jahre, bis unsre Aufseherin heyrahtete. Ihr Abschied kostete mich Thränen, es war meine *erste* Trennung, mein *erstes* Leiden. Wenns auch nur die Gewohnheit, mit ihr zu leben, die Länge der Zeit gemacht, genug, ich war an sie gekettet. Die 2te Epoche meines Lebens war wieder dahin, so ruhig, einförmig, frey von Leiden kams nicht wieder. O, die Jahre der Kindheit, die wir wegwünschen, weil wir uns Wunder was von den andern Jahren vorstellen, o, sie kommen nicht wieder, solche Weyhnachtsfreude, solche Freude über einen Maybaum, der Pfingsten an unsere Betten kam, kommt nicht wieder, sie waren verschwunden.

Nun bekamen wir eine andere Aufseherin, die in der Welt Gottes nichts wußte und hatte als ein Paar schwartze Augen und rohte Backen. Es war ein junges Ding, die mit uns spielte, und wir verlernten, was wir wußten. Damahls bekamen wir auch einen Kandidaten, der uns in der Religion, Historie, Geographie unterrichtete, auch bekamen wir Tanzmeister, Sprachmeister, Zeichenmeister, doch hatte ich zum letzten keine Lust und lernte es daher nicht mit. Unsre Eltern sahen, daß diese Aufseherin nichts wehrt sey, und wir bekamen eine dritte. Diese war alt, mürrisch, fluchte und [...] und schlug eins ums andre, verstand nichts, und wir Kinder hatten traurige Tage bey ihr. Der Kandidat gab mir Bücher, Gellerts Werke und dergleichen, die verschlang ich beinahe, aber sie nahm sie mir wieder weg, und ich durfte es nicht wagen etwas anderes wie den Katechismus zu lesen. Doch auch das Ding hatte ein Ende: wir bekamen eine vierte. Diese war ernsthaft und strenge, doch dabey vernünftig, und unsere ganze Einrichtung bekam ein anderes Ansehn. Noch wußte ich nichts vom Tode als 1761 um Ostern mein Großvater starb; ich war sein Liebling gewesen, und er starb, sah ihn da kalt erstarrt liegen, der sonst immer so freundlich war, sah alle um ihn weinen, ihn aus dem Hause tragen, und dieser Eindruck blieb. Den Sommer darauf miehtete mein Vater einen Garten mit einigen Zimmern aus dem Dammthor. Das war nun mal eine Wonne, wenn wir die ganze Woche auf unsern Zimmern kaum hatten athmen dürfen, und beständig arbeiten und lernen, dann Sonnabends Abends ohne Französin (denn es war kein Platz da für sie) nach dem Garten gingen. O, wie wir immer freyer athmeten, je weiter wir von der Stadt kamen, und vollends da laufen und springen konnten, wie wir wollten. O, der Wonne, die untergehende Sonne, die Lämmer, die Bäume zu sehen. Wie wurden da die Stunden, die *Minuten genossen.* Auch konnte ich da lesen, wie ich wollte, und bey meiner Französin nicht durfte. So glücklich verging der Sommer, aber Sommer währt nicht immer. Von diesem Sommer fing auch meine Liebe zwischen mir und meinem ältesten Bruder erst recht an. Es giebt keine *solche* Liebe wieder unter Geschwistern; Kinder, Liebe, die ich Euch nicht beschreiben kann, die Ihr aber durch mein gantzes folgendes Leben werdet herrschen sehn. Er, dieser Bruder, hatte ein Hertz, edel, groß und gut, er hatte Verstand, alles umfassende Wißbegierde, die er erfüllte, wo er nur konnte; war die Freude seiner Lehrer, früh der Stoltz seiner Eltern, hatte aber einen sehr schwachen, kränklichen Körper, der seinem Geist kein Genüge thun, ihn nicht unterstützen konnte, zu den rauschenden Freuden der Kindheit und Jugend unfähig machte, seinem Karracter Melancholie, Furchtsamkeit, alles überwiegende Geduld, nur zuweilen etwas Verdrießliches gab. Dann und in Krankheit war ich immer um ihn, ward seine Gespielin und hernach Freundin, und das heftete uns auch so an ein ander. Gegen das Ende dieses Sommers wurden wir von unserer Kirchennachbarin, einem Mädgen mit uns von gleichem Alter, zu einem kleinen Feste auf dem Fortificationshaus gebeten. 14 Tage wußten wirs vorher und sprachen von nichts, als was wir da für Spiele vornehmen wollten, denn *noch* waren wir Kinder. Mamsell ging auch nicht mit, wir wurden durch ein Mädgen hingebracht, noch [einfach] angezogen, denn wir wußten noch nichts von Putz. Doch der Uebergang vom Kinde zum Mädgen ging hier vor, gantz plötzlich, mit meiner Schwester, die noch ein Jahr jünger war, mit meinem Bruder und mir. Ich sah einen Knaben von meinen Jahren, mit rohten Backen, schwarzen Haaren, und meine Kindheit war vorbey. Das Spielen der Kindheit ward in etwas andres verwandelt, das für uns alle hätte gefährlich werden können, wenn Gottes Hand uns nicht behütet, über unsre Unschuld gewacht hätte. Es waren nur noch wüste, verwirrte, durch das Uebergewicht der Kindheit noch unentwickelte Begierden und Gedanken, ›die im Kopf und Hertzen aufstiegen,‹ aber die uns doch unsre ruhige fröhliche Kindheit nahmen: Lernen und Arbeit und Spielen hatte nicht mehr den Reitz für uns.

Damahls kam unser Lehrer, ein guter braver Mann, auf den unglücklichen Einfall, diese Gesellschaft, bey denen er auch größtentheils Lehrer war, sollte ein Trauer- und Lustspiel zusammen aufführen. Er wählte die Horazier, und das Band von Gellert. Ich war in dem ersten die Hauptperson. Und hiermit war unser unschuldiges glückliches Leben der Kindheit völlig aus; es mußte Probe gehalten werden, jede Woche, in den Häusern der Mitspielenden, nur in *unserm nicht*. Und wenn dann die Probe gehalten war, so entfernten sich die Alten und man gab uns, die man alle noch für Kinder hielt, Kinderspiele zur Unterhaltung; aber wir ließen Spiel Spiel seyn, oder brauchtens höchstens zum Vorwand, wenn wir überwacht wurden, jeder wählte sich ein Mädgen und dann war Küssen oder Pfänder-Einlösen unser Spiel. Auch kamen andere böse Leidenschaften, die zuvor nie gewesen waren, bey uns auf, weil ein sehr schönes Mädgen mit darunter war, Neid, Eifersucht, Begierde zu gefallen, Begierde zum Putz; diese *letzte* konnte nur nicht bey uns aufkommen, weil wir in den Jahren außerordentlich schlecht in Kleidung gehalten wurden und meine Mutter damahls auf nichts anderes als auf Reinlichkeit bey uns hielt. Damahls im October, wie ich völlig 13 Jahre alt war, kam meine Mutter mit meinem Bruder Christian in [die] Wochen und hatte ein langes schweres Wochenbett. Sie und wir glaubten, sie werde dann, wenn das Stück sollte aufgeführt werden, wieder hergestellt seyn, aber sie wards nicht, sie wollte es aufgehoben wissen; aber es ging theils der andern Kinder wegen nicht an, theils wars Eigensinn vom Lehrer. Meine Mutter ward böse und nun bekamen wir keine neuen Kleider, welche wir sonst bekommen hätten; auch bekümmerte sie sich um unsere gantzen übrigen Anzüge nicht, und wir waren daher gar nicht geputzt, liehen bloß etwas Flitterstaat zusammen und das war alles. Und doch war unsre Freude zur Aufführung sehr groß, und wir erhielten ungeachtet unsres schlechten Putzes den größten Beyfall und das schönste Mädgen von der Welt mit dem schönsten Putz der sich denken läßt, den wenigsten. Diese Aufführung geschah 4 Mahl, das letzte Mahl ward unter uns beschlossen, unsre Eltern um die Fortsetzung unsrer Zusammenkünfte zu bitten; es ward erlaubt, und die erste Zusammenkunft war bey unserm Lehrer selbst, bey Gelegenheit einer Tagleiche, die da vorbeykam. ›Dieser Leiche wegen ging unsere Mamsell mit.‹ Theils aus Unbesonnenheit, theils den andern Kindern zu zeigen, daß wir schon zu groß wären, um uns noch vor einer Französin zu fürchten, kehrten wir uns nicht an ihrem Beyseyn gar nicht, sondern küßten, lachten, sprangen, als wenn sie gar nicht da wäre. Besonders war Sara den Nachmittag sehr wild. Sie ließ sich in der Gesellschaft nichts gegen uns merken, auch schien sie gar nicht auf uns zu achten. Den Abend aber, als wir zu Hause kamen, vergesse ich nie. Er ist der Grund aller meiner nachmahligen Keuschheit und Tugend. Sie war nicht böse, sondern ernsthaft und gerührt. »Das sind die Mädgen«, fing sie an, »auf deren Erziehung ich mir so viel zu gute gethan, die ich so fromm in allem ihrem Thun Gott vor Augen und im Hertzen zu haben glaubte. O, ich muß es Ihnen sagen; ich schäme mich Ihrer, wünschte, Sie nie gesehn zu haben. Ihre Aufführung war nicht die der gesitteten Mädgen, besonders Sara; Sie erlaubten sich ja alles. Und Sie, Betchin, Sie schrien und schlugen zwar, wenn man sich Freyheiten gegen Sie herausnahm, aber ein gutes, tugendhaftes Mädgen braucht weder zu schlagen, noch zu schreyen; in ihrer Miene und Wesen muß schon genug seyn, das die Mannspersonen abhält. Ich muß Ihnen nur sagen, morgen sage ich Ihren Eltern, daß ich Sie verlasse.«

Hier stürzten die Thränen aus unsern Augen. Wir baten sie um Gottes und unsrer Tugend willen, uns nicht zu vergessen, und versprachen Besserung. Endlich versprach sies mit *der* Bedingung, mit keinem wieder von der Gesellschaft umzugehen, und wahre Besserung zu zeigen. Die gantze Nacht weinte ich, es kam mir alles wieder vor, mein voriges frohes Leben der Kindheit, und dies wüste, diese unordentlichen Begierden. Doch ich, nein nicht *ich*, Gott half mich überwinden. Wie die nächste Zusammenkunft seyn sollte, ward abgesagt, und ich habe seitdem nie wieder Jemand von dem männlichen Theil dieser Gesellschaft gesprochen, das traurige Schicksal von zwei Knaben war, daß sie kurtz nachher in liederliche Gesellschaft geriethen, schlechte Krankheiten bekamen, einer von seinem Vater im Zuchthaus gesetzt ward, doch wieder frey kam, aber des liederlichen Lebens schon zu sehr gewohnt, im 17. Jahre des jämmerlichsten Todes starb. Der andere, der Liebling seiner Mutter starb gleichfalls ein Jahr nachher an Entkräftung.

Da brachten wir noch anderthalb Jahr mit unserer Aufseherin zu, und es war eine ruhige, stille Zeit. Ich kann mit Wahrheit sagen, daß ich nun strenge tugendhaft ward.

Noch einen Sommer hatten wir den Garten außer dem Dammthor, wo wir nur Zimmer hatten, nachher mußte mein Vater ihn aufgeben, und miehtete ›1763‹ einen in St. Georg. Die Lage desselben war nicht so ländlich und so schön, aber Alt und Jung war doch hier frey, konnte schalten und walten, wie es wollte; das machte ihn schöner, denn eigen Herd ist Goldes wehrt. Nur eins das ihn weniger schön machte. Unsere Nachbarinnen waren immer, und das besonders Sontags, sehr geputzt, und das durften wir nicht seyn. Wir waren damahls würklich *unter* unserm Stande gekleidet, selbst unsere Mutter machte beynahe keine Mode mit; das war die Zeit, wo sie die häuslichste, ordentlichste, eingezogenste Frau von der Welt war, und ich glaube unsertwegen, und dann wars freylich *damahls die rechte Zeit*, es zu seyn. Doch machte uns dies manchen Verdruß, wir schämten uns mit unsrer Kleidung uns sehn zu lassen, gingen nicht anders spazieren, als wenn wir niemand vermuhteten, selbst die Tage Lämmer Abend und Waysen Kindertag, wo wir uns so gerne auch geputzt hätten, waren uns fatal. Die Begierde zu gefallen, war doch einmahl in unsern wie in aller Mädgen Hertzen. Obs gut gewesen, sie gänzlich niederzuhalten? Sollte sie nicht mit stärkerer Wuth ausgebrochen seyn, wenn sie plötzlich alle Freyheit bekommen? Sonst gings nun recht ans Arbeiten; jede Stunde des Tages war besetzt. Unser Lehrer brachte mir viele Bücher, und die waren dann Sontags meine Freude, vergaß über sie Putz und Spaziergang, denn die andern Tage durfte ich nicht lesen. Sontag war also im wahren Verstande Ruhetag für mich.

Diesen Sommer verließ uns auch unsre Aufseherin und unser Lehrer ward Prediger in Stockholm. Unsre Eltern wollten keine Aufseherin wieder haben, wir 3 Mädgen kamen also unter der besonderen Aufsicht unsrer Mutter. Mein Bruder, der schon konfirmiert war, kam aufs Kontor bey meinem Vater. Bey unsrer Mutter wurden wir nun zu den eigentlichen *häuslichen* Geschäften angehalten. Obs würkliche Tugend bey mir war, mag Gott beurtheilen, genug seit der Geschichte der Aufführung hatte ich keine

Neigung zu Mannspersonen. Die wenigen, die ich kannte, gefielen mir gar nicht, und sah ich einmahl einen, bey dem das Hertz warm werden wollte, so unterdrückte ich diesen Gedanken. Meine einzige Freude blieb das Lesen und also Sontag Freudentag für mich.

Doch bekamen wir allmählich mehr Erlaubnis, uns zu putzen, auch ein Mädgen, die frisieren konnte, neue schöne Pelzsaloppen auch ich eines von meiner Mutter ihren seidenen Kleidern.

Noch habe ich Euch nichts von meiner Großmutter gesagt, die mich sehr liebte, und bey der ich zuweilen war, besonders zur Zeit ihrer Wäsche, wo ich mir dann die Zeit vertrieb dadurch, daß sie mir die Geschichte ihrer Jugend und ihrer Liebe erzählen mußte. Sie war eine gute alte Frau, die auch der Leiden viel in ihrem Leben gehabt hatte, aber doch auch *mehrere* Freuden. Jetzt hielt sie mit ihren beyden Söhnen Haus, sie hatten aber nur ein sparsames Auskommen, und Sontags Abends war sie dann immer bey uns.

Diesen Herbst 1763 bekamen wir 3 Mädgen auch einen neuen Lehrer. Er hieß Flügge (ist jetzt, da ich dies schreibe, Prediger in Hamburg) er war ein junger schöner Mann von 24 Jahren. Obs meine Unschuld war oder mein Aeusserliches, weiß ich nicht, genug, ich gefiel ihm. Ich bemerkte die erste Stunde, daß er mich unaufhörlich ansah, sich beynahe mit mir allein beschäftigte, jede meiner Antworten vortrefflich nannte. Mir war dieses was Neues, und ich fühlte mein Gesicht über und über zu glühen. Er hielt eine lange Stunde und mir schien sie noch zu kurtz, mich verlangte nach der nächsten, und da weiß ich, daß ich zuerst etwas Fleiß auf meine Frisur wandte. Aber so wie die erste Stunde gewesen, waren alle folgenden, meinen Schwestern begegnete er noch wie Kinder, nannte sie bey Vornahmen, ward böse auf sie, wenn sie ihr Aufgegebenes nicht wußten, oder nicht acht gaben. Ich gab immer acht, wußte immer das Meine, und mich nannte er nicht anders, als meine Liebe oder liebe Mamsell; ich begleitete ihn bis vor die Hausthüre und auch dann lobte er mich beständig. Mir ward das Hertz immer warm, wenn er kam, ich ward roht, wenn abwesend von ihm gesprochen wurde; wenn ich ihm ein Buch hinreichte, drückte er mir die Hand, und dann zitterte ich. Doch war er immer ernsthaft, sowohl in der Stunde als wenn er Sontags Abends bey meinen Eltern war: er Lehrer, ich Schülerin. Einmahl, wie ich ihn hinunterbegleitete, küßte er mir die Hand, die ich so geschwinde wie möglich wegzog, und das nächste Mahl meine Schwester bat, ihn zu begleiten unter dem Vorwand, daß ich noch lesen wollte. Dies hatte er empfindlich genommen, und war das nächste Mahl sehr still und ernsthaft; weil ich meiner Schwester schon gesagt, mit ihm wieder hinunter zu gehen, so mochte ich mich nicht widerrufen, doch reute es mich, und ich ging nächstens wieder mit. Doch blieb er einige Zeit ernsthaft.

Diesen Winter war der Sohn von meines Vaters gewesenen Herrn wieder von seiner großen Reise wieder zurückgekommen. Mein Vater liebte ihn sehr, weil er so viele Jahre bey ihm gewesen, sein großes Vermögen von 800000 Mk mit hatte verdienen helfen, bey seinem Vater gekommen war, wie der und dessen Bruder auf *einer* Stube gewohnt und *einen* Mantel gehabt, den sie sich wechselweise geliehn. Mein Vater war *Kontorbursche* und *alles* bey ihnen gewesen. Der Bruder war gestorben und er einer der größten, reichsten Kaufleute geworden. An dies Haus nur und an seinen verstorbenen Herrn dachte er nicht ohne Rührung, und es ärgerte ihn, daß der Sohn einen großen Theil dieses Vermögens auf der Reise verschwendete.

Doch diese Reise war zu Ende; er fing mit meinem Vater Bekanntschaft an und nötigte uns zum Koncert. Wie wir kamen, war noch niemand da, selbst der Herr des Hauses nicht. Mit welcher Rührung und Dank zu Gott mein Vater den Speicher wieder sah, er seine Jugend unter saurem Schweiß verbracht, wo er *nichts* gewesen und nun in dem Hause als Gast war, ein Mann, der schon selbst einige Mittel sich erworben, kann ich bezeugen, denn den gantzen Abend war er gerührt und dankbar.

Unter mehrern in der Gesellschaft war da seine künftige Frau, damahls das schönste Mädgen, so ich vorher und nachher je wieder gesehn. Es war das einzige Mädgen, das den Beschreibungen in Büchern entsprach, ja sie weit übertraf. Ihr gantzes Wesen war Anmuht, ich sah nur sie, hörte nur sie singen auf dem Koncert. Wenn sie sich bewegte, wenn sie ging, ward ich entzückt. Wie ward ich gedemühtigt, da ich einen Blick von ihr auf mich im Spiegel warf. Sie begegnete ihrem künftigen Mann mit einer solchen Kälte und Verachtung, daß es mich oftmahls dauerte, hielt ihn in einer gänzlichen Entfernung von sich. Den andern Mannspersonen begegnete sie just, wie ein Mädgen ihnen begegnen muß; die Zudringlichen 10 Schritt vom Leibe, den andern wie ein junges fröhliches Mädgen, nur sah ich sie *nie* warm, gegen Niemanden warm. So verliebt ich nun auch in sie war, so sehr ich sie bewunderte, war ich doch so vernünftig nichts, weder Gang noch Stimme, noch Wesen von ihr anzunehmen. Was bey ihr entzückte, dachte ich mit Recht, würde bey Dir mißfallen, und so blieb ich wie ich war, gantz Natur.

Auch war da ein Mann, er hieß Bless, der meine Aufmerksamkeit auf sich zog, ein sehr braver aber kränklicher Mann. Er ward meiner Eltern und meines Bruders Freund, und kam daher beynahe wöchentlich bey uns. Mir begegnete er aber noch wie einem Kind, verbesserte mich, wo ich gefehlt hatte. Wenn er nun bey uns war, so wars Flügge gemeiniglich auch, und weil ich den andern schätzte, weil er ein Mann von Weltkenntnis war, und mir manche gute Lehre gab, so war ich freundlich gegen ihn und wünschte ihm zu gefallen. Dies konnte Flügge nicht leiden, er war still gegen ihn, zurückhaltend, widersprechend; der andere war hitzig, und dies setzte manchen Kampf, dessen Ursache niemand wußte, ich nur erriet. Auch hatte Fl. dann des andern Tages lauter Sticheleyen gegen ihn, bittern Scherz, gegen mich daß ich ihn liebte. Zu dem Koncert wurden wir diesen Winter öfter gebehten, und obs Grille von meinen Eltern war, oder was sonst, genug, sie setzen sich in den Kopf, er habe ein Auge auf mich . Er war schrecklich häßlich, was er sonst war weiß ich nicht, und weil ich ein junges Mädgen war, so war das genug, daß er mir mißfiel; auch spottete Fl. beständig über ihn, seinen Verstand, seinen Reichtum; meine Eltern aber sprachen immer von seinem guten Hertzen, schöner Handlung, schönem Hause, großen Reichthum. Ich hörte beydes mit der größten Gelassenheit an, das dachte ich damahls noch fest: kein Mensch in der Welt sollte mich zu einem Mann zwingen: So verstrich der Winter nicht mehr so ruhig wie der vorige, und warum nicht? Weil das Hertz nicht mehr *so* ruhig war, Liebe in ihm aufkeimte, schon mehrere Ergötzlichkeiten, zuweilen ein Ball, wo ich sah, daß ich gefiel. Mit Fl. gings so seinen Lauf fort, Schmeicheleyen, Aufmerksamkeiten, Gefälligkeiten wechselten ab, wir mochten noch so viel Gesellschaft bey uns haben, so sah er nur mich. Doch kams nicht zur Erklärung bis 1764 in Fastnacht, wo wir, weil es schönes Frostwetter war, nach dem Garten gingen. Meine Eltern fuhren herein. Fl. und ich, Sara und mein Bruder gingen zusammen. Die Kälte war so scharf, daß jede Partie geschwinde ging und sich nicht um die andre bekümmerte. Fl. wollte, ich sollte eine Kappe aufsetzen, ich war damahls stark und wollte nicht, und weil er immer mehr in mich drang, ward ich verdrießlich, und fragte ihn, was ihn mein Kopf anginge. Hier nun schüttete er sein gantzes Hertz aus, es war die einzige Gelegenheit, die er hatte, mich *allein* zu sprechen. Wie mir ward, Kinder! Ihr vermögt es Euch nicht vorzustellen, es war die erste Liebeserklärung, die ich hörte. Ich erschrak so sehr, so daß ich auch nicht eine Silbe sagen konnte. Er war mein Lehrer, Furcht und Ehrfurcht hatte ich vor ihm, aber keine Liebe? Ja, auch die; dazu war mein Hertz zu gefühlvoll. Vor dem Hause seiner jetzigen Frau, wo wir vor einem Wagen stillstanden, beschwerte er sich über meine Stummheit und Kälte, und doch war mein Hertz weder kalt, noch stumm, noch leer. Er brachte mich nur nach Hause, küßte meine Hand und ging weg. ›Meine Eltern waren aus,‹ mein Bruder ging zum Kontor, und unter dem Vorwande, daß ich eine Uebersetzung zu machen hatte, blieb ich auf meinem Zimmer allein. Thränen und Gebet waren immer meine erste Zuflucht, wenn mirs Hertz voll war, aber so voll wars noch nie, ich betete kräftig, Gott möchte mir helfen, und er thats. Ich entwarf einen Plan, wie ich mich gegen ihn benehmen wollte, aber nicht ich, Gott lenkte meine Seele, Gott regierte mich. Es war, alle möglichen Gelegenheiten, mit ihm allein zu seyn, zu meiden, ihm mit noch mehr Höflichkeit und Ehrfurcht zu begegnen wie sonst, und mich täglich, wenn das Hertz warm werden wollte, mit Gebet zu waffnen. Die Nacht darauf that ich kein Auge zu. Sonst hatte ich vor meinem Bruder nichts geheim, alles was mir begegnete, meine geheimsten Gedanken, mußte er wissen, aber dies hatte ich immer auf der Zunge, wollte es den gantzen Abend und die folgenden Tage sagen, aber konnte nicht. Was war das? Wars Scham, weil mein Hertz mir sagte, ich sei nicht kalt gegen ihn? Oder Furcht, er möchte es meinen Eltern sagen, und es so Fl. zum Nachtheil gereichen? – Des andern Tages kam er, und ich blieb meinem Vorsatz getreu, und ich bewundere noch *oft die Stärke*, mit der ich damahls allen seinen Überredungen auswich, oft zwar wankte, aber mich doch wieder empor schlang.

Was war aber die Folge von dieser meiner Tugend, wie sies damahls würklich war? Die, daß Fl. mich für kalt unempfindlich hielt, mir oft sagte, ich sei das klügste, beste Mädgen, so er je gesehen, nur meine Härte sey ihm unbegreiflich. Denn so sehr ich auch vermied, ihn allein zu sprechen, so wars doch oft unvermeidlich, wie er denn in mich drang, ich ihm dann schwören mußte, daß ich keinen andern liebe. Und das konnte ich ihm schwören ich liebte ja ihn, hatte aber so viele Tugend, so hohe Begriffe von den Pflichten der Kinder, von der Keuschheit, von der Redlichkeit, niemandem Hoffnung zu geben, den ich sie nicht erfüllen konnte.

Ich litt also im wahren Verstande, ward von dem *verkannt*, an dessen Beyfall mir so viel gelegen war. Oft verkündigte er mir, wie bittre Reue mir auf dem Fuß folgen, was ich an ihm versündigte, mir würde auf den Kopf wieder vergolten werden; ich nie einen Mann bekommen würde, der mich liebte, und dann an ihn, an seine Prophezeihung denken. Was das dann für Kämpfe bey mir kostete, wenn ich allein war, wie ich weinte und rang im Gebete, oft meine Schönheit, doch so kann ichs nicht einmahl nennen das wenige hübsche, verwünschte, und mich häßlich wünschte. Und so gings den gantzen Sommer fort. Den Herbst darauf führten wir auf unseres Vaters Geburtstag ein Schäferspiel auf, welches Fl. machte. Durch das gantze Stück herrschte der zärtlichste Ton, Eltern und Kindesliebe und Schwesterliebe war durch das gantze Stück verwebt. Ich bemühte mich oft, es nicht zum besten zu machen, um alles Lob von Fl. zu vermeiden, aber es half nicht viel, er verwies mir meine Fehler mit so vieler Liebe, daß es Härte von mir gewesen wäre, wenn ich sie nicht vermieden. Auch war das Hertz noch immer für ihn, es schlug oft hoch empor, aber ich fiel nicht. Oft, wenn wir Probe machten, mußte ich mich zu ihm setzen, er hielt meine Hand fest in der seinigen, helle Thränen standen ihm in den Augen, und mein Kampf, Kinder, war groß. Einmahl, wie wir unten Proben gemacht hatten, liefen die Kinder nach dem Saal und spielten. Er hielt mich fest umschlossen, bat um Liebe, und wenn das nicht, nur um Hoffnung, aber ich hatte Stärke genug, mich aus den Armen der Liebe loszuwinden, die meinem Hertzen und Sinnen angenehm war, aber, Kinder, nicht durch meine Förderung, durch Gottes Kraft.

Er war jung, feurig, gefühlvoll, ich wars auch, und was mir mehr war, ich liebte ihn. Was würde aus uns, und besonders aus mir geworden seyn, wenn ich nicht gewacht, gekämpft, gebetet hätte? Ein armes verführtes unglückliches Mädgen, das ihre Eltern unglücklich gemacht. Aber Gott gab mir diesmahl Stärke zum Kampf, die ich einige Jahre später, also bey reiferen Jahren und bey weit weniger Verführung nicht hatte, aber gebt nur Achtung, so werdet Ihr die Uhrsache finden. Doch muß ich eines Umstandes nicht vergessen: Mein Vater kam an einem Mittag einmahl nach Hause und erzählte, wie ein gewisser Kandidat einem Mädgen, das er unterrichtet, die Ehe versprochen habe, sie seinetwegen viele der ansehnlichsten Parthien ausgeschlagen, er endlich nachdem das Mädgen nahe an 30 gekommen, eine kleine Pfarre bekommen, und nun da sie geglaubt, der Erfüllung aller ihrer Wünsche und Hoffnung nahe zu seyn, verläßt er sie und heyrathet ein anderes reiches Mädgen, durch die er Hoffnung zu einer besseren Beförderung hat. Sie, da sie ihren Eltern nie etwas davon gesagt, auch keine andere gültige Gabe von ihm gehabt, sey nun in dem tiefsten Elende versunken. Diese Erzählung und *die Art* mit der mein Vater sie erzählte, die Bitterkeit, mit der ers that, wie er es einen Kinderrausch nannte, würkte stark auf mich, kostete mir manche schlaflose, thränenvolle Nacht, aber erleichterte meinen Kampf. Die Aufführung des Schäferspiels ging vor sich, und Bl. war auch da. Seine Gesundheit ward immer schwächer, und er sah seinem Tod mit vieler Standhaftigkeit entgegen. Ich gefiel ihm, er sagte zu meiner Mutter das, und der Brief, den ich an meinen Vater geschrieben, habe er sich gar nicht *von mir* vorgestellt, sie müsse mich nun auch nicht mehr wie ein gantz junges Mädgen halten. Nachher habe ich ihn nicht mehr viel wieder gesehn, denn er starb im kommenden Frühling, mein Bruder war sein Freund, besuchte ihn oft und rühmte immer seine Geduld.

Meine Eltern hatten ein Kind, sie hieß Cecilie, es war die jüngste Tochter. Schon 4 Jahr hatte sie an einem offenen Schaden krank gelegen, welcher täglich verbunden ward, und mit der Geduld einer Märtyrerin gelitten. Ihr Leben war so: Morgens um 9 stand sie auf, ward nach meiner Mutter Zimmer gebracht, saß auf einem kleinen Stuhl bey ihr dann Blume geschenkt bekommen, welche damahls Mode wurden. Sie wies sie Fl. und da er sah, wie sie mir gefiel und hörte, daß ich noch keine habe, so gab er mir das nächste Mahl eine versiegelte Schachtel mit den Worten, es wäre eine solche Blume darin, wie meine Schwester bekommen. Ich nahm die Schachtel und wollte damit zu meiner Mutter gehn, um sie ihr zu zeigen. Das wollte er nicht haben, und da gab ichs ihm zurück. Das nächste Mahl schenkte er die Blume Sara. Nachher ward er sehr ernsthaft, und es schien, als wenns mit seiner Liebe ein Ende habe.

Das folgende 1766 Jahr mußte mein Vater und ein anderer Kaufmann zum Besten ihrer Gesellschaft eine Reise nach Holland vornehmen. Meine Mutter und die Frau des andern beschlossen aus Liebe zu ihren Männern mitzureisen. Die Reise sollte mit Anfang Aprill anfangen, und meine Eltern wollten, ich sollte vorher konfirmiert werden und mit ihnen communizieren. Auf Fl. Versicherung, daß ich soweit sey, mußte er mit ihrem Beichtvater sprechen und der Tag ward angesetzt. Dieser Beichtvater nun war ein Mann wie ich nachher keinen ›Priester‹ wieder gesehen habe.

Solchen Anstand, Feyerlichkeit, Ernst in seinem gantzen Wesen, die Furcht erregte. Ich fürchtete ihn schon seit der Zeit, da mein Bruder konfirmiert war; wie groß war also nicht meine Angst, wie ich nun selbst mußte. Man suchte mich aufzuheitern, aber vergebens. Wies 10 schlug, hatte ich schon eine Stunde am Fenster gestanden und ihn erwartet. Aber wie er nun würklich kam, war meine Angst groß, und ich vermochte vor Verwirrung nichts zu antworten. Seine Fragen waren so hoch und unnatürlich, daß Fl. sich meiner annahm, und zu letzt, wie ich erst hinein kam, gings gut, und er konfirmierte mich sogleich, und um 3 war alles vorbey. Der Tag der Konfirmation verging erst angstvoll, hernach unruhig, aber die Woche! O, der Woche gedenke ich zeit Lebens. Sie verstrich so voll hertzlicher, inniger Andacht, so voll Ruhe der Seele, so voll Gebet, o so wie ich da beten konnte, mit dem Feuer, der Inbrunst, der gantzen Erhebung des Hertzens an Gott so — ja so kann ichs jetzt wieder, aber lange konnte ichs nicht! Das gantze feurige Hertz der Jugend hing da an Gott. Meine Mutter ließ mir die Woche viele Ruhe von Geschäften, ich konnte so viel allein seyn, wie ich wollte, und diese Einsamkeit nutzte ich, und vollends waren die Abende nach Tische der Andacht heilig. Mein Bruder las uns dann im Messias. Den Sonnabend, wie wir zur Beichte gingen, hatte ich erst Angst vor Zimmermann, aber nach der Beichte war ich auch gantz selig, gantz ruhig, empfing das Abendmahl des Herrn mit all der Wonne, Entzückung und Seligkeit, das es zu geben vermag, empfand recht, daß es eine Liebes Stiftung unsres Erlösers sey, aber Dank sey Gott, noch immer empfinde ich das bey dem Genuß, was ich das erste Mahl dabey empfand. *Diese* Empfindung hat weder Zeit noch Alter, noch öfterer Genuß geschwächt. Und das ist eine herrliche Aussicht der Ewigkeit. Nach dieser Zeit nun war die Liebe gegen Fl. fast gantz aus meinem Hertzen vertilgt. Auch er war ernsthafter geworden. Auf Anrahten meines Bruders blieb ich während der Abwesenheit meiner Eltern aus den Stunden, die er zum Unterrichte meiner Schwester kam. Einige Wochen nachher nun kam die Reise meiner Eltern. Der Abschied war traurig, er war ein Vorbohte der vielen Abschiede, die mir in dieser Welt bevor standen. Der Tag vorher war des Packens wegen unruhig, aber wie alles gepackt war, der Abend und mit ihm die Ruhe, stilles Nachdenken kam, da war jeder stumm, da gingen wir so von Tische, wie wir daran gegangen waren. Nur Papa war, wie er denn *immer* war, auch *da* noch heiter, munterte uns alle zur Fröhlichkeit und zum Vertrauen an Gott auf, welches ihn *nie* verließ. Den andern Morgen nun reisten die lieben Alten, von Gottes Seegen und unsern Wünschen begleitet ›früh‹ ab. Mein Bruder und Fl. begleiteten sie bis Neustädt und kamen Mittags wieder. Hier konnte Fl. nun eine Anmerkung nicht lassen, die, daß er sich wundere, wie *ich* bey meinem *Hertzen* über die Abreise meiner Eltern traurig seyn könne, wie er sähe und auch von Mama mit Verwunderung gehört habe. Ich verschluckte dieses und antwortete nicht. Hier entwarf mein Bruder einen Plan, wie wir diese Zeit zubringen wollten, und wohl uns, daß er ihn entwarf. Es war dieser: Wir wollten so still und eingezogen in der Abwesenheit unserer Eltern leben, wie in ihrem Beyseyn; des Tags auf dem Garten zu seyn, war uns erlaubt, und wir wollten auch nicht mehr.

Nun hatte mein Bruder einen Hertzensfreund, der bey uns auf dem Kontor war, und dem es sonst nicht erlaubt war, ›sontags‹ länger wie bey Tisch auf dem Garten zu bleiben, dem glaubte er es schuldig zu seyn, ihn den *gantzen* Sontag bey sich zu haben. Von *diesem* nun, der einen großen Einfluß auf mein gantzes folgendes Leben hat, muß ich Euch alles erzählen und bey seiner ersten Jugend anfangen. Er hieß Joh. Octav Nolte. Sein Vater war einer der angesehensten Kaufleute in Hamburg. Er war stolz, sein Stoltz verleitete ihn zum Aufwande, dieser, da er immer größer wurde, und er nicht Stärke der Seele genug hatte, freywillig zurück zu gehen, und ihm rechtmäßig nicht Genüge thun konnte, zu allerley kleinen Betrügereyen, und zuletzt, daß er falsche Hände nachmachte und dergleichen, bis es entdeckt, und er ins Zuchthaus kam. Daß seine Feinde ihren Haß auf die Kinder erstreckten, könnt Ihr leicht denken. Ihr Vermögen war auch dahin. Der älteste Sohn, ein sehr braver Mann, hatte oder bekam eine kleine Bedienung, er war Kanzelist. Der 2te war schon *vor* dem Unglück seines Vaters bey seiner Mutter Bruder Frank, einem der größten Kaufleute in Livorno auf den Kontor gekommen. Eine Schwester und 3 Brüder blieben dem ältesten allein zur Versorgung auf dem Halse, doch starb einer einige Jahre danach. Octav war 3 Jahre älter als mein Bruder, kam im 15. Jahr bey meinem Vater aufs Kontor. Sein Verstand war groß, durchdringend, alles leicht fassend, sein Hertz gefühlvoll, edel und stolz. So *war* er, und nun könnt Ihr denken, was er unter den Händen meines Bruders, der ihn erzog, *ward*. Er konnte nichts wie rechnen und schreiben, aber durch meinen Bruder lernte er einige lebende Sprachen. - Doch ich fühle, daß ich kalt von ihm schreibe. Er bekam die ersten Jahre, da er bey uns kam, nichts wie ein Geschenk zu Weyhnachten, und mußte so lange bey den Bedienten essen, bis mein Bruder auf den Kontor kam. Diese nun konnten ihn nicht leiden. Weil seine Seele sich zu sehr über sie erhoben fühlte, so begegnete er sie wie Geschöpfen, die zu einer gantz andern Klasse gehörten, sprach nie eine Silbe mit ihnen und machte sich von allen ihren Dienstleistungen frey, daher waren sie ihm alle Feind. Der Kontorbediente unter dem er stand, dem er aber, *selbst* in den *Handlungswissenschaften*, weit über war, war eine niedrige Seele, und kam eines schlechten Streiches, einige Jahre eher weg, wie er sollte, und Octav stieg eher. Octav hatte den Fehler oder die Tugend, daß er immer höher wollte. Er war stolz, mochte gern sich alles ihm unterthan machen, und mein Bruder, so sehr er sein Freund war, und mit vollem Hertzen an ihm hing, mußte in den Fällen, wo sie nicht eins waren, *seinen* Willen thun. Er arbeitete mit dem größten Fleiße, und die Stunden, so er von der Arbeit übrig hatte, waren dem Lesen, Studieren, der Freundschaft heilig. Mein Bruder und er hatten keine Freude, die sie nicht miteinander genossen. Wenn sie so ein neues Buch unsrer ersten Dichter, die damahls erst heraus kamen, mit ein ander lasen, O das war ein Fest, da ward der Dichter gewiß gefühlt, da wünschte ich mir oft, auch Jüngling zu seyn, um mit ihnen lesen zu können, denn wir mußten warten, bis sies gehabt, und vieles ging uns gar vorbey, wozu wir keine Zeit hatten, denn wir Mädgen lebten sehr entfernt von ihm. Wir sahen ihn nur bey Tische. Sara mochte er vorzüglich leiden, sie saß bey Tische bey ihm, schäkerte mit ihm, denn damahls war *sie* noch sehr lebhaft. Wenn sie nach der Küche ging, kam er aus dem Kontor, hatte immer was mit ihr zu schwatzen, schenkte ihr wohl eine Blume, ein Stück Gebackenes und dergleichen. Meine Mutter, welche genau auf uns achtete, merkte das, und die Plätze bey Tische wurden unvermerkt vertauscht, so daß einer von den kleinen bey ihm zu sitzen kam. Mein Platz war immer bey meinem Vater. Auch hatte meine Mutter ihm noch immer wie Bursche begegnet, und er, weil er mit ihr nichts zu thun hatte, war zu stoltz, zu kriechen, oder sich auf irgend eine Art um ihre Gunst zu bemühen. Er war gedankenlos, vergaß all die kleinen Höflichkeiten, Gefälligkeiten, die Wohlstand und Gewohnheit nun einmahl fordern, z.B. gratulieren zu Geburtstagen, Weyhnachten, Neujahr, Gesundheit trinken bey Tische und dergleichen, nahm sein Weyhnacht Geschenk nie mit genugsamen Dank an, war im äußersten Grade nachlässig in Kleidung und dergleichen, kam mit unfrisiertem Haar zuweilen zu Tische, war, was der Franzose sagt, moquant, auffahrend, ließ sich von meinem Vater, ob er ihn gleich in seinem Hertzen liebte und schätzte, nichts sagen. Mein Vater bemerkte seinen Fleiß, seine Einsicht in der Handlung, sah es genug ein, daß er ihm damahls unentbehrlich war, aber ging sehr behutsam mit ihm um, ›und schonte ihn auf gewisse Art‹, aber meine Mutter haßte ihn, nutzte alle seine Fehler gegen meinen Vater auf, sah es ungern, daß mein Bruder ihn so liebte.

Octav war also theils aus Freundschaft von meinem Bruder, theils, ihm die Härte meiner Eltern einigermaßen zu ersetzen, auf eine andre Art die Zeit über gehalten, auch ward er dadurch uns Mädgen näher gerückt, und die große Kluft eines Kontorbedienten mit uns Demoiselles hörte auf. Nur blieb oder *kam* vielmehr damahls eine größere Kluft zwischen ihm und mir. Er sah mich mit so großen Augen an, daß er mich für eine Person aus einer *höheren* Sphäre hielt. Ich hatte in den Zeiten wohl kleine Aufsätze gemacht, und die hatte mein Bruder ihm geliehen, und dadurch und durch mein gantzes Betragen hatte er *solche* Ehrfurcht, Zurückhaltung gegen mich, daß, wenn er mit den andern Mädgen auch noch so viel schäkerte, ›er doch gegen mich nichts als Entfernung und Ehrerbietung zeigte,‹ so gar in meiner Anwesentheit lange nicht so munter war, und dies Betragen hatten noch 4 andere von meines Bruders Freunden, die denn sontags nach Tische zu uns kamen. Ich war in ihren Augen nicht ein Mädgen, die ihnen, weil sie Jünglinge waren, gleich war, sondern ein Geschöpf einer andern Gattung, und wenn ich da war, so hörte die rechte laute Freude und das lustig seyn auf. Es ward mehr gesprochen. Das war mir fatal, weil ich keinen Anlaß dazu gab; ich war doch ebenso wohl junges Mädgen wie meine Schwestern, und verlangte doch nichts wie *äußerste Achtung von allen!* Ich Thörin wäre ich doch damit zufrieden gewesen!

Einige Sontage waren nun schon mit unseren Freunden recht hertzlich vergnügt während der Abwesenheit unserer Eltern vergangen. Man las, man witzelte, empfindelte, schäkerte und dergleichen, als an einem Sontag Nachmittag, da wir nun eben zusammen in der Laube lesen wollten, einer von den kleinen hergelaufen kam, und die Ankunft zweier Mamsels verkündete, die wir nur von Ansehn kannten. Die eine, E., war schön und feurig, so sehr, daß so gar Sara bey ihr wegfiel, die andere war ein gewöhnliches Mädgen, wollte das scheinen, was die andere war, so gantz Kunst, wie die erste gantz Natur. Kein Wunder, daß die E. allen gefiel, Octav und mein Bruder aber verliebt wurden. Es war beyder *erste* Liebe, also war sie bey beyden gleich, stark, nur das Octav mit Heftigkeit und mein Bruder mit Sanftmuth liebte. Sie las den Frühling von Kleist, aber schöner habe ich ihn nie lesen hören. Es ward die innigste Freundschaft unter uns geschlossen und Sontag sollte der Tag unsrer

Zusammenkunft seyn. Auch ich fing mit dieser E. einen Briefwechsel an, der innig und vertraut war, und worinnen wir Mädgen von unserm Zimmer aus, über alle möglichen Dinge der Welt raisonierten und doch von Allem so *wenig* verstanden, so *wenig* Welt und Menschenkenntnis hatten, daß es für einen dritten mußte lustig zu lesen gewesen seyn; wir thaten uns aber nicht wenig darauf zu gute.

Die Freundschaft zwischen meinem Bruder und Octav aber litt durch diese Liebe, Octav ward eifersüchtig zum Entsetzen, und sie war doch gegen beyden gantz gleich. Mein Bruder hatte also traurige Tage, denn tagelang saß er auf dem Kontor, ohne eine Silbe zu sprechen. Er ward uns allen als *Feind* furchtbar. Mein Bruder klagte mir dann seine Leiden mit Thränen, daß er doch nie der Glückliche seyn würde, sie zu besitzen, daß Papa das nie zugeben würde, hingegen Octav sey frey, gantz sein eigner Herr, und sie würde seyn werden. Und dieses Mädgen, Kinder, ist nun noch 13 Jahre nachher noch unverheyrahtet, und es ist keinem ihrer Liebhaber, mit aller Freyheit zu thun, was sie wollten, eingefallen, sie zu heyrahten. Und die Ursache? Nicht Mangel des Vermögens, sondern Eitelkeit, Koketterie. Sie wollte *alle* fesseln, und fesselte *keinen*. Unvorsichtigkeit im Umgange, ein Ansatz von Leichtfertigkeit. Jetzt ist sie gebessert, des besten Mannes wehrt, und die Braut eines Kandidaten, der aber noch kein Amt hat. Nach 10 Jahren hat sie ihren Geliebten bekommen, ist das beste Weib geworden, aber ein Jahr nachher gestorben.

So verging diese Zeit der Abwesentheit meiner Eltern. Wenn Octav und mein Bruder gegen das Ende der Woche auch wieder Freunde waren, so brachte doch der Sontag, wo Stücke aufgeführt wurden, alles wieder in Unordnung, weil einmahl dieser, das andere mahl jener der Favorite von ihr war. Wir andern Mädgen waren während dieser Epoche nur Nebenpersonen, selbst Sara war von allen Liebhabern verlassen. Einmahl fuhren wir in der Woche mit Fl. auf der Alster aus, und weil *er* diese Ausfahrt anstellte, so konnten wir nicht absagen. Es waren noch einige seiner Freunde da, und Octav bey dem Zurückweg. Fl. war wieder gantz der alte, gantz Liebe, er bestürmte mein Hertz und schon wollts wanken; aber er küßte mich wie wir ausstiegen, auf eine solche Art, mit solchem Feuer, daß ich wieder zurückschreckte. [von Margarethe Milow unleserlich gemacht] Fl. war aus meinem Hertzen, ohne daß seine Stelle ersetzt war, das Hertz war da leer, aber ihm war nicht wohl bey dieser Leerheit. Es wünschte jemanden von Hertzen lieben zu können.

Nach einem Viertheljahr kamen unsere Eltern wieder. Wir fuhren ihnen den nächsten Sontag bis Blankenese entgegen. Wir waren eine starke Gesellschaft von unserer Seite und der Seite des andern Reisegesellschafters. Der Tag war ein Festtag für uns. Mehr wie 20 Mahl stiegen mein Bruder und ich die große Treppe in der größten Sommerhitze auf und nieder, um ihr Schiff zuerst zu sehn. Fl. war auch da, und den Tag war er mir am meisten mit seiner Zärtlichkeit zuwider, das Hertz wollte da allein an den Alten hangen. Endlich sahen wir ihr Schiff. Ja[kob] ließ sein Schnupftuch wehen und es kam, aber es konnte nicht gantz ans Land kommen und sie mußten ausgetragen werden. Hier nun sahen sie kläglich aus, kamen uns so mager, so alt vor, daß unsre Freude sehr verbittert ward. Sonst war die Freude des Wiedersehens groß und es ein feyerlicher, herrlicher Tag.

Des andern Tags hatten die Alten sich wieder erhohlt, und es ging ans Austheilen der Geschenke. Der noch übrige Theil des Sommers verstrich wie ich ihn Euch einmahl beschrieben habe, nur von unsrer Bekanntschaft durften wir uns nichts merken lassen, weil die Alten nicht sehr für neue Bekanntschaften waren, doch kamen wir in der Allee zum spazieren zusammen, wo mein Bruder denn der glückliche Liebhaber war, weil Octav seine Zeit wieder anging, sich gleich nach Tisch zu entfernen, doch entschädigte er sich dadurch, daß er die Woche über alle Abend nach Tisch mit ihr im Jungfernstieg ging. So verstrich der Sommer 1767.

Im Winter fing ich an, Sticken zu lernen, und für meine Mutter ein Paar ›Engeschonten‹ zu machen. Weil diese Arbeit Ruhe forderte, bekam ich die Erlaubnis, auf meinem Zimmer allein zu sitzen. Dies war meine *güldene* Zeit, die Hälfte des Tages las ich, und die Hälfte stickte ich. Das war nicht recht von mir, Kinder, ich stahl meiner Mutter Zeit, handelte wider ihren Willen, weil sie das Lesen verbohten hatte. Und wenn ich nicht einen *solchen* Bruder gehabt, durch dessen Hände ich alle Bücher bekam, o, wie leicht hätte ich dann durch sie verführt werden können.

Dieser Winter verstrich sehr eingezogen und ruhig. Ich war ein Mädgen von 19 Jahren, kam wenig anders aus, wie nach der Kirche, und es war doch ein fröhlicher Winter. Es braucht also auch selbst zum Glück der *Jugend* keiner Zerstreuungen, und was die *Welt* Freude heißt. Nun war mir das fatal, daß Fl., wenn er zu den Stunden bey meinen Schwestern kam, mich mit seiner Liebe plagte. [von Margarethe Milow unlerserlich gemacht]

Eine Angst aber hatte ich diesen Winter. Wir waren bey unserer Tante M., es war jemand da dessen Gesicht ich gleich nicht ausstehn konnte, wie ich ihn aber näher kennen lernte, fand ich, wie genau es mit seiner Seele harmonierte. Er nahm sich gleich Freyheiten die mir als einem jungen unerfahrenen Mädgen so auffielen, das ich erschrak, und daß in Gegenwart der gantzen Gesellschaft, und das so verstohlen, daß es niemand merkte. Der Heuchler. Ich floh vor ihm von einer Ecke der Stube zur andern. Aber wie groß ward nicht meine Angst, wies ans Wegfahren ging. Wir waren alle mit unsern Eltern zu Fuße gegangen, weils gefroren hatte, und wie wir da waren, fiel ein heftiges Thauwetter ein. Die Straßen waren voller Schnee, und es war schlechterdings nicht möglich zu gehen. Wir hatten nur *eine* Kutsche; er bot seine mir und einem meiner kleinen Brüder seine an, meine Eltern nahmen sein Anerbieten mit Dank an, und hier war die Angst meines Hertzens groß. Was sollte ich thun? Des Kerls Bubenstück entdecken? Das hätte ich gewiß gethan, wenn ich nicht anders gekonnt. Schon waren alle meine Entschuldigungen, daß ich lieber zu Fuß gehen, mich in ihrer Kutsche behelfen wollte, umsonst. Sein Dringen war stark, meine Eltern vermuhteten nichts Arges und wollten schon wegfahren. Er hielt schon meine Hand feste, mich in seinen Wagen zu führen, aber ich riß mich mit aller meiner Macht los, sprang die Treppe hinunter, bat einen meiner Brüder, doch ja gleich geschwinde zu Fuß wegzugehen, sprang in den Wagen meiner Eltern, und kroch so dichte zusammen, wie ich konnte. So erhielt mich Gott auch hier.

Der folgende Sommer fing an, wie der vorige geendet hatte. Die Liebe zur E. war noch nicht aus, und folglich das

Spazieren Sontags mit ihr auch nicht, wobey wir übrigen jungen Mädgen nicht die angenehmste Rolle spielten. Der Juli dieses Jahres aber war wichtig: Ich war seit meiner ersten Kindheit nicht krank gewesen, und außer Zahnschmertzen und Kolik kannte ich keine körperlichen Schmertzen. Wir hatten schon seit einigen Jahren ein Mädgen, das uns frisierte, und das unsre Geissel war. Sie war schwindsüchtig und ärgerlich, und wir alle hatten, selbst mein Bruder nicht ausgenommen, große Furcht vor ihr, zitterten, wenn wir sie nur hörten. Mit dieser hatte ich mich auf einem Sonnabend Morgen erzürnt, sie, um sich zu rächen, frisierte mich äußerst schlecht, und meine Schwester schön. Ich war eine Närrin, mich darüber zu ärgern, denn sagen durften wir ihr nichts, auch nichts daran ändern. Ich bekam also heftiges Kopfweh und ging damit nach dem Garten. Die Nacht konnte ich nicht schlafen, stand auf und fand, daß meine Unterlippe und gantzes Gesicht geschwollen war, legte mich wieder nieder und schlief bis 5 Uhr, stand auf, befand mich gut, die Geschwulst war weg, und ich ging, wie gewöhnlich nach der Alsterthüre, um da mit meinem Bruder Kaffee zu trinken, wo wir dann entweder lasen, oder gantz Schwester und Bruder waren, bis 9, wo sich dann alles versammelte, und wir uns der schon genossenen Stunden freuten.

So auch diesen Morgen, es war der 14 Juli. Mein Gesicht war wieder in gehöriger Ordnung und ich fühlte mich gantz heiter. Mittags hatten wir große Gesellschaft, mir ward nicht wohl, und ich ging zu Bette. Nun fühlte ich die Krankheit in allen Adern ankommen, und sich meiner fürchterlich bemeistern. Ich ward die Nacht und den folgenden Tag immer schlechter, und man konnte mich kaum Dienstag hinein bringen. Das ist eine schreckliche Empfindung, der Anfang einer so fürchterlichen Krankheit wie das Faule Fieber. Donnerstag darauf war Waysenkindertag. Meine Mutter hatte schon eine große Gesellschaft auf den Tag lange vorher gebeten, und fuhr also hinaus, besorgte eine gute Wärterin, alle andere Erquickung an Getränken und empfahl mich dem Doctor, der auch 2 Mahl kam. Auch frug sie mich, ob ich meinen Beichtvater haben wollte, aber die Krankheit war zu heftig, als daß ich eines Gedankens an Gott hätte fähig seyn können. Die Nacht rang ich mit dem Tode, ohne daß ichs wußte. Freytag Morgen kam meine Mutter früh mit meinem Bruder, der auch krank geworden, herein. Sie erschrak, wie sie mich sah, die Gefahr hörte, in der ich gewesen; sie hatte sich mich so krank gar nicht gedacht, sonst wäre sie nicht hinaus gefahren, dazu war sie eine zu gute Mutter.

Sonnabend kam meine Besinnung wieder und ihr heißes Verlangen und heftige Furcht vor dem immer näher kommenden Tode. Schon hörte ich seinen kommenden Fußtritt, zitterte und wünschte ihn doch, den Erretter der Schmertzen. Ich war mir keiner vorsätzlichen Sünde bewußt, mein Hertz war gut, aber doch wie viel, wie viel sah ich da immer in mir, das ich vorher nie gesehn. O, die Todesstunde ist die rechte Stunde der Selbstprüfung, die Angst meines Hertzens war groß, die Nohtwendigkeit der Versöhnung mit Gott lag klar vor mir. Ich bat, man möchte meinen Beichtvater hohlen lassen, aber sein Beichtstuhl war den Tag so groß, daß er vor Abends um 8 nicht kommen konnte, und da würde er umsonst gekommen seyn, die Krankheit ward zu heftig. Der Doctor gab mich auf, und von der Zeit an, bis 4 Wochen nachher war ich mir keiner deutlichen Besinnung bewußt. Ich raste, oder lag in tiefem Schlummer. So viel erinnere ich mich, daß Sara in derselben Kammer lag, mein Bruder oben an derselben Krankheit, meine Mutter uns unbeschreiblich pflegte, keine Nacht vor 12 zu Bette ging und die erquickensten Getränke uns besorgte. Gott schlug unser Haus damahls, er schlug uns. 4 Kinder lagen an Faulem Fieber und 4 hatten den heftigsten Keuchhusten. Es kam niemand in unser Haus, wie der Doctor. So gar hatten wir Mühe Wärterinnen zu bekommen. Trudchen war die einzige Gesunde, die einzige die Mama half. Wir anderen litten unaussprechlich. Es war just in der größten Hitze; *der* Kopfschmertzen erinnere ich mich jetzt noch nach 12 Jahren. O, wenn Gott schlägt! Meinem Vater wars bis jetzt in *allem* geglückt, Gott hatte ihn jedes Jahr so reichlich gesegnet, so viele Freude durch seine Kinder geschenkt, aber nun, nun wollte Gott zeigen, wie stark, wie schwer er schlagen konnte, wie furchtbar er sey, wenn Er sein Schwert gezogen, seinen Bogen gespannt, seine Pfeile ausgerichtet hatte zum Verderben.

Einmahl verlangte Fl. mich zu sehn. Er kam, ich sah wie er weinte, und reichte ihm die Hand. Er blieb nicht lange. Wie ich etwas besser ward, war meine erste Frage nach meinem Bruder; wie erschrak ich, da ich hörte, daß er fast noch kränker sey, wie ich gewesen. Da ging mein Leiden erst an, da kam wieder Empfindung und Besinnung.

Nun wars auf einem Abend just so ein heftiges Gewitter, daß die Stube immer vom Blitz erleuchtet war, und die Bettstelle unter mir bebte. Da nun lag mein Bruder zum Sterben. Ich hatte es von ungefähr gehört, daß der Doctor gesagt, er könnte und würde die Nacht nicht überleben. Aber *sein* Urtheil war nicht Gottes Urtheil, Gott wollte seinen Bogen nur *spannen*. Mein Vater bat zu Gott, und des Gerechten Gebet vermag viel, wenns ernstlich ist. Schon hatten meine Eltern Abschied von ihm genommen. Meine Mutter war zu entkräftet, sie mußte zu Bette gehen; sein Totenhemd war zurecht gelegt. Der Wärterin hatte mein Vater gesagt, wenn er gestorben, solle sie leise anklopfen, damit Mama es nicht hörte.

Nun hatte meine Wärterin mit mir zu thun, ich wollte mit Gewalt zu ihm hinauf. Mein Bruder könne ohne mich nicht sterben, sagte ich immer. Wie ich nun sah, daß ich nicht konnte, nahm ich meine Zuflucht zu Thränen und Gebet, bis ich auf einmahl ein Gepolter oben auf seinem Zimmer hörte, da schlug ich die Hände zusammen und sagte mit fürchterlicher Stimme: »Nun ist er tot, tot, tot!« so daß der Wärterin bange ward, sie mir versprach, daß, wenn ich ruhig im Bett bleiben, sie hinaufgehn und zusehen wollte. Sie kam gleich mit der Nachricht wieder, er lebe nicht allein, sondern sey auch durch den sanftesten Schlaf erquickt. Meinen Eltern gings noch sonderbarer: Sie sind zwar zu Bett gegangen, können aber nicht schlafen. Nach Mitternacht wird leise an ihr Zimmer geklopft und mein Vater herausgerufen. Da umarmt er erst Mama und sagt: Nun Gott hat alles wohl gemacht, er ist tot. Und da steht er auf und geht hinaus. Aber nun denkt Euch seine Freude, wie er hört, er habe sich gebessert, verlange zu trinken, und es sey, nichts mehr vorhanden.

Den andern Tag hatte mein Bruder den weiß und rohten Friesel und das Fleckfieber, und ich hatte durch die Angst der vorigen Nacht einen Rückfall und war sehr schlecht.

So verging der Juli und August. Wie wir zuerst aufgestanden, konnten wir nicht gehen und mußten am Stocke gehen lernen, so hatte uns die Krankheit ausgemergelt. Doch das Gefühl der Genesung, die Freude darüber war groß, so groß, daß es uns merklich besserte. O, der Empfindung des Morgens, wenn wir immer besser, immer erquickter erwachten, das Hertz war uns so weich geworden. Wie wir da unsere Eltern und uns unter ein ander liebten. Mit welcher Freude wir den ersten Baum sahen, mit welchem Appetit aßen – Das Gefühl der Genesung war beynahe die Krankheit wehrt. Doch war noch eine Begierde bey mir zu stillen übrig, *die*, meinen Bruder zu sehn. Es war der 14. Sept. Meine Mutter war zuerst wieder nach dem Garten gefahren, Sara schlief, und ich kroch leise auf meinem Stocke nach ihm hinauf. Aber wie erschrak ich, wie er über unsere Gestalt. Wie wir uns da umarmten, umschlangen, vor Freude zitterten, Gott dankten, daß wir uns wieder sahen ›, wieder hatten‹. Und welche Stärke erhielt unsre Liebe dadurch, wie ward sie erneut, erhöht. Eine Stunde blieben wir wohl zusammen, und da mußte ich hinunter, daß niemand was merkte. Die starke Empfindung aber und die Treppe hatten mich sehr ermattet. Den folgenden Sontag, meines Bruders Geburtstag, erlaubte der Doctor uns zuerst wieder auf unsrer Eltern Zimmer zu essen und mir und Sara, nach Tisch nach dem Garten zu fahren. *Des Nachmittags* denke ich Zeit meines Lebens!

Während dieser Zeit war Fl. zum Prediger in Oldenwalde erwählt und hinübergereist, es zu besehen, doch trat er erst Ostern sein Amt an.

Unter meiner Krankheit soll ich oft nach Octav gefragt haben, und ob er sich auch nach mir erkundige, doch davon wußte ich mir nicht zu erinnern. Eins nur, weiß ich, in der Zeit der Besserung hörte ich ihn im Hofe sprechen, und sagte zu Sara mit einem Ausdruck, der ihr auffiel. »O, *die* Stimme habe ich auch lange nicht gehört.« Und ich fühlte, daß ich roht ward.

Unsere Lebensart diesen Winter war wieder dieselbe vom vorigen Winter, nur daß unsre Eltern meinem Bruder erlaubten, zur Vergütung unserer Krankheit sich auf 10 Bälle auf dem Amtshause zu engagieren. Und nun, Kinder ein Wort von Bällen: Sie gehören *nicht* zu den *unschuldigen* Freuden der Jugend. Sie warens vielleicht ihrem ersten Urprunge nach, im Tanz aus der Freude des Hertzens, der dann so auf einmahl bey einer frohen Gelegenheit entstand, wo junge Leute sich ihrer Jugend freuten und unter ein ander herumsprangen und tantzten, oder bey einer Hochzeit in den alten ehrwürdigen Zeiten, wo Jünglinge und Mädgen noch in einer Entfernung mit ein ander lebten, dieser Familientantz dann Liebe erweckte, heilige, keusche Liebe, Liebe, die man jetzt nur noch dem *Namen* nach kennt. Damahls, bey *solchen* Täntzen schlug des Mädgens Hertz höher empor, und neue Bräute waren die Losung davon. Aber von dem allen haben sie nichts mehr, nichts von Liebe, nichts von Freude. Es sind steife Zusammenkünfte, deren Hauptzweck bey den Mädgen der Putz ist, worauf 8 Tage vorher gesonnen wird, und dann wird doch oft diese lange erwartete Freude des Putzes durch einen andern, der noch schöner ist, zerstört. Begierde zu gefallen, und nicht etwa *einem* Jüngling, zu dem Liebe auf dem vorigen Tantz in uns entstanden ist, nein, der *wahren* Liebe ist kein Ball fähig, allen will man da gefallen, dem Thoren im vergoldeten Kleide, den man im Hertzen verachtet, mehr wie dem stillen, bescheidenen Jüngling, dessen Kleid und Frisur nicht nach der Mode ist, dessen Stimme noch nicht so frech ist. Die jetzigen Bälle machen ein wüstes unruhiges Hertz. Die Mannsleute nehmen sich auch *da* Freyheiten, die sich mit der reinen, zarten Knospe jungfräulicher Keuschheit nicht vertragen. Sie sehen die Mädgen, die so viel auf Bälle gehn, wie eine freywillige Beute an.

Zum ersten Ball freuten wir uns sehr. Uns waren zwar alle Haare ausgegangen, so daß wir uns nicht frisieren konnten, und große französische Kopfzeuge aufhatten, doch waren wir noch zu gut, als daß das unsere Freude hätte stören können. Ich machte eine Eroberung, wie man das nennt, es war jemand da, der mich bey jedem Schritte verfolgte, fast nur mit mir tantzte, doch hatte mein Hertz keinen Theil daran, es war nicht für ihn. Den andern Tag quälte mich Fl. damit; er hatte Sara vorher ausgefragt und wußte mir alles zu sagen. Das war mir verdrießlich, noch mehr, weil mein Hertz keinen Antheil daran hatte. Bey den andern Bällen hatten wir manchen Verdruß unsrer Kleidung wegen. Ich hatte nur zwei und durfte dazu das eine nur selten anziehen, und den andern Putz immer nach der Mode ›in Ordnung‹ zu halten, das wollten wir gerne und konnten es nicht, weil wir zu geringes Taschengeld dazu bekamen. Kurtz, wir waren unsrer Kleidung wegen mit die schlechtesten auf den Bällen, und das verdroß uns nicht wenig, ja es machte uns zuweilen mürrisch und verdrießlich gegen unsre Eltern, das es hätte nicht thun sollen. Wir wußten damahls noch nicht, was ein solcher Haufen Kinder zu erziehen kostet. Und doch, ohngeachtet unsers wenigen Putzes gefielen wir oft mehr wie die geputztesten;

das war unsre Unschuld, das noch unverdorbene, so man auf unsern Gesichtern las, das auch den schlechten Mannpersonen an uns gefällt. Dies Gefallen aber, Kinder, reitzte meine Begierde, mehr zu gefallen. Jeder Ball, jede Eroberung, die ich da machte, machte mich eitler, ich fing an zu sinken. Schon konnte ich die, welche mir nicht gefielen, welche ich Närrin aber für gefesselt hielt, mit solchem Stolze, solcher Kälte begegnen, wie kein gutes Mädgen thut, ich vor einem Jahre nicht hätte thun können. Meine Keuschheit und Unschuld aber erhielt sich unbefleckt, ich hätte es Keinem raten wollen, sie nur im geringsten zu verletzen. Nur Eroberungen machen, meine Eitelkeit befriedigen, war mir Freude, und daher war mir jede Gesellschaft, wo ichs nicht konnte, leer, jeder häusliche Cirkel mit unsrer Großmutter Sontags Abends langweilig. Das Kinder, war der *Anfang* und ists bey jedem Mädgen, das fällt. Aber Gott, der gute liebe Gott, hatte besondere Vorsorge für mich, wollte mich gut erhalten. Ihr werdet sehen durch welche Mittel.

So war ich, ich, die Octav für ein Mädgen aus einer höheren Sphäre hielt, war auf dem Sprung, ein gantz gewöhnliches zu werden, doch nur auf dem Sprung dazu.

Wenn ich nun so von einem Ball zu Hause gekommen war, meine Sinne wieder in Ruhe waren, ich über mich nachdachte, das Leere fühlte, das alle diese jungen Herren in meinem Hertzen gelassen, das Fl. nicht füllen konnte, *was* war dann der leise aufkeimende Gedanke, den ich kaum zu *denken* wagte, und so schnell er gedacht war, ebenso schnell ihn wieder erstickte? Kein andrer, Kinder, als Octav. Octav, der fing, mir an diesen Winter im Kopfe, oder vielmehr im Hertzen herumzugehn. Wir hatten des

Abends, so bald der Tisch gedeckt ward, frey; [das Mädgen] deren Haushaltungs Woche nun nicht war, die Küche zu besorgen, ging dann nach ihrem Zimmer und las, dann blieb ich gemeiniglich, bis Octav mich zu Tische rief, und so verging allmählig die Kluft zwischen ihm und mir, wenigstens sprachen wir im Hinübergehn von einem Zimmer zum andern zusammen, denn so bald er kam, stand ich gleich auf.

Wir führten diesen Winter unter uns, aber doch *ohne* Wissen unserer Eltern ein Trauerspiel auf. Octav mußte mir darin die Hand küssen, und dies setzte uns beyde in große Verlegenheit. Dies war die *einzige* Stelle des Stücks, die er *schlecht* machte, man sah ihm die Angst, Verwirrung, Widerwillen, mit der ers that, an der Geschwindigkeit an, mit ders geschah. So nicht bey Sara: Das Nachspiel war Herzog Michel, ›er Herzog,‹ sie Hanchen; aber dabey wurden die Umstände nicht gemacht, er drückte und küßte ihr die Hand, auch wohl gar den Mund, ohne daß beyde die geringste Verlegenheit darüber hatten, und weil man einmahl glaubte, er mochte sie leiden, so war nichts daran.

Den Ostern 1768 nun, nachdem alle Bälle aus waren, ward Minna von Barnhelm von uns aufgeführt. Ich Minna, mein Bruder Tellheim, Octav Werner, Sara Franziska. Woher aber kams, daß wir jetzt uns das erlaubten? Heimlich ohne Wissen unsrer Eltern, was wir uns sonst nie erlaubt hatten? Die Hauptsache war wohl unser Hang zur Komödie, und unsre wenige Befriedigung, desselben, weil unsre Eltern Feinde davon waren, die leichte Art es zu thun, ohne daß sies erfuhren, (denn Gelegenheit macht Diebe,) weil das alte verdrießliche Mädgen, wovon ich Euch gesagt habe, tot war, und wir *nur sie* fürchteten. Daß es Unrecht war, unser Hertz es selbst dafür erkannte, uns oft Vorwürfe darüber machte, brauche ich Euch wohl nicht zu sagen.

Octav lobte mich einmahl der Aufführung wegen, und sein Lob war mir alles. Auch küßte er mir einmahl, da er mir einen Stuhl bot, die Hand.

Nachher wurden Sara und Trudchen konfirmiert, Fl. reiste weg, um sein Amt anzutreten, zu meiner großen Freude, denn er hatte mich diesen Winter genug mit seiner Liebe gequält.

Nun kam der Frühling wieder, es ward schön Wetter und wir gingen alle Sontag mit unsrem Bruder spazieren.

Kurtz nach Ostern gab Doctor B. einen großen Ball, wozu wir auch gebeten wurden. Es war da unter andern auch der nachmalige Prediger Hahn in Wandsbeck. Zu Anfang des Winters hatte ich ihn einmahl auf einem Koncert gesehn und bemerkt, daß er aufmerksam auf mich war, nach meinem Namen fragte, und zuletzt zu mir hin kam, sich mit mir zu unterhalten. Er gefiel mir sehr, und es war mir damahls eine sehr angenehme Eroberung. Hier auf dem Ball hatte er mich nicht gleich bemerkt, aber sobald er mich bemerkte, forderte er mich zum Tanze auf, fragte, ob er mich nicht auf dem Koncert gesehen. Bis zum Tische war ich immer engagiert, konnte daher nicht weder mit ihm tanzen, noch mit ihm sprechen. Mann aß an verschiedenen kleinen Tischen. Er stand hinter meinem Stuhl, aß von meinem Teller, und trank aus meinem Glase. Nach Tische (O, es war ein schöner Rausch, wäre mein Hertz nur *gantz* frey gewesen) Er tantzte schön und *immer* mit mir, und wenn wir denn von einem Tanze ausruhten, dann that er mir solche Liebeserklärungen, daß ich betäubt ward. Er war ein schöner Mann, in den alle Mädgen verliebt waren; der Name Hahn ward von jeder mit Entzükken genannt, und doch bekümmerte er sich um keine, wie mich. Von dem nun zu hören, auf *die Art* zu hören, daß ohne mich für ihn kein Glück mehr ›in der Welt‹ sey, nur *diese* Hand ihn glücklich machen konnte und sollte, die er dann mit soviel Inbrunst an sein Hertz, an seinen Mund drückte, daß er alles in der Welt werden wollte (Er war damahls Hofmeister bey Schimmelmann); es mochte eine Stelle, ein Amt seyn, welches er wolle, um nur *mich* zu besitzen. Das und dergleichen Schmeicheleyen, aber so gantz andere, wie man sie wohl sonst hört, und das den gantzen Abend unter Tanz und unter Musik. O, ich war ein so schwaches Mädgen, das zwar keine seiner Liebeserklärungen, auch nur mit einer einzigen erwiderte, aber doch so schwach, ihn beim Abschied nicht bloß einen Kuß zu erlauben, sondern so gar aus vollem Hertzen einen zu *geben*. Ja, so gar ein Thränchen zu vergießen, wie er sagte, morgen reise er nun nach Arnsburg, werfe sich in seinen Großvater Stuhl, ließe Welt Welt seyn, dachte nur an mich, und auf Mittel, mich zu erlangen.

Den andern Tag nun war der Schertz meiner Schwestern immer über mich, meine Eroberung ward Octav mit Triumph erzählt, und er fragte Sara wie gewöhnlich nach allem aus. Ja, ich mußte von ihm hören, daß auch er an Hahns Stelle gewesen seyn, sich von mir hätte mögen füttern lassen. Einige Tage vergingen nun noch im Rausche, im Andenken an Hahn, und wer weiß, wenn wir öfter zusammen gekommen, ob nicht Ernst aus dieser Liebe geworden wäre, aber nun hattes nach ein Paar Tagen ein Ende, ich ward wieder Ich selbst, dachte es sey von seiner

Seite nur so eine Ball Liebe gewesen, die nun wohl schon längst verschwunden wäre, faßte neue Vorsätze von Kälte, Stärke, auch gegen Octav. Und *doch* wars von *seiner* Seite keine *solche* Liebe gewesen. Ich bin in seinem Hertzen geblieben, wie er mir nachher erzählt hat. Lange sinnt er herum, endlich fällt ihm ein, einmahl in Arnsburg zu predigen, er gefällt der Schimmelmann außerordentlich, und ihm wird von ihr die *erste* freye Predigerstelle auf ihren Gütern versprochen. Bald darauf wird auch die Stelle in Wandsbeck vakant, Rist, er und ein anderer unbedeutender kommen auf die Wahl, die Gemeinde wählt durch Mehrheit der Stimmen und wählt Rist. Schimmelmann aber greift durch und sagt, Hahn ist erwählt. Hierüber nun wird die Gemeinde aufgebracht und kommt gegen Schimmelmann aus, es hilft ihr aber nichts, als das die Konfirmation des Königs ein halbes Jahr verzögert wird, und Hahn bleibt Prediger. Diese Sache nun, die gantz wider Hahns Willen von Schimmelmann betrieben ward, kränkt ihn äußerst und weil er kurtz vor dem folgenden Ostern eingeführt ward, in seinem Leben nicht mehr wie *eine* Predigt gehalten, und nun, um sich bey seiner Gemeinde beliebt zu machen, alle Predigten in der stillen Woche und Ostern selbst hält, so bekommt er ein heftiges Blutspeyen, kann in einem Viertheljahr nachher sein Amt nicht verrichten, und bekommt das Verbot vom Doctor, wenn sein Leben ihm lieb sey, in einigen *Jahren* nicht zu heyrahten. Ich bekam von Hahn nachher nichts weiter zu hören, als daß er Prediger geworden wäre.

Doch zurück. Bey Octav war schon zu Anfang des Winters Liebe gegen mich entstanden, nachdem das was er gegen die E. gefühlt, sich beynahe in Verachtung gewandelt hatte.

Ja er glaubte so gar, daß schon seit der Zeit er denken konnte, Liebe gegen mich in seinem Hertzen gewesen, nur habe ihm die Kluft zwischen uns unersteiglich geschienen; eine Liebe, wie die Engel gegen ein ander haben, habe er sich wohl, wenn er mich so gesehen, meinen Wandel im Stillen betrachtet, sich denken können, sey aber vor dem bloßen *Gedanken* zurückgebebt, und *Freundschaft* sey sein *höchster* Wunsch geworden. So bey ihm, bis die Liebe zur E. gekommen, die heftig gewesen, so aber auch bald verschwunden sei, und da sey der Gedanke an mich wieder mit doppelter Kraft in ihm aufgestiegen. Jeder Ball, auf dem ich gewesen, sey ihm Qual gewesen, dann habe er gewünscht, mir das Gesicht schwartz färben zu können. Er sey so wie eine Meereswelle herumgetrieben, nur *dann* ruhig, wenn er mich still zu Hause, auf dem Zimmer meiner Mutter gewußt. Er habe der Zukunft gedacht und gebebt. Der Gedanke an meine Verheyrahtung sey ein Schwerdt durch seine Seele gewesen, und doch habe er sich selbst nicht einmahl getraut, seine Liebe sich selbst zu gestehn, andre Nahmen erfunden und sich so getäuscht. Sogar habe er versuchen *wollen*, sich in ein anderes Mädgen zu verlieben. Es war die Tochter einer Prediger Witwe, eins der schönsten Mädgen ihrer Zeit, zu der habe er freyen Zutritt gehabt, das Mädgen habe ihn leiden mögen, er alles versucht, Liebe gegen sie in sich zu erwecken, aber alles vergeblich, das Hertz sey leer und kalt gegen sie geblieben, und Liebe gegen mich nur mehr gewachsen. Zwar erzählte er uns, daß er sich in sie verliebt, sein Glück jedesmahl, wenn er sie gesehn, mit ihr spazieren gegangen. Wir schertzten alle dann bey Tische darüber, oft so laut, daß die Alten es hörten und mitlachten. Aber mich verdroß es, ich suchte mich zu rächen, wandte auch vor in Jemanden, das noch Bekanntschaft vom Balle war, verliebt zu seyn, und beydes wurde von Schwestern und Brüdern geglaubt.

Einmahl, an einem Sontag Nachmittag, gab ich meinem Bruder Nikolaus ein Buch mit den Worten: »Grüß Octav«, und er möchte Dir den folgenden Theil geben, doch nein, von Grüßen sage nichts. Nikolaus thuts, giebt ihm das und fordert den folgenden Theil. Octav giebt ihn ihm und sagt: »Grüßen Sie Mamsel Betchen, doch nein, von Grüßen sagen Sie nur nichts.« Nikolaus fällt das auf, er sagt, das ist doch sonderbar, dasselbe sagte mir Betchen, erst: Grüß Octav, doch nein, von *Grüßen* sage lieber nichts. Dieser Umstand habe ihn gerührt, er sey unruhig, traurig geworden, habe gehofft, gefürchtet, und doch sey sein Zustand damahls *glücklich* gewesen.

Bey mir war jetzt die Begierde, zu gefallen, die Eitelkeit, alles, wieder aus; von allem diesen hatte die *Liebe* mich geheilt, ich ward wieder ein *gutes* Mädgen.

Mein Bruder und er hatten damahls Tauben. Nach Tische Mittags gingen wir dann sie zu besehen. Er war dann schon da. Hier *sahen* wir uns nur zwar, sprachen uns auch von den gleichgültigsten Dingen in der Welt, aber es war uns genug. So gingen die Sachen bis gegen Pfingsten. Wir waren sehr *entfernt* und doch uns so *nahe*, es bedurfte nur einer Gelegenheit, einer Äußerung, und wir waren auf ewig vereint. Mit langsam schnellen Schritten kam diese Stunde. Schon fürchteten wir uns einer vor der andern, wenn wir allein waren. Suchtens zu vermeiden und wünschtens doch.

In Pfingsten nun zogen wir nach dem Garten hinaus, er kam Mittags nach. Wir hatten damahls noch einen Fischteich im Garten, an dem stand Großmama und er und fütterten die Fische. Ich kam dazu, er sah mich an, ich ihn, den Blick bemerkte Großmama und hat meinen Eltern lange nachher gesagt, daß sie von der Zeit an Liebe bey uns bemerkt habe. Den andern Tag nachmittags mieteten meine Eltern zuerst einen Bedienten, sie waren mit ihm auf der Diele, und wir mußten außen bleiben. Es traf sich, daß wir *beyde just* in dem einen Garten waren, er pflückte Blumen, die er mir gab, ich auch, gab sie ihm und sagte: »Nun, Sie sollen doch auch welche von mir haben,« und da ward mir Angst, das Hertz klopfte mir, und ich ging.

Meine Schwestern sagten mir ein andermahl, ich sähe ja bey Tische Octav so viel an, was das wäre? Hier erschrak ich, das, dachte ich, was du vor dir selbst verbergen wolltest, haben andre entdeckt, so weit ist es mit dir gekommen, ich weinte, betete, wußte nicht, wie mir war. Das ist nun deine Tugend, worauf du doch bey Fl. so viel zu gute gethan, wo ist nun deine Stärke? nun zeige sie. Da wünschte ich die vorigen Zeiten der Ruhe wieder, aber vergebens, nun wars zu weit, ich hatte *anfangs* nicht genug gekämpft.

Johannistag Nachmittag hatten die Alten sich schlafen gelegt. Sara und Trutchen waren nach der Kirche gegangen, mein Bruder, Hanchen, Octav und ich fuhren mit einem kleinen Boot nach der Rabe. Beym Ein- und Aussteigen mußte ich ihm die Hand geben, aber wie zitterten wir beyde, wir berührten sie kaum, ich hätte *fallen* können, ohne von seiner Hand eine Stütze zu haben. Wie wir da waren, kaufte er die herrlichsten Erdbeeren in Menge für mich; es war sehr windig, meine Frisur daher ziemlich in Unordnung, aber er brachte sie wieder in Ordnung. Wie wir wegfuhren, schrieb er an die Thüre: Der 25ste Juni, der glücklichste meines Lebens. Alles schlief noch, ›und war in der Kirche, wie‹ wir auf dem Garten kamen. Ich brachte meine und Hanchens Frisur geschwinde wieder in Ordnung, er ging zur Stadt, und es wußte kein Mensch was von unserer Fahrt.

Wir fuhren den andern Tag wieder nach Hamburg, aber Mama blieb des Brunnens wegen außen. Den letzten Juni waren Hanchen und ich allein zu Hause; wir gingen, weils Marckt war, Nachmittags im Jungfernstieg. Abends gingen Papa und mein Bruder nach dem Garten, denn Mama war außen krank geworden, und nun ward so die Einrichtung gemacht: Sara sollte außen bey ihr zur Pflege bleiben, weil niemand besser *dazu* geschickt war, wie sie, sie überhaupt meiner Mutter mehr war, wie ich ihr war. Mein Bruder sollte anfangen, den Brunnen außen zu trinken, denn noch immer war seine Gesundheit schwach; Jakob ging Abends mit Papa und Hanchen oder Trutchen, eins ums andre hinaus, eine sollte bey mir bleiben, und ich, den Hausstand zu führen, blieb die gantze Woche in der Stadt.

Dieser 30. Juni nun, Kinder, war die Quelle vieles Unglücks für mich, ich that einen Schritt, O prägt ihn Euch tief, tief mit allen seinen schrecklichen Folgen in Eure Seele, Kinder, und laßt das unglückliche Schicksal Eurer Mutter wenigstens *das Gute* haben. O ich würde alle meine Leiden segnen, wenns das hätte, Euch vor dem ersten Schritt von dem guten, graden Wege der Tugend zurück zu halten, *wenn man noch kann*, es noch nicht zu spät ist. Doch keine Declamation, sondern *sehen* sollt Ihr, das wird mehr würken.

Ich war also mit Hanchen allein zu Hause, und war schwach genug, *Octav* zu fragen, ob er nicht nach Tische des schönen Wetters wegen mit uns im Jungfernstieg gehen wollte. Unschuld versteckt sich nicht, kann sich vor jedem sehen lassen, aber ich? ich wars nicht, ich brauchte eines Schleiers, damit mich niemand sehen möchte. Und doch, O ich fühle sie noch, diese Angst eines bösen Gewissens; wie mir das Hertz schlug, jeder, der mir begegnete, mich nur ansah, von dem glaubte ich erkannt zu seyn. Das war der *erste* Schritt, heimliches Ausgehen mit dem, den ich liebte; noch ward er mit Zittern gethan, das Gewissen sagte noch laut, noch *ohne* Entschuldigung: du handelst *unrecht*, thust Sünde. O wer mir das vor einem Jahre gesagt hätte, daß es so weit mit *mir* kommen würde. Ich blieb nur eine kurze Zeit, die Angst meines Hertzens war zu groß, ich eilte nach Hause, warf mich in mein Bette und tiefe Thränen der Reue, die aus dem Innersten meines Hertzen kamen, waren die ganze Nacht Zeugen meiner Angst, aber vermochten sie nicht zu löschen.

Den andern Tag, der Tag vor Marientag, kamen meine Schwestern des Frisierens wegen zu Hause. Sie erfuhren alles gleich von Hanchen, und ich mochte meine Augen nicht aufschlagen. Nun triumphierten diese Mädgen über ihre schwache Schwester, spotteten ihrer, die *sonst* ihr *Muster* gewesen, sie so oft zurückgehalten hatte. Ich konnte und wagte es nicht, mich zu vertheidigen, schwieg stille, bat sie nur aufzuhören und weder meinen Eltern, noch meinem Bruder etwas zu sagen.

Octav und ich mieden uns den gantzen Tag, bey Tische wagten wir kaum, uns anzusehen. Des andern Tags, wie er Mittags nach dem Garten kam, sah ich seine Wangen blaß von Thränen, unser gantzes schreckliches Schicksal hatte ihn geahndet. Er sah mich mit trüber finstrer Wehmut an.

2 Tage nachher war Waysen Kindertag und ich blieb auf dem Garten. Auch kam der neue Hering an, wir sahen uns also fast in einer Woche nicht wieder.

Die folgende Woche fing nun alles wieder seinen Gang an, ich allein mit meiner Schwester zu Hause. Alle Gelegenheit also zu *fallen*, war für mich da. O ich hätte beten sollen, da ich mir nicht anders helfen konnte, hätte mein gantzes Hertz meiner Mutter entdecken, mit Thränen der Reue mich in ihre Arme werfen sollen. Aber nein, meine Mutter war immer sehr strenge gegen mich, ich *fürchtete* sie also wohl mehr, als ich sie *liebte*? Nein, das nicht, Kinder. Ich liebte sie unaussprechlich, wenn sie so oft bey mir saß, wünschte ich sie umarmen, aus voller Seele an meine Brust drücken zu können, aber sie war nicht so gegen *mich* von gantzer Seele Mutter, wie sies gegen die andern war. Sie war ernst, zurückhaltend, strenge, bey den kleinsten Versehen böse, und daher war mein Hertz nicht kindlich gegen sie, denn Furcht ist nicht in der Liebe.

So hätte ich mich denn doch meinem Bruder, den ich so von gantzer Seele liebte, entdecken können? Ja wohl, Kinder; aber auch den fürchtete ich. Wie ich noch so gantz gut war, hatte ich nichts vor ihm geheim, konnte mein ganzes Hertz ihm ausschütten, aber jetzt? was sollte das jeden Sonnabend tiefer gefallene Mädgen ihm sagen? Doch jeden Schritt sollt ihr wissen.

Den ersten Abend wie ich wieder allein mit Trutchen war, bat Octav sie, doch mit ihm im Jungfernstieg zu gehen. Sie konnte es nun, ohne ihn zu beleidigen, nicht abschlagen, da ich, ihr Muster, es gethan. Übrigens wagte sie nichts dabey. Wir gingen also wieder hin. Ich zwar noch mit Angst, mit klopfendem Hertzen, entdeckt zu werden, aber diese

Angst verschwand mit jedem Abend mehr, und zuletzt wagte ichs so gar, ohne Schleier hinzugehn. Kurtz dieser Gang nach dem Jungfernstieg ward jeden Abend, anfangs nur bey gutem, nachher auch bey schlechtem Wetter vorgenommen. Warum aber blieben wir nicht zu Hause? um beyeinander zu seyn, und mein Gefühl doch noch *so gut* war, die Unschicklichkeit einzusehen, wenn er auf unserm Zimmer gewesen wäre. Ich auch so beym Spazieren an seinem Armen hing, O, wie war dann da, das alles, Welt und Zukunft vergessende Mädgen an seinem Arm so seelig. Welch eine Stunde der Wonne war das für mich, wie freute ich mich den gantzen langen Tag auf *diese* Stunde. Lange hieß diese unsre Empfindung Freundschaft, wir wagten nicht, sie Liebe zu nennen, und sie wars doch im höchsten ersten Grade, so hoch, so stark, so edel, daß sie Tugend gewesen wäre, wenn sie hätte von Eltern erlaubte Liebe werden können. Kein unkeuscher niedriger Gedanke, dessen wir uns hätten schämen dürfen, stieg in unsrer Seele auf, wie sich die Engel, wie wenig Edle sich auf dieser Erde sich lieben, so liebten wir uns, und doch war diese reine, edle, hohe Liebe Sünde, war Unrecht, weil sie *heimlich* war, wir mit Gewißheit wußten, daß meine Eltern sie nie zugeben würden und weil die beste, edelste, reinste Liebe, wenn nicht Ehe ihr Ziel ist und seyn kann, ihrer Natur nach schlechterdings fällt, von ihrer Höhe, ihrem Adel oft in *einer* schwachen Stunde fällt.

Wir taumelten also so fort, vergaßen die gantze übrige Welt um uns herum. Einmahl fuhren wir ›des abends‹ in einer Schute mit noch mehreren, denn weil immer eine meiner Schwestern mit war, so gesellten sich mehrere zu uns. Hier ward der *erste* heilige Kuß der Liebe gegeben, dem so viele folgten. Dieser Kuß war uns Verlobung vor Gott, der Mond und die Sterne waren Zeugen, und wir versicherten uns, das nur der Tod uns trennen sollte. So ging die Woche hin. Sonnabends mußte ich dann auf den Garten. Welche Oede da für mich, die Gesellschaft meiner Eltern, meines Bruders, der mir sonst so alles war, *nichts*: welche Einsamkeit, wie mir so gar mein Bruder zur Last, weil ich seinen ausspähenden, forschenden Blick fürchtete. Kam dann der Mond, der war unser Rendevous; vorher war die Stunde bestimmt, wo wir ihn *zu gleich* ansehn wollten und an ein ander denken, welche Thorheit, da wir doch an *nichts anderes* dachten.

Den letzten Monaht mußte mein Vater in der Kirche sammeln, er fuhr also erst Sontags Morgens mit ihm und mir hinaus. Dann konnten wir zwar nicht unsern Spaziergang vornehmen, aber manche Minute ward doch gestohlen, wo wir uns das seyn konnten, was wir uns *da* waren. Sontags auf dem Garten wurden dann Ausfahrten vorgenommen, zu Wasser und zu Lande, mit meinem Bruder und den andern. Mein Bruder war sein Freund, er sah unsre Liebe, ihre Folgen, was sollte er thun? *Wie* er sie sah, waren Warnungen schon zu *spät*; und wie hätte er unsre Seeligkeit stören können, ohne Verrähter zu werden? Bald hoffte er, so wie meine Schwestern, ohne Grund, und zitterte *mit* Grund. Octav *hoffte nichts, fürchtete alles,* jede unverheyrahtete Mannsperson schien ihm Freyer und war ihm daher schrecklich. Wenn er die Zukunft sah, starrte er, sah keinen Ausweg. Aber ich, ich schwaches, gantz in Liebe versunkenes Mädgen *hoffte alles, fürchtete nichts, mir* hing der Himmel voll Geigen. Ich vermied jedem zu gefallen, ließ Putz Putz seyn, hoffte immer, Sara würde zuerst verheyrahtet werden, und dann Trutchen, und dann, wenn man sähe, es käme kein Andrer zu mir, dann pflegte ich zu sagen, sind Sie mein, trotz der gantzen Welt, mein. Dann brauchen wir nicht viel, Liebe braucht wenig, dann kommen wir wohl durch die Welt. So schwatzte ich in meiner Trunkenheit, dachte, träumte so, aber dieser Traum dauerte nicht lange.

Die Geschäfte des Hausstandes besorgte ich so, daß meine Mutter nichts zu sagen haben konnte. Im übrigen aber hätte die Welt untergehen können, ohne daß ichs bemerkt. Bey jeder großen Mahlzeit, die wir auf dem Garten hatten, in jeder Gesellschaft war ich zerstreut, außer mir, dachte nur an ihn. Die Freundschaft und der Briefwechsel mit der E. und M. war alles aus. Liebe vertilgt alles übrige, leidet nichts neben sich. Lesen, sonst mein Liebstes, O, auf jeder Seite stand *er*, und dann las ich und wußte nicht, *was* ich gelesen, oder das Buch ward hingeworfen. Die Sontags Abends, wenn er uns dann am Thore verließ, ich ihn ohne Abschiedskuß, ohne Druck der Hand mußte weggehen sehn, und dann traurig allein an meines Bruders Arm (zuletzt schon früh, weil das Thor schon früh zugemacht ward), zurückschleichen mußte, O, wie war dann alles oede, alles Einsamkeit!

Endlich zog meine Mutter vom Garten herein, meines Bruders Brunnen war aus, und wir fuhren nur noch einige Wochen von Sonnabend bis Montag hinaus. Das Jungfernstieg Gehn war also auch aus. Das Zimmer, welches nachher das Kontor war, war damahls unseres, und weiter hinten schliefen die Kontorbedienten. Ihr Zimmer aber war schon seit vielen Jahren von den unsrigen durch eine weiße Thüre abgesondert, wozu Mama den Schlüssel an gantz besonderer Verwahrung hatte, und das Schloss war so gemacht, daß es nur von unsrer Seite konnte offen gemacht werden. Hierzu hatte Sara durch ihre Munterkeit Veranlassung gegeben. Nun ward unser Zimmer vergrößert und neu tapeziert. Wir schliefen also oben in dem Zimmer vor meinem Bruder zu, wo Ihr als Kinder oft geschlafen habt, und die weiße Thüre war des Baues wegen offen.

Es war eine alte Näherin die Zeit über, daß Mutter auf dem Garten gewesen war, immer im Hause gewesen, und diese ward Verräterin unseres heimlichen Spaziergangs. Wir wurden also, ohne daß wir es wußten, genau beobachtet, man konnte aber nichts entdecken, denn Liebe lehrte uns vorsichtig seyn. Aber Gottes Wille wars, wir sollten entdeckt werden, und es geschah. Unter dem Vorwande, das Zimmer, die Tapeten zu besehen, gingen wir immer gleich nach Tische nach hinten. Wir sahen, sprachen uns wenigstens etwas. So auch den 19. September. Octav blieb fast diesen gantzen Nachmittag da, und ich schlich auch, so oft ich nur konnte, von meiner Arbeit hin. Nach dem Thee gingen wir gemeiniglich, bis Licht angesteckt ward, noch eine Viertelstunde nach unsern Zimmer. So auch nun, doch ich, ich ging nach der weißen Thüre. Papa, der Octav den gantzen Nachmittag beynahe vermißt hatte, und auch den Bau besehen wollte, kommt dahin, er hört jemand sprechen, steht still, horcht, und hört die Stimme seiner Tochter, nicht laut sprechen, sondern flüstern. Wir hörten etwas, weils aber plötzlich wieder stille ward, glaubten wir, wir hätten geirrt und fahren in unserm Gespräche fort, daß denn immer so *einerley*, und uns doch so lieb war. Wie ich zurückgehe, sehe ich meinen Vater, seine ernste Stirne, finstrer Blick, und da seine Stimme. O, *keine,* zu *keiner* Zeit *keine,* ist meinen Ohren furchtbarer gewesen, wie diese. Und was er sagte? O, das waren Schwerter, die tief durch das Innerste meiner Seele drangen. Ich konnte vor Schreck nicht antworten. Wäre ich in die Hände eines Mörders gefallen, ich hätte mich so nicht erschrocken, wie nun vor meinem Vater. Ich zitterte und wankte hinauf. Die Zeit war aber schon verstrichen und ich mußte hinunter nach meiner Mutter Zimmer. Die Knie wankend, das Gesicht glühend, am gantzen Leibe zitternd, kam ich in dem Zimmer meiner Mutter, wo zu großem Glücke noch kein Licht angesteckt war. Ich konnte wenigstens sitzen gehn und meine Arbeit nehmen, ohne bemerkt zu werden. Aber es kam Licht, Finsternis, Schatten des Todes wären mir lieber gewesen. Ich verbarg das Gesicht so tief ich konnte in meinem Busen, konnte vor Zittern der Hände keinen Stich thun, die Knie schlugen an ein ander, die Zähne klapperten. Wie alles saß und in Ordnung war, ward ich bemerkt. Jede fragte, mein Gott, was fehlt dir? Bist du krank? Mama stand auf, besah mich, machte mir die Brust offen, die feuerroht wie das Gesicht war, und das Hertz schlug ihr sichtlich entgegen. Ich stammelte, daß ich nicht wohl sey. Man gab mir Pulver. Da ward Licht in der Küche gefordert; unter dem Vorwande, es möchte besser werden, wenn ich aufstände, ging ich hinunter, es zu kriegen. Octav begegnete mir auf der Diele wie ein Rasender. Ich sagte ihm bloß im Vorbeygehn: »Papa hat alles gehört.« Papa kam um 7 des Abends gemeiniglich einmahl hierauf, so auch nun. Mama sagte ihm, sie glaubte, ich sey krank, weil ich eine so außerordentliche Hitze habe, und der Puls mir ungewöhnlich schlage. Er antwortete nichts, sah mich an.

Ich konnte seinen Blick nicht aushalten. So brachte ich nun 3 Stunden zu, in einer Angst, die gewiß kein Veruhrteilter, wenn er nun zum Richtplatz geführt wird, empfinden kann. Mein Bruder erzählte nach Tische, Papa sey ins Kontor gekommen mit einem ernsten Gesichte. Octav wohl eine Viertelstunde nachher mit der Miene eines Rasenden, so daß er und der Andre sich vor ihm entsetzt hätten. Er habe vor Zittern nicht schreiben können. Papa habe ihn ein paarmahl angesehn, aber nichts gesagt. Eine Totenstille habe den gantzen Abend im Kontor geherrscht. So kamen wir zu Tische, Schwestern und Brüder alle *voll* Erwartung und Angst. Octav sah wütend aus, war ich bange, so ward ichs noch mehr. Ehe er kam, sagte Mama zu Papa. »Es ist Mittwochen ein Ausruf von Seidenzeug auf dem Börsensaal, wir haben Betchen doch so lange ein Kleid versprochen, soll ich nicht mit ihr hinfahren und eins kaufen.« Papa antwortete ihr nichts, sah mich aber mit dem bittersten Blick an und sagte sachte zu mir: »Dir Dirne, ja der will ich!« Kinder, ich habe viel meine Lebtage gelitten, Angst einer Sterbenden, einer Gebährenden, Angst zu Wasser, Angst in Krankheiten. Eurer, meiner Kinder, wenn Ihr mit dem Tode ranget, aber *dieser* Angst, *dieser* Empfindung, wie der Blick meines Vaters mich durchdrang, ich nicht weinen durfte und konnte, dieser und der ›der folgenden Nacht, der folgenden Tage‹ und Nächte ist keine in meinem Leben *je* gleich gekommen. Wie Papa das Brod schnitt, warf er mirs hin, es ward von allem so geschwinde wie möglich gegessen ›und doch mir zu lange, jeder fing an zu sprechen, suchte Materie‹.

Octav aß nichts und sprach nichts, sah weder meine Eltern noch mich an, sondern gantz ›stier‹ vor sich hin auf einen Fleck. Und so standen wir endlich vom Tische auf. Mama sah bald Papa, bald ihn, bald mich an, sagte aber nichts. O, wie ging die *Kälte* mir durchs Hertz, mit der mein Vater mir da *zuerst* gute Nacht sagte. Wie ich oben kam, warf ich mich auf den Tisch, das beklemmte Hertz bekam Luft, da empfand ich die Wohltat der Thränen, wie ein Strom, der lange aufgehalten ist nun mit Wucht wegstürtzt, so stürzten sie weg. Da sollte ich nun erzählen und konnte nicht. Alle waren neugierig, aus abgebrochnen Worten Ausrufungen mußten sie erraten. Sie weinten mit mir, litten mit mir, wollten trösten und konnten nicht. Wie mein Bruder weg war, ging ich gleich zu Bette, aber Ruhe war *da nicht* für mich zu finden. Gedanken, Entwürfe, Entschlüsse, alles kreutzte sich durch ein ander, und beten? O mit *welchem* Hertzen sollte *ich* beten, ich thats, bat um Errettung und Tod, aber nicht mit Glauben, daß Gott Errettung und Tod schicken würde, und so konnts auch nicht erfolgen. Dann wollte ich aus dem Hause gehn, und dann, und dann – so verging die Nacht. Der Morgen dämmerte, die Empfindung, es wird Morgen, war fürchterlich. Nun sollte ich aufstehn, meine Mutter sehen, der mein Vater nun alles gesagt hatte, meinen Vater selbst wieder sehn, Octav bey Tische wieder sehn. Ich wollte gar nicht aufstehn. Meine Schwestern baten mich und ich thats, sah totenblaß aus, und die Augen roht von Thränen. Das war eine Nacht gewesen, o ihr folgten mehrere so. So ging ich nun hinunter, Mama war ungewöhnlich gütig gegen mich, Papa noch so ernst wie den vorigen Abend, Octav gleichfalls so, ob ich gleich ihn nur einmahl ansah, wie er zu Tische kam. Jedes Menschen Zustand, den ich aus dem Fenster vorbeigehen sah, auch des *Ärmsten*, des *Elendesten* hätte ich mit Freuden mit dem meinigen vertauscht. So verging der Tag. Mama sagte mir Abends, ich sollte mich den andern Tag anziehn, um mit ihr nach dem Börsensaal zu fahren. Ich empfing durch ein Mädgen einen Brief von Octav, den ich aber erst wagte nach Tische zu lesen, und da meinem Bruder vorlas, hier ist er:

alles gehört? Ich kann nicht weiter fragen, wie ist es Ihnen gegangen? wie wird es Ihnen gehen? was soll aus mir werden? Um der nahmenlosen, tötenden Angst willen, beruhigen Sie mich. Mich beruhigen? ach sagen Sie mir nur, ich weiß nicht *was* Sie mir sagen sollen.

Bey jener furchtbaren Allmacht, ich rede nicht in dem täuschenden Tohn des Freundes, ich *will* Sie vergessen, Gott wird mir beystehn. Ich will Sie vergessen. Ich weine nicht um mich, Kleinigkeit, daß *mein* Glück in seiner Blühte verzehrt ist. Freylich wird mich der stille verbissene Haß Ihres Vaters martern, der ewig unauslöschliche Groll in den Augen Ihrer Mutter schrecken und kränken. Ich Unglücklicher bin nun auf alles gefaßt. Nur bin ich noch immer zu stoltz zu kriechen. Wenn Ihr Bruder mich verachtet, es für Recht hält – den vermeinten Niederträchtigen zu verachten, Gott — auch dann will ich meinen Gram verbeißen, mich damit trösten, daß ich seiner Freundschaft nicht gantz unwehrt bin, daß mein Hertz geirrt hat, aber nicht strafbar ist, ich will ihn im Verborgenen lieben, und die süße unaussprechliche Seeligkeit der gegenseitigen Liebe hier entbehren. Aber wenn ich auf Sie komme, dann reißt mich der Schmertz gewaltig dahin, wenn ich sehen muß, daß Ihre Ehre gelitten, diese zarte heilige Blume, daß Sie bey Ihren Eltern von der süßen Eintracht der innigen hertzlichen Vertraulichkeit verlohren haben, wenn ich das sehen soll, Sie drüber leiden sehen soll, Gott, ach dann kann ich mich nicht halten! Welcher Schmertz! Welche Vorwürfe! Welche Reue! Ja ich bin ein undankbarer, ein Unmensch, ein Bösewicht, verachten, verabscheuen Sie mich. Noch ist es Zeit, alles wieder gut zu machen, wir wollen uns meiden, wieder das seyn, was wir waren, Sie müssen *mich nicht* gekannt haben. Verkürtzen Sie die Tage Ihrer Eltern nicht, kein Seufzer eines beängstigten Vaters müsse gen Himmel steigen, die Thränen einer liebenden, zagenden Mutter müssen nicht auf dem einsamen Lager fließen, Gott, welche gewaltige Rache, wehe dem, den sein Gewissen in jener furchtbaren Stunde nicht das Zeugnis giebt, daß seine Tage in Unschuld dahin geflossen.

Kein Verhör von Ihrem Vater! Keins von Ihrer Mutter! - ich werde kein Wort antworten, nicht antworten können. Gehen Sie mit diesem Papier behutsam um, schaffen Sie es bald aus dem Wege.«

Ich habe überhaupt 5 Briefe von Octav bekommen, 3 davon, die ich durchs öftere Überlesen auswendig gelernt, sind hierinnen. Ich habe sie ihm alle bey einer Reise, die er im Februar nach Berlin that zurück gegeben. Diese gantze Nacht noch waren Thränen mein Schlaf, doch konnte ich schon besser beten. Den folgenden Morgen beantwortete ich diesen Brief, den ich meinem Bruder zeigte, von dem ich mir aber nichts erinnere. Dies war meines Bruders Geburtstag, ein Tag, der mir *sonst Festtag* war, der mit lautem Jubel von *allen*, und unter *uns beyden* mit stiller hertzlicher Empfindung gefeyert ward.

Immer zeigte ihm ein Brief des vollen Hertzens Empfindung, aber *heute nicht*, er ward *her*geweint und *vorbey* geweint, es war an keine Freude zu denken. Wir fuhren nach dem Börsensaal. Mama kaufte ein schön gesticktes Kleid für mich, für 180 MK, und noch gestreifte Tafte für die andern. Wie wir zu Hause kamen, wards Papa gewiesen. »Das soll sie haben?« sagte er, »nein nimmer und in Ewigkeit, und weils nun einmahl gekauft ist, so kannst Dus für dich selbst machen lassen, sie kann eins von den andern Taften kriegen, das ist gut genug für sie.« Ich wider sprach nicht, weil mir das da eine große Kleinigkeit war. Mama freute sich, daß sie bey dieser Gelegenheit ein so schönes Kleid bekam, um mich aber, wie sie glaubte, zu beruhigen, versprach sie mir nach Tische, wie Papa weg war, ein roht atlasnes. Diese Nacht schlief ich vor Entkräftung ein, doch störten die ängstlichen Träume meine Ruhe. Den andern Tag erhielt ich folgenden Brief von Octav, den ich auch wieder beantwortete.

»Sie sind fromm und gut, aber ich bin ein stürmender, unbesonnener, hitziger Jüngling. Mein Ungestüm hat mir schon manchen Unfall bereitet, manche Thräne gekostet, und doch haben alle diese Thränen diesen Brand der Seele noch nicht löschen können. Verzeihen Sie, daß ich soviel von mir selbst rede, Ihr Brief fordert mich auf in dem gesetzten ernsthaften Tone des rechtschaffenen Mannes zu reden. Kann ich bey Vorwürfen stille halten, die meinem Hertzen gemacht, mir von Ihnen gemacht worden? Was müßte ich seyn, wenn ichs könnte? Und doch, worüber beklage ich mich? Sey groß, sagte ich zu mir, und wenn es dir deine Ruhe, deine Freuden kosten sollte, handle rechtschaffen. Auch ich Schwacher bedachte nicht, daß ich ein Mensch bin, daß es nicht so leicht ist, *so ein Glück* dahin zu geben, als es in der blendenden Schwärmerey scheint. Der Schmertz übernahm mich, wie mich die Angst jagte, eine

Angst, die der ärgste Bösewicht nicht drückender gefühlt hat, ich lief zum Hause hinaus, und wäre ich in Kleidung gewesen, Gott weiß, ob ich das Haus *je* wieder gesehn. Meine rasende Einbildung schuf sich die fürchterlichsten Geburten, ich sah nichts als Rache und Unglück, da war keine Ruhe, kein Tröster. An dem Busen Ihres Bruders hätte ich meine Seele ausschütten sollen; ach Gott, so gut ward mirs nicht, mehr wie einmahl streckten sich meine Arme von selbst aus, aber ich war zu bange, die Sprache war mir versagt, und würde er meine Thränen alleine verstanden haben? Sie sah ich nicht, und ich getraute mir nicht einmahl, Sie zu sehen. *Sie sehen,* und alle meine Entschließungen fahren zu lassen ist *einerley.* In dieser Verzweiflung wagte ich es, zu schreiben, und wußte kaum, was ich schrieb. Schrieb alles, was ich *jetzt nicht* schreiben würde. Ein Heuchler bin ich nicht, bey Gott! Mein Brief muß nichts beleidigendes, nichts erniedrigendes für Ihren moralischen Character enthalten. Ich wollte mein Hertz aus mir reißen und von mir werfen, wenn es sich so einen Gedanken erlauben wollte. Der gantzen Welt will ich es laut sagen, es mit dem aufrichtigsten Hertzen sagen, daß Sie das edelste, beste, lieblichste, vortrefflichste Geschöpf sind unter der Sonne. Ich würde mir diese Erklärung nie vergeben, wenn Ihr Brief mich nicht vermuhten ließe, daß Sie sich hier eine gantz andre Idee von mir machen. Ja, ja wie Sie sich niedersetzten und an mich schrieben, waren Sie auf mich ungehalten. »Mein Brief sey furchtbar ob ich mich mit meinem Gesichte rächen wollte.« »Rächen?« Jede Zeile meines Briefes sey ein Stich – entsetzlich, o das zermalmt mein Inwendiges.

Gütige, großmühtige, wie haben Sie so denken, so schreiben können? Wenn ich Sie vergessen *soll,* vergessen *muß,* soll mich *der* Gedanke trösten, daß Sie eine so niedrige Meinung von mir haben? Nein, Mamsell, dabey kann ich nicht ruhig seyn. Doch genug von der Sache und schon viel zu viel. Wenn es Ihnen nicht gantz gleichgültig ist, mich zu kennen, so haben Sie mich hier gewiß erkannt, ich habe mit aller Aufrichtigkeit geschrieben. Das sanfte, rührende Ihres Briefes hat mich entzückt, hat mir Freudentränen geschenkt, ist beruhigend wie ihr Blick. Um Gottes Willen, verachten Sie mich nur nicht, dann mag aus mir werden, was da will, ich werde Trost wissen und über Leiden und alles Unglück weit weg seyn.«

Meine Schwester Hanchen hatte den nachmahligen Prediger Rist damahls zum Lehrer. Weil er mit Hahn auf der Prediger Wahl zu Wandsbeck war, so interessierten sich meine Eltern und mein Bruder für ihn. Sontag war der Wahltag, und man wollte hinaus fahren. Hahn war gantz aus meinem Hertzen, oder eigentlich war *nie tief* darin gewesen. Mama veränderte sich gegen mich schon Freytag, Sonnabend mehr, und Sontag ward sie beynahe unausstehlich, und so blieb es denn *immer.* Im Wagen mußte ich so viel von Leichtfertigkeit, Verkuppeley und dergleichen hören, und das Hertz war doch noch so voll Kummer, O es ward immer tiefer gebeugt.

Wir Mädgen gingen mit der Bentzen, Hahns nachmahliger Braut, nach der Kirche und saßen auf dem Altar. Die 3 Candidaten waren im Predigerstuhl. Sie hatten die Luken offen, Hahn sah mich und grüßte mich. Wie ich da nun mit traurigem Hertzen, finsteren Aussichten der Zukunft saß, dachte ich nicht, daß Gott noch würde *alles überstehen* helfen, mein zukünftiger Mann noch Prediger an dieser Kirche werden, und ich mit Ruhe, die da so fern von mir war, die ich da *nie* wieder zu finden glaubte, im Predigerfrauen-Stuhle sitzen würde.

Wir fuhren wieder nach dem Garten zurück, wo Octav auch zum Essen war, tiefe Trauer zeigte seine Miene.

Von dieser Zeit an waren nun alle Freuden der Jugend für mich dahin, Thränen und Sorge waren meine Speise, Tag und Nacht. Ich welkte wie eine Blume des Feldes, die Liebe meiner Eltern, mein Zutrauen alles war dahin, jede häusliche Freude aus unserm Hause verbannt. Waren wir Geschwister unter uns allein, so war meine unglückliche Geschichte unser Gespräch, dann waren sie Trost für mich. Das Lesen, O, davor ekelte mir, Andachtsbücher war mein Lesen, Gellerts geistliche Lieder waren viel für mich. Nur die Liebe zu Octav blieb, oder vielmehr, sie kehrte mit grösserer Macht zurück, nachdem wir uns *vorgenommen*, uns zu *vergessen*. Wir sahen uns nicht anders wie bey Tische, und auch dann durften wirs noch nicht einmahl wagen, uns anzusehen. Ich ging seit der Zeit nie wieder alleine in die Küche. Wie unser Zimmer fertig war, war die weiße Thüre hinten wieder verschlossen. Mama begegnete mir mit äußerster Härte und Sontags Abends, wenn Großmama da war, und *er* nicht bey Tische war, wurden alle Geschichten von unglücklichen Verheyrahtungen ohne Eltern Willen erzählt. Von Winkelheyrahten, von Hängen an Loffen, an Jungen die sich nicht einmahl *ehrlicher Geburt* rühmen konnten, und das alles mußte ich hören, mußte oft meine Mutter *über mich weinen* sehn, daß alle die Hoffnungen, die Freuden, die sie sich von ihrer ältesten Tochter vorgestellt, verschwunden wären. Bey jeder Braut, von der wir nur hörten, mußte ich alles das wieder hören. Mein Vater war auch hart, doch zuweilen blickte noch Liebe bey ihm hervor.

Mir ward bey Tische nicht mehr vorgelegt, sondern es hieß: »Du kannst nur nehmen.« Blieb etwas nach, so wurden erst alle andern gefragt, ob sie noch etwas wollten, und wollte es denn niemand, so hieß es, ich kanns nehmen. Dergleichen nagte am Hertzen.

Mein Bruder hatte einen harten Stand. Der Kummer war sichtlich auf seinem Gesichte. Er war Octavs Freund, liebte mich so vorzüglich und sah uns beyde so leiden, ward oft von meinen Eltern über mich befragt, mußte dann lügen, welches ihm so schwer ward, mußte auch ihren Kummer sehen. Was sollte er thun? sagen? rahten? Octav sollte mit ihm in Kompagnie gehen, das würde man ihm noch nicht so zugestanden haben, und dann konnte ers auch nicht, wenn er nicht seine *Freyheit* auf *ewig* verschertzen wollte. Octav war *herrschsüchtig,* das wußten wir alle, auch *ich,* ich war zu edel, um *mein* Glück mit meines *Bruders* Unglück zu erkaufen. So lebten wir also, ich sah kein Ende meiner Leiden, was thun? Richtet nicht, so werdet ihr auch nicht gerichtet. Diese Worte erschallen oft tief im Innersten meiner Seele, wenn ich zuweilen meiner Mutter *Vorwürfe* machen will, daß sie nicht einmahl *ernsthaft mit mir* gesprochen.

Gantz ohne uns zu sprechen, war nicht möglich, wir sprachen uns also jeden Abend durch die verschlossene Thüre. Auch *sehen* wollten wir uns so gerne, was thun? Wir verstanden beyde nichts von der Optik, die erfinderische Liebe lehrte uns aber doch, einen Spiegel wie eine Nuß groß in der Tapete gegen den großen Spiegel anzubringen, wodurch wir uns bey Tische sahen, denn ich saß mit dem Rücken gegen den großen Spiegel.

So strenge ward ich gehalten, mein Leiden war also groß, unaussprechlich. Oft wünschte ich davon zugehen und dienen zu können, oft den Befreyer aller Leiden, den Tod. Gantze Nächte im *eigentlichsten Verstande* weinte ich, weinte ein Paar Tücher nass und hing sie zum Trocknen am Ofen, rang die Hände, betete, da konnte ich wieder beten, nahm mir vor, ihn zu vergessen, aber *aller Vorsatz* war vergebens.

Dann in solchem Zustande war ich auch wohl finster gegen ihn. Einmahl, da er mir durch sein Wesen (denn oft war er wie ein Rasender) bittern Verdruß bey Mama außer dem *täglichen*, den ich wie täglich Brod aß, zubereitet hatte, war ich einige Tage ernsthaft gegen ihn gewesen, und erhielt folgenden Brief.

»Ach meine liebste, meine beste, meine vortreffliche Mamsell, was habe ich gethan? Um der entflohenen freudenvollen Tage willen, woher diese Gleichgültigkeit, dieses Kaltsein, ja woher die Verachtung? Gestraft zu werden, ohne strafbar zu seyn, was soll aus mir werden? Droht unsrer beneidenswehrten, vertrauten Freundschaft etwa ein Ungewitter, O, ich beschwöre Sie mit Thränen, lassen Sie uns das abzuwenden suchen. Unmöglich ist es ein Verbrechen, Sie zu bewundern, unaussprechlich über alles zu schätzen. Ich schreibe dieses auf einer Stelle, wo ich Sie sooft erwartete, wo ich Sie so lange vorher in Gedanken sah, ehe Sie kamen, wo ich schon mit Ihnen sprach, ehe Sie mir antworten konnten. Ach, daß Sie jetzt kämen, daß ich mein Hertz vor Ihnen ausschütten könnte, das aufwallende Hertz. Ich weiß, Sie würden mich bedauern, denn gewiß, ich verdiene noch immer Ihr Mitleid. Sind die *Tage*, die ich ohne Ihre Gegenwart traurig verleben muß, nicht düster und schwarz genug, die *Augenblicke*, um die ich Sie mit Gelassenheit und stiller Geduld ertrug, sollen mir auch noch geraubt, entrissen, vergällt werden.

Ich sehe Sie so selten, spreche Sie noch weit seltener, ich war geduldig. Kennst Du doch eine Sprache, dachte ich, die stumm ist, aber eindringender ist, besser verstanden wird, als alles was Worte heißt. Aber jetzt? Es fällt einem schwer, sich hier zu erklären, doch Sie werden mich genug verstehen. Kein Blick, kein gedachtes, gefühltes Wort. Unmöglich hat Sie mein Schmertz, meine Traurigkeit beleidigen können, nie war ein Schmertz gerechter. Gewiss, ich bin der glücklichste oder unglücklichste Mensch unter der Sonne. Ich zittere vor dem Gedanken, vor mir hinaus zu sehen. Ach häufen Sie meine Qualen nicht.

Morgen, ach, daß es erst morgen wäre. Morgen werde ich sehen, daß ich mich umsonst geängstigt habe, daß Sie noch immer die gütige, beglückende, hertzvolle Freundin sind, die Sie immer gewesen, ach, daß es so wäre, mein Hertz zittert bey dem bloßen *Gedanken* vor Freude, was wird es seyn, wenn es nun *so ist*, wenn ich Sie nun sehe, wenn Ihr Blick mir sagt, daß ich Ihnen nicht gantz gleichgültig bin.«

Nach diesem Brief, den ich am Sonnabend erhielt, waren die Alten Sontags aus, und er, Sievekings und meine Schwestern führten wieder ein Stück auf (für mich war aller Muht dazu vorbey) und mein Blick und Worte sagten ihm das wieder, was er wünschte. Es ging alles wieder seinen alten Gang. Wir sahen uns Mittags bey Tische durch den kleinen Spiegel, sprachen uns durch die weiße Thüre, ich kam übrigens nicht von meinem Zimmer und hatte Leiden und traurige Tage. Es ward uns schwer, so zu leben, Octav kam daher auf den Einfall, an Alberti, seinen Beichtvater und den besten Prediger und Mann zu schreiben. Er schrieb unsere gantze Geschichte, auch die von seinem Vater, fragte ihn, ob er nicht in *diesen* Umständen *mich* durch ein *Versprechen an sich* binden könnte? Dann wolle er *alles* ertragen, von *der Zeit* alles erwarten, wenn er nur sicher wäre, mich *einmahl* zu besitzen, *wann?* wäre ihm dann gleich, weil er *dann* sicher wäre, daß ich nicht heyrahten konnte. Um Alberti völlig zu beruhigen, schrieb er, wie *heilig, rein* und *unschuldig* unsre Liebe sey, wie sies denn auch *war.* »Wenn ich sie nur *sehe,* nur *da* bin, wo *sie ist,*« schrieb er.

Ich wußte, daß er Alberti geschrieben und um Raht gefragt habe, aber nicht *was* er geschrieben? Sein Brief war ohne Nahmen und die Antwort am dritten Orte beschieden. Während der Zeit hofften wir, und *diese* Hoffnung machte uns einige glückliche Tage. Die Antwort kam und alles mit ihr wieder vorbey. Sie war ohngefähr so: Es sey der größte, erdenklichste Undank in einem Hause, wo man Wohlthaten genossen, das Liebste, die Tochter zu rauben, denn *das* wäre es mit eigentlichen Worten, sie durch ein *Versprechen an sich zu binden.* Er riehte ihm, von Hamburg zu gehen, Zeit und Entfernung würden ihm das möglich machen, was ihn jetzt unmöglich deuchte, nämlich mich zu vergessen, er sollte dann auf Gott hoffen, vielleicht lohnte Gott dann seine Treue, und ich würde noch seyn.

Nun sah ich die Frage und Antwort, sie dünkte uns hart, unmöglich auszuführen, und unser Schicksal mit ihr ward noch finstrer. Octav hatte so viel Edelmuht, *kein* Versprechen von mir anzunehmen, ich wollts ihm geben, da ichs doch nicht halten konnte, aber er *nahms nicht.* Ich hoffte noch immer, aber *er* zweifelte, ihm war die Zukunft schrecklich. So lebten wir bis Weyhnachten, wo noch eine furchtbarere Scene unsrer wartete.

Es war der 19. December, meine Eltern aus, ich unter dem Vorwande einen Weyhnachtswunsch zu schreiben, auf meinem Zimmer allein. Da kam *er*, da sah ich ihn einmahl wieder von Angesicht zu Angesicht, da schworen wir uns ewige Liebe, ewige Treue, die ich aber, wie er sagte, *nicht halten konnte*, denn wenn morgen ein Mann käme, *müßte* ich ihn nehmen. Da wurden Thränen geweint, heilige Thränen, das war ein festlicher, köstlicher Abend, unsere Seelen waren gantz eins, fühlten es so gantz, wie sie für ein ander waren, glaubten von Gott bestimmt zu seyn, die gantze Ewigkeit mit einander zu durchleben. *Diese* Welt, O sie dünkte uns ein zu kleines Ziel für *unsre* Liebe. (So dachten *wir*, nicht *Gott*. Nur kein *Warum?* Kann auch der Ton zum Töpfer sagen, was machst du?) Die Zukunft lag schrecklich hinter einem Vorhange vor unsern Augen. Wir waren den gantzen Abend vor Tisch und auch noch *nachher*, wie meine Schwestern zu Bett gegangen waren, (denn mein Bruder war mit uns zu sammen). Und doch war *kein böser* Gedanke in unserer Brust entstanden, unsre Liebe war *Tugend, Gott war uns gegenwärtig.*

Den Weyhnachten bekam ich eine Uhr, aber es war keiner der *alten* Weyhnachten, die waren *dahin.*

Den Tag nach Weyhnachten sagte der andere Kontorbediente an meinen Bruder: ich habe einen Schlüssel zu der weißen Thüre, wir kämen da alle Abende zu sammen, sein Gewissen befehle ihm, es Papa morgen zu sagen. Mein Bruder erschrickt und sagt zu ihm, er wollte es mir sagen. Er thats auch den Abend nach Tische, sah mir gerade in die Augen und forderte den Schlüssel von der weißen Thüre. »Den habe ich ja nicht, den hat Mama.« »Du hast auch einen, das weiß ich, du brauchst ihn alle Abend«. »*Das nicht* Bruder, *so tief* bin ich *nicht* gefallen. Noch habe ich Tugend, *ich* müßte ja die Thüre öffnen, denn nur von *meiner* Seite kann sie geöffnet werden, o Bruder, Bruder! Das von *mir* denken, von deiner Betchen! Ja, wir kommen da zusammen, schütten unsre Hertzen da ein ander aus, aber dazu brauchts keiner *offnen* Thüre. Von wem weißt du das?« »Von S. und er wills morgen Papa sagen.« »Das laß ihn, doch erst will ich ihn morgen früh sprechen, erst soll er mirs selbst sagen.« Die Nacht hierauf könnt ihr Euch denken. Meine Empfindung grentzte an Verzweiflung, doch war sies nicht, ich rang nur mit ihr, sah keinen Ausweg. S. wußte ich, war ein niederträchtiger Mensch, der sich nur bey Papa einschmeicheln und Octav bannen wollte. Das nun zu denken! Auch das, daß *mein Bruder* sich das von *mir denken konnte*, marterte mich in dem Innersten. Der Morgen ward wieder heran geweint. Ich sprach S. Er behauptete es mirs in Gesichte. Ich, mir meiner Unschuld und Würde in dem Innersten meines Hertzens bewußt, war zu stoltz, ihm zu wider sprechen, ich ließ ihn gehen. »Aber Papa glaubts gewiß, deine Unschuld wird dir nichts helfen. Octav wird aus dem Hause müssen, ihr auf immer geschieden seyn.« So kreutzten meine Gedanken sich diesen Morgen bey meiner Arbeit herum. Ich zitterte; »*Nun* sagt ers,« dachte ich, »*nun* kommt Papa.« Mama merkte meine Unruhe, das sah ich auch, und wards daher noch mehr. Ich ging nach meinem Zimmer, hatte schon die Saloppe um, um aus dem Hause zu gehen, es nie wieder zu sehen, wollte nach Hahn, meinem Beichtvater gehen, oder einen bösen Schritt thun, vor dem ich *noch* zittere, denn die Angst meines Hertzens war groß. Plötzlich warf ich die Saloppe die Stube hinunter, fiel nieder, betete. So wie mein Hertz war, so war auch mein Gebet, es kam aus dem Innersten dieses leidenden, beklommenen Hertzens, und bat um Errettung. Gott erhörte mein Gebet und gerade in *dem* Augenblick, da ich betete. Es war unter der Börsenzeit. S. hatte den Morgen keine Gelegenheit finden können, Papa zu sprechen, weil immer jemand gekommen war. Wie Papa an der Börse ist, hatte mein Bruder es auch Octav gesagt. Trotz dem. »Er sollte es nur sagen.« Mein Bruder aber richtet durch Vorstellungen, daß er sich könnte geirrt haben, und was daraus kommen würde, wenn unsre Unschuld erwiesen würde, bey ihm aus, daß er verspricht, meinem Vater nichts zu sagen, wenn wir gar nicht wieder da zusammenkommen wollten. *Die* Angst war vorbey, aber ihre Folgen drückten sehr. Einige Tage vergingen äußerst traurig, und unsre einzige Freude, der einzige Trost, uns noch abends zu sprechen, war dahin.

Das 1769ste Jahr ward *heran geweint.* Es kam trübe und finster, brachte *aller* Welt, nur *uns* kein *fröhliches* Neujahr. Es kam schwanger mit der *Trennung,* die es uns gebahr, uns *furchtbahr* mit allen *Geburtsschmertzen,* Geburts Angst gebahr. Uns blieb nun nichts. So der erste Monaht. Papa mußte böser Schulden wegen jemand nach Preußen schikken, Octav ward natürlicher weise dazu gewählt. In einem gantz kurzen Billete wies er mir einen Ort an, wo ich die wenigen Briefe, welche ich von ihm hatte, hinlegen sollte, und so reiste er den ersten Februar ab. »Ohne Abschied?« werdet Ihr fragen. Das nicht, den letzten Morgen, ehe meine Eltern aufkamen, empfing er meinen Abschiedskuß mit heißen Thränen, die aber so gleich wieder vertrocknen mußten und sich in dem innersten des Hertzens tief hineingruben. Er blieb 2 Monahte weg, die mir in einer stillen Traurigkeit vergingen. Zwar war ich nun nicht *Gefangene,* konnte bey Tische frey athmen, frey aufsehen, im Hause gehen wo ich wollte. Mama hatte keine Veranlassung zu neuen harten Begegnungen, und doch – ruhig war ich, frey war ich, aber *nicht* glücklich. Wir lebten diese Zeit *sehr* eingezogen, und außer einem einzigen Balle kamen wir beynahe nicht aus dem Hause. Den 2.Aprill kam Octav morgens um 11 Uhr wieder, die Grüne war just da. Hanchen stand am Fenster und sagte: »Da kommt Octav wieder!« Alle standen auf, nur *ich nicht*, ich ward feuerroht, verwirrt halb vor Freuden, halb vor Angst. Er kam herauf, Mama empfing ihn ziemlich freundlich, und ich wagte nicht, ihn anzusehn, sah ihn erst zu Mittag durch den Spiegel. Und nun ging mein voriges Leben und Leiden wieder an. Octav quälte mich oft. Wenn ichs nicht hatte wagen können, ihn anzusehn, so glaubte er, ich habe ihn vergessen, war einige Tage aufgebracht. Doch waren meine Eltern öfters aus und wir sprachen uns öfters.

Den 6.May kam der dritte Band des Messias heraus. Der 7.May war Sontag, die Alten waren aus, und nun ward er durchlesen. O wie wurden da alle die herrlichen Stellen aufgesucht, empfunden, wie gossen sie Balsam, lindernden Trost in unser Hertz. Montag fing Mama an, den Garten rein machen zu lassen, und gegen Pfingsten in Ordnung zu bringen. Sie fuhr also selbst hinaus. Wir waren den folgenden Tag auf einem Ball und konnten, weil wir uns vorher mußten die Haare wickeln lassen, nicht mitfahren. Den Mittag sagte Papa, Tante Möller wollte Mama gern sprechen, und mit ihr nach dem Garten fahren. Papa fuhr auch mit; wir waren alleine, und Octav las uns vor. Mama war den Abend und den folgenden Morgen ungewöhnlich gütig gegen mich und fuhr wieder nach dem Garten. Wir fuhren nach dem Balle, wo ich mir das Hertz leicht tantzte bis 11, da ich mich von einem Tantze erhohlte. Meine

Nichte Möller setzte sich zu mir. »Morgen Abend bist du mit deinen Eltern bey uns, und *nur du, nicht* Sara.« »Wieso« sagte ich, erschrak, ohne zu wissen worüber, denn wir waren oft bey Möllers. »Ich glaube, Betchen, es ist ein Bräutigam für dich da.« Ich ward starr, da erklärte sich mir auf einmahl die Freundlichkeit meiner Mutter, daß die Möller sie hatte sprechen wollen, und da gute Nacht Tantz, gute Nacht Freude! *Ihre Vermuhtung* ward *mir* Gewissheit. Ich erzählte zu meinem Trost der Möller meine ganze Geschichte und so machte ich mir das Hertz leicht. Wie wir wieder zu Haus kamen, ward Hanchen geweckt, und sie bestätigte, daß wir bey Möllers gebeten waren. Die Nacht wurde durchbetet und durchweint. Wir standen spät auf, Mama war schon auf der Diele, um wieder nach dem Garten zu fahren. Sie sagte nur. »Heute sind wir bey Möllers, zieh dein bestes Schnürleib an und laß dich gut frisieren.« Neue Bestätigung meiner schrecklichen Vermuhtung. Ich sagte Octav im Vorbeygehn auf der Diele meine Vermuhtung, weinte, betete, wußte kaum, was ich that. Zu dem Mädgen sagte ich, ich sollte meine Frisur gantz so sitzen lassen und mir mit einem Puderquast Puder darauf machen, weil ich sie zu Lämmerabend noch so haben wollte. Dann ging ich wieder hinunter, um Octav zu sehen, bat ihn, um Himmels Willen doch bey Tische ruhig zu seyn, und mich keinem neuen Verdruß mit Mama aus zu setzen, beruhigte ihn und sagte, ich wolle wohl machen, daß ich nicht gefiele. Er war auch ruhig bey Tische, worum ich ihn gebeten hatte. Nachdem er hinunter gegangen war, sagte Mama: »Du bist ja sehr schlecht frisiert, so kannst du *heute* nicht gehen, Sara, du mußt die Frisur etwas reparieren, und einige rohte Blumen anstecken.«

Zu meiner Zeit mußten wir immer Mama nach unserm Anzuge fragen, ich thats also auch jetzt. Das vorige Jahr hatte ich ein rohtziznes Kleid bekommen, welches mir am besten unter meinen Kleidern stand. Es war geplättet und ich wollte es Lämmerabend anziehn, und *das* Kleid, sagte Mama, sollte ich heute anziehen. Ich machte Entschuldigung, weil es regne, ich wollte es gern Freytag rein anziehen, aber das half alles nichts, genug, ich sollte es anziehn. »Und dann thue ein schwartzes Tuch dabey um, ja hübsch ehrbar«, sagte Papa, »das kleidet junge Mädgen am besten«. (Hier nun merkte ich, daß der vermeinte Bräutigam ein Prediger seyn müsse.) »Man kann auch nicht wissen, wer da ist,« setzte Papa hinzu, »bey Möllers sind gemeiniglich Offiziere, Doctores und Sekretäre und dergleichen,« Prediger ward weislich ausgelassen. Meine Schwestern bersteten beynahe vor Lachen, und so schwer mir das Hertz auch war, konnte ichs doch nicht lassen, es auch zu thun. Wie sie weg waren, konnte Sara mich kaum vor Lachen frisieren. Mir vergings aber bald, ich dachte an die Folgen, doch nahm ich mir vor, wenns ein vernünftiger Mann wäre, eine alberne eitle Thorin zu spielen, die den Kopf von Putz und Gesellschaften voll habe, sey es ein ehrlicher einfältiger Kaufmann eine Verschwenderin und gelehrtes Frauenzimmer zu machen, sey es ein Gelehrter ein einfältiges Mädgen zu machen, die nichts wie plattdeutsch sprechen könne. Schon war ich angezogen und ging mit meiner Mutter hin, wie ein Lamm, das zur Schlachtbank geführt wird. Es regnete, und Octav langte uns noch einen Schirm aus dem Kontor hinaus. Ich war gar nicht reizend, blaß, mager, abgehärmt schon seit einem halben Jahr, dazu die vorige schlaflose Nacht, halb im Tantz und halb in Thränen verbracht, die Furcht und das Warten der Dinge, die kommen sollten, dazu die aufgekratzte Frisur: so habt Ihr mein Bild. Wie wir kamen, fragte Mama die Möller, wer da wäre? Sie nannte alle, »und dann hat Lüders noch einen fremden Prediger mitgebracht.« Mir schlug das Hertz, denn ich kannte einen Prediger, der mit Lüders bekannt war, das war immer in meinen Augen der fataleste Mensch gewesen, der, wußte ich, ging auf Freyers Füßen. Mit doppelter Angst ging ich in das Zimmer und zu meinem Entsetzen sah ich Hahn, wenigstens glaubte ichs, bis die Möller ihn uns mit dem Namen Milow vorstellte. Ich war froh, daß es doch *der* nicht war, den ich geglaubt. Er sprach viel, ich kein Wort, ging gleich nach dem Thee mit meiner Nichte nach ihrem Zimmer, sie tröstete mich so gut sie konnte. Doch wir mußten wieder hinüber, und M. war weggegangen. Die Möller frug nach ihm, und es hieß, er habe Briefe zu schreiben und käme wieder. Ich spielte, um mich der Gefahr nicht auszusetzen, mich nachher mit ihm zu unterhalten. Nach einer Stunde kam er wieder. Wie zerstreut ich da ward, könnt ihr denken. M. war in den Zeiten, wo noch alles Feuer der Jugend aus ihm lachte, einer der schönsten Mannspersonen. Er setzte sich hinter meinen Stuhl, nahm bald ein Buch, bald wies er mich zu rechte, und das machte mich noch verwirrter. Endlich setzte man sich zu Tische und mich wie natürlich bey ihm. Er sprach viel, besonders mit Mama, mit mir wenig, ich schwieg. Das Gespräch kam auf Alberti, den M. sehr lobte und auch mich fragte er, wie er mir gefiele. Mein Hang zu Alberti, meine Meinung von ihm, war beynahe Abgötterei. Octav, mein Bruder und ich hielten ihn, seine Predigten, alles was er sagte für Gottes Aussprüche; hingegen meine

Eltern waren eifrige Anhänger seines Antagonisten Götzens. Wir waren daher nur seine heimlichen Jünger. Wie freute es also meinen Bruder und mich, M. mit gleichem Entzücken von Alberti reden zu hören, da schien M. einer von uns zu seyn und mein Bruder ward gantz von ihm eingenommen, von dem Augenblick an Milows Freund. Auch wars uns der Alten wegen lieb, daß M. so von Alberti sprach, daß sie sähen, daß wirs doch nicht alleine wären, die sich was aus ihm machten und hofften nun in Zukunft schon freyer von ihm reden zu können. Nach Tische nahm man gleich Abschied, M. mit äußester Kälte von mir, so daß er mir nicht einmahl die Hand küßte, die er doch Mama und der Möller küßte. Dies freute mich. Ich war ruhig und glaubte ihm mißfallen zu haben. Im Wagen war jeder Mund voll Lobes, und gantz natürlich, denn wer nicht schon liebte, der durfte M. nicht sehen, ohne gantz für ihn eingenommen zu werden. Den andern Tag waren meine Eltern aus und Octav bey uns. Alles ward ihm erzählt und auch meine Hoffnung, M. mißfallen zu haben. Aber das wollte Octav nicht glauben, er konnte nicht ruhig seyn, alle meine Versicherungen von ewiger Liebe und Treue (die ich nicht hätte thun sollen, weil ich sie nicht halten konnte,) waren vergeblich.

Den andern Tag war Lämmerabend, kaum waren wir auf den Garten gekommen, so sagte mir meine Nichte, M. käme auch. Was thun? Meine Ruhe war ›wieder für heute‹ dahin. Unter den vielen Mädgen, die den Tag kamen, war eine, die gerne spazierte und nicht gerne mit dem gantzen Schwarm gehen mochte. Sobald wir Thee getrunken, ging ich also mit der weg, M. zu entgehen und dachte nicht eher als mit Thorschluß wieder zu kommen, und ich hatte durch *sie* einen guten Vorwand so lange weggeblieben zu seyn. Doch kaum war ich ›mit ihr‹ in der Allee gekommen, so kam eine Nichte mit ihrem Mann uns zu besuchen, und wir mußten mit ihr umkehren. Wie wir in die Thüre kamen, kam einer meiner kleinen Brüder mir entgegen: »Es ist ein Mann da, Betchen, mit 2 Böckchens.« Und wie gesagt, Milow war da. Wir machten uns ein ander unser Kompliment; Papa ging mit ihm weg, zeigte ihm das gantze Haus bis oben hinaus, stand mit ihm auf dem Altan, ihm die Aussicht zu zeigen, und ich konnts nicht lassen, in Gedanken eine boshafte Anmerkung zu machen, es kam mir vor, als sagte Papa, dies alles will ich Dir geben, so du meine Tochter nehmen willst. Wir beyde, das Mädgen und ich, schlichen uns unter der Zeit wieder fort und kamen so spät wie möglich zu Hause. Man war auf dem Vorplatz zwischen den Lusthäusern, ich versteckte mich unter den übrigen Mädgens, und man ging gleich darauf zu Hause. Milow küßte mir die Hand und ging auch. Abends nach Tische beschied mein Bruder mich morgens um 5 Uhr im Garten, daher schlief ich unruhig und war schon vor der Zeit auf.

Es sollte mir nahe gehn, wenn sich meine Geschichte wie die gewöhnlichen Romane mit meiner Verheyratung enden, und Gott mich dieses Wochenbett zu sich nehmen sollte.

Jetzt kann ich an meiner Geschichte nichts mehr schreiben, meine Kräfte sind abends lahm, und des Tages habe ich zu viele Geschäfte. Doch vielleicht ist Gott mir gnädig und hilft mir, dieses Wochenbett zu über stehen, und dann ist es mein erstes Geschäfte, sie Euch gantz zu liefern, sie ist *nach* meiner Verheyrahtung eben so *reichhaltig* wie vorher.

Aus beyliegenden Briefen könnt Ihr ungefähr sehn, wies mit meiner Verheyrahtung gegangen, und fast alles von meinem Leben in *Lüneburg* aus meinem Briefwechsel mit meinem Bruder.

Die fehlgeschlagenen Hoffnungen mit den Wahlen in Hamburg, die nagenden Nahrungssorgen, die öfteren Reisen nach Hamburg, die traurigen Abschiede; wie auch die Freude wie ich hierher nach Wandsbeck kam.

Aber von *allem*, was mir begegnet ist, kann ich Euch keine Anweisung geben. Auch hier ist Gutes und Böses unter einander gewesen, auch *hier* hat Gott mich *schwere* Leiden über stehen helfen, hat mein Hertz so ziemlich von allem woran es *zu sehr* hing, abgezogen, hat mich oft tief gebeugt, schwer geprüft, aber auch viel Gutes mir hier erwiesen, so manche Erhörung meines Gebets. Euch alle, meine Kinder, mir bis jetzt erhalten, oft wenn Ihr mit dem Tode ranget, Euch doch erhalten und mir wiedergeschenkt. Meinen Mann mir erhalten, seine Liebe, uns im Zeitlichen gesegnet. O, Gott habe Dank für alles Gute, dort will ich Dir besser danken.

Und nun noch eins von meinem Mann, Euren Vater. O, Kinder, es ist der beste Mann unter der Sonne. Ein solches Hertz mit tiefem Verstande findet man selten; wie er mich geliebt, immer für mich gesorgt, daß ich auch nach seinem Tode mit Euch, meinen Kindern, keinen Mangel haben möchte. O, Seegen von Gott werde ihm dafür. Empfange meinen Dank, bester Milow, für alle Liebe, alles Gute, das du mir so reichlich erzeigt hast. Kinder, liebt Euren Vater beständig, sucht Ihr ihm alles zu vergelten, was er an mir gethan hat. Meine Kräfte sind schwach. Gott stärke mich. Eure Euch liebende Mutter. Wandsbeck, 7. Aprill 1779.

[Erster Theil, zweiter Abschnitt]

Das dachte ich nicht, wie ich dieses Buch *ver*siegelte, daß *ichs* wieder *ent*siegeln würde. Noch nie hat mich mein Tod so geahndet wie bey diesem Wochenbette. Ich glaubte ihn mit Gewißheit, machte meine Rechnungen, bestellte mein Haus. Kampf kostete es, bis ich den Gedanken an meinen Tod mit göttlicher Ergebung ertrug, Kampf, mich von Euch, meinen Kindern und meinem Mann los zureißen. Weinte manche Stunde, wenn ich mich Euch mutterlos, ohne Wartung, Pflege, Erziehung herum irrend dachte. Doch fühlte ich mich zuletzt so im höchsten Grade entkräftet, daß ich beynahe Ruhe wünschte, die Welt war mir auf gewisse Art abgestorben, Ihr so gar, meine Kinder, die ich doch mit aller Inbrunst liebe, Ihr wart mir so gar oft zur Last. Aber *meine* Gedanken waren auch *diesmahl nicht* Gottes Gedanken, *noch nicht* Ruhe, *noch nicht* Vollendung meines Laufs. Dank, heisser unnennbarer Dank sey Dir dafür, Du Geber alles Guten, Du hast mich aufs Neue wieder gestärkt, mit vermehrten Kräften fange ich meinen Lauf wieder an. O Gott, *Kräfte*, wenn er mir sauer wird, Muht und Geduld, wenn Leiden kommen, wenns Hertz oft brechen will. Deinen Seegen zur Erziehung meiner Kinder, alle Kunst, Arbeit, Mühe hilft nichts, wenn Du nicht das Gedeihen giebst, o gieb es, mein Gott. Immer mögen sie nicht groß, nicht reich, nicht gelehrt in der Welt werden, nur gut, nur Bürger Deines Himmels. Kehre Dich nicht an meinem Schmertz. Mein Gott, wenn Du sehen solltest, daß einige nicht gut werden sollten, nimm sie dann frühe zu Dir.

Auch fange ich nun mit neuer Munterkeit an, mein Leben zu schreiben. Ich wünsche es diesen Winter zu vollenden, alle Abend, die ich kann, werde ich daran wenden, mein liebstes Vergnügen, das Lesen, auch noch diesen Winter aufopfern, weil ich für Euch Nutzen davon hoffe.« 25.Nov.1779

Mein Bruder sagte mir des Morgens im Garten das, was die Alten ihm aufgetragen hatten, daß nämlich, daß Milow mich leiden möchte und an Möller gesagt habe, daß er wünschte, näher mit mir bekannt zu seyn. »O Bruder,« sagte ich, schlug meine Hände zu sammen, »ich kann das Übrige erraten, aber was thun? Was anders als gleich mit dürren Worten Nein zu sagen? aber was wird dann mein Schicksal seyn?« »Ich bin in einer solchen Lage, liebe Betchen, die *mir* allen Raht verbietet, *allein* den ich *jede* meiner andern Schwestern ertheilen würde und könnte. Octav ist mein Freund, die Unmöglichkeit, ihn *jez*u heyrathen wirst du einsehen. Die Gewißheit, daß nun die Zeit kommen wird, wo du oft wirst nein sagen müssen, weil alle Welt Papa für reicher hält, als er in der That ist, zu Möglichkeit, daß du einem weit schlechteren zu Theil wirst als den, den alle Welt für einen braven Mann hält, und der alles Ansehn hat, es zu seyn. Arme Betchen, gräme dich nicht zu sehr, dein Schicksal ist unaussprechlich traurig, aber überlasse Dich Gott und seiner Führung.«

Meine Eltern fuhren den Tag hinein, und mein Bruder blieb außen, er forderte mich auf, mir alles aus dem Sinn zu schlagen, las mir deswegen vor.

Es war ein trauriger Pfingsten für mich, doch hatte ich mir fest vorgenommen, Nein zu sagen, es möchte daraus entstehen, was da wollte. Wir hatten die Tage nur wenig Gesellschaft. Einen Tag, wie wir spazierten, begegnete Milow mir in der Allee. Den ersten Tag abends sagten mir Papa und Mama, aber ein jeder *besonders* von der Sache. Ich sagte Nein, machte die Entschuldigung, daß ich mich nie würde überwinden können, aus Hamburg zu gehen. Sie sagten beyde, sie würden mich nicht zwingen, ich möchte mich aber in meinem Nein nicht übereilen. Milow wäre in aller Absicht ein Mann, der nicht zu verwerfen wäre, und eine Entfernung von 7 Meilen sey gar keine. »Übrigens,« sagte Papa und sah mich scharf an, »will ich nicht hoffen, daß Octav den geringsten Antheil an diesem *Nein* hat. *Diesen* kannst Du nun abschlagen, aber merke es dir, beym zweiten wirds dir so leicht nicht werden.«

Sonst waren sie, besonders Mama, sehr gütig gegen mich diese Zeit über.

Den 11.May, den Tag nach dem ich M. zuerst gesehen hatte, schrieb ich folgenden Brief an meine Nichte Möller, die damahls meine Vertraute war:

»Meine beste, meine Einzige.

Ich muß schreiben, das Hertz ist mir so voll, es ist so unruhig, so bang. O, wenn du mich liebst, so beschwöre ich dich bey dieser Liebe, beruhige mich.

Bey den zahllosen Thränen, die ich geweint habe, bey der nahmenlosen Angst, die mich drückt, beschwöre ich dich, habe Mittleiden mit meinem Hertzen, sage mir alles, was du weißt. *Alles*, und wenn es das Fürchterlichste seyn sollte, so wird mir Gott helfen. Soll ich dir sagen, wie mir am Mittwochen war? Ich litt von allen Seiten. Meine Eltern waren so gütig mit mir, so fröhlich, und es ist eine solche Seeligkeit für mich, wenn sie gütig sind, und doch schmertzte mich ihre Gütigkeit, sie verrieten sich zu sehr, als daß ich nicht alles merken sollte. Da sah ich schon in Gedanken einen fürchterlichen Mann, hörte schon die Überredung meiner Eltern, fühlte schon, wie mein Hertz wankte, sah mich schon ein langes elendes Leben mit einem Mann führen, den ich nicht liebte, fühlte schon mein Hertz mit Gewalt von einem andern abgerissen, sah das andre Hertz sich verbluten, und fühlte meines nicht mehr. Mit so schrecklichen Bildern erfüllt, kam ich zu dir. Es war alles finster in meiner Seele, ich war zu angst, um traurig zu seyn.

Wie ich M. sah, beruhigte ich mich etwas. Ein solcher Mann, dachte ich, wird schon das Mädgen gesehen haben, das er liebt, und wird keins nehmen, das ihn nicht liebt. Etwas ermunterte mich dieser Gedanke, doch hatte die Angst zu tiefe Wurzeln in meine Seele geschlagen, sie herrschte allein, wollte der Freude und Ruhe keinen Platz machen.

Ich glaubte gesehn zu haben, daß ich ihm nicht gefalle. Wenn dus weißt, so sage es mir daher und beruhige mich. (Wer würde es wohl glauben, der M. kennt, daß man wünscht, ihm *miß*fallen zu haben. O ich werde noch wohl mal einen Mann nehmen müssen, der weit unter diesem ist.) Lebe wohl, bete für mich. 11.May 1769«

Den Mittwochen nach Pfingsten schrieb ich wieder an diese Freundin. Weil ich die Briefe noch habe, könnt Ihr den Zustand meines Hertzens besser daraus erkennen, als wenn ich ihn Euch jetzt nach so langer Zeit, da die damahlige Empfindung natürlich geschlafft ist, beschreiben wollte.

»Meine Beste,

Ich hoffe, daß du dich den Pfingsten über vergnügt hast. Auf dem Lande mit einem ruhigen Hertzen, ich wüßte nicht, was dir hätte fehlen können? Wenn die Gesellschaft auch nicht die beste gewesen, so hast du doch Freyheit gehabt, allein zu seyn, und Einsamkeit ist ein großes Gut. *Heute* bin *ich allein*, will dir von mir erzählen. Freytag Abend wurde, nachdem du mich verließest im Geräusche, wie der ganze Tag ohne Vergnügen zugebracht. Mich verlangte danach, allein zu seyn. Die außerordentliche Güte meiner Eltern hatten mir das Hertz so voll gemacht, daß ich noch eine gute Stunde im Bette weinte. Hättest du sehen können, was da in meiner Seele vorging, wie viele verwirrte bange Gedanken in mir kämpften, wie ich litt, ich weiß gewiß, du würdest mit mir geweint haben, ohne meine Thränen zu stillen. Den anderen Morgen erwachte ich um 5, war ruhiger wie den Abend (schmerzhafte Empfindungen machen, wie mich deucht, des Abends den stärksten Eindruck auf unser Hertz). Mein Bruder sagte mir seinen Auftrag von den Alten, munterte mich auf, weinte mit mir, blieb den gantzen Sonnabend, den meine Eltern hineinfuhren, bey mir. Den ersten Pfingsttag las ich morgens eine Predigt von Alberti. Mittags sah ich jemand leiden, dessen Glück mir so theuer ist, daß ich es gerne durch ein ganzes Leben voll Elend erkaufte. Diesen Jemand nun sah ich so heftig leiden, daß meine Seele davon erschüttert, und alle Ruhe verscheucht war. Den Abend sagten mir meine Eltern, was mir mein Bruder Sonnabend gesagt hatte. Ich antwortete ihnen, daß ich so gerne gewünscht hatte einen Mann zu bekommen, der mich liebe, daß dieser mich unmöglich lieben könnte, weil er mich nicht kannte, daß ich glaubte, mich nie überwinden zu können, meine Eltern, Geschwister, einen gantzen Zirkel von Freunden eines Mannes wegen aufzuopfern, der, so gut er auch immer seyn möchte, ich doch nicht mit der innigen vertrauten Liebe lieben konnte, womit ich immer gewünscht hatte meinen Mann zu lieben. Glaubst du, daß ich das geantwortet habe? Nein, Liebe, dazu hatte ich nicht Hertz, doch antwortete ich freyer, als ich selbst gedacht, daß ich würde thun können. Sie waren mit meiner Antwort zufrieden, sagten, es solle bey mir stehn, was ich thun wollte, aber *den*, den ich mir in den Kopf gesetzt hatte, sollte ich *nie* haben. Ich war traurig, den Abend betete ich, bat nicht allein für mich, sondern bat auch um Ruhe und Stärke für ihn. Mein Gebet war aufrichtig und anhaltend, ich hoffe, Gott wird es erhören.

Die beyden letzten Tage war ich traurig, immer kamen Nebenzufälle, die mir den Muht benahmen.

Und nun meine Beste, rahte mir mit der aufrichtigsten Freundschaft, was soll ich thun? Du kennst mein gantzes Hertz, aber alle Leiden dieses Hertzens kennst Du gewiß nicht. Wollte Gott, Du möchtest *nie* auch nur die Hälfte dieser Leiden fühlen.« 17.May 1769

Nun schrieb mein Vater nach Lüneburg an einen seiner Freunde, um sich nach den Einkünften der Stelle zu erkundigen. Man schrieb, daß sie sich auf 400 Marck beliefen. M. hatte, so wie er immer handelt also auch hier, Möller gesagt, die Stelle trüge nur 300 M, *er* habe *keinen* Pfennig von sich, zu seiner künftigen Einrichtung gar *nichts*, wußte auch nicht, weder *was* zur ersten Einrichtung noch zur *künftigen* Haushaltung gehöre, überließe also alles Papa, ob er glaubte, daß wir davon leben könnten, frey von Schulden wäre er bis jetzt. Hier war nun hoher Raht theuer. 300 M, welch ein Abstand mit dem, was in ihrem Hause jährlich auf ging. Man erkundigte sich bey Leuten, die kleine Haushaltungen haben, ob es möglich sey, davon zu leben; man zuckte die Achseln. Und doch, o es wird mir schwer es zu schreiben, aber es ist Wahrheit, Papa fürchtete Schande an mich zu erleben, er dachte also besser so, als anders. Wenn er hätte in unser Hertz blicken können, wie es so rein war, so frey aller Schuld! Während dieser Erkundigungen verstrich einige Zeit, die Ihr leicht denken könnt, wie ich sie zubrachte. Octav und ich mußten uns noch mehr meiden wie sonst, um die Alten in dem Wahn zu bestärken, es sey alles unter uns aus. M. verlangte endlich durch Möller *entscheidende* Antwort. Man drang also noch einmahl in mich, ich gewann aber das Hertz meiner Mutter durch die Vorstellung der Trennung, denn daß die Einnahme zu wenig sey, verstand ich nicht, ich hatte keinen Begriff von dem was zur Haushaltung erfordert wird. Den 29. May waren meine Eltern bey Grünes zu Gaste, wo Möller auch war, und Mama versprach mir, Möller eine abschlägige Antwort an Milow zu geben, und damit sollte die Sache ein Ende haben. Wer war froher als ich, nach 3 unruhigen Wochen schöpfte ich wieder aus freyer Brust Athem. Octav mußte es doch auch wissen, sein Leiden war groß.

Im Hause konnte es nicht der vielen Aufseher wegen geschehen. Wir nahmen uns daher vor, den Nachmittag, sobald sie weggefahren waren, so wollten wir 3 Mädgen mit unserm Bruder nach Harvestehude gehn, dann nach einer Stunde käme Octav uns nach, und wenn wir dann nur nicht zu gleicher Zeit zu Hause kämen, so schöpfte niemand Verdacht. So gedacht, so gethan.

Aber was geschah? Kinder, wenn Ihr keine Vorsehung glaubtet, müßtet Ihr sie hier glauben: In der 2ten Straße begegnet uns Möller, den wir lange da zu seyn glaubten, er ist im Hinfahren. Unsere Freude hatte ein Ende. Sein erstes, wie er ins Zimmer tritt, ist, daß er zu Mama sagt: »Nun Schwester, Ihre Kinder befinden sich doch gut? die ältesten sind mir schon begegnet.« »Meine Kinder? Unmöglich, Sie haben sich geirrt, sie sind alle zu Hause.« »Meinst du denn, daß ich schon blind bin, deine Kinder nicht kenne? *Die* und *die* von ihnen sind mir begegnet.« Mama schweigt, anstatt Möller eine abschlägige Antwort an M. zu geben sagt sie, sie wolle sich noch 8 Tage bedenken und giebt ihm überdem Hoffnung. Octav kam uns bald nach. Ich hatte ihn so lange nicht gesehn, hoffte Trost in sein Hertz gießen zu können, ihm frohe Nachricht geben zu können, aber nun erzählte ich bloß, daß Möller uns begegnet sey. Er war im äußersten Grade melancholisch, sah alle Hoffnung nur für Täuschung an, glaubte mich schon so gut wie Braut. »O Mamsell, *was* soll aus *mir* werden? *Im Hause* kann ich nicht bleiben, aber *wohin?*« So verging der Abend, so gingen wir zu Hause, man ließ uns alleine zusammen gehn. *Was sprachen, was litten* wir, O, es wird kalt im Beschreiben. Es war das *letztemahl,* daß ich an seinen Armen hing, nach so langer Zeit wieder das *erstemahl* und das *letzte* auf *ewig,* das *letztemahl* in *diesem* Leben, daß ich ihn sprach. Ein schreckliches Gespräch. Wenn wir uns dort wieder sprechen, ist *alles* überwunden. Zu Hause hatten wir nun unter uns die Angst, was die Alten sagen würden. Die Nacht war wieder eine, wie ich sie schon oft gehabt, schlaflos und thränenvoll.

Des andern Morgens waren M! und P! gantz freundlich, sagten bloß, »Ihr seyd aus gewesen, aber warum habt ihr uns das nicht gesagt? So hätten wirs euch gerne erlaubt.«

Den Nachmittag fuhren wir nach dem Garten, ich bekam die heftigste Kolik und mußte zu Bette gehen, war den andern Tag noch krank. Dies war mir willkommen, ich war mit mir selbst allein, kämpfte, betete, merkte aus allem, daß es noch nicht aus sey.

Freytag Morgen fuhren wir hinein. Nachmittags saß ich allein bey Mama, die andern hatten Stunden im Zeichnen. Da sagte Mama auf einmahl: »Ich habe Möller noch nicht abgesagt, und ich denke, wir gingen hin und sprächen einmahl mit ihm von der Sache.« Ich schwieg und ging mit ihr hin, wie wir da kamen, merkte ich, daß es abgeredete Karte war, denn Lüders war auch da. Es ward hin und her geredet und endlich eine Ausfahrt nach Uetersen auf ›Dienstag‹ den 5ten Juni festgesetzt, wo ich dann, wie sie sagten, M. konnte näher kennen lernen, weil das mit eine meiner Entschuldigungen gewesen war, daß ich ihn nicht kannte. Darum behielte ich ja denn noch immer die Freyheit, *nein* zu sagen, sagte Mama. Wie kämpfte ich nun mit mir. Dann dachte ich einmahl, das Glück mit *dem Manne*, den ich über alles liebte, zu leben, grentze zu nahe an der künftigen Seeligkeit, könne *nicht* mein Loos seyn. Dann war einmahl wieder der Gedanke einer göttlichen Vorsehung, wirkend in meiner Seele, dann nahm ich mir vor, meine zeitliche Glückseligkeit (und wie *kurtz* ist diese) dem Willen meiner Eltern aufzuopfern. Doch der Entschluß war noch zu groß für mich. Octav sprach ich nicht, hatte auch keine Gelegenheit dazu. Sonnabend, den 2ten Juni, wie ich so auf meinem Zimmer saß, und mich frisieren ließ, und diese Gedanken hin und her in meiner Seele kreuzten, kam jemand und sagte, Pastor Fl. wäre von

Oldenwalde gekommen, ich möchte herüber kommen. Ich entsetzte mich sichtlich, denn das Mädgen, die mich frisierte, sagte: »Gott, Mamsell, was ist Ihnen? Sie sehen ja aus wie der Tod und zittern am gantzen Leibe.« Ich ging in die Kammer, schöpfte Luft, der 2te Bohte kam, Pastor Fl. habe keine Zeit, ich möchte kommen, so wie ich wäre. Ich also hin.

Sein Willkommen war, wie ich fürchtete und Ihr Euch denken könnt. Er blieb nur einige Minuten und ward von M. und P. gebehten, den Abend nach unserm Garten zu kommen und den folgenden Sontag da zu bleiben.

Wieder was Neues, daß konnte ich errahten. Fl. würde nun ansprechen, ich sah also keinen Ausweg, als zwischen *ihm* und M. zu wählen.

Wir fuhren Nachmittags hinaus, und Fl. kam nach. Die Venus ging den Tag just durch die Sonne, man hatte also *erst* genug, danach zu sehen. Ich vermied sorgfältig alle Gelegenheit mit Fl. allein zu seyn. Weil wir aber doch zusammen spazierten und er mich in den Arm nahm, so sagte er mir alles, was sein Hertz ihm eingab. Ich antwortete ihm so kalt wie möglich.

Der Sontag war der schrecklichste Tag. Noch fährts kalt durch meine Glieder, wenn ich ihn mir denke. Des Morgens erzählte Fl. von seiner Stelle, machte viel Rühmens davon, von der *schönen* Gegend. Wohin dies alles ziele, konnte *ich* leicht erraten.

Mittags zu Tisch kam Octav. Seine Gestalt wie die Gestalt eines Rasenden, seine Frisur eben so, er grüßte weder Papa, Mama noch Fl., setzte sich zu Tische, aß aber nichts. Sein Blick war schrecklich, Papa fragte ihn nach verschiedenen Sachen, er antwortete einsilbig oder verkehrt.

O, wenn ich mahlen könnte, Euch diese Tischgesellschaft zu mahlen! Oben an Fl., der kein Wort zu sprechen wagte, bald *mich*, bald Papa und Mama, bald Octav ansah. Bey ihm an einer Seite Mama, die mich, O ich mags Euch nicht beschreiben, wie sie mich an sah, an der andern Seite Papa, dabey ich und neben über Octav. Jeder sah mich an, und ich, O die Thränen liefen mir die Backen herab. Nach Tische ging Octav gleich hinter im Lusthause, Fl. kam zu mir: »Mein Gott, was ist Ihnen, Mamsell?« Ich sah Kleists Werke vor mir liegen, ein Verzweifelnder wird darin geschildert, ich wies ihm die Stelle: »Das ist mir,« sagte ich, »Behüte Gott«, und er ging weg. Meine Schwestern und Brüder gingen alle zerstreut herum, der eine hier, der andere da, ich blieb auf der Diele, Mama ging im Zimmer, weinte über mich, laut über mich, Papa wollte sie trösten, und auch *er* mußte weinen, ich hörte Dinge von ihnen, die mich entsetzten. O, Kinder, des Vaters Seegen baut der Kinder Häuser. Diese Worte prägt tief in Eure Seele.

Ich ging nach dem Garten, fand, was ich suchte, meinen Bruder, meine Schwestern. O, nie habe ich es *so* empfunden, was Freunde einem beklemmten Hertzen sind. »Das halte ich nicht länger aus,« sagte ich und wenn M. der abscheulichste Mann unter *der Sonne* ist, so nehme ich ihn, *unglücklicher, als ich jetzt bin,* kann ich doch *nie werden*. Mein Bruder sagte mir, wie er zu Octav gegangen, freundschaftlich hätte mit ihm reden wollen, er ihn aber abgewiesen, bitter gegen ihn gewesen sey. Es fing an zu regnen, und wir mußten wieder hinein. Ich ging nach meinem Zimmer, kam nach einiger Zeit herunter. *Alles* war unten, außer Octav. Einer der Kleinen fragte: »Betchen, wo ist Octav?« »

Was weiß ichs,« war meine Antwort und Mama sah mich an, als wollte sie sagen, was solltest dus nicht wissen?

Man ging nach dem Lusthause und trank Thee. Ich vermied jeden. Nach dem Thee gingen Fl. und Octav zusammen weg; Octav wußte alles von mir und Fl., kein Wunder also, daß, wie er hört, Fl. ist mit nach dem Garten gegangen, er eben das glaubt, was ich glaubte. Wie sie weg waren, setzten meine Eltern mir noch einmahl ernstlich zu, entweder M. zu nehmen, oder Octav sollte den folgenden Tag aus dem Hause. Alles was rühren konnte, ward angewandt, jeder Verdruß, den ich meinen Eltern erwiesen, mir vorgemahlt, alle Exempel unglücklicher Verheyrahtungen wider Eltern Willen noch einmahl erzählt, versprochen alles solle vergeben seyn, man wolle es für einen Jugendfehler erkennen. Ich antwortete nicht, aber mein Entschluß ward gefaßt, M. zu nehmen, *mein Glück* meinen Eltern aufzuopfern.

Ob ich recht gehandelt? Nach *allen* Versicherungen und Schwüren, die ich Octav gethan? Ob *recht gehandelt gegen Milow,* daß ich *ihm* nicht meine *gantze* Geschichte erzählt? ihm der mich mit *gantzen* Hertzen liebte, nur ein *halbes* zu Anfang gab, ob ich recht gehandelt, daß ich Octav nichts von meinem Entschluß, M. zu nehmen, schrieb? (Doch schrieb ich ihm den Abend einen Trostbrief, von dem ich mir aber nichts erinnere.) Ob ich *würklich* treulos gegen ihn gewesen bin, ihn zu bald, wie man hernach *glaubte,* vergessen habe? Das alles mag *Gott* beurtheilen. E*r* prüft Hertzen und Nieren, er sah *damahls* wie *immer* in das Innerste meiner Seele, er sey auch an *jenem* Tag Richter zwischen *mir* und *ihm.* Er, dieser Gott urtheilt *anders* wie wir. E*r* richte mich, er ist der Vater, er wirds väterlich thun. E*r* *allein* hat auch meinen Kampf zwischen Liebe und Eltern gesehen. *Er allein* weiß, *daß* ich alles, was die *Welt Glück* nennt, *ihm* mit Freuden würde aufgeopfert haben, daß ich, wenn ich nur die *entfernteste* Hoffnung einer glücklichen Aussicht gehabt, *Leiden seinetwegen* nicht würde geachtet haben. Gott allein hat auch eigentlich nur meine vorigen Leiden recht gesehn, jeden meiner Tage voll Thränen, wie der Haß meiner Mutter, der tiefe Gram meines Vaters, der mich für das Kind hielt, die alle seine Freude in Traurigkeit verwandele, mir jede Nerve erschütterte, wie das, daß ich Octav so leiden sah, meinen Bruder so leiden, wußte, daß *ich* an allem Uhrsache war. Gott weiß es, daß ich schwach genug war, oft mit der Verzweiflung zu ringen, oft nicht beten konnte. Aber Gott erbarmte sich endlich meiner, gab mir Kraft zu beten, ich betete, betete um Ruhe und wußte nicht *wie* sie mir werden sollte und konnte. Doch errang ich sie mir, Gott trocknete meine Thränen. Freylich habe ich oft lange nachher in trüben Stunden, wenn die gewaltige Hand Gottes oft *schwer* auf mich lag, ich nicht glaubte, *das* und das bittre Leiden *verdient* zu haben, oft fragte, *warum* denn *mir das* alles, *warum?* denn *mir* vor allen meinen Geschwistern *so viele* Leiden? so manchen bittren Kelch? Dann habe ich wohl geglaubt, Gott wolle *Octav an mir rächen,* ich habe es an ihm verschuldet. Aber Verzeihung, Gott, Verzeihung. Kann auch der Ton zum Töpfer sprechen, was machst du? Oft auch glaubte ich schon, er sey nun *genug gerächt,* Gott könne nach gerade innehalten. Doch nun wieder zurück.

Wir kamen Montag Abend vom Garten, und mein Kampf, da ich ihn sah, war stark, aber ich überwand. Daß *ich je glücklich wieder* werden konnte, dachte ich nicht, bat

Gott für mich um Stärke und Kraft, bat für ihn, *mehr für ihn* als für mich. Ich fuhr den andern Tag (mit welchen Hertzen, das denke jeder, der einige Empfindung hat) nach dem Hause, wo die gantze Gesellschaft aufsteigen wollte. Ich sah M., er gefiel mir sehr. Das ist dein künftiger Mann, o, dachte ich, wie glücklich hätte ich seyn können, wenn ich den hätte lieben können. Ich saß bey ihm, alles was er sagte, war so gut, so edel, so groß, in seinem gantzen Betragen so viel edles, freyes. Meine Eltern waren so gütig gegen mich, dies war meinem Hertzen so *ungewohnt*, so süß. Alles um mich herum war Freude. Kein Wunder, daß mein Hertz erweicht ward.

Den andern Tag bewarb sich M. mit allem Feuer eines Liebhabers um mein Hertz. Die Aufrichtigkeit seines Hertzens, seiner gantzen Seele las ich in seinen Augen, und ich gab ihm (mit Dank gegen Gott, der mein Schicksal so gut geendet), mit der frohsten Bewilligung meiner Eltern, mit warmer Freundschaft, die ich gegen ihn fühlte, mein Ja. Ich brachte den Tag und den folgenden in einem gewissen Rausche, in einer Art von Traum hin und kam den folgenden Tag als Braut zu Hause. Aber dieser Rausch, der mich ein paar Tage glücklich gemacht hatte, verschwand, *wie* er gekommen war. Ich sah Octav, sein Blick war Haß, war Verachtung, und wie er nun vollends den andern Tag alles hörte, ward er wie ein Rasender, sein Blick wütend, seine Kleidung verstört. Sonnabends des Abends giebt er meinem Bruder seine Uhr und geht aus, war um 10 noch nicht da. Das war mahl eine Angst, das waren Vorwürfe! O Kinder, lest es, prägt sie Euren Seelen tief ein, alle die schrecklichen Folgen eines *einzigen* unglücklichen Schrittes.

Lange habe ich diese *Folgen* gefühlt.

Um 11 kam er.

Den Sontag waren Sara ich und mein Bruder bey Möller, wo M. auch war. Die vorigen Tage Octav so unaussprechlich leiden zu sehn, hatte meine Seele tief niedergedrückt. Wie konnte ich ihn also empfangen, wie sonst eine Braut ihren Bräutigam empfängt. Ich stand am Fenster. Sara, damahls ein liebenswürdiges, fröhliches Mädgen ging M. wie er kam, entgegen und er hielt sie für seine Braut, küßte sie als solche, bis er *mich* sah. Ich konnte ihm *nichts rechtes* sagen. Er war den Mittag sehr aufgeräumt, Sara *gantz verliebt* in ihn, wünschte, daß es ihr Bräutigam seyn möchte, und ich - ich wünschte es auch. Sara gefiel M. auch sehr, und ich vermuhtete, daß es auch leiser Wunsch bey ihm war, und wie hätte es nicht seyn sollen? Sie ein blühendes schönes, fröhliches Mädgen mit ruhigem Hertzen, fröhlichem Blick, ich, ein abgehärmtes, damahls ausgemergeltes 10 Jahre älter aussehendes Mädgen, keines Witzes und Schertzes fähig, ›keiner Freude fähig,‹ mit verstörtem Blick und Hertzen. Wir waren Braut und Bräutigam, saßen als solche bey ein ander, aber *das* war auch *alles*. Sara war *heute*, wie die *gantze* Brautzeit um M. herum und *er* um sie, das hat M. mir nachher selbst gesagt, als Bräutigam habe er Sara lieber leiden mögen, und hätte er uns *beyde* zuerst gesehen, so würde er Sara gewählt haben. Aber er habe geglaubt, sie wäre zu munter als Frau, ich stiller und er würde also hernach glücklicher mit mir leben, und das habe ihn *mit mir zufrieden* gemacht.

Den Dienstag darauf, als den 12. Juli, gaben wir unser förmliches Jawort und Ringe auf dem Garten. Wie ich vorher die Ringe aus suchen sollte, wählte ich den *wohlfeilsten, das* war mir Tand, als Braut mehr wie jemahls. Und so war ich nun Braut auch *öffentlich*. Eure Brauttage, das wünsche ich, Ihr Mädgen, seyen *anders* und fröhlicher als die Eurer Mutter. Octav sah ich täglich leiden, er floh mich, ich ihn. War Milow bey Tische, so aß er nichts und ging aus, war M. in Lüneburg, saß er mit bey Tische. Er ward fast zu allen Geschäften unfähig, menschenfeindlich, bitter gegen meinen Bruder, den er fast haßte, wenigstens so gegen ihn war, gegen Mama aufgebracht, gegen Papa und meine Schwestern allein gut. Alle seine Freunde haßten mich. Es ist gantz unbeschreiblich sein Leiden, selbst Mama hatte zuletzt Mitleid mit ihm.

Fl. wußte, daß wir ausgefahren waren, aber nicht, mit wem und wohin. Er geht den andern Tag zu der Möller. Sie sagt: »Wissen sie schon die neue Parthie?« »Nein, welche?« »Die von der ältesten Hudtwalcker mit Pastor Milow.« Er läßt die Tasse aus der Hand fallen. »Herr Gott, ist das wahr?« »Ja, aber was ist ihnen?« »O, das war meine Erwählte, die welche ich 5 Jahr mit aller Treue allem Feuer geliebt habe, und nun herüber gekommen bin, um um sie anzuhalten.« Sie muß ihm alles erzählen, und so kommt er nun zu uns, sagt P. und M. Alles, sie erschrecken. »Hat ihnen denn«, so fragt er sie, »ihr Kind nie was davon gesagt, von allen meinen Bewerbungen um sie, nichts?« »Nein, sonst können sie denken, hätten wir sie ihnen als einem *Bekannten* nicht abgeschlagen«. »Das ist mir unbegreiflich«. Ich musste wieder erscheinen. Er, als Mann, weinte, konnte mir zwar keine Vorwürfe machen, sagte bloß: »Gott gebe, daß sie mit dem Mann, den sie erwählt haben, so glücklich seyn mögen, wie sies gewiss *mit mir* gewesen wäre.« Dabey küßte er mich und meine Eltern und ging eilig weg. Ich blieb wie eine arme Verlassene stehen, konnte den Blick voll Vorwürfe von meinen Eltern nicht ertragen, doch sagten sie mir nichts. Fl. kam den andern Tag nachmittags, als wir nicht zu Hause waren, zu Octav und blieb bis spät in die Nacht bey ihm. Den andern Tag reiste er weg.

Und nun, Kinder, fing ich eine gantz neue Laufbahn an. Mein Bruder war hierin mein Rahtgeber, meinen künftigen Mann nichts von meiner Liebe zu erzählen. »Auch wenn du *10 Jahr* mit ihm verheyrahtet gewesen bist, *nichts* ›und wenns in den vertrautesten, ausschüttensten Stunden seyn sollte, *nichts*‹.« Ich folgte ihm, hielt es nun für Pflicht, Octav *zu vergessen?* Nein, das werde ich *nie.* Aber alle Liebe, die er gehabt, auf Milow zu werfen. M. war ein gantz vortrefflicher Mann, in allen Stücken aufrichtig und redlich, der Liebling meiner Eltern, meines Bruders wärmster, vertrautester Freund, sie schienen gantz für ein ander geschaffen, ihre Seelen in ein ander zu fließen. M. that alles für meinen Bruder, er alles für ihn, wenn Noht gewesen, wären sie für ein ander gestorben. Ferner war M. kein gewöhnlicher Gelehrter. Solchen tiefen, durchdringenden Blick in den meisten Fächern der Gelehrsamkeit, so gantz Selbstdenker, Zweifler, Untersucher bis auf die kleinsten Umstände. So großer Verstand mit solcher Beurtheilskraft ist mir vorher wie nachher nicht vorgekommen. Sein Leben war ein beständiges Denken daher oft zerstreut, hielt vieles für Kleinigkeiten, was es andern Leuten nicht war, konnte sich daher oft nicht in sie schicken und sie sich nicht in ihn. Haßte allen Geitz bis auf den Tod und war doch kein Verschwender, war freygebig, gütig, so oft er nur konnte. Hatte in seiner *Lebensart* viel Welt, aber wenig *Weltkenntnis,* stellte sich alle Welt als die rechtschaffensten, vortrefflichsten Leute vor, und ward hernach, wenn er sie nicht so fand, äußerst aufgebracht, wollte dann auch von keiner Entschuldigung hören, stellte sich alle Hamburger als Gelehrte, alle hamburgischen Frauenzimmer als Muster aller weiblichen Tugenden vor. Seine Gemeinde, die sonst gantz gute Leute, Schiffer und dergleichen waren, hielt er doch in Ansehung ihres Verstandes nicht *unter* sich, und konnte es nicht begreifen, wie sie seine damahligen gelehrten Abhandlungen, die doch deutsch waren, nicht begreifen konnten. Er war empfindlich gegen Beleidigungen, konnte nicht leicht vergeben, noch weniger sie vergessen. War dann nicht rachsüchtig in *Thaten*; (wenn er seinem Feind einen Dienst thun konnte, so that ers) aber in Worten, in Mienen, im Schweigen. Nur Octav war ihm als *Feind gleich*, nur *er* alsdann ebenso furchtbar, so bitter. Ich möchte alle Menschen in der Welt, wenn ich auch alle *besonderen* Verhältnisse ausnehme, lieber zu Feinden haben, wie diese Beyden. Im Anfange, wie ich M. erst bekam, war er im höchsten Grade hitzig und auffahrend, doch jetzt gar nicht mehr, fast zu gelassen und nachgebend. War zu Anfange, wie ich ihn bekam, voll hoher Erwartungen seines künftigen Glücks, fühlte sich, ›kannte sich, und glaubte, keine der ersten Stellen konnte ihm entstehen,‹ freilich auch nicht, wenn die Welt so gewesen, wie er sie sich dachte, hatte hohe Begierden nach Ruhm, vielen Ehrgeitz, wollte sich hoch schwingen. Aber Gott denkt nicht wie wir, er drückte ihn tief nieder, wie Ihr aus unsern folgenden gemeinschaftlichen Leben sehen sollt. Er war eifersüchtig, und wenn ich nicht auch jede kleinste Veranlassung dazu vermieden hätte, so wäre unsre Ehe eine der unglücklichsten geworden. Wie er mich erst recht kannte, war keine Spur mehr davon. Er war offenhertzig; den er seinen

Freund glaubte, gegen den schüttete er sein gantzes Hertz aus, und es kränkte ihn, wenn andere es nicht im gleichen Maaße gegen ihn waren. Doch die Erfahrung hat ihn auch hiervon zurückgebracht.

Daß er äußerst geschäftigt war, brauche ich wohl bey seinem Feuer und Lebhaftigkeit nicht zu berühren, aber bey Kleinigkeiten konnte er nicht hängen bleiben, sein Geist brauchte was großes. Daher war ihm das beständige Predigt machen eine Last, und doch konnte er nicht so auftreten, doch war jede seiner Predigten ausgearbeitet. Er war Hypochonder und daher sehr fürchtsam.

So war Milow, Euer Vater, Kinder. So kannte ich ihn aber nicht gleich, nach und nach lernte ich ihn erst so kennen.

Und nun, eher ich weiter fortfahre, auch sein Leben, vorher bis zu meiner Bekanntschaft.

Er war 1738 den 31ten October gebohren. Sein Vater war den 6. Februar 1689 zu Anclam geboren, er hieß Phillipp Milow, und ist 6. Februar 1756 gestorben. Seine Mutter Catherina Elisabeth Lüders, geboren zu Husum 1701 den 16. Maertz, gestorben 1762, ihre Eltern Johann Lüders und Kath. Marg. Sein Vater war Aufseher der Brunnen in Hamburg, ein Mann von vielem Kopf, großer Einsicht in seiner Kunst, sehr feurig und hitzig. Seine Mutter hatte eine Knüppel Schule, welche Arbeit damahls sehr Mode gewesen. Sein Vater hatte schon eine Frau tot, von der er verschiedene Kinder hatte. M. blieb von dieser der einzige am Leben. Seine Eltern ernährten sich kümmerlich, doch hatten sie durch den außerordentlichen Fleiß der Mutter, welche gantze Nächte gearbeitet und ihre Arbeit dann verkauft hat, durch ihre Sparsamkeit, so viel, daß sie eben leben konnten, und keinem Menschen schuldig waren. M.

war von seiner ersten Jugend an ein feuriger Knabe, konnte im 5ten Jahre lesen und im 11ten hatte er schon die große Schatzkammer ausgerechnet. Die Achtung, worinnen zu den Zeiten die Prediger in Hamburg waren, ihre Kleidung, hatte M. so gereitzt, daß er wünschte, studieren zu können. Seine Eltern aber, welche glaubten es gehöre ein großes Vermögen dazu, schlugen es ihm ab. Nun redet er einmahl einen Prediger, der eben aus der Kirche kommt, an: »Meine Eltern, Herr Pastor, wollen mich nicht studieren lassen, und ich habe doch so große Lust dazu.« Der Mann sieht ihn an, und sagt: »Komm er am Donnerstag zu mir, mein Sohn, dann wollen wir darüber sprechen.« Dazu hatte er aber nicht das Hertz und mag es seinen Eltern auch nicht sagen. Ein Juwelier von ihrer Bekanntschaft erbietet sich, ihn zu sich zu nehmen, er muß also alle Gedanken des Studiums fahren lassen, und schon wird seine Kleidung dazu in Ordnung gebracht, und er soll den folgenden Montag zu gehn. Sonnabend Abend schickt die Frau des Juweliers her, ihr Mann wäre so schlecht krank, er möchte noch nicht kommen, und Sontag ist der Mann tot. Einige Sontage nachher hat derselbe Pastor eine Kopulation auf ihrer Nachbarschaft. M. springt, wie er wegfährt, vor die Thüre, wie er schon im Wagen sitzt, wird er ihn gewahr, läßt den Kutscher stille halten, fragt, warum er nicht gekommen sey? und bestellt ihm, doch ja den andern Tag zu kommen. Seine Eltern hören das, und die Mutter geht den folgenden Tag selbst mit ihm hin. Hier erbiete der Prediger sich nun, ihn studieren zu lassen, und des Tags bey sich ins Haus zu nehmen. M. und seine Eltern glauben, daß er ihnen eine große Wohlthat erzeigt und sind froh darüber. M. kommt nach der großen Johannis Schule und lernt mit allem möglichen Fleiß. Nicht lange aber, so begegnet der Prediger ihm sehr schlecht, braucht ihn zu allen niedrigen Hausarbeiten und läßt ihn dann immer die Schule versäumen. Des Abends behält er ihn oft bis elf Uhr bey sich und des Morgens um 3 muß er schon wieder bey ihm seyn. Die Lehrer haben sich manchmahl darüber beschwert, dann hat er gesagt, er loffe zur Schule, sie sollten ihn nur darüber bestrafen. Diese Strafe ist dann auch nicht ausgeblieben. M. hat also seine 2te Kindheit sehr traurig und unglücklich zugebracht. Mit seiner Begierde, was zu lernen, weiter zu kommen, mit Gewalt nieder gedrückt, zu groben Arbeiten gewöhnt. Seinen Eltern durfte ers nicht klagen, die würden ihm nicht geglaubt haben, weil sie viel zu hohe Begriffe von einem Prediger hatten. Er mußte also alles mit Geduld ertragen. Ja, wenn sie gewußt, daß er nur 2 Marck jedes Viertheljahr für ihn ausgebe, so würde er keine Stunde länger da geblieben seyn, denn *das* und den Tisch hätten ihm seine Eltern auch geben können. Nun hielt er es 3 Jahre mit Geduld aus, endlich sagt ers seiner Mutter und wie ers zuletzt nicht länger aushalten kann, nach viereinhalb Jahr, geht er von ihm. Ein anderer benachbarter Prediger, der dies alles immer mit angesehn hatte, nimmt sich seiner an und sorgt für seine Studien. Er lebt nun wieder bey seinen Eltern, geht fleißig zur Schule und studiert mit allem Eifer, bekommt einen Freund an dem jetzigen Doctor Lüders, und beyder Triebfeder war Studieren.

Nach und nach bekam M. schon einige Informationen, wovon er sich kleidete. Bey der Thranlampe hat Euer Vater halbe Nächte gesessen und studirt, wie mir seine Schwester erzählt hat, denn Licht habe ihm seine Mutter nicht geben können. Von 1752 bis 1759 hat Euer Vater in Kummer und Sorgen bey beständiger Arbeit seine Jugendzeit, sonst die fröhlichste vom 14. bis 21sten Jahr zugebracht.

1756 starb sein Vater, die Mutter allein konnte ihn nicht ernähren. Er mußte also sehn, daß er mit Information sie und sich ernährte. 1759 kam er als Hofmeister bey einem reichen Kaufmann Schütt im Hause. Hier erst ward er seines Lebens froh. Es waren brave Leute, die ihm alles Liebe und Gute thaten. Er hatte einen recht guten Tisch, immer frohe Gesellschaft, gehorsame Untergebene, und ward noch außerdem gut bezahlt, so daß er seine Mutter gut mit versorgen konnte. Auch sorgte er, daß sie 1760, als er nach Göttingen ging, in ein gutes Armenhaus, welches man den *Heiligen Geist* nennt, kam.

Auch war seine Jugend nicht frey von Versuchungen, aber die Religion, die wahre, duldende, christliche, die er von seiner frühsten Kindheit an so wirkend bey seiner Mutter gesehn hatte, Schamhaftigkeit, die sie ihm gleichfalls eingeprägt hatte, und noch mehr Gott, bewahrte ihn, daß er nicht fiel, daß er Keuschheit (eben so wohl eine Krone der *männlichen,* wie der *weiblichen* Jugend) unversehrt behielt. Er glaubte fest, ist sie erst verlohren, so *alles.*

Verschiedene Mädgen, die er unterrichtete, wurden in ihn verliebt und suchten ihn auf alle Weise zu gewinnen. Mancher, besonders in seinen äußerlichen Umständen, würde nachgegeben, geglaubt haben, sein Glück zu machen. Aber er dachte: Wie sollt ich ein so groß Übel thun und wider Gott sündigen. Blieb, was man in unseren Tagen von wenigen sagen kann, in Hamburg, in Göttingen, in Kiel, bey *seinem* so *feurigen Temperamente,* bey seinem so gewaltigen natürlichen Trieb zur Wollust, bey den vielen Gelegenheiten, es unentdeckt, ungestraft zu thun, doch standhaft, verlohr *diese Krone nicht.* Sein gutes Gewissen, seine Gesundheit, seine *Ehe* haben ihn auch reichlich diese Tugend, diese Kämpfe belohnt.

Auch liebte M. das reitzendste Mädgen, eine junge Engelländerin, die er unterrichtete. Sie war eine der schönsten ihrer Zeit, jung feurig, hohen Geistes, und liebte M. gleichfalls. Die reichsten Kaufleute in Hamburg warben um sie, aber sie verschmähte alle, war gegen die Scharen Liebhaber, womit sie umzingelt war, stoltz und spröde, nur zärtlich gegen M. Ihre Liebe war stark wie der Tod, so glaubten Beyde, aber wieder Gott nicht also. M. war damahls ja nur erst Gymnasiast, sein hoher Muht aber machte ihn glauben, daß er in 4 Jahren gewiß eine Stelle haben würde, und *dann dachte* er sie zu heyrahten. Aber hiervon hat er dem Mädgen *nie* was gesagt, *dazu* dachte er zu groß. »Es kann dir auch mißglücken, du *keine* Stelle bekommen, das Mädgen heyrahten, oder ihr anderes Glück ausschlagen und veraltern. Genug, du nimmst sie in dem Fall, daß sie dann noch frey ist, *bindest* sie aber durch nichts.« So nicht das Mädgen: Sie wollte gebunden seyn, versuchte alle Künste, die ihr Geist und ihre Schönheit ihr eingaben. Der Abschied war höchst traurig, noch beym Abschied will sie M. was in die Hand drücken, womit sie sich an ihm binden will, aber M. schlägts aus und reist 1760 um Ostern traurig nach Göttingen. Der zärtliche Briefwechsel entstand unter ihnen beynahe 2 Jahre, da meldete sie M. die traurige Nachricht, daß ihr Vater, der Kaufmann war, wieder zurück nach London gehen wolle. Schon hier war M.s Hoffnung vorbey, aber das Mädgen schreibt noch immer aus London und M. wieder an sie, bis M. einen Brief von dem Vater bekommt, der sich diese Korrespondenz zwischen ihm und seiner Tochter verbittet, des hohen Portos wegen. M. hört lange nichts von ihr, bis er hört, sie sey in London an einen Kaufmann verheyrahtet. Nachdem Lüders, Milows Freund, seine Studia in Göttingen vollendet, so reist er nach London, wo M. ihm einen Brief an sie mitgiebt.

L. meldet sich bey dem Vater, der ihm erzählt, seine Tochter sey verheyrahtet, aber an einen sehr eifersüchtigen Mann, er würde also in ihrem Hause nicht angenommen werden, er wolle sehn, daß sie herüber käme, sie wohne gerade gegen ihn über. Sie kömmt auch, aber nur auf einige Minuten. Ihre erste Frage, wie sie L. erblickt, ist: »Was macht Milow?« Sie ist noch im höchsten Grade zärtlich für ihn gewesen, hat viel Zärtliches an ihn bestellt. Den andern Tag hat L. den Mann gesehn. Es ist ein alter unangenehmer Mann gewesen. Was diese Nachricht auf M. gewirkt, wie es alle seine Jugendfreuden gestört, brauche ich Euch nicht zu sagen. Denn jetzt noch immer ist der Gedanke an sie lebhaft in seiner Seele, er hat noch oft in meinen Armen um sie geweint. Vor einigen Jahren war sie ihm im Traume in einem schwartzen Kleide erschienen, die Arme nach ihm ausgestreckt und so verschwunden. 1778 haben wir auch gehört, daß sie vor einigen Jahren gestorben ist. Fahre wohl, du Liebe, dein Geliebter ist bey mir, ich ersetze ihm deinen Verlust, so viel mir möglich, und einst an jenem Tage, wo kein Abschiednehmen mehr seyn wird, führe ich ihn dir zu, und *dann* wollen wir ihn beyde lieben, er uns beyde, gantz ohne Neid, wie sich die Himmlischen lieben.

Wie M. nach Göttingen ging, hatte er 75 Marck Stipendia, das war sein gantzes Vermögen, ohne alle weitere Aussicht, denn Stipendien, die in Hamburg so reichlich für arme Studierende sind (auch noch eine der *alten* Stiftungen, *wo* wahre thätige Menschenliebe noch Geist der Christen war, wo der Reiche seinen Reichthum noch würdig gebrauchte) hatte M. da keine Gelegenheit gehabt mehr zu bekommen. Er kam bey einem reichen Hamburger auf ein Zimmer, bekam einen Freytisch und lebte da so sparsam, wie er konnte. Der junge Hamburger aber war in seinem Eltern Hause äußerst strenge gehalten und fing nun ein wildes ausschweifendes Leben an. M. wollte das nicht so mitmachen, er studierte immer mit großem Fleiße, that ihm Vorstellungen darüber, und wie die nicht helfen wollten, zog er allein.

Im Jahre 1761 ward Göttingen blockiert. Alle Hamburger und verschiedene andere Studenten gingen weg, M. blieb. Hierdurch nun bekamen die Hamburger so viel Liebe zu ihn, seine Freunde bemühten sich alle um Stipendia für ihn. So bald die Posten wieder richtig gingen, bekam M. Geschenke über Geschenke und an Stipendia mehr denn 300 M.. Hier konnte nun sich M. sich auch die Hülfsmittel des Studierens, die Bücher anschaffen, und seine wichtigsten, theuersten Werke hat er sich *da* angeschafft. Er arbeitete nun mit allem Fleiße bis Michaelis 1763. Seine Hamburger Freunde und Prediger riehten ihm, nun nach Hamburg zu gehen und Kandidat zu werden. Sein Geist aber war zu groß dazu, er glaubte *dazu zu* viel gelernt zu haben. Er wollte *früh berühmt* werden und ging nach Kiel, nachdem er erst seine Freunde in Hamburg besucht hatte. Hier wurde er nun Magister der Philosophie 1764 den 24. Maerz und Professor den 23. Juli 1765. Wie M. nach Kiel kam, hatte er das Glück, gleich mit den besten Häusern bekannt zu werden. Er ward gleich Hofmeister bey dem Herrn von Broocks. Dieser erzeigte ihm viele Freundschaft, und bald ward M. sein Freund. Wie M. Professor ward, bekam er ein Gehalt von 100 M. mit dem Versprechen, sobald möglich Zulage von 200 M. Die Universität aber war damahls in schlechten Umständen. Die Großen wußten schon, aber als Geheimnis, daß Holstein dänisch werden würde und thaten daher nichts zur Aufnahme derselben. Sie bestand aus 14 Professoren und 13 Studenten. M. studierte mit erstaunlichem Fleiße, schrieb seine Disputation und noch ein paar andere gelehrte Schriften. Studierte gantze Nächte, ja wohl 3 hinter ein ander, trank dabey Kaffe, welches ihn auf eine kurtze Zeit stärkte, dessen nachtheilige Folgen sich aber auf sein gantzes Leben erstreckten. Kiel, das beständige Studieren damahls, ist der Grund seiner Hypochondry. Auch bekam er Zweifel in seiner Religion, die sich wie Berge auf ein ander thürmten. M. rang damit mit dem besten Herzen von der Welt, aber er sah da nirgends Auskunft, sie brachten ihn so weit, daß nichts wie natürliche Religion ihm übrig blieb. Er war zu edel, um etwas anders zu lehren, als er glaubte, sagte also den wenigen Theologen, die da waren, sie sollten die Theologie fahren lassen, es wäre alles nichts.

Beynahe 3 Jahre hat Euer Vater unter diesen Zweifeln zugebracht, hätte er sie fahren lassen, die Sache hingehen lassen, so wäre sein Unglück da gewesen. Aber Gott hielt ihn, daß er nicht fiel, daß er immer tiefer drang. Schon hörte er ein halbes Jahr medizinische Kollegia, fuhr aber unaufhaltsam dabey fort, Licht zu suchen, bis Gott es ihm sandte. Er kam *so* durch Fleiß, Nachdenken, Studieren der morgenländischen Sprachen *wieder auf den rechten Weg, wie er davon* gekommen war, und nun ward er ein eifriger, gantz von der Gewißheit seines Glaubens überzeugter Christ. Aber die unglücklichsten Tage seines Lebens sind es gewesen, auch ihm wird dafür die Krone der Überwinder werden. Von den 100 M konnte er auch nicht leben; man hielt ihn jedes Jahr mit vergeblichen Versprechungen hin. M. mußte Schulden machen. Er schrieb an verschiedene seiner Freunde in Hamburg deswegen, aber vergebens. Endlich sah er sich genöthigt, seine Entlassung zu suchen, die er auf den 29. Maerz 1768 erhielt.

Er bekam eine Stelle als königlicher Hofmeister an der Ritteracademie in Lüneburg. Ehe er hinreiste, besuchte er Hamburg. Der damahlige Professor am Gymnasium, Reimarus, lag zum Sterben. Ein gewisser Prediger, der das meiste Gewicht in Hamburg hatte, versprach ihm, ohne daß M. darauf dachte, stürbe er, so solle niemand Professor werden, wie M.. Der Professor starb, und er ging nach Lüneburg. Hier nun bemühten sich alle seine Freunde für ihn, aber der vorgedachte Prediger widersetzte sich ihnen aufs Äußerste. Er glaubte in M.s Schriften Ketzereyen zu finden und ward sein unversöhnlichster Feind. In Lüneburg war die Lebensart nun gantz anders wie in Kiel. M. mußte erst Freunde suchen, die er in Kiel schon hatte. Die Professoren an der Ritteracademie waren sich alle unter ein ander Feind. Der Jüngste erhob sich über die Ältesten. Sonst konnte er gantz gut da leben, konnte viel Geld nebenher machen, hatte freyes Logis und einen sehr guten Tisch.

Die Academie ward nun just von einem Minister visitiert. Ich habe schon gesagt, daß der Jüngste die Ältesten, brave, rechtschaffende Männer, unterdrücken wollte. M. nahm sich hier öffentlich ihrer gegen den Minister an, sagte alles, wie die Sachen stünden, denn sie selbst waren zu furchtsam. Der Minister gewann M. lieb, richtete alles gleich auf dem Fuß ein, wie er wollte, und die alten Professoren wurden auch seine Freunde.

Unter der Zeit nun kam die Sache mit der Professor-Wahl ihrem Ausgang täglich näher. Milows Freunde arbeiten *für* ihn und der Prediger *gegen* ihn, doch behielt M. die Oberhand. Nölting schreibt ihm: »Morgen mit den Flügeln der Morgenröthe bin ich bey Ihnen und bringe selbst die Nachricht, daß Sie Professor sind. Wir haben weit über die Hälfte Stimmen.« Milow, voller Freuden, kann den Morgen kaum erwarten. Er kommt, aber *ohne* Nölting, der Mittag auch so. M. wird zum Rector Heintze gebeten. Er fragt ihn: »Was haben Sie für Nachrichten aus Hamburg?« »O, die besten! Sehen Sie den Brief, Nölting muß Verhinderung bekommen haben, sonst wäre er schon hier.« »Ja, lieber Freund, alles gut, aber es bleibt doch immer noch eine *Wahl!*« M. will anfangs nicht einmahl *zweifeln,* aber wie Heintze immer und immer wieder damit kommt, so fragt er: »Haben Sie denn etwa Nachricht?« »Ja, und Sie sind es nicht geworden! Hier ist Nöltings Brief an mich.« M. wird wie erstarrt. Seine liebste Hoffnung, womit er sich so lange getragen, die er wie ein Kind gepflegt hatte, war dahin. Der Prediger hatte am Abend vor der Wahl, wie schon alles für M. gewesen, durch einen seiner Parthei eine Mahlzeit geben lassen, und bey einem Glase Wein die meisten wieder umgestimmt. Den andern Tag bey der Wahl hat M. und ein anderer gleiche Stimmen, es wird gelost, man zieht den andern. Aber indem der gezogen ist, sagt der Rahtsherr, der ihn gezogen hat: »Meine Herren, hier ist was Menschliches passiert, es sind ja noch 2 Loose im Hut.« Man untersucht, des andern Nahme ist 2mahl darin. Es wird also noch einmahl gelost, und nun der andere wiedergezogen. Wars nicht göttliche Schickung, Kinder? O ja, die Hand auf den Mund und geschwiegen. aber zugleich gedankt.

M. war eine fehlgeschlagene Hoffnung was Neues, es wirkte also stark auf ihn; er ward äußerst niedergeschlagen, er hatte *mich*, seine Busenfreundin, noch nicht, die ihm Oel in seine Wunden goß, er mußte allen Schmertz in sich selbst austoben lassen, und solcher Schmertz frißt tief.

Seine Gesundheit litt sichtlich, der Gram verzehrte alle seine Kräfte, bis man ihm um Michaelis in Hamburg eine Stelle an der Handlungsakademie als Aufseher anbot, wobey er wenig Beschäftigung und viel Zerstreuung haben würde. Er nahm sie an, und in Kürtze ward er durch den Umgang seiner Freunde, worunter Alberti vorzüglich mitgehörte, wieder der Alte.

Wie er einige Monate da gewesen, bekommt er ein Schreiben aus Lüneburg, ob er dort zur Wahl predigen will. Er, der nie Prediger zu werden dachte, und nur den Professor im Kopf hatte, *einmahl* in seinem Lebens erst gepredigt hatte ›und zudem, da ihm das Leben da in Hamburg sehr gut ansteht‹, will er schon abschreiben, wie er just den Besuch des Professors Büsch bekommt. »Was haben Sie da?« »O, ich soll zur Wahl predigen und will nur abschreiben.« »Warum abschreiben?« Kurtz, der überredet ihn über lang und kurtz, die Wahlpredigt anzunehmen. M. reist hin. Es ist just äußerst schlecht Wetter, er bekommt einen so starken Husten und Schnupfen, daß, wie er die Wahlpredigt den 25. Aprill hält, er gantz heiser ist, und man ihn gar nicht hören kann. Der Bürgermeister, bey dem er Nachmittags die Visite macht, giebt ihm seine 10 M für die Predigt, sagt, er bedaure sehr, daß er und die gantze Gemeinde ihn nicht habe hören können. Wer war froher als Milow? Er reist mit vergnügtem Hertzen zurück, weil er glaubt, diesmahl komme er noch vom Prediger frey. Doch so wieder nicht Gott, der hatte ihn dazu bestimmt. Den 1sten May ward er in Lüneburg zum Prediger erwählt. Die *Professor Stelle* hatte *er* gewünscht, erwartet, und *nicht* bekommen, diese *nicht* gewünscht, *gar nicht* einmahl mehr erwartet, und sie *kam*. Ich schreibe dies Kinder, um Euch allenthalben auf Gottes Wege aufmerksam zu machen, *auch so* wirds *Euch* in Eurem Leben gehn!

Nun war Milow Prediger, und seine Freunde heiterten ihn auf, mahlten ihm alles Gute davon vor. Auch Lüders kömmt zu ihm, wünscht ihm Glück, räht ihm, nun zu heyrahten. »Ja«, sagt Milow, »das denke ich auch, ich habe hier auf dem Ball immer ein Mädgen gesehn, die hat mir sehr gefallen, du bist in ihrem Hause bekannt und könntest mir daher einen Dienst erzeigen, wenn du auch mich in ihrem Hause einführtest.« »Das nicht«, sagt Lüders, »das Mädgen habe ich mir selbst zugedacht, wenn ich einmahl heyrahten kann, aber ich habe ein anderes für dich, die Hudtwalkker, mit der bin ich vorigen Winter auf einem Ball gewesen, und es ist ein gutes sittsames Mädgen, die dir gefallen wird.« »Ja, aber ich kenne sie ja gar nicht.« »Thut nichts, laß du mich nur rahten, ich will dich schon mit ihr bekannt machen.« »Das ist eine eigne Sache, die gefällt mir nicht recht, wenn die Eltern nun was merken, das Mädgen was merkt?« »Kein Mensch soll was davon wissen, ich kenne ihre Tante, die *ist* verschwiegen, und dann führe ich dich dahin.« M. gibt aus Gefälligkeit nach, läßt sich hinführen. Meine Eltern gefallen ihm außerordentlich, mein Bruder noch mehr, und ich *mißfalle* ihm *wenigstens* nicht. Das

Übrige, Kinder, wißt Ihr, und nun läuft unsere Geschichte schon zusammen.

Ich gewann meinen Bräutigam von Tage zu Tage lieber, hielt es nun für Pflicht, ihn von meinen Leiden nichts entgelten zu lassen, seine Tage ihn so glücklich zu machen, wie ich konnte, hoffte, Gott würde mir das Opfer, so ich meinen Eltern gethan, belohnen, und dieser Gedanke, meine Pflicht gegen sie gethan zu haben, besänftigte oft das durch innerliche Gährung aufbrausende Hertz. Daß meine Tage also von den *glücklichen weit* entfernt waren, könnt Ihr denken. Zudem war ich meine meiste Brautzeit ohne M., wie Ihr aus den Briefen, welche wir mit einander gewechselt haben, sehen könnt. Den 2ten Juli reiste er schon ab.

Wie war mir nun *alles neu.* Da ward von Wirtschaft, Sparsamkeit, so viel gesprochen, daß mir der Kopf warm ward. Da wurde meine Aussteuer zugeschnitten, meine künftige Einrichtung gemacht, und weil ich die *erste* Tochter war, die sie verheyrahteten, so schienen meine Eltern die Kosten ungeheuer zu seyn. Sie warens noch nicht gewohnt, so viel auf einmahl auszugeben, kein Wunder, daß ich also auch von ihrer Seite manches Unangenehme hören mußte, daß hier was beknappt und da was beknappt ward, daß meine übrigen Schwestern alles in weit reicherm Maaße bekommen haben. Ich würde dieses *nicht* berühren (weil ich, dies weiß Gott, keine von ihnen beneide, ich längst über alles dergleichen weg bin,) wenns nicht Einfluß in meine künftigen Begebenheiten hätte. Zur Entschuldigung meiner Eltern auch noch das. Milow hatte nichts, sie mußten also auch das Geld *vorstrecken,* so zu unserer künftigen gantzen Einrichtung verbraucht ward. Manche bitteren Vorwürfe, daß, wenn sies nicht hätten aus *Furcht* thun müssen, sie mir nie einen Mann würden gegeben haben, der so gar nichts hätte, mußten zu den *vielen andern* damahligen Kränkungen hinuntergeschluckt werden, wühlten sich aber tief in dem so schon blutenden Hertzen ein, und blieben *liegen*. Ich schwieg zu alledem still, bekümmerte mich um nichts, *was* ich *bekam* und was ich hätte *haben müssen*. ›Recht von Seiten meiner Eltern aber wars nicht gehandelt, da sie doch wußten, was zu einer Haushaltung erfordert wird, mich einen Mann zu geben, der *gar nichts* hatte, mit dem ich gleich in ein Labyrinth zeitlicher Sorgen kam.‹ Meine 1000 Marck Banco, die ich außer der Aussteuer, die mein Vater auf 4000 Marck Kurant schätzte, so bis auf 1000 M Kourant wegschmeltzen zu lassen. Denn so knapp unsere Einrichtung auch gemacht ward, so ging alles bis auf diese 1000 Marck darauf. Nun beging mein Vater noch dazu eine Unvorsichtigkeit denn *Unredlichkeit* ist *nie* in seinem Hertzen gewesen, Milow und seinen Freunden zu versprechen, uns die ersten 5 Jahre jährlich 200 M zuzulegen, welches *nie* geschehen ist, und welches Papa sich auch nachher gar nicht einmahl hat erinnern können, daß ers je gegeben hat, ›worauf wir doch noch lebende Zeugen haben.‹ Ich war und blieb ja doch immer ihr Kind, wenn gleich schuldiges, doch Kind, und so hätten sie besser für mich sorgen, mich nicht so sichtlich in Sorgen, ja beynahe in Armuht werfen sollen. Doch es ist vorbey und Gott sey heißer, inniger Dank, diese Nahrungssorgen sind überstanden. Milow hat mich alles das vergessen gemacht, und noch *danke* ich meinen Eltern, daß sie ihn mir gegeben haben. Dieser Dank sagt *mehr,* als Vergebung und Vergessenheit.

M. hielt den 18. und 21. Juli seine Probepredigten in Lüneburg. Nachher kam er einmahl auf eine kurtze Zeit zum Besuch herüber, einmahl reiste der älteste und einmahl der 2te Bruder nach ihm hinüber. Den 30. August war endlich der feyerliche Tag, wo M. öffentlich zum Prediger ordiniert ward, und den 2te September hielt er seine Antrittspredigt.

Mein Bruder, der von der Zeit an, da ich Braut ward, wieder so gantz mein Geliebter ward, wie er es vor der Zeit meiner Liebe zu Octav gewesen war, denn diese hatte auch ihn etwas verwischt (*solche Liebe* leidet nichts neben sich), an den sich mein Hertz nun mit allen seinen Empfindungen hing, der mir nun alles war, Eltern, Freund, Rahtgeber, Tröster, wenn ich finden wollte, Ermunterer, der ward den [...] September krank. Meine Eltern, Sara und ich wollten nach Lüneburg, M. zu besuchen. Unser Besuch ward aufgeschoben, und wie er sich etwas zu erhohlen schien, doch den [...] September vorgenommen. Er ward gleich nach unsrer Abreise sehr schlecht, aber hatte Größe der Seelen genug, sich nicht zu beklagen, nichts davon zu schreiben, vielmehr täglich selbst die muntersten Briefe zu schreiben. Wie ich in Lüneburg ankam, fand ich M. gantz gegen mich verändert, er war äußerst kalt, zurückhaltend gegen mich, gegen Sara hingegen zärtlich liebkosend im höchsten Grade. Die erste Nacht in Lüneburg war daher eine Thränenvolle. Alles war nun einmahl *dadurch* bey mir verstimmt und mir mißfiel alles im höchsten Grade. Der Ort, die Leute, der Ton der Gesellschaften, die Kirchen und am meisten mein Haus. Wie wirs den andern Tag besahen und M. Amtsverrichtungen wegen von uns mußte, schlich ich mich nach der Kirche, setzte mich in eine

Ecke und weinte die bittersten Thränen unter allen, die ich je geweint habe. Mein Schicksal stand furchtbar schrekkend vor mir, ich war der Verzweiflung nahe. M. kam wieder und vermißte mich im Hause, er fand mich weinend in der Kirche, trocknete meine Thränen mit vieler Zärtlichkeit, aber doch ward er nicht wieder der alte, doch merkte ich was an ihm, daß ich ihm zuwider sey, so gar Kleid und Putz gefiel ihm an Sara, mißfiel ihm an mir. Mich verlangte hertzlich wieder zurück nach meinem Bruder, um noch die paar feyerlichen Wochen vor unserm Abschiede bey ihm zuzubringen.

Den [...] September reisten wir wieder zurück, unsre Hochzeit ward den 17. October angesetzt. Den 2ten October morgens, ehe ich aufstand, war M. da, dies söhnte mich wieder mit ihm aus. Er war auch wieder der Alte, und ich lebte einige glückliche Tage bis den 11ten October.

Es ist in Hamburg Mode, daß alle vornehme und geringe Bediente, also auch die auf dem Kontor, den Freytag vor der Hochzeit von der Braut beschenkt werden. Dieses stand mir nun schon lange Octav wegen mit vieler Angst bevor. Je näher die Hochzeit kam, desto wütender, rasender beynahe, ward er. Selbst M. hatte es bemerkt, oft gefragt, was dem Menschen fehle, denn wenn er, um Zeitungen oder dergleichen zu hohlen, ins Kontor kam, so flog *er,* wie ein Blitz hinaus. Auch war M. von Verschiedenen, die ihm gratuliert, gesagt, nun, sie können sich freuen, daß sie mit dem Vogel davon gehen können, oder auch, Wären sie einige Tage später gekommen, so hätten sie sie nicht be-kommen, und dergleichen mehr. Dies alles zusammen wurmt M.. Wir fuhren den Sontag vorher nach Altona in einer Kutsche allein, hier ließ er sich Verschiedenes davon merken, es kam ein kleiner Wortwechsel, und in dem soll ich, wie M. mir nachher gesagt, gesagt haben. »Nein, *daß alles nicht,* aber *Octav...*« und da stille geschwiegen, doch davon konnte ich mir auch gleich nachher nichts erinnern. Weil Octav wußte, daß den Nachmittag ihm dies Geschenk nun würde gebracht werden, so fragte er Papa, was er für Trinkgeld an den Bedienten dafür geben müsse. Papa sagte ihm, was er zu *seiner* Zeit bey *seinem* Herrn gegeben habe. Nun sind wir alle beym Thee, Großmama und die Möller auch. Die Mädgen kommen mit ihren Backchen von dem Geschenk, das sie dem Kutscher gebracht, zurück. Mama legt ihnen das hin, so sie an die beyden Kontorbedienten bringen sollen. Mir läufts kalt durch alle Glieder, ›werde blaß wie der Tod,‹ die Möller ist so unvorsichtig, mich an zustoßen, ich gebe ihr einen Wink, sie solle doch schweigen. Alles bemerkt M.. Die Mädgen kommen wieder, übergeben das Trinkgeld. »Das ist doch auch nur wenig«, fängt Großmama an. Monsieur Octav hätte doch wohl mehr geben können«. Nun ward mir vollends heiß wie Feuer. Papa wird hitzig gegen sie, sagt, daß er ihm selbst gesagt habe, wie viel er geben solle. Milow springt plötzlich vom Stuhl auf, nimmt seinen Hut mit einer Miene des Entsetzens. Papa fragt ihn: »Wollen Sie noch aus, Herr Sohn?« »Ja«, und damit hinunter, ich ihm nach, aber ich bin kaum auf der halben Treppe, so er schon zum Hause hinaus.

Ich kam wieder hinauf, alles ist in äußester Verwirrung. Ich bat sie, um Gotteswillen meiner zu schonen, es möchte auch erfolgen, was da wolle, mir keine Vorwürfe zu machen und mich allein zu lassen. Man thats, ließ mich auf meinem Zimmer. Hier nun blieb ich von 6 bis 9 allein, traurig war ich nicht, auch nicht angst, aber unruhig, voll Erwartung, konnte so gar nichts Zusammenhängendes denken, nahm ein Buch, aber sah nur Buchstaben, klimperte auf dem Klavier. Mein Bruder kam und ging, ohne mir was zu sagen. Man aß immer auf unserm Zimmer, und das um 9. Die Glocke schlugs, und kein Milow war da, auch kam niemand zu Tische. Gegen 10 Uhr kam M., ich erschrak, wie ich ihn sah, konnte und mochte ihm nach nichts fragen. Kurtz nach ihm kam jeder zu Tische, außer einigen gleichgültigen Sachen ward nichts gesprochen und sehr geschwinde abgespeist. M. logierte in unserm Hause und ging gemeiniglich nach Tische mit Papa, um noch eine Pfeife mit ihm zu rauchen. Weils *immer* geschah, so konnts nun nicht wohl unterbleiben. M. sagte mir gute Nacht und gab mir einen Kuß, doch keinen von den sonstigen, und ging mit Papa, ich zwar zu Bette, doch nicht zum Schlaf. Hier nun kam zwischen Papa und M. eine schreckliche Scene, wie Mama mir dem folgenden Tag erzählte.

Papa fragt M., was ihm sey, und warum er so plötzlich weg-gegangen? M. sagt die Ursache, kömmt in Hitze, sagt, man wolle ihn hintergehen, Papa wird auch aufgebracht, sie kommen in heftigen Wortwechsel, ein Wort giebt das andere, bis Papa sagt, M. und ich wären ja noch nicht zusammen, wenn er glaube, man wolle ihn hintergehen, so könnte die gantze Sache ja noch ein Ende haben, die Ehre seiner Tochter gelte ihm alles, und hiermit wären sie geschiedene Leute, morgen könnte man das Übrige alles in Ordnung bringen. M. ist im Feuer und sagt: »Nun ja, es sey so.« So lange hatte Mama mit Zittern und mit der größten Angst geschwiegen, nun nicht länger. Sie umfaßt beyde mit Thränen, bittet Papa, um Gotteswillen sein Wort zurück zu nehmen, seine Tochter nicht zu beschimpfen, sie nicht zum Märchen der Stadt zu machen. Papa sagt, das sey kein Schimpf für mich, aber das einer, wenn Milow so was von mir und von ihm dächte. Mama galt viel bey Milow, [...] ihr Ueberreden, ihre Thränen, Umarmungen bringen es endlich nach *langer* Zeit, da die Nacht beynahe verflossen ist, wieder in Ordnung. Papa erzählt M. alles, was er von mir und Octav wußte, daß es bloße Unvorsichtigkeit von der Möller gewesen sey, und so hatte die Sache ein Ende.

Noch zittere ich, wenn ich denke, was das alles für schreckliche Folgen hätte haben können, und was meine unglückliche Liebe schon jetzt für Folgen hatte. Gott wollte, ich sollte Milow zu Theil werden, und Dank dafür, hertzlicher, inniger Dank für den Mann.

Den Sontag vorher ward unsre Ehezerte gemacht. M. war zu flüchtig, sie nur einmahl durchzulesen, sondern unterschrieb sie so. Möller hatte Wind gemacht und ihm gesagt, ich bekäme *2000* M. Banko mit, er *wundert* sich, wie er nun nur von *einem* hört, doch weiter auch nichts. Den Tag kam meines Vaters Schwestertochter, Papa einmahl zu besuchen. Sie klagte, daß sie noch keinen Dienst auf Martini wieder bekommen. Sie gefällt uns, und wir miehten sie.

Je näher nun meine Hochzeit heran kam, je bänger ward mir ums Hertz. Oft wünschte ich ihn nur erst vorbey, oft noch gantz entfernt. Die Anstalten, Zurüstungen, alles war mir so zugegen. Endlich kam er selbst, er ward *herangeweint.* Hätte ihn da jemand in meinen *Sterbe*tag verwandeln können, o, wie würde ich ihm gedankt haben. Ich betete, betete und zitterte, konnte vor Angst kaum thun, bat um Ende meiner Leiden, um Ruhe und Stärke. Und diese letzte gab Gott mir außerordentlich. Ich hielt mich gut, bis ich nun *aus* meines *Vaters Hause gehen* sollte, da wankten die Knie. Mein Bruder war in dem Hause der Hochzeit, er führte mich aus dem Wagen und hielt mich auch da, daß ich nicht sank. Ich schwankte zum Trauschemel, doch Gott gab mir Thränen, sie stürtzten reichlich heraus, machten dem beklemmten Hertzen Luft, und ich legte meinen Eid ab.

Die Zeit nun von meiner Hochzeit, den 17ten October, bis zu meiner Abreise, den 1sten November, verstrich in immerwährenden Zerstreuungen und Unruhen. Die Gesellschaften, Visiten hatten kein Ende, ich konnte nicht zu mir selbst kommen, und es war gut, daß ichs nicht konnte, sonst würde ich den Abschied zu lange vorher gefühlt haben. Mama und Papa reisten mit mir, und das erkenne ich noch mit Dank, denn *alles* aufeinmahl zu verlassen, würde ich nicht ertragen können. Aber doch war er herbe, doch fühle ich ihn noch. Aus meiner Eltern Hause, wo ich meine Kindheit und Jugend so fröhlich, die letzte Zeit so traurig (denn auch das macht einem ein Zimmer, einen Ort lieb, wo man viel gelitten hat, man siehts als einen Freund, der unser Leiden mit uns getheilt hat) aus diesem Haus, diesem Zimmer nun, das sonst nichts besonderes hatte, als daß es *mein* war, in ein gantz fremdes, mit dessen Wänden ich noch nicht vertraut war, an dem ich nicht jede Fensterscheibe, jede Stelle im Fußboden so kannte. (Jede Veränderung, die nachher dies alte Haus zur würklichen Zierde bekam, war mir nicht recht, es verlor dadurch immer bey mir von seiner Würde) und aus diesem so *alten lieben* Hause sollte ich, von meinen Schwestern, besonders Sara und Trutchen, denn Hanchen war da noch ein Kind, aber diese beyden! O, Kinder, ich will hoffen, daß Ihr das bey Schwesternliebe fühlt, was *ich* dabey fühle. Die Welt, O, die lacht darüber, aber wir, o, wie haben wir oft über *kalte* Schwestern gelacht und noch mehr uns geärgert. Es war die innigste, vollste Freundschaft unter uns von Kindheit an gewesen. Die sollte nun auch aufgelöst werden. Aber, was mir mehr als alles kostete, dies war der Abschied von meinem Bruder, *unsre Liebe*, gegen die Elternliebe, Schwesternliebe, Freundschaft alles nichts war, die sollte nun aufgelöst, unsre Hertzen, die mit Ketten zusammen geschmiedet waren, getrennt werden. Einige Tage vorher sprachen wir schon nichts mehr mit ein ander, hingen stumm an ein ander und weinten. Die furchtbare Abschiedsstunde rückte immer näher, schon war er da, der geräuschvolle Tag des Einpackens, es geschah alles stumm, verwirrt, thränenvoll, so lange das Auge weinen konnte, und dann vor Schmertz abgemattet und entkräftet. Die damahls geglaubte *letzte schlaflose durchweinte Nacht im Eltern Hause* kam auch und *auch sie* verging. Der Morgen kam,. Mein Bruder munterte mich auf, wollte sich gut halten, aber es ging nicht. Der Wagen kam fürchterlich daher gerollt, wie ein Leichenwagen, das Aufpacken der Koffer klang in meinen Ohren wie das Aufsetzen einer Leiche, und, nun fort, fort mit mir. Ich loff von einer zur andern, küßte sie, weinte, ›küßte sie wieder und weinte,‹ bis Papa sagte: »Nun genug, es ist Zeit, bleibt alle oben, keiner mit hinunter.« Bisher hatte mein Bruder vor dem Fenster gestanden und dem Wagen zugesehen, ich aus der Stube, und da warf er sich mit dem Kopf auf den Tisch und die Trähnen stürtzten. Das sah ich noch und da zum Wagen hinein und fort. Ich konnte es nicht lassen, weinte unaufhaltsam fort, bis ich vor Entkräftung im Wagen einschlief und da ich erwachte, schon weit von Hamburg fort war.

Octav hatte ich *nicht* gesehn, es für Pflicht gegen Milow gehalten, ihm keinen Abschiedsbrief zu schreiben, und eigentlich war unser Abschied, *unser ewiger Abschied* ja *schon* gewesen, und doch gings nicht ohne Gedanken an ihn ab, ohne hertzliches Gebet für ihn, für seine Ruhe, sein Glück, und dies Gebet glaubte ich ohne Sünde *jeden Abend* fortsetzen zu können.

Wie ich im Wagen erwachte und ›ohnmächtig‹ wieder zu mir selbst kam, war Milow doppelt zärtlich gegen mich, schloß mich in seine Arme und schwor mir, mir alles durch sich zu ersetzen. Dies rührte und ermannte mich, ich heiterte mich auf und sagte auch ihm, wenn nur erst alles überwunden wäre, so wollte ich auch *gantz* für ihn leben.

Wir blieben die Nacht im Hachte und Milow und ich sprachen noch spät zusammen. Den andern Tag kamen wir bey dem alten Schultz in Lüneburg an, wo wir einige Nächte schliefen und dann des Tags nach unserm Hause gingen und da alles in Ordnung brachten. Des Abends waren wir dann die Zeit über fast beständig in Gesellschaft, und die Zeit verging ohne daß wirs merkten. Die erste Nacht in meinem neuen Hause war mir wieder feyerlich, sie ward nicht *verschlafen*. Der *Zukunft* wegen hing noch ein gantz dichter Vorhang vor meinen Augen, ich sah weder Glück noch Unglück durchschimmern. M. und P. hörten auch M. predigen und hofften *nach dieser Predigt*, daß er nicht lange in Lüneburg bleiben würde, und dies war immer was für mich. Doch sie reisten auch davon, und aller Schmertz ward wieder bey mir rege. Papa hatte ich immer außerordentlich geliebt, und der Abschied von ihm war schrecklich. Mama hatte sich die letzte Zeit und besonders nun in Lüneburg mit der gantzen Liebe einer Mutter gegen mich betragen, kein Wunder also, daß mein Hertz durch diese Liebe wie aufgerissen ward und auch nun gantz an sie hing. Aber was thun? Sie reisten ab, und *ich blieb* zurück, warf mich in die Arme meines Mannes, bat ihn, um Gottes Willen, mich glücklich zu machen und versprach ihm, mich gantz an ihn zu hängen. Er erwiderte es mit voller gerührter Seele. Und nun fing ich statt des unruhigen, sorgen- und leidenvollen Lebens meiner letzten Jahre ein gantz ruhiges, einförmiges Leben an. Kein Wunder, da Ruhe so was neues für mich war, daß es glücklich war. Dazu kamen die Briefe aus Hamburg, die ich jeden Mittwochen einen von meinen Eltern, jeden Sontag einen von meinem Bruder erhielt. Den Briefwechsel zwischen meinem Bruder und mir findet Ihr gantz vollständig nummeriert, und meine Briefe, die ich jeden Freytag Abend schrieb, sind beynahe Tagebuch, und Ihr müßt diese, ›welche von [...] anfangen‹ nun ja hierbey lesen, denn vieles was darinnen umständlich ist, werde ich hier nur kurtz berühren. Auch schrieben Sara, Trutchen und auch mein Bruder an einem Tagebuche, was in meiner Eltern Hause alles geschah, so daß ich also noch mitten unter sie lebte und webte. Dies Tagebuch bekam ich dann stückweise durch einen Schiffer.

So lebte ich bis den [...] December, wo mein Bruder uns zum Besuch kam und 4 Wochen bey uns blieb. Die *Erwartung* seiner Ankunft, mit ihm unter *einem* Dache in *meinem* Hause zu leben, das Zurechtmachen seines Bettes, seiner Kammer, das Warten des Abends auf ihn, das Hören des Posthorns, das ihn mir brachte (seit diesem Abend ist dieser Ton meinen Ohren die lieblichste Musik geblieben) und nun das würkliche Aufgehn der Hausthüre ›(denn er war am Thore abgestiegen)‹, die *erste Umarmung*, – O ich habe keine Worte, es auszudrücken, die *Freude* der *Seligen* kann nicht *größer* seyn. ›*Solche* Freude habe ich nie wieder vorher noch nachher wieder empfunden. *So glückliche* 4 Wochen *nie* wieder erlebt: Diese *erste* Umarmung war des *Abschieds* wehrt. Es wurden fast eben so viele Thränen verweint, wie beim Abschiede, das erste *Mahl* mit einander.‹ Wie ich dann oft aufsprang, ihm um den Hals fiel, er vor meinen Küssen nicht essen konnte, dann ihn und Milow, der eben so froh war (denn er und mein Bruder liebten sich unaussprechlich), fest zusammendrückte, ›feste zusammenband,‹ dann aufsprang und laut jauchtzte! Um Mitternacht wollte ich kaum schon zu Bett gehn. Und nun der andre Morgen, nun die gantze Zeit. Ich war da so gantz frey von Geschäften, hatte ja noch keine Kinder, die das Hertz gantz an sich ziehn, frey von Sorgen, hatte nur noch bloße *Bekanntschaften* in Lüneburg, genoß so der Freundschaft, der Gesellschaft meines Bruders, wie ich sie *nie* in meinem Leben *wieder* genossen habe. Wir drei zogen uns so aus allen Gesellschaften heraus, zogen uns so dicht, *so* enge *zusammen*, wie wir nur konnten, und lebten gantz für uns, genossen uns gantz. Des Tags war er so gantz mein, mußte mir alles vom Hause, was während der gantzen Zeit über geschehn, was ich alles schon wußte, alles schon geschrieben hatte, das alles mußte er mir erzählen, so ich ihm. Er nahm zuweilen ein Buch, wollte mir bey meiner Arbeit vorlesen, aber so wenig, wie aus meinen Arbeiten die Zeit über was ward, eben so wenig aus seinem Vorlesen. Dann fiel uns noch dies ein, und dann noch das. Des Abends gehörte er Milow, dann disputierten diese beyden bis Mitternacht jeden Abend. Alles hat in der Welt ein Ende, und so mußte diese *goldene* Zeit meines Lebens es auch haben. Er mußte wieder zurück. Was das Traurigste bey diesem Zurückreisen war, das war, ich wußte, er lebte nicht glücklich im Hause. Octav litt noch immer unaufhörlich, ›war noch immer unaufhörlich feindselig gegen meinen Bruder,‹ verbitterte ihm jede seiner sonstigen häuslichen Freuden, war der Störer seiner Ruhe, der Störer seiner Geschäfte, fing bey und über jede Kleinigkeit Streit mit ihm an. Und das war sein Busen und sein Jugendfreund gewesen, mit dem hatte er die seligsten Stunden im Kontor, in Geschäften und hernach im Lesen mit einander verlebt, und das war nun alles aus, ›auf ewig aus‹. Mein Bruder, der sanften, stillen Geistes ist, aber auch tief alles empfindet, ›jede Kränkung im innersten Marck fühlt, der gantz so war wie Klopstock dem Jünger […] schildert‹, der litt unaussprechlich an Seele und Körper dabey. In dieses Labyrinth nun sollte er nach diesen glücklichen Tagen bey uns wieder hinein. Und war *ich* nicht Schuld aller dieser seiner Leiden, aller Octavs seiner Leiden? O, das fraß mit dem Abschied tief ins Hertz. Er kam, und was soll ich von ihm sagen? Was ich noch oft sagen werde, daß er in dem Maaße herbe, bitter, die Seele niederdrückend, wie Ankunft Freude und Leben bringend ist. Er war weg, und die Zeit seines Daseins, die Zeit der Freude, verflogen, wie ein Traum verfliegt, der nie nie wieder zurückkehrt.

Nun lebte ich wieder einsam mit meinem Milow, aber doch glücklich. M. war der Mann für meine Seele, ich die Frau für seine. Eins nur machte M. oft nicht so wohl traurig, als doch weniger heiter, als er sonst gewesen würde. Er glaubte nämlich, da ich noch immer nicht schwanger ward, wir würden keine Kinder bekommen, bot so gar schon seine gantze Philosophie auf, um sich deswegen zu trösten. Aber diese Furcht war Gottlob vergebens. In der Mitte des Monats Maerz vermuhtete ich, daß ichs seyn möchte, und die Wehmutter, welche wir hohlen ließen, verwandelte diese Vermuhtung in Gewissheit. Hier war nun Freude die Fülle, bey Milow und in unserm gantzen Hause. Schwerlich kann die Ankündigung der Schwangerschaft einer Königin eine solche Freude verursachen, als die von meiner. Milow liebte mich nun beynahe noch inniger, hertzlicher wie vorher, wandte nun alles, was mir schädlich seyn möchte, von mir ab, sorgte so sehr für mich. So lebten wir nun wieder bis Ostern, wo Mama, Papa, Trutchen, Hanchen und Christian kamen. Es war in der Mitte des Aprills, wie Ihr alles aus den Briefen sehen werdet und sie blieben 8 Tage. Diese und wohl eine Woche vorher, wo ich alle Zurüstungen zu ihrer Ankunft machte, war eine fröhliche Zeit, ein herrlicher Rausch, der zu bald verschwand. Wir genossen die Alten so recht, ärgerten uns, wenn wir ausgebeten wurden, welches leider in dieser Zeit oft genug geschah. Wir wollten uns gantz allein haben, so gantz genießen, und das wollte die Welt nicht haben. Doch diese gestohlenen Stunden, die wir so der Gesellschaft stahlen, um sie der hertzlichsten Liebe zu weihen, waren süß. Sie waren dahin, und M. und ich wieder in Lüneburg (das doch immer eine ansehnliche Stadt ist, auch viele brave Leute hat) wie Adam und Eva im Paradiese *allein*. Wir hatten nicht Lust, Freunde *aufzusuchen*, ich wollte damahls in keiner anderen Freundschaft als an der unter Geschwistern glauben, und bloßer kahler Umgang war nichts für mein Hertz, daher lebten wir sehr einsam.

Den 28sten Aprill in diesem 1770sten Jahre bekamen wir die Nachricht, daß ein Prediger an der Michaelis Kirche in Hamburg gestorben war, und nun in neuer Hoffnung, gute Nacht Lüneburg. Ihr werdet aus diesen Briefen sehen, wie ich nun vor Furcht und Hoffnung gequält ward.

Den 23. May kam mein Bruder und Niklas, um uns nach Hamburg hin abzuhohlen. Das war einmahl eine Freude, ich war meinem Bruder entgegen gegangen, hüpfte, wie ein junges Lamm hüpft, wenn die Mutter von der Weide kommt. Wie ich ihn sah, wir fielen uns ein ander in die Arme, und dann küßte er mich, dann Milow, und so wanderten wir den herrlichsten Abend, der sich gedenken läßt, nach Lüneburg zu. Ich hing meinem Bruder am Arm und durfte keinen Schritt zu geschwinde gehen, aus Furcht, daß es meinem Kinde schaden möchte: Mehr kann sich kein Vater zu der ersten Schwangerschaft seiner Frau freuen, wie sich mein Bruder zu meiner freute. Noch ein Paar Tage blieben wir zusammen da, und da reisten wir miteinander nach Hamburg. Das war bis Hacht eine herrliche Reise, denn da nahmen wir einen Ewer und fuhren zu Wasser. Erst lachend und heiter, aber nicht lange, so änderte sich der Wind und unser kleiner Ewer ward von einer Seite zur andern geworfen. Es kam ein heftiger Regen, und die Wellen schlugen immer über unser kleines Fahrzeug, so daß wir gantz naß wurden. Aber ich sah eben die Thürme von Hamburg hervorragen, und sah nur die, nicht die *sichtbare* Lebensgefahr, in der wir waren, das totblasse Gesicht meines Bruders, den vor Schrecken gantz starren Blick meines Mannes, ›das Niederlassen der Segel,‹ die Verwirrung und Unruhe der Schiffsleute nicht. Freylich. sah ich alles das mit den Augen, aber nicht mit dem

Hertzen, ›mit Theilnahme‹ der Angst! Mir wars ›genug mich Hamburg so nahe zu wissen,‹ und doch wären wir auf ein Haar noch alle untergegangen.»Legt doch an, Kinder, wenn Ihr könnt. Wir wollen auch geben, was ihr wollt«: so riefen mein Mann und Bruder.»Wir können nicht! Wenn Gott nicht hilft, so können wir nicht«, so hörte ichs immer rufen, ohne daß ich die geringste Angst empfand. Gott half endlich, und wir kamen glücklich an. Die Empfindung, Kinder, die ich da hatte, wie ich aus dem Ewer stieg, zuerst meinen Fuß wieder auf meinen väterlichen Boden setzte, kann ich Euch nicht beschreiben. O, sie grentzte zu nahe an die Empfindungen der Seligen. Die Beschäftigung der gantzen Zeit unseres in Hamburg Seyns könnt Ihr nun wieder aus meinem ersten Brief an meinen Bruder sehn. Wir blieben bis Anfang Juli da.

Eines nur, wovon in den Briefen nichts ist. Octav sah ich diese gantze Zeit über nicht, er floh mich, und wenn ich ihm wohl einmahl begegnete, so entsetzte er sich so, als wenn ein Geist ihm erschienen wäre. Dies nun, und daß ich hörte, daß er noch gantze Zeiten hindurch in der tiefsten, schwärsten Melancholie zubrachte, verbitterte mir viele meiner Freuden, kostete mir manche Thränen. Überhaupt war keine Stelle im Hause, keine auf dem Garten, wo mich nicht die Erinnerung bald an dieses, bald an jenes Leiden ›tief die Seele durchwühlte‹.

Auch fuhren wir einmahl nach Wandsbeck, und waren kaum ins Holtze gekommen, als Pastor Hahn uns nachkam, sich zu uns gesellte und mich an seine Liebeserklärung erinnerte, auch die gantze Geschichte des damahligen Balles Milow erzählte, und sich sehr wunderte, daß ich ihm nichts davon erzählt hatte. Die Eifersucht, diese Folter des Hertzens quälte mich in dieser Zeit aufs grausamste. Milow war sehr munter, küßte und schäkerte immer mit meinen Schwestern, und ich ward im äußersten Grade eifersüchtig, nicht allein auf sie, sondern auf jedes hübsche Mädgen, jede Frau, ja so gar auf meine Mutter. Sie war damahls noch hübsch, hielt sehr viel von Milow, er liebte sie beynahe, wenigstens grenzte ihre gegenseitige Freundschaft nahe daran. Dies kränkte mich im Innersten. Mein Hertz war sich auch in seinen geheimsten Falten nicht der geringsten Untreue schuldig und wollte, daß Milow bey seiner Jugend, seinem Feuer, gantz so an mir hängen sollte, wie Octav an mir gehangen, unfühlbar für jedes andere Mädgen, unempfindlich für jeden Reitz der Schönheit und des Verstandes. Aber das war nicht, und es kostete mir viele Ruhe, viele Thränen, ehe dies verwöhnte Hertz sich auch hierin gewöhnte. Ja, Kinder, hütet Euch vor Eifersucht, sie ist schrecklich wie die Pest. Wo alles im Frieden ist, da erregt sie Unfrieden, Zwietracht. Wie gantz ungestört glücklich hätte nicht mein Aufenthalt in Hamburg seyn können? Nur sie vergällte mir manche Freude. Denkt auch nicht, Ihr meine Töchter, daß die Liebe eines Ehemannes *das* ist, was die eines Liebhabers ist, selbst *dann* nicht, wenn der *Erwählte Eures Hertzens Euer Mann* werden sollte. Ehe ist Freundschaft im innigsten, genauesten Verstande dieses Worts, die hertzlichste Freundschaft, die das Leben zum Paradies Leben machen kann; wenn mans nicht *noch höher* noch weiter hinauf rücken will. Wie selig war nicht der Teufel im Himmel, aber er wollte noch seliger werden und fiel. *Unser* Hertz kann sich binden, muß sich binden an *Einen*, so nicht das Hertz der Männer, ihr Loos ist Freyheit, das wissen sie, und das lassen sie sich nicht rauben, besonders wenn wir uns merken lassen, daß wir sie binden wollen. Daher sind die ersten Jahre der Ehe, sobald der erste Rausch vorbey ist, bey weitem nicht die glücklichsten. Bringt also ja keine zu hohen Erwartungen mit hinein, wie ich mit hineinbrachte, sondern stimmt sie nur gantz niedrig, dann werdet Ihr mit jedem Jahre glücklicher. Das Feuer des Mannes legt sich, er lernt täglich an Euch mehr kennen, als Gesicht und dergleichen, er bemerkt Eure Anhänglichkeit an ihn, Euren Fleiß in Geschäften, das was Ihr für Eure Kinder thut, wenn die kommen, und sein Hertz kettet sich dann an Euch, und so könnt Ihr völlig ruhig seyn, dann hängt *sein* Hertz wie *Eures* sich an *sie*, und sie binden Euch, *jedes Kind* bindet Euch fester. Daß ich von keiner würklichen Untreue eines Mannes rede, werdet Ihr doch wohl verstehen, dessen war mein Mann, dessen ist kein rechtschaffener Mann fähig, bey der ist auch an keine nur erträgliche Glückseligkeit zu denken. Es ist also bloß das, was ein Mädgen in ihrer Schwärmerei, in ihren überspannten Begriffen *so* nennt, wo schon ein Blick und viel mehr ein Kuß schon Untreue ist.

Das war eine lange Parenthese, doch Ihr müßt alles nehmen wies kömmt. Ich war eifersüchtig, dabey war ich, und nun wollte ich mich rächen, wollte Milow einmahl *die* Kränkung machen, die er mir so oft machte, war freundlich gegen Hahn, hing an seinen Blicken, ging mit ihm immer vorauf, als wenn ich die andern vermeiden wollte, und dergleichen.

Aber diese Rache bekam mir übel. *Unsre* Eifersucht ist für Niemanden quälend als für *uns selbst*, aber die Eifersucht der Männer ist furchtbar schrecklich. Mein Mann wards im äußersten Grade, und es gingen einige Tage hin, ehe er wieder der Alte ward, und ich bereute meine Rachsucht und ward vorsichtiger. Wenn ich diese kleinen eifersüchtigen Händel, die so gar zwischen mir und meiner Mutter vorfielen, ausnehme, so war mein Daseyn in Hamburg das herrlichste Leben, das sich denken läßt. Oft dachte ich: »Warum quält mich nun Eifersucht, da ich sie bey Octav nie empfunden?« Freylich war ich *durch* ihn verwöhnt, er war *nur zärtlich gegen mich.* Und dann so halte ichs nun auch für göttliche Schickung. Ich hätte vielleicht die öfteren Abschiede aus Hamburg, mein Leben in Lüneburg nicht so gut ertragen, wenn sie nicht gewesen wäre, sie erleichterte mir Abschied und alles. In Lüneburg waren nur ein paar hübsche Mädgen, die ich fürchtete, und deren Umgang ich schon zu vermeiden wußte, auch war Milow, weil er da Prediger war, in seinem Betragen vorsichtiger und zurückhaltender.

Ich war nun wieder in Lüneburg; aber nicht lange, so bekamen wir die erfreuliche Nachricht, daß mein Mann an der Michaelis Kirche zur Wahl predigen sollte. Ihn allein reisen zu lassen, das war mir nicht möglich, ich hörte also nicht auf zu bitten und zu flehn, bis er mich mitnahm. Wir reisten also den 29sten August ab, und Milow hielt seine Wahlpredigt den 2ten Sept. Es war die erschrecklich große Kirche; seine Stimme füllte sie, aber was kostete es ihn! Er sah aus wie eine Leiche, sein Leib zitterte vor Entkräftung, Kragen, Unterrock, ja so gar der Chorrock waren naß vom Schweiße, und kaum konnte er in der Kutsche, worin wir ihn abhohlten, aufrecht sitzen. Er hatte mit allgemeinem Beyfall über die Worte »Der Herr hat alles wohlgemacht, die Tauben macht er hörend und die Sprachlosen redend« gepredigt, und man hörte die folgenden Tage von nichts anderm reden, als von der schönen Predigt und daß niemand als Milow Prediger werden würde. Wir alle nun waren so schwach, über das Gerede, seine Mattigkeit bey der Predigt, seine Unfähigkeit zum ewigen Herumlaufen von einem Kranken zum andern, seine große Lust zu Arbeiten des Kopfes, aber Unlust zu Arbeiten des Körpers zu vergessen, und diese Stelle meinem Mann zu wünschen, mit gantzer Seele an dieser Hoffnung, die wir schon zur Gewissheit kommen ließen, zu hängen. Den Dienstag darauf predigte Flügge, und wir alle hörten auch ihn. Seine Predigt war eine philosophische Abhandlung vom falschen Religionseifer, so gar gantz gegen Goetze und gar nicht für den gemeinen Mann, aus dem diese Gemeinde doch mehrentheils besteht. Also wieder neue Hoffnung, daß der uns nichts thun würde. Wir reisten also den 8ten September voll Hoffnung bald zu unserm beständigen Aufenthalt in Hamburg zurückzukommen, ab. Ebert war unser Reisegefährte. Diese Hoffnung aber dauerte nicht sehr lange, zwar gaben wir sie *gäntzlich* nicht eher auf, bis Gewissheit vom Gegentheil da war. Ein solches Ding ist die Hoffnung, man hegt und pflegt sie so gerne. Aber sie wankte, denn wir hörten und *die* gantze Stadt sagte es, Flügge sey Bräutigam mit der Tochter eines Mannes, der an der Kirche war, und dieser arbeitete sehr für ihn.

Auch rückte die Zeit meiner Entbindung immer näher; wenigstens sagte die Wehmutter, ich würde nicht viel länger als Michaelis hingehen. Der Gedanke hieran, die Angst, die größer war, als ich sie mir je habe merken lassen, die Zurüstungen dazu, alles das nahm mir die Zeit, an die Wahl viel zu denken. Meine Mutter erwartete ich zu meiner Entbindung, aber ich schrieb Briefe über Briefe, bis ich den

3ten October die Nachricht bekam, sie würde den 4ten schon mit meinem Bruder da seyn. Das war wieder eine unerwartete Freude, die Gott mir gab. Hat der gute Gott nicht auch *mir* viele Freuden gegeben, Kinder? Mehr Freuden wie Leiden? Nicht *die*, die *ich wünschte*, sondern *andere, bessere*, woran ich nicht dachte. Und so macht ers immer, unser Gott, mit jedem Menschen immer.

Nun hatte ich also meine für alles sorgende Mutter, meinen Bruder bey mir, was wollte ich mehr? Wir waren so glücklich und fröhlich unter einander. Doch eins verbitterte uns unsre Freude: Milow kam an einem Morgen mit dem ängstlichsten Gesichte zu Hause, rief Mama und meinen Bruder allein; kein Wunder also, ich wards auch, ich frug, bis ich die Sache heraus hatte. Es war nämlich eine Hamburgerin kurtz nach mir nach Lüneburg an einen Rector verheyrahtet; sie war schon entbunden, das wußte ich, hatte auch ihre Mutter bey sich und – war den Morgen als den dritten Tag gestorben. Dieser Fall rührte und schreckte uns alle, besonders hielt ich sie für meine Vorläuferin, und ich weiß nicht woher, aber es war doch, ich wollte nicht gern sterben, es war Liebe zum Manne, zu Eltern und Geschwistern, die mich so an die Erde band.

Nach einigen Tagen reiste mein Bruder wieder ab, und mein Mann und Mama trösteten mich. Die Liebe meines Vaters, meines Bruders sah ich, wenn ich daran gezweifelt hatte, an der Angst, die sie hatten, wie einmahl unsre Briefe ausblieben. Alles um unsre Hertzen von Gott so zu sagen, zusammen zu *schmieden*.

Gott hatte nun, wie ich schon gesagt habe, alles gethan, mich ruhig und fröhlich zu machen, aber ich war die Störerin beyder, und so sind wir Menschen es gemeiniglich, und schieben dann die Schuld auf den lieben Gott. Eifersucht quälte mich auch nun wieder, störte meinen Schlaf und zehrte dadurch meine besten Kräfte auf. Milow und Mama hatten die genauste Freundschaft unter sich geknüpft, ja noch mehr, Kindes- und Mutterliebe herrschte unter sie, auch will ich gerne glauben, daß damahls Mama an Munterkeit des Geistes und dadurch zu Milows Unterhaltung, wie auch im Äußerlichen mich bey weitem übertraf. Meine Seele schwebte damahls in Furcht und Hoffnung wegen der bevorstehenden Wahl, hatte die *innerliche* Ergebung in den göttlichen Willen noch nicht, die sie *äußerlich* zeigte, auch schwebte meine bevorstehende erste Geburt furchtbar vor meinen Augen. Ich fühlte die Beschwerlichkeiten der Schwangerschaft im höchsten Grade, sie waren mir noch so ungewohnt, und das nahm mir dann meine natürliche Fröhlichkeit, benahm mir alle Lust, mich zu putzen. Ich vernachlässigte mich, ging immer im Nachtzeuge und dergleichen. Mama hingegen war immer reinlich, immer gleich gut angezogen, kein Wunder, daß sie auch hierin in Milows Augen den Vorzug hatte. Auch dies, Ihr meine Töchter, sey Euch Warnung, in Eurer Kleidung immer sorgfältig zu seyn, wenn Euch auch niemand sieht wie Euer Mann. Ich habe mich nachher immer bis auf die letzte Stunde meiner Entbindung ordentlich angezogen und mich der Reinlichkeit, so viel mir möglich gewesen, beflissen.

Oft dachte ich, du bist doch eine Närrin (und *das* war ich auch) dich um so was zu quälen, mußte es dir nicht Freude seyn, daß sie sich lieben? Kennst du deinen Mann nicht, als den besten, treuesten Mann, der auch den bloßen Gedanken einer Untreue verabscheut? Kennst du deine Mutter nicht, wie sie dich jetzt liebt, wie sie dich pflegt, für dich sorgt, siehst du täglich, mit welchem Feuer sie dich jeden Abend (denn ich schlief damahls bey ihr) an ihr mütterlich Hertz drückt. Das alles sagte ich mir, aber das aufwallende Hertz antwortete immer. Und so brachte ich diese Zeit zwar glücklich, doch nicht *so glücklich zu wie ichs hätte können.* Auch folgte die Strafe hiervon nach einigen Jahren mir auf dem Fuße nach.

Endlich kam der Tag der Wahl heran. Es war der 29ste Oktober. Wie waren wir voll Hoffnung, voll Furcht. Mittags noch, wo schon alles in Hamburg entschieden war, bekamen wir einen Brief von meinem Bruder, halb hoffend, halb fürchtend. Wir 3 saßen so bey einander, konnten nichts essen, waren stumm, hielten den Brief in der Hand, fielen uns ein ander in die Arme und sagten: »O, vielleicht sind wir bald immer bey einander ohne Abschiednehmen, vielleicht sind sie nun in unserm Hause voll Jauchzen.« Aber wenn es nicht so wäre, das vermochten wir nicht auszusprechen, dachtens nur. So gings bis abends um 10, die Nachricht *konnte schon* hier seyn, *mußte schon* hier seyn, sagte mein Mann. O wir rechneten die Stunden wohl 10 mahl, glaubten immer, uns *ver*rechnet zu haben: »Der Mann ist nicht mehr jung, er reitet langsam, ihm kann ein Unfall begegnet seyn…« So hielten wir uns noch einige Stunden, gingen stumm zu Bette, brachten die Nacht schlaflos zu und sahen uns dann am andern Morgen alle mit thränenden Augen an, keiner wollte zuerst reden, zuerst trösten, - O Kinder, möchtet Ihr dergleichen nie erfahren, doch nein, ein unbesonnener Wunsch, es wäre Euch nicht gut, wenn Ihrs nie erführet. Noch *jetzt* nach *vielen* fehlgeschlagenen Hoffnungen, noch jetzt kann ich mich nicht gleich darin finden, wenns einmahl nicht nach Wunsch geht, und wie sollte es *Euch* denn gehen, wenn *Ihr nie* dergleichen erführet. Wie es uns allen mit dem Trost gegangen ist, könnt Ihr aus den Briefen sehen. Nun war die Angst meiner Geburtsstunde noch größer, ich hielt dies nur für Vorbedeutung des Schrecklichen, was ich erwartete. Mit meiner Entbindung zögerte es über unserer aller Erwartung. Papa ward ungeduldig, weil er ohne Mama leben mußte, und doch wollte er mich nicht so betrüben, daß er sie vorher wieder zurückverlangte.

Den Dienstag bekamen wir die Nachricht, daß es Flügge war, der Prediger geworden. Wieder sonderbar, Kinder, wieder ein merklicher Wink, daß Gottes Hand mit im Spiele gewesen. Bey *mir* rannte Milow ihm den Kampf ab, nun er Milow. Endlich erbarmte sich Gott meiner und erlöste mich von meiner damahls so beschwerlichen Schwangerschaft. Jeden Abend legte ich mich voll Schmertzen zu Bette und erwartete voller Angst meine Entbindung, so auch den 9ten November, ein Freytag Abend, da mein Mann den andern Morgen predigen mußte. Wir waren kaum zu Bette, so merkte Mama, daß es nun ernst werden würde, rief meinen Mann und schickte zur Wehmutter. Die Liebe meines Mannes, meiner Mutter sah ich hier im höchsten Grade, und dies rührte mich so, daß ich alle Schmertzen mit Geduld aushielt. Oft glaubte ich, es nicht ertragen zu können, ›es übertraf meine Erwartung‹. Die Worte der Bibel, wenn sie eine große Angst beschreibt: »wie die *Angst einer Gebährerin*«, die Wahrheit dieser Worte empfand ich ›, freute mich, daß Gott sie *also* kannte‹. Um 8 mußte mein Mann, mit welchem Herzen, könnt Ihr denken, Kinder, zur Kirche. Wie er *seine Arbeit* voll

Angst um 9 vollendet hatte, war *meine* noch nicht vorbey. ›Schon herrschte in meinem Zimmer eine Stille wie sie bey Toten herrscht; schon gingen mein Mann und meine Mutter mit wiegenden Händen, tränenlosem Blick von mir; schon hörte man kaum mehr meinen Laut des Jammers.‹ Die Wehmutter und die andern Frauen waren voll Verwirrung und beteten laut zu Gott um Hülfe, aber Gottes Hülfe zögerte bis 11 Uhr Mittags. Da kamst du, mein Jakob, ein Kind des Schmerzens und der Angst. Da schlug die Bet Glocke, o, wie betete ich *da* von gantzem Hertzen mit. Mein Mann, meine Mutter sprangen herein, Milow sah nicht nach dem schönen lächelnden Knaben (denn so schön wie Jakob *da* war, war keins meiner Kinder), nur nach mir flog er: »Lebst du nur, mein Betchen?« und drückte mich an sein vor Angst noch klopfendes Hertz. Und die Freude, meinem Milow ein Kind gebohren zu haben, machte mich im ersten Augenblick alle Schmertzen vergessen. Ich war den ersten Tag so wohl, mein Mann so fröhlich, so dankbar gegen Gott, Mama so geschäftig, so pflegsam, so liebevoll! Ich wollte die Pflicht einer Mutter gantz erfüllen und also gantz natürlich mein Kind selbst stillen, legte es mit allen Freuden einer Mutter an meine Brust, thats einige Mahle, aber keine Milch wollte kommen; den andern Tag bekam ich Fieber, den dritten wars noch ärger. Es mußte eine Amme kommen. Hierüber grämte ich mich so, daß ich den 4ten, als den Tauftag, mit dem Tode rang. Die Hitze und Kopfschmertzen waren unbeschreiblich. Ich wollte die Amme nicht vor Augen sehn, sie mußte also mit dem Kinde aus der Stube hinaus; nichts von der Taufe wollte ich sehn, keine der Gevattern. Mein Mann weinte unaufhörlich, hing über mich und bat *so* Gott, mich zu erhalten. Nur ihn und Mama konnte ich um mich leiden, sonst keinen Menschen. Wie die Gevattern wegfuhren, drängten sie sich doch herein, wollten mich sehn, das war mir ärgerlich. Zweymahl ward der Doctor in der Nacht gerufen, und ich rang mit dem Tode, bat Milow, dessen Angst größer war, wie meine, doch meine Schwester Sara meines Kindes wegen wieder zu heyrahten, denn *das* wußte ich, daß sie eine gute Mutter werden würde. Doch Gott wachte über mich und rettet mich diesmahl, und ich genas zur unaussprechlichen Freude meines Mannes. Zwar kamen immer wieder Rückfälle, und vor dem 15ten Tag war ich nicht recht gut. Mama bewies sich als die beste, zärtlichste Mutter, und Papa kam nach drey Wochen, wo ich noch nicht aus dem Bette auf seyn konnte, brachte Christian mit und blieb noch eine Woche bey uns. Dies war eine recht fröhliche Woche und Papa war so heiter, hatte seinen ersten Enkel so lieb, und ich freute mich nicht wenig, ihn zuerst zum Großvater gemacht zu haben. Die guten Alten reisten den Sonnabend, wie mein Jakob 4 Wochen alt war, von unsern Seegen und Thränen und Dank begleitet, ab. Milow und ich waren wieder allein, nein nicht *allein*, wir hatten unsern Erstgebohrenen auf unserem Schooß und der war uns alles! Ich war M. nun noch theurer geworden durch alles, was ich gelitten hatte. Wir weinten zwar beym Abschiede, aber keine ungestümen Thränen, wir waren uns nun *zuerst* und *durch* unsern *Jakob* alles. Ich fühlte mich nun nach einer Woche, wo ich alle Kräfte hatte, so gantz glücklich. Unsre Ehe fing nun *schon* an, eine der glücklichsten zu werden. M. war gantz voll von Liebe gegen mich, und so lebte ich ein Leben der Seligen. Dies Leben ward getrübt, und wodurch, Kinder? Durch Sorgen der Nahrung.

Den Schluß des 1770sten Jahres brachte ich dankbar gegen Gott zu, weil es nach einigen schweren, leidvollen Jahren, mit welchen ichs verglich, ein fröhliches gewesen war. Wie aber Neujahr die Rechnung aus Hamburg kam, ich unsre Ausgaben mit der Einnahme verglich, da gings ziemlich im Kopfe herum. Das Mädgen, das wir mitgenommen, und die noch dazu meine Verwandte war, hinterging uns auf alle Weise, widersetzte sich jeder, auch der kleinsten Arbeiten. Ich hatte sie im Anfange verwöhnt, war zu gütig gegen sie gewesen, das hatte sie verdorben. Auch war ich, (merkt auf, meine Töchter, damit Ihr nicht erst nöhtig habt, durch *Erfahrung* klug zu werden, wie ich) unwissend in der Wirtschaft, war meine ersten Mädgenjahren zu leichtsinnig gewesen, um darauf zu achten, und das letzte Jahr kam ich, wie Ihr wißt, nicht viel vom Zimmer, war der großen Haushaltung in meiner Eltern Hause gewohnt, hatte also nicht Verstand genug dazu, um nun eine im kleinen zu führen, richtete unsern Tisch, den Tisch des Mädgens, so ein, wie ich in meiner Eltern Hause gewohnt gewesen war, machte sie dadurch leckerhaft, kam in allen Sachen des Einkaufens an die unrechten Leute. Es ging uns also so, daß wir noch einmahl so viel ausgegeben hatten, wie andre Leute von unserm Stande, und die doch besser dafür lebten, wie wir. ›Dies kränkte mich, dies kränkte Milow. »Wo will das hinaus?« sagten wir.‹ 300 Marck nehmen wir ein, und 500 geben wir aus, *wie lange* können wir das machen? Ich faßte Muht, entdeckte unsre *Ausgabe,* nicht unsre *Einnahme,* einer alten, in der Wirtschaft erfahrenen Frau, die meine Freundin war. Diese zeigte mir alles, worin ich gefehlt hatte, wo ich hier *zuviel,* dort was *gantz unnützes* ausgegeben hatte, rieth mir, mein

Mädgen Ostern gehn zu lassen und dann eine gantz andre Einrichtung anzufangen.

So sparsam, wie es mir nur möglich war, richteten wir uns schon gleich noch bey dem Mädgen ein. Ich hatte vielen Verdruß von ihr darüber, setzte mich aber darüber hinaus. Ich legte mich mit allem möglichen Fleiß auf die Wirtschaft, sparte, wo ich nur sparen konnte, merkte auf, wo ich nur von Haushaltungssachen sprechen hörte, war den gantzen Tag fleißig, *las nur*, wenn ich dabey *stricken* konnte, schaffte den Thee nachmittags ab, das warme Essen, auch wenns nur Vorspeise seyn sollte des Abends, schränkte unsern Umgang so viel nur thunlich ein - ›hielten eigentlich nur mit 4 Häusern Umgang‹ - verschloß alles mögliche und paßte genau auf das Mädgen, sodaß sie mich nur in wenigem hintergehen konnte und ersetzte ungefähr auf die Weise, was ich das vorige Jahr durch Mangel der Erfahrung, durch Nachlässigkeit versäumt hatte. Freylich gehörten *Jahre* dazu, ehe ich das in der Wirtschaft, bey allem *möglichen Fleiße ward*, was billig *jedes* Mädgen, *sobald sie heyrahtet*, seyn sollte. *Was* die Ursache auch dieser meiner Vernachlässigung war, *wißt* Ihr, meine Töchter, und daß es mir auch unangenehme Stunden machte, könnt Ihr denken. Also auch das zu vermeiden, meine Lieben, Euch durch *Eure* Schuld, Euer Leben so wenig zu verbittern wie möglich, laßt Euch das Beyspiel Eurer Mutter wieder Warnung seyn. ›Hang zur Eitelkeit habe ich *auch als* Mädgen nur gehabt‹, aber *nun* schaffte ich auch so gar *alles* ab, was nur von weitem dem Putz ähnlich war. In Lüneburg waren die Moden wohl um 6 Jahre oder mehr zurück, wie ich also erst hinkam, war ich das Modell, wonach die galanten Damen sich richteten, aber nun legte ich all meinen modischen Putz ab und sparte den, bis ich einmahl nach Hamburg käme, kriegte alles das wieder hervor, was *da* schon längst aus der Mode war, ging mit den Damen meines Standes *gleich* und sparte auf diese Weise vieles. Daß ich mich immer, und vor allem im Hause reinlich und ordentlich kleidete, könnt Ihr wohl denken.

So lebten wir nun höchst glücklich und fröhlich, bis den 17ten Maerz, wo wir Nachricht bekamen, daß ein Prediger in Hamburg an der Jakobi Kirche gestorben. Diese Nachricht störte unsre Ruhe, die Zeit des Hoffens und Fürchtens ging wieder an. Die Stelle war just wieder an einer Kirche, wo viele Arbeit war, ›eine Gemeinde, die noch gar nicht reformiert war.‹ Alles das machte uns Kopfzerbrechen. Und doch übertraf der Wunsch, in Hamburg zu leben, *alle* diese Beschwerlichkeiten. Milow sein Körper war schwach, er hätte diese Arbeiten nicht aushalten können. Das sah Gott, das hätten *wir* auch sehen *können*, wenn wir *gewollt*, aber wir waren blind, hielten unser Unglück für Glück, und würden nachher zu spät bereut haben, wenn Gottes väterliches Auge nicht über uns gewacht hätte.

In meiner Seele war nun besonders dieser Gedanke wieder der Herrschende. Wenn ich mit meinem Mann, wie wir nun *täglich* thaten, den Wall rund gingen, so war *das* unser Gespräch. Welche Schlösser von Glückseligkeit bauten wir da in der Luft, was das für ein Leben seyn würde, *ohne* Nahrungssorgen im Schooße unserer Familie, von *allen* geliebt, wir wieder *alle* zu lieben, wie wir uns dann täglich sehen könnten, den Sommer immer in Sankt Jürgen auf dem Garten seyn würden, die Winterabende dann bey dem einen, dann bey dem andern unsrer Geschwister zu bringen könnten. Alles dies zog mein Hertz immer mehr von den Lüneburgern ab. Es war immer nur in Hamburg, glaubte an keine Freundschaft *hier,* und doch fand ich *nachher* die edelsten, besten Freunde, es war bloß meine Schuld, daß ich sie nicht gleich hatte.

›Nun die Hand aufs Hertz Kinder, hatte an allem diesen *Gott* schuld oder nicht? Wars *seine* Schuld, daß wir mit Gewalt nach Hamburg wollten, an keine andere Glückseligkeit glaubten, als die wir *da* haben konnten? Und wenn Gott es zu unserem Besten hintertrieb, *unsere Hoffnung störte*, es nicht *anders* thun konnte als durch tiefe Wunden, harte Leiden, wars grausam von ihm? *Jetzt* sehen wirs ein, daß Gott uns gut geführt hat damahls nicht. Und so Kinder, werden *alle seine* Wege in der Ewigkeit gerechtfertigt seyn. Möchte nur das Beyspiel Eurer Eltern Euch lehren, *Euch selbst nicht* Glückseligkeit wählen zu wollen.‹

Den 7ten May kam mein ältester Bruder und Nikolaus zum Besuche herüber. Das war einmahl eine Mayfreude, die alle Freuden dieses Monahts weit übertraf! Schon warens beynahe fünf Monahte, daß ich keine von meinen Lieben gesehen hatte, mit heißem Verlangen schlug mir mein Hertz danach. Oft in meiner Einsamkeit, wenn ich meinen Jakob auf dem Schooße hatte, mahlte meine Einbildungskraft sie mir alle nach der Reihe vor, dann stürzten oft Thränen aus den Augen, sie einmahl zu sehn. Auch hatte ich Ihrer Aller Silouetten in meinem Zimmer hängen. Nun aber kamen 2 von ihnen würklich, dann wurden die Bilder vergessen. 8 selige Tage lebte ich wieder, und da wars wieder aus, der Abschied wieder herbe.

Wir hattens uns versprochen, *nicht* beim Abschied zu weinen, hielten uns *auch* noch immer gut. Sie reisten auf der Post, und um noch eine halbe Stunde länger zusammen zu seyn, gingen wir zusammen zum Thore hinaus, um die Post da zu erwarten. Noch ging alles gut, noch waren wir heiter. Der Postwagen rollte zum Thore hinaus, das Posthorn blaste, nun eine Umarmung und da stürtzten sie alle die zurückgehaltenen Thränen auf einmahl hervor; es kam ein Guß wie ein Wolkenbruch, und so auf den Wagen, und Milow und ich liefen hinter an, wehten mit dem Schnupftuch, bis der Wagen die Berge, die vor Lüneburg sind, herunter rollte, und wir nichts mehr von ihnen sahen.

Da fiel ich Milow um den Hals, fiel mit Schluchzen an seine Brust, mir das Hertz wieder frey zu machen. Wir wanderten beyde mit Thränen traurig zu Haus, schlichen in unser Haus hinein, nahmen unsern Jakob, damahls schon unser Trost, in unsre Arme, und so war nach einigen Tagen wieder ein Abschied überstanden. Jeden Tag, wos nur irgend erträglich Wetter war, gingen Milow und ich spazieren. Diesen Frühling nun suchten wir jede schöne Gegend um Lüneburg herum auf, und es ist uns gewiß *keine* derselben entwischt.

Den 21sten Juni dieses 1771sten Jahres feyerten meine Eltern ihre 25jährige Hochzeit. Hierbey mußten wir nun auch seyn und reisten daher einige Tage vorher aus Lüneburg mit unserm Jakob ab. Wir machtens so, daß wir Mittags um 2 auf dem Garten, ehe sie uns vermuhteten, an kamen. Das war eine Freude! Papa und mein Bruder waren noch nicht von der Börse. Wir versteckten uns auf der Diele in der steinernen Stube, Mama nahm Jakob auf den Schooß und fragte Papa, ob er nicht das Kind kenne? »Nein, aber es ist ein lieber Junge.« »Es ist dein Enkel, dein *erster* Enkel!!« und damit gab sie ihn ihm hingegeben. Meinen Bruder, der Jakob ja schon kannte, rief ich in meine Stube, und was das wieder eine Umarmung war, läßt sich nicht beschreiben.

Noch einmahl Kinder, lest ja zwischen durch immer unsre Briefe, dies ist nur trockne Erzählung, manches weggelassen, was darinnen ist, besonders von den öfteren Krankheiten meines Bruders, von meinem Schmertz darüber und dergleichen. In den Briefen ist das Wehen der Liebe; hier nicht so, um mich nicht zu wiederhohlen, auch weil ich so in dem Feuer nicht mehr zu schreiben vermag. Die Einbildungskraft der Jugend ist dahin. Und wie ists auch möglich, alles das so nach vielen Jahren zu schreiben, was ich *damahls* fühlte, ›jedesmalige Empfindung mir damahls jeden Brief diktierte; *der* unter Euch, *dies* lesen kann, ohne die Briefe nach zu lesen, liest auch *dies ohne* Gefühl.‹

Der Hochzeitstag meiner Eltern ward des Morgens und des Abends unter uns mit Freuden und des Mittags, wo wir uns andern Leuten aufopferten, in einer steifen Gesellschaft gefeyert.

Mein Mann kam mit auf den Aufsatz zur Predigerwahl an der Jakobi Kirche. Die Predigt ward in der Mitte des Juli festgesetzt. Meinen Mann dann allein hinüber reisen und die Wahlpredigt halten zu lassen, und ich mit meinem Jakob in Lüneburg zu bleiben, das konnte mein damahls verwöhntes Hertz noch nicht ertragen. 3 doppelte Reisekosten von meinem Mann zu verlangen, wäre unbillig gewesen, es blieb also kein andrer Weg übrig, als der, daß ich mit meinem Jakob so lange bey meinen Eltern blieb, bis die Wahlpredigt vorbey und wir dann zusammen hinüber reisen konnten, und Milow allein auf der Post hin und her reiste. Dies geschah, und mein Mann reiste den 3ten Juli von mir. Wie mein Mann mit seiner Predigt fertig war und schon an seine Reise herüber dachte, um sie zu halten, kam wieder ein ›Querstrich‹ durch unsre Rechnung. Es war das Jahr, wo die große Wasserfluht um Hamburg herum war, und dieser Wasserfluht wegen ward von dem Rahte in Hamburg ein großer *besonderer* Buß und Bettag angesetzt. Dies nun machte einen Ruck in den Wahlpredigten, und meines Mannes seine ward auf Freytag über 8 Tage nach dem Sontag gesetzt, wo er predigen sollte, und das über einen besonderen Text. Daß meinem Mann und mir dies fatal war, könnt Ihr denken. Es half aber doch nichts dagegen wie Geduld. Vielleicht denkt Ihr sogar aus meiner Liebe zu Hamburg, daß es mir lieb gewesen, da so lange zu bleiben. Ja *mit* meinem Mann wohl, aber nun *ohne* ihn, ja nun war so gar der tägliche Umgang meiner Lieben in Hamburg *ohne* meinen Mann das nicht. Ich liebte ihn jetzt von gantzer Seele, fühlte daher so recht die gantze Last, ohne ihn zu leben. Eine solche Seligkeit, solch Glück ist das eheliche Leben, *solche* Liebe die *eheliche* Liebe.

Um Hamburg herum war alles der Sündfluht ähnlich, die schönsten, heitersten Gegenden waren verheert und verwüstet, man hörte täglich von neuem Unglück, von neuen an Gütern und Verwandten verarmten Familien.

Mit Octav, o daß ichs nicht schreiben müßte, aber des Einflusses wegen, den er auch da auf mein Glück machte, muß ichs sagen. Octav war noch immer derselbe, mich fliehend, mich hassend, oder noch *zu sehr mich liebend.* Diese Krankheit wühlte noch in dem Innersten seiner Seele, nicht Religion, nicht Vernunft vermochten was über ihn, und daher wünschte ich oft nur wieder in Lüneburg zu seyn, hielts mit Recht für Schickung Gottes, daß wir nicht an *einem* Ort zusammen lebten. Doch goß Gott endlich in diesem Sommer auch in sein Hertz Balsam, ›und auch er wird es, wo nicht eher, doch in jenem Leben erfahren, warum ich nicht ihm zu Theil ward.‹

Sein geliebtester Bruder, der in seiner Kindheit schon nach Livorno gegangen war, kam jetzt diesen Sommer mit seiner Tante Madame Frank, deren Mann, seiner Mutter Schwester, und erst sein Herr, nachher sein Kompagnon ward herüber. Nun flog Octavs Hertz zu dem Busen seines Bruders, nun ward sein Bruder sein innigster, vertrautester Freund, und Gott machte auf dieser Welt noch wieder sein Leben froh. Diese Frank ward auch für Octav eingenommen, sie ward seine Gönnerin im höchsten Grade, und sobald Octavs Jahre bey Papa aus waren, ward beschlossen, daß Octav nach Livorno reisen und da bey seinem Bruder bey einer Handlung leben sollte. Auch mein Bruder Nikolas, der damahls ein frischer, aufblühender Jüngling im 16ten Jahre war, von gutem, edlem Herzen, mit Muht und Kraft, Geist und Feuer, sollte als Lehrling auf Franks Kontor kommen.

Nun einmahl wieder mit mir stille gestanden, Kinder, Gottes Weg mit mir einmahl wieder durchdacht: Octav, der von meinen Eltern gehaßte, verachtete kam auf *einmahl* empor. Die Achtung und Liebe seines Bruders und der Frank, sein in einigen Jahren vollkommen gemachtes Glück, machten natürlich Eindruck auf meine Eltern, *auch* sie sahen ihn nun mit andern Augen an, *auch sie* sprachen jetzt aus einem andern Ton mit ihm, begegneten ihm gantz anders, *baten* ihn so gar, wenn er erst hinüber käme, sich meines Bruders, *ihres Sohnes* anzunehmen.

Warum nun nicht (wäre es unser beyder Glück gewesen, uns zu heyrahten) warum ließ Gott die Frank mit seinem

Bruder nicht *2 Jahre* eher reisen? Alle Schwierigkeiten würden aufgehört haben und Octav so wohl mich (wie sein Bruder voriges Jahr ein Mädgen aus der besten Familie nahm) bekommen haben. Das alles hätte Gott *ohne Wunder* einrichten können, aber er thats *nicht*, thats nicht zu unser beyder *Glück*. Ja noch mehr: in Sara ihrem Hertzen entstand eine aufsteigende Flamme zu dem Bruder von Octav mit dem heimlichen Wunsche meiner Eltern vermischt. Was für *Schwierigkeiten* hätten dann nun auch noch entstehen *können*? *Keine*, als daß es Gottes Wille *nicht* gewesen. Und nun die Hand auf den Mund gelegt!

Mein Mann kam nun endlich zur Haltung der Wahlpredigt wieder herüber. Sie ward glücklich vollbracht, und nun lebten wir noch einige frohe Wochen im Schooße unserer Familie, voll der seligsten Hoffnung, daß wir bald herüberkommen würden, um *nie* wieder Abschied zu nehmen. Nur *das* Leben zu leben, wovon wir so oft träumten, das meine Schwärmerey beynahe zu einem wahren Himmels Leben erhob. Noch war ich durch die erste fehlgeschlagene Hoffnung an der Michaelis Kirche nicht klug geworden, glaubte noch immer und immer, mein Mann würde es nun werden und schleppte mich mit dieser Hoffnung herum.

Einige Tage *vorher*, als unsre Abreise schon festgesetzt war, und mein Mann seiner Geschäfte wegen nun nicht länger wegbleiben konnte, bekam die Amme von meinem Jakob von Daniel, der mit auf einer Stube war, die Halskrankheit und wir vermuhteten auch das Scharlachfieber, welches Daniel auch hatte. Sogleich ward mein Jakob entwöhnt und eine Wärterin für ihn angenommen und er mit der nach einem andern Zimmer gebettet. Aber es war schon zu spät, seine Amme ward in einigen Tagen wieder gut, so daß sie ihn wieder warten konnte, aber *er* ward äußerst schlecht, bekam Halskrankheit und Scharlachfieber im höchsten Grade. Was nun thun? Das Kind mitnehmen, ging schlechterdings nicht an; er wäre unterwegs gestorben. Ich wieder hier bleiben? Das wären ja wieder doppelte Unkosten gewesen, und mein Mann wollte auch nicht wieder allein leben. Ich mußte mich also von meinem totkranken ›, erstgebohrenen, so sehr geliebten‹ Kinde trennen, mußte ihn Gott und der Pflege meiner Mutter überlassen. Beyde würden thun, was sie thun konnten, das wußte ich, und doch war dieser Abschied der schmertzlichste, den ich je gehabt. Der Plan war nun *der*: wenn mir Gott mein Kind erhielte, so wollten meine Eltern in *dem* Fall, daß mein Mann würde Prediger werden, ihn so lange bey sich behalten, bis wir gantz herübergezogen wären.

›Daß mein Mann aber Prediger werden würde? - Das Hertz fragte voll schwerer, dunkler Ahndung leise »Nein!«, aber der emporklingende *Wunsch*, das heiße sehnende *Verlangen* laut »*Ja!*«‹

Das durch die Krankheit meines Kindes schwermütige Hertz, durch die vielen herben Abschiede, die immer ein Stück vom Hertzen wegzureißen schienen, machten *diesen* fast zu den bittersten aller Abschiede. Thränenvoll, die Hände ringend, gingen wir beyde den 15ten August mit meinem Bruder zwischen uns nach dem Baumhause, um von da über Harburg zu reisen. Du siehst ihn *nie, nie* wieder, so erscholl es immer im Innersten meiner Seele, dies ist der letzte Abschied deines Bruders, und dieser Gedanke ließ sich durch nichts unterdrücken. Auch ihm machte die Ahndung von ewiger Trennung die Umarmung länger, ›öfterer,‹ heißer. Meines Bruders Gesundheit war so schwach, daß er jährlich ein paar schwere Krankheiten aushielt, außer Gicht und Kopfschmertzen, welche er fast immer hatte. Dieses alles machte ihn blaß, entkräftet; dies sah ich mit, wie konnte dann der Gedanke von ewiger Trennung wunderbar seyn. Stirbt dein Kind, wird dein Mann nicht Prediger, so frißt der Gram darüber deinen Bruder hin, und dann – das waren die Gedanken auf der Ueberfahrt. Sie wurden › (und vielleicht), nein *gewiß,‹* durch Gottes Veranstaltung durch andere verscheucht. Es kam ein heftiger Wind, wir hatten nur einen gantz kleinen Ewer, kamen also mit Lebensgefahr in Harburg an. ›Erst vertrieb die würkliche Angst alle Vorstellungen von den vermuhtlichen, und da, hertzlichen Dank für unsere Errettung!‹

Auch war ich wieder schwanger, und die Sorge, die Liebe meines Mannes suchte alles auf, mich aufzumuntern und zu zerstreuen. Das Haus war mir nun ohne meinen Jakob gar eine Einöde, die Kinderstube, sonst eine Stube der Freude, war leer. Ich glaubte ihn immer zu sehn, und eben dadurch, daß er würklich schon gestorben wäre. Die 4 ersten Tage vergingen so, denn immer bekamen wir Briefe, daß er noch immer so schlecht sey. Daß ich betete, mit Inbrunst und Eifer betete, auch mit der Bedingung, wenns mir gut wäre, wenns ein guter Knabe, die Freude seiner Eltern werden würde, könnt Ihr denken. Aber doch fehlte meinem Gebete *damahls* noch die Hauptsache: der Glaube, daß Gott gewiß erhören würde. Erst einige Jahre nachher lernte ich mit *dem Glauben* beten, und *da,* nur *selten ohne* Erhörung, oft nach *menschlichem* Ansehen wunderbare Erhörung.

Mein Jakob ward wieder gesund und mit seiner Gesundheit kam auch erst meine Freude wieder, mit der Freude die

Hoffnung, daß mein Mann Prediger werden würde. Er kam mit auf den engen Aufsatz, und nun wollte ich mit Freuden mein Kind so lange entbehren, bis ich dann mit ihm *alles* auf einmahl bekäme, und in dem entgegengesetzten Fall sollte man mir ihn gleich schicken, damit mir Trost würde.

Je näher die Wahl heran kam, je mehr schlug das Hertz. Auch war dieser Wunsch mit *Bedürfnis*. Unsre häuslichen Umstände waren schlecht, und obgleich wir jetzt *sehr sparsam* lebten, ich schon eine ziemlich gute Hausfrau war, so war doch die Einnahme äußerst schlecht. Wir nahmen noch immer nicht mehr als 300 M. ein, freylich nicht gantz *ohne* unsre Schuld. Wie konnten wir verlangen, daß mein Mann mehr Beichtkinder bekomme, da es schon das 2te Mahl in so kurtzer Zeit war, daß er zur Wahl predigte. Unsere Bekanntschaft war auch nur geringe. Wir suchten keine größere, theils der Kosten, der Versäumnisse von Geschäften wegen, theils war unser Geschmack verwöhnt, die Bürger hatten noch zu viel Einfalt in ihren Sitten, ihr Gespräch war noch hauptsächlich Verläumdung ihres Nachbarn, Krieg und Frieden und dergleichen. Alles das machte, daß unsere Einnahme sich um nichts vermehrte, und unsere Finanzen schlecht waren. Wir sahen zum voraus, daß mit dem Ende des Jahres unsere 1000 M, die wir gehabt hatten, beynahe auf seyn würden.

Was hatten wir nun in dem Fall, mein Mann nicht Prediger würde für Aussichten? Die traurigsten von der Welt, Schulden zu machen. Mein Mann hatte zu viel edlen Stoltz, um den Gedanken daran nur ertragen zu können. Was nebenher zu schreiben, ging auch nicht, weil er der jüngste war und jedem krancken Prediger dreyviertel Jahr helfen mußte. Er hatte also fast beständig 2 Predigten.

Mein Mann schlug mir vor, junge Leute aus Hamburg zum Unterricht ins Haus zu nehmen. Das wollte mir *damahls* noch nicht recht in den Kopf. Ich wollte die Beschwerlichkeiten, das Unangenehme, so damit verknüpft ist, noch nicht gern übernehmen, stellte mir die Sache auch *zu schwer* vor. Dann war unser Haus auch zu klein, wir hätten uns dann gar zu sehr zusammenpacken müssen. Ihr könnt leicht denken, daß diese Nahrungssorgen, die man mit Recht *nagend* nennt, viele unserer Freuden störten. Auch konnten wir unser Hertz niemanden ausschütten, gegen wen? Die Lüneburger glaubten alle, daß mein Mann eine sehr reiche Frau bekommen, wie konnten wir ihnen nun das Gegentheil sagen? Wir verschlossen daher diesen unsern Gram in uns selbst und schütteten ihn nur einer gegen den andern aus.

Der Wahltag rückte immer näher, unsere Furcht und Hoffnung auch, bis er schrecklich für uns und die unsrigen den 8ten September kam. Mein Bruder benahm uns schon immer vorher in seinen Briefen alle Hoffnung, aber das menschliche Hertz ist ein trotzig und verzagt Ding, so lange der Schlag noch nicht geschehen war, hatte ich allen Muht, tröstete so gar noch den Tag vorher meine Eltern und meinen Bruder, schrieb so viel von meiner Fassung, Gelassenheit, Vertrauen auf Gott, ermunterte alle zu einem gleichen. Wie ich nun aber würklich alles dieses zeigen sollte, da gute Nacht Vertrauen auf Gott und Geduld. Noch den Mittag kam ein Brief von meinem Bruder, der uns alles schrieb, wie die Sachen den Sonnabend stünden und wie sie vermutlich bleiben würden. »Es *kann* aber doch noch anders kommen, es *kann* noch werden, schon geworden seyn,« so täuschten wir uns den gantzen langen lieben Tag, wo wir allein zusammen blieben, keines Geschäftes, keiner Zerstreuung fähig waren, weder aßen noch tranken, sondern so bey einander saßen. Keiner unsrer Freunde konnte kommen, uns Bescheid zu bringen, sie hatten also, wenns gut ginge eine Staffette bedungen, die uns die Nachricht bringen sollte; sie würde also vor spät in der Nacht nicht kommen, weil dergleichen Leute sich doch gemeiniglich allenthalben aufzuhalten pflegen. Mein Bruder rieth uns also, zu Bette zu gehen und da die Nachricht zu erwarten. Die Scene wäre gar zu traurig, schrieb er, wenn wir da noch immer bey einander säßen, und noch immer hofften, wenn *sie* schon *Gewißheit* hätten, weinten, und sich ein ander trösteten. Bis 11 hielten wirs zusammen aus, weinten und beteten schon. Ich war durch den Tag, den ich so zugebracht, äußerst entkräftet und mußte zu Bette gehen, mein Mann ging mit, und so lagen wir nun, horchten auf jedes Geräusch, obs das *eines Pferdes* sey, auf jeden Laut, *obs* ein Posthorn war. Es kamen auch Posten und so jedesmahl neue Täuschung, bis der Tag anbrach und da die Hoffnung so nach und nach starb, sich zwar sträubte, aber doch starb und da - Thränen ohne Zahl. Wir standen ohne Schlaf gehabt zu haben auf, an Trost war noch nicht zu denken. Tiefer, bitterer Schmertz umgab uns.

O Kinder, hofft nie auf Menschen, auf irdisches Glück, fehlgeschlagene Hoffnung ist zu herbe. Wir wankten den Tag vor Schmertz und Thränen entkräftet herum. O Gott, heißer Dank, daß du deinen Kindern nicht viel dergleichen Tage zu verleben giebst. Es ging so lang und finster und war doch vorüber. Der ihm folgte war für mich noch nichts besser, doch kam ein Brief von meinem Bruder, der traurig war, worin er uns seinen, unserer Eltern Schmertz beschrieb, noch mehr Umstände von der Sache und das war uns doch Trost. Wir weinten heftiger beym Lesen aber schon lindernde Thränen. Mein Mann tröstete mich, wandte sich mit der gantzen Liebe seines Hertzens zu mir, war immer um mich herum, unser beyder seitiges Leiden kettete uns immer fester und fester zusammen. Am Mittwochen schrieb ich mir mein Hertz leicht, am Donnerstag bekamen wir unvermutet Besuch, und mein Jakob kam auch. O, er war wahrer Trost für mich. Er war so schön, so munter geworden. Nur eins riß die Wunde von neuem wieder auf: der Schmertz und Gram meiner Eltern, Bruders und Geschwister, den uns die Amme beschrieb, und der unsre *Vorstellung davon* weit übertraf, den Schmertz in *ihren Briefen* weit.

Das Nachdenken unserer vorigen Schicksale, wie sie doch *alle* zu unserm Besten gewesen, die lindernde Zeit, neues festeres Vertrauen auf Gott heilte endlich langsam unserer aller Wunde, ›sie heilte langsamer wie je, ward oft wieder aufgerissen, aber heilte endlich doch.‹

Mein Jakob ward zu Ende des Septembers wieder schwer krank an den Zähnen, dies gab meiner Traurigkeit wieder einen andern Gang und seine *Besserung* wieder Gelegenheit zum *Dank*, zur *Freude*.

Mein 23 jähriger Geburtstag ward zwar noch mit nicht trockenen Augen, nicht so gantz sorgenfrey, wie jedes Geschöpf Gottes ihn feyern sollte, aber doch mit gerührtem, dankvollem Hertzen, das auch für dies abermahls überstandene Leiden ihm dankte, für die Besserung, die jedes für unsere Seele mit sich führt, gefeyert. Nun ging unser Leben wieder so seinen Lauf fort. In Erwartung, was Gott nun ferner mit uns beschließen würde, lebten wir einen sehr glücklichen Winter. In Hamburg war sonst alles wohl, nur daß meine Mutter den gantzen Winter schmertzhaft an der Gicht krank lag.

Das 1771ste Jahr war nun wieder verflossen. Am ersten Tag im 1772sten Jahr bekam ich von meinem Bruder die Nachricht, daß er Anfang Februar mit Nolte nach Engelland und Holland reisen würde. Mein Mann freute sich *gleich* über das Glück meines Bruders, daß er in Gesellschaft eines so braven Mannes eine so weite und schöne Reise thun würde. Aber mir meinem *Selbst* war es nicht angenehm, ich weinte über diese Trennung, meinen Bruder so weit von mir zu wissen, keine Briefe von ihm zu lesen, ihm keine schreiben zu können, der Gefahr ausgesetzt zu seyn, seine Liebe zu verliehren, in meinem Wochenbette nicht durch den Antheil, den er daran nahm, getröstet und ermuntert zu werden. Meine Ahndung, die ich auf dem Baumhause gehabt, ihn nie wieder zu sehn, vielleicht erfüllt zu sehn. Alles dies machte mir diese Nachricht *anfangs* zu einer traurigen. Wie ich mich aber wieder fand, schlug ich alles das aus dem Sinn und dachte nur an das Glück, das diese Reise *für ihn* seyn würde. Vorher reiste er den 7ten Januar mit Nolte nach Lübeck.

Die Zeit meiner Entbindung rückte nun immer näher, mit ihr die Angst davor. Meine Einbildungskraft stellte sich zu lebhaft alles vor, was ich bey der vorigen gelitten. Auch dazu brauchte ich Überwindung, daß ich meinen Bruder *vor* seiner großen Reise nicht sehen sollte, *lange* nicht wieder sehen sollte. Denn wenn ich auch nun den Sommer nach Hamburg reiste, war *er* doch nicht da. Zu diesem allem brauchte ich Kampf, um mich mit Gelassenheit darin zu finden. Doch Gott ist den Schwachen mächtig. Noch vorig

Jahr hätte ich dies nicht so gelassen ertragen, aber nun war dies Hertz schon weicher, schon tragsamer. Ich war die letzte Zeit meiner Schwangerschaft entkräfteter und mehr voll Schmertzen als das erstemahl. Den 9ten Februar war ich des Morgens nicht wohl, der Doctor rieht mir aber, doch des Abends in Gesellschaft zu gehn, wo wir gebeten waren, um den Gedanken meiner Entbindung so weit hinaus zu rücken, wie möglich. Es ging auch ziemlich wieder über, bis des Abends um 7, wo ich in der Gesellschaft Schmertzen empfand, weil ich aber hungrig war und ein sehr schönes Gericht mit Backwerck stehen sah, dergleichen mir damahls was seltenes war, so verbiß ich alles. Um 8 ging man zu Tisch und ich aß mit vielem Appetite, um 9 wurden die Schmertzen immer größer, die Frauen in der Gesellschaft merkten an meiner Farbe, dem Schlagen meines Pulses, daß die Zeit meiner Entbindung nahe war, riehten mir zu Hause zu gehen. Ich in der Hoffnung, es dadurch immer länger zu verzögern, wollte nicht, bis um 10, wo man mich von außen und ich mich selbst von innen trieb, zu Hause zu gehn. Hier nun legte ich mich gleich zu Bette, wollte aber noch keine andere Zurüstungen von Hinschicken zur Wehmutter und dergleichen. Nur mein Mann blieb auf. Endlich aber nach einer Stunde fühlte ich zu sehr, daß es würklich anginge und schickte weg. Die Wehmutter war just bey einer andern Frau, und kam erst um ein Uhr. Nun kam mit ihr erst recht meine Angst und die Scene vom letztenmahl war lebhaft vor meinen Augen mit allen seinen Schmertzen. Gott war mir außerordentlich gnädig, um 2 war der Junge, mein geliebter Nikolas da. Kaum wollte ich es *glauben*, wie ich ihn sah und hörte, schlug noch auf dem Stuhl meine Hände zusammen und dankte Gott hertzlich.

Mein lieber Mann, der mich gar nicht verlassen hatte, war mit mir außer sich vor Freude, dankte mit mir Gott. Kaum aber war ich zu Bett gebracht, so kamen die Folgen der Unmäßigkeit des Abends, ein heftiges Erbrechen, das einen starken Blutsturz verursachte und mir beynahe bey allen sonstigen glücklichen Umständen, das Leben gekostet hätte. Mein Mann in der größten Angst schickte gleich zum Doctor und er fand, wie er kam, würklich alles äußerst gefährlich. Durch Gottes Hülfe schlagen seine Arzneien an ›, der Blutsturtz‹ und das Erbrechen legte sich und es blieb nichts als äußerste Ermattung.

Warnung sei Euch dies wieder, meine Töchter, wenn Ihr einmahl Frauen werdet: Unmäßigkeit ist immer schädlich, aber niemandem so sehr wie einer Schwangeren. Ich ward auch hierin erst klug durch *Erfahrung*, werdet Ihr es schon durch *mein Beyspiel.*

Nun, nach dem dies überstanden, war mein Wochenbette eins meiner besten. Gott bewahrte mich vor jedem Uebel und ich war fröhlich und heiter. Mein Mann war es auch jetzt im höchsten Grade, liebte mich unaussprechlich, umarmte mich so oft, weil er nun schon die Mutter zweier Söhne in mir umarmte.

Es starb ein Prediger an der Nikolai Kirche in Hamburg. Dieser Umstand störte etwas unsere Ruhe. »Warum«, murrten wir wohl, »läßt denn Gott die Prediger in Hamburg alle so Schlag auf Schlag sterben, um uns nur immer mit falscher Hoffnung zu täuschen?« Dann wieder: »Nein, das kann Gott nicht thun, er will Euch nur prüfen, ob ihr nicht im Stillen warten wollt auf seine Führung, standhaft ohne das geringste dafür oder dagegen zu thun, *ihm alles überlassen wollt.*«

Der Abschiedstag meines Bruders war den 8ten Maerz angesetzt. O, er nagte tief in meiner Seele. Es war mein Traum des Nachts, das Bild meiner Phantasie in meinem Wochenbette, mein Gespräch mit meinem Mann, der Inhalt meiner Briefe, ihn doch noch *vorher* einmahl zu sehen. Aber es ging nicht, der Wunsch *mußte*, er mochte wollen oder nicht, aus dem sich sträubenden Hertzen verbannt werden. Ich mußte *schriftlich* von ihm Abschied nehmen, und es ging nicht so gantz ab, wies wohl sollte. Aber Gottes Vorsehung rechtfertigte sich kurz hernach auch hierin. Just einen Tag nachher, da mein Bruder nach meinem Plan zu mir kommen sollte, wird er krank, dadurch seine rechte Abreise verzögert. Würde *er*, wie *ich* diese Krankheit auf die Reise nach Lüneburg geschoben, was für Vorwürfe [würde] ich mir gemacht haben. Es war also ein schriftlicher Abschied, der nicht minder herbe und bitter war, wie ein mündlicher. Er war kurz aber hertzlich. »Gott der Allmächtige, der Gütige, Gnädige begleite dich, behüte dich vor Leiden, Krankheit und allem Unglück. Er schenke dir die Gesundheit, die du nun zu deiner Reise brauchst. Und nun noch eins: diese *Liebe*, die das Glück meiner Jugend gewesen, die mein Hertz gebildet, es so fest mit deinem verbunden hat, diese deine Liebe laß weder Entfernung noch Zerstreuung, weder Zeit noch Ort, Leben noch Tod vertilgen oder nur verringern.«

Meines Bruders seiner: »Euch, meine Theuern, befehle ich dem Gott, der unser aller Vater ist, der uns nach allen Umwegen so zusammen führen wird, daß wir seine Güte bewundern werden.« Er reiste den 14ten Maerz von aller Seegen begleitet ab.

Und so war nun wieder ein Leiden mehr verlebt, einige Thränen mehr verweint, die Gott gesehen und zu seiner Zeit abgetrocknet. Mein Bruder hat ein Tagebuch seiner gantzen Reise geschrieben, wie *das ist,* so Ihr von seiner Lübeckschen Reise unter meinen Briefen findet, er hat es *mir* geschenkt, es hauptsächlich für *mich* geschrieben, ich habs aber noch nicht, weil ers noch an seine andern Freunde verliehen hat. Es ist zu reichhaltig, zu voll der vortrefflichsten Anmerkungen, die Euch, meinen Söhnen, wenn Ihr einmahl reisen solltet, die wichtigsten Dienste leisten können, als daß ich mir nicht alle Mühe geben sollte, es wieder zu bekommen. Findet Ihr es nicht unter meinen Schriften, so habt Ihr ein Recht, es zu fordern und der so gute Oheim, wie Bruder, wird es Euch nicht versagen.

Nun starb auch ein Prediger in Lüneburg, wir hatten dadurch Hoffnung auf eine kleine Verbesserung, und wünschten daher nicht, auf den Aufsatz zu der Nikolai Kirche in Hamburg zu kommen. Aus meinem Wochenbett war ich nun auch durch Gottes Gnade glücklich wieder herausgekommen; war aber in der Woche darauf in der größten Gefahr, meinen Nikolas wieder zu verliehren. Er bekam die Frieseln und war äußerst schlecht. O, wie zitterte ich für sein Leben! Ich hatte den Jungen schon *da* so lieb. Er hatte damahls einen so sanften, traurigen, geduldigen Zug im Gesichte, der mein gantzes Hertz für ihn rege machte, nur fürchtete ich immer, ihn nicht zu behalten. Aber Gott erhörte mein Gebet, er ward zu unserer großen Freude wieder besser. Nun nach gerade lernte ich schon mit mehr *Glauben* beten.

›Ein neuer Beweis hiervon:‹ Milow *wünschte* nicht, mit auf den Aufsatz bey der Nikolai Kirche zu kommen. Die

Wahlpredigt, wenn er darauf kommen sollte, abzuschlagen, hielten wir beyde damahls in unsern Umständen für Übermut, und doch sagte mein Mann immer: »Werde ich an der Nikolai Kirche Prediger, so lebe ich nicht lange mehr.« Was thun? Was anders als meine Zuflucht zum hertzlichen Gebete nehmen? Und der Erfolg war, mein Mann kam *nicht* mit auf den Aufsatz. Papa kränkte dies äußerst, aber uns wars Freude. Nun starb Alberti in Hamburg den 30sten Maerz. Was das für ein Mann war, könnt Ihr aus meinem Brief, den ich damahls schrieb, sehen. Das war nun Wunsch meines Mannes, an seine Stelle zu kommen, denn er hatte sonst keinen Menschen so geliebt, wie ihn. Er fürchtete Goetze nicht und glaubte über ihn zu siegen; in Albertis Hause zu wohnen, in *seinem* Zimmer zu studieren, *die Zuhörer,* welche Alberti gehabt, wieder zu bekommen, *das* war der Wunsch meines Mannes; daß es auch meiner war, brauche ich wohl nicht zu sagen. In Ostern dieses 1772. Jahres kam mein Bruder Nikolas, um Abschied von mir zu nehmen, weil er sich auf 10 Jahre in Livorno auf Frankes Kontor versprochen und nun im May mit der Frank und ihrem Sohn hinreisen konnte, denn Nolte war ja, wie Ihr wißt, mit meinem Bruder auf Reisen und dachte, dann durch Frankreich nach Italien zu gehn. Er brachte Sara, Jakob und Sieveking, einen damahligen Freund meines Bruders und unserer aller (denn er war einer unserer Jugendfreunde), mit. Wir wußten den Tag ihrer Ankunft nicht recht, waren daher schon zu Bette, wie sie mitten in der Nacht um 12 ankamen. Daß dies Aufwekken vom Schlafe ein fröhliches Erwecken war, könnt Ihr denken. Sie blieben einige Tage und es war eine herrliche Zeit, bis den Abend vor dem Abschied. Ich habe Euch

Nikolas' damahligen Karracter schon beschrieben. Er war noch jung, stellte sich den Himmel voll Geigen von *dieser* Reise wie von dem *gantzen* Aufenthalt in Livorno vor. Empfand daher bey seinem Abschiede *das nicht,* was seine Eltern und Geschwister dabey empfanden. Wieder göttliche Schickung für ihn. Seine Reise war unangenehm, er fand, daß die Frank gantz anders war, als sie geschienen, sein erster Aufenthalt daselbst war auch so. Würde er sich also je dazu entschlossen haben, wenn er alles so vorher gewußt? Und doch war dies alles zu seinem Glücke, sonst hätte Gott alles anders gelenkt. Wir saßen den letzten Abend und spielten, wie ich glaube, Pfand zusammen. Noch war er immer der lachende, fröhliche Nikolas gewesen. Jetzt ward er auf einmahl ernsthaft, stand mit starrem Blick an der Komode, hörte und sah nichts um sich herum. Mir ward das Hertz warm, ich glaubte, ich nähme mit eins für diese Welt Abschied von ihm. 10 Jahre schienen mir eine Ewigkeit und doch sind jetzt schon 8 davon verflossen, und so Gott will halten wir ihn in 2 Jahren schon in unsern Armen. Eine so *kurtze* Sache ists mit der Zeit, die wir uns oft Wunder wie lang gedenken. Unser Abschied war hertzlich. Ich schrieb ihm gleich nachher einen Brief, einen solchen, welchen ich wünsche, wenn einer meiner Söhne einmahl reisen sollte, *dann* noch schreiben zu können. Daß ihm dieser Brief, wie alle die *wenigen,* welche ich ihm geschrieben habe, theuer gewesen sind, weiß ich.

Nun lebten Milow und ich wieder mit unsern beyden kleinen Jungens, unser gewohntes, glückliches einsames Leben fort, genossen alle Freuden des Frühlings. *Nur* Nahrungssorgen, diese langsam am Hertzen nagenden, verstohlenen, aller Welt verborgenen Sorgen, störten unser sonstiges Glück. »Milow, mein Geld ist auf,« so sagte ich oft, »liegt kein Geld mehr unten in der Komode?« »*Nein*«, (Und *wie* mir bey *diesem Nein* war, könnt Ihr Euch denken.) »Nun, so muß ich was von Lange leihen«, und damit ging er hinum und brachte mir dann ein Paar Dukaten. Dann aber hatten wir keine Ruhe, sparten, was sich nur irgend sparen ließ, um dies wieder zu bezahlen. Die Bedürfnisse mehrten sich auch, wir waren doch nicht wie die Kinder Israels in der Wüste, deren Kleider nicht veralteten und Schuhe nicht zerrissen. Mein Mann hatte sein Bräutigamskleid nun bald 3 Jahre, er hatte noch ein paar andere, so daß es geschont war, aber doch hatte er bald eins nöhtig. Meine Kleidung war zwar noch gut, aber Kleinigkeiten brauchte ich doch auch. Die Kinder bekamen zwar immer was von Mama, aber damit konnten sie doch nicht aus, es war immer *einige* Hülfe, es war aber zum Theil schon abgetragen und hielt daher nicht lange.

Die Unkosten der Amme und mehr dergleichen fielen uns schon schwer auf. Man traktierte zum Glück nicht in Lüneburg, kam sehr oft zusammen, aber immer auf ein bloßes Butterbrod. Aber auch das, auch *diese* Zusammenkünfte konnten wir nicht *oft* mitmachen, so gerne ich meinem Mann oft Erholung *wünschte*. Man verkannte uns also, hielt uns entweder für stolz oder menschenfeindlich, denn den *wahren* Grund, *Mangel*, dachte sich niemand von uns.

Und *doch* fehlte es unserem Leben nicht an *wahren* Freuden, doch waren wir glücklich, *durch* uns, glücklich im vollsten Verstande dieses Wortes. Mein Mann kam zu unserer Freude, aber auch zur Störung unserer Ruhe auf den Aufsatz zu Katharinen Kirche. Die Wahlpredigt ward den 8ten Juni, den 2ten Pfingsttag angesetzt und wir reisten dazu mit unseren Kindern den 4ten Juni hinüber.

›Unser Wiedersehen einer den anderen war köstlich, unser Beysammenseyn fröhlich. Nur fehlte bey mir bey aller meiner Freude doch mein Bruder, der jetzt in Engelland war. Ich empfing in Hamburg einen Brief von ihm aus London.‹

Papa war an der Katharinen Kirche Jurat, wird wenn Gott ihn leben läßt, einmahl Oberalter daran, es war also sein innigster, hertzlichster Wunsch, meinen Mann an *seiner* Kirche als Prediger zu sehn. Er, mein Vater mit seinen Freunden thaten alles, was sie konnten. Goetze aber, war meines Mannes Feind noch von der Professorwahl her. Er wußte, mein Mann würde es werden, so bald er auf den engen Aufsatz käme, das nun zu hintertreiben, wandte er alles an, und ›Gott *ließ* es ihn‹ glücken. ›Zu *unserem Besten* Kinder, Euer Vater lebte nicht mehr, wenn Gott es *ihn nicht* hätte glücken lassen. Aber wir, wir sahen das nicht ein, wir *wollten* nun einmahl nach Hamburg, hielten nur *das* für unser Glück. Noch vor unserer Abreise, die 11ten Juni war, wußten wir alles wies kommen werde. Aber wie ein Verurtheilter, der noch so lange, bis der Stab [über] ihn gebrochen ist, hofft, so auch wir. Wir hofften und hofften bis den 30sten Juli, wo wir den letzten tötlichen Schlag empfingen, der aber auch wie ein solcher der fürchterlichste war.‹ Mein Mann war nicht mit auf dem engen Aufsatz und nun war auch unsere Hoffnung, je nach Hamburg zu kommen, dahin. ›Bey *allen vorigen* Wahlen blieb doch immer noch der Wunsch auf ein *anderes Mahl* nach; und dieser Wunsch war uns damit Trost. Aber nun war *alles* aus! Hoffnung und alles! Ewig in Lüneburg zu bleiben, von Nahrungssorgen gequält, von den unsrigen entfernt. Alle Freuden, die durch die Verheyrahtung meines Bruders, meiner anderen Geschwister, seiner Ankunft von der Reise, auf mich wartete, das nacherige Leben in dem Cirkel dieser Familie, der hertzliche, vertraute Umgang darinnen, alles *das* dachten wir nun, sey auf ewig dahin. Meine Aussicht in meinem künftigen Leben war also nach meinen damahligen Gedanken das Traurigste. Unsere Tage in Lüneburg nicht einmahl zu gedenken. Der Raht hatte alles gethan, was er konnte: meinen Mann eine Stelle höher gerückt, seine Stelle eingehn lassen, ihm noch eine Nebenkirche zugegeben, die 70 M. jährlich einbrachte. Wir machten also von der Stelle 370 M. und an Geschenken aus Hamburg 30, also 400 M. in allem. Davon konnten wir doch nicht gantz leben. Außer einigen Jahren Hertzensfreunden hatten wir durch das öftere Predigen meines Mannes in Hamburg wenige, also keine Aussichten zur Verbesserung, als wenn der Hauptprediger stürbe. Denn dessen Stelle war meinem Mann auch vom Raht versprochen, aber er war ein gesunder mäßiger Mann von einigen Vierzig. Was war also für Hoffnung, daß der eher sterben sollte? So standen unsere Sachen. Wars Wunder, daß wir nun nur wünschten *von* Lüneburg wegzukommen? Gesetzt, die Entfernung wäre auch noch *viel weiter.* Haben wir nicht *einige* Entschuldigung Kinder, freylich nur *einige,* daß wir unser Leben für unglücklich, unseren Zustand traurig hielten? Ja Kinder, ich litt viel, unaussprechlich viel, aber wenn ichs nun ruhig nachdenke, das *meiste* durch *eigene* Schuld. Warum blieben wir nicht geruhig in Lüneburg und erwarteten von Gott mit der Ergebung *unserer Schicksale* in seinen Willen, die die Pflicht der Christen ist, *wenn* Er uns zu den Unsrigen führen würde, *wenn* Er unser Auskommen segnen würde? Warum trauten wirs ihm nicht zu, daß Er wissen würde, obs *Glück* für uns sey, *mit den Unsrigen* zu leben? Ja, Vergebung *mein* Gott, Vergebung für meine damahlige Ungeduld, mein Murren mit Deiner Führung, mein *eigenes* Bestimmen meines Glücks. Warum mußte erst *noch mehr Erfahrung* mich klug machen, daß das, was wir für unser Glück halten, es auch *ist*? *Hatte ich* nicht diese Erfahrung schon? Ja, Gott, du bist gnädig und barmherzig, du allein weise. Du wirst vergeben. *Die Strafe*, die ich *verdient* hatte, die *schrecklich* war, nun aus seyn lassen. Bin ich aber noch nicht durch *sie* genug gebessert, mein Hertz noch nicht ergeben, nicht dankbar *genug*, mein ganzer Sinn noch nicht *gantz* so, wie der Sinn eines Christen seyn muß? Nun, mein Gott, so sehr *hier* fort, nur schon *dort* und laß mich hier wohl büßen. Mein Leben kann meiner Jahre nach noch lange dauern, du mir noch viele Freuden vorbehalten haben, wenn ich gebesert bin. Es *können* aber auch noch *Leiden noch furchtbarer* wie ich *gehabt* meiner warten, denn Züchtigungen sind mancherley. Als Mädgen dachte ich *größere* Leiden wie *die*, so ich das *letzte* Jahr *vor* meiner Verheyrahtung gehabt, wären nicht möglich. In Lüneburg, bey allen den fehlgeschlagenen Hoffnungen, nun, *bittere* schmeckst du wohl *nie* wieder, aber Ihr werdet hören *wie viel bitterer* sie waren.

Also, nun will ich gar nicht denken, als habe ich die *größten* in meinem Leben schon überstanden. Nein, mein Gott, *alles* aus deiner Hand nehmen wie dus schickst. Nicht nur für *selbstgemachte* Leiden hüte alle Freuden, die du so reichlich in unsere Wege streust, mit Dankbarkeit hinnehmen und sie gemeinsam genießen, auch die Verborgenen aufsuchen, das sey mir in Zukunft heilige Pflicht.

Für meinen Vater war diese Sache an der Katharinen Kirche auch die kränkendste unter all den fehlgeschlagenen Wahlen. Sie, unsere Eltern zu trösten, und weil wir eine gute Gelegenheit hatten mit einigen Freunden aus Lüneburg, wo es uns wenig kostete, zu reisen, so reisten wir den August nach Hamburg. Wir kamen unvermuhtet an, erreichten auch unsere Absicht, sie zu trösten, ›weinten sich mit ein ander, aber nun waren es schon gottgefällige Tränen‹. Wir blieben nur 3 Tage. Den Mittwochen darin waren meine Eltern zu Gaste, und wir fuhren mit meinen Schwestern, Jakob und Sieveking nach Wandsbeck. Da wollten wir Nölting besuchen, fanden aber lauter fremde Gesichter auf seinem Garten, von denen wir hörten, daß er ihn vermietet habe. Wir gingen nun so herum und schlugen vor, einmahl bey Hahn vorzugehn. Wie wir ins Haus kamen, kannte er uns erst nicht, freute sich aber sehr, so bald er uns erkannte, führte uns in die Sommerstube, wo die beyden Mamsell, Lentzen und Hegewisch waren. Milow und Hegewisch erkannten sich auch als Freunde von Göttingen her. Nun ward das Gespräch allgemein, Hahn tröstete Milow, weil er nicht auf den engen Aufsatz gekommen. »O,« sagte mein Mann, »es ist mir nicht sowohl um *Hamburg selbst* zu thun, als um der Nähe bey Hamburg. Das versichere ich Sie, wenn ich eine *solche* Stelle auf dem Lande *nahe* bey der Stadt hätte wie Sie, mit *der* Lage, dem Garten, ich nie nach Hamburg verlangen wollte.« Hahn antwortete mit einem etwas beleidigten Ton. »Nun gut, ich verstehe Sie, Sie beneiden mich, ich soll sterben und Sie wollen mein Nachfolger werden.« »Behüte Gott, wie können Sie das von mir denken, lieber Freund! Nur eine *solche* Stelle habe ich gesagt, nicht *Ihre*.« »Nun gut, ich verstehe

Sie, ich soll sterben und Sie mein Nachfolger werden, aber mein Herr (und in einem spaßhaften Ton), den Gefallen thue ich Ihnen nicht. Ich will erst anfangen zu leben, erst heyrahten, da sitzt meine Braut.« »Welche?« fragte mein Mann. »Lassen Sies sich von ihr selbst sagen.« Die älteste stand auf, das schönste Mädgen, so ich je wieder gesehen habe, und nahm unser aller Glückwunsch mit einem sanftem Erröhten an. Wir waren recht fröhlich. Wie uns Hahn an den Wagen begleitete, sagte er zu meinem Mann. »O, ich habe unaussprechlich viel Verdruß von meinem Schwiegervater gehabt, meine Gesundheit hat sehr dabey gelitten und auch noch heyrahte ich sie *wider* seinen Willen. Und künftige Woche ist die Hochzeit angesetzt. Ich kann das nicht länger ertragen. Wenn ich Sie künftigen Sommer spreche, will ich Ihnen Dinge erzählen, worüber Sie erschrecken werden.« Und Maria bewegte alle *diese* Worte in ihrem Hertzen. Wir reisten nach einigen Tagen wieder zurück, und nie erschien mir Lüneburg in einer so traurigen Gestalt.

Es war auch zu der Zeit eine Stelle in Stockholm frey. Mein Mann hatte große Lust, dahin zu gehn und erkundigte sich ziemlich nach allem. Nun bekamen wir aber den 20sten August zu unser aller Erstaunen die Nachricht, daß Pastor Hahn in Wandsbeck gestorben. Diese Nachricht erregte sonderbare Empfindungen in uns, und wir blieben den Tag gedankenvoll zusammen im Hause. Sein letztes Gespräch war noch bey uns in lebhaften Andenken. Den folgenden Posttag kam die Nachricht, Papa habe Schimmelmann bey der Heringsgesellschaft gesprochen. Er habe Papa die besten Versicherungen gegeben und Papa überließ es *uns* nun, *was* wir thun wollten. Er hatte sich auch nach der

Einnahme der Stelle erkundigt und von einigen von 500 M, von andern von 1700 M gehört. Den folgenden Posttag kam wieder ein Brief, daß Möller in St. Jürgen gestorben, und nun sollten wir wählen, für *welche* Papa sich Mühe geben sollte. Hier war nun hoher Raht theuer. ›Der Gedanke, ich muß es gestehen: *warum* läßt Gott die Vakanzen dann so alle Schlag auf Schlag kommen? Warum läßt er auch, wenn er [uns] auch doch nicht in Hamburg haben will, nicht in Lüneburg in Ruhe sitzen? Gott weiß ja, daß ihr diese Vakanzen doch nicht mit Gelassenheit ansehen könnt. Dieser Gedanke ging mir wieder oft im Kopfe herum.‹

Mein Mann hatte nicht große Lust zu Wandsbeck, mehr zu St. Jürgen. Wenn er in Lüneburg sein Auskommen gehabt, wäre er wohl gar in Lüneburg geblieben, da es aber nicht war, so wankte er. Mir wars unter diesen beyden Stellen gleich, wenns nur eine wäre, die *Wahrscheinlichste* die *Liebste*. ›In diese Ungewißheit verstrichen einige Wochen bis zu der Nachricht, zu St. Jürgen würde ein ordentlicher Aufsatz gemacht, der in die Zeitungen gerückt würde, und ordentliche Wahlpredigten gehalten. Diesen wollte mein Mann sich nun nicht noch einmahl aussetzen, schrieb daher zu St. Jürgen ab. In Wandsbeck nun können *3* auf den *Aufsatz* und *der* käme gewiß nicht nach Lüneburg. Milow konnte allein dazu herüber reisen und so würde es kein Aufsehen machen, wenn ers nicht würde. Das aber wollte mein Mann mit Recht auch nicht, ohne die *höchste Wahrscheinlichkeit* zu haben, daß ers würde.‹ Schimmelmann versprach nun meinem Vater, alle Stimmen, die er für sich und durch seine Leute habe, an Milow zu geben. Die von den Gärten hatten wir alle. Es waren nicht genug, Schimmelmann mußte früher nach Kopenhagen reisen wie sonst. Seine Gemahlin blieb und verlangte, meinen Mann kennen zu lernen. Dies schrieb uns Papa und bat meinen Mann, auf der Post allein auf einige Tage herüber zu kommen. Papa wollte gern die Unkosten tragen. Milow wollte nicht gerne heran, doch gab er nach und reiste auf 4 Tage, ›unter dem Vorwande familiärer Angelegenheiten, weg. Es hatte auch niemand Argwohn. Diese Zeit, die ich nun allein zubrachte, war mir sehr zuwider, nächtens wenn mir die Einsamkeit zuwider wäre, nein, die ist mir immer ein großes Gut gewesen, ob ich sie gleich nicht oft in meinem Leben habe genießen können. Aber das Leben *ohne* meinen Mann, an den ich so durch die hertzlichste Liebe gekettet war, dies von ihm entfernte, ungewohnte Leben, war mir eine Last.‹ Die Zeit verging durch Hoffnung, daß es zum Guten ausschlagen würde.

Mein Mann kam den Sontag Morgen wieder. Er hatte mir geschrieben, und ich ging ihm gantz früh mit meinem Jakob, der sehr gut zu Fuße war, entgegen. Wir hatten uns aber verfehlt, und mein Mann war zum andern Thore herein gekommen, doch hatte er mich und ich ihn so lange gesucht, bis wir gegen Mittag zusammentrafen. Unsere Freude war unaussprechlich groß. Mein Mann erzählte mir, daß sein Hinüber kommen die beste Wirkung gehabt habe, er der Schimmelmann sehr gefallen, die Sache beynahe Gewißheit wäre, er auch von vielen Leuten gehört, die Stelle wäre so schlecht nicht. Mit diesen fröhlichen Erzählungen wanderten wir zusammen zu Hause. [Bei dem Familienforscher enden die Aufzeichnungen. Im Original geht es allerdings ein Stückchen weiter.] ›Je mehr ich aber Milow ansah, je mehr sah ich auch [in] seinem Gesichte vieles, das mit allen *diesen frohen* Erzählungen *nicht* stimmte. Ich frug hin und frug her, (da nun, wie ich glaube, es einer Frau selten mißlingt, wenn sie nur das Ding recht anfängt, alles, was sie wissen will, aus dem Mann heraus zu bringen, gelingt auch.) Gantz *ungewohnte, neue* Empfindungen erregte diese Nachricht in meiner Seele. Ich war betäubt. Und was wars? Es war *vorbey*! Mein Mann hatte sich mit meinen Eltern entzweit. Er war auf einen Mittag etwas verdrießlich und....‹

[Hier endet der erste Theil im Original. Danach beginnt der dritte Theil.]

[Dritter Theil]

Gott du hast mir die Gnade geschenkt, *eine neue Periode* meines Lebens wieder anzufangen, daher fang ich auch nun ein *neues Buch* wieder an, diese meine Geschichte fortzusetzen.

85 soll wie alle Jahre mit Aufrichtigkeit, gekommener Erinnerung beschrieben werden. *Auch du warst* mir wichtig, so wichtig wie *eins deiner Brüder es nur seyn kann.* Auch deine Geschichte, deine Erfahrung lehrte mich Dank gegen Gott, zeigte mir noch manche *tiefe* verborgene Falte meines Hertzens, gab mir mehr Menschenkenntnis mehr würkliche Kenntnis, zeigte mir, daß es noch viel braucht, um mich zu dem zu machen, was ich wünschte zu seyn, vollkommen zu werden, wie unser Vater im Himmel vollkommen ist, wie Jesus Christus es war, *das* war immer mein Wunsch, mein innigstes Bestreben, mein Hunger und Trachten, nicht, um es zu seyn vor anderen Menschen, meinen Mann und Kindern dafür *gehalten* zu werden, sondern um *Gott,* den ich so innig, unaussprechlich liebe, desto bey ihm zu gefallen, *desto* glücklichere Menschen um mich herum zu machen, *in mir selbst* desto glücklicher zu seyn.

Aber dieser heiße Wunsch ist nicht gänzlich erhört, ich bin das Jahr nicht viel besser geworden, freylich möchte ich sagen gesunken, aber es hat Jahre gegeben, besonders die, die durch *viele* Leiden ausgezeichnet waren, wo ich nun endlich besser war. Gott wie sind wir Menschen doch bey dem besten Willen so schwach, wie liegt die *Last* der *Menschheit schwer* auf uns, wie *oft,* wie *tief* fallen wir bey der *besten* Erkenntnis unserer Pflicht, bey dem besten Willen, dem redlichsten Vorsatz, den fleißigsten öftern Gebeten, Vollkommenheit nicht *hier,* *hier* Stückwerk, unser Wissen und unsere Tugend, Unvollkommenheit unser Loos.

Wir fingen 1785 mit vieler Rührung und Dank gegen Gott an. Er hatte unsere Arbeit abermahls gesegnet, unsere Kinder gesund erhalten und mit unserm Institute war auch alles auf einem recht guten Fuß. Mertens lernten wir immer mehr und mehr als einen sehr braven rechtschaffenen Mann kennen, seine Denkungsart stimmte mit meines Mannes seiner sehr überein, es war die herrlichste Harmonie zwischen ihnen. Er war gelehrig und folgsam, hatte starken Verstand mit vielen Fleis verbunden. Sein Hertz war edel und gut. Jugendliche Hitze überraschte ihn zuweilen, auch war er ernst und Festigkeit und Unbeugsamkeit waren Grundlagen seines Karracters, daher seine oft so widerliche Mine, finsterer sein Karracter, der mit seiner Jugend gar nicht stimmte. Aber eben *daher* auch sein Aushalten bey seiner Arbeit, sein *mehr* als männliches Betragen, denn auch sein Feind hätte ihm keiner Ausschweifung schuldigen können. Die jungen Leute fürchteten und liebten ihn, ob er gleich nur erst 21 Jahre alt war. Daher hatte mein Mann auch viele Liebe, Vertrauen ja so gar Freundschaft für ihn, und er durch ihn, statt aller Gesellschaft, weil er fast über alle Sachen mit ihm sprechen konnte.

Der 2te Lehrer Court war wieder nicht für uns, hatte Hang zur Trunkenheit, war Verschwender, kurtz, wir sagten bald nach Neujahr, daß wir ihn nicht lange würden behalten können. Mein Mann ermahnte, drohte, er versprach von Zeit zu Zeit, aber nichts half und wir sahen wieder das eingewurzelte Laster *nicht* auszurotten sind. Zu Ende des Jan. bekam der kleine Freyers heftiges Nasenbluten, welches er aber schon vor Neujahr in Hamburg gehabt hatte, die Mutter sagte es uns wie sie ihn wieder heraus brachte, denn er war seit Michaelis nicht bey uns gewesen, sagte auch dabey, daß wirs nicht stillen sollten; dies thaten wir nicht, aber es kam des andern Tag doppelt stark wieder, und wir schickten nach dem hiesigen Artzt, und auch nach Hamburg. Es ward gestillt, kam aber immer wieder, doch war er ziemlich munter dabey, bis ich den 5. Febr. nach Hamburg fuhr, hier war es gleichfalls immer wieder gekommen bis den 11ten Febr. wo sich ein ordentliches Fieber mit heftigen, oft wiederkommenden Nasenbluten dazu gesellte und er immer schwächer ward, so daß er d. 21sten starb.

Er war sanft, gut und fromm, litt mit vieler Geduld, war fleißig, wäre ein edler Mann geworden. Aber er sollte hinüber, sollte nur hier durchwandern. Die Freuden dieser Welt genoß er nur halb, aber die Leiden, die sie vergeben hat, davon schmeckte er wenigstens so viel als nötig war, um den Abschied von ihr nur halb zu fühlen.

Just den Tag wie er starb war der Kapellmeister Reichhardt hier und trug uns seinen Stiefsohn Hensler an. Er sah schwach aus, ungefähr wie Freyers. Es fiel mir also den Abend sehr auf, wie der Bothe von Hamburg kam und uns die Nachricht von Freyers Tode brachte. Wir hatten schon gerathschlagt *wo* Hensler schlafen sollte und indem wirs thaten kam sein Platz leer.

Den 1sten Märtz kam Hensler, ein Knabe von vielem Feuer aber vieler Schwäche. Einige Wochen vor Ostern ward uns Hertel eines Zuckerbäcker Sohn angetragen. Er war schon 16 Jahre, wir mußten daher erst Erkundigungen einziehen. Diese fielen alle sehr gut aus. Nur ward er uns als von schwachen Verstand vorgestellt.

Uns ward noch ein Knabe von 8 Jahren angeboten von dem wir aber schon vorher nichts Gutes gehört hatten. Wir zogen nähere Erkundigungen ein, und hörten wieder nichts Gutes, weder von ihm, noch von seiner Mutter. Wir opferten also diesen Verdienst dem Wohl unserer und der anderen Kinder auf und nahmen ihn nicht, obgleich seine Mutter selbst hier war, und uns darum bat.

Ostern wurden die beyden Sontag konfirmirt. Der jüngste ging gleich nachher nach Berlin: dieser wird gewiß ein brauchbarer gewöhnlicher Mensch. Der ältere ging Johanni weg. Ich zweifele, daß *aus* dem was wird. Statt des jüngsten kam nun Hertel und statt des ältesten an Johanni, Schwers.

Ich, die ich geglaubt hatte nicht wieder schwanger zu werden, ward es doch. Jedermann erstaunte sich und fürchtete für mich.

Die Seip war schwanger, 6 Wochen vor ihrem Tode war ich in Hamburg, und besuchte sie. Wir waren eine Zeitlang allein, sie wies mir ihre Kinder – sagte mir es mit dem innigsten Gefühl wie unendlich viele Freuden sie ihr machten, wie glücklich sie überhaupt lebe, wie ruhig, wie einsam, wie sie um vieles nicht in *meiner* Stelle seyn, nicht in einem *solchen* Gewirr leben mochte, und könnte, sprach noch sonst vieles von ihrer Jugend, ihrem schon damahligen Hange zur Ruhe und Einsamkeit; sprach auch von ihrer Schwangerschaft, sagte daß ihr dies mahl so *wohl* dabey sey, daß sie aber doch sterben würde. »*Doch*«, setzte sie selbst hinzu, »ich *habs immer* gefürchtet und immer ist es doch gutgegangen.« Den Mittag aß ich bey ihr, sah mit welcher Liebe sie an ihre Kinder und diese wieder an sie hingen. Eine Umarmung und nun ich von ihr, ich zu meinem *Gewirre*, wie *sies* nannte, und sie zu ihrer Ruhe, dachte wenig, daß diese Umarmung die *letzte* für diese Welt seyn würde.

Der Sommer lies dies Jahr lange auf sich warten endlich war der Sonnabend nach Pfingsten, der *erste* gute Tag. Ich war an diesem Tage so heiter, erwartete den folgenden als einen Sontag meinen ältesten Bruder, freute mich den Abend vorher schon zu seiner Ankunft, sagte zu meiner Mamsell: »so froh wie heute bin ich lange nicht gewesen, Morgen wird ein herrlicher Tag werden.« Der Morgen kam er war trübe, Mamsell sagte: »der Tag wird doch wohl so heiter nicht werden, wie sie ihn sich gedacht haben, ihr Bruder wird nicht kommen.« In der Kürze sah ich wie sich das Wetter erheiterte, mir war so wohl, ich hatte lange so selige Empfindungen nicht gehabt, es waren gewiß die angenehmsten Gefühle. Im zu Hause gehen sagte ich, nun, wer hat recht, sie oder ich, ists nicht ein herrlicher Tag? Kaum war ich zu Hause, wie auch schon 2 unserer – Freunde kamen, sie kündigten mir an, daß mein Bruder *nicht* kommen könne, weil er Verhinderung bekommen habe. Dies habe ihnen mein Bruder Nikolaus, der durch Wandsbeck geritten sey, gesagt, ferner habe er ihnen gesagt, daß meine Schwester Seip gestern nacht von einem *todten* Kinde entbunden sey. »Das dauert mich sehr« sagte ich: »sie wissen wohl nicht obs ein Sohn oder eine Tochter ist, denn wäre das *erste*, so würde *er* sich sehr betrüben.« Ich argwohnte aber noch nichts, die vorherige Heiterkeit war noch zu tief in meiner Seele, als daß sie durch irgend etwas, daß nicht noch [...] warn, sollte können gestört werden.

»Sie fahren doch hin?« fragt man. Ich: »nein, das sieht mein Schwager als Artzt nicht gern, er läßt seiner Frau gerne einige Tage Ruhe.« Sie wieder: »ich dachte doch sie thätens.« Ich noch immer ahnungslos sagte nur, »in einigen Tagen gehe ich zu ihr.« Meinem Manne aber fällt dies alles auf. Er fragt, »*sie* ist doch wohl?« »Nein,« antwortet man ihm. »Sie ist *sehr* schwach.« Ich war verstummt. Milow: »Sie ist wohl nicht gar schon todt?« *Ihr Blick* sagte ja, und nun – weg Heiterkeit und Freude – Erstaunen, Schreck, Ahndung todt an ihrer Stelle. Ich lief auf den Platz vor dem Hause wußte nicht was ich that noch sagte, »nun *das* auch *mein Tod*« sagte ich, wie ich die *Uhrsache* des ihrigen erfahren hatte. Mein Bruder Nikolaus war während der Zeit gekommen, ich ihm an den Hals, und so weinten wir beyde unseren Schmertz. Man war weil ich schwanger war meinetwegen besorgt, ich wußte aber zu gut, daß dergleichen Zufälle auf meinen Körper nicht wirken, bat nun mich allein zu lassen, die Fremden entfernten sich, unser Haus ging zu Tische und ich im Garten nach der Laube. Hier war ich nun mich überlassen und was ich in dieser Stunde empfand ist nicht für Worte, nicht für die Feder. Wir fuhren hinaus sahen *ihn* in seinem *tiefen* Schmertz und sahen sie mit der Mine eines schlummernden Engels. Freytag Abend war sie so wohl gewesen, hatte mit Nikolaus und Mama so viel gelacht, sie war mit ihrer Wäsche fertig geworden, wollte nun den folgenden Tag ihr Wochenzimmer zu rechte machen, sie waren noch spät zusammen gewesen. Sie schläft bis den Sonnabend um 6 Uhr, wo sie erwacht und krampfhafte Schmertzen im Leibe fühlt, die sie fast immer bey *jeder* Entbindung *vorher* hatte. Um 10 bekömmt sie eine Art Blutsturz, man schickt nach der Wehmutter, dies hört aber wieder auf, und um 4 Nachmittags kommt meine Mutter wie auch Doctor Roß zu ihr, letzterer sagt daß *keine* Gefahr zu befürchten sey, sie beklagt sich aber noch immer über heftige Schmertzen, bis um 8 Uhr wo Wehen eintreten, und um 9 Uhr wird sie von einem todten Sohn entbunden. »Ist das Kind tot, so sterbe auch ich«, sagt sie. Man will es ihr verschweigen, aber sie hatte genug davon erfahren. Man brachte sie zu Bette, wo sie immer schwächer und schwächer ward, und einen heftigen Blutsturz bekam. Seip war außer sich, Mama schickte nach einem andern Artzt, dieser holte Roß. Es ward zu noch einem und zu der Köster geschickt. Wie diese zu ihr kömmt fragt er woher sie so kalt sey. »Es ist schon der Todesschweiß« antwortet sie. Roß kommt auch, versucht noch alles was die Kunst vermag, aber hin war alle Hülfe.

Sie starb um 1 Uhr. Es war der erste May – Auch du Beste warst eine edle gute Seele, warst duldsam und obgleich du keine scheinbaren Leiden hattest, sondern Ruhe und gute Tage, einen Mann den du gewählt hattest, der dich innig liebte, war doch auch dein Leben nicht gantz leidensfrey. Die K. beneidete dich an deinem Begräbnistage. »Die *Glücklichen* sterben *mir*«, sagte sie mit einem verzweiflungsvollen Ton mir ins Ohr. »*Mir* wirds *so gut nicht,* ich lebe und lebe bey aller meiner Schwäche, und sehe wie der Tod *die* hinrafft, deren Wunsch des Lebens so natürlich war.« Ich suchte sie zu lenken, aber was vermag mein steter Trost für ein Hertz daß sich unglücklich fühlt, keine Aussicht, kein ander Ende ihrer *Leiden* sieht als den Todt.

Wir 3 Schwestern verbanden uns zu einer *noch innigeren* Liebe unter ein ander. Auch war noch jemand da, der die Seip beneidete, aber dessen Leiden waren nicht *so* unverschuldet wie der guten K. ihre; der hatte den Becher der Freuden *dieses* Lebens zu *tief* ausgetrunken, und aller [...] ist bitter, selbst der der Freude. Dem vermochte dieses Leben nichts mehr zu geben und doch war er nicht stumpf, fühlte tief daß *er* edlerer hätte schmecken können, er für sie eigentlich gebohren war. Doch Gott unser bester Erzieher zieht ihn jetzt durch schwere schnell auf ein ander folgende Züchtigungen, und wird ihn dann, wenn er gesehen hat, daß es gewürket, was sie würken sollten, dann wird er auch wieder guter Vater für ihn seyn, ihn dann auch wieder selbst Freuden *dieses* Lebens schenken.

Und ich glaube gar nicht einmahl daß die selige Seip so gantz leidenfrey und glücklich war, wie man es sich dachte. Freylich *klagte* sie *nie*, war in sich gekehrt, theils aus Temperamente aber auch aus Tugend. Und doch sah ich oft durch die guten schönen Augen tief ins Hertz und fand daß auch *diese* Augen mit den Thränen, wie ihr Hertz mit Gefühl beklommen war. Auch schloß sie einmahl ihr Hertz auf dem Wege nach Hartungs auf, weil sie merken mußte, daß Geheimnisse in meinem Busen so gut wie verriegelt sind, und nur dann wenn wir verschwiegen sind, verdienen wirs, daß man sich gegen uns vergießt, dann können wir doch das tiefe Gefühl schenken, lindernden Trost zu geben. Und ich fand da wahr, was ich immer geglaubt hatte, daß sie nicht gantz so leidenfrey und nicht so kalt war wie man sich dachte. Zwar war sie die glücklichste Gattin, und Mutter, andre Verhältnisse [...]. Nun bist du dort, du Gute, dort wo ich so gerne auch nur einige Blicke hinwerfen möchte. Aber ein dicker Vorhang verbirgt dieses *dort.* Wir armen Sterblichen wünschen, hoffen, fürchten lassen unsere Phantasie herum schweifen und trösten uns im Unglück mit diesem *dort,* thun alles, was wir thun *darum,* streben und ringen, philosophieren in Luft und doch – *hier* allein kann *Glaube* und *nur Glaube alles* wirken.

Nun du Beste, dein Andenken stirbt *nie,* es soll sich auch bey meinen Kindern erhalten. Die Kinder, denen sie doch so gantz Mutter gewesen war, hatten sie schon in *einem* Tag vergessen.

Den Abend des Begräbnistages bekam ich einen sehr unangenehmen Brief von einem der Wärther unserer Kinder. Er war um *so* unangenehmer, weil ich ihn meinem Mann *nicht* zeigen konnte.

Nolte wollte nach einer Abwesenheit von 11 Jahren Hamburg einmahl wieder sehen, und wie man glaubte, sich eine Frau zu hohlen. Er war schon einige Wochen dagewesen, hatte *alle* auch noch die selige Seip besucht, nur zu mir war er nicht gewesen. Die Köster hatte ihn gefragt, wie sie mir am Begräbnistage sagte, *ob* er zu uns zu kommen gedächte? Seine Antwort war gewesen. »Wie sollte *ich* aus Hamburg gehen, ohne *meine Betty* noch einmahl gesehn zu haben?« Auch hatte er sich bey meinem Gipsbilde, welches auf der Hudtwalcker ihrem Garten hängt, lange und mit Zärtlichkeit verweilt. Auch zu der gesagt, daß er *sich* und *mich* erst zu diesem Besuche vorbereiten *wolle* und *müsse.*

Den 26. May kam er, es war am Freytag Nachmittag. Die alte Schmidt, die fast jede wichtige Begebenheit in unserm Hause miterlebt, war den Tag vorher herausgekommen, um mir der Seip wegen Trost zu seyn. Wir saßen zusammen in der Laube. Er kommt. Mein Mann, der just vor der

Thüre ist, sagt zu ihm. »Guten Tag, Herr Nolte!« Er: »Wo ist Ihre Frau?« Milow: »Im Garten, in der Laube.« Und nun er mir nichts dir nichts hin zum Garten! Ich erschrak, wie ich ihn sah, wußte nicht, was ich ihm sagte, weiß auch nicht mehr, was er sagte. Nur das weiß ich, er nahm sich sehr gut, lenkt das Gespräch gleich auf die Seip, fragte, wer Mamsell sey, fragte nach den Kindern, sprach mit ihnen. Ich fragte, ob er meinen Mann schon gesprochen, er sagte, ja, mir währte es aber immer zu lange, daß er nicht kam, ich ward unruhig, verwirrt und verlegen, schlug vor, vor die Thüre zu gehen. Er wollte mich führen, ich lehnte es aber ab, ging zu meinem Manne, den ich aber verdrießlich fand, er wollte nicht zum Thee kommen. Es fing an zu regnen, man mußte ins Zimmer gehen, und da kam mein Mann doch, und das Gespräch ging so gleichgültig seinen Gang fort. Nolte wollte spazieren gehen, die alte Schmidt ging mit und Milow auch, obgleich es Freytag war. Das also war das erste Wiedersehen, doch noch wider alle Erwartung in diesem Leben. O Zeit, du bist allmächtig! Du verwischst alles, verwischst und untergräbst, wie du willst. Freilich waren es 16 Jahre, seitdem ich zum letzten Mahle an seinem Arme hing, und doch zitterte dieser Arm sichtlich, doch war er in großer Bewegung, aber wie gar anders würde es gewesen seyn, wenn wir statt nach 16 nach 6 Jahren uns wiedergesehen hätten. Es schien mir immer, als wollte er mir etwas sagen. Wir hatten Nikoline mitgenommen, sie lief voraus und Milow holte sie wieder. Da sagte er mir, er würde nicht heyrahten, er könne es nicht, sah mich an, drückte meine Hand und seufzte. Ich beredete ihn mit vieler Wärme, daß ers thun möchte, sagte alles, was sich sagen ließ, machte es ihm zur nothwendigsten Pflicht, und so kamen wir unter lauter Regen nach Hause. Ich hatte eine Freundin, ein recht gutes Mädgen, die ich für ihn zu seyn glaubte. Ich verabredete es mit der Hudtwalcker, und wie er nachher noch einmahl mit ihr heraus kam, bat ich das Mädgen auch, aber mein Plan glückte nicht. Noch einmahl sah ich ihn bey Boetke auf dem Garten, er führte mich zu Tische. Milow nahm aber die erste beste Dame und setzte sich uns gerade gegenüber, und unser Gespräch konnte nur gleichgültig seyn.

Nachher war ich den 22. August in Hamburg, er war herausgekommen, um Abschied zu nehmen, Milow war nicht zu Hause. Er fuhr also wieder zur Stadt, aß den Mittag bey meiner Mutter, und unser Abschied war kurtz und hertzlich, mit den besten Wünschen schieden wir von einander. Meine jetzige glückliche Verbindung und Verhältnisse machten, daß ich seinen Abschied nicht sehr und nicht tief fühlte.

Mit Wärme werde ich mich seiner, so lange ich lebe, erinnern, mich freuen, wenn ich ihn glücklich weiß, und das künftige Wiedersehen wird anders seyn. Ein jeder seiner Freunde sagte, er habe sich sehr verändert, er wolle den Witzigen spielen, da ihm doch Ernst besser stehen würde. Ich glaube aber immer, daß diese Rolle nur eine angenommene von ihm sey, worunter er desto besser die mürrische, unzufriedene seines jetzigen Karacters verbergen könne. – Nun ist er Bräutigam und unterwegs, seine Braut zu hohlen.

Thomas Betts kam auch diesen Sommer von Wien wieder. Er freute sich hertzlich wie er uns sah, und wir uns gleichfalls zu ihm. Herzlich zufrieden werde ich einst seyn, wenn ich sehe, daß meine Söhne sich mit eben *der* Wärme zu meinem Wiedersehn freuen. Er blieb einige Zeit in Hamburg, von da nach Engelland. Aber wie er von Engelland kam – er war nicht mehr unschuldig. O, ich möchte weinen, in dem ichs schreibe – seine Mine zeigte es zu deutlich. Unschuld und Kindheit sind mit so tiefem Griffel dem Gesichte der Jugend eingegraben, sind durch die kleinste Verletzung sichtbar, so daß sie selten dem Auge des Kummers entgeht. Anfangs zeigt sie sich nur dadurch, daß das Auge nicht mehr so frey in des andern sieht. Die Stirn besonders scheint eigenthümlich die Verkündigerin der Schuld oder Unschuld des Menschen zu seyn. Ich glaube behaupten zu können, daß man jedes Laster auf der *Stirn* lesen könne.

So kam es nicht mir, sondern mehrern vor, daß Thomas nicht mehr *der unschuldige unverdorbene* Jüngling war, der er *vor* seiner Reise nach Engelland gewesen. Sein langer Aufenthalt in Hamburg that ihm auch keinen Vortheil. Er hatte gar keine Geschäfte, war sich gantz allein überlassen, brachte selbe Tage unter den Kaffehäusern zu, machte daselbst Bekanntschaften. *Diese* und die Leichtgläubigkeit seines Karracters haben ihm da gewiß den letzten Stoß gegeben. Seine Farbe ward blaß, seine Wange hager und - er verlohr meine Liebe. O, nein, aber *Mittleid* ward *größer* wie *diese*. Ich sah ihn nie an, ohne inniges tiefes Mittleid mit ihm zu haben, ohne an Euch meine Söhne zu denken, ohne Furcht, daß auch das einst Euer Fall seyn möge. Gott, Gott, wende es ab, führe sie nicht in Versuchung, und sollst ja so seyn, so lasse sie nicht daran erliegen, erhalte, stärke sie darin, gieb ihnen Kraft zu fliehen. Gefallen ist Thomas, aber er wird wieder aufstehen. Der Grund seines Hertzens ist *zu gut*, gefallen an der Sünde wird er nicht haben.

Der Rechenmeister Kruse ging diesen Ostern weg und statt seiner ward Karstens, der hiesige Schulmeister, Rechenmeister.

Der Sommer verlief unter häuslicher Arbeit und Freude. Zwar kamen der trüben Stunden zuweilen mit unter. Milow war diesen Sommer mehr Hypochonder wie sonst. Court war nicht der Mann für ihn; und doch gab es so manche Freude. Wir hatten an der Link und Behrmann ein paar Freundinnen bekommen, die meinem Mann besonders manche trübe Stunde *verschwatzten.*

Ich lebte den Sommer über *recht* gleichgülig, hatte das Glück von manchen guten Menschen geliebt zu werden, sah daß man sich auch meiner Liebe freute, daß ich durch sie Glückliche machte, manchem durch *ein Wort* geredet zu seiner Zeit, im Guten stärkte und erhielt, *trübe Stunden versüßte,* Ausdauern und Geduld lehrte, jugendliche Hitze dämpfte, und so von meiner Seite so viel Gutes stiftete wie ich konnte.

Anfangs August war ein kleiner vorübergehender Sturm mit Mertens und Hesler, der aber wieder beygelegt ward. Ende August war Kirchenvisitation. Von dem 18sten bis 25sten Sept. waren traurige, finstere Tage, gut daß sie nicht oft kommen. Und so unter mancher *Unruhe und mancher Freude* kam endlich der Herbst heran, der, weil der Sommer schlecht gewesen war, mir wenigstens gar nicht zu wider kam. Die Sommerfreunde verließen uns und unser Umgang ward wieder in den unseres eigenem Hause eingeschränkt. Den 2ten Oct. mußte mein Mann den Körper des verstorbenen Grafen Schimmelmann, welcher von Kopenhagen hergebracht worden war, eine Leichenrede halten; bey der Gelegenheit hatte mein Mann einigen Verdruß und daher ich einige traurige Wochen, denn ich bin nun einmahl so schwach, daß die geringste Unpäßlichkeit meines Mannes mir gleich *tiefen* Kummer macht. Einmahl an einem Freytag den 11ten war ich auch so traurig, hatte *nicht mehr* wie *7 Arten* des Kummers, die mir wie Steine auf dem Hertzen lagen. Worunter dann die Unpäßlichkeit meines Mannes eine der Veruhrsacher war. Er war nicht zu Hause, und ich schüttete mein volles Hertz im Gebet zu Gott aus. Solche Erquickungen sind köstlich, sie stärken und lindern zugleich. Den Abend kam mein Mann heiter und gesund wieder. Die Arten meiner Leiden wurden *dadurch* gelindert. Mein Mann ging noch einigemahle hinter ein ander nach Hamburg, *diese* Bewegung und die täglichen, welche er *sich* hier machte, gaben seiner Seele wieder Heiterkeit; und seinem Körper Stärke. Wir verlebten hier wieder einige ruhige Wochen.

H. Court hatte uns Ende August verlassen, weil er sich von seinen Fehlern nicht hatte können heilen lassen. Statt seiner bekamen wir den 1ten Sept. einen, der sich Brinckmann nannte. Er war uns sehr empfohlen worden. Mein Mann fand aber, daß er nicht der war, für den er sich ausgegeben hatte. Er war in *allen* Stücken zurück und ob gleich Mertens ihn sehr forthalf so gings doch nicht, und er verlies uns den letzten Nov: Statt seiner bekamen wir H. Harms. Dieser ist so weit ich ihn bis jetzt kenne, ein guter sanfter braver Mann. Er hat Theologie studirt, aber scheint noch sehr darin zurück zu seyn. Er ist fleissig, aber wie ich glaube nicht Selbstdenker. Es scheint keine rechte Kraft, kein rechtes Feuer in seinem Karracter zu seyn. Ich hoffe aber, daß er recht ein Mann für uns ist. Sein moralischer Karracter ist sehr gut. Er scheint einer von den wenigen unverdorbenen zu seyn, biegsam, vertragsam, mässig, der einer geschäftigen stillen Lebensart gewohnt. Daher ist er nun auch brauchbar, dieser einförmigen Lebensart *hier*, ihm nicht unerträglich, die es ihm gewiß seyn würde, als wenn er in Zerstreuung mit Freunden seine Jugend zugebracht hätte.

Milow wollte so gern ein Gemälde von mir haben, weil er fürchtete, ich möchte ihm in dem nächsten Wochenbett entrissen werden. Er ließ mich daher mahlen. Es ist aber nach dem Urtheil der mehrsten *mir nicht* gleich. Ich bat mir ein gleiches von meinem Mann aus, und auch über ihn sind die Urtheile sich ungleich. Mir aber ist sein Gemählde theuer, ich erinnere mich immer seiner dabey.

Die furchtbare Zeit meiner Entbindung rückte nun immer näher. Die Stunde der Angst schwebte wachend und träumend vor meiner Seele. Der Gedanke meines nahen Todes mischte sich in allen, in meine Freuden und Leiden, in Geschäften. Nicht war er *an sich* mir furchtbar das nicht, aber der *Weg* zu ihm – die Trennung von Mann, Kinder, und einigen Freunden.

Und dann, was das *herbste* war, Ihr Kinder, ich dachte immer, wenn ich doch noch bey ihnen bin, so hält mein Beyspiel manche herzliche mütterliche Ermahnung, manche Vorsorge, da ich Gelegenheit zur Sünde zu vermeiden suche und dergleichen hält sie zurück. Besonders die Töchter, die ein Vater doch nicht so führen kann wie eine Mutter es thut. Und eine 2te Mutter – O, sie kann, wenn sie die beste Frau auf der Welt ist, Euch das nicht seyn. Zudem ist mein Karracter so, daß ich ein Leiden, das nun da ist, mit vieler Geduld und Standhaftigkeit trage. Aber so lange es mir bevorsteht, bin ich ängstlich, meine

Einbildung vergrößert es mir immer. Selbst nach dem Urtheile des Artztes und fast aller, die mich genau kannten, hatte ich Ursache meinen Tod zu *fürchten, das nicht,* aber mir ihn vorzustellen. Es war das 11te Mahl, und das bey *meiner Schwäche,* bey der Gefahr in der ich fast jedes Mahl gewesen war, da ich gerade immer *die* Zufälle gehabt, an welchen die Seip *gestorben* war. Kurtz alle Wahrscheinlichkeit war da.

Ich richtete so viel ich konnte alles *so* ein, daß mein Mann *alles* in der größten Ordnung fände. Meine Schriften, Rechnungen, Bücher, Inventarium, Kleidung der Kinder und meine, alles, so gar die Trauer war eingerüstet, von der hatte ich meine Mutter durch einen Brief 14 Tage vorher bescheid geschrieben. Mein Mann würde *nur mich* gemißt haben, und es hatte nur bedurft, alles in der von mir gemachten Ordnung zu erhalten. Ich fuhr nach Hamburg, sah da alle meine Lieben noch einmahl, und mit welcher Empfindung brauche ich wohl nicht zu sagen. Hier richtete ich nun mein Wochenzimmer ein, gab Mamsell von allen Verhaltungsangabe, empfahl ihr meine Töchter, nahm Abschied von ihr, empfahl die Söhne H. Mertens, und empfand was es heißt *geliebt* werden. Beyde, sie *Mamsell, wie auch H. M.* zeigten das sie meine Freunde waren, versprachen mir *beyde* sich meiner Kinder anzunehmen, meinen Mann so viel zu trösten wie es ihnen möglich seyn würde, allen Verdruß ihm aus dem Wege zu räumen, und nun erst nachdem ich mit allem in Richtigkeit war, alle Pflichten, die ich zu erfüllen hatte, erfüllt waren, erst *da* dachte ich mit *Ruhe* an mein Wochenbett, aber welches meiner Meinung nach gleich war an meinem *Tod.* Meine liebe alte Freundin, die S. sollte den

Abend nach dem 20sten Nov. herauskommen. Ich arbeitete also noch den 19ten bis des Abends spät und ging sehr entkräftet zu Bette. Wie ich eine Stunde im Bette gewesen war und nicht hatte schlafen können, fühlte ich mit vielem Schreck, (dies kann ich nicht leugnen) die würkliche Annäherung meiner Entbindung. Ich sagte es meinem Mann. Er stand gleich auf, weckte Mamsell und die Behrmann. Während diesen allen fühlte ich gewiß, daß es nun nicht vorübergehen konnte, sondern ich den bittern Kelch trinken müßte. Mamsell fühlte, wie ich zitterte, wie kein Glied meines Leibes ohne die heftigste Bewegung war. Sie ward bange. »Seyen Sie nur unbesorgt«, sagte ich, »diese Angst ist groß, sie wird ja selbst in der Bibel als die größte sich zu denkende beschrieben. Aber wenn ich nur erst unten bin, wenns nun würklich angeht, sollen sie sehn, mit welchem Muth ich leiden werde.« Sie half mich auf, mein Mann führte mich zitternd hinunter, ich nahm vor meiner Kammer mit Thränen Abschied. Unten fühlte ich, daß es noch wohl bis den andern Tag zögern könne, und wünschte mir, daß es nicht vor Tage anfangen mögte. Albers der hiesige […] kam, er glaubte es würde vor Tage alles vorbey seyn, aber es kam nicht vorbey. Den Morgen ward die alte S. und die Behrmann geholt, die jungen Leute heimgeschickt. Ich lag entkräftet in meinem Bette und verlangte nur nach der S. Endlich gegen 12 Uhr kam sie. Nun hoffte man von einer Stunde zur anderen. Albers kam und ging. Den Mittag um 12 kamen Wehen, des Abends um 6 wieder, aber sie hielten nicht an und entkräfteten mich nur noch mehr. Um 9 setzten sich alle, nachdem sie gegessen und getrunken hatten, um mich herum und schliefen, die einzige Behrmann ausgenommen, die mir von Zeit zu Zeit etwas zur Stärkung gab. Um 12 kamen die Wehen stärker und öfterer und ein heftiges Fieber. Alle erwachten. Ich zitterte, daß die Bettstelle bebte. Ich sprach irre und zwischen durch kamen Ohnmachten, der Puls war fast gantz weg. Dies dauerte bis 3., da kamen die Wehen sehr stark, aber ohne daß ich fühlte, daß es näher zur Entbindung kam. Ich fragte Albers um 4, ob ich wohl um 6 schon sollte entbunden seyn. Er antwortete zweydeutig. Ich: »O, wir wollen die Natur walten lassen, sie *nicht überstürzen*.« Dies verstand er *so*, als wolle ich nicht mit Instrumenten entbunden werden, und ich hatte *nur* sagen wollen, wenn es dann auch noch einige Stunden länger dauert. Aber je heftiger und schneller die Wehen kamen, *je* weniger fühlte ich baldige Errettung, bis Albers nach 5 sagte, ich könne *so nicht* entbunden werden, das Kind hat eine verkehrte Lage, sie müssen sich zu Instrumenten entschließen. Ich sagte bloß: »*warum* haben Sie das nicht längst gethan?« Hier nun ward ein anderes Lager zurecht gemacht, ich darauf gebracht, und diese Zurüstungen hatten etwas sonderhaftes. Die Instrumente wurden angelegt, aber so behutsam, daß ich wenig Schmertz *davon* empfand. Aber wie sie nun *angezogen* wurden – doch *so schrecklich*. Der Schmertz war so *kurtz*, war er auch nur 2 Mahl – und das Kind war da. Es schrie nicht und ich glaubte, es wäre tod. Da beruhigte man mich darüber, und es dauerte nicht lange, so hörte ich es schreyen. Ich hatte noch über eine Stunde so heftige Schmertzen wie vorher, verlangte so hertzlich wie *vor* der Entbindung, Mamsell zu sehn, bis sie dann endlich, aber doch nicht eher bis alles vorbey war, herein gelassen wurde. Und um halb 8 brachte man mich endlich erst zu

Bette. Ohnmachten, Blutstürzungen wie *sonst* hatte ich nicht. Aber nun lag ich gantz erschöpft da, hatte noch keine Kraft, Gott zu danken. Man brachte mir das Kind und die Freude ohngeachtet meiner Schwäche war *groß*. Ich hatte den gantzen Tag die heftigsten Nachwehen. Die Nacht war das Kind sehr unruhig und *ich* auch. Gegen 3 bekam ich die heftigsten unaufhörlichsten Schmertzen im Leibe, die mich fast aller Besinnung beraubten, dazu die Unruhe mit dem Kinde, denn ich und die Wärterin waren allein. Ich mochte niemand wecken, bald ließ ichs aus, bald wieder einwickeln, bald ein Bovement geben, bald Pulver, aber es half nichts. Dann schrie es, dann seufzte und winselte es bis gegen Morgen, wo dann mein Mann, Madam Schmidt und Mamsell kamen. Milow taufte es, was ich fühlte, brauche ich nicht zu sagen. Es ward nach Hamburg zum Doctor geschickt. Das Kind nahm ich in meinen Arm und ob meine Wärme oder was es sonst machte, genug, es erholte sich endlich. Meine Schmertzen im Leibe wurden aber immer heftiger, und das Kind mußte in die Wiege gelegt werden. Nachmittags kam Seip, verordnete eine spanische Fliege über den gantzen Leib und falls sich die Schmertzen nicht legen oder das Fieber heftiger werden sollte, ein Aderlaß. Das Kind ward aus der Wiege genommen, und da fand man, daß alles was es des Morgens genossen, im Munde geblieben und nicht untergeschluckt war. Es war äußerst schwach, und ich sah an Seip seiner *Mine, unhelfbar.* Er befahl, es sollte aus dem Zimmer. Im Wagen hat er zu meiner Mutter, die mit heraus gekommen war gesagt, daß ich in großer Gefahr sey. Von *meiner* Gefahr hatte ich keine Ahndung, aber unaussprechliche Schmertzen, und des Kindes wegen war ich *sehr* traurig. Des Abends ward die spanische Fliege aufgelegt, aber nicht zur Ader gelassen. Milow war in der äußersten Unruhe, war bey mir, dann bey dem Kinde. Ich fragte immer, bekam dann gute Bohtschaft, dann wieder traurige. 22. Dez. um 9 starb es. Milow seine Mine, aus der man gleich alles liest, was in seinem Herzen vorgeht, sagte es mir gleich, ob sein Mund es noch nicht that. Ich konnte Gottlob gleich weinen, und die folgende Nacht war, obgleich die 4te *schlaflose*, doch die am *wenigsten schreckliche*. Sie war nur traurig und *schmerzvoll*. Die innern Schmerzen hörten durch die äußere der spanischen Fliege auf und den Freytag hatte Seip schon mehr Muht. Das Kind sah ich Freytag und Sonnabend, als Weyhnacht Abend ward es begraben. *Was* ich fühlte, daß nun abermahls eine beschwerliche Schwangerschaft, schwere Entbindung, weil gestorben wurde, alles umsonst war, brauche ich wohl nicht zu sagen.

Ich gab den andern Kindern Weyhnacht Abend selbst ihre Geschenke, aber *wie* traurig, *wie* entkräftet ich dabey war, läßt sich nicht gedenken. In Weyhnacht bekam ich die heftigsten, sonderbarsten, unbeschreiblichsten Rückenschmerzen, die mich fast rasend machten. Die Nacht von Dienstag auf Mittwochen, die *erste*, wo ich schlief und des Morgens schmerzenfrey erwachte. Ich forderte, theils um mich zu zerstreuen mein Rechnungsbuch.

Um 11 ward mir sonderbar. Ich sagte zu der Schmidt: »nehmen Sie das alles weg, ich muß schlafen,« versuchte es, konnte aber nicht. Alles ging mit mir herum. Ich glaubte zu sterben. Nun blieb ich in einem solchen angstvollen Zustande, wo ich mich völlig meiner bewußt, aber meinen Tod lebhaft näher kommen fühlte. Es war eine Angst,

Beklemmung, Herzklopfen, dabey eine Kälte, ein kalter Schweiß, eine Entkräftung, die nicht zu beschreiben ist. Der Puls stand.

Endlich ward ich gegen 2 Uhr wieder zurechte gebracht und der herrlichste erquickenste Schlaf belohnte mich. Mein Mann erfuhr es erst nach 1 Uhr, weil ich befohlen, ihm nichts zu sagen. Sein Schrecken und seine Angst ist nicht zu beschreiben. Vermuthlich war alles von unausgebranntem Kaffee gekommen, denn die alte Schmidt hatte gleichfalls Krämpfe bekommen.

War aber dieser *28ste* schrecklich, der *29ste* noch mehr. Milow war in meinem Zimmer, da erfuhr er, daß Nikolaus eine große Nachlässigkeit begangen hatte, und Milow ward in solchem Grade aufgebracht. Sein Versehn war auch würklich, nach so vielen Ermahnungen, Warnungen, Befehlen von Seiten des Vaters, von H. Mertens seiner, von meiner unverzeihlich. Milow war durch die 10 vorhergehabten traurigen Tage, der vielen mannigfaltigen Angst meinetwegen, der schlaflosen Nächte, der Erkältungen und fast jeder Tag neuen Kummer brachte, gantz krank und schwach. Kein Wunder also, daß ihn dies Versehen von Nikolaus *tief* verwundete und er sehr darüber aufgebracht ward. Aber mir machte alles dieses den tiefsten kränkensten Verdruß. Mein Hertz, das zwischen der Liebe meines Mannes und Sohnes getheilt war, litt unaussprechlich. Kurtz um, der Schluß von 1785 war in solchem Grade traurig, die ganze Nacht verweint, verbetet, die Zukunft war furchtbar. O Kinder, diese Tage und Nächte habe ich mehr Euretwegen gelitten, als in Eurer aller Geburtsstunde. Die Empfindung ist fürchterlich. Die Schwache hat kein Wort, *das* auszudrücken, wenn man fürchtet, keine

Freude an seinen Kindern zu erleben. So litt ich von dem 29sten bis gegen den 12ten Januar. Zwar kamen einige frohe Stunden, ja so gar frohe Tage unter durch, dann sofort schlägt Gott ein, daß er nicht der Erquickungen reichlich mit unterschieden sollte. Auch war dies mir eine große reiche Quelle des Trostes meines verlohrenen Kindes wegen. Ich freute mich seiner wie des Todes der übrigen Kinder, dankte Gott dafür, sah den Kummer den ihr Tod mir gemacht für klein, im Vergleich des mir bevorstehenden an.

Der Anfang von 86 war also traurig, mein Wochenbett unruhig, kein Tag fast der ohne Plage verging, *daher* meine so langsame Erhohlung, die Entkräftung, die ich noch fühlte, denn des Nachts dachte ich die Geschäfte des Tages durch, und Gram und Sorgen nagten mich ab!

Mit unter aber hatte ich wieder große Freude. Meines Mannes Liebe zu mir war wie *verstärkt*, wie erneuert. Die Abende, wenn er von Hamburg kam, und dann einige Stunden bey mir zubrachte, waren mit keiner irdischen Glückseeligkeit zu vergleichen. Dadurch, daß wir uns ein ander aufs neue wieder geschenkt waren, war unsere Liebe erhöht, veredelt. Wir hatten Abende *so* seelig, daß die Seeligkeit des Himmels nicht größer seyn kann. Und solcher Abend machte mir dann wieder Muht und Kraft, eine Reihe leidenvoller Tage und schlafloser Nächte zu ertragen. Ich glaube, daß vielleicht wenig Menschen mit so *feinem* Gefühl, so *tiefer* Empfindung geschaffen sind wie *ich* und *dies* Gefühl, *dies* mein Hertz, das mir freylich unendliche Leiden gegeben, vertauschte ich für keinen Schatz der Welt, das wird mich auch *dort* begleiten, selbst *dort* meine Seligkeit *erfahren*.

Noch eins ereignete sich während meines Wochenbettes. Zwischen meinem Mann und H. Mertens hatte sich schon ein paar Wochen vorher eine gewisse Gleichgültigkeit eingeschlichen. Einige Mißverständnisse waren dazu gekommen, beydes war während meines Wochenbettes, wo mein Mann schwach und krank war, vermehrt und solche Mißverständnisse kamen häufig, nachdem Milow wohl in einer Woche nicht bey Tische, und sie sich also gar nicht gesprochen hatten. Nach diesen öftern kleinern Wortwechsel aber brach es am 16ten Juni, (wo mein Mann anderer Ursache wegen verdrießlich war), fürchterlich aus. Beyde kamen heftig an ein ander, und *brachen* zu sammen. Ich hörte unten halb und halb etwas und ängstigte mich unaussprechlich. Ich liebe und schätze Mertens, wußte, daß mein Mann ein gleiches that, daß er uns des Instituts wegen wichtig war und hörte nun das – den Nachmittag bekam ich Besuch und nie ist mir einer langwieriger geworden. Nachher sah ich Milow und sah wie heftig er bewegt war. Er erzählte mir alles. Ich war, wie ichs dann fast immer bin, unvorsichtig und vertheidigte Mertens zu sehr und *zu bald*, wie Milow noch im Affect war. Dies hatte eine traurige Wirkung, und die Nacht war wieder schlaflos. Den Morgen ließ ich Mertens kommen, sagte auch *dem* meine Meinung und fand in ihm den edelsten, besten Menschen. Er wünschte es *ungeschehen* machen zu können, sah aber *keine* Möglichkeit, es zu thun, war aber auch noch *zu sehr im Affect*, als daß ich *etwas* hätte ausrichten können. Die Zeit that auch hier wieder ihre gewöhnliche Arbeit. Sie besänftigte, klärte auf, ließ jeden an seinem Theil nachdenken, über sein *eigens* und des *andern* Vergehen, jeden nachdenken über das, was *jeder Theil* bey der Trennung einbüßte, und so that ich dann auch mein Scherflein zur beyderseitigen Aussöhnung bey und lenkte durch Weiber Sanftmuth und Weiber Klugheit 2 *unbeugsame Männer* Hertzen wie Wasserbäche. Doch that ich es nicht ohne dies Gebet, daß alle meine Anschläge zu nichts werden möchten, nie einem Tag verschwinden, falls es zu des einen oder des *andern Unglück* seyn möchte. Das war mein innigstes herzliches Gebet, uns *dann* Aussöhnung, wenns zur *allgemeinen* Freude geschehen könne. Und Gott ließ meine Anschläge gelingen. Mertens kam *meinem Mann* und *dieser ihm* auf *halben* Wege entgegen. Den 21sten wurden sie wieder ausgesöhnt. Die vorige alte herzliche vertrauliche Freundschaft aber hatte einen Riß bekommen. Das, was sie gewesen waren, wurden sie in ein paar Monathen nicht wieder. *Freundschaft* ist eine *zu* zarte verletzliche Knospe, *ein* weicher Wind verweht oft, was fest verwebt zu seyn schien, und wenn nun nicht *alles* verweht, nur noch einiger Samen übrig bleibt, der wieder ansetzen und Frucht bringen kann, aber *oft* verweht *alles* und dann gute Nacht Freundschaft.

Das nicht alles verweht gewesen seyn mußte, zeigt ihre *jetztige* Harmonie.

Mein Wochenbett hatte nun ein Ende. Mit einigem Dank, mit den besten Vorsätzen verließ ich es den 28sten Jan. Nun wieder wirken, um wieder *allen das* seyn, was ich seyn *mußte*. Es war manche Sache durchdacht dies Wochenbett. Ich hatte noch alle die Gefühle meiner ersten Jugend, nur *mehr* Erfahrung, *mehr* Menschenkenntnis. Meine *Seele* war also *mehr* geworden, *mehr* Kraft zu wirken, *mehr* Einsicht, aber der *Körper* wollte *nicht*, er war geschwächt und wirds auch wohl bleiben. Oft wenn ich so recht arbeiten mußte, es meine Pflicht gewesen wäre, es zu thun; so lohnte es nicht. Ich unterlag und that das lange nicht, was ich wohl eher gethan, sonst wo ich ohne Gehülfen mit 2 Mägden kleinen Kindern, die gewartet werden mußten, doch alle sämtlichen Arbeiten *selbst* verrichtete.

Was ich aber thun kann, werde ich thun, mich nie verzärteln, Schwäche aus Weichlichkeit vorgeben, die ich nicht fühle. Mein Würkungskreis ist groß, weit umfassend, ich will thun, *was* ich kann, Kopf und Hertz brauchen und dadurch die Schwäche des Körpers ersetzen, das meine Pflichten, Vorsatz, aber deren vielleicht *wenige* meines Geschlechts in so *weitem* Umfange zu erfüllen haben, selbst *da*, wo verschiedene in Kollision kommen, Verstand und Hertz brauchen, um die Erfüllung der *wichtigsten* den minder wichtigen vorzuziehen. An Willen gut zu seyn, fehlt mirs nicht, aber an Kraft. Die Angst dies Hertz, Gott sieht tiefer wie es die besten meiner Freunde, wies meine Feinde thun, sieht seine *Schwächen*, aber auch sein Gutes. O, wohl nie ist jemand mit *so* zartem Gewissen, *so* feinem Gefühl, für den was *recht* und *gut* ist gebohren. O, lasse doch *dies* Gefühl immer *richtig* bleiben, nichts *großes* für *klein* und *nichts* geringes für was *nichtiges* halten.

Sey ferner was du mir immer warst *Vater*, besitze unser ganzes Haus, mache meine Kinder zu guten Menschen. Ein Vierthel des 86sten Jahres ist verschwunden und froh und glücklich lasse die folgenden vergehen Gott wie dus fürs beste hälst. Nichts will ich dir vorschreiben, es geschieht jedes Jahr *viel* wichtiges und wer weiß, was dies? Doch ich werde zu weich, zu furchtsam. Den 3ten Aprill 1786.

Nun 86! auch *du* wieder dahin. Du warst köstlich, warst eines der besten Jahre meines Lebens, schenktest mir *hohe* selige Freude; zwar auch der Leiden, der Unruhe, der Sorgen und Angst viel. Aber doch ihr folgenden Jahre meines Lebens, seid nur alle *so*, und *stündlich* müßte Gott gedankt seyn. Bis den 3ten Aprill habe ich es schon eingeschrieben.

Aprill verging geschäftig und war wichtig, weil mein Jakob konfirmiert ward. Alles, was eine *gute* Mutter thun kann, ihm *diesen* Tag wichtig und heilig zu machen, das that ich. Ich ermahnte ihn, suchte ihm richtige und würdige Begriffe (nicht beyzubringen), denn bessern gründlicheren Unterricht hätte er nicht haben können, als *der* von meinem Mann war. Aber *was er* ihn gelehrt, das suchte ich zu wiederholen, *tiefer* einzuschärfen. Dabey *betete* ich für sein Wohl, für sein Glück, aber für das Glück seiner Seele. O, Gott Erbarmer mache ihn glücklich, lasse die Sünde nicht sein Hertz beflecken, ihn nicht fallen. O, sie ist so reitzend diese Stimme, ihre Freuden so süß, besonders in den Jahren, wo das Blut kocht, wo die Natur der innern Trieb das Beyspiel der andern Gelegenheit zur Sünde hat, alles zusammen kommt. O, *dann* müsse er siegen gegen *sich* und die Welt. Den *schwersten* aber auch den *schönsten* Sieg davon tragen.

Sonst war die K. eine meiner besten Freundinnen gewesen, mein ganzes Hertz war ihr offen. Ich liebte sie zwar nicht mit *der* Inbrunst, *der* Wärme, womit ich die alte S., meinen Bruder, meine Schwester liebte, aber doch war die Liebe zu ihr aufrichtig auf Achtung gegründet. Ich hatte wenige Geheimnisse für sie, besonders las sie ganz in meiner Seele, jeder Flecken darin war ihr unverborgen.

Sie war die genaue, stündliche Beobachterin aller meiner Handlungen. Ob nun *daher* oder woher sonst! Genug, sie änderte ihr Betragen gegen mich, ward zurückhaltend, kalt, steif. Dies befremdete mich, und es setzte manchen Wortwechsel zwischen uns. Nach jedem aber wurden unsere Hertzen zurückgezogener, unser Betragen fremder und unser Ton hatte nichts mehr der Freundschaft ähnliches, es kostete mir Zwang in Gegenwart der Kinder und anderer Leute den äußeren Ton der Freundschaft anzunehmen, welches doch durchaus nothwendig war. Ich versuchte es oft auf allerley Art, aber hin ist hin, verlohren ist verlohren. Wir sind freylich jetzt noch mancher gegenseitigen Erklärung, mancher Überwindung von beyden Seiten, denn wir sind beyde edel, uns beyde ein ander wehrt. Wir sind endlich *dahin* gekommen, daß wir aufbringen warm für ein ander zu werden, und hätte *sie mein* warmes Hertz, so wären wirs längst. Wir vermeiden unangenehme Gespräche, leisten uns allerley Gefälligkeiten, und die *Zeit* diese *allgewaltige* Schöpferin wird *endlich* das ihre thun, aber *ganz* werden wir *nie*, was wir waren. Zudem kommt noch, daß sie Betty nicht leiden kann. Betty wird, wenn sie gut gelenkt wird, *viel*. Sie ist mir das schwerste Kind zu ziehen geworden, möchte sie mich einst dafür lohnen. Mamsell kann sie nicht ziehen, sie hält alles was Leichtsinn und Unbesonnenheit ist, für Bosheit und begegnet sie *darnach*. Dies setzt Erbitterung von Betty ihrer Seite und Haß von Mamsell ihrer. Freylich begegnet sie *ihr,* aber ich sehe, daß ich doch meiner (wenn ich einige Tage, wo schlechterdings nichts mit ihr auszurichten ist ausnehme) viel bey ihr durch Güte und Vorstellungen wiirken kann. Ich habe mich wie über jede meiner Handlungen, also auch meines Betragens wegen gegen Mamsell geprüft, und gefunden, daß ich freylich oft *zu* heftig gegen sie, *zu* empfindlich wegen ihres Betragens gegen mich geworden bin, daß ich aber doch *fast* immer die *erste* gewesen, die zur Aussöhnung die Hand gebohten, die offenste noch immer gewesen bin. Diese öftern Zwistigkeiten mit der K. machten mir diesen Sommer so manche trübe Stunde, störten so manche frohe, und ich sah die Wahrheit der Worte deutlich ein, Friede ernährt und Unfriede verzehrt.

Im May verließ uns Zegel, und Dultz kam. Daß ich dem ersten Mutter gewesen, ihm manche hertzliche Ermahnung gegeben, das sagt mir mein Hertz. Auch war ichs seiner Mutter, die meine Freundin war, schuldig. Ob er aber *das* wird, was er nach ihrem Wunsche werden sollte, daran zweifle ich. Sein Karracter ist nicht offen, Falschheit und Heftigkeit sein Grundkarracter, aber ein Geist und Kopf, der wenig seines Gleichen hat und von dem man hoffen muß, daß er den Karracter mit der Zeit bessert. Bey seinem Abschiede war mir nicht wohl, ich hatte ihn zu lange gehabt, als daß es ich hätte seyn können.

Mertens hatte meinen Mann gebehten ihn zu seinen Eltern reisen zu lassen, und er hatte es ihm erlaubt. Er reiste den 31sten May weg und kam den 12ten Juni wieder. Milow und er waren ganz *das* wieder geworden, was sie sonst gewesen waren und die herrlichste Harmonie herrschte unter ihnen. Das machte mir viele Freude, denn ich kanns nicht leugnen, daß ich wahre Freundschaft für ihn habe, ihn als einen guten braven Mann kenne und liebe. Auch er liebt mich wie seine *Mutter*, schätzt mich als *solche*, das zeigt sein ganzes Betragen.

Der Juni war nicht heiter für mich, wenigstens nicht das *Ende*. Der *Anfang* war *schön* bis zur Mitte. Ich glaube, daß ich lange nicht den Frühling *so genossen* habe, wie dies Jahr. Alle seine Freuden machten tiefen Eindruck auf mich. Es ist, als wenn mein Herz je älter ich werde, desto empfänglicher zur Freude wird. Gegen die Mitte des Juni kamen manche kleine Verdrießlichkeiten, die aber wie solche ertragen wurden. Meines Bruders Christian seine Hochzeit war den 16ten. Ich feyerte ihn im Gehölz mit meinen Kindern, erinnerte mich dabey so lebhaft an die Zeit seines Hierseyns, an dem, was er *damahls* war, *nachher ward* und *nun wieder* geworden ist, so daß ich hierdurch in einer sehr traurigen Stimmung versetzt ward. Ich feyerte daher den Hochzeitstag mit vielen Thränen, vieler Ahndung.

Christian kam den 24sten nach Hamburg und den 25sten reiste er, und unsere gantze Familie bey Harmsen. Dies war einer der schrecklichsten Tage meines *Lebens*. Was ich an ihn und *nicht* bloß *an ihn*, sondern bis zu Ende des Monahts litt, wag ich nicht zu beschreiben. Aber es ist gut, daß dergleichen Leiden kommen. Es war auch mir gut und als solche will ich sie schätzen, sie beschreiben, ihre Ursachen aus einandersetzen ist unnöthig.

Im Juli hatte ich frohe herrliche Stunden und Tage, aber auch der Grillen mancher Art zu ertragen, hatte in mich und außer mich Unruhe und Sorgen, *manche, viele* möchte ich sagen verschuldet, aber auch viele *un*verschuldet, fühlte den großen Unterschied zwischen beyden, *strebte* keine der ersten zu haben – aber alles Streben war eitel, alle Vorsätze oft vergeblich, fühlte das Loos der Menschheit tief. Gegen das Ende desselben ward Milow krank. Er war aber bey seiner Krankheit ungemein heiter und da sah ich recht, welch einen Einfluß seine Laune auf mein Glück hat. Sogar seine Krankheit fühlte ich nur halb, sobald ich ihn nur *heiter* sah. Also auch der Monaht *nicht* einförmig, sondern durch viele Begebenheiten ausgezeichnet. Johanni hatten wir auch einen neuen Zögling an dem kleinen Jenisch bekommen.

Milow war von seiner Krankheit nicht recht geheilt, daher er nun verdrießlich, welches er *in* der Krankheit nicht war. Es war so manches, daß ihn wurmte, daß *verdiente* es zu thun und dann *wieder* so manches Falsche mit unter, ich hatte also meinen Theil, hier was aus dem Wege zu räumen, dort was zu verbessern, zu lindern, zu trösten, wieder ins Gleise zu bringen, so daß Seele und Körper immer bey mir würkten und ich daher auch nicht recht gesund war und seyn konnte. Und bey alle dem haschte ich jede Freude, ward nicht gefühllos für ihren Genuß, möchte fast sagen, fühlte sie *tiefer* wie sonst.

In der Mitte des Augusts ward Milow wieder recht krank und ich da unweit mehr Furcht seinetwegen, als bey der ersten Krankheit. Er hatte sich mit S. gestoßen, daher überließ er sich gantz dem hiesigen Artzt. Oft *fürchtete ich*, und auch *er* selbst seinen Tod und *wie* mir *dabey* ward, wie *vieles* sich bey *mir durchkräutze*, läßt sich nicht beschreiben. Auch das hat *der* überstehen helfen, in dessen Buch unsere Tage geschrieben sind. Mein heißestes Gebeht ward erhört. Milow wieder besser. Christian reiste am Ende des Augusts wieder. Ich hatte ihm wenig gewesen. Er war zu einer unrechten Zeit *für mich* gekommen. Aber vielleicht, wenn er zu einer andern gekommen wäre, würde ichs mehr gefühlt haben, daß ich ihn nicht so gantz genoß. Er reiste ab und sein Abschied streifte nur leicht mein Hertz.

Die unruhigen Gefühle, in denen ich lebte und webte littens nicht, daß sein Abschied so wie die vorigen Abschiede waren, war.

Den 26sten kamen Törstenskold und brachten ihre Kinder. Mit dem unumschränktesten Vertrauen unserer Erziehung brachten ein paar der besten edelsten Eltern ihren Sohn und Bruder Sohn zu uns. O, unser Gott gebe, daß ihre Absicht erreicht wird, das aus den Kindern mache, was sie wünschen. Gott gebe seinen Seegen. Der eine, Severin, ein wahrer Normann, Edelmuht, Kraft, Unbiegsamkeit, Grundzüge seines Karracters, er ein Mensch wie unser Zeitalter sparsam hervorbringt, dabey viel Kopf. Wenn er Bösewicht wird, wird es furchtbar, doch dies wird unser Gott zu verhindern suchen. Der 2te, Hermann, gewöhnlicher Mensch, gut, sanft, folgsam, wäre er Mädgen, dann diese Eigenschaften köstlich. Aber nun, wo er als Mann frey handeln muß, nicht gut. Bey Severins Eltern fühlte man so recht den Wehrt des Menschen, schade, daß sie nicht fertig deutsch sprachen, sonst wäre ihr Umgang uns *noch* mehr gewesen. Was geschehen kann gute Eltern, soll geschehen. Ich möchte gerne *euren* Seegen haben, lege *vielen* Wehrt auf ihn.

Im Anfang des Sept. vergingen einige traurige Tage meiner Söhne wegen. Des Vaters hoher Geist, sein durchdringender Verstand ruht nicht auf sie, und doch wünscht der Vater, daß sie *das* werden, was *er* ist. Noch kann man mit Gewißheit nichts sagen; vielleicht werden sie *noch mehr,* wie wir erwarten.

Just verging der Sept. äußerst froh, er war einer der glücklichsten Monahte. Im Hause war Harmonie und warme Freundschaft und mit der K. war dann Aussöhnung, dann wieder Disharmonie. Der Schluß des Monahts war ernsthaft. Mein Geburtstag mir sehr feyerlich. O. Gott Erhörung, um das worum ich dich bat im Garten in der Laube Abends feyerlich und allein bat. Da nichts *äußerliches* der Inhalt meines Gebets war, sondern *innere* Güter, so kann ich um so mehr auf Erhörung rechnen, ich rechne auch fest darauf, und alles *andere* worum ich dich sonst noch bat, gewesen, *nur dann,* wenn seine Gewährung das Glück *meiner Seele* wird.

Bis zum 17ten Oct. war er so wie Sept., heiter und froh und glücklich. Die trüben Wolken verzogen bald, man wandelte wie im köstlichen Mondschein und nur auf einige Minuten ward er hinter Wolken versteckt. Das im Mondschein wandeln, das schwerste. Im Sonnenschein hält mans nicht lange aus, ihr wohltätiger Strahl wird zu oft, zu bald uns Last. Nach trüben Tagen und Nächten ist ihr Strahl erquickend und köstlich, aber es ist zur Glückseligkeit nohtwendig, daß sie sich zuweilen hinter Wolken verbirgt.

Zwischen Milow und Mertens hatte seither, wenigstens die *mehrste* Zeit über die herrlichste Harmonie geherrscht. Nun bekam Mertens einen Vorschlag in seine Vaterstadt sich als Rector anzugeben. Die Liebe zu seinen *Eltern*, seiner *Vater*stadt, seinen *dortigen* Freunden, entschied ihn, diesen Vorschlag nicht gantz abzuweisen. Er sagte es Milow und er schien damit friedlich. Er sagte es mir, und ich wars *nicht*. Schon zum voraus das ganze Labyrinth von Unruhe und Verdruß, worinnen sein Verlust Milow versetzen würde, suchte daher Mertens wie er mirs sagte, abzurahten, stellte ihm alles *Gute*, so er *hier* hat und alles Unangenehme, welches er *da* haben würde vor, und hatte ihn schon so weit gebracht, daß er *wankte*, die Antwort des Briefes aufsetzte und es mir *wenige* Ueberreden gekostet haben würde, um ihn zu bewegen *gantz* abzuschreiben, (als zum *Unglück* oder *Glück*, das sieht nur *der*, dem nichts klein ist) ein unbedeutendes Gespräch bey Tische über eine Kleinigkeit, eine Unbesonnenheit von Mertens nein! *das* nicht einmahl wie er mir hoch geschworen, sondern bloß um etwas zu sagen, Milow, der es für vorsätzlich hielt, äußerst gegen ihn aufbrachte, beyde von der Zeit an kein Wort bey Tische sprachen. Dieser Mann, der hitzigste empfindsamste Mensch unter der Sonne, fühlte alles tief, und konnte sich nicht vertheidigen, hielt dann die *unbedeutendsten* Handlungen von Mertens Seite für *Beleidigung* und war im hohen Grade aufgebracht, war fest entschlossen einen Schritt zu thun, der uns allen würde gereut haben. Ich versuchte es Milow heraus zu bringen, aber statt das es mir gelingen sollte, brachte es ihn nun auch gegen mich auf, und ich mußte die bittersten Vorwürfe hören und verschlucken. Wir überwarfen uns heftig, und es vergingen einige furchtbare Tage. Mir mag kommen was will, so ist unter allen schrecklichen das *schrecklichste*, mit Milow mich überworfen zu haben, das fühle ich immer am tiefsten, das untergräbt meine Gesundheit.

Am 22sten brachte ich ihn endlich dahin, daß Mertens von seinem furchtbaren Entschluß abließ. Unsägliche Mühe kostete es mir, aber statt, daß er wie er mir hernach sagte *gantz* würde abgeschrieben haben, so nahm ers an und legte noch eine Beylage von seinem Gönner bey, worinnen er sich ihm zum Hofmeister anbot – falls er hier nicht länger Lust haben würde zu bleiben. Es dauerte ziemlich lange, der steife fatale Ton zwischen Milow und

Mertens. Aber *alles* hat ein Ende, auch er löste sich allmählich wieder auf. Nur geschehene, durch Beleidigungen gefaßte *Entschließungen* sind nicht aufzulösen. Die Folgen können sich weit hinaus erstrecken.

Milow ward nun wieder allmählich heiter, ich wards durch ihn und den 28sten Oct war wieder alles in ziemlicher Ordnung. Hier bekamen wir die gewisse Versicherung, daß unser Jakob bey H. Rowohl auf dem Kontor sollte. Dies machte mein Hertz wieder voll Freude und Dank, alle sehr traurig vorhergegangenen Tage wurden *nicht* geachtet und nur der Freude war ich *empfänglich*.

Milows Geburtstag ward durch Freude gefeyert. Anfangs Oct. verließ uns Hensler, ein guter, obgleich schwacher junger Mensch, viel Anlage und Kopf, aber auch gantz *den* Karracter mit dem Strome fortgerissen zu werden. Ich rechne nicht viel darauf, daß er gut bleibt. Meine besten Wünsche begleiten auch ihn.

Der Nov. fing wieder gut an und hatte einige recht herrliche Tage, aber da von dem 4. bis zum 9ten waren sie *so* traurig, daß *mein* Muht, *meine* Standhaftigkeit erfordert ward, um sie zu ertragen. Kommen immer alle Leiden wie alle Freuden auf einmahl. Den 19ten Nov., als meines Jakobs Geburtstag war alles wieder überstanden und mein Hertz der Freude geöffnet. 3 der köstlichsten Tage meines Lebens waren Ersatz für vorige und künftige. Den 13sten ward ich krank. Ich war doch schwanger gewesen. Der 15. meines Bruders Nikolaus seine Hochzeit, keine der alten schrecklichen Hochzeiten, auch nicht so wie ich sie einige finstern Tage vorher gefürchtet hatte, aber auch keine nach *meinem* Hertzen. Die Hertzens Ergießung, die Fülle der Seele, die nach meiner Empfindung da hätten seyn müssen, war *nicht* da, Kälte und Steifheit der herrschende Ton. Ich war krank und überdem in einer Stimmung, die mit diesem Ton accord machte, daher nur nicht so auffallend wies vermuhtlich sonst gewesen wäre. Von da war ich einige Tage recht krank, und nachdem ich besser geworden, hatte ich wieder einige traurige Tage bis zum 25sten, wo ich bis zum Schluß des Monahts in voller Heiterkeit lebte. Bis zum 14ten Dez. war wieder ein Tag köstlicher, ein Tag froher wie der andere, mich und um mich herum Freude und Wonne und Lebensgenuß. Unter den vielen Freuden, die mich umgaben, freute ich mich auch meines Jakobs, sah wie Religion ihre wohlthätige Würkung auch an seinem Hertzen äußerte.

Den 14sten Dec sagte Mertens Milow völlig auf Ostern auf. Milow nahm es gut auf. Ich trübte mich aber die folgenden Tage durch eigene Schuld. Mir wars nicht recht, daß Mertens weggehen sollte, weil ich es zu deutlich einsehe, wie viel uns an ihm gelegen ist, weil ich alle Folgen einsehe. Dies gab ich Milow zu verstehen und dies ward unrecht aufgenommen. Mein Hertz ist edel, von jeder sündigen Neigung, ich liebe Milow mit der aufrichtigsten Treue. Aber die heiße unaussprechliche Liebe zu ihm kann mich doch nicht verhindern, Freundschaft für Mertens zu haben, ihn als Sohn zu lieben. Auch wars ein Plan meiner Einbildungskraft, *die noch nichts* von ihrem anfänglichen Feuer verlohren hat, Mertens einst zum Schwiegersohn zu bekommen. Aber das nun nicht Gottes Wille, *nicht sein* Plan, also Unterwerfung. Er hat noch niemahls was versehn in seinem Regimente. Nach einigen verdrießlichen Tagen, die ich mir selbst zugezogen hatte. Nachdem ichs mir den 24sten Nov. so fest vorgenommen hatte in Mertens seinetwegen mit Milow zu sprechen, so brach ich doch diesen Vorsatz, und es kam mir theuer zu stehen, aber was unsere besten *Vorsätze*? Zwar liebt Milow Mertens sehr, bis einige wenige launigte Tage ausgenommen, sehr sein Freund, weiß alles was er an ihm hat, wünschte ihn gewiß auch behalten zu können, sucht, wenn er ihn in einer solchen launigten Stunde beleidigt hat, alles, auf alle mögliche Art wieder gut zu machen. Aber das ist nun vorbey und gewiß zu unsern Besten, sonst hätte unser Gott alles anders gelenkt. Einige unangenehme Tage waren vergangen und nun Milow wieder er selbst und ich wieder ich.

Ich ging nach Hamburg, wo ich Ursache hatte, verschiedene traurige Anmerkungen zu machen. Auch die wärmste, innigste theilnehmendste, thätigste Liebe, wie die meines Bruders zu mir war, auch *die* kann verschwinden. Zeit, Entfernung *andre* Verbindungen können das Hertz, ein *solches* Hertz wie das meines Bruders umkehren und verändern. Ist dies vielleicht die Unvollkommenheit dieser Welt, daß *alles* aufhört, *alles* nur Stückwerk ist? Diese Gedanken machten mir Hamburg unangenehm und so wie ich mich sonst freute, es zu sehn, so nun jedesmahl, wenn ich es verlasse.

Ich kam wieder in meinem Wandsbeck und verlebte den frohesten Weyhnacht und Neujahr meines Lebens. Alles war um mich herum Heiterkeit, Freude, im Dank und ich mit. Froh war 86 beschlossen beysamm. 87, aber was das in seinem Gefolge hat? das künftige Jahr.

Was du 87 in deinem Gefolge gehabt hast, das nun. Aber sollte es möglich seyn, dich wichtigstes Jahr meines Lebens zu beschreiben? Diesem Papiere deine Begebenheiten einzuschreiben? alles kann kaum beschrieben werden. Du warst *sehr, sehr* wichtig 87, warst es *mir, meinem Manne*, meinen *Söhnen*, meiner *Betty*. Heiter wie der schönste Sommer Morgen, dein Anfang. Der 1ste deiner Tage, einer meiner glücklichsten, seligsten Tage. Dein Jahrgang 87! *So heiter und glänzend und wie* der Untergang von 86. Aber so wie die so glanzvoll angehenden Tage sich später hin zu verdunkeln pflegten, so ahndete michs auch von *dir*. Schon die erste Woche war aller Glanz verloschen, es war eine sonderbare Woche.

Nachher wurden fast alle Kinder am Keuchhusten krank. Auch hatte Nikolaus sich seinem jetzigen Herrn gezeigt, aber nicht ihm gefallen, er nicht gantz mit seinen Kenntnissen zufrieden gewesen. Das machte uns manchen Kummer, denn Milows feurigster Wunsch war, daß *auch er* Kaufmann werden möchte. Nicht so bey mir, ich wünschte er mögte studieren, freute mich daher jeder ihm *fehl*geschlagenen Hoffnung bey einem Kaufmann zu kommen, denn er war noch verschiedene Mahle nach Hamburg zu anderen gewesen, aber *ohne Erfolg*. Mein Wunsch, daß er studieren möchte war groß, auch hieß deshalb mein Gebet zu Gott, um es zu bewirken: aber doch ohngeachtet meines heißen Wunsches bat ich immer, wenns gut ist, wenns Gottes Wille wäre, der nichts als das Glück seiner Geschöpfe will. Auch hatte Milow und ich manch ernstes Gespräch deshalb, denn von der Wahl *dieses* Schrittes hing ja sein ganzes künftiges Glück oder Unglück ab. Wir überlegten daher alles von beyden Seiten, ohne Vorurtheil für irgend einen Stand. Was aber Milow hauptsächlich mit zum Kaufmannsstand bewog war die Furcht seines Todes und daß ich ihn in dem Fall nicht würde *länger* studieren lassen. Ich überließ auch dies der weisern Einsicht meines Mannes und wir beyde überließens dem *himmlischen* Vater, seiner allweisen Führung und Regierung, gaben uns Mühe, einen Herrn nach unserm Wunsch für ihn zu bekommen und falls wir *keinen* bekämen, wäre es Gottes Wille nicht, dann sey Studieren seine Bestimmung. Er selbst wünschte den Kaufmannsstand, ob aber aus geprüften, geläuterten Gründen? glaube ich nicht. Bis dahin nun legte er sich mit Eifer aufs studieren.

Mertens, wie ich vorigen Jahrbuche angemerkt habe, hatte Milow aufgesagt, um nun auf Ostern nach Bielefeld zu reisen; nicht lange nach Neujahr aber bekam er einen Brief von seinem Vater, als Antwort auf seinen, worinnen er geschrieben hatte, daß er alles eigentlich seinem Vater aufopferte, aus Liebe zu ihm, seine hiesige vortheilhafte Stelle aufgäbe. Hierauf nun bekam er die Antwort, daß man das nicht verlange, daß, wenn er sich hier besser stünde, er bleiben möge, es mit der dortigen Wahl noch sehr weitläufig aussähe und er es nur recht überlegen und dann Bescheid schreiben möge. Sogar sein Vater wünschte ihm in dem Falle, er nicht dort Rector würde, gar nicht dort ——. Mertens und Milow waren seit Oct. 86 dann innig lauter Harmonie und dann wieder disharmonisch miteinander. Das erste war nur eine Zeitlang her gewesen wie Mertens diesen Brief seines Vaters bekommen hatte. Ich habe schon gesagt, daß er mich als Mutter liebte, kindliches Vertrauen zu mir hatte, ich die Vertraute aller seiner Geheimnisse war. Aber *das* habe ich noch nicht gesagt, daß er mir schon in vorigen Jahren einen Wunsch geäußert hatte, einst mein Schwiegersohn zu werden, daß er Betty mit Augen der Liebe ansah. Sein Wunsch ward der meine, denn wie konnte ich mir einen wärmeren, rechtschaffeneren Schwiegersohn wünschen, als eben ihn. Ich *nährte* daher diesen Gedanken und dieser wegen wars mir mit *so sehr* leid, daß er weg ging, weil ich fürchtete, *andern* Verbindungen möchten *diesen* Wunsch – der ja *nur Wunsch* und *kein Versprechen* war, untergraben und er nicht auf *diese* Art wie mit mir verbunden werden. *Das* der Grund *warum* ich immer so sehr seine Parthei gegen Milow nahm, warum ich alles zu lenken wünschte, damit er *blieb*. Den 14ten Febr. nun gab er mir den Brief seines Vaters und war wankend. Ich schwieg und wollte *nicht* rathen. Aber er schien zum gänzlichen Abschreiben geneigt, würde es auch Milow gesagt haben, aber den Abend bey Tische kam ein Mißverständniß zwischen ihnen, welches ich durch ein *zu unrechter* Zeit angebrachtes Parthei nehmen vergrößerte und – Mertens schrieb, er komme *gewiß*, wenn er auch *nicht* Rector würde. Milow und Mertens waren stumm, empfindlich, beleidigend und sich doch mäßigend einer gegen den andern, aber um so tiefer fraß das Uebel. Doch *auch dies* Leiden verging, sie wurden sich wieder gut und ich hielts für das, was es war: für *Verhinderung* von Seiten Gottes, daß Mertens bleiben solle; nahms mit Unterwerfung, aber nicht ohne Kummer an.

Den 11. Aug. ging mein Jakob nach Hamburg und sein Herr hatte seine Zufriedenheit mit ihm bezeigt. Dies gab wieder nach einer sehr traurigen Woche Freude ins Hertz. Den 12ten bekam meine K. die Nachricht von dem Tode ihrer Mutter *durch mich*, wieder ein trauriges Geschäfte, mit einiger innerer Freude dienen und trösten zu können.

Den 19ten entdeckten wir Karstens als einen der schlechtesten niedrigsten Menschen. Der Sünder war entblößt.

Auch hierbey zeigte Mertens warme Freundschaft für meinen Mann. Mein Mann aber nahm sich bey dieser gantzen Sache mit vieler innerer *edler* Seelengröße, er war *gantz er selbst.*

Der Husten der Kinder ward statt besser zu werden immer ärger, Henriette ward recht krank und Jakob bekam einen gantz schrecklichen Husten, so wie er ihn einst 82 hatte. Er bekam Seitenstiche und Fieber dabey, und der Maertz hatte nur erst ein paar heitere Tage gehabt, und er war schon gantz verfinstert wieder: unten war Gewusel, oben war Jakob so krank, und Milow war nicht heiter. Den 8ten starb die Pistorius in der Blühte der Jahre an der Schwindsucht. An ihrem Begräbnistage war mir der *Tod* meines Jakobs sehr gegenwärtig. Es war ein *tiefgefühlter* Tag. Maertz brachte mir nur 6 leidenfreye Tage. Jakob blieb schlecht bis den 20sten, da schöpfte ich seinetwegen Muht und er von dem Tage an immer besser. Aber leidenfrey. [Text unkenntlich gemacht]

Milow hatte Mertens einst so sehr geliebt wie er fast keinen sonst geliebt hatte. Sie waren die wärmsten Freunde gewesen, ich durch *diese* Freundschaft gereitzt und durch das Vertrauen, Hochachtung, Folgsamkeit von Mertens seiner bewogen hatte ihm auch meine Freundschaft geschenkt und nach der unpartheiischen oftmahligen ganz genauen Untersuchung meines Hertzens nichts böses darinnen gefunden. Wie konnte ich ihm nur diese Freundschaft auf einmahl nehmen, da zudem er Liebe zu meiner Betty bezeigte und auch *sie* zu ihm!

Den 1. Aprill ging Mertens weg.

Mein Nikolaus sollte den 15ten konfirmirt und mein Jakob den 16ten seiner Bestimmung zueilen. Nun hatte ich

Gelegenheit wieder zu würken und gutes zu säen und ich thats. Alle nur zu erbringende Zeit ward meinen Söhnen gewidmet. Bald stellte ich Nikolaus die Wichtigkeit des ihm bevorstehenden Gelöbnis vor, bald Jakob die vielen gantz anderen Pflichten seines Berufes. Auch schrieb ich ihm einen warnenden, mütterlichen Abschieds Brief, der seine hauptsächlichsten Pflichten enthielt. Mein Hertz war diese Tage wieder sehr voll von Gefühlen. Jakob ging mit der größten Unschuld, mit gegründeter christlicher Rechtschaffenheit von uns, daß Gott ihn *so* erhalten möge auf diesem Wege, das mein stündlicher Wunsch diese Zeit über. Wo ich stand und ging betete ich darum. Er ging mit frohem Muhte den 16ten von uns, oder vielmehr ich brachte ihn hinein, aber wie ich nun *ohne ihn* hinaus fuhr, *da* fühlte ich seinen *Abschied*.

Die übrige Zeit des Aprills ward in Arbeit und durch meines Mannes herzliche Liebe erfüllt beschlossen. Etwas Verdruß der Köchin wegen, aber O, wie leicht erträgt man die *kleinen* Leiden, wenn man der *größeren* gewohnt ist. May verging gantz ungetrübt und heiter. Milow immerwährend liebevoll und hertzlich, freute mich so oft meiner Söhne. Es kamen die herzlichsten Freude bringenden Briefe *wöchentlich*, auch wöchentlich kam Jakob zu mir, und sein Sehen der Sontag wahrer Feier – eher Festtag.

Ich lebte ruhige glückliche Tage im Genuß des Frühlings und der gantzen schönen Natur.

Der Anfang des Juni war *nicht* lieblich. 8 traurige Tage vergingen, doch schuldlos und *dies köstliche* Gefühl, darauf wieder frohe alles ersetzende Tage.

Den 19ten nahm ich von meiner wie ich glaubte sterbenden Schmidt Abschied. Es war sehr rührend, denn sie mir war schrecklich viel gewesen. Aber Gott wollte, sie sollte mir *noch länger viel seyn, noch nicht* die Abschiedsstunde seyn. Ich fühlte ihn aber tief.

Den 2ten kam H. Jenisch gantz wider unser Vermuhten und Nikolaus Schicksal ward entschieden, Gott, Vater aller deiner Kinder, du wirst auch *seines väterlich* entschieden haben! Hier würkte und ich nun, wo ich konnte, alle meine erübrigte Zeit *ihm* gewidmet und O, welche *selige* Freude machte mir *diese* Arbeit. O Kinder *jetzt* seyd ihr mein ganzes Glück, bleibts so *immer*. Sein Abschiedstag rückte immer näher. Ich brachte auch ihn weg, nahm nochmahls bey der alten kranken Schmidt Abschied von ihm und nun ging er von Eltern Seegen, von Gottes Seegen begleitet weg, fing die Rauhe Bahn des Lebens an, die wir *schon* zum *Theil* überstanden haben. Alle Versuchungen zur Sünde stehen ihm wie Jakob noch bevor. Gott! Vater! erhalte sie in der Prüfung, erlöse sie dann von dem Uebel, stärke sie bey *dem* so *viel*fältigen Leiden, die auch ihrer noch erwarten und wenn dann *sie* und *ich, alles* überstanden haben, dann soll unser Lob laut, unser Dank heiß seyn.

Wie ich ihn weggebracht und Abends zu Hause kam, fand ich meinen Mann äußerst traurig und niedergeschlagen NKL: seines Abschiedes wegen. Ich tröstete ihn so gut ich konnte. Jeder Sontag brachte nun eine neue Freude durch beyder Wiedersehn.

Juli hatte viele Freude, viel wahren warmen Genuß, aber auch einiges unangenehme, doch das *Hertz litt nicht viel* dabey.

Den 26sten sahen wir unseren Peter Tönnies wieder und dieses Wiedersehen überschwenglich köstlich, es ein feyerlich verrauschter halber Tag. Wir sahen seine volle, herzliche, kindliche Liebe und freuten uns mit gewisser dankbahrer Seele dieses Lohns.

Nun kam August - Aber August und September *wollen nicht* beschrieben seyn, *bedürfens nicht,* sind mit eisernen Griffel *tief* genug eingegraben, daß nicht *jeder Stunde* Leiden, nach Jahren nicht noch sollte gefühlt, nicht *dann* noch Gott gedankt werden, der *alle so* abgewandt, *so* glücklich gelenkt hat. Gottes *besondere* Vorsehung hat sich ein ganzes Leben hindurch sichtbarlich genug gezeigt, so daß ich sie gegen die ganze Welt vertheidigen wollte, aber den *8ten Sept* am *deutlichsten.* [Text von Margarethe Milow unleserlich gemacht] und – Gottes Hülfe kam, und Wunder wars *nicht,* aber dem Wunder ähnlich. Gott half. Freylich hatte ich gebetet, heiß, inbrünstig, *unablässig* gebetet, aber ohne daß ich sah, *wie* er helfen könne. Und *doch* half der Herr, mein Vater, mein Gott! O, meine Thränen lassen mich nicht mehr schreiben. *So schrecklich* wie der Morgen des 7ten gewesen war, *so seelig* sein Abend. Wie ich nun dankte, was nun das Gefühl meine Seele alle diese Tage über war, braucht wohl nicht beschrieben zu werden. Mit noch nie gehabter Rührung beschloß ich mein 39stes Jahr.

Den 8ten Sept sah ich meine mir von den Todten wiedergegebene Schmidt hinein zu meinem Hause.

Sept war seit dem 7ten ein köstlicher unaussprechlich freuden voller Monaht. Mein Mann liebevoll in hohem Grade und *meine tief* gefühlte *Seelenruhe, Seelen*glück *mein Loos.* Auch gabs der *äußeren* Freuden sehr viele, viel Genuß der schönen Natur meines über alles geliebten Holtzes. Mit der frohesten aber auch tief *gerührten* Empfindung beschloß ich mein 39stes Jahr. Es war der *feyerlichste* Geburtstag meines Lebens, meine Seele hob sich hoch im Gebete, mein Ml. mir so lieb und *ich ihm*. Das fühlte er tief. Er schrieb mir einen trauten liebevollen Brief. Ich ging in meinem Holtze zu, da mein Hertz gantz in Dank aufgelöst, da die Seele zu *neuen* Leiden geweiht gestärkt. Abends hatte Ml: Musikanten kommen lassen, aber Tantz und frohe Lieder, die *nicht* für die Stimmung *meiner* Seele. Ich sang Dank und Loblieder und fing nun meinen neuen Lauf an.

Oct: war für meine Krusen wichtig, auch *hier* Gottes Vorsehung sichtbar. Ein Hofmeister Meyer, den wir statt Mertens bekommen hatten, hatte sich in sie verliebt, es ihr in einem schönen Gedichte geschrieben, sie ihm nicht geantwortet. Den 5ten Oct:. schrieb er den 2ten Brief, umsonst, und sagte und zeigte sie alles meinem Mann. Er rieht weder ab noch zu. Den 6ten kam der *Mertens* aus *Helmstädt*, er war schon von 14 Tagen da gewesen, hatte auch versprochen gehabt den vergangenen Donnerstag zu kommen, aber daß er da *nicht* gekommen wichtig, abermahls Beweis göttlicher besonderer Vorsehung. Nun kam er und die alte Schmidt. Der letzten wurden Meyers Briefe gewiesen und *sie* nach einen Raht gefragt. Während sie und Ml. unschlüssig da saßen, fiels mir wie eine *Eingebung* ein, wie, wenn *Mertens der* ehemahls sie zu lieben *schien*, sie *noch* liebte, wenn man ihn fragte. Dies ward bewilligt, geschah, er gestand seine *noch* dauernde Liebe, seinen Wunsch sie zu besitzen. Dies ward wieder der S., Ml: und der Kruse gesagt. Sie wankte. Mittwochen entschloß sie sich Meyer abzuschreiben und den 11ten gab sie Mertens Hertz und Hand, und er war unaussprechlich glücklich und seelig. Dez 13ten gab er ihr Ring und nahm Abschied.

Zwischen dem 6ten und 13ten fühlte ich mich nicht gantz glücklich, besonders war der 13te ein äußerst trauriger Tag voll innere tief gefühlte Wehmuht, aber er war auch der letzte der Art, *dieses* Jahres. Gott sprach bisher sollst du Leiden, aber nicht weiter, nun sollten sich legen *alle diese* Leiden, nun ihr *Ziel*, ihr *Maas voll* seyn.

Den 19ten bekam Ml. einen Brief von *unserem Mertens*. Den 26ten ward ich krank, fühlte, daß ichs *sehr* werden würde, aber war nicht traurig deshalb, mir war mein Tod fast willkommen. Ich nahm von meinem Holtze mit gerührter Seele Abschied, rüstete noch alles so gut ein wie ich konnte; ward darauf täglich kränker, legte mich den 23sten und bekam ein sehr heftiges tägliches Fieber. Den 28sten fühlte ich mich würklich dem Tode nahe. Dies war meinen Kindern und Mann ein würklich trauriger Tag, alle saßen um meinem Bette und weinten. Nur ich war ruhig empfahl Gott alle meine Lieben, litt *viele körperliche* Schmertzen, aber die Seele war frey. Bis den 2ten Nov. war keine Besserung da, da endlich verließ mich das Fieber, und ich ward etwas besser. Nun kamen heftiges Zahn und Kopfweh, Krämpfe und Koliken an der Stelle und nach dem 4ten waren die Söhne und Töchter um meinem Bette herum. Den 9ten stand ich schon etwas auf, schrieb zuerst meinem Jakob. Den 12ten zuerst hinunter, aber tiefe innere Melancholie, Krankheitsgefühl, äußerste Entkräftung, die mich jedes Geschäft zur Last machte. Dies alles verbitterte meine Tage. *Sonstige* Grillen gesellten sich dazu, kurtz ich war *nicht* glücklich. Den 20sten fühlte ich mich zuerst wieder besser, und von dem Tage an gewann ich täglich meine Kraft und Stärke.

Den 23sten Nov. Freytag Abend um 6 Uhr kam ein Brief von Mertens, worinnen er förmlich mit vieler Würde und Wärme um meine Betty anhielt bey meinem Mann. Ml: rief mich herauf, war tief gerührt. Es war eine köstliche Scene. Nun *alle* Leiden, *aller* Kummer auf *einmahl* ein Ende. Wir hielten uns lange umarmt, ich *überließ aber alles Ml:* und *er* gab mit voller Liebe seine Einwilligung, antwortete den 27sten, daß er Betty selbst noch nichts, ihrer Jugend, ihrer Bildung wegen, welche sie noch bedürfte, sagen könne, er aber hoffen dürfe, einst die *ihre* gewiß zu bekommen, weil sie ihn *unaussprechlich* liebe, bey *jeder* Gelegenheit von *ihm* spräche, *ihn* mit *jeder Mannsperson* verglige und *nur ihn* dachte. Mein Mann schrieb ihm mit vielen väterlichen Worten und Freundschaft, schrieb auch, daß er *nur* 1000 Marck mitgeben könne, daß er aber so lange ihm Gott die Kräfte gebe für ihn und seine übrigen Kinder arbeiten wolle. Wünschte ihm den gantzen väterlichen Seegen. Auch ich begleitete diesen Brief mit meinen, mit vieler unaussprechbarer Empfindung. Und so bist dann auch du meine Betty versorgt, der rechtschaffenstende, uneigennützigste, treueste Mensch, in der Freundschaft fest wie ein Fels, unablässig fleißig, sparsam ohne Geitz, dessen Krone Keuschheit ist, dessen Körper so rein, gesund und fest wie seine Seele ist.

Dieser Mann wird der *deine, der dein* Schutz, deine Stütze, *dein* Versorger. O, Gott hat großes an dir gethan, suche ja seiner wehrt zu werden. Ja Gott! auch *an uns* hast du großes gethan *Ihretwegen*.

Nun *keine* Sorge, *keinen* Kummer mehr. Und wie wunderbahr du *diese* Sache wieder geführt, wie hierinnen deine Vorsehung so über alles sichtbar, du führst alles herrlich hinaus. [Text von Margarethe Milow unleserlich gemacht] keine Sache, dies hoffe ich, das wird mir auch mehr Freude machen als diesen Weg. Er, der Mann nach dem Herzen meines Mannes, den Mertens als seinen *ersten* größten Wohltäter erkennt, und als *solchen liebt*, Ml: liebt ihn wieder als Sohn, mich liebt er als Mutter mit warmer kindlicher Liebe. Jetzt hält er einen Briefwechsel mit meinem Mann, mit Betty, mit mir, mit den Söhnen.

Im Sommer werden wir ihn wiedersehen. Dies Wiedersehen, welches wir *so* gar nicht gedachten, wird köstlich seyn. Den 21sten Dec. bekamen wir seine Antwort, die gantz Entzücken und Freude war: 3 Kinder, Gott, in *einem* Jahr versorgt; und sonst so reichlich gesegnet an zeitlosen Gütern, giebst uns fast täglich eine Freude an den Söhnen und unser Dank sollte *sprechbar seyn können* – Mein Gott das kann mich tief niederwerfen vor dir, Dank dir stammende heiße Thränen dir weinen, *das* nun kann ich. Mein ganzes Leben soll Dank seyn. Ich bin durch dieses Jahr, Gott, noch fester an dich gekettet. Die Gebete, die du *nicht* erhörtest in *diesem* Jahre und die, welche du *erhörtest*, sind die – ich weiß *kein Wort*, auszudrücken wie sehr sie mir *Beweise* deiner *Vaterliebe*, deiner *allerbesonderen* Vorsehung, deiner *Weisheit*, deiner *Allwissenheit*, deiner *Gerechtigkeit* sind. Nun komme mir welche Leiden noch wollen, es kömmt *von dir*, ist väterliche *Züchtigung*, führt zu *größerem* Glücke. O, Gott Kräfte, Kräfte täglich besser zu werden. Du bist mein höchstes Gut, alle Sorgen werfe ich auf dich, denn du sorgst für mich. Gebet meine *liebste* Beschäftigung. Ich habe jetzt erst *recht zu beten gelernt*. Meinen Mann, den ich jetzt, *wenns möglich wäre noch mehr* wie sonst liebe, O, laß mich keine meiner Pflichten gegen ihn versäumen, laß *mich ihm das wenig* bleiben, was ich ihm jetzt bin. Auch die Pflichten gegen meine Kinder, laß sie mich Gott *alle* mit Treue und Eifer ausüben, auch gegen die fremden uns anvertrauten, *keine* unserer Pflichten versäumen. Hinzu dann können wir deines ferneren Seegens auch hierin gewärtig seyn.

Ostern hatten uns Goßler und Hander verlassen. Johannis thats Hertel, und Michaelis Ried. Michaelis bekamen wir einen Franzosen Jordy und 2 Söhne von Rahtsherr Petersen. Statt Karstens hatten wir einen Rechenmeister (…) bekommen, der es aber nur 4 Monahte machte, da kam einer der sich Whenke nannte, aber vermuhtlich nicht lange machen wird.

Und so ist 87! nun auch beschrieben und eingetragen, aber *tiefer vollständiger* ists im Hertzen, *dort* ists und bleibs *unauslöschbar.* Deinen Seegen, deine Gnade Gott auch für 1788! Ich wollte eben schreiben, *wichtiger könne es nicht seyn,* wird 87! aber O, wie kurtz unser Blick, Zukunft du bist unsern Augen dunkel. Weiß ich doch keine Wort von dem was auf den folgenden Seiten stehen wird. Guter Vater, sey Vater! den 9ten Jan 1788.

Ja du *weißt Vater,* auch *dieses* Jahr war das 88 im gantzen genommen eins der glücklichsten Jahre, deine Beschreibung ward nur mir schließlich seyn. Der Anfang mäßig heiter und schon *das* gute Vorbedeutung. Etwas Unangenehmes begegnete gleich die ersten Tage. Es betraf aber nicht uns noch unsere Kinder, sondern nur das Institut und da unser Gewissen so rein hierbey war, so war es auch sehr tragbar. Wer wollte der gleichen nicht geduldig und mit Fassung ertragen. In heiterer, einförmiger Ruhe, heißer Liebe meines Mannes verging Jan.! Bis zum 18sten, wo eine sehr große Freude uns ward. Mein Bruder ward Rahts-Herr. Milow ahndete es, er phrophezeihte es, aber *ich* glaubte es nicht. Wir fuhren, sobald wir die Nachricht bekamen zur Stadt, und es war ein köstlich verbrachter Abend. Mein Bruder drückte mich mit innigster Liebe an sein Hertz. Die ganze Familie war den Abend versammelt, und alles war *ein* Hertz und *eine* Seele. Dank und Freude begleitete mich zur Ruhe und den nächsten Morgen fuhren wir wieder hinaus, suchte den Abend noch alles was zur Familien Geschäften gehört, als Danksegnungen und dergleichen, zusammen und legten *es* bey, dorthin und sprachen viel von meinem verstorbenen Vater und Thränen und Freude war in meiner Seele und heißer Dank und heißes Gebet. Und so ward dieser gantz glückliche Monath beschlossen. Dieser Monaht war durch Freude, Glück, unaussprechliche Liebe meines Mannes, innere Ruhe und Friede, Freude über Kinder, über Gottes Seegen, Gottes Wohlthaten ausgezeichnet. Der letzte Tag dieses Monahts *nicht* heiter. Das machte *nichts*, nur das *Warum* ers nicht war, schmertzte.

Febr. verstrich bis zur Mitte, durch nichts ausgezeichnet, ruhig und glücklich. Da bekam mein Milow Husten und ward immer kränker, war oft so schwach und krank, daß er für *sich* und wir für *ihn*, *viel* fürchteten. Ich saß manchen Abend tief und innigst traurig bey ihm. Er war sehr zärtlich, liebevoll, und um so schrecklicher war mir der Gedanke eines kommen könnenden Todes. Doch auch die Gebete meines Milows wegen wurden erhört. Gegen das Ende des Monahts ward er wieder besser.

Das immer *so* lange Ausbleiben von Mertens Briefen machte uns manche Kränkung, manche innere Trauer. Wir zweifelten manchmal seine Liebe sey nicht hertzlich, nicht wahr. Auch kam die weite Entfernung dazu, wohin wir fürchteten unsere Tochter schicken zu müssen; und ob uns gleich eigentlich der Schritt ein gewohnter, so war mein Milow nicht mehr *so* froh darüber, als ehemahls.

Am 4ten suchte Harms, welcher zu Anfange des Viertheljahres bleiben wollte, (so wie *es* auch Meyers sehnlichster Wunsch war, den ich es aber vorstellte, daß er bey seiner noch immer fortdauernden Liebe zu meiner B. *hier* doch *nicht* glücklich seyn könnte, und er sich auch nach vielen Vorstellungen darinnen fand, und sich auf Ostern anderwärts engagierte und Harms Gesuch zu bleiben gewährt ward) so suchte er nun nach einem Schreiben seiner Mutter würklich seinen Abschied. Dies kränkte Milow aufs äußerste, zumahl da er durch Professor Ehlers, einen sehr guten Mann hatte bekommen können, welchen er aber Harms seinetwegen abgeschrieben hatte und nun, da Ostern so nahe war, keine Hoffnung hatte, einen von einer Universität wieder zu bekommen. Dies verursachte einige verdrießliche traurige Tage. Wir sahen einige neue Subjekte unter denen der Magister Jegthe ward. Mit dem Anfange dieses Jahres hatte uns auch Dultz aus Altona verlassen. Mit meinem lieben Milow dauerte die Besorgniß seiner Krankheit möchte anhaltend werden, noch fast bis zu Ende des Maertzens. Er war sehr ärgerlich. Der Husten dauerte immer fort, so wie der Schmertz in der Brust und Maertz war *dieserhalb* kein sehr heiterer Monath. Den 9ten verließ uns Harms, er *schien* sehr traurig zu seyn, ich wars würklich. Er hatte doch 2 1/4 Jahr mit dem Mann gelebt. Er war außer einiger Karracter und Kopf Schwächen, ein sehr guter Mann, daher konnte sein Abschied nicht anders als rühren.

Den 21sten verließ uns Meyer, der war nun würklich aufs tiefste niedergeschlagen, wünschte noch heiß Abends vorher bleiben zu können und Ziegenbein statt seiner nach Kiel zu schicken. Der Mann liebte mit wahrer Leidenschaft, Leidenschaft würkte den Wunsch, nicht überlegende, kaltblütige Vernunft, denn sonst hätte er nicht so wünschen können. Er gestand mir selbst, daß seine Liebe ihn *hier keine* glückliche Stunde hatte leben lassen und *doch* sagte er, wenn ich sie nur sehe, so will ich gerne diese leidenvollen Tage länger noch leben. Er rührte mich sehr. Er wünschte allein von ihr Abschied nehmen zu können, hatte ihr aber *nichts* sagen können und so ging er dann hin, und Gott wird auch ihm Linderung seiner Leiden verschafft haben. Sein Abschied war den 2ten als stiller Freytag war, würkte einige Ideen Assoziationen, welche für Milow und besonders für mich tief traurig waren, aber es war auch die *letzte* Trauer *der Art*! Den Abend kam Herr Ziegenbein, ein guter junger Mann, will nur *zu früh* brillieren, *daher* sein Ziel, Ehre *sein* Zweck.

Den 24sten kam der Magister Tische ein wahrer Natur Mensch. Redlichkeit, Offenheit, Grundzüge seines Karracters. Er wußte nichts wie er zu uns kam wie seine alten Sprachen, hatte nicht die geringste Politur, weder der Seele noch des Körpers, war sehr arm. Man mußte aber den Mann seines Karracters wegen lieben. Mein Mann bildete seinen Verstand, ich suchte ihm etwas äußere Politur zu geben, ohne welche in unseren Zeiten doch kein Mensch zu irgend einem Geschäfte brauchbar ist und auf gleiche Art arbeiten wir beyde noch immer an ihm, sind viel weiter schon aber noch lange nicht am Ziel. Es ist eine gewisse Trägheit in seinem Karracter, welche uns am mehrsten verhindert, ihn zu vervollkommnen. Wir bekamen diesen Ostern einen neuen Zögling an dem kleinen von Groffen.

Den 27sten gerade wie meines Mannes Gesundheit fast hergestellt war (wieder gütige Vorsorge meines Gottes – nicht mehr zu tragen, zu geben wie ich zu ertragen vermochte) bekam ich des Abends die schreckliche Nachricht, mein Nikolaus habe einen Blutsturtz bekommen. Nachricht seines Todes aber *dieses* war *mir gleich*, denn *beydes* hielt *ich* für *eins*. Milow gleich den nächsten Tag hinein, um ihn zu hohlen. Wie ich ihrer wartete und betete und die Stunden zu Milows Wiederkunft zählte, weißt du Gott. Milow kam ohne ihn und hatte ihn schlecht und schwach befunden. Nun ich des folgenden Tages hin zu ihm, entweder ihn mitzubringen oder bey ihm zu bleiben. Ich fand ihn gebesserter, aber das Gesicht, so blaßgelb, die Wangen so heiß, die Augen so klar, der Husten so schrecklich, den Schmertz in der Brust noch dauernd, nur alles nicht in dem Grade wies gewesen war. Ich weinte an seinem Hertzen und fühlte unaussprechlich viel. Er durfte nicht fahren und ich konnte, weil mein Milow sich zu sehr ängstigen würde, nicht da bleiben, ging erst noch zu Seip, seine Sprache war zu [...], ging nochmahls wieder zu ihm, drückte ihn an mein Hertz und so wieder hinaus.

Den 30sten meiner Betty Geburtstag, der *mir* zwar sehr feyerlich das Mahl war, ob ers unter anderen Umständen doch unendlich *mehr* gewesen wäre. Wir fuhren mit ihr nach Hamburg, da fand ich nun meinen Nikolaus schon bey meiner Mutter und gantz unendlich viel besser. Folgenden Tages, denn wir waren die Nacht in Hamburg geblieben, war ers noch wieder um einen Grad mehr.

Jakob aber brachte ich krank mit zurück. Ich sah aber gleich, seine Krankheit sey nicht gefährlich, und dann hat mir Gott sehr viel Muht verliehen, mehr *Muht bey den*

Krankheiten der Kinder wie mein Milow. Mein Jakob ward nun zu anfange des Aprills täglich besserer. Sein Hierseyn machte mir manche frohe Stunde. Ich fand ihn in so manchen Punkten so ausgezeichnet gut, daß ich oft einige Freudenthränen weinen mußte.

Den 6ten kam mein Nikolaus zuerst wieder, und mir war wie der Mutter des Jünglings zu Maria, gleiche Gefühle, gleicher inniger Dank, gleiche innige Freude. O, Herr! du hast großes an mir gethan, dies mein Lieblingsspruch. Nikolaus Besserung ging langsam von statten. Er war immer so traurig, so melancholisch, und dadurch ward auch ich es.

Den 29sten Maertz wie ich Nikolaus wegen nach Hamburg gewesen war, sah ich meine alte Schmidt *zuletzt.* Zwar *wußte* ichs *nicht*, daß es *zuletzt* war. Sie war ja immer die Vertraute meiner Seele gewesen. Es war kein Gedanke, kein Wunsch, möchte ich fast sagen, wenigstens keiner, der *mich* betraf, den sie nicht *wußte*, nicht theilte mit mir, keine begangene oder noch zu begehende Handlung, welche *sie nicht* wußte, lobte oder tadelte oder strafte oder pries. Sie war mir *mehr* als Mutter, war mir, was mir kein Mensch mehr *nach* ihr werden wird, werden *kann*. *Mich* nannte sie ihre im Alter gefundene Freundin, *ihre* Meta, Betty. Ich war, wenn ich eine ihrer alten Freundinnen ausnehme, auch *ihre liebste* Freundin. Ich mußte also den Tag zu ihr und auch dies mein Leiden meines Nikolaus wegen ihrem Busen anzuvertrauen. Sie war gerade den Tag wieder befallen und sehr schwach; so viel sie noch theil nehmen konnte, nahm sies.

Ich hatte nachher meines Jakobs wegen, der Wäsche, der sich im Frühling so sehr häufenden Geschäfte wegen nicht Zeit, wieder hineinzukommen, ob ich gleich seit dem

13ten hörte, sie sey *sehr* schlecht. 18ter war hier Bettag. Ich wollte, weils mein *einziger* freyer Tag war, nach der Predigt zu ihr, aber es regnete unaufhörlich und *dieser* Wunsch meine sterbende beste Freundin zum *letzten*mahl zu sehen, *mußte unterdrückt* werden. Sie starb den 19ten Aprill. Heiße Thränen fließen ihr nach und werdens noch lange thun. Ich habe sie schon so oft bey mancher Freude vermißt und werde sie noch bey *manchem Leiden* vermissen.

Mertens schrieb noch immer so selten. Endlich kam den 15sten einer *unserer Meinung* nach kalter Brief. Dies machte mir tiefe, tiefe Kränkung. Den Bußtag wie ich nicht nach meiner S. kommen konnte, schrieb ich ihm den gantzen Tag, schüttete dies beängstigende Hertz aus. Aber der Brief war zu heftig zu bitter. Milow schrieb einen über die Maaßen köstlichen, aber ernsten und doch Liebe zeigenden. Der Brief ging am Sterbetage weg. Ich war immer voll neuer Wehmuht, sah noch ihren Unbewußt, aber sie war schon im Sarge. Ich hing minutenlang an der Brust ihrer Tochter, dachte mir alles was ich *durch sie verlohren, unersetzlich* verlohren hatte, daß du mir meine […] du Theure nahe bey der deinigen bereiten mögest, das inniger herzlicher Wunsch.

Der Monaht schloß — wie man sichs denken kann *nicht* sehr heiter. Auch war Nikolaus immer melancholisch und fühlte sich nicht glücklich, auch *ich* fühlte mich täglich entkräftigter, mir wars oft, als sey das Marck meiner Gebeine vertrocknet, nichts erfreute mich, selbst die Schönheit der Natur sah ich gefühllos, weinte ganze Stunden, suchte Einsamkeit. Den 3ten May war Milow nach Hamburg gewesen. Bey seiner Rückkunft schüttete ich mein Hertz aus an seinem Busen. O, wie war er so liebevoll, so köstlich, so theilnehmend, welchen Balsam goß er in mein leidendes *Hertz,* wie bat er mich nicht seinetwegen, seiner Kinder wegen mein zu schonen, eine Kur zu gebrauchen, von der Arbeit nachzulassen! Wie stellte ers mir nicht vor *wie* unglücklich *er ohne mich* seyn würde. *Das* ein köstlicher Abend und ich raffte mich auf, suchte wieder zu werden was ich war, brauchte die Wolken, genoß die schöne Natur. Auch ward mein Nikolaus wieder heiterer.

Den 5ten Brief von Mertens, und er ward abermahl edel, rechtschaffen bieder befunden. Er war gantz er selbst in dem Briefe und Milow und ich waren gänzlich befriedigt, antworteten ihm wieder aus voller, voller Seele. Ich fing an mich wieder zu erhohlen, zwar kamen der entkräfteten, ohne Ursache melancholischen Stunden mit unter, aber die zärtlichste Liebe meines Milow versüßte mir alles. So gings bis zum 22sten, wo mein Milow schien recht krank werden zu wollen. Er bliebs bis zu Ende des Mays, machte mir manche angstvolle Stunde und über dies würkliche Leiden, wurden die eingebildeten vergessen.

Auch kam meine Mutter, mein ältester Bruder, die übrigen Brüder sehr oft diesen Sommer heraus und die innigste herzlichste Harmonie herrschte unter uns. Dies gab mir manche Gelegenheit des heißesten Danks. Auch die Söhne schienen mit jedem Sontage liebenswürdiger, besser geworden zu seyn. Juni verging *außer* einigen unbedeutenden Dingen froh dahin, unter *vieler* Arbeit, *vielen* Zerstreuungen, *vieler* Ursache und *doch ungestört* glücklich und doch bey aller Arbeit, Unruhe und Zerstreuung manche Stunden gestohlen, die ernsten Betrachtungen geweiht waren. Fritz Böhl verließ uns. Ich kann den Abschied nun einmahl nicht leiden, *daher* auch *dieser* unangenehm.

Den 1sten Juli kamen Böwenskiolds. Wiedersehen! Köstliches der Gefühle, ich sah dich zwischen Vater und Sohn nach 2 jähriger Trennung und die Seele hob sich, die Welt war unter uns. Der Morgen verstrich in lieblicher Unruhe, die Eltern so hertzlich, so dankbar. O, es war grosser Lohn den Nachmittag (der *wichtigste* für meine *Betty* und *daher* für uns, verdient eine umständliche Beschreibung. Böwenskiolds wollten um 4 Uhr wieder kommen, und des Abends bey uns essen. Ich rüstete zu, als es hieß Pastor Pauli sey mit mehrern Freunden da. Wir wollten mit Bw. erst ausgefahren seyn, aber sie waren noch von der Reise zu müde. *Dieser Umstand nicht* unbedeutend!) Mir war der Besuch *nicht* lieb, weil er mich in meinen Geschäften störte. Es war D! Meister aus Bremen, der mit Pauli da war, nach den ersten Komplimenten fiel mir gleich unser Mertens ein. Milow ging mit Meister und Pauli ins Holtz, ich nicht mit, weil ich Bw. erwartete. Man kam wieder. Ich rief Milow allein, bat ihn Mertens wegen mit Meister zu sprechen. »Es ist *alles* geschehen« sagte er. »Mertens *hat schon* eine *Stelle*.« Wie verlangte mich nach dem Abend, wo alles weg seyn würde – die Stunde kam auch und hier sagte mir Milow folgendes. Er habe Meister Mertens empfohlen und ihn gefragt, obs ihn was hülfe, wenn er sich in Bremen examiniren ließe. Worauf *dieser* gesagt gar nichts, sich bedankt habe und plötzlich stille gestanden sey und gesagt, es sey seit 3 Jahren eine Stelle am Pädagogis frey, die *solle* er haben, falls Milow ihm ein schriftliches Zeugnis gebe. Wie wir die Hälfte der Nacht nun im frohen Taumel verbrachten, brauche ich wohl nicht zu beschreiben. Es war eine unbeschreiblich schöne schlaflose Nacht. Den andern Morgen schrieb Milow gleich das Zeugnis, ich schriebs ab und schickte es

Mts. Nun waren wir nur immer voller Erwartung, ob Mertens es auch annehmen würde.

Juli verging bis zum 22sten in lauter Zerstreuung und Ausfahrten, ungetrübt innerlich und äußerlich glücklich, genoß manches seelenhebende Vergnügen, sah manche köstliche Aussicht und mein Hertz freute sich jedes Genußes der Freude. An Ruhe war nicht zu denken, denn die wenigen Ruhestunden waren voller Arbeit, um nur die *nohtwendigsten* Geschäfte zu thun. Wybrandt seiner Tochter Hochzeit war den 17ten und auch das eine recht frohe Hochzeit. Ich erinnerte mich meiner Betty, ihrer, und daher war ich während der Kopulation tief gerührt.

Den 22sten war der letzte Tag von Böw: und nun sehen auch wir sie in 2 Jahren nicht wieder, welche Kluft!! Die Trennung war mir sehr rührend, sie weichte *nicht* leicht, aber es war ein Abend heiligen Betrachtungen heilig.

Den selben Abends war ein Brief von Mertens gekommen, er hatte schon die Vokation und wollte die Stelle annehmen. Unser Gespräch *immer davon* und immer voll Freude, mit herzlichem Danke vermischt, Gottes Vorsehung bewundert gepriesen uns ihrer getraut, denn in Wahrheit, wenn sich bey irgend einer Sache die göttliche Vorsehung sich nicht gezeigt hat, *so hier* bey *dieser.*

Meister hätte nur *einen* Tag eher oder später kommen dürfen, so wären wir nicht zu Hause gewesen und die ganze Sache nicht geschehen. Mts. wäre viel tiefer ins preußische hineinberufen, wo es uns herben Schmertz gesetzt hätte, sie so *weit* fortzuschicken. Also heißer inniger unbeschreiblicher Dank für *diese deine* Führung, mein Vater und unser Gott. Der Dank für die Endigung dieser Sache wird meine Lebenszeit überdauern.

Den 23sten sah Milow seinen seit 6 Jahren abwesenden Freund wieder, und Wiedersehen ist was köstliches, daher war mir dies Anschauen des Wiedersehens schon viele Freude.

Juli endigte mir mit einer kleinen Wolke, nachdem es einer meiner glücklichsten Monahte gewesen war.

August einer meiner denkwürdigster Monaht, daher ward er mit banger Ahndung, innerer Traurigkeit, tiefgefühlter Erinnerung und doch mit dankbahrer Freude empfangen. Diese beschriebenen Empfindungen herrschten diesen Monaht bis den 6ten Sept in meiner Seele, waren ihr herrschender Gedanke; daher die Seele *nicht so* wie sies *sonst* war. Wir hatten den kleinen Jenisch den vergangenen Winter nicht bey uns gehabt. Im Aprill dieses Jahres kam er wieder. Er war nicht sehr gut, erhohlte sich, ging wieder zur Stadt, zur Hochzeit seiner Schwester. Da starb sein Bruder, ein sehr gesunder Knabe. Er kam wieder, aber sehr entkräftet. Hier ward er nun täglich und täglich schwächer und seine Schwester sollte ihn den 21sten Juli hinein und – den 3ten August starb er. Ich bekam die Nachricht bey Ried plötzlich und sie rührte mich sehr. Der Abend ward verweint.

Den 6ten ward er begraben. Ich sah noch seinen Überrest und dachte vieles. Wir waren mit aufs Leichenbegängniß, welches mir in allem Betracht sehr traurig war, dazu meine *Stimmung*, Erinnerung zwar – mit Dank vermischt, aber immer doch noch zu *tieffühlend*, um *freudiger Dank* seyn zu können.

Auch mein Milow war nicht gantz wohl. Den 12ten Brief von Mts. und wollte Entscheidung. Er wars *würklich* geworden. Dies erheiterte die Seele angehenden Dank heiß,

Gebet für Zukunft innig. Der Monaht verging bald ruhig der Visitation wegen, auch war Milow nicht wohl, bald tief durch Freude gerührt blickte bald rück, bald vorwärts, beydes mit Vernunft und Freude.

Sept verging bis 13ten sonst gut, nur war kein Brief von Mertens gekommen, welches uns etwas unruhig machte. Da Milow gar nicht heiter, sehr ärgerlich.

Den 14ten dann hier. Die Veränderung des Geldes machte Milow unruhig. Ich den 15ten zu Fuße nach Hamburg. Milow kam nach, sein Gesicht sagte mir gleich, er sey *nicht* wohl, er war seines Geldes wegen besorgt, sprach mit meinem ältesten Bruder, mit Daniel. *Diese riehten* ihm alle seine ledigten Gelder zur Bank umsetzen zu lassen. Milow war unentschlossen. Der Verlust bey der Umsetzung war *sichtlich,* der *ander* nur *wahrscheinlich.* Ich rieth es so zu lassen, aber meines ältesten Bruders Raht überwog bey Ml. und er setzte den Posten bey ihm zu 28 Prozent um, ging zu Wybrandt und wie er denn nicht zu Hause, noch zu Pistorius, um auch *den* Posten umsetzen zu lassen. Dieser wieder rieht es Milow, sagte es geschähe offenbar zu seinem Schaden. Milow war sehr unruhig und mit Recht die Nacht war traurig, die ganze Zeit war unruhig, das Hertz voll und verstimmt, das Wetter immer so schön; Gefühl der schönen Natur war mit tiefer Schwermuht, Erinnerung an gehabten Leiden mit Bitterkeit, mit Unmuht, mit Angst vor der Zukunft vermischt, die Thräne war. Ich nahm an nichts Theil, sah die Besorgnis: aber gantz gleichgültig. Hier nun glaubte ich etwas thun zu müßen, um Familien Zwist (das *schrecklichste* von allem) zu […], den ich schon unter der Asche glimmen sah, sah daß es nur eines Hauches bedürfte, um ihn im vollen Loder zu sehn. Diese Flammen zu löschen, schrieb ich Daniel, aber es half nichts. Den 25sten kam ein Brief von Jakob und nun hin, der eine Zeitlang *so* köstliche Familienfriede, hin vielleicht auch keine Freude nun eine Zeitlang für mich dahin. Da war nichts als Rechnung und je mehr wir rechneten, je mehr sahen wir unsern Verlust groß, er wars nahe an 1000 M. Das *für uns*, die wir alles mit saurem Fleiß, Sparsamkeit, Enthaltsamkeit manches Vergnügens, Versagung mancher Bequemlichkeit, erworben hatten, *großer* Verlust. Und nun der Gedanke *durch wen* – durch den geliebtesten der Brüder – zwar du bist unschuldig, dein Raht war nach *deiner* Ueberzeugung; und daß du glaubtest, wir hielten dich *nicht* davor. O, das war alles so tief kränkend. Daniel war zu zufahrend, zu parteiisch, *alles,* auch *ich* handelte nicht wie *ichs gesollt* hatte. Vergiebt mir mein Vater, *was* in dieser Sache versehn ist, laß mich wieder gut machen, was irgend gut zu machen ist. Mein Milow handelte doch wieder hierinnen am edelsten am besten, nur litt er *sehr* dabey, wie, ich und er konnte nicht heften, es kam eine Kluft wieder zwischen Mann und Bruder, welche aber aufgehört hätte, wenn nicht meines Bruders herzlose, eigensüchtige, nur *für sich* lebende, denkende, feindliche Frau mit ihrem kalten Hertzen alles verdorben hätte. Thue ich dazu *viel,* so vergiebs, ich beurtheile dich nach deinen *Handlungen*.

Der junge von Aspern, welcher fast 2 Jahre unser Hausgenosse und Zögling gewesen war, der so gut geworden *durch uns* – o es liegt ein Meer von Wonne in *diesem* Gedanken – dieser verließ uns den 30sten Sept! Sein Abschied ging mir *sehr* nahe. Er liebte mich als Mutter, ich ihn als Sohn, er hatte ja keine Mutter mehr – ich wars ihm. *Dies* frohe Zeugnis giebt mir mein Hertz. Hier bändigte ich seinen Muht, dort machte ich seine Sitten feiner, milder, sein Hertz edler, befeßtigte es im Guten, machte es für Tugend warm. Mein Milow hatte *durch* gründliche *Kenntniß* der Religion, durch erwachtes *Gefühl* für dieselbe ihn *fest* in der Tugend gemacht, hatte seinen Verstand gebildet, ihm *viele* Kenntniße eingeflößt – dieser nun verließ uns, um in die große Welt zu gehen – Gott, Vater erhalte ihn auf dem hier angefangenem Wege. Laß ihn uns *so gut* wiedersehen, wie er uns verließ, mit unbeflecktem Herzen, mit reiner Unschuld, mit Männer Tugend. Sein Abschied ging uns *sehr* nahe. Den 1sten Oct. kam Mertens Freund und sagte, er würde bald kommen. Sein so nahes Kommen erfüllte uns mit Freude, welche aber den Abend durch einen Brief von Daniel vernichtet ward. Die Nacht war schlaflos – Meine Kinder weckten mich den Morgen durch Geschenke, Freude hierüber und tiefer Schmertz wühlten in mich. Ich ging meinen Lieblings Weg voller Rührung – *heißer Dank* war den gantzen Tag in meiner Seele, aber auch *tiefer, tiefer Schmertz*. Der Tag ward verweint, mein Milow war so lieblich und so hold, litt *mit mir*, tröstete mich, sonderbarer Geburtstag. Den Tag darauf schrieb ich Daniel, an meinem Geburtstag wollte ichs nicht thun. Mein Milow war krank, es kam ein Brief von Mts., er würde bald kommen. Milow immer gar nicht wohl. Ich verließ ihn selten, *Kummer* und Freude, Mts. als *Schwiegersohn* nun hier zu sehn, und doch auch eine Angst, seines Kommens wegen war in meinem Gemühte. Den 7ten schrieb ich Daniel wieder, auch Milow an Joh! M!. Zuweilen kam Ahndung in meiner Seele als endige *alles* wohl. Den 8ten Abends die Nachricht Mertens komme *Morgen*. – Milow ihm entgegen. Wie so gantz *anders dies* doch *alles* war in *deinem Plan*, Gott, Schöpfer, Regierer der Schicksale! Dies war ein sonderbarer Tag für mich. Das Hertz war so voll und so angst, konnte sich nicht freuen, ging meinem Holtze zu und betete mit tief gefühlter Inbrunst, mit gewrungenen Händen, mit heißen Thränen. Um halb 6 kam er – den Abend sprach er mit Milow und mir über ihn betreffende Sachen, man war nicht hier, mir war es lieb, daß mans *nicht* war. Gegen Betty war er kalt. Den 10ten er und Milow schon wärmer, das Gespräch schon interessanter, noch kalt gegen B! Nachmittags nach Hamburg. Abends Erzählung seiner Geschäfte, der Einrichtung seiner Schule. 11. sprach ich ihn einige Minuten alleine, fand seine Liebe zu unserer B. wie ichs wünschte. Der Tag war köstlich, vieler leidenvoller Tage wehrt, mein Milow unaussprechlich zärtlich. Wir fuhren bey dem köstlichen Wetter den Elbtief hinunter, er und meine B. saßen zusammen und O, *mein* Gefühl als *Mutter* hierbey! *nicht zu beschreiben*, sanfte mütterliche Freude durchströmte mein Innerstes und doch *war* dies Gefühl mit etwas Ahndung untermischt, nicht wegen dieser Beyden jungen Verliebten *bey Gott nicht*. Es war *erneut* wegen *mir* ahndete was. Der Abend war auch schön. Den 12ten unter der Predigt eine trübe Wolke mit Nkt., die ich zertheilte oder vielmehr Gott *durch mich*. Mts gegen B. immer wärmer, meine Freude immer größer. Mts., B. und ich gingen kurze Zeit unter heiligen Gesprächen spazieren. 13. wir nach Hamburg bey dem köstlichsten Wetter. Mts. und B. zusammen, wir fuhren auch aufs Wasser und der Tag gulden, der Abend hertzlich vertraut. Den *14. zwischen 8-9* des Morgens entdeckte Mts. B. seine Liebe, und *sie ward seine Braut*. Betty war im Taumel, ich war selig. Milow wars nicht minder, er war so köstlich gewesen.

Mts. mußte nach Hamburg, ich rieth Milow *der Stimmung* seiner Seele wegen, mitzugehen. Er küßte B. mit dem Kuße der Liebe, mein Milow umarmte mich mit der höchsten Innigkeit, Mts. umarmte mich als *Mutter* und meine Seele war über *alles* dieses wie im Himmel. *Sie* gingen – Ich umarmte meine Betty aus mütterlicher Seele, schüttete meinen gantzen Seegen über sie aus, ließ sie darauf mit sich und ihrem Gott allein; und auch *ich* ging zu meinem *Tempel*, meinem mir durch *so vieles* geheiligten Eichenwalde zu. Dies ist *mein Allerheilgstes*, hier ist mirs, als sähe ich Gott von Angesicht zu Angesicht, *kein* Gebet ist wie mirs deucht *heißer* als *das*, welches *da* gebetet wird, wie *viele* schon *jetzt* erhört, die *da* gebetet wurden, wie viele von denen werdens erst noch *werden* – *Ein* Gebet *dieses* Morgens ward *nicht* erhört, kein *Warum?* – Mts. kam entzückt wieder, hatte seiner Betty einen Ring mitgebracht – Milow kam später wieder – die Seeligkeit *dieses* Tages war *zu groß* gewesen, *nicht* für *diese* Welt. Ich fühlte den Abend *sehr*, daß ich noch auf *dieser* Welt war. Die Nacht, der folgende Tag doch sie wollen nicht beschrieben seyn, Familien Zwist der Grund ihrer Schrecklichkeit – Mts. und B. genossen ihre Tage. Sie waren sehr glücklich, spazierten und waren *gantz Liebe*. 16. hier Ball, ich erschöpft, die Freude war von mir gewichen, ich arbeitete und litt tief, *verschloß* den *beyden Glücklichen alles*, wollte *ihr* Glück *nicht* stören. Unser Hochzeitstag ward gefeyert und man machte eine Laube im Garten. Es war hier viel Gesellschaft. Wie alles zur Illumination gehen wollte, gab Milow mir die Hand, drückte sie mir, ich mußte meine Thränen verbergen und alles war wieder vorbey, ich *wieder glücklich*. Man tantzte und sang, die beyden Glücklichen raubten manch viertel Stunde und stahlen sich allein und waren *sich* die *ganze Welt.* Mein Milow gab mir manchen herzlichen Kuß. Den 17. ich krank und erschöpft, stärkte mich durch ein Stückchen Schlaf zu den hohen Freuden die des Abends mein seyn sollten. Ich sah Mts. und B. im hohen Grade glücklich, fühlte die *reinste, höchste, seligste* der Mutterfreuden. Betty erzählte die Geschichte ihrer Liebe mit so vieler Naivität, daß sie ihn hierdurch gantz und gar feßelte. Milow und ich, wir segneten, wir umarmten *sie* wechselweise, wechselweise *uns.* Aber auch *diese* seeligen Stunden verschwanden. Den 18. schlug die Abschiedsstunde, der Abschied war stumm und tief gefühlt, ich erheiterte und tröstete meine B. so gut ich konnte und Mts. reiste von unsern Seegen begleitet weg. Es war *köstlicher Abschiedstag* – der Monaht ward feyerlich beschlossen, Milows Geburtstag herzerhabend, heiße Wünsche stiegen hier zu dem Geber alles Guten hinauf, ihn uns noch *lange* als Vater seiner Familie zu erhalten. Schon den 2ten herzlicher, zärtlicher Brief war von Mertens gekommen. Nov. fing köstlich an, etwas erschöpft, der eine Zeitlang hier so vieler gehabten frohen wichtigen Tage und Begebenheiten; bis den 7ten wetteiferte am Tag mit den andern, wer der köstlichste sey. Den 7ten nach Hamburg, sprach *nur* die Mutter, keinen der Brüder, das that *diesem* Hertzen wehe, ich eilte wieder weg, die Mutter doch gesehn zu haben mir schon genug, *hier* erwartete mich die reinste Freude. Milow gerührt und zärtlich, so daß ich glaubte zu sehn, wenn nur der *erste* Schritt geschähe, alles wieder gut seyn würde. Diesen Michaelis ward unser Institut durch 2 neue Zöglinge vermehrt, ein kleiner Winckler, ein schwaches aber recht gutes Kind und ein Engelländer Tayler genannt. Den 23sten Daniel hier, ich umarmte ihn hertzlich, und mit dieser Umarmung war alles bey mir vorbey, der Monaht der beste dieses Jahres, der Körper nicht gantz wohl, aber die Seele *schwelgte* recht an guten köstlichen Tagen. Milow mit jedem Tage freundlicher, ich glaubte mich oft im Paradiese zu seyn, meine Söhne wurden mit jedem Tage fester diesem Herzen angekettet, ich fand sie so edel, so gut, Jakobs Tugend besonders *so* gegründet, *so* fest, der Kommunionstag köstlich, würklicher Vorgeschmack des Himmels, ein Jubel umschwebte mich, auch an meinem Nkl., der noch nicht so *fest* ist wie mein Jakob verbesserte ich jeden Sontag und auch du *bist* gut, wirst täglich *fester* werden, das sagt mir dein edler Blick, die Gewalt, welche ich über *dem Hertz* habe.

Einmahl war ich bey einem Fest meines Bruders in Hamburg, es war da alles groß und prächtig; aber Bruder! ich war doch lieber bey dir in deinem Schlafrock und Mütze, auf deiner *kleinen* Stube in unserer Eltern Hause. *Damahls* waren *wir uns* doch *mehr* – und doch sollst *du mir ewig* theuer bleiben.

December verging gleichfalls wie Nov! in vieler Herzensfreude. Ich war nur einmahl nach Hamburg, aber merkte zu sehr, daß das Familienband gelößt ist und wohl so leicht nicht wieder fest werden wird. Jede Woche kam ein Brief von Mts., wo der eine unser Hertz voller lieblicher war wie der andere, wir mit jedem neuen Briefe neue Ursache hatten, uns unseres Schwiegersohns zu freuen. Jeden Sontag die Söhne, welche mir viele, viele Freuden schenkten. Nur der 28ste ward getrübt durch Nikolaus. Er ist sehr leichtsinnig, daher giebt es viel zu fürchten. Mein Vater und mein Gott! sey *sein* Regierer, zähme die ungestümen Leidenschaften, die in ihm toben, laß wahre Liebe zu dir herrschend bey ihm werden, der Grund seines Hertzens ist ja *so* edel, *so* gut, O Gott! Gott! *erhöre dies Gebet, dies* kannst du erhören, es betrifft ja nichts äußerliches, es betrifft die Seele, das *künftige* Glück *meines Sohnes,* sey *du* zu den Schwachen mäßig. Es ist das Gebet einer Mutter. Das liebevollste Hertz schlägt ja mehr für ihn – Erhörung Gott Erhörung! —

An meiner Betty arbeitete ich auch immer, suchte auch sie immer mehr zu veredeln, hatte eine treue Gehülfin an der Liebe. Liebe arbeitete mit mir mit und dem Vater, um sie einst zur würdigsten Gattin des würdigsten Mannes zu machen. Und nun Gott nochmahls dank für *dieses* Jahr, für alle auch darin gehabten Leiden, für die *unzähligen tiefgefühlten* Freuden, für die Erhaltung unserer aller Gesundheit, für die mit jedem Tage wachsende Liebe meines Mannes, für den reichlichen Seegen, denn auch darin erzeigtest du dich so gnädig dieses Jahr. Es war ein gesegnetes Jahr, hier die Freude an meinen Kindern, die oft so groß ist, daß heiße Freudenthränen fließen müßen. Sey ferner mit uns, mit unserm Hause. Siehe mit Vaterliebe auf uns herab. Ich will suchen Gott, jede meiner Pflichten täglich besser zu erfüllen, täglich deiner Wohlthaten wehrter zu werden, täglich des Himmels würdiger, den ich mit *jedem* Jahre *näher* komme. Will *alles* aus deiner *Vaterhand* annehmen, *was* du das *künftige Jahr* über *mich* und *unserem Hause* verhängt hast; auch bey meinen bevorstehenden Leiden wirst du Vater seyn, nicht *mehr* schicken als wir tragen können und unserer künftigen Vervollkommnung wegen noch tragen *müßen*. Segne meine Söhne, Segne meine Töchter, Segne meinen Schwiegersohn! – d. 13ten Jan! 89.

Um also wieder auch *das* Jahr! Auch kein unwichtiges wie *keins* in meinem Leben. Dank dir guter Vater für die in ihm genossenen Freuden, wie für die in ihr gehabten Leiden. Von vielen sehe ich *jetzt* schon *warum* ich sie habe, haben müßen, von *allen* werde ich es *nicht* erfahren. 89 ward froh und hertzlich unter uns allein angefangen. Liebe zu und unter ein ander, auch herzliche Briefe von Mts. gaben ihm Leben. Dank und Gebet waren die Geschäfte des ersten Tages. Jan. ward anfangs des 4ten getrübt, Vater und Sohn und ich mitten innen. Nkt. unbesonnen, leichtsinnig, Vater aus großer Liebe zu ängstlich, zu besorgt für das Wohl seines Kindes aber doch endigte sich alles durch vermehrte stärkere Liebe. Das Band zwischen ihnen ward fester geknüpft. Danach ward Cilchen krank. Sie konnte der kurtzen Tage wegen nicht heraus kommen, es gab also der angstvollen Stunden viele, aber auch dies Leid ward überstanden, Gott gab sie mir wieder.

Ein neuer Zögling, ein kleiner de la [...] kam in diesem Monahte zu uns, sonst floßen die Tage unter Arbeit und Unterricht ruhig dahin. Febr. verstrich gantz ungetrübt heiter, alles war gesund, heiter, alles, alles gut und was noch Fehler hatte, daran arbeitete ich mit Seegen und es besserte sich. Alle meine nur zu erübrigende Zeit widmete ich meiner B.. Von den Söhnen empfing ich von Zeit zu Zeit die herzlichsten Briefe und sah und sprach sie jeden Sontag. Nur eines trübte unsere Freude etwas. Mts. glaubten wir, er schreibe zuweilen kalt, es war aber alles nur Argwohn. Maertz ward anfangs durch eine Kleinigkeit meines Jakobs wegen getrübt, welches nur aber Beweis seines gefühlvollen guten Hertzens, seiner festen Tugend war. Ich freute mich, daß er *so* und *nur so* fehlen konnte. Unsere Hertzen wurden hierdurch nur noch fester aneinander gekettet. Ein kleines Mißverständnis mit Mts. ausgenommen, verging auch dieser Monaht glücklich und ungetrübt. Bettys Geburtstag nur war ich nicht gantz heiter, eine sonderbare Ahndung überfiel mich, sie lebe nicht lange, sie stürbe bald nach ihrer Heyraht. Dies machte mich ängstlich, ich unterdrückte diesen Gedanken und würkte bey ihr was ich würken konnte, was ich nur vermogte. Das liebe Mädgen ist meinem Hertzen un-aussprechlich theuer, sie hat große Anlagen, mittelmäßig wird sie nicht, entweder *sehr* gut oder sehr schlecht. O, Vater, Vater segne die vielen Bemühungen, um das erste aus ihr zu machen. Die zu Anfang des vorigen Jahres angefangenen Familienstreitigkeiten waren noch nicht gestillt, man vermied sich, und wich sich aus. Von Zeit zu Zeit wurden sie wieder erneuert und dies gab meinem Hertzen immer eine neue Wunde. Auch war Milow Anfangs Aprill nicht gantz wohl. Den 3ten kam ein Brief von Mts., er würde am Gründonnerstag kommen. B. Freude unbeschreiblich. Ich freute mich nicht, denn ich bin immer bey seinem Hierseyn ängstlich. Den 9ten waren wir in Hamburg Betty schön und unschuldig wie ein Engel, das Wetter lieblich wie sie, sie voller Erwartung. Morgens besahen wir die Gräber des [...]. Um 5 Uhr weg und im Kreutzwege begegnete uns Mertens, er flog von seinem Wagen zu unserer Kutsche, nahm seine B. heraus und mit auf seinen Wagen. Den andern Tags nachmittag ich ernstes Gespräch mit Mertens, gab Lehre und Ermahnung, er erst heftig, aber sein gutes Hertz ließ es nicht lange zu, er schrieb, gab mir schriftlich eine Versicherung von dem was ich verlangte und er hats bis jetzt gehalten. Meine Forderung kostete ihm viel, das sah ich, aber um so größer war ja das seiner B. gebrachte Opfer.

Außer den 10ten war die Zeit seines damahligen Hierseyns eine köstliche Zeit, gantz der Freundschaft und dem Gefühle heilig, das eine *Mutter* bey dem Glücke ihrer Tochter empfindet. Der Abschied kam, aber es war ein guter, liebevoller Abschied, der innige Zärtlichkeit fester knüpfte, ein Abschied der frohe Empfindungen in der Seele zurückließ, die Seele wieder mit dem Abschieden aussöhnte. Nachdem der erste Trennungsschmerz bey B. vorbey war, suchte ich ihre Seele auf etwas wichtigeres und heiligeres zu lenken, auf ihre bevorstehende Konfirmation. Ich fand sie sehr gerührt, ihr Hertz allen sanften Eindrücken empfänglich, ich herzte jede Stunde. Der Konfirmationstag kam den 19ten Aprill, ein ernster feyerlicher Tag, um so feyerlicher, weil sie schon Braut, ihr Schicksal schon entschieden war. O, wie sie da vorm Altar auf den Knien lag, Milow sie segnete, sie Gott das feyerliche Versprechen gab ewig an ihn zu hangen, O, wie betete ich da, wie stürzten da meine Thränen um dem gepreßten Hertzen Luft zu machen. Die Woche von der Konfirmation bis zur ersten Kommunion war auch feyerlich. Den 25sten kam mein *Jakob*. Wie freute ich mich seiner, ich fühlte mich beneidenswert glücklich, der Junge lebt schon im Himmel, ich dachte nur meiner, er ist zu gut für diese Welt. Auch mein Nikolaus lieblich, edel und hold nur nicht so himmlisch gesinnt. Betty war am Kommunionstage ungekünzelt fromm, gefühlvoll gegen alles, was ich ihr sagte und ihr vorlas, es war ein Feyertag meiner Seele, ich fühlte, betete, dankte mit meinen Kindern, mit meiner Betty, sie war gantz mein, nun, gantz ihrem Gotte. Der ganze Tag war heilig. Von Aspern war auch diesen Monath zum Besuche da gewesen. Der junge Beisching war gekommen und Hardy war nicht ohne Traurigkeit weggegangen. May verging mit vieler Arbeit, weniger Ruhe. Verdruß mit meinem Mädgen Charlotte in der ich mich sehr geirrt hatte, Genuß des Frühlings und der schönen Natur, welche noch immerwährend auf mein Hertz würkte, ich fühlte alles, genoß was ich nur genießen konnte.

Mit Betty hatte ich so manches, hatte dann Muht, dann wieder keinen, O sie hat ein heftges unglückliches Temperament, hilf du Gott es ihr besiegen, laß sie kämpfen und überwinden, dann hat sie aber auch so viel Edelmuht, so viel Gutes, daß mir Hoffnung macht endlich zu überwinden, laß mich nur nicht müde werden Gott, an sie zu arbeiten, laß den Wunsch den ich mit *der* Bedingung, wenns mir und *ihr, Vater* und *ihm* gut sey, laß du *Erhörung* dieses Wunsches nicht unser aller Unglück seyn, gieb mir nicht mehr zu tragen, wie ich zu tragen vermag.

Anfang Juni war meine Mutter sehr krank, ich zu ihr, sah sie, sie umarmte mich mit so vieler Liebe, sie hing an mich und ich an sie, ich mußte aber wieder von ihr, meine Verhältnisse ließens nicht zu, doch versprach ich ihr, würde sie schlechter, sie nicht zu verlassen, und dies werde ich nicht (wenn ich es anders möglich machen kann) will dich, wenn nun *deine* Stunde kömmt, nicht verlassen, du hast ja dann überwunden, ehe die *meine* schlägt, muß dies Hertz gewiß noch manchen Kampf kämpfen, dies Auge manche Thräne vergießen.

Die Krüger sah ihren M. wieder. Wir fuhren zusammen heraus und ich freute mich ihres Glücks, hielt sie mehr geliebt als meine B.. Aber der Schein trog. 3 Wochen blieb er, während welcher Zeit sie fast immer in Hamburg bey ihm seyn mußte, weil er sich nicht trennen konnte von ihr.

Anfang Juli kam auch die Nachricht, die ganze Familie sollte den 9ten bey Rowohl zusammen kommen, dies erregte lange ahnende Furcht. Ich wußte wie Milow mit der Familie stand und sahe also den Tag mit Furcht und Zittern entgegen. Er kam und ich war voller Beklemmung. Nachmittag bekam B. einen Brief von Mts., daß er nicht wie sie gewünscht und gehofft hatte, Johannis käme, sondern erst Ende August. O wie litt sie darüber, wie theilte ich ihr Leiden mit ihr, aber wie ich noch dabey war sie zu trösten, kam Vater wieder und seine Miene verkündigte alles. Was er mir erzählte, verursachte eine schlaflose Nacht. Es verging eine Zeit, wo viel dieser Sache wegen gesprochen ward.

Ging auch in diesem Monahte mit meiner B. nach meiner Insel, segnete sie auch da als Braut ein, betete mit und für sie. Nun kam eine Nachricht, die viele Unruhe machte. Pauli ward wegberufen und nun *Milows* heißer *lauter* Wunsch, mein leiser und unschlüssiger Mertens mögte sich um diese Stelle bewerben. Ich ging noch halb krank an einem Abend fort nach Barmbeck, mußte noch einen Umweg nehmen, aber Liebe, Hoffnung und Wunsch gaben Kraft und Muht. Ich entdeckte Pauli unseren Wunsch, er sagte alles aufrichtig. Milow kam uns entgegen und Paulis Nachricht machte den Wunsch *noch heißer*. Mein Wunsch war mit stiller Ergebung wie dus wolltest mein Vater. Er war nicht ungestüm, ein banger zögernder und doch um Erhörung bittender, wenns uns *allen* gut sey, dann mögtest du die Hertzen aller lenken. Der Anfang Juli war nicht sehr heiter, der Wunsch und die Furcht dieser Sache wegen machte ihn unruhig und trübe und manche Nacht schlaflos. Auch hatte sich der Magister geändert. Er war aufgebracht gegen meinen Mann, that nicht seine Pflicht wie Anfangs und wie er sollte. Dies machte manchen Wortwechsel, manchen Zwiespalt zwischen ihn, wie auch zwischen ihn und Ziegenbein.

Den 7ten erwarteten wir Entscheidung von Mts., ob er die Stelle annehmen wolle oder nicht. Pauli war hier. Das Hertz voll und unruhig, die Entscheidung kam *Nein*. Dies *Nein* war ein scharfes durch die Seele gehendes Messer. Den 9ten erwarteten wir Mts., ich abermahls wie immer mit banger, zitternder, das Gefühl der *Freude* weit überwiegender Ahndung. Das Wetter schön, wir ihm am Baumhause entgegen. Ich sah ihn zuerst. Mts. war sehr hertzlich, sagte den Wunsch wegen der Stelle noch zu sehr. Ihre Umarmung, ihr Händedruck war mir innige Freude. Er umarmte sein Mädgen mit Inbrunst, und wir fuhren recht froh heraus. Der Abend war sehr köstlich und hertzlich.

Den Vormittag war ich erst zur kranken Mutter gewesen. Ihr Anblick machte meinem beklommenen Herzen durch Thränen Luft.

Den 10ten manche frohe Viertelstunde, manche innige Freude, wenn ich die Beyden sah, mit Dank, mit tiefer Rührung verknüpft. Ich hatte manche frohe Stunde, aber wie ich Mts. unbeweglich sah, auch manche traurige. Ich fürchtete viel seiner Unbeweglichkeit wegen, doch hofften wir noch beyde. Es war Himmelsseligkeit die Zeit über, möchte ich wohl sagen mit Höllen Qual verbunden! Die seligste, köstlichste Stunde war der 13te, wie wir des Abends von Hartung gekommen waren. Nikolaus war auch heraus gekommen, und man ging auf und nieder in der Allee. Ich dankte und betete und war glücklich.

Den 14ten aber hin mein Glück und meine Freude. Das Mts. unbeweglich war, dies kränkte ML. zu tief. Er ward kalt und Mts. wards auch. Zwar that ich noch alles, Mts. zu bewegen; Bitten und Gründe und Vorwürfe, aber alles vergeblich.

Milow sprach nun nicht mehr von der Sache, auch Mts. schwieg und gleichgültige Dinge waren ihr Gespräch.

Den 16ten eine Ausfahrt, welche noch manche Freude gab. ML. und Mts. gaben sich beyde Mühe und so ging doch alles gut.

Der Abschieds Abend war bey O.. Das liebe Mädgen fühlte ihn tief, Mertens auch, ich auch, aber nicht des Abschieds wegen, sondern, daß das Hertz zwischen Milow und ihm fast dahin war. Den andern Morgen reiste er. B. und ich begleiteten ihn stumm. Alles war gerührt. Man trennte sich beyder seitig mit Schmertz. Bey der Zuhause kunft, herzliches trautes Gespräch mit meinem Milow, den Abend zum Trost meiner B. geweiht, gingen zusammen ins Gehölz, und unser Gespräch war köstlich, sie gerührt. Aber der tiefe Schmertz war meiner Absicht nach versprochen.

Sonst verging der Monaht unter manchem herrlichen Genuß der schönen Natur, mancher herrlichen seelenerhebenden Ausfahrt, mancher inneren Wonne, aber auch mitunter traurige, trübe umwolkte Stunde. Man lebt mit zu vielen Menschen, als das alles immer nach Wunsch gehen konnte.

Die Krüger bekam keine Briefe von ihrem Freund. Dies machte sie unmuhtig. Ich hatte manchen Verstoß mit ihr, aber im letzten Juli erfolgte herzliche Aussöhnung.

Mts. Briefe nach seiner Reise schienen kalt, und auch dies gab manche Trauerstunde. Meine B. wollte mit Siemsens reisen. Es ward von Milow erlaubt. Wir rüsteten uns zur Reise. Sie war sehr lieblich, trennte sich, dies merkte ich, mit schwerem Hertzen von mir. Den 6ten fuhr ich mit ihr weg und brachte sie noch hinaus. Ihr Abschied war mir schmerzlich. Wie ich zurückkam, ging ich gleich in ihre Kammer, suchte und fand sie nicht. Den 7ten reise sie ab. Es stürmte sehr, wir hatten ihretwegen Sorge. Den 9ten wir bey O.. Hanchen war widerlich, ich zu hart, dies fühlte ich gleich nachher, daher auch da keine Freude, sondern still und in mich gekehrt, dachte viel, aber der Abend war schön, mein Hanchen mir einen herzlichen Brief geschrieben, worinnen sie ihr Unrecht erkannte, und sagte sie könne ohne Vergebung nicht zu schlafen. Diese ward ihr auch nun aus vollem Hertzen ertheilt. Es war eine feyerliche, rührende, denn ich fühlte, daß mein Affect mich übernommen, zuviel gethan hatte. Abends gingen wir mit den Söhnen bis 12 Uhr im Mondschein, und es war ein goldener Abend. Es folgten köstliche durch Erinnerung nur noch vermehrte selige gefühlvolle Tage. 11. sah ich meinen Bruder nach langer Zeit zuerst wieder, auch das Rührung. Auch kamen Briefe von meiner B. und von Mts., die in der Stille gelesen wurden. Der August bis zum 26sten unaussprechlich schön und jeder Sontag unserer Söhne gefreut. Milow mit ihnen so innig, ich ehrlich warm, hinterher faltete meine Hände mit Dank, auch gabs der genußvollen Stunden, der sonstigen Freuden unzählige. Ich lebte recht in einem Taumel der Freude.

26sten gingen Luftmaschinen auf, und Abends kam ein Brief von Nikolaus. Nachlässigkeit sein Laster, dank wieder Gott, daß es *nur* Nachlässigkeit war. Milow machte mit willigem Hertzen alles wieder gut, köstlicher Vater, Gott segne dich mit reichen Vaterfreuden für das viele viele Gute, so du deinen Kindern thust. 28. kam Besuch aus B., der, weil er aus Bremen war, sehr willkommen war, und um 6 kam meine B. wieder, O wie freute ich mich ihrer, wie drückte ich sie an mein Hertz, wie erzählte sie abends alles, und wie freuten wir uns über alles. Den andern Tags ward noch jede Stunde genutzt, um mit ihr zu leben und zu stehen.

August endete auch die Sache mit den May. 1ten Juni […] gut zu enden. […] kam dazwischen, und alles schien gut zu werden. Nikolaus kam des Abends heraus mit klopfendem Hertzen, der Vater machte ihm *keine* Vorwürfe, kränkte ihn durch nichts, sondern ermahnte und warnte bloß. Den 30sten wars zuerst, daß wir gantz allein mit unseren Kindern aßen, welches noch *nie* geschehen war. Wie ward das Hertz bey ihrem Anblicke sehr groß. Vater ging mit B. und ich mit den Söhnen im Holze, und die anderen umringten uns.

Sept. B. war gantz von der N. in Bremen eingenommen und Nikolaus warnte mich vor ihr. Den ersten bekam B. nur als ersten Brief, einen gantz kurtzen von Mts., dies kränkte sie. Ich tröstete, schrieb ihm aus vollem Hertzen, auch der N! wegen und er war so edel, allen Umgang aufzugeben mir zu versprechen. Ich war verschiedener Ursachen wegen nicht heiter, ahndend und traurig, wankte zwischen Erinnerung und Zukunft. Den 8ten kam der Brief von Winkler, der seinen Sohn ankündigte. Dies verdroß Milow, doch faßte er sich besser als ich geglaubt hatte. Es ward von mir an ihn geschrieben, die Sache abgesagt und so war auch dies wieder zu Ende, da noch allerley Wirrwarr der sich aber all gut endete. Den 13ten waren wir bey Chapeau Rouge, dessen Bruder Sohn wir bekamen. O, der Garten so schön, das Wetter so köstlich, kurtz ein ausgezeichneter froher Tag. Den 14ten nach Hamburg *Brautzeug* für *meine B.* zu kaufen. Dies gab mir Last aber auch Freude. ich mußte in Hamburg bleiben, thats ungern, weil Ich mich nicht gerne von meinem Milow trenne, mein Hertz war in Wandsbeck. Ich sah Don Carlos aufführen, aber nur mit den Augen. Aber andern Tags kam er nun an und meine Freude groß, wir mit Herzlichkeit wieder unserm W. zugeeilt. Er war gantz mein und ich wieder gantz seyn. Der Winter näherte sich und Tüffels wars versprochen einige Zeit bey uns zuzubringen. Dies geschah den 19ten. B. freute sich sehr.

Das Wetter war schlecht, die Mädgen nicht theil Unterhaltung hier. Ich fühlte, daß ein unbefangenes heiteres Hertz als das Meinige *jetzt* ist, dazu gehört, junge Mädgen zu unterhalten. Ich war gerade die Zeit nicht heiter, war gänzlich verstimmt, raffte mich doch zuweilen auf und arbeitete viel, that meiner B. durch meinen Unmuht zuweilen Unrecht, verbitterte sie dadurch, dies fühlte ich und dies kränkte mich. Zwischendurch kamen frohe genußvolle Stunden. Der älteste Petersen verließ uns auch.

Aspern war wieder zum Besuch da, ein herzensguter trauter Junge. Mein Milow hatte um mir seine Liebe zu zeigen, einen Ball den 1. Oct. versprochen. Tüffels blieben bis dahin, ich viele Unruhe deswegen, unmuhtig und *nicht* heiter, raffte mich des Abends auf und wollte keine Freudenstörerin werden, alles war froh und glücklich, so auch ich, obgleich diese Art Freude nicht für mein Hertz und meine damahlige Stimmung war.

Den 2ten Oct. war mir wichtiger und feyerlicher, ich feyerte ihn nach meinen Hertzen – still und mit Erhebung des Hertzens zu Gott, umfaßte des Abends alle meine

6 Töchter in jedem Arm 3, drückte sie so an mein Hertz, ermahnte sie zu Eintracht und gegenseitiger Liebe, bat um Kraft, künftige Leiden und künftige Freuden zu tragen. Das erste mußte ich gleich des andern Tags üben, denn meine Hanchen bekam heftigen Husten und Blutspeyen. Sie ward täglich schlimmer. Milow hatte sich schon lange den 8ten in Hamburg versprochen, er nicht gerne ohne mich, bat mich, ihm nachzukommen, dies that ich schmerzlich, die Seele doch immer bey Hanchen, eilte Morgens wieder hinaus, fand sie nicht besser, sie ward dann schlechter, dann besser, kostete mir der unruhigen Tage genug.

Der Krüger ihr M! hatte lang nicht an die geschrieben, sie sich gehärmt und geängstet deshalb. Endlich kam ein Brief, den Milow und ich für einen Abschieds Brief hielten; *sie aber nicht*. Milow wartete 14 Tage, darauf er ernstlich ihm geschrieben, aber die Antwort war, er *wollte* und müßte sie verlassen, der Hinterträchtige! Milow schrieb ihm wieder sehr arg. Ziegenbein bekam einen Brief von seiner Schwester, daß der Bräutigam mit einer andern sey. Nun ward ihm alles vorgelesen. Er schrieb an den Bruder der Braut, die ganze Geschichte. Der Brief kam an, wie M. gerade da war, und sie gab ihn auf. Er war voller Verzweiflung, noch einen Brief an die Krüger. Sie antwortete ihm voller Sanftmuth; wir alle hofften auf diesen Brief. Und – aber nein. Der Ring ward zurückgeschickt. Nun schrieb ich noch - zuletzt an ihn aus der Fülle meiner Seele, weil er mich des Ueberlistens wegen beschuldigt hatte und schickte ihm den Ring der Krüger zurück. Hierauf noch keine Antwort und wird auch vermuhtlich keine kommen. Die Krüger hat sehr gelitten, ich gethan, sie zu trösten, aufzurichten, zu beleben, was ich konnte, das zeigt mir mein Gewissen. Sie unschlüssig ob sie geht, oder bleibt. Gott lenke auch Ihren Sinn zu ihrem, meiner Kinder und meinem Besten. Sie war meine Freundin und wirds ruhig bleiben, dies Leiden hat mich noch fester an sie gekettet.

Die Gartenleute zogen nun allmählich weg, und wir sahen dem Winter entgegen. Es ward täglich im Orte stiller und der häuslichen Arbeiten immer mehrer. Unser Hochzeitstag ward durch verstärkte Liebe gefeyert, die Natur, der Tag noch so schön, die Kinder so hertzlich, alles in mich fromm, froh. Hanchen gerade in einer Epoche der Besserung. Abends noch eine Stunde allein, um den heißen Dank hier nun gantz mit Milow glücklich verbrachtes Jahr zu zollen. Erinnerung an Verjährung trug auch das seine zur Freude bey. Den 18ten ward er eigentlich gefeyert. Meine Betty feyerte ihn *zuletzt* mit. Auch war Seip da gewesen, und fürchtete für Hanchen. Dies machte das Hertz voll, so nahe gränzt Schmertz an Freude. Ich fuhr auch noch einmahl nach Hamburg, sah den Bruder, aß *mit Milow bey ihm,* und es war ziemlich, laß es auch *so* bleiben, mehr verlange ich nicht. Mutter noch immer krank, ihr Anblick tief rührend, ich fürchtete, Mutter und Tochter *zugleich* zu verliehren, denn Hanchen ward nun täglich schlechter, sie bekam eine spanische Fliege und wieder eine. Meines Milows Geburtstag war sie am allerschlechtesten. Es war ein feyerlicher Tag. O, Vater im Himmel, erhöre alle an diesem Tage dir zugeschickten Seufzer, das Gebet von *9* Kindern und das Meine, das wirst du nicht unerhört lassen. Milow ward mit Geschenken empfangen, von Mts. hatte er einen Brief bekommen. Abends kam Jakob heraus, aber Hanchens wegen der Abend traurig.

Den 1sten Nov. ward meines Milows Tag gefeyert. Hanchen etwas besser und daher konnte ich Theil daran nehmen. Der Nov. verging unter Arbeit, vorlesen des Abends und Ruhe und Frieden von einem und von anderen, nur Hanchen trübte die sonst sehr frohen Tage. Kommunions Tag immer mit meinen Kindern feyerlich, war auch in diesem glücklichen Monaht, *mit* meiner B. zuerst.

An diesem Tage kam auch mein ältester Bruder nach 16 Monahten zuerst wieder in unser Haus. O wie klopfte mein Hertz. O Liebe zu ihm! Du bist unvertilgbar aus diesem Hertzen, du warst vor 25 Jahren *zu fest* geknüpft, um je ausgelöscht werden zu können. Gleiche Gefühle, gleicher Karracter, gleiches Hertz band uns *da* zusammen, Gott *wollts*, als solltes für die *Ewigkeit* geschlungen seyn, darum schlang *er selbst* den Knothen so *fest*. Er, Frau und Kinder waren hier. Milow aber und sie freundschaftlich, ich verhielt mich leiden sah nur und fühlte. Gott! Gott! mein Vater laß ein fester dauerndes Band unter ihnen entstehen.

Es war hier sehr voll, der Nachmittag ward wirrwarr, aber lieblich, der Abend höchst angenehm versprochen mit tiefgerührten für unermäßliche Wohlthaten dir dankenden Hertzen, eilte ich der Ruhe entgegen. Bis zum 20sten ging alles ruhig seinen Gang fort. Hanchen dann gut, dann schlecht, ich dann ängstlich, dann muhtvoll. Abends immer vorlesen, an meiner Betty gearbeitet. Den 20sten wir bey H. und sehr froh, bey der Rückkehr *zu* froh, überspannt, und der überspannte Bogen zerbrach. Schon des Abends nach Tische, dies rührte mich, aber hättes nicht sollen, weils gantz natürlich war, und man in allen Punkten recht hatte.

Der Monaht verstrich so einförmig und auch wieder nicht einförmig, dann froh und dann wieder nicht, wie das ganze Leben. Den letzten Tag desselben in H.. Vater schenkte B. den schönsten Pelz, gingen zu Fuße bey Sommerwetter heraus. Ja, da hatte ich manches mit B., O du bestes aber theuerstes meiner Kinder, mögtest du doch sanfter werden, möchten doch meinen Ermahnungen früher die Zanksucht unter Euch meinen Töchtern abnehmen, und Einigkeit und Freude mehr unter Euch herrschen.

Hanchens Krankheit machte sie ärgerlich und ihre Ärgerlichkeit immer kränker, und so ward der Monaht bloß durch diese unselige Zanksucht getrübt. Der 9. Brief von Mts.: er komme *nicht.* Dies kränkte B. tief. Den andern Tag wards immer ärger und ihr Unmuht, ihre Traurigkeit gränzlos. Auch mich kränkte sein Nichtkommen, es schien mir Kälte, und das war mir sehr herbe zu denken. Ich schrieb ihm und schüttete mein ganzes Hertz ihm aus. B. aber durch nichts beruhigt und zufrieden.

Den 12ten ein schrecklicher unvergeßlicher Abend mit ihr. Den 13ten erst fand ich Eingang zu ihrem Hertzen. Ich überwand und sie zerfloß in Thränen der Reue und war gantz wieder meine geliebte, sich mir *verirrt habende* Tochter.

Ende August hatte ich einen trauten Brief von Christine J. bekommen, hatte bis jetzt nicht antworten können. Den 16ten antwortete ich gantz weitläufig. Mertens Nichtkommen wieder bestätigt und neue Trauer, Milow etwas melancholisch und krank.

Den 3ten ich nach Hamburg. Einen rührenden Brief von Mts. und Abends einen gantz herzlichen trauten Brief von Christian, den ich mit heißen Thränen in der Sommerstube las, und der mich auch gantz wieder mit dem Bruder aussöhnte.

Weyhnacht war nicht so heiter, wie es das Wetter war. Betty war sehr traurig, die Krüger wars auch, Vater auch nicht wohl, alles das verstimmte mich so, daß ich am Weyhnacht Abend einen äußerst verstimmten, etwas bitteren Brief an Mts. schrieb. Betty war und blieb unvergnügt. Aus Unbesonnenheit, aus weiter gar nichts, beging sie des Sonnabends Abends etwas, welches für mich und Hanchen von schrecklichen Folgen hätte seyn können. Der gute freundliche Vater aber, der bey den Handlungen seiner Kinder, nur auf die *Absichten* der selben sieht, sah recht, daß die *ihre, keine böse* war, und verhütete durch seine Allmacht alle *schrecklichen* Folgen derselben. Er lenkte alles so, daß von meiner Seite nur einige schlaflose Nächte, von Hanchens nur ein *kleiner* Rückfall der Krankheit daraus entstand, und hoffentlich ein *großer moralischer Nutzen* gar daraus entstehen wird, denn die Zanksucht ist viel seltener seitdem gewesen. Es wird auf alle Töchter wirken, denn alle schienen sie sich seitdem in ihrer Hitze zu mäßigen. Das *Dein* Werk abermahl mein Vater und mein Gott.

Den 30ten kam ein Brief von Mts., der mit vieler Rührung geschrieben war. Mein Argwohn, als liebte er B. nicht, hatte ihn tief gekränkt. Sein Schmertz darüber war sichtlich in seinem Brief an B.. Zuletzt schrieb er, er wäre unterwegs, komme des andern Tags. Hier äußerte sich an ihrer und an meiner Seite *mehr* Bestürzung als Freude, er sammelte feurige […] auf unsere Häupter. Wir sahen nach dem Wetter, fanden es gantz vortrefflich, kramten ihre Briefe in Ordnung und richteten alles zu seinem Abholen vom Baumhause ein. Wie Vater mit seinem Studieren fertig war, freute er sich über Mts. Kommen, und wollte ihm mit B. entgegen fahren, richtete auch dies andern Tags alles so ein, daß seine Predigt um eins fertig war, nur hatte er eine Taufe und nun wartete er des Wagens mit B., aber der war durch Versehen ledig weggefahren. Nachher ging B. ihm entgegen. Vater war auch ausgegangen und ich meinem Holtze zu. Das vergangene Jahr lag *offen* vor meinen Augen, mit allen seinen Freuden, allen seinen Vergebungen, allen Leiden daher. Das *nächste* lag da, es würde auch seinen Frühling, Sommer, Herbst, Winter haben, alle Freude und Unannehmlichkeiten *daher.* Aber was sonst? Davon war nichts zu sehn, das war alles dem forschendsten Auge verborgen. Keine *einzige* seiner Begebenheit konnte man mit *Gewißheit* wissen – O Gefühl und Hertz verlor sich in *diesen* Gedanken. Ich dankte aus voller gerührter Seele und bat, worum ich so oft gebetet, und worum ich jetzt auch nur *alleine* bete, um Abwendung *des Bösen,* daß meiner *Seele* schädlich, daß den *Seelen* meiner Kinder schädlich ist. Freylich bat ich auch wie die lieben Kinder ihren lieben Vater bitten, um *Abwendung großer Leiden,* aber doch nur wenns *sein* Wille wäre, bat um das *Leben,* um die *Gesundheit* meines *Mannes,* um die Erhaltung seiner Liebe zu mir. O wie ward mir dieser Mann mit jedem Jahre theurer, wie fühle ich meine […] immer fester an ihn gekettet. Ich bat ferner um Leben und Gesundheit meiner Kinder, aber vorzüglich und mit Innigkeit und Inbrunst um ihr *gut* Werden. Ja Vater nimm du von mir, jetzt, da sie noch gut sind, von welchem dein allwissendes Auge sieht, der Strom der Welt reißt sie mit sich fort, Laster reißen sie dahin, sie verderben, O sieh meinen Schmertz dann nicht an, das

Gebet (so ich etwas wenn sie nur mit Krankheit und Todt kämpfen, das Gebet so ich *dann*, um ihrer Erhaltung zu dir schicke, erhöre es *nicht*). Erhalte mir *die*, die fest am Guten bleiben. Wach über ihrer aller Seelen Gott. Was *du* über *sie* verhängt hast, *das* komme über sie, mache sie so glücklich oder unglücklich, gieb ihnen Leiden oder Freude wie *du willst*, nur erhalte sie *gut*, mache sie zu Bürgern deiner Welt, zu Erben *jener* Welt, laß sie dort mein, und ich ihr seyn. Gieb mir nicht mehr, wie ich zu tragen vermag, meine Gesundheit nimmt ab, was ich sonst so leicht ertrug, jetzt nicht mehr so leicht. Daher ist mein Karracter auch widerlich heftig, ärgerlich geworden, nicht mehr so sanft und so duldend wie sonst. O Vater gieb mir diesen sanften Sinn wieder, laß mich meine Kinder wieder mit Liebe ziehen, Nachsicht mit ihren Fehlern haben Geduld mit ihrer Jugend und Unbesonnenheit. Ich will gerne gut seyn, Gott, gieb du das vollbringen, laß mich nicht das nächste Jahr so heftig auffahrend widerlich seyn. Jetzt habe ich noch das Hertz meiner Kinder, laß mich sie nicht durch mein Betragen erbittern, dann hin alles gute, so ich sonst hatte stiften können, besonders Gott, Klugheit und Sanftmuth bey meiner B.. Laß mich ihr Hertz durch Liebe an mich binden, dann behalte ich noch Gewalt über sie, wenn sie längst aus der meinigen ist. Dies Jahr allem Vernunfte nach, wenn nicht unvorhergesehene Zufälle kommen, ein *sehr wichtiges* für mich, das wichtigstes Jahr ihres ganzen Lebens für meine B.. *Zeitliches* und *ewiges* Wohl hängt von *diesem Jahre* ab. Gott! Gott! Sey Vater gegen sie, erhalte ihre Seele, mache ihr Leben glücklich, wenns ihr gut, wenns dein Wille ist, arbeite an ihrer Seele, alle […] derselben [weiterer Text von Margarethe Milow unkenntlich gemacht]

[…] Gott, ihren Mann erhalte in deiner Furcht. Er hat *viel* Gutes, *viel* Edles. Nur ist Liebe zum irdischen, zur Ehre, zum Glanz dieser Welt herrschend bey ihm. Laß sein Hertz immer fester an meine B. hängen, mache seinen Geschmack einfacher, laß ihn an den Freuden der Liebe, an den stillen häuslichen mehr Geschmack finden, mache sein Hertz auch fester an uns, laß uns sein ganzes Zutrauen besitzen. Menschenkenntniß fehlt ihm. Er giebt sich jedem und jeder, der ihm schmeichelt, so gerne hin, hält was man für ihn thut, *für ihn* gethan und sieht nicht, daß Eigennutz die Triebfeder ihrer Handlungen ist. O Gott, laß mich künftig sehn, daß sie fest, fest an ein ander hangen. Schon künftig Jahr um *diese* Zeit, kann ich etwas sehn, ob ihre Ehe glücklich oder unglücklich werden wird, das erste, das erste, mein Vater und mein Gott!

Mertens kam den letzten Abend, und es war ein guter Abend. Man war nicht außer sich vor Liebe und Entzücken, von allen Seiten nicht. Es war der gantz ruhige Gang, des herzlichen Gutseyns, der, der ausdauernste ist.

Das Jahr 1789 ward ruhig mit stiller Freude beschlossen, so wie 90 angefangen ward, nicht außer sich vor Entzücken, sondern still und ruhig. Mertens war nur bis zum 6ten Jan. hier, er konnte nicht länger bleiben. Alles wegen Aussteuer und Mittgabe ward zur Richtigkeit gebracht. Mertens bekommt außer dem was sie an ihrem Leibe an Bekleidungsstücken und dergl. hat 1000 Marck Courant mit. Dafür hat er sich für 380 Marck Leinenzeug ausgesucht, 300 Marck baar bekommen und nun noch 320 Marck zu gute.

Sonst verging die Zeit seines Hierseyns wie im Rausch so schnell. Betty 23. gantz in Liebe versunken, gantz Gefühl, Liebe und Zärtlichkeit, sie war mit einem Worte seelig.

Mertens betrug sich nicht als Jüngling voll Leben und Feuer von 25 Jahren, sondern als gesetzer ernster Mann von 40 Jahren. Freylich entsprach er nicht gantz meiner damahligen Meinung von reiner Zärtlichkeit und Feuer, manchmal trübte sich mein Auge, ihn nicht wärmer, feuriger zu sehn. Aber er sagte seine Liebe wäre dauernder, treuer fester im Leben und Tod, als die aufbrausende. Seine *Ehe*, sein Betragen als *Gatte* sollt es mich lehren, ob er sein Mädgen treu und warm liebe oder nicht. Er hielte mehr aufs dauernde, als aufs fesselnde. Dies beruhigte mich dann und soll mich bis dahin beruhigen. Verliebt ist er nicht, ists wie er sagt *nie* gewesen, aber er liebe sie hertzlich, einzig und dauernd, mehr mit Freundschaft als mit Leidenschaft.

Der Abschied kam, B. fühlte ihn tief, sie war gantz weg, er sehr gefaßt, gab ihr einen riesigen herzlichen Abschiedskuß, man sah, daß seine Trauer mehr Mitleid mit der ihrigen, als aus eignem Gefühl entstanden war. Gott segne ihn, wache über ihn und seine Liebe, vermehre sie und lasse die Trennungszeit für meine B. sich zu dauernder Freude enden.—

Wenn ich wieder zu dir, Buch, komme, dann Hochzeit und Trauung von dir meiner B. überstanden, zwei wichtige Sachen, wozu Standhaftigkeit, Muht, Kraft, Stärke, Gesundheit erfordert wird. Mühe, Last, Unruhe, welche dies Jahr dieser Ursache wegen hervorbringen wird, will ich gern tragen. Mit Ahndung, mit Ängstlichkeit, mit Kraft und Zittern fange ich 90 an, aber Gott doch mit Ergebung in deinem Willen, lade nicht mehr auf, wie ich tragen kann. Ich will mein Hertz leichter machen, will es zugleich stählern. O, Herr hilf, O, Herr laß alles wohl gelingen, laß mich alles mit ertragen. 12. Januar 1790.

Nachdem ich das vergangene Jahr überlese, finde ich, daß so manches, daß mich *da* ängstigte, daß mich muhtlos, furchtsam machte, sich in Freude verwandelt hat. O, Dank dir, heißer – Dank *dir,* von dem alles Gute, alles vollkommen kommt. O, wie ist alles so gantz *anders* gekommen wie *ich dachte,* wie fürchtete ich den Monaht Juni und *wie* verging er, wie fürchtete ich, Betty werde *nicht* glücklich durch ihren Karracter nicht und in wie *hohem* Grade ist *sies,* wie fürchtete *ich,* Mertens liebe sie nicht heiß, nicht feurig genug und *wie unaussprechlich* liebt er sie nicht, wie ist nicht seine Liebe die festeste, treueste, fast zu zärtlichste – Wie fürchtete ich nicht für Hanchen - und wie gesund ist sie jetzt. Ja, so nimmst du alle auf dich geworfenen Sorgen von uns mein Gott! *So* sorgst du für deine Geschöpfe, *so* liebst du sie.

Januar verstrich wie das ganze Jahr einförmig und wieder nicht einförmig, schnell und doch langsam. Nach Mts. Abschied ward von allen Seiten viel gearbeitet, die ganze Aussteuer ward zu Hause vernäht. Betty und Karoline waren 14 Tage in Hamburg und dies war Vorgefühl meines nachmahligen Abschieds. Hanchen immer noch krank, auch die Mutter, sah sie immer mit zärtlicher Rührung, es war als wenn sich mein Hertz immer fester an sie kettete. Scheel kam anfangs, und ich verbrachte manche der Freundschaft geheiligte Stunde mit ihr. Ich war auch gantz wohl, die vie-len gehabten Leiden hatten auf mich, meinen Karracter und meine Gesundheit gewirkt, ich nicht mehr so sanft, da-her manches mit den Töchtern, besonders mit B., wo ich doch wohl mehr Vernunft gehabt haben muß wie ich sonst glaubte, weil sie nun so sehr glücklich ist, er so gantz mit ihr zufrieden ist. Vergieb Gott, wenn ich bey ihrer

Bildung was versehn, nicht gantz so *sanft* gewesen bin, wie ichs hätte seyn sollen.

Mein Milow machte d. 23sten ein Testament, worinnen er mich zur Erbin seines gantz allein *verdienten*, durch seine Stunden erworbenen Vermögens einsetze, außer dem was er seinen Kindern bestimmt hat. Es war ein feyerlicher rührender Tag, ich froh und traurig. O, Vater laß den Tag an dem es *gebraucht* wird so weit, weit hinaus gesetzt seyn, laß mich durch Liebe und Thätigkeit dir deine Liebe ersetzen.

Febr: verstrich ungestört heiter und ruhig unter Arbeit und Freude zu Hause, erfüllte jede meiner Pflichten, war gantz Mutter meiner Töchter, jede erübrigte Minute ihnen gewidmet. Den 13ten ward Milow der Antrag als Schloßprediger nach Glücksstadt zu gehen angetragen, aber ward gleich auf der Stelle zu meiner Freude abgeschlagen. Zu Ende dieses Monahts mußte Mertens am Zahnweh vieles leiden. Der Zahn ward ausgezogen und alle befürchteten eine Fistel. Diese Sache dauerte über 3 Monahte und machte uns manche kummervolle Stunde. Mit Hanchen schien es sich allmählich zu bessern. Maertz fing an wie Febr. endete. Gegen der Mitte desselben ward ich sehr kränklich, hatte fast keine gesunde Stunde. Dabey war das Hertz nicht heiter. Ich war unruhig, ahndend, traurig. Es wurden der geheimen Thränen viel geweint. Der meinen Gedanken nach furchtbare Juni rückte immer näher, jeden Abend ging ich trauriger zu Bette, weil ich an ihn wieder um einen Tag näher der mir so traurig vorschwebenden Zeit kam. Ursache zu dieser Trauer hatte ich keine oder nur kurze vorübergehende, aber das nun einmahl zur Trauer gestimmte Hertz ergriff alles, es ging mir wie den durch zu vielen Sturm erschütterten Baum. Jedes auch mir laue Lüftchen bewegte seine Wurtzel und macht ihn wankender.

Der Monaht hatte Arbeit wie gewöhnlich nicht mehr, aber sie wurden mir zu schweren Lasten. Nur traurige Vorstellung haftete in meiner Seele. Sonst war er durch nichts [...].

Vater hatte etwas mit Karoline wegen der Konfirmation seiner Tochter. Die [...] hatte meine B. gemacht. Das gab mir viele Freude. Ich fand es so ähnlich.

Im Aprill ward meine Karoline den 11ten konfirmiert. Dies Festtag meiner Seele. Sie war schön und unschuldig wie ein Engel. Gott! Vater erhöre alle Wünsche, alle Gebete, die aus voller gerührter Seele dir für sie gebetet werden. Ihr Karracter war sanft, ist nicht mehr gantz so. O, Gott laß auch sie zu meiner Freude dir geweiht seyn.

Die Frühlings Arbeiten häuften sich, sonst pflegte ich zu schreiben, Arbeit und Freude jetzt, Arbeit und Unmuht und Gram und Sorgen, Ahndung und Krankheitsgefühl. Zu diesem allen kam nun, daß Hanchen wieder von neuem schwer krank ward und darauf Severin, Hermann und [...] die Masern bekamen. Es war eine äußerst unruhige Zeit. Eine Arbeit jagte die andere, eine trüb die andere, aber keine vermochte das Gemüht zu erheitern. Es war ein recht sauer verlebter Monaht. Ich genoß B., wenn ich konnte. Ich würkte was ich konnte. Jedes Fest, jede Feyerlichkeit, kurtz alles war das Letzte.

May war diesmahl meinem Hertzen nicht schön, das Gefühl der aufstrebenden Natur mir das nicht, was es mir sonst war. So viel vermag bange Furcht der Zukunft. Hanchen immerfort das kalte Fieber, die Krüger sonderbar, viele Geschäfte, keine genußvolle Stunde. Die Gräfin hatte das Brautkleid geschenkt, wollte die Hochzeit geben, beydes wurmte Milow, er also auch weder wohl noch heiter. Auch ihm stand der Juni schrecklich vor. Dazu kam so manches, was vielleicht bey jeder Verheyrathung nicht ausbleibt. Es war nicht viel, aber weil mich damahls alles rührte, so auch jedes Wort. Milow ward immer kränker, immer übellaunigter, immer ihm die Hochzeit beyder mehr zuwider, mit der übrigen Familie war sonst alles auf dem recht guten Fuß. Die Zeit rückte mit jedem Tage näher. Der 21ste war der Tag des Einpackens. O, welche sonderbaren Empfindungen füllten nicht die Seele. Gott hatte uns gesegnet, da wir *so viel* unserer Tochter geben konnten, uns die einst so arm waren, dann das alles für den Mann meines und ihres Hertzens geschah, sie ihn so liebte, es *der* war, den ich ihr schon vor Jahren wünschte, dann die *Trauung* als *Folge* alles dieses, der bange Zweifel sollte sie glücklich werden? Glücklich machen? Mertens schien uns Verschwender zu seyn, zu sehr Hang zum großen zu haben, auch dies manche ängstliche Furcht und Sorge. Kurtz, May ward heiter beschlossen, wie er angefangen hatte, und Juni fürchtete man, er werde noch schrecklicher werden.

Den 1sten Juni erwachte ich still, heiter den furchtbaren Monaht, bat Gott alles überstehen zu helfen, bat um Muht und Kraft, und beydes ward mir gewährt.

Immerwährende Arbeit zerstreuten. Milow war sehr zärtlich, er hatte die Kopulation Rede mit tiefer Rührung gemacht. Milow weint selten, dabey weinte er. Er las sie mir mit vieler Rührung vor. Auch mein Hertz erleichterte sich. Thränen machten dem gepreßtem Hertzen Luft.

Den 3. kam der Bräutigam. Ich fuhr ihm mit B. entgegen, zwar mit schwerem aber doch mit gefaßtem Hertzen.

Mertens war gantz zärtlicher Sohn, gantz herzlicher Geliebter meiner B.. Die Söhne waren am Baumhause. Vater kam uns hertzlich und liebevoll entgegen. Der Abend verstrich still, ruhig, dankbar. Die übrigen Tage über alle Erwartung schön. Milow unaussprechlich köstlich, das liebe Paar feierlich, manches traute Gespräch, manche herzvollen Stunden, alles dankenswehrt. Ich faßte freylich jeden Tag mehr Muht, dachte aber doch immer, noch ist das Ende nicht da, aber meine Sorge war ruhiger, gemäßigter.

Den 7ten nachdem wir gantz froh nach dem köstlichen Tage, wo alles Eintracht und Harmonie war zu Bette gegangen waren, kam etwas mit der Krüger. Sie äußerst sonderbar, das kränkte Milow, dies *mich*, und von der Zeit an die Ursache ihrer nachmahligen Trennung. Unbedeutend klein war die Ursache ihres Betragens; aber sie war sonderbar. Vielleicht, daß ihre unglückliche Geschichte, ihre fehlgeschlagene Hoffnung sie zu tief gekränkt, ihre ausgelassene Heiterkeit verbissener Schmerz war und der nun nur einer Kleinigkeit bedurfte, um aufgereitzt zu werden und es ward. Wir unter uns blieben, was wir waren, gantz Eintracht und Harmonie. Mit B. hatte ich manches Gespräch, ging nach dem 9ten nach einer schlaflosen Nacht früh mit ihr ins Holz, nachdem ich den Abend vorher spät bey ihr gewesen, sie ermahnt, getröstet, beruhigt hatte, betete im Eichenholz mit ihr aus tiefer Seele und bis jetzt Gott hast du mein Gebet erhört.

Den 9ten viel Besuch, machte mit mütterlicher, wahrer seeliger Empfindung das Brautbette. Gegen Abend ward das Hertz schwerer und schwerer, Milow war Abends immer unaussprechlich zärtlich und es einer der am froh verrauschsten Abende meines Lebens. Die Krüger nur sonderbar, sonst wärs Himmelsseligkeit gewesen. Die Nacht schlaflos, stand auf, war zu schwach, legte mich wieder nieder, Milow unaussprechlich sinnlich und zärtlich, fand meine Betty wach und betend, gantz dem freudigen Tage gemäß gestimmt. Ich betete in Vaters Stube mit ihr, segnete sie und es war eine feyerliche Stunde. Ihr folgte Unruhe, Zerstreuung, die Mädgen putzten sie. Noch hielt ich mich, aber wie meine Mutter kam, mein Bruder, da wankten die Knie.

Vater war gefaßt und gerührt, gantz Himmels Vater. Man fuhr feyerlich zur Kirche – doch dies Gefühl nicht fürs Papier, *im Hertzen* ists *geprägt*. Da zur Gräfin, die ganze Familie und alles Freude und Eintracht da zu Hause. Der Abend still und köstlich. Den 11., 12. alles theure wehrte Tage. Das junge Paar empfing viele Geschenke. Die vielen gehabten Empfindungen von so mancher Art hatten mich zu sehr angegriffen, ich ward den 12ten nachmittags krank. Den 13ten war hier die *ganze* Familie versammelt, aller Vermuhtung nach ist sies in *meinem* Hause und ich in ihrer Mitte *zuletzt* gewesen. Ich war hertzlich krank, aber doch glücklich. Die übrigen Tage blieb ich zu Hause, sie machten Visiten, ich kramte und packte, war in einem Gemüthe von Empfindungen, Furcht wegen des nahen Abschiedes und Dank wegen des übrigen wechselten in meiner Seele ab. Den 15ten kam alles trübe zu Hause, O, auch *der Abend* noch einge[…], Milow zärtlicher Ehemann und Vater. Den 16. frühe auf, der Morgen schrecklich, der Abschied *fürchterlich,* fuhren eine Stunde stumm fort; da reichte Mertens und Milow voll Gefühl die Hand, und alles war wieder gut, der bittere Schmertz wandelte sich in einen stillen. Wir fuhren durch die schönsten Gegenden, freuten uns dieselben, unseres noch Beysammenseyns, schliefen die Nacht nach einem trauten Mahl köstlich in einer Kammer, erwachten früh und kamen meinem Bremen näher. Wie wir die Thürme Bremens erblickten, freute Mertens sich. Uns kamen seine Freunde entgegen, aber wir wollten die Stadt, seine Wohnung sehn. *Dies* heißer Wunsch. Wir fuhren bald weg. Mein Hertz ward voll, wie ich mit meiner B. in Bremens Thor fuhr. Wünsche für ihr Glück stiegen zum Himmel. Halb bange, halb froh war ich. Wir gingen zu Mollers aber das Hertz verlangte nach dem Hause – *diese* Scene tief in dieser Seele eingegraben. *So Selig war ich nie* – alles ward schon eingerichtet. Thränen der Freude und des Dankes rannten. Eine Umarmung folgte der anderen, dann Vater und Sohn, dann Vater und Tochter, dann wir beyde, man sprach nichts, aber *Thränen sprachen.* Abends bey Mollers. 18. selig wie im Himmel, des Abschieds ward nicht gedacht. Vater und Mertens durchgingen die Stadt, ich und B. packten ein und aus. O, wie war *ich so glücklich.* Wie durchbebte *es* mein Gebein, wenn *Vater* und *Sohn* sich tief gerührt umarmten. Die ganze Zeit schön, gingen zu dem Schöpfer unseres *irdischen* Glücks. Des Abends gegen 8 in Meisters Garten unsere Abschiedsstunde. B., Mts. und ich. Ich ging mit Mts. zu Hause, empfahl ihm noch mal meine B.. Abends gepackt, unruhig und verwirrt, Nachts schlaflos. 22. *Abschied,* tief eingeprägt, sie reichte mir stumm lächelnd die Hand beym Erwachen. Alles litt, fuhren stumm fort. Der tiefe Schmertz machte den sanfteren Platz, Ermüdung kam dazu, schliefen die Nacht bey Lütgens in Buxtehude; den andern Tag heißer Dank, daß die so sehr gefürchtete Zeit *so glücklich* und leidenfrey überstanden war. Der Tag heiß, ein Gewitter hielt uns zurück und noch eins machte die Ueberfahrt nach Blankenese fürchterlich. Gott sah unsere Angst und half. Hanchen und Cilchen waren uns entgegen gekommen, freuten uns ihrer, um 10 zu Hause und frohes Wiedersehen. Nikolaus war auch gekommen, der Abend verging bis in die Nacht mit Erzählen, alles war auch zu Hause gut und in voller Ordnung. *Juni* der *gefürchteste!* ward froh beschlossen.

Juli ward jede gestohlene Minute an B. verschrieben, und dies erleichterte das Hertz. Verdruß fast täglicher mit der Krüger. Eine Reise durch Holstein und Lübeck ward beschlossen. Milow wollte sie noch nicht haben, aber die jungen Leute und Nikolaus arbeiteten, bis sie den 11ten beschlossen und den 12ten vollzogen ward. Milow fuhr mit Widerwillen und war daher immer verdrießlich. Die Gegenden wodurch wir kamen, die schönsten, die *ich je* sah. Sie gingen tief durch meine Seele. Sonst hatte die Reise schreckliche Stunden, herbe, tiefe durch Marck und Bein gehende Kränkungen. Sah den Bruder mit Liebe, er war fast frey hertzlich und gut. Ascheberg du wirst nie, deine lange Allee nie vergessen werden. Cilchen ward in Lübeck sehr krank, Verdruß mit den Fuhrleuten schloß die Reise. Zu Hause Verdruß mit der Köchin.

Juli verstrich in Unruhe und Zerstreuung.

Im August war Kirchen Visitation und da – daß die Krüger weg wollte. Sie hatte ihren ersten Verdruß gleich Alb[erti] gesagt, sie gebeten was für sie zu suchen. Diese schrieben mir, sie hätten eine Stelle bey ihrer Schwester, wollte ich sie aber behalten, so solle ich der Krüger nichts sagen. Ich gab ihr das Billet und sie entschloß sich zu gehen.—

Im August kamen 3 Otterdohls aus Schweden und des Amtmanns Sohn von Bewstel aus Pinneberg. Wie der Amtmann seinen Sohn brachte, erzählte er, daß der Prediger in Nienstädten gestorben sey, machte viel Aufhebens von der Stelle und drang in Milow, sich anzugeben. Wir fuhren hin, fanden Gegend, Haus alles schön. Milow wankte noch, ich zitterte, mir ahndete nichts gutes, ich rieht ab. Milow schrieb an Bernstoff, die Gräfin gleichfalls und die Zeit verging im Gespräche davon.

Meiner Karoline ward ein Geschenk von 1000 Marck von der Gräfin versprochen. Dies ein dankbarer, froher Tag, da es geschah.

Im September hatte Milow heftigen Verdruß mit dem Magister. Er hatte sich äußerst undankbar gegen Vater betragen, dies kränkte sehr und bey jedesmahligen Anblick. Die Krüger war sehr sonderbar. Sonst verging Sept. gewöhnlich in Arbeit und Geräusch. Von Döhren und Tooks kamen noch zu, und die Nachricht kam, Tayler solle zu seinem Vater kommen. Letzter ging auch den 17ten Oct. und wir hatten nun den 16. Taylers Abschied ging *nicht* leicht ab. Wir fuhren noch einmahl nach Nienstädten, untersuchten alles genau, und das Resulat der Untersuchung war, daß Milow an den König selbst einkam und sich zu der Stelle angab.

Oct. gabs der Arbeiten so unaufhörlich, der wichtigen Tage auch, welche alle mit gewohnter Rührung gefeyert wurden. Den 26. bekam die Krüger die Nachricht den andern Tag zu kommen, das rührte sehr. Abschied war *sehr, sehr,* traurig. *27.* Abschiedstag – 8 Jahre hatten wir beysammen gelebt, waren uns einer Trennung *ohne* Heyraht nicht vermuten gewesen, und sie geschah doch. Sie war so sehr meine Freundin. Hernach gabs der Mißfälligkeiten zu viel. Das *erste feste* Band erlosch. Wir blieben uns aber doch immer gut, hatten manches mit ein ander erfahren. Sie war Zeugin mancher Begebenheit gewesen und *nun Trennung* – Vater fühlte sie auch sehr, sehr tief und ihm war sie doch das nicht gewesen, was sie mir war. Ich hatte zur Zerstreuung manche Arbeit, hoffte von einem Tag zum anderen zur Ruhe, aber diese kam nicht. Alles lag auf mich. Ich hatte den Plan, meine Kinder allein zu erziehen. Aber ihr Unfriede, ihre Unvertragsamkeit ließ mich diesen köstlichen Traum aufgeben. Ich würkte viel, fand bey allen das Hertz und den Grund *gut*, aber fand, daß die Krüger das nicht gewesen bey unseren Töchtern, was sie hätte sollen, sie als Erzieherin *viel, viel mehr* hätte würken *können*, es Pflicht für mich gewesen wäre, mich eher von ihr zu trennen.

Der Nov. verging nicht so ruhig still in Arbeit und Unterricht wie ich mir ihn geträumt hatte. Ich richtete *das* nicht bey den Töchtern aus, was ich glaubte auszurichten. Es waren der Zerstreuungen und Geschäfte zu viel. Cilchen war immer sehr ärgerlich und ward krank. Den 8ten dachte und sprach ich viel von B. und mein Sehnsucht Gefühl war heißer wie sonst. Den 20sten, nachdem ich an die Krüger gerade schrieb, kam sie gantz unvermuhtet mit den Söhnen. Dies gab viele, viele Freude. Das machte das Hertz so *glücklich.* Nach dem ersten Taumel, des andern Tages glaubte ich sie nicht herzvoll genug zu finden. Sie kam mir eitel und geziert vor, daher den 21sten kein recht froher Tag.

Den 22. entzweigten wir uns. Ich ward zu heftig, hatte Angst deswegen und machte mir viele Vorwürfe. Doch erst von da an ward sie wieder die Alte und manch trautes Gespräch, manch selige Stunde hatten wir mit einander. Sie war schwanger, ich lehrte und ermahnte sie. Aber sie raubte mich wieder den anderen Töchtern. Cilchen störte oft diese Freude. Sie war krank, melancholisch, empfindlich und manche Thräne ward ihrer Krankheit wegen vergossen. Es waren der seligen, glücklichen Stunden dieser Zeit über so manche, aber auch der traurigen, der tiefgefühlten. Wir waren auch nach Hamburg und *sie* sah die Mutter, die übrigen waren nicht wie ich sie wünschte. Den 21sten kam die Nachricht, Mama sey ihres gantzen Vermögens beraubt, sie hatte nichts – gar nichts. Joh. nährt sie, giebt ihr jährlich 3000 Marck. Entweder Bruder, du bist übermenschlich edel und groß, sie *allein* unterhalten zu wollen, da viele deiner Geschwister es so gut wie du können, oder du fühlst, du seyest ihr diesen *Ersatz schuldig*. Wollte Gott, das *erste* wäre. Gerne will ich dann *dein* Verkannt werden ertragen, gerne kannst dus ertragen, daß dus wirst. Wäre das letzte – O, Bruder, Bruder. Möchtest du gerechtfertigt werden, *wer* wäre froher, *wer* glücklicher wie ich? Vater glaubte Ursache zu haben das *letzte* zu vermuhten, und dies gab der traurigen Stunden manche. Familien Ruhe also abermahls dahin! —

Die Sache in Nienstädten bekam ihre Endschaft. Milow wurds nicht. Gerade vorher hatten wir es geahndet, daß Milow es werden würde, und auch ich hattes gewünscht, so sehr ich jetzt dergleichen irdische Dinge wünsche. Vater unterdrückte den Schmertz und er ging tief. Er hatte 6 höchst traurige Tage. Aber da war er wieder gantz er selbst, und jetzt danken wir beyde Gott, daß wir hier geblieben sind.

Den 5ten Dec. bekamen wir die Nachricht. Dank Gott auch für die Beendigung dieser Sache. Den 16 ten reiste meine Betty wieder ab. Am Baumhause schieden wir von Vater hier, er war sehr gerührt – Wer weiß, ob wir uns *hier wiedersehen? Du* weißt es, *du* Regierender unseres Schicksals.

Dec. war trübe, ich rechnete die mancherley gehabten Leiden durch und ward muhtlos. Mich verdruß vieles, Familien Zwist, Cilchens Krankheit, Unfriede der Kinder, fehlgeschlagene Hoffnung, zu viele Arbeit, zu viele Hindernisse des Würkens zur Erziehung der Kinder, der Zwist Milows mit dem Magister, seine Abneigung wegen des Instituts, die nahe Ankunft Christians – alles dieses machte mich muhtlos, und der Schluß von 90 war traurig.

Der Anfang von 91 ahnend. Vergieb mir Gott, daß ich nicht so die *Freuden* rechnete und schwer ist doch keine kleine Zahl. Meines Mannes Leben und Gesundheit, das Leben und die Gesundheit das letzte fast aller Kinder, die herrlichen Söhne, die gut *werdenden* Töchter, dies sagt mir so mancher Zug, Bettys glückliche Verheyrahtung. Der Seegen, der so reichlich über uns strömt, alles dieses konnte und mußte Ursache der Freude seyn und wars nicht. Was lag auf der anderen Waage? Um die erste steigen zu machen? Familien Zwist. Liebe zu allen Geschwistern, besonders zu dem ältesten, daß alle diese Liebe unterdrückt werden *mußte*, daß der älteste entweder verkannt wird oder *schlecht* geworden, *beydes* schrecklich und daß mit *dem* Bruder, der einst mein *liebstes* auf der Welt war, daß die Mutter am Rande des Grabes noch vom Allmosen ihrer Kinder leben muß, daß ihr Vorwürfe von *ihren Kindern* gemacht werden, daß ich meinem Verhältnisse nach ihr das nicht seyn kann, was ich wünschte zu seyn. Cilchens

Krankheit, Bettys Entbindung *ohne* auf die Kollision der Pflichten, die mich deswegen gequält, der Zank des Magisters und Milows, der ersten Falschheit und Undankbarkeit, die Furcht vor neuen Hofmeistern, diesen sein Nutzen für das Institut, das uns doch so viel Seegen bringt, wir doch *ohne* dasselbe nicht leben können!! —

Nun Dank, Dank Gott für Freude und Leiden! Dies die Waage der Leiden! Wenn *dies* Blatt umgeschlagen wird, sind viele der bevorstehenden und jetzigen gemacht und *Neue* sind dann wieder da, bis einst *alle* geendet sind: Nochmahls heißer Dank für alles in diesem Jahre gehabte. Kraft und Muht Gott alles *kommende* zu ertragen. Es hat viele Leiden das kommende Jahr, das sagt mir das bange ahnende Hertz. Es ist schwer und muhtlos, gieb du ihm Muht und Stärke. Laß alles zum Besten sich enden. Nimm dich meiner *Betty* in der *furchtbaren* Stunde, *ich* sey nun *bey* ihr, oder sie sey *ohne* mich, *nimm dich ihrer an*! Sey ihre Hülfe, ihre Kraft und Stärke. Nimm dich der Mutter an. Stehe meinem Mann bey. Laß meine Söhne nicht in Versuchung fallen. Verhänge über Cilchen was ihr gut ist. Nimm dich aller Kinder an, ists gut, so erhalte mich bey ihnen. 24sten Jan. 1791.

Es hat viele Leiden gehabt, wie es mir am Schlusse des vorigen Jahres ahndete, es sind im verflossenen Jahre der traurigen Tage und Stunden mehr wie der frohen und glücklichen gewesen. Aber warum nicht auch dafür Dank mein Gott! Du bleibst doch Vater, auch wenn du züchtigest Vater, denn die Leiden sind uns ja gut, und wie viel mehrere hätten mich nicht noch treffen können, die du alle abgewandt hast, wie leicht hätte nicht Vaters Todt, nicht Todt der Kinder eingeschrieben werden müssen. Aber nein, ihn der dem Grabe so nahe war, hast du mir erhalten. Freylich ist Vater noch nicht gantz gesund, noch nicht außer Leben Gefahr, aber doch um wie vieles recht besser. Also Dank immer und immer.

Meine Gesundheit ist nicht mehr was sie gewesen, Körper geschwächt. Ich trage vielleicht schon den Todt in meiner Brust, auch *das*, wie *du* willst Gott! Ob gleich mein Leben, deinem Willen nach viele Leiden hat, so hats doch auch Freuden und Wunsch des längeren Lebens ist noch da, obgleich nicht mehr *so* heiß wie ehemahls. Nur noch so lange, wenns dein Wille ist, bis meine Kinder erzogen und versorgt sind, bis mein Milow lebt. Aber ich will *dir nichts* vorschreiben mein Gott, sondern alles aus deiner Hand nehmen, was du für gut, für nützlich für mich und für die Kinder findest. Es ist völlige Unterwerfung unter deinen Willen. An meiner Seele gieb mir nur Geduld, um alles mir bevorstehende zu ertragen. Mit jedem Jahre komme ich doch näher ans Ziel, jedes *gehabte* Leiden mindert doch die Zahl der bevorstehenden. —

Januar mit heißem Dank angefangen, mit der innigsten Erbauung. Es war in ihm heftiger, immerwährender Verdruß des Magisters mit Milow. Es war in ihm [Text von Margarethe Milow unleserlich gemacht] Krankheit von Cilchen, welches alles mir tiefen Kummer machte. Dann kam Christian zu uns herüber, die *ganze* Familie war vermuhtlich *zum letzten* Mahle hier *dieses* Leben bey meiner Mutter versammelt, nur *ich* des Familienstreits wegen *nicht*. Mein Hertz pochte hoch bey diesem Gedanken, doch auch *dies* ward überwunden. Ich sah doch den Bruder hier und alles war gegenseitig freundschaftlich.

Den 24sten war Vater noch gesund und nach Hamburg. Ich endigte das Einschreiben meiner Geschäfte auf seiner Stube, als er des Abends wieder kam und in Hamburg gefallen war und dies Besorgnis erregte, die aber Gottlob ohne Folgen waren. Vater blieb noch gesund.

Den 28sten machten Briefe aus Bremen tiefe Trauer. Ich dachte damahls, von Eltern und Geschwistern hast du dies Hertz mit starker Verblutung losgerissen, falls auch noch von Kindern gerissen werden, nun wie du willst; dein Wille geschehe. Geduld Gott und keine Fragen warum? erlaube sich das tiefe, traurige Hertz. Januar kein froher. Den 1sten Februar nach Hamburg, das Hertz traurig und verstimmt. Abschied von Christian, wir sind nicht mehr sehr feste, warens nicht, der Abschied als *Abschied* nicht sehr herbe, aber *anderer* Ursachen wegen sehr. Lebe auch du wohl Bruder für *diese* Welt.

Den 5ten ward mir mein Jakob des Mittags krank in der Kutsche heraus gebracht. Er hatte fürchterlichen Husten. Der erste Schreck war das meiste. In 14 Tagen ward er doch wieder hergestellt. Wärend der Zeit vieler Verdruß der Zanksucht der Töchter und besonders Cilchens, [Text von Margarethe Milow unleserlich gemacht] daß sie den 8ten abends heftigen, krampfhaften Zufall bekam, der mich, die ich dergleichen nicht gewohnt bin, äußerst viel Unruhe und Kummer machte. Ich, durch alle diese Dinge, ward auch widerlich und hatte eigentlich wenig Lebensgenuß. Den 13ten war Vater schon gar nicht wohl, sondern ärgerlich und schwach, so daß ich schon Krankheit fürchtete. Daniel kam nun Abschied zu nehmen. [Text von Margarethe Milow unleserlich gemacht] Heftiger Schreck, innern Verdruß, Abschied von ihm, alles dies griff die Seele an. Abends so manches, das tiefe Kränkung verursachte, daher schlaflose Nacht, und durch alles dieses angegriffene Nerven, welche nur einer kleinen Erschütterung bedurften, um gereitzt zu werden. Dies wurden sie dann leider durch Cilchens [Text von Margarethe Milow unleserlich gemacht, konnte aber entziffert werden:] (gantz fürchterliche Heftigkeit, so daß auch ich es zu sehr ward) fast außer mir, fast vom Verstande war.

Ich litt viel, das Hertz war voll, ich glaubte mich *unverdient* unglücklich. O, Gott vergieb, vergieb, daß ich damahls so muhtlos, so durch viele Leiden erschüttert, zu leidenschaftlich war. Es kam zu viel Schlag auf Schlag. Den 6ten hatte Vater abermahligen heftigen Verdruß mit dem Magister. Tags nachher er nach Hamburg und nun krank wieder. Täglicher Verdruß mit diesem Menschen erschütterte seine schwache Gesundheit, und der fürchterlichste Husten nahm seinen Anfang, die Nacht schrecklich, der Husten mit Blut vermischt.

Es kamen 2 neue Anträge, wovon einer angenommen und einer zu unseren Kindern in Bremen verwiesen ward. Den 24ten kam der […], ein lieber guter Mensch. Milows Husten dauerte fort, und so Februar beschlossen.

Maertz fing mit Bettys Bitte des Kommens wegen an. Ich wünschte sie, mein Hertz hing an der Tochter, alle meine ehemahligen Wünsche, bey meiner ersten Schwangerschaft kamen in meine Seele zurück. Wie gerne hätte ich ihre Bitte gewährt. Auch Theilnehmerin ihrer Angst, Hülfe ihr zu seyn, wünschte ich, Zeugin ihrer Freude – denn das *erste* Gebähren einer Tochter hat unaussprechlichen Reitz für eine Mutter. Aber *alle diese Wünsche* mußten unterdrückt werden. Hinunter Hertz mit deinen Wünschen hieß es, wie es schon oft in meinem Leben geheißen hatte. Pflichten zwischen Mann und Kind kam in Kollision und die gegen den Ersten war die wichtigste für mich, der mußte die 2te geopfert werden. Milows Husten und Krankheit dauerten fort, mein Leben ward Sorge, Gram, Thränen. Am 12ten hörte ich Vater abermahls heftig mit dem Magister zusammen, ich fürchtete, sah meinen Mann blaßgelb mit zitternden Händen, kaum hörbarer Stimme. Ich hin zum Magister und hies ihn gehen. Er packte sogleich. Milow ward […] auf mich, weil er niemanden sogleich zu bekommen wußte, ich zu Ziegenbein, bat mit ihm zu sprechen, um alles wieder gut zu machen, aber vergebens. Er packte und ging den folgenden Morgen um 6 ohne Abschied zu nehmen durch die Hinterthür weg. Milows einziger Gedanke, einziges Gespräch ward nun dieser Mensch, und mit jedesmahligen Aerger verbunden. Kein Wunder, daß sein Husten, seine Krankheit sich täglich mehrte. Die Nächte wurden alle nur halb verschlafen.

19. nahm Lüttkens, unser 8 jähriger Zögling, ein trauter Jüngling, Abschied. Dies rührte uns alle, denn er ist einer der besten Menschen. Hertz und Karracter unverbesserlich. Vaters Krankheit ward hartnäckig und Thränen und Leiden mein Los.

Den 23sten war Karoline krank. Sie bekam eine Art Gallenfieber. Vater krank, sie krank und den 27sten ward auch ichs durch das viel gehabte. Ich ward den Körper nach bald wieder besser, auch Karoline. Meine Seele aber blieb trübe, die Freude von mir gewichen und der Monath trübe beschlossen.

Aprill fing unruhig mit vermehrten häuslichen Geschäften an. Herr Ziegenbein war krank, Milow wars noch immer, der neue Hofmeister noch nicht da, daher Unruhe und Wirrwarr überall. Dies dauerte so bis Ostern fort, und es kamen nur selten heitere Zwischenräume. Oft war Wunsch nach jener Welt heiß in meiner Seele, zuweilen, ich gestehs aus Unmuht, aber zuweilen auch aus lebhafter Ueberzeugung, es sey *dort besser.*

Ostern reisten mein Nikolaus und Cilchen nach Bremen, meine Augen begleiteten sie so lange ich sie sah, mein Hertz noch länger.

Scheel verließ uns auch. Nun gabs der Arbeit in Menge, die neue Mamsell und der neue Hofmeister kamen Ostern. Ersterer ein schwacher Mann, nicht für uns, sein Karracter als Mensch gut, aber die jungen Leute haßten ihn und spotteten seiner. Die T. häßlich, indolent im hohen Grade, aber hertzlich gut bey den Kindern, wenn ich sie 8 Jahre eher gehabt, wäre sie mir wichtiger wie die Krüger gewesen.

Die W. reiste auf 8 Wochen mit ihrem Mann weg. Sie brachte mir auf diese Zeit ihren Sohn. Wie sie von uns ging, sprach sie davon, sie würde wohl meinen Mann nicht wieder sehn, so schwach war er. Den 28sten wollte ich meine Kinder wieder holen und fand sie nicht, dies trübte Vater, dies mehrte seine Krankheit. Es vergingen traurige Tage, doch auch gefühlvolle Scenen. Ich sah meine Mutter, die nun wie ich glaubte, bald den Berg erklettert habe, dessen langsamer saurer Weg, mir, wie ich glaubte, noch halb bevorstünde und auch dieser Monaht mit seinen Leiden und Freuden vergangen.

Dormann kam Ostern, den May kam Nikolaus wieder, Cilchen war geblieben. Er erzählte so manches, das Freude gab, aber auch so manches, das die Brust mit Kummer, der tief gefühlt ward, füllte. Der Frühling kam, aber sein Genuß war mit Kummer vermischt. Vaters Husten und Krankheit dauerte unausgesetzt fort. Das Wetter war schön, aber an keine Besserung zu denken.

Den 10ten Brief von meiner B. mit nochmahliger heißer dringender Bitte des Kommens. Die Bitte war zu dringend, und sie ward *abgeschlagen* mit schwerem Hertzen, aber doch mit dem Gefühl, das Abschlagen sey in *diesem* Falle Pflicht. Den 13sten schrieb ich mein *Nicht*kommen mit tiefster Rührung und Vernunft und erst den 14sten nach dem er weg war, ward ich heiter und zufrieden, betete für sie aus tiefer Seele und übergab sie ihrem Gotte. Milow war und blieb krank. Den 17sten arbeitete ich ruhig mit Hanchen. Milow lag auf dem Kanapee bey uns. Es kam ein Brief – Betty sei glücklich von einem Sohn entbunden. O, diese Empfindung *nicht* für diese Feder, sie bedarf nicht des Aufschreibens. Vater und ich, wir umarmten uns – und in dieser Umarmung ward Gott gedankt und Thränen strömten von beyden Seiten. Vaters Hertz war voll. »Willst du nun hinüber reisen?« fragte er mich. Ich forschte auf seine Gefühle, fand, es sey wahrer Ernst, und sagte ja. Nun ward nach Hamburg zu Jak. geschickt, um Zurüstungen zur Reise, Einrichtungen der Zeit meiner Abwesenheit wegen. Alle Empfindungen bestürmten die Seele, ich zitterte ohne Aufhören, das Blut klopfte, der Empfindungen waren zu viele, die Nacht schlaflos, Milow lieblich und hold.

18sten früh auf, ich fühlte es tief, Milow zu verlassen. O, wie war er so zärtlich, wie ging seine Zärtlichkeit tief durch die Seele. Sehr schmerzhaft nach Hamburg zur lieben Mutter, auch sie war hold und zärtlich. Jakob und Hanchen reisten mit. Das Wetter war herbe und kalt, ich nicht wohl.

Wir reisten die Nacht durch, um desto eher da zu seyn. Wir wollten nicht vors Haus fahren. Der Wagen fuhr durch die Straße, Cilchen stand am Fenster, ward uns gewahr, rief: »Mutter! Mutter!« Ich bebte fast vom Wagen, ich hin und drückte mein theures, liebes Kind, als *Mutter* mit ihrem Kind an mein Hertz und Wonnen der Seligen überströmte mich. Mertens ward aus der Schule geholt; auch seine Freude war groß. Nach dem ersten Taumel der Entzükkung dachte ich an meinen Mann, ging hin, ihm zu schreiben und da nichts als Wonne. Ich hielt das liebe holde Geschöpf auf den Schooß und Freude überströmte mich. Die Zeit verstrich unmerklich. Ich sah alle ihre Freunde, auch das schöne gefährliche Geschöpf, die N.

Die Zeit meines Daseyns würkte ich was ich konnte. Gab hier eine Lehre, dort eine Warnung, hier einen Wink; richtete manches anders ein und hoffe, noch ihr häusliches Glück vermehrt zu haben.

Es waren selige Tage, aber der Tauftag des Kindes unaussprechlich feyerlich für mein Hertz. O, wie ich diesen, meinen ersten Enkel hielt. Der Prediger über ihn betete, meine Thränen auf dem Kinde fielen und ich heiß für ihn betete. Wie strömte mein Hertz von Empfindung über. Werden die über ihn gebeteten Gebete erhört, dann mein Enkel glücklich und gut, dann streifst du unverletzt durch diese Welt, und ich empfange dich dort mit offenen Armen. Es war eine selige Stunde, meine Betty lag vor mir mit einer Engelsmine, als *Mutter. Dies* die seligste Minute der gantzen Reise, da ihr Kind Gott geweiht ward.

Den 25sten reiste ich ab. Ich nahm mit tiefer Trauer Abschied, freute mich, meinen Milow wieder zu sehn – das Wetter besser. Am Baumhause war mir mein Milow entgegen gekommen. Wie ich Hamburg sah von der Elbseite, kamen alle Gefühle wieder in meine Seele, die ich nach meiner *ersten* Entfernung beym *damahligen ersten Wiedersehn* gehabt hatte, und dies traf tief die Seele. Hamburg war mit Mastbäumen wie eine Wagenburg umschattet, es glänzte köstlich. Mein Hertz hob sich, wie es Milow sah; ihn, für den ich nun einmahl geschaffen bin, ihn wieder zu haben. – Aber sein Anblick war nicht wohl, er war gelb und mager. Auch Nikolaus, Karoline, alle sah ich, alle empfingen mich mit Liebe und Freude. Wir fuhren froh heraus, waren immer beysammen und erzählten. Wandsbeck war mir noch nie so lieb und theuer geworden.

Der Monaht ward mit Geschäften beschlossen. Juni verstrich ungetrübt oder nur durch kleine Unruhe gestört. Vaters Husten dauerte fort, sonst war er ziemlich Genuß der schönen Natur, und freute mich der allmähligen Besserung meines Mannes.

Groffen lief in Pfingsten weg, und dies störte und machte Eindruck auf Vater. May dauerte Vaters Husten fort wie seine Kränklichkeit, einen Tag gut, einen schlimmer. Juni fing so an, doch in der Mitte desselben legte sich Vaters Husten allmählig, ob er gleich noch immer etwas blieb und auch er selbst, abwechselnd nicht wohl war. Der Monaht war durch […] besonders merkwürdig ausgezeichnet. Den 27sten kam Wybr., krank von seiner Reise zurück und war *zuletzt* hier. Er war blaß und schwach. Anfang Juli kam Bowenskiold nach 3 Jahren wieder, mir besonderer Ursache wegen merkwürdig, weil bey seinem *damahligen* Abschiede und damahligen Kommen die Sache wegen Mertens Beförderung in Bremen zur Heftigkeit gekommen war.

Vater war gar nicht wohl, gar war nicht heiter, Seele und Körper litt. Der Juli verging nicht heiter. Milow wars selten, dies verstimmte oft auch mich, hatte Einfluß auf die Erziehung meiner Töchter. Sie waren noch immer nicht so, wie ich sie mir wünschte, wie ich glaubte, daß sie nach den auf ihre Erziehung gewandten Fleiß seyn müßten. Dies machte manchen Kummer.

Ende Juli sah ich den sterbenden Wybr. zuletzt. Sein Anblick rührte und erschütterte mich. Ich sah denselben Tag Flors sterbendes Kind, den allmählig seinem Tode zueilenden Pieter Böhl und ging da zur Mutter, sprach mit ihr über das Mißverständnis zwischen H. und meinem Mann. Du Gott seyst Richter zwischen den beyden, du vergieb H. der in *dieser* Sache gewiß das größte Unrecht hat. Milow kränkte, kränkt und wird diese Sache bis zu meinem Tode kränken. Unter allem Unangenehmen meines Lebens steht sie doch oben an, und es vergeht doch keine Woche wo nicht ihrer in meiner Seele gedacht wird.

August schien sich anfangs Milows Gesundheit zu setzen, aber es war nur Schein. Den 13sten August starb Wybr. Sein Tod machte tiefen Eindruck auf mein Hertz. Ich hin des andern Tags zu ihr, sah sie leiden, denn sie litt würklich. Ich mit ihr.

Kurtz nachher kam etwas, daß auch den August zu keinen heiteren Monaht machte. Den 17ten die Nachricht, mein Jakob läge zum Sterben, doch der Schmertz darüber dauerte nicht lange. Gott erhielt ihn. Aber als wenn das Jahr keine Freuden für mich haben sollte, so kam eins aufs andere, Schlag auf Schlag. 21sten hatte ich Verdruß Ziegenbeins wegen. Er verkannte mich. Weil er der erste Mensch gewesen, der mich so verkannt hatte, so war mir dies tief kränkend. Mein Hertz, mein Gewissen machte sich bey seinen bitteren Beschuldigungen, seinen Vorwürfen, bey den fast täglichen Unannehmlichkeiten, die theils durch Milows Krankheit, durch seine daher entstandene Unheiterkeit, durch die Kinder, durch die Geschäfte mit H., durch die vielen, vielen Arbeiten, wobey immer eine die andere jagte, durch die Verdrießlichkeiten mit Bedienten und der Dinge mehr, hatte ich Ziegenbein, wenn er krank gewesen, vernachlässigt. Es war nicht recht von mir, aber ob erwähnte Dinge, Ziegenbeins äußerst widerlicher launischer Karracter, seine Zurückhaltung, das waren die Ursachen davon, und nicht mein Hertz. Dies machte, daß ich durch seine Beschuldigungen nicht aufgebracht gegen ihn ward, und es mir zur Pflicht machte, Sorge für ihn zu tragen. Aber mein gutes Gewissen vermochte doch nicht, daß mich nicht die Sache tief kränkte.

Ende August war die Witwe Wybr. hier, sie war gantz herzliche Schwester. Auch kam meine Mutter, die seit einem Jahr nicht hier gewesen war; meine Seele freute sich ihrer. O, wie hängt mein Hertz doch an meiner Mutter. Sie brachte mir einen Brief von Christian mit, der seiner Frau Entbindung von einem Sohn meldete. Mit warmer schwesterlicher Theilnahme freute ich mich das, und dies waren einige glückliche Tage, womit August sich schloß.

Sept. Anfang war schon anders, denn den 3ten ward Vater von neuem krank. Seine Krankheit nahm mit jedem Tag zu, mit jedem auch mein Kummer, der bis den 11ten immer stieg, wo ich anfing zu verzagen. Milows Krankheit war groß, sein Unmuht, seine Schwachheit; [Text von Margarethe Milow unleserlich gemacht] und so verging ein trauriger unmuhtiger Tag nach dem anderen, welche nur ja zu weilen durch den kurtzen Genuß der schönen Natur erhellt ward, und zu neuen Gram und Sorgen dadurch Kraft bekam. Vater ward mit jedem Tage kränker, das Predigen gab er auf. Anfangs gab er noch Unterricht, aber am Ende mußte auch der aufgegeben werden. Er lag fast immer auf dem Kanapee oder zu Bette, hustete Tag und Nacht ohne aufzuhören.

Des Tags war Arbeit, Gram, Sorge, Verdruß *aller Art* mein Theil, des Nachts Schlaflosigkeit. Und, O wie gerne ertrug ich alles, so lange noch *Hoffnung* von Milows endlicher Genesung mich aufrichtete, aber wie auch die nun allmählig starb, ich an den Gesichtern, an den Reden aller Besuchenden merkte, was sie zu *sagen* vermieden, daß sie für Vaters Leben fürchteten, da, —O, da konnte selbst Religion, Glaube an Gottes besondere Vorsehung, Gebet aus dem innersten der Seele gebetet, mich nicht allzeit standhaft erhalten. Es kamen Augenblicke und Stunden, wo ich mich durch übermäßige Traurigkeit und Zweifel versündigte. Es ging mir, wie es mir schon oft in meinem Leben leider gegangen war, ich glaubte nicht so viele Leiden verdient zu haben. Ich glaubte vor anderen Menschen ausgezeichnet viel Leiden zu haben. Vergieb diese Gedanken mein Vater, du weißt es ja wie bald nachher sie wieder bereut werden, wie bald ich durch den kleinsten Strahl der Hoffnung, durch den geringsten Freuden Genuß wieder erheitert ward. *So* ward Sept. beschlossen, *so* Oct. angefangen, *so* mein Geburtstag gefeyert. Mein Milow war den Tag ziemlich, meine Kinder beschenkten mich, es waren hier viele gute Freunde, ich hatte auch eine freye Stunde, die ich in meinem Tempel, meinem Eichenwald mit Dank und Gebet verbrachte. Des *Ersten* hatte ich doch bey allen Leiden, welches das Jahr gehabt hatte, Ursache für so *vieles*, so vieles zu geben. Das *Letztere* war auch so vieles, aber alles ward doch mit der herzlichsten Unterwerfung unter den Willen meines Gottes gelitten. Kraft und Stärke zu Ertragung künftiger Leiden fühlte ich reichlich und ging nun hin und reihte mich unter den Scherzen und Gesprächen der Freunde und meiner Kinder.

Anfang Oct. sah ich nochmahls meine gute Mutter bey mir, sie war so wohl und so gut, aber ich habe dich doch wohl zuletzt hier gesehen, denn nicht lange nachher ward sie krank. Oct. ward mit häuslichen Geschäften verbracht. Im Anfange schien Vater sich etwas zu erhohlen, predigte auch den 22sten zuerst wieder, aber es war nur Erhohlung. Einen Tag hatte alles Hoffnung, den anderen war alles wieder dahin und gegen das Ende des Monahts ward er wieder täglich kränker. Sein Geburtstag ward traurig mit Ahndung verbracht. Die jungen Leute hatten eine Illumination auf der Diele gemacht. Mir wars, als stände Vaters Leiche da, mit Lüstern umgeben. Vater hatte, ohne daß ich ihm das geringste davon gesagt hatte, den nämlichen Gedanken gehabt. Mich verfolgte der Gedanke.

Der 31ste Oct. wurde zwar nie vergessen, aber doch nie wieder gefeyert.

Nov. fing mit Arbeit an, aber Arbeit wars nicht allein, es kam ein heftiger Streit mit der T. und Hanchen, wobey Hanchen sehr heftig ward. Ich gab ihr eine Maulschelle wie sie verdiente, wobey sie sich ärgerte. Den andern Tag war sie krank. Ich gab ihr ein Vomitif, welches aber zu heftig wirkte. Sie bekam Zufälle, die ihren plötzlichen Tod fürchten machten. Es war der 3te Nov. eine furchtbare Stunde zwischen 10-12. Den andern Tag war sie doch etwas besser und erhohlte sich in einigen Tagen völlig. Auch auf ihren moralischen Karracter hatte dies Einfluß gehabt. Mit der innigsten Reue erkannte sie ihr Vergehen und besserte *von dem Tage an* merklich an ihrem Hertzen. *Dies* alles waren traurige finstere Tage, die durch unzähligen Verdruß, der von allen Seiten herströmte, unmuhtig gemacht ward. Die Nächte waren fast alle schlaflos.

Den 5ten war Milow nach einer schlaflosen, durchgehusteten Nacht gantz erschöpft und krank. Ich war schon bey ihm gewesen, mußte gewisser Ursache wegen weggehen und wars kaum, wie er mich mit lauter Stimme immerfort rief. Alle Glieder zitterten vor Schreck, ich hin und er hustete fürchterlich. Den Abend fühlte ich *zuerst* Schmertz in der Brust und auch die Verhärtung. Den 16ten war Karolines Geburtstag. Er sollte Feststag meiner Seele seyn, aber er wars nicht. Des Abends las ich zur Erhohlung und Zerstreuung in König Lear, und Cilchen bekam heftige Krämpfe abermahls. Milow machte mir deshalb gerechte Vorwürfe und ich ward unmuhtig, vergoß bittere unmuhtige Thränen, bis zuletzt ein Gedicht der Rudolphin meine Seele wieder ruhig machte, und Freude wieder bey mir einkehrte. Den 10ten ging Günther von uns. Er ging von keinem beweint und war wie eine Erscheinung gewesen. Den 11ten kam H. Doelle, ein stiller Mensch, aber kein Gelehrter und kein großer Geist. Milows Husten ward fast noch immer stärker, jede Nacht wenig Schlaf. Den 13ten war wieder einer der finsteren Tage. Ich war schon trübe erwacht, hatte in der Kirche das Hertz leicht geweint, hatte Ahndung, die bey Tische zwischen Vater und Nikolaus eintraf und tief, tief durch die Seele ging. Zwischen 2-3 ging ich nach Günthers Stube, weinte heiße, heiße Thränen, sah eine Leiche und mir wars, als wäre es Vaters seine, und die schrecklichste Ahndung füllte meine ganze Seele. Abends war Vater wieder hold und gut und wäre er nicht so krank, so es ein guter Abend gewesen.

Nun ward Vaters Husten mit jedem Tage schlimmer und fast fürchterlich, er täglich entkräfteter, magerer, kranker. Ich verweinte verarbeitete vergrämte meine Tage. Oft wurden sie durch heißes Gebet gestärkt, und so verging auch Nov., durch nichts ausgezeichnet als daß jeder Tag trauriger ward.

Anfang Dec. war Vater etwas besser und 8 Tage vergingen in ruhiger Arbeit. Nur ward der Schmertz in der Brust stärker. Den 9ten ward durch die Nachricht, die Rowohl läge zum Sterben, getrübt. 10. fuhr ich hin, fand alles traurig, doch Jakob am traurigsten. Des Jungen gefühlvolles Hertz freute mich. Den 11ten bekam ich Abends Zahnweh und das dauerte bis 8 Tage; in einem Jahr also 5 Wochen, wo der *Körper* fürchterlich litt. Dieser Monaht war schrecklich, fast keine Stunde Schmertzen frey. Spanische Fliegen allenthalben, Blutegeln, alles ward versucht, aber alles vergebens.

Ich arbeitete, was ich vor Schmertz konnte, ging nun zu Bette, aber die Ruhe war fern. Sehr oft mußte ich aufstehn und 3 Stunden aufbleiben. Weyhnacht wollte Mertens kommen, kam nicht und dies freute mich, daß er *nicht* kam. Er hätte keine Freude hier gehabt. Weyhnacht war freude-*leer,* nur Schmertzen*voll.* Auch sagte mir Seip Weyhnacht, ich müsse mich operieren lassen. Es war eine fürchterliche Botschaft, aber der gegenwärtige heftige Schmerz ließ das erstere nicht so sehr empfinden. Das Jahr ward tief traurig beschlossen, so traurig wie wenige. Ich war keines Gedankens, keines Gefühls fähig.

1792 kam. Die erste Woche dauerte der fürchterliche Schmertz fort. Ich hatte mir sonst jeden Abend oder jede Woche das gehabte an Leiden und Freuden kurz bemerkt, um es zu meiner Erbauung von jedem Jahre durchzulesen, und es dann auch jährlich, wenn ich meine Geschäfte in diesem Buche einschrieb, benutzen zu können.

Diese erste Woche konnte ich es nicht thun, und nachher fehlte es mir an Zeit und an Muht dazu. Die Beschreibung dieses Jahres wird also nicht so weitläufig und umständlich werden, wie es die der vorigen Jahre gewesen ist. Der wichtigen Dinge werde ich mich freylich wohl erinnern, aber manches, damahls mir freylich wie ichs empfand schwere Leiden, manche Freude wird anzuschreiben vergessen werden.

Vater war Ende Dez. wieder oben auf sein Zimmer gezogen, und glaubte nun etwas an Besserung. Es war aber nur Erhohlung. Im Jan. lief Groffen wohl 4 bis 5 mahl weg. Dies erregte Verdruß und Unruhe bey Vater. Ziegenbein ward täglich kränker, widerlicher, unzufriedener und sagte endlich auf. Er konnte würklich nicht länger arbeiten, sein Körper war zu geschwächt. Vaters Husten und Kränklichkeit dauerte auch fort. So verging Januar. Febr. fast gantz ihm gleich. Vaters und Ziegenbeins Krankheit dauerte.

Groffen war aufgesagt, und hörte auf wegzulaufen. Ich hatte dann einmahl heftige Schmerzen in der Brust, dann verstrichen wieder Wochen gantz schmerzfrey. Ich sprach mit Sievers in Hamburg, der rieth zur Operation, aber erst zwischen Ostern und Pfingsten. Ich sprach mit einer Madam Möller, von der man mir gesagt hatte, aber auch die konnte nicht helfen. Sie versuchte freylich eine symphatische Kur, welche nichts half. Sonst verging Febr. einförmig unter Arbeit und Unterricht, mancher häuslicher Freude und manchen häuslichen Kummer. Meine Kinder machten mir große oft entzückende Freude. Die Söhne waren so gut, so standhaft im Guten, die Töchter wurden immer sanfter, arbeiteten alle an ihrem von Natur freylich sehr heftigen Karracter. Ihr Hertz ist gut, theilnehmend, gantz für ihre Eltern schlagend. Sie haben wenig weibliche Eitelkeit, viele richtige Beurtheilungskraft und werden des besten Mannes wert werden; Karolines Karracter ernsthaft, still, fleissig. Hanchen arbeitete mit Muht und Kraft an ihrem natürlich heftigen Karracter, war außerordentlich fleissig. Cilchen, die mir noch das vorhergegangene Jahr so manchen Kummer durch ihren heftigen stolzen Karacter gemacht hatte, ward sanft und besserte täglich an sich und wird einst so liebeswürdig von Karracter werden, wie sie von Person ist.

Ich liebte alle 3 Töchter hertzlich und alle zeigten mir ihre Liebe täglich, machten mich zur glücklichsten Mutter.

Maerz verging auch noch gantz einförmig. Vaters Husten und Kränklichkeit machte manchen Kummer. Ziegenbein lag oft gantz zu Bette. Ebert ging weg. Es gingen den Ostern viele weg. Toafes, von Groffen, die beiden Böwenskiolds, Lewtzow. Unser Institut war also sehr eingeschmolzen. Ziegenbein ging auch, und unser Haus ward leer. Vater wollte nun einen Hofmeister haben. Er hatte überhaupt zum Institut nicht mehr so große Lust. Seine Kränklichkeit war wohl die Hauptursache davon. Wir hatten ein vierthel Jahr nur 9 junge Leute, und Vater hatte im

Ernst die Idee, sein Institut allmählig eingehen zu lassen. Groffen, Toafes, Lewetzows Abschied rührte gar nicht, aber Ziegenbein seiner mehr. Ob er zwar der einzige Hofmeister gewesen war, der mich nicht leiden konnte, schätzte ich ihn doch seiner würklich ausgebreiteten Kenntniß, seiner vielen, sehr vielen guten Eigenschaften wegen sehr, und es that mir leid, daß er ging, that mir leid, daß er mich verkannte.

Die Wybrandt wurde Ostern wieder Braut eines sehr würdigen vortrefflichen Mannes, des Rathsherrn Heise. Er war Witwer und Vater von 8 Kindern, hatte seine erste Frau außerordentlich geliebt und liebte sie noch. Sie, die Wybrandt, welche ihres Hertzens wegen verdiente glücklich zu seyn, wurde es durch Heise im hohen Grade.

Doctor Seip heyrathete auch wieder. Die Witwe Hartung, sie die Mutter seiner Kinder schon immer gewesen war, ward es nun würklich. Wir waren Ostern bey ihnen, und da bekamen wir die höchst traurige Nachricht, daß Nikolaus Hudtwalcker zu Rathe einkommen müsse. Meinem Milow rührte diese Nachricht so wie mich aufs tiefste. Grade vor 20 Jahren war er als feuriger hoffnungsvoller Jüngling nach Livorno gegangen. Vor 10 Jahren war er als junger Herr mit Bedienten, mit den glänzendsten Aussichten von Glück, mit den höchsten Erwartungen, einst eine der glänzendsten Rollen in Hamburg zu spielen, zurückgekommen; und nun – machte er Bankrott und zwar einen so großen, daß er nur 5 Procent zu geben im Stande war. Der alten Mutter rührte dieser Schlag auch sehr. Meinem Milow und mir ward dies ein Gegenstand manch rührender Betrachtung, mancher Besorgnis unserer Söhne wegen.

Vaters Husten dauerte unausgesetzt fort, bald war er mal besser, bald wieder schlechter. Mein Uebel dauerte auch fort, war auch oft besser, oft schlechter, ward oft ein Gegenstand banger Furcht, und Sorge bald wieder durch Geschäfte und anderer Zerstreuungen unterdrückt.

Im Aprill ging unser Hermann von Böwenskiolds von uns, sein Abschied ging uns allen sehr nah, und auch ihm sah man an, daß er ungern von uns ging. Mein Hanchen ward konfirmirt. Ich führte auch sie Gott zu und hatte die Freude, daß alle Lehren und Bemühungen ihretwegen nicht fruchtlos waren. Gott segne auch sie, sie die 5te, die ich Gott zuführte. Er lasse mich auch sie *dort* wieder finden als eine, welche ihr Gelübte gehalten hat.

Den 8ten May kam des Abends ein Brief von Mertens an seine Frau. Wir erschraken und wußten nicht, ob wir uns auch gantz der Freude überlassen konnten, ob ihr auch vielleicht irgend ein Unglück begegnet sey. Des andern Tags um 11 Uhr kam sie und nun unsere Freude unaussprechlich. Ihr Karl, unser erster Enkel, war himmlisch. Wir waren voll Jubel und der 9te May ein Tag der Wonne und des Jauchzens. Wir verradschten die Stunden und Tage, obgleich auch die größte Freude mit Wemuht vermischt ist, so waren es diese Zeit über auch einige Stunden. Ich hatte der neuen Bedienten wegen gehäufte Geschäfte. Vater war krank, und wir konnten ihr daher nicht die Aufmunterung geben, die Vergnügungen verschaffen, welche sie hier erwartet hatte, und wir lebten auch diese Zeit über gewöhnlich und einförmig.

Den 22sten May waren wir, ich und sie auf Seip seinem Hochzeitsschmause. Hier sah ich meinen ältesten Bruder nach Jahren nach dem unglücklichen Zwist wieder, aber ich sah ihn auch nur. Das Hertz ward schwer, aber es mußte hinunter. Die Nacht schwatzte ich viel und manches mit meiner Betty. Des andern Tags machten wir Visiten, kauften, wollten den Abt Vogel hören und abends nach der Kommödie.

Karoline und Hanchen kamen Mittags und kündigten uns die Krankheit des kleinen Karls an. Wie wir daher des Abends hier kamen, hatte Vater das kranke Kind auf dem Schoße, und das ganze Haus war seinetwegen in Angst und Bewegung. Der Kleine ward immer schlechter. Pfingstabend ward Seip geholt. Den 2ten Tag ward er gantz schlecht und Betty mußte mit dem Kinde zur Stadt fahren, und der Pfingsten ward mir dadurch verbittert. Das Kind ward allmählig besser, bekam aber seine Heiterkeit nicht wieder.

Hanchen liebte, sie ward auch, wie ich glaubte, wieder geliebt. Ihre große Unschuld, Sittsamkeit, Keuschheit aber waren die Ursache, daß sie ohngeachtet ihrer großen Liebe, doch zu wenig Aufmunterung gab und diese Liebe unterdrückt werden mußte. Hanchens Wunsch war auch der *Meinige*. Auch ich baute manche Schlösser in die Luft, träumte mir manche Freude daher und diese Träume der Einbildungskraft gewährten mir mehr Freude, als mir vielleicht die Gewährung dieses Wunsches gewährt haben würde.

Den 10ten Juni waren Hanchen, ich, Vater, Betty und meine Söhne voll von dieser Idee, welche wir fast schon gewiß fühlten.

Den 14ten bekam Betty auch Gelegenheit, des andern Tags nach Bremen zurückzureisen. Sie wünschte nach gerade sehr früh, bald wieder zu ihrem Mertens zu kommen. Wir wünschtens seinetwegen auch, ob wir sonst das liebe Geschöpf mit ihrem Engel gerne noch länger behalten hätten. Der Abschied kam, zwar sagte ich zu Betty, wir würden uns wiedersehn, aber *hier* sehen wir uns *nicht* wieder. So wie ich 91 von Mertens auf ewig für diese Welt Abschied nahm, so nahm ichs nun auch ewig von meiner Betty. Ich fühlte schon damahls, daß es der ewige war, daß wir uns *hier* nicht *wieder* sehn, sah sie daher so lange nach als möglich, prägte mir ihr und ihres Sohnes Bild tief in die Seele, segnete sie mit allem was der gute Vater ihr auf dieser Welt für gut hält. Ja, sie ist wohl geworden meine damahlige Ahndung, wir sehen uns *hier* nicht wieder, aber *dort* meine Beste, *dort* sehe ich dich, deinen Mann, alle deine künftigen Kinder. Mit traurigem Hertzen fuhr ich nach dem Abschied stumm wieder nach Wandsbeck.

Einige Wochen verstrichen nun ziemlich ruhig, aber diese Ruhe dauerte nicht lange, meine Brust wurde schlimmer. Den 10ten Juni war der Wybr. ihre Hochzeit, ich hatte viele Schmertzen gerade an dem Tage, ich ließ daher einen gewissen Karstens kommen, von welchem mir [...] und die Alberti schon lange gesagt hatten, daß er den Krebs *ohne* Messer zu kurieren im Stande sey. Er kam, sagte mir es sey schon hohe Zeit und versprach, mich zu kurieren. Ich konnte täglich zwischen fahren, hatte nicht nötig nach Hamburg zu ziehen. Was nun tun? Ich nahm wie immer in zweifelhaften Umständen meine Zuflucht zum Gebet. Ich betete heiß und innig, daß Gott die Umstände *so* lenken möge, wies mir am besten sey. Es wäre ja Gott auch ohne Wunder ein geringes gewesen, abzuwenden, daß ich diesen Mann nicht annehmen, aber Gott wendete es *nicht* ab, er ließ es zu, er beförderte es – also wars sein Wille und sein *guter* Wille, ob wir schwache Menschen es gleich nicht einzusehen vermögen.

Den 17ten Juli hatte ich ihn zu meiner Mutter Hause bestellt. Ich konnte hier keinen Wagen bekommen, mußte mit schwerem Hertzen den halben Weg in der größten Hitze zu Fuß gehen. Endlich kam Milow mir mit dem Wagen nach. Dieser Mensch machte die Sache so dringend, daß ich sogleich die Kur anzufangen entschloß. Er forderte 60 Marck, 30 sogleich und 30 nach geendigter Kur. Sie wurden ihm sogleich gegeben. Er legte das Pflaster auf und ich fuhr nach Wandsbeck mit dem Versprechen, des anderen Tags wieder herein zu kommen. Kaum aber war ich im Wagen, als sich die fürchterlichsten Schmertzen einstellten. Diese dauerten 5 Stunden, wonach sie sich etwas legten. Des andern Tags fuhr ich wieder zur Stadt, merkte aber, daß das Fahren nicht auszuhalten sey. Die jetzige Heise hatte mir ihr ledig stehendes Haus angeboten. Ich schickte zu ihr und bekam die Erlaubnis, des andern Tags Gebrauch davon zu machen. Ich fuhr mit wahren Höllenschmertzen wieder hinaus. Die Schmertzen dauerten 8 Stunden. Nun packte ich und kramte und rechnete und richtete ein, weinte und härmte mich, tröstete Milow und meine Kinder und fuhr den 19ten mit schwerem Hertzen nach Hamburg, fuhr erst auf Hudtwalckers Garten vor, um da von meiner alten Mutter Abschied zu nehmen, und da zog ich ein. Die Schmertzen kamen wütend. Karoline war bey mir. Vater war den Tag mit den Kindern bey Goßlers gewesen, kam Abends vor, fand mich voller Schmertzen mich windend und mußte so mich verlassen. Hanchen blieb bey mir, Karoline hinaus. Die Nacht war schrecklich. Des andern Tags kam Vater wieder, er blieb bey mir und O, seine

Zärtlichkeit, seine Theilnahme versüßte mir alles Leiden. Ich war bey allen Schmertzen glücklich. Ich empfand die Liebe meines Mannes, die meiner Kinder reichlich und täglich und war sehr, sehr glücklich.

Das Haus hatte ungemein viel Interesse für mich, es waren so viele mir nahe Bekannte aus demselben gestorben. Es war schön, bequem und sehr geschmackvoll meublirt. Der Garten war so einsam, so klösterlich und so schön, ich genoß darinnen die frische Luft und Bequemlichkeit.

Die ersten 5 Tage war der Schmertz groß, nachher sehr mäßig. Den 28sten Juli ging die Brust offen. Der Mensch behauptete, den Krebs heraus genommen zu haben. Es war aber nichts wie die Brandhaut gewesen. Nun blieb ich noch bis d. 31sten Juli, da fuhr ich zuerst wieder nach meinem Wandsbeck. Nachher fuhr ich abwechselnd hinaus; anfangs auf Tage, nachher auch auf Nächte, bis ich den 29sten August gantz unverrichteter Sache wieder herausfuhr. Ich freute mich freylich zu meinem Wieder kommen, aber wie unendlich größer würde meine Freude gewesen seyn, wenn ich kuriert geworden wäre. Meine Brust war nun offen, eiterte aber nur wenig und blieb noch fast 5 Wochen offen. Da heilte sie und nun war alles wieder wie es vorher war, außer, daß ich einige Knoten unterm Arm bekommen hatte. Der Mensch behauptete, ich sey Ostern kuriert und ich war schwach genug, ihm noch immer zu glauben und mich ihm zu überlassen.

Mein Milow nahm mich mit verdoppelter Zärtlichkeit wieder auf, und wäre die Brust nicht gewesen, hätte ich nicht oft heftige Schmertzen empfunden, so wäre dieser Sommer gewiß einer meiner glücklichsten gewesen.

In Hamburg lebte ich auch manche frohen Tage. Mein Milow kam oft mich zu besuchen und war immer unaussprechlich zärtlich. Meine Söhne kamen so oft zu mir, verbrachten oft ganze Abende bey mir zu, gingen mit mir aus und machten mir manche Freude.

Im Juli hatten wir 2 Parish wieder in unserem Institute bekommen und Ende August 3 Engelländer, 2 Borrows aus Manchester und einer Warren aus London. Ich fing nun mein gewöhnliches Leben wieder an, fand hier natürlich gehäufte Arbeit, und, weil ich wöchentlich einmahl nach Hamburg mußte, so nahm mir dies auch viele Zeit weg.

Die Tentfour war nicht für die großen Töchter. Sie gab in Ansehung ihres Verstandes und ihrer Kenntnisse zu viele Blößen, und dadurch achteten die Kleinen sie auch nicht genug. Wir trennten uns daher Michaelis von ihr. Nicoline überließ ich zum Unterricht Cilchen, und sie wandte auch allen Fleiß auf ihren Unterricht.

Mein Bruder Nicolaus war diesen Sommer sehr oft seines künftigen Fortkommens verlegen. Endlich reiste er auf Rechnung eines fremden Hauses auf lange Zeit weg. Er war sehr bey seinem Abschiede von mir gerührt. Er bat Vater, doch eine von den Töchtern bey seiner Frau zur Gesellschaft zu lassen. Nach vielem Bereden erlaubte Vater es, und Hanchen ging zu ihr zuerst. Ich lebte und wirkte nun bey meinen Töchtern was ich *konnte*. Dies Zeugnis müssen sie mir geben. Ich las vor, was ich Ihnen gut kam. Vater gab sich in Ansehung des Unterrichts alle Mühe. Ich ermahnte, belehrte, unterrichtete, wo ich nur konnte. Vaters Husten dauerte freylich fort, aber sonst war er munter und hatte unweit mehr Kräfte und studierte an seinen Werken mit allem Eifer.

Meine Brust ward aber immer schlimmer. Die Schmertzen wurden mehrere und stärkere, der Knoten härter. Ich hatte es so hingehen lassen, bis den 27sten Nov., wo ich es endlich für Pflicht hielt, einmahl ernsthafte Anstalten zu machen und mit Doc. Grasmeier sprach. Er wollte sein Urteil nicht sagen, ehe er mit Dr. Seip gesprochen hatte. So viel aber merkte ich an ihm, daß er eine Operation für nohtwendig hielt.

Ich brachte Hanchen an diesem Tage wieder mit zurück, wo sie von des anderen Tages krank, ward es mit jedem Tage mehr, indem sie eine heftige Diarrhen [Durchfall] bekam, welche so sehr zunahm, daß wir den 1sten Dec. eine innerliche Entzündung befürchteten.

Den letzten Nov. ward Vater auch wieder krank. Den Sontag wollten wir kommuniciren. Vater aber ward so schlecht, daß er nicht zur Kirche kommen, im Hause Beichte sitzen und auch im Hause mit mir kommunicirte.

Sonnabend und Sontag, welches mir sonst immer Festtage gewesen waren, wenn ich meine Kinder Gott zu führte, waren nun höchst unruhige traurige und leidvolle Tage, jedoch rührte mich die Handlung auf Vaters Stube sehr, und mein Hertz war voll Andacht. Vielleicht war es das *Letztemahl*, daß ich kommunicirte.

Des Nachmittags kam Seip, es ward Hanchen ein Aderlaß und spanische Fliege über den gantzen Leib verordnet. Gegen Dienstag ward sie und auch Vater allmählich wieder besser, und diese Angst ward abermahls glücklich überstanden.

Den 14ten December, wie Hanchen völlig hergestellt war, brachte ich Karoline zur Stadt. An dem selben Tage sprach ich Dr. Seip und Dr. Grasmeier, und beyde kündigten mir denn nun an, oder ließen mir vielmehr die Wahl zwischen, noch ein Jahr zu leben, dann des fürchterlichsten schmerzvollsten Todes zu sterben, oder mich operiren zu lassen. Beydes war höchst schaudervoll. Die Operation, das Abschneiden der gantzen Brust, alles dieses stand furchtbar mir vor. Ich ging noch zu einer Frau, die sich hatte operiren lassen und welche mir nun alles fürchterliche davon erzählte. Meine Knie zitterten, und ich war in einer würklich tief traurigen und angstvollen Empfindung.

Ich kam zu Vater und zu meinen übrigen Kindern, auf denen allen besonders auf Vater, aber auch auf meinen Kindern, diese Nachricht tief wirkte. Alles bemühte sich, mir seine Liebe und Zärtlichkeit zu beweisen. Die Angst aber hatte so sehr auf mich gewirkt, daß ich Sonnabend und Sontag nicht wohl war. Ich brachte noch denselben Freytag Abend und die folgenden Tage meine Schriften, Rechnungen und dergleichen in Ordnung.

Den 15ten aber war ein sehr feyerlicher Tag. Meine Söhne kamen heraus, und ihre so zärtliche Theilnahme, ihre so wahre, warme, so kindliche Liebe rührte mich unaussprechlich. Es war ein sehr feyerlicher Tag.

Den Nachmittag ward nun Nikolaus krank. Wir hieltens für ein Flußfieber und Erkältung. Er ward aber immer kränker und schwächer.

Meine Betty, welche im Jan. ihrer Entbindung entgegen sieht, hatte schon einige Zeit vorher um die Herüber kunft einer ihrer Schwestern gebeten, welches ich auch für Pflicht und Schuldigkeit von unserer Seite und von den Schwestern ihrer hielt, weil sie niemanden hatte, sie ihren Sohn und großen Hausstand Fremden überlassen müßte. Vater aber sah die Sache aus einem anderen Gesichtspunkte an. Er sagte, er wisse nicht, wie lange er lebe, seine Töchter müssen sich dann selbst nähren, sie müssen also jede Zeit dies zu thun benutzen und ja keine versäumen. Zudem müßte ich eine nach Hamburg nehmen, und er habe dann hier nicht an einer genug. Betty schrieb die dringendsten Briefe, auch Mertens bat, aber es ward – abgeschlagen. Ich leugne nicht, daß mich diese Abschlagung tief kränkte. Ich versuchte mit allen […] was ich konnte, Vater zu bewegen, aber alles war vergeblich, es ward abgeschlagen. Seit der Zeit nun schwebt Bettys Bild immer vor meiner Seele. Ich habe sie Gott im heißen Gebete empfohlen, weil ich nun weiter nichts über sie vermag. Gott hilf ihr! Sey du ihr Beystand, da sie von ihren Freunden keinen hat.

Meine Operation muß in Hamburg geschehen. Mama kann ihres Alters wegen es nicht haben, Nikolaus Hudtwalckers Frau ihrer feinen Nerven wegen nicht, die Köster ihrer Zimmer wegen nicht. Auch diese abschlägigen Antworten kränkten Milow besonders sehr. Wo ich nun noch bleibe, weiß ich nicht, vermutlich in der Scheel ihrem Hause. Mein Nikolaus wollte Weyhnacht Abend zur Stadt. Ich wollte es nicht gerne, machte ihm Vorwürfe deswegen, er ließ den Wagen abbestellen und ward aufs neue wieder krank, und nun liegt er noch immer elend danieder.

Mit *welchem* Hertzen Weyhnacht gefeyert ward, brauche ich wohl nicht zu sagen.

Mein Dank, heißer Dank Gott! für das vergangene Jahr! Ich vermag nicht mehr. 1793 schwebt furchtbar vor mir – Gott, der du in meinem Hertzen siehst, weißt alle die bangen Ahndungen, mit welchen ich in dasselbe trete. Mein Gebet war heiß mit Angst, mit Vertrauen verbunden.

Ists möglich Vater, daß dieser Kelch von mir vorübergehe, doch nicht *mein*, sondern *dein* Wille geschehe.

Dieser Kelch ist mir nicht vorübergegangen, also war es *dein* Wille, daß ich ihn trinken muß und ich trinke ihn dann, sey es zum Leben oder zum Tode. Ich fürchte den letzten nicht, aber ich glaube, meinem Mann noch nützlich zu seyn. Doch alles dies weißt du, mein himmlischer Vater besser wie ich.

Mit viererlei Arten von Angst gehe ich in 1793 hinein.

Erstlich Bettys Entbindung – Gott Vater sey du *ihr* Vater, gib ihr und Mertens was ihnen gut ist. Dann wache über meinen Mann, Gott, er ist besser, unweit besser wie voriges Jahr, aber doch von Gesundheit weit entfernt. Erhalte ihn, Gott, für seine Kinder, sie bedürfen seiner, wenn ich auch seiner nicht lange mehr bedarf.

Du weißt, Gott, wie sehr alle meine Kinder meinem Hertzen nahe sind, wie ich nur für sie lebe und webe und immer gelebt und gewebt habe, wenn nun mein Nikolaus stürbe, so kann er ja dann zu mir – und doch Gott, erhalte, O, erhalte ihn seinem Vater, seinen Geschwistern, beyder Mädgen beiden Freude muß er bleiben. Auch deiner Welt kann er nützlich werden. Auch *meinetwegen*, Gott, erhalte ihn, schicke mir noch vorher die Freude, daß ich ihn sich bessern sehe, daß ich Hoffnung zu seiner Gesundheit habe.

Und nun der Abschied.

Gott tröste, Gott stärke dich mein Milow, laß die wenigen Jahre, die du noch zu leben hast, dir so schmerzensfrey so freudenvoll als möglich verstreichen, laß ihrer eine großen Zahl der Kinder wegen werden.

Nun Gottes Seegen, Gottes weisen Seegen auch auf Euch meine Kinder. Es wird diesem Hertzen, daß gantz an

Gott hängt, doch schwer, von Euch zu scheiden – an die Welt und ihren Freunden hängs nicht, aber an Mann und Kindern. Wenn *Ihr* das lest, ist der gantz fürchterliche Schmertz überstanden, der Tod überwunden, dann bin ich glücklich! Werdet gut, Kinder, ich beschwöre Euch, ich bin jetzt schon fast Sterbende. Werdet gut, liebt und ehret Euren Vater, und O, dies sey mein *letztes* Wort, laßt es das wirksamste seyn. *Liebt Euch untereinander!!*

O, Wer hätte gedacht, daß ich je wieder dies Buch in Händen bekommen würde, aber bey dir, Gott ist kein Ding unmöglich. Also heißer unaussprechlicher Dank mein Herr und mein Gott, mein himmlischer Vater, daß du diese mir so fürchterliche Operation hast überleben lassen. Mein Hertz ist voll Dank gefüllt und sollte auch *alles umsonst* gewesen seyn, so werde ich doch die noch übrige Zeit meines Lebens nicht anders als mit diesem heißen Gefühl des Danks an dies Ueberstehen denken. Dank, nichts wie Dank soll zu lesen seyn. Vertrauen, kindliches Vertrauen sey künftig herrschendes Gefühl meiner Seele. Es komme mir auch nun was da wolle, es kommt von dir Gott, von dem Vater, der mich liebt, der mir in der furchtbaren Stunde half, wird mir ferner helfen.

Mit meinem Nikolaus besserte es sich allmählich, so daß ich ihn den 23ten Januar nach Hamburg bringen konnte. Er war noch sehr schwach, daher mein Abschied mit ihm rührend. An diesem Tage nun ward mein Einzug in der Scheel ihrem Hause, der ich diese Güte Zeitlebens danken werde, festgesetzt. Alles mit der Frau im Hause, mit den Wärterinnen accordirt, mit den Ärzten der Operationstag auf den 31sten festgesetzt, kurtz, alles mit der guten Köster auch verabredet und nun fuhr ich, wie ich glaubte, zum letzten mahle nach meinem Wandsbeck. Mit welchen Herzen, beurteile jeder, der zu fühlen vermag.

Ich hatte es so eingerichtet, daß mein Körper nicht in Hamburg bleiben, sondern sogleich nach meinem Tode in einer Kutsche gepackt hinaus transportiert werden sollte.

Hier nun hatte ich die übrigen Tage der Zerstreuungen genug. Alle Rechnungen und Schriften wurden in Ordnung gebracht, das Inventarium von Kleidern, Wäsche, Möbeln berichtigt, mein letzter Wille aufgesetzt, die Wäsche, welche zum Gebrauch bestimmt war, in einen Schrank und die übrige in einen anderen gepackt. Es ward noch gewaschen. Die Söhne bekamen ihre Wäsche zur Stadt, kurtz, ich richtete alles so ordentlich wie möglich ein. Dabey mußte nun natürlich mich dieser Euer Gedanke, der Trennung von Mann und Kindern, nohtwendig immer verfolgen. Bey den Letztern bewirkte ich noch bis zuletzt, was zu bewirken möglich ward.

Und so kam denn der furchtbare Tag des Abschiedes, des ewigen aus meinem Hause immer näher. Noch hatte ich keine Freundin, welche mir in der furchtbaren Stunde beystände. Die gute Köster hatte sich dazu erboten, aber ich fürchtete mit Recht ihre Schwachheit. Aber auch hier sandte Gott wider mein Erwarten Beystand. Meine alte Freundin Kruse, die 8 Jahre bey mir gewesen und in Lüneburg gewesen war, kam am Sontage den 27sten in Hamburg an. Dies hörte ich von den jungen Petersen. Ich schrieb daher an sie, so bald nach ihrer Ankunft heraus zu kommen. Sie sollte nun mit den in Lüneburg erwählten Superintendenten wieder dahin zurück und vorher in seinem Hause alles verpacken.

Gleich nach Empfang meines Briefes kam sie heraus und half mir packen. Dies war wahre Freude zu einer Zeit, wo ich gar keine mehr zu hoffen erwartete. Nun ward sich gefreut und gepackt und beruhigt und dies alles zerstreute sehr.

Meine Betty sollte, weil sie ihre Entbindung erwartete, nichts von der Operation wissen, und ich schrieb noch zuletzt einen äußerst gleichgültigen Brief an sie, der mir sehr schwer zu schreiben ward. Er mußte ohne alle Spur des Abschieds, des tiefen Gefühls meines Hertzens seyn, und das Hertz wollte doch bey jedem Ausdrucke auf der Zunge, und um dies zu verhüten, mußte alles, was Spur von Liebe zeigte, unterdrückt werden, daher war dieser Brief gewiß der kälteste, herzloseste, der ihr je geschrieben ward, und sie hätte an seiner außerordentlichen Gleichgültigkeit und unbedeutenden Materie schon was merken können.

Endlich war auch das überstanden. Auch an meinen Bruder, den Prediger, ward geschrieben. Aber der Brief war gantz anders. In dem war alle Angst des Innern meiner Seele sichtbar. Den gab ich Daniel, ihn ihm erst *nach* der Operation zu schicken, sie möchte nun ausgefallen seyn wie sie wolle.

Nun ging ich noch den letzten Abend spät mit der Kruse zu Claudius, um von der lieben guten Frau Abschied zu nehmen. Und nun kam ich zu Hause, alles war gethan, alles meinem Mann, meinen Töchtern überliefert. Und *dieser* Abend *nicht* für die *Feder.* Wer meines Mannes Liebe gegen mich, die meine gegen ihn kennt, kann unsere Gefühle sich denken. O, wie littest du bester *köstlichster* Mann, wie sah ich in dem Zwange zur Ruhe darin Seelen angst, deine dir nie zu vergeltende Liebe. Ich nahm von jedem meiner Kinder besonderen Abschied, sagte einer jeden nach ihrem besonderem Karacter, was ich ihnen zu sagen für nohtwendig hielt.

Der Sontag vorher war der Abschied von meinem Jakob, der fast außer sich war, gewesen. Die gute zärtliche Karoline war untröstlich, die treue Hanchen, welche mit mir zuerst fahren sollte, außer sich, die tief fühlende Cilchen war schon Wochen stumm vor tiefer Trauer, auch die gute Henriette hatte ihre Jugend abgelegt und weinte, die kleine Nikoline war krank, war ihrer Art nach auch traurig.

Ich mußte die letzte Nacht, weil mein Bett schon abgeschlagen war, bey meinem Milow schlafen, denn die Stelle, wo meines gestanden, war leer. Hier sollte künftig Cilchen ihres stehen. Diese letzte, schreckliche, schlaflose und doch durch die unbegränzte Liebe meines Mannes so sehr versüßte Nacht, verging auch, denn *alles*, selbst das Schrecklichste vergeht.

Ich stand frühe auf, nahm noch von jedem der jungen Leute feyerlich Abschied, sagte jedem besonders, was ich ihm zu sagen für nohtwendig hielt und rührte einige sehr tief. Den Hofmeister Dölle hatte ich Abends vorher die jungen Leute empfohlen.

Um 8 kam der Wagen, der die Sachen wegbringen sollte und wie der bepackt war der Meinige. Mein Mann zwang sich, aber O, wie sichtbar sein Zwang. Auch ich zwang mich, war noch vorher im Hause, welches ich nie wieder zu sehn glaubte herumgewesen und nun —

Ich fuhr weg. Alles weinte mir nach, so gar im gantzen Orte kamen alle Menschen an die Thüre und grüßten mir Abschied und Seegen zu. Ich fuhr in Hamm vor, um noch von der guten Hintzen Abschied zu nehmen, sie zu bitten, im Falles meines Todes, meinem Mann und Töchtern beyzustehen. Wie ich wieder weggefahren, ging der Boden der Kutsche los und ich mußte über eine halbe Stunde bey ihnen bleiben. Da noch einen Blick meinem Wandsbeck zu und fort.

Ich fand die treue Köster schon an der Thüre des kleinen Hauses zu meinem Empfange bereit. Mir war der Einzug höchst feyerlich, es war als bezöge ich mein Witwenhaus, und selbst in diesem furchtbaren Augenblick war mir der würkliche Einzug selbst zu dieser fürchterlichen Sache lieber. Ich schrieb meinem Milow meinen Empfang. Alles ward aus und wieder eingepackt. Dr. Grasmeier und Jakob besuchten mich, der Letzte war außer sich, war, wie er sagte, keines Geschäftes fähig. Ich schrieb noch ein Billet an Mann und Kinder, speiste bey der K., ging noch nach Tische zur Tüffel, fuhr Abends erst zu meinem Nikolaus. Ich sah ihn doch besser, nahm Abschied von ihm, aber weiß nicht mehr, was ich ihm sagte. Von ihm zu Mama. Hier war nun meine Absicht, von meinem ältesten Bruder Abschied zu nehmen und ob ich ihn gleich nie beleidigt hatte, auch keine Feindschaft unter uns gewesen war, so wollte ich ihn doch gerne sehen und auch von ihm Abschied für diese Welt nehmen. Wir hatten ja so manche tiefdringenden Abschiede von ein ander genommen. Ich ließ daher den jüngsten Bruder Daniel kommen und sagte ihm von meinem Vorhaben. Er widerriet es, weil, da ich ihn so lange nicht gesehn, es zu tiefen Eindruck auf mich machen und dieses mir schädlich werden konnte und dann auch, weil er gar nicht wußte, daß ich Morgen würde operiert werden. So möchte dies, da er zudem krank sey, ihn zu sehr erschüttern. Ich ließ es also. Sie war nicht zu Hause. Nun bisher war ich noch ziemlich gewesen, aber nun fing meine

Angst mit jeder Vierthelstunde an zu steigen. Ich ging immer auf und nieder, die Knie zitterten. Endlich schlug es 9, ich nahm von meiner Mutter Abschied, es war der am wenigsten schwere, weil der Gedanke erleichtert machte, dies werde nur ein Abschied auf *kurtze* Zeit seyn. Nun kam ich zur Köster, aß da das letze Mahl und nun hin zu meinem Hause. Ich legte mich nieder, schlief wenig doch etwas, erwachte früh, zählte die Stunden bis zur furchtbaren Stunde, stand gegen 8 Uhr auf, frühstückte, ging die Treppen auf und nieder und war in großer Unruhe. Die liebe Köster kam, mein treues Hanchen, die gute Kruse, alles ermunterte, aber *unendlicher* Trost war nicht hinreichend. Die Angst meines Hertzens war zu groß. Ich bat alle, unten zu bleiben und nun ging ich hinauf, warf mich vor dem Stuhl, auf welchem die Operation geschehen sollte, zur Erde und betete, betete heiß und innig, denn *solche* Noht lehrt beten. Wie oft hatte ich nicht schon die Wirkung des Gebets erfahren, nun erfuhr ich sie wieder. Ich stand gestärkt und gefaßt auf, war ruhig, und ging mit *Ruhe* ans Fenster und erwartete mit ordentlicher Sehnsucht meine Ärtzte. Sie ließen lange auf sich warten. Endlich um 10 Uhr kamen sie. Seip blieb oben mit der Köster bey mir, Grasmeier zur Zubereitung hinunter. Ich ging auf und nieder, endlich kam er, sein Gehülfe und die Kruse. Mein Hanchen blieb unten, ich befahl Friedericke, nicht von ihr zu gehn. Ich machte meine Taschen los, zog mein Leibchen aus und setzte mich, die zitternden Knie, fürchtete ich, möchten Grasmeier hindern, er hielt sie zwischen den Seinen fest. Seip hielt den rechten Arm in die Höhe, der Gehülfe stand hinter ihm, die Köster hielt die linke Hand, die Kruse das Brett mit den Messern und übrigen Sachen, ich machte die Augen zu, und — es war geschehen. Ich öffnete die Augen und sah die blutige Brust liegen. Er wartete etwas, ich schloß wieder die Augen und der 2te Schnitt geschah. Es dauerte länger und ich fragte, »Ists bald vorüber?« - und auch das wars bald. Er forderte Kohlen, und ich fragte mit Angst, »Sie wollen doch nicht die Adern zubrennen?« Nachdem nun alles verbunden war, ward ich übel, mußte mich übergeben, und darauf mußte ich noch ein ander Hemd und Leibchen anziehen und dann zu Bette. Hier war ich nun voll innern Danks, heißer Dank war in meiner Seele, aber ich war zu schwach ihn auszudrükken. Gefühlt ward er indes tief!

Der Schmertz kam sehr heftig. Ich ertrug ihn aber so gerne. Das größte, die größte Angst, der stärkste Schmertz doch *überstanden.* O, wer fühlen kann, was es heißt, *solche Angst überstanden* zu haben, der fühle meine damahlige Empfindung mit mir.

Mein Milow nun war, nachdem ich den 30. abgefahren war, außer sich gewesen, auf seinem Zimmer hatte er nicht zu bleiben vermocht, er war unten geblieben, auch Stunden hatte er nicht geben können, sondern immer hatte er mit Liebe von mir gesprochen. 2 Briefe, die ich ihm geschrieben gelesen. Abends sey er hinauf gegangen und habe meine Lebensgeschichte zu lesen angefangen und mit Cilchen, welche in derselben Kammer mit ihm geschlafen, bis 2 Uhr gesprochen. An Schlaf sei nicht zu denken gewesen. Des andern Morgens sei er nur mit schwerem, schwerem Hertzen mit seinen 3 Töchtern stumm und thränenvoll zur Stadt gefahren. Es war Abrede nicht vor meinem Hause, sondern vor der Köster ihren auszusteigen. Mein Jakob, der immer unruhig umher gegangen war, hatte schon die Nachricht des glücklichen Ueberstehens bekommen, er erwartete Vater an der Kutsche, um ihm die *erste frohe* Nachricht zu bringen. Das soll in Kösters Zimmer die rührendste Scene gewesen seyn, wie Vater seine Kinder umarmt und gantz Dank gegen Gott gewesen ist. Nachher eilte er nach meinem Hause, und darauf auch zu mir. Er sah mich, ich sah ihn, und unsere Blicke verstanden sich, ob wir uns gleich nicht sprechen durften. Ich sah auf Vaters Gesichte, *was* er *für mich gelitten* hatte mit Dank und Wehmut. Er sah auf dem Meinigen, wies mir gegangen war, er ging nach der Kammer und sah das Abgeschnittene und erschrak. Ruhe war mir so sehr anbefohlen, also blieb nur die Köster bey mir, die Wärterin und ein Chirurgus, der mit einem andern abwechselte und 2 Nächte und 2 Tage nicht hinter dem Bette weggingen. Gegen eins ward mir gantz elend, und ich glaubte nun zu sterben, sagte immer, das ist der Todt. Ich bekam Zuckungen, Krämpfe, Uebelkeiten und beym Erbrechen fühlte ich das heiße Blut gegen die Wunde zu strömen. Man schickte nach Grasmeier, er verordnete vielerley, Küssen von Kamille, Oel und Klee, Kamillen Thee und dergl. Nach 2 Uhr legte sich dieser *wahrhaft schreckliche Zufall,* von dem Vater nichts erfuhr. Nachmittags aber bekam Vater als Folge der Angst und Schlaflosigkeit eine Ohnmacht, welche unter den Kindern viel Schreck veruhrsachte. Endlich erhohlte sich Vater auch wieder. Meine Kinder wünschten mich, ehe sie wieder herausfuhren, doch zu sehn. Sie kamen hinauf. Ich sah auch sie, kannte jedes von ihnen, sah Kummer, Angst und Freude, daß das fürchterlichste überstanden war, auf jedem Gesichte. Ich winkte ihnen meine Liebe zu, mehr vermochte ich nicht, und sah sie nach, bis sie zur Stube hinaus waren. Sie haben mir aber nachher gesagt, sie hätten gewünscht, mich nicht gesehn zu haben, mein Gesicht sey gantz totenblaß und verzogen gewesen.

Meinen Jakob, der nun, weil alles überstanden war, gantz froh war, sah ich auch. Vater fuhr Abends um 8 mit Prof. Nölting, der bis dahin bey ihm gewesen war, nach seinem Hause. Vorher sah ich ihn noch, drückte ihm die Hand, dankte ihm für allen meinetwegen gehabten Kummer. Die gute Köster wie auch die Kruse, waren wechselweise bey mir. Die erste Nacht wachte der Chirurgus, die Kruse und die Wärterin bey mir, die 2te der Chirurgus, Hanchen und die Wärterin. Ich schlummerte viel, erwachte oft und schlummerte wieder. Freytag sah ich meinen Milow wieder und er fuhr mit etwas leichterem Hertzen wieder hinaus. Ich bekam ein Wundfieber, aber sonst keine Verblutung. Sontag blieb Jakob in Wandsbeck bey seinen Schwestern, und Vater kam wieder herein, und ich konnte mich schon seines Wiedersehns und meiner überstandenen Angst und Schmertzen freuen. Vater saß Abends schon vor meinem Bette, ich sprach schon etwas. Die Nacht schlief er unten in meinem Hause. Die Nacht aber ward ich wieder sehr schlecht. Ich bekam wieder die heftigsten Zuckungen, Krämpfe, Beängstigungen. Ich ließ Hanchen und die Kruse wecken, aber ohne daß mein Mann etwas erfuhr, schickte ich früh zu den Ärtzten. Seip kam auch sogleich und gegen 9 ward ich etwas besser, und Vater erfuhr von dem Zufall der Nacht nichts. Am Dienstag sollte ich zum erstenmahl verbunden werden, aber das Fieber war zu stark, man konnte nicht wagen, mich aufstehn zu lassen, sondern verordnete ein Vomitif. Am Mittwochen nun ward ich aufgehoben, auf den Stuhl gelagert und verbunden. Dr.

Grasmeier nahm aber alles mit solcher Behutsamkeit ab, daß ich wenig Schmertzen empfand. Der Geruch war fürchterlich, ich äußerst entkräftet und nach dem Verbande ward ich gleich wieder niedergelegt. Ich sah die Wunde gar nicht an. So viel wie zu meiner Pflege gethan ward, kann bey keiner Königin gethan werden. Dabey erkennt man das Glück geliebt zu werden. Dr. Seip und Grasmeier wußten, daß mein Mann mich so liebte und schätzte. Meine Kinder, welche nun wechselweise bey mir in Hamburg waren, thaten alles aus Liebe. Die Köster der ich diese Liebe und Pflege lebenslang nicht vergelten kann trieb Liebe. Der Kruse trieb Liebe. Vater kam den nächsten Donnerstag wieder, nahm Hanchen zurück und brachte Karoline, und von der Zeit kam Vater jeden Donnerstag, nahm und brachte wechselweise eine der 3 ältesten Töchter. Henriette blieb auch mal 2 Tage, die Kruse blieb bis den 9ten Tag. Und nun ward ich jeden Tag um 11 Uhr verbunden, legte mich aber gleich nachher wieder nieder, wo dann die Fenster geöffnet wurden. Allmählig legte sich das Fieber, allmählig kamen die Kräfte, kam etwas Appetit und ich konnte erst eine Stunde dann 2, darauf auch des Abends eine Stunde auf seyn. Bis 3 Wochen war aller Besuch verboten und bis dahin kam die Köster jeden Mittag zum Verbande, jeden Abend um 7 herum zwischen durch lasen mir meine Töchter vor. Vater kam jeden Donnerstag, brachte eine der Töchter und nahm die andere wieder mit. Donnerstag war also wahrer Festtag für mich.

Meinen Nikolaus sah ich den 6ten Febr. zuerst wieder, es war ein feyerliches Wiedersehen. Jede der Töchter ereiferten sich, mich aufs beste zu pflegen. Der guten Köster werde ich ihre Liebe *nie, nie* vergelten können.

Nach 3 Wochen waren Besuche erlaubt, und nun war ich von 1 Uhr bis 2 vormittags und von 5 bis 7 des Abends nie ohne Besuch, und dann kam die gute Köster, nachdem alle weg waren. Die Gräfin schickte mir jeden Mittag die schönsten Speisen, auch Dormann, die Gossler schickten mir Speise und Trank, und es fehlte nichts zu meiner Pflege und Erquickung, so daß ich jeden Abend, wo ich vor 2 Uhr selten zuschlief voll Dank und Freude in meinem Bette lag und mich oft *nach* dieser *überstandenen Angst* so *glücklich* fühlte. Diese schlaflosen Nächte doch froh war, Gott hatte mich ja geholfen, von *solcher* Angst geholfen. Ich faßte Vorsätze auf die Zukunft, entwarf Pläne, durch denen ich meinen Dank so recht zu zeigen gedachte. O, welch ein Geschäft ist das Gefühl der Genesung. Mit jedem Tag fühlte ich mich besser, gestärkter, schmerzenfreyer und heiterer. Ich lebte hierdurch ordentlich glücklich und diese 10 in Hamburg verlebten Wochen werden nie vergessen werden, die Stube mit ihrem Meublement nie, die Unterhaltungen mit den Töchtern, die Damen, Freude, die Wehmuth des Abschieds dann, nie, nie. Meine Söhne besuchten mich täglich, kamen auch zuweilen des Abends.

Doch ich muß eilen, sonst könnte ich mich noch lange hierbey verweilen. Doch kann ich nicht unterlassen, die Tagesgeschäfte zu beschreiben.

Morgens halb 8 kam die dann bey mir seyende Tochter mit einem herzlichen Kuß vor meinem Bette, fragte, »Wie gehts Mutter«, machte Thee und ich diktierte dabey einen Brief an Vater. Dann stand ich auf, um 11 Uhr ward ich verbunden. Anfangs ging ich um 12 wieder liegen, erwartete die Besuche bis 2. Dann stand ich auf, legte mich um 4 zur Besuchszeit wieder nieder, die bis 7 dauerte, dann die

Köster bis 9, und dann zur Ruhe. Zwischen durch las ich viel. Alle Hände Arbeit war verboten.

Den 22sten Maerz bekam ich die Nachricht der glücklichen Entbindung meiner Tochter, welche mir viele Freude machte. Den 13ten war ich zuerst nach der Köster ihrem Garten gegangen, und von der Zeit an ging ich öfterer zu ihr bey schönem Wetter. Das *erste* Gefühl wie ich zuerst ausging, brauche ich wohl nicht zu beschreiben. Den 23sten aber ward ich sehr getrübt durch die Nachricht von dem Blutspeyen meines Mannes. Gerade waren Karoline und Hanchen beyde bey mir. Des Morgens bekam ich die erste Nachricht davon, des Abends noch eine schlimmere, und da konnte ichs nicht lassen, Karoline noch spät mit Friedericke hinaus zu schicken. Die gute Karoline war auch gleich bereitwillig dazu und das gereichte doch gleich zu meiner Beruhigung. Der folgende Tag kam Friedericke wieder und brachte beruhigendere Nachrichten. Es besserte sich nun allmählig mit meinem Milow. Den folgenden Donnerstag kam Vater, weils Gründonnerstag war, nicht zur Stadt und ich fuhr zuerst mit der Köster, weil das Wetter so schön war, über den Wall nach Dr. Seip. O, welche Freude, welch Entzücken war diese *erste* Ausfahrt für mich.

Meine Wunde war nun fast zu, aber meine Hoffnung, Ostern schon gantz hinaus zu ziehen, ward nicht erfüllt. Erst sollte sie gantz zu seyn, ehe man mich hinaus lassen wollte.

Den 29sten als stiller Freytag besuchte mich mein ältester Bruder und dieser Besuch, dies *erste* Wiedersehn nach so langer Zeit, war sehr rührend. Thränen der Freude und des Schmertzes wurden vergossen. Auch meine alte Mutter sah ich an diesem Tage wieder, sie war diese Zeit über sehr schwach und krank gewesen. Den Abend war ich etwas erschöpft.

Den ersten Ostertag fuhr ich mit Karoline zur Gräfin und wohnte ihrer Haus=Andacht bey. Den 2ten aber, den *2ten*, o da hatte ich Erlaubnis, zuerst wieder nach meinem Wandsbeck zu fahren, und nun war Dank und neueres tiefes Gefühl in meiner Seele. Hier ward ich von meinem unaussprechlich geliebten Milow aus dem Wagen gehoben, von allen unseren Kindern umringt, von den jungen Leuten hertzlich bewillkommnet, von den 2 treuen Bedienten gleichfalls die Hände gedrückt. Ich konnte nicht sprechen, nur weinen und fühlen. Mein Milow war den gantzen Tag außer sich vor Freude. Nach dem gefühlvollsten Mahl, daß ich vielleicht je gehalten, durchwanderte ich das ganze Haus und besonders wichtig war mir meines Milows kleines Zimmer und meine Schlafkammer. Mir war erlaubt worden, die Nacht außen zu Hause zu schlafen. Aber die Trennungsstunde um 6 kam des andern Tags viel zu früh für meinen Milow, meinen Kindern und für mich.

Es war der 2. Aprill, der Geburtstag meiner Mutter, ich fuhr bey der Zuhausekunft bey ihr vor und wünschte ihr hertzlich Glück.

Von ihr zur guten Köster, wo ich des Abends aß. Den Donnerstag war ich mit meinem Milow bey der alten Mattissen. Wir waren als Geliebte, freuten uns unseres Wiedersehens und trauerten über unsere Trennung.

Den folgenden Sontag sollte mein Cilchen konfirmiert werden. Lange schon war es mein und ihr sehnlichster Wunsch gewesen, dabey zu seyn, um auch sie unserem Gott zuzuführen. Gantz ward dieser Wunsch nicht erfüllt, doch bekam ich Erlaubnis, den Sonnabend Morgen, nach dem die Ärtzte mich besucht hatten, hinaus zu fahren und 2 Nächte bis Montag Morgen da zu bleiben. Hier nun abermahlige Freude und Gespräch mit meiner Cilchen.

Auch sie ward noch unter meinen Augen Gott zugeführt. Ich hielt hier zuerst feyerlichen Kirchgang und mein Milow dankte nun Gott öffentlich, so feurig und aus voller Seele, wie ers schon lange und oft *innerlich* gethan hatte. Auch mein Dank war gleichfalls so. Dies war eine sehr feyerliche Scene, und der ganze Tag höchst rührend und selig.

Den Montag fuhr ich wieder zur Stadt und nahm mein Cilchen mit mir, um diese Wochen allein noch mit ihr zu zubringen. Ihre Gefühle waren so edel und gut bey dieser ersten Kommunion, daß ich manche Freudenthränen über sie vergoß.

Diese Woche war nun manche Zerstreuung mitunter durch. Endlich am Freytag zog ich aus meinem kleinen Hause, welches mir durch manche schmerzvolle Stunde, schlaflose Nacht, durch manche herzliche Freude, durch Freundschaft, Genuß und durch *Ruhe* so wichtig geworden war.

Den Freytag wurden meine Sachen weggefahren, und den 13ten Aprill Nachmittags fuhr ich mit meiner Cilchen nach. Hier war nun von meinem Milow, von meinen Kindern Freude die Fülle. Alle, auch die Söhne waren außen. Erst packte ich so mit wehem Dankgefühl alle Sachen aus, darauf widmete ich meinen Kindern noch eine Stunde. Den 14ten kommunicirte mein Cilchen zuerst und O, mein Vater und mein Gott erfülle ihre Gebete an diesen uns allen so feyerlichen Tage, erfülle meine Gebete für sie, welche um *ihr* Beharren im Guten, um

Stärkung auf dem Wege zur Tugend Gebete wurden. Es war dieses ein heiliger herrlicher Tag, *ein* Tag wie wir ihn vielleicht *viele* in *jener* Welt erleben werden. Alle waren [...] und heilig und froh.

Des Abends machten die jungen Leute mir zu Ehren, meiner Genesung wegen eine Illumination. Auch dies machte mir Freude. Einige Frauen aus der Nachbarschaft kamen auch, mir Glück zu wünschen.

Diesen Ostern waren die beyden Parish wieder zurückgegangen, auch war der Hofmeister Dölle meinem Mann abspänstig gemacht worden. Ich sah den also auch nicht wieder. Ein anderer Pater kam an dessen Stelle.

Ich fühlte noch immer einige zurückgebliebene Schwäche, aber meine Brust, alles war gut, das Uebel *schien* völlig ausgerottet zu seyn.

Mein Milow, meine Kinder thaten alles zu meiner Pflege. Ich fing nun meine Haushaltungs=Geschäfte mit erneuerten Eifer an und fand der Arbeiten in Menge. Den Sontag als den 21sten ward noch einmahl meine Genesung gefeyert. Wir hatten einige Gesellschaft und abermahlige Illumination.

Den 1sten May ward diese nun so kurtz gedauerte Freude durch einen Zufall von meinem Milow gestört. Er bekam ein abermahliges Blutspeyen, welches ihn und uns allen viele Sorge machte. Den 3ten ward er deswegen auf dem Fuße zur Ader gelassen, worauf es sich etwas gab, aber seine Gesundheit blieb schwach. Es kam bis in der Mitte des Sept. fast jeden Monaht ein solches Blutspeyen, welches zwar nicht sehr stark war, aber Vater doch auf einige Tage schwach und krank machte. Der Husten legte sich dann wohl 2 Tage, aber kam dann mit vermehrter Stärke wieder.

Der älteste Philipp Otterdahl ging in der Mitte des Maerz zurück. Unsere Sommerfreunde freuten sich aller meiner Genesung, und ich fand manche herzliche Theilnahme. Meines Mannes Krankheit, der Sorge seinetwegen, konnte ich nicht gantz *so* heiter seyn wie ich es unter anderen Umständen wohl gewesen wäre.

Den 27sten May bekam ich einen kleinen Ansatz vom kalten Fieber, welches aber sehr schwach war. Vielleicht wäre es gut gewesen, wenn es recht aus dem Körper heraus gekommen wäre. Henriette bekam ein kaltes Fieber, welches über 7 Wochen anhielt, sie sehr schwächte, worauf sie aber jetzt recht gesund und stark geworden ist.

2 der jungen Leute bekamen auch das kalte Fieber, und ein Engelländer Ruford Barrow bekam ein schweres hitziges Fieber. Die schönste Jahreszeit verging also mit Krankheiten in unserem Hause und recht heiterer froher Lebensgenuß, wie ich ihn mir gedacht hatte, war nicht da, obgleich es zwischen durch manchen frohen glücklichen Tag gab.

Meine Narben und Brust blieb gut, erstere hatten zuweilen einige Röhte, worauf ich Blutigeln mußte setzen lassen, worauf sie das letzte Mahl den gantzen Tag blutete und ich Abends spät es mit Schwämmen und kaltem Wasser stillen mußte; sonst war ich nichts als schwach.

Anfangs August ward ich abermahls krank. Diese Krankheit fing schwer an und machte besorgt, doch dauerte sie nur 14 Tage, wo ich dann allmählig besser ward, aber eine lange anhaltende Schwäche behielt. Wir hatten 2 Mahl dieses Jahr Kirchenvisitationen, eine von dem Probst und eine von dem neuen Generalsuperintendenten.

Vaters Blutspeyen kam noch einmahl in der Mitte des Sept. wieder. Von da an legte es sich aber, und Vater schien sich nun ohngeachtet des starken Hustens, welcher blieb, wieder zu erhohlen, gewann an Munterkeit und Kräften sehr, fast mit jedem Tage. De la [...] verließ uns. Um diese Zeit ohngefähr, verspürte ich einen kleinen unmerklichen Knoten unter dem Arm der rechten Brust. Um nichts zu versäumen, sagte ich dies Grasmeier. Er kam heraus und verordnete einige Salben und Pflaster. Es ward aber nicht besser, da kam er und Dr. Seip den 6. Oct. wieder, verordneten Medizin, andere Pflaster, Dampfbäder und auch ein Stahlbad. Ich brauchte alles sogleich, zu dem Stahlbade wurden Anstalten gemacht. Ich hatte viele Gicht geschwollen Füße, so daß mir das Gehen beschwerlich ward, auch Gicht in den Händen, weswegen ich sie des Morgens nicht bewegen konnte. Die Verhärtung nahm etwas zu.

Den 19ten Oct. starb unser 20jähriger Freund Pastor Heitz. Dieser Tod veruhrsachte meinem Mann und mir nicht geringen Kummer. Doch ward uns Tages darauf auch eine große Freude. Unser Schwiegersohn schrieb uns, sein Bruder würde des andern Tages kommen, mir ahndete nun gleich, daß er es selbst seyn würde, und er kam auch würklich selbst den 20sten. Wir freuten uns sehr seines Wiedersehens, seiner Gesundheit, seine Heiterkeit, seines vermehrten häuslichen Wohlstandes, seiner häuslichen Glückseeligkeit wegen, denn von allen diesen konnte und gab er uns nun die besten Aufschlüsse, und alle seine Nachrichten machten uns froh, und wir verlebten einige recht glückliche Tage in seiner Gesellschaft. Wir hatten nicht geglaubt, ihn in diesem Leben wieder zu sehn und sahen ihn doch wieder. So geschehen oft frohe und traurige Begebenheiten, ohne unser Denken.

Den 23sten verließ er uns wieder. Wir waren beyde freylich seines Abschiedes wegen traurig, aber doch freuten wir uns ihn gesehen, ihn gantz *so* gesehen zu haben, wie er war, und dies Wiedersehen kettete uns auf gewisse Art wieder aufs Neue aneinander. Ruhig war der Schmertz über seine Trennung, wenn wir ihn auch hier nie sollten wiedersehen, welches so wohl Vater wie mir sehr wahrscheinlich war. Wir wissen aber ihn glücklich, unsere Betty glücklich und seine Kinder. Was wollen wir mehr.

Er reiste von unserem Seegen, unseren Wünschen für sein Wohl begleitet nach Hause und Gott wird, wenns ihnen gut ist, Ihnen alles das geben, was der wärmste innigste Eltern Seegen und Wünsche zu geben vermag.

Ich war noch immer nicht wohl und fing den 5ten Nov. nun mein Stahlbad und meine Medizin mit Hoffnung der Besserung nach Vorschrift der Ärtzte an. Ich ließ 2 Tracht Stahlwasser (die Ärtzte hielten schon *eine* Tracht für hinlänglich) von dem hiesigen Schmidt hohlen, wozu noch etwas von der Apotheke gegoßen werden mußte, nahm das übrige heiße und kalte Wasser dazu, blieb 5 Minuten darinnen, ward dann in einen wollenen Schlafrock und Decke gewickelt und so zu Bette gebracht, worinnen ich dann die Transpiration abwarten mußte.

Dr. Grasmeier hatte versprochen, den 7ten heraus zu kommen, um alles selbst zu sehen und einzuweisen, aber er kam nicht. Ich brauchte mein Bad fort, er wollte den folgenden Donnerstag, als den 14ten kommen, aber er kam nicht. Das Bad griff mich sehr an, ich ward mit jedem Tage magerer und schwächer, verlohr nach der Medizin allen Appetit. Die Verhärtung ward merklich größer, der Schmertz nahm zu, und unter der linken Achsel verspürte ich auch eine Verhärtung. Ich schrieb den 16ten an Grasmeier, bat ihn dringend um Antwort, aber es kam keine.

Mein Milow bekam einen Schmertz an der Zunge, der von einem scharfen Zahn gekommen war, deswegen wir zur Stadt mußten, und ich fuhr mit. Ich ging bey Grasmeier vor, er war nicht zu Hause, hatte auch keine Antwort zurückgelassen. Erst den 22sten bekam ich Antwort. Ich sollte mein Bad fortsetzen. Dies tat ich denn nun auch, obgleich ich jedes Mahl schwächer ward, so daß ich nicht vom Kanapee aufstehen konnte. Die Verhärtungen an beyden Seiten wurden merklich stärker, härter und schmerzhafter. Nach dem Pulver bekam ich Uebelkeit, Erbrechen, dann diarrhien dann wieder Verstopfungen, die heftigsten Koliken und des Nachts floh mir der Schlaf.

Endlich den 26sten Nov. kam er selbst heraus. Hier ward alle Schuld darauf geschoben, daß ich nicht lauter Stahlwasser genommen hatte, *welches er gar nicht verordnet*, sondern immer gesagt hatte, *eine Tracht* sey genug.

Nun mußte ein Blasebalg aus Hamburg gekauft, unser Herd danach eingerichtet und eine Schmiede in unserem Hause bereitet werden. Alles dies that mein Milow nun willig und gerne, wenns nur bessern wollte.

Bis nun diese Schmiede bereitet war, mußte ich 2 Tracht große Milcheimer mit Eisenwasser nehmen und endlich den 9ten Dec. fing es mit meiner eigenen Schmiede an. Dies nahm ich 4 Mahl, aber die Schmertzen nahmen so zu, daß ich keine Nacht vor 2 Uhr zuschlief. Die Verhärtung ward wie Steine, auch am Ende der Narbe nach der Brust ist eine harte rothe Stelle, die etwas offen ging.

Ich fuhr also den 18sten Dec. zur Stadt, um mich den Ärtzten zu zeigen. Man sah, untersuchte, hörte. Das Bad mußte aufgegeben werden, von der schrecklichen Bella donna ward ich Gottlob erlöst, bekam statt dessen andere Pflaster, bekam China zur Stärkung und a Ruta Pillen. Hiernach erhohlte ich mich allmählig wieder. Bis dahin war ich in den 7 Wochen nicht aus dem Zimmer gekommen, nun ward ich doch nach und nach so, daß ich Treppensteigen, einige Geschäfte vornehmen, etwas Appetit, etwas Schlaf wieder bekam. Ich konnte aber nicht dahin, daß ich nicht Weyhnacht und Neujahr, für die von mir zu letzt gesegnete Feste hielt. Auch nahm der Schmertz merklich nach jedem neuen Pflaster zu, besonders war es des Abends kaum zu ertragen.

1793 endigte sich also so wie es angefangen hatte, traurig. Freylich, die *große* Angst war vorbey, die Operation glücklich überstanden, aber – doch ich will die Hand auf den Mund legen, will schweigen, es war *dein* Wille, du der du mir, auch wenn Deine Wege dunkel sind, *Vater* bist. Hier kann ich diesen deinen [...] noch nicht erkennen, aber wie *viele* waren mir, *wenn* Du sie mir sendest, dunkel, die sich nachher so glücklich zu meinem und aller Freude aufklärten. Bange Furcht soll also die Geschäfte dieses Jahres nicht schließen. Ich kann nach menschlichen Ansehen nach *nicht besser* werden, ich muß aller Erfahrung nach eines *fürchterlichen* Todes sterben, aller dieser Erfahrung nach ferner *lange* leiden. Ich will aber nicht murren, dort werde ich das im Lichte erkennen, was ich hier dunkel sah. Mein tägliches Gebet soll um Geduld und Kraft alles zu ertragen seyn. Sollte wohl mahl in einer trüben zu schmerzhaften Stunde, Murren und Ungeduld mich überraschen, so sey *Vater* und vergieb. Jetzt sind die Schmertzen noch tragbar, aber sie kommen anders. Ich kenne den gantzen Gang meiner Krankheit und bin auf alles gefaßt.

Meinen mir mit jedem Tag theureren Milow erhalte Gott. Er ist mir zur Pflege und zum Trost so nöhtig. Er ist seinen Kindern so nöhtig. Stärke seine Gesundheit, hilf auch ihm sein großes körperliches Leiden und sein Leiden meinetwegen ertragen. Belohne ihn durch Freude an seinen Kindern, was er mir zu meiner Pflege, zu meiner Genesung gethan hat. Belohne ihn alle meinetwegen gehabten Sorge und Angst. Sey sein Gott wie Du der Meine bist und immer warst und immer seyn wirst. Laß es ihn immer lebhaft fühlen, daß deine Hand es ist, die ihn schlägt und laß es sein Trost seyn, daß wir uns wiedersehen. Ja mein Bester! und dann ohne Trennung.

Segne alle meine Kinder Gott!, die mir so unendliche Freude machen. Meinen Jakob, meinem Erstgebohrenen, laß immer die Freude seines Vaters seyn, stärke ihn in seinem edlen ernsten Karracter, laß ihn über alle Verführung erhaben seyn, laß es sein Stoltz und seine Ruhe seyn, nach unserem Tode sich seinen jüngeren Schwestern und der Unversorgten *brüderlich* anzunehmen, gieb ihm an *Zeitlichen*, was *Dein* Wille ist. —

Auch meinen Nikolaus, dessen Karracter nicht minder edel ist, erhalte auf *guten* Wegen, meine Liebe zu ihm ist gleich stark. O, Gott, wie ist sein Hertz, seine Anlage so edel und so gut. Seine Schwächen, welche nur *Schwächen* sind, lasse ihn nicht zu *seinem Unglücke* werden. Erhalte ihn Gott rein und edel. Fallen kann er, aber er wird wieder aufstehen, und dann gantz vortrefflich werden, gantz so edel, wie du ihm die Anlage dazu gabst. Schenke du ihm Gott, nach deiner Weisheit, nicht mehr zeitliches Glück, als er zu ertragen vermag, um das Glück seiner Seele nicht darüber zu vernachlässigen.

Meine Betty, welche schon versorgt, schon selbst Mutter ist, segne mit ihrem Mann und ihren Kindern, laß ihre Ehe mit jedem Tage glücklicher werden, sie und Mertens es immer mehr einsehen, daß häusliches Glück, das größte Glück dieses Lebens ist und daß dieses Glück nur durch gegenseitige Hochachtung bewirkt werden kann. Schenke ihr eine glückliche Entbindung, stärke sie bey ihrem schwachen Körper, sie hat schon manche Leiden mehr wie ihr übrigen Kinder ertragen, schon manche Erfahrung mehr. O, mein Gott, laß sie diese Leiden und Erfahrungen nutzen, auch sie immer edler zu machen. Mein Hertz schlägt voll Liebe für sie, ists dein Wille Gott, so laß mich sie mit Mann und Kindern das Jahr an unsrem Hochzeitsfeste sehen und laß mich es ihr dann so recht zeigen, wie Trennung nichts in meiner Liebe gegen sie verändert hat, wie ich sie gleich stark mit den anwesenden Kindern liebe. Auch Seegen Gott über meine Enkel, laß sie so erzogen werden, daß ich sie einst wiedersehe.

Stärke die jetzt schwache Gesundheit meiner Karoline, mein Gott! ihres Großvaters Seegen ruht auf sie, laß es auch der *Meinige* thun. Ists *dein* Wille Gott, so mache sie durch einen guten Mann glücklich und ihn durch sie; und ists dein Wille, so lasse mich noch die Freude erleben, eine meiner Töchter in meiner Nähe verheyratet zu sehen, noch eine mehr als Stütze und Anhalt der Übrigen zu wissen. Doch nicht was ich will, sondern was *du* willst. Ihr Karracter ist auch gut und sanft, sie besitzt alles zu einer guten Hausfrau. Ihr Gefühl ist sehr fein, sie wird dadurch manches zu leiden haben. Laß sie aber dieses Gefühl etwas stählern, um dadurch desto zufriedener und sorgenfreyer durch das Leben zu gehen.

Auch mein Hanchen, Gott, segne! Sie ist deines Seegens auch wehrt durch ihre herzliche Liebe gegen mich. Auch ihr gieb einen *guten* Mann; so ihr Fleiß und Thätigkeit, ihre Begierde anderen zu dienen, anderen Freude zu machen, verdient ihn. Laß die angebohrene Heftigkeit, die aber so leicht vorübergehend ist, mit jedem Jahre *so* gemildert werden, wies in *diesem* geschehen ist, und so wird sie ein liebes treffliches Geschöpf werden, die Freude ihres Vaters und einst ihres Mannes.

Mein Cilchen, Gott, die auch mit diesem Temperamentsfehler so sehr zu kämpfen hat, gieb Kraft und Stärke zum Kampfe. O, mein *Cilchen*, befolge alles, was deine Mutter dir so oft sagte, kämpfe gegen alles das an, gegen das sie dir anzukämpfen so oft wiehs, behalte immer das große, edle gefühlfähige Gute bey und so wirst *du ein edles vortreffliches* Mädgen werden. *Gottes Seegen ruhe auch auf dich.* Er gebe auch dir, was dir zum Glück des künftigen Leben dienlich ist. Ich sagte dir so oft, du hättest Anlagen, sehr gut zu werden. O, lasse Cilchen, laß diese Anlagen deiner Schöpfung *nicht mißglücken*, werde gantz *das*, wozu er dich bestimmte.

Meine Henriette, an der ich das noch nicht habe thun können, was ich an den übrigen gethan habe, welche mir aber durch ihr Betragen in diesem 1794sten Jahres viele Freude gemacht hat, weil sie aus Liebe zu mir, manches abgelegt hat, wogegen sie sonst noch ankämpfen mußte, auch dein Seegen, mein Gott, über sie.

Befolge alles, meine Henriette, was ich dir so oft sagte, und so wirst auch du glücklich und gut, wie deine übrigen Schwestern werden, meiner vollsten Liebe wehrt, die nicht mit diesem Leben aufhört, sondern noch dort sich über das Glück und das *Gut seyn* ihrer Kinder freuen wird.

Was soll ich dir, meiner Jüngsten, noch wenig erzogenen Nikoline sagen? Um dich leide ich am mehresten, eben weil ich am wenigsten für dich habe thun können. Nun, was *ich* nicht gethan, wird dein Vater und was er nicht kann, deine Schwestern thun. Es wird eine Vergeltung für das, was ich ihnen gethan habe, seyn und deswegen, weil sie mir hier nicht lohnen konnten, werden sie es dadurch zu thun suchen, daß sie zu deiner Erziehung, zu deiner moralischen Bildung, zu deiner körperlichen Erziehung thun, was sie können und dann wirst du ihnen durch Gehorsam, Folgsamkeit und thätige Dankbarkeit wieder lohnen. Gottes Seegen also auch über dich! Dein Hertz und der Grund deines Karracters auch gut. Ich merke keinen moralischen Fehler, wie keinen körperlichen bey dir. Aber auf deine Erziehung kömmt alles an, Gott segne diese und mache auch dich deinen Eltern und deinen Geschwistern würdig.

Ich schließe dies Buch mit vieler Rührung; wieder öffnen werde ichs wohl, aber, ob ich dann noch eine Stunde seyn werde zu schreiben, das weiß ich nicht, das weißt du mein Gott. Sollte es nicht seyn, so laß dies Buch Buch seyn, was es Euch, wie ich in der Vorrede schrieb, seyn sollte. *Warum* ich es schrieb, habe ich darinnen gesagt. Lest dies noch einmahl und seht, ob ich nicht wahr geschrieben habe.

Vergieb, lieber Milow, wenn ich oft zu ängstlich darinnen schrieb, oft Leiden, die mir, wie ich sie beschrieb groß dünkten, zu lebhaft schilderte. Nachher fühlte ich alles oft gantz anders.

Und nun mein Bester, nochmahls Dank, heißen Dank, den ich mit hinübernehme, für alles mir erwiesene Gute, alle Liebe, alle Pflege. Mein Leben wird sich mit Gebet für dich und meine Kinder enden und so soll es auch dies Buch thun, sey dies nun sein Ende oder noch nicht. Gott sey in nächsten wie in den folgenden Jahren Euer Vater, wie er der Meine gewesen und auch in meinem bevorstehenden Leiden es seyn wird. Lieber Mann, liebe Kinder, vergeßt nie Eure Euch noch in jener Welt liebende Mutter.

Milow d. 28sten Juni 1794.

[Margarethe Elisabeth starb am 20. Oktober 1794, Milow starb am 10. Januar 1795. Die Milowschen Gräber lagen bis ca. 1880 auf dem Wandsbeker Friedhof in der Nähe der Kirche. Nachdem der Platz geebnet wurde, sind die Grabsteine abgetragen worden. Wo sie geblieben sind, weiß niemand.]

Sach- und Gefühlslexikon in alphabetischer Reihenfolge von Abschied bis Zuckerbäcker

Vorwort

Kerzenlicht – Brotpuddingduft und eine Eierspeise nach Casanovas Rezept. In einem alten Stadtbürgerhaus von 1860 in Hamburg Altona essen, trinken und diskutieren zwei Frauen und drei Männer: Rita Bake und Birgit Kiupel, Peter Dölling, Robert Galitz und Michael Stoffregen. Wie einem Kupferstich von Daniel Chodowiecki nachgestellt. Doch war dies keine gemischte Abendgesellschaft des 18. Jhds., sondern eine Verleger- und Autorinnenrunde im 20. Jhd. Genauer – unser JedenFreitagabendprogramm 1986/87.

Die Hauptperson allerdings erschien nie leibhaftig: die Hamburger Kaufmannstochter Margarethe Elisabeth Milow geb. Hudtwalcker. Wir hätten sie gern dabei gehabt, bei unseren Diskussionen über Begierden, Wollust, Schwangerschaft, Literatur, bürgerliches Wohnen. Aber da wir nicht zu den AnhängerInnen der Reinkar-

nationslehre gehören, mußten wir auf unser Hand- und Kopfwerkzeug als Historikerinnen, Literaturwissenschaftler und Staatsarchivar zurückgreifen.

Für Margarethe Elisabeths Lebenserinnerungen haben wir in unseren nächtlichen Sitzungen ein lebendiges Lexikon erarbeitet. Ein Lexikon maßgeschneidert, für den Alltag von Margarethe Elisabeth, ihr gesellschaftliches Umfeld, das wir von Abend zu Abend so plastisch erlebten, daß sie uns bald nicht mehr als Geist erschien, sondern als eine Frau mit auch heute noch aktuellen Problemen und Erfahrungen. Dieses Sach- und Gefühlslexikon hat nicht den Anspruch die Lebenswelt aller bürgerlichen Frauen im 18. Jhd. vollständig zu erklären. Alles dreht sich vielmehr um Margarethe Elisabeth und ihren Alltag als Geliebte, Hausfrau und Mutter, Gläubige, Zweifelnde und Leidende. Auf unserer Lesereise werden die Probleme der armen Frauen nicht ausgeklammert. Schließlich ermöglichte die Arbeit dieser Frauen oft erst den Lebensstil des Bürgertums.

Das Lexikon liefert Quellen, aus denen sich das Leben der Frauen und Männer des 18. Jahrhundert rekonstruieren läßt und Parallelen zu heute gezogen werden können. Denn Kontinuität zwischen Vergangenheit und Gegenwart sind enger, als man heute vielfach wahrhaben möchte. Wir sind dabei höchst subjektiv und parteilich vorgegangen; haben in unserer eigenen Geschichte, Gegenwart und Zukunft nach den großen und kleinen Unterschieden geforscht.

Wenn wir »wir« schreiben, meinen wir Rita Bake und Birgit Kiupel. Unterstützt wurden wir bei einigen Stichpunkten von Spezialistinnen und Spezialisten, die zu bestimmten Bereichen des 18. Jhds. geforscht haben. Ihre Beiträge sind namentlich

Neuer Strich - alter Stoff: Heiratsantrag!

gekennzeichnet. Wir entdeckten viele Parallelen zwischen Margarethe Elisabeths und unserer Erziehung zur Frau. Für die Frauen hat sich doch heute soviel geändert?! Wer kümmert sich in erster Linie um Haushalt und Kinder? Wer steckt mit seinen beruflichen Ambitionen zurück? Wer darf seine sexuellen Wünsche äußern? Wer schluckt die Pille? Ist Vergewaltigung in der Ehe strafbar? Wer erobert den andern? Soviel zu den subjektiven Seiten unseres Lexikons.

Wir zitieren Quellen, die sonst nur schwer abzuschöpfen sind, um damit eine Grundlage für weitere Forschungsreisen zu liefern. Ausführlich zu Wort kommt

Johann Georg Krünitz, Verfasser einer der umfangreichsten, weil 242 Bände umfassenden Staats, -Stadt, Haus und -landwirtschaftlichen Enzyclopädie des 18ten Jhs. Speziell für Hamburg lassen wir damals wichtige Prediger, Ärzte, Topographen und Aufklärer sprechen, schlagen im ›Hamburger Kochbuch‹ und in einigen Zeitschriften nach. Die Zitate aus den Quellen sind kaum gekürzt und dem heutigen Sprachgebrauch nicht angepaßt, dadurch können Sie sich auch auf die Sprache des 18ten Jahrhunderts. einlassen. Wir haben nur zeitgenössische Bilder als Geschichtsquelle benutzt, denn Bildmaterial aus dem 19. Jahrhundert vermittelt nicht ohne weiteres einen echten Eindruck des Lebens im 18ten Jahrhundert. Einige Quellentexte sprechen für sich und brauchten nicht näher interpretiert zu werden. Besonders intensiv bearbeitet haben wir die Stichworte, die wir gern selbst mit Margarethe Elisabeth diskutiert hätten.
Rita Bake und Birgit Kiupel

A

ABSCHIED
»*Der Abschied war traurig, er war ein Vorbohte der vielen Abschiede, die mir in dieser Welt bevorstanden.*«
Weinen durften im Zeitalter der → Empfindsamkeit nicht nur die Frauen. Auch Männern wurde die Teilnahme an diesem fast alltäglichen Ritual nicht verwehrt. Gefühle oder was man dafür hielt, strömten weniger geschlechtsspezifisch. Besonders tränenreich war der Abschied, als Symbol für: Einsamkeit, Sehnsucht und Angst um die Reisenden. Denn schnell konnte der glückliche Verlauf einer Reise nicht gemeldet werden. Stattdessen plagten sich die Daheimgebliebenen mit solchen Bildern: umgestürzte Postkutschen, Wegelagerer, schlitzohrige Wirte und sinkende Schiffe. Auch Margarethe Elisabeths Bruder → Johann Michael Hudtwalcker wird vom Abschied schwer gebeutelt:
»Abschied gehört, wie das Wiedersehen, zur Reise. Ich mache also damit den Anfang. Ein trauriger Anfang! Schon am Tage vorher wußte ich nicht, was ich dachte, was ich sagte, was ich that. Ich lief hin und her und ließ doch alles für mich selbst thun. Ich hatte den ganzen Morgen noch Besuche zu machen und anzunehmen, schleppte mich nach der → Börse hin, wieder her und so ging der Tag hin, bis der Abend kam. Weil wir des andern Morgens frühe reisen wollten, nahm ich schon des Abends Abschied von Allen. Mein Vater war, so gerührt er auch war, doch fröhlich und weinte wohl gar eine Freudenthräne mit durch. Ich riß mich von ihm los und ging zu Bette. Am nächsten Morgen (14. März) stand ich um 5 auf und war bald angekleidet. Dann ging ich hinunter, um mit meinen lieben Schwestern Kaffee zu trinken. Wir saßen beim Ofen; es war noch dunkel; alles weinte. Doch die Scene ist zu traurig, einen Vorhang davor! Ich fuhr mit meinen Reisebegleitern zu Madame Frank, wo wir einsteigen wollten. Wir frühstückten alle mit schwerem Herzen. Hierauf setzten wir uns in den Wagen, welchen wir uns zu der Reise gekauft hatten; Madame Frank und die übrigen fuhren in einer Kariole [leichtes Fuhrwerk mit zwei Rädern, gezogen von einem Pferd]; Jacob war zu Pferde. So ging es nach → Blankenese zu. Ich war unterwegs ganz betäubt. In Blankenese mußten wir noch wieder, weil es mit dem Einschiffen der Wagen so zögerte, eine traurige Stunde zubringen, und da kam noch ein Abschied. Man trug uns in die → Ewer hinein und damit fort. Unsere Wagen hatten wir mit einem Bedienten in einem anderen Ewer vorangeschickt. Wie wir über die Elbe fuhren, ging das Weinen erst an. Herr Nolte saß mir gegenüber, und die Thränen des Einen konnten die Thränen des Andern nicht trocknen lassen. Im Kranz [der Ort Cranz an der Este] mußten wir 2 1/2 Stunden bei dieser Gemüthsfassung in der Schenkstube des Bauern, wo drei Kinder an den Blattern lagen und die voller Gäste war, auf die Pferde warten.« (Hudtwalcker, 1894, S.177 f.)

JULIUS GUSTAV ALBERTI
»*Mein Hang zu Alberti, meine Meinung von ihm, war beynahe Abgötterei.*«
(* 26.8.1723 Hannover, † 30.3.1772 Hamburg). Studium der Theologie in Göttingen. 1753 Prediger an der St. Katharinen-

kirche in Hamburg. Verwaltete zusammen mit → Johann Melchior Goeze das Seelsorgeamt an dieser Kirche.
Durch seine Schrift »Anleitung zum Gespräch über die Religion« geriet er in heftigen Streit mit Goeze. Heirat (1753) mit Dorothea Charlotte Offenen. Sie hatten 13 Kinder. Der Prediger Julius Gustav Alberti war nicht nur Margarethe Elisabeths Abgott. Er galt als das Idol der jungen Leute des Hamburger Bürgertums, die sich mit den Ideen der Aufklärung auseinandersetzten.

ALTAR
»Wir Mädgen [...] gingen nach der Kirche und saßen auf dem Altar.«
Die Sitzordnung in der Kirche spiegelte die gesellschaftliche Ordnung wider. Wohlhabende Bürger konnten sich auf Lebenszeit ihre Plätze im festen Gestühl kaufen. Das wird auf dem Grundriß der St. Katharinenkirche deutlich: rechts und links kurz unterhalb des Altars gibt es feste Gestühlsreihen mit Wangen [Seitenwand eines Chorgestühls] und Türen.
→ Predigerstuhl

ALSTER-LUSTFAHRT
»Einmahl fuhren wir in der Woche mit Fl. auf der Alster aus.«
Verliebte Bürger und Bürgerinnen kamen sich bei romantischen Alsterfahrten näher. Die → Archen oder Spielschüten fuhren nach → Harvestehude, → Eppendorf und → Uhlenhorst. (vgl. Finder, 1930, S.394f.) → alte Rabe

ALSTERTHÜR
»... ich ging nach der Alsterthüre, um da mit meinem Bruder Kaffee zu trinken.«
Die heutige Straße Alstertor, die direkt zur Binnenalster führt.
Margarethe Elisabeth durfte sich nicht allein in irgendein Kaffeehaus setzen.

Das schickte sich nicht für ein bürgerliches Mädchen. Bedingung war meist die Begleitung eines – oft männlichen – älteren Familienmitgliedes. Auch kamen nur bestimmte Orte in Frage. Über die Freizeitaktivitäten der armen Frauen Hamburgs gibt es keine Zeugnisse, denn über sie wurde nur dann berichtet, wenn sie »liederlich« und straffällig wurden.

AMMEN
»... aber keine Milch wollte kommen; es mußte eine Amme kommen.«
Als Ammen arbeiteten arme, meist ledige Frauen, die gerade ihr erstes Kind geboren hatten. Viele wurden von der → Allgemeinen Armenanstalt vermittelt. Besonders gefragt waren Ammen vom Lande. Ammen hatten ein gutes Auskommen bei ihren Arbeitgebern. Denn nur eine gut genährte und ausgestattete Amme ebnete den Säuglingen der Arbeitgeber die ersten sicheren Schritte ins Leben.

DAS AMMEN-COMTOIR. Die Allgemeine Armenanstalt vermittelte arme Frauen als Ammen. Zu diesem Zweck hatte die Allgemeine Armenanstalt 1790 ein Ammen-Comptoir eingerichtet. Das Ziel der Allgemeinen Armenanstalt war es, die große Anzahl verheirateter und lediger, stillender Mütter, die von der Allgemeinen Armenanstalt unterstützt wurden, mit Arbeit zu versorgen. Frauen, die Amme werden wollten, mußten sich einer ärztlichen Untersuchung unterziehen. Sie war die Voraussetzung für ihre Eintragung in ein Ammen-Protokoll. Das bedeutete eine einschneidende Kontrolle für die Frauen. Denn nun wurden sie einmal wöchentlich von einem Ammenarzt besucht. Aus diesem Grunde mußten sie jeden Tag zwischen 12 und 13 Uhr in ihren eigenen Wohnungen sein. Wenn eine Frau an zwei aufeinanderfolgenden

Terminen nicht angetroffen wurde, bedeutete dies ihre Streichung aus dem Ammen-Protokoll.

In der Regel wurden Ammen so vermittelt, daß interessierte Bürger sich im alten Waisenhaus aus einem Ammen-Buch die für sie geeignete Amme aussuchen konnten. Bei geglückter Vermittlung zahlte der Bürger einen Geldbetrag an den Aufseher der Allgemeinen Armenanstalt und an die Ammenärzte.

Wer wurde Amme? Ammen waren vor allem ledige Frauen, die ihr erstes Kind geboren hatten und die bis zu diesem Zeitpunkt ihren Lebensunterhalt mit Spinnen, Waschen, Stricken, Kochen und der Herstellung von Mützen bestritten hatten. Die Väter dieser Kinder kamen ausnahmslos aus der Armutsschicht, so daß die Frauen von dieser Seite keine große finanzielle Unterstützung erhoffen konnten. Auch verloren Mütter unehelicher Kinder den Arbeitsplatz, an dem Stillen auch damals tabu war.

KRITIK DES BÜRGERTUMS am Ammendienst. Heftig wurde der Ammendienst kritisiert. Der Regierungs- und Obergerichtsadvokat Schrader aus Pinneberg wandte sich 1787 gegen die große Anzahl Frauen vom Lande, die sich in der Stadt als Amme verdingten. Da die Ammen in der Stadt gut verdienten und nach einigen Jahren Dienst mit einer größeren Geldsumme wieder aufs Land zurückkehrten, war es nach Schraders Ansicht für die Landfrauen ein Anreiz, schnell Mutter zu werden. Für Schrader war dies unmoralisch. »Die Mädchen glauben, [...] ihre Unschuld theuer genug an den Mann gebracht zu haben, wenn sie für diesen Preis die Aufwartung, Pflege und reichliche Belohnung einer Stadtamme erlangen können.« (Schrader, 1787, S.458.)

Die Ammen vom Lande kamen, so behauptete zumindest Schrader, aus der Schicht der Tagelöhner und Kätner [Kleinbauern]. Die Frau »[...] verlässt ohne Bedenken ihren Gatten [...], dingt ihr neugeborenes Kind ohne Wahl und Befürchtung bei einer Fremden in die Kost und eilt [...] dem Wohlleben der Stadt zu.« (Schrader, 1787, S. 459) Sie blieb einige Jahre in der Stadt und kehrte dann »[...] von einem unüberwindlichen Ekel gegen ihre Hütte angesteckt [...] in die erkalteten Arme ihres Gatten zurück.« (ebenda) Auch die → Patriotische Gesellschaft prangerte 1791 die Sittenverderbtheit der ländlichen Ammen an. Nach ihrer Ansicht war der Versuch der Allgemeinen Armenanstalt, städtischen ledigen und verheirateten armen Müttern die Möglichkeit eines Verdienstes als Amme zu ermöglichen, gescheitert. Als Gründe wurde die geringe Anzahl brauchbarer Ammen und Bevorzugung der Ammen vom Lande angegeben. Und tatsächlich lautete die vorherrschende Meinung, daß die Ammen vom Lande gesünder seien. Außerdem brauchte man sich nicht mit den Familienangehörigen der Amme herumzuschlagen. (vgl. Verhandlungen und Schriften über den Vorschlag..., 1791, S.338f.)

Wegen der vielen Vorurteile gegen den Ammendienst gab es in diesem Arbeitsbereich wenig Chancen für arme städtische Mütter. Sie strotzten in der Tat nicht gerade vor Gesundheit. Aber dafür waren nicht sie verantwortlich, sondern die schlechten Wohn- und Nahrungsbedingungen, für deren Verbesserung sich die Bürger kaum einsetzten. Damit war die einzige Chance, einen gut bezahlten Arbeitsplatz zu bekommen dahin. Ein Teufelskreis. (Bake, 1984, S. 149–155.)

→ Dienstboten → Stillen im Bürgertum

AMTSHAUS
Die Eltern erlaubten dem Bruder, »[...] sich auf 10 Bällen auf dem Amtshaus zu engagieren.«
Eine Disco des 18. Jhds. Hier traf sich die bürgerliche Jugend. Es ist nicht genau zu ermitteln, um welches Amtshaus es sich hier gehandelt haben könnte. Die verschiedenen Ämter (Zünfte) besaßen ihre eigenen Amtshäuser. Da die → Hudtwalckers Kaufleute waren, ist anzunehmen, daß das Krameramtshaus gemeint ist. In den großen Sälen des Krameramtshauses in der Großen Johannisstraße →Stadtplan, einem gotischen Bau, der 1773 einem Neubau wich, konnte gefeiert werden. → Bälle

ANCLAM
Anclam liegt an der Ostseeküste, in der Nähe von Usedom (Vorpommern).

AEPFELTORTE
»Winters [kamen die Hudtwalcker Kinder] einen Tag in Weyhnachten nach Altona zu meines Vaters Bruder, wo wir anders eben keine Freude hatten als eine schöne Aepfeltorte, die schon auf dem Ofen stand, wenn wir kamen.«
»Wenn man die Aepfel vorher abschält, in vier Stücke und die Kernhäuser rein herausgeschnitten hat, so werden sie in ganz dünne Scheibchen geschnitten, und dann in einer Pfanne mit Zucker, gestoßenem Zimmet, klein gehackten Citronenschaalen, und, so man will, auch klein geschnittener Succade, ein wenig auf dem Feuer abgeschwitzt, und wenn die Aepfel nicht allzu sauer und wässericht sind, so kann man auch ein wenig Wein dazu giessen, aber, daß sie ja nicht zu dünn und weich gemacht werden. Dann läßt man es abkühlen und macht eine Torte davon.« (Hamburgisches Kochbuch, 1798)

Kuchen, entweder von der Hausfrau selber oder von der Köchin gebacken, gehörte zur Festtagsgemütlichkeit. Für die beschauliche bürgerliche Ruhe hatte die ständig beschäftigte Hausfrau zu sorgen.

ARCHE
»Aus kamen wir nicht anders, als einmahl alle Jahre im Sommer in der großen Arche nach Harvestehude.«
Archen waren die Alsterdampfer des 18. Jahrhunderts. Sie starteten ihre Fahrt am → Jungfernstieg und boten rund zehn Personen Platz. Diese, auch »Spielschüten« genannten Mietboote, hatten ein Verdeck, an beiden Seiten Fenster und einen Tisch zum Schmausen während der Fahrt. Für die sonst in häuslicher Abgeschiedenheit lebenden Bürgersfrauen waren diese Ausfahrten ein Erlebnis, von dem sie lange zehrten. (Finder, 1930, S. 394 f.).
→ alte Rabe

ALLGEMEINE ARMENANSTALT
DIE TOTALE VERWALTUNG der registrierten Armen. Die Allgemeine Armenanstalt unterstützte Arme, die ohne fremde Hilfe finanziell nicht existieren konnten. Ihr Standort: seit 1788 im alten Waisenhaus. Ein Drittel der Hamburger Bevölkerung zählte am Ende des 18. Jahrhunderts zu den Armen. Die unterstützten Armen waren zum größten Teil Frauen. So waren zum Beispiel in den Jahren 1793 – 96 75 % der von der Armenanstalt erfaßten Personen alleinstehende Frauen. In der Hauptsache alte Witwen, die aufgrund ihres Alters auf dem freien Arbeitsmarkt keine Lohnarbeit mehr bekamen. Auch alleinstehende jüngere Frauen waren sehr häufig von der Armenanstalt abhängig, besonders dann, wenn sie noch Kin-

der zu versorgen hatten. Nur selten gab es die Möglichkeit der Kinderbetreuung, während die Mütter einer außerhäuslichen Erwerbsarbeit nachgingen. Angesichts des hohen Prozentsatzes unterstützter Frauen wird deutlich, daß Armut frauenspezifisch war.
Als Gegenleistung für die geringe Unterstützung mußten die Armen für die Armenanstalt arbeiten, z.B. in der manufakturmäßig organisierten Flachsgarnspinnerei, in der von November 1789 bis Oktober 1790 1353 Spinnerinnen tätig waren.
Manufakturbesitzer und Armenanstalt arbeiteten eng zusammen. Denn es lohnte sich für die Manufakturbesitzer, Arme zu beschäftigen, die von der Armenanstalt unterstützt wurden. An sie konnten die Unternehmer einen niedrigeren Lohn zahlen, als an Arbeitssuchende vom »freien« Arbeitsmarkt. Der niedrige Lohn wurde durch einen Zuschuß von der Armenanstalt aufgestockt und erreichte dabei keineswegs schwindelerregende Höhen; der Schwindel kam eher vom Loch im Magen. Die Armenanstalt berechnete ihren Zuschuß so, daß der Gesamtlohn der Armen das Existenzminimum bedeutete. So blieben die Armen auch garantiert arm – trotz harter Arbeit.
Frauen, die von der Armenanstalt abhängig wurden, waren starken Reglementierungen ausgesetzt. Dadurch sollten sie zu einem sittsamen und demutsvollen Lebenswandel erzogen werden. Denn das Bürgertum hatte genaue Vorstellungen darüber, wie Arme leben sollten. Deshalb wurden die Wohnungen ebenso kontrolliert wie die kleinen Alltagsfreuden. Weißbrot und Bohnenkaffee – für Bürgersfrauen ein legitimer Hochgenuß – waren für Arme unpassend, unschicklich, verwerflich.

AUFSEHERIN
»Wie ich 8 Jahre alt war, und meine Mutter 6 Kinder hatte, im Jahre 1756, bekamen wir drei Mädgen eine Aufseherin im Hause.«
Der Beruf Aufseherin bot verarmten, nichtverheirateten Bürgerstöchtern die Möglichkeit, ihren Lebensunterhalt zu verdienen. Als verlängerte Arme der Eltern sorgten sie dafür, daß die bürgerlichen Töchter lernten, sich in die standesgemäßen Verhaltensmuster zu fügen. Die Aufseherin unterrichtete die Mädchen in Handarbeit, unterwies sie in Benimmfragen und beobachtete das An- und Auskleiden der Kinder, damals ungleich mühevoller und zeitaufwendiger als heute. Die Aufseherin in der Familie → Hudtwalcker war ca. 30 Jahre alt und kam aus der sehr alten und angesehenen, aber verarmten Familie Stubbe. (vgl. Hudtwalcker, 1894, S.169.) Mutter Hudtwalcker hatte einen großen Haushalt zu versorgen und schaffte es mit zunehmender Kinderschar nicht mehr, die Kinder zur Schule zu schicken. Deshalb wurde eine Aufseherin engagiert, die die Kinder an- und auskleidete, sie zur Schule brachte und wieder abholte. → Kleidung

AUSFAHRTEN
»Sontags auf dem Garten wurden dann Ausfahrten vorgenommen, zu Wasser und zu Lande...«
Ausflüge in Hamburgs nähere Umgebung (vor dem Dammtor, Billwerder, Eimsbüttel, Wandsbek, Hamm) sind seit dem 17. Jahrhundert dokumentiert. Für das Picknick wurden Käsebrot, Rundstükke (Brötchen, Semmeln) und → gebratene Fische mitgenommen. Für wenig Geld verkauften die Bauersfrauen auf dem Lande Kessel mit heißem Wasser für den mitgebrachten Kaffee. Bei schönem Wetter wurde für den Ausflug gern ein Stuhl-

1. Alsterfahrt mit Lustschüten – die Alsterdampfer des 18. Jhds. 2. Am Baumhaus legten die Ewer an, die die Reisenden nach Harburg übersetzten. Auch das jungverheiratete Paar Milow machte hier Station auf seiner Reise nach Lüneburg. 3. Aufgang zum Fährhaus in Blankenese. Hier warteten die Hudtwalcker Kinder auf ihre Eltern. 4. Im berühmten Lokal »die alte Rabe« an der Alster trafen sich alte und junge Hamburger Bürger und Bürgerinnen. ↗ Feste

1. Auf dem Jungfernstieg, einer beliebten Flanierstraße des Hamburger Bürgertums, gingen Octav und Margarethe heimlich spazieren. **2.** »Vor dem Steintor«: Sonntags fuhr das Hamburger Bürgertum vor die Tore der Stadt – Sonne, Gärten und kleine Vergnügungen satt. Hier jagen edle Kutschen an Bettlern und Gauklern vorbei.

wagen benutzt. Ein Vergnügen, bei dem auch mal die Bürgersfrauen ausspannen konnten. (vgl. Finder, 1930, S. 386.)

AUSSTEUER
»Da wurde meine Aussteuer zugeschnitten, meine künftige Einrichtung gemacht, und weil ich die erste Tochter war, die sie verheyrahteten, so schienen meinen Eltern die Kosten ungeheuer zu sein.«
Aussteuer – ganz schön teuer. Wenn schon dem Bürgertum die Kosten für die Aussteuer unerschwinglich erschienen, so konnte sich eine Unterschichtsfamilie eine Investition in die Zukunft ihrer Töchter schon gar nicht leisten. Die Dienstmädchen erarbeiteten sich ein wenig Aussteuer. Sie q erhielten z.B. etwas Leinen oder abgelegte Kleider von ihren Arbeitgeberinnen. Die Manufakturarbeiterinnen aber konnten wegen ihres geringen Verdienstes nichts dafür zurücklegen. Über die bürgerlichen Mädchen und ihre Aussteuer schreibt Griesheim:
»Nun wird an dem Brautschmuck, und an der Aussteuer Tag und Nacht gearbeitet. Hat schon die Ur- Ur- die Ur- und Großmutter die Menge von Kästen weißer Wäsche und anderer Hausgeräthe angeschaffet, so muß doch die leibliche Mutter, auch ihre Mutterpflicht erweisen. Sie eröffnet ihren Sparpott, und macht den Vorrath noch ansehnlicher. Billig sollten die Schlesier und Laußnitzer; billig die fleißigen Böhmen alle Neujahre an die nun kommenden Bräute von Hamburg ein allgemein Hochzeitsgedicht zur Erkenntlichkeit überschicken, und darin den Wunsch auf deren Fruchtbarkeit in Vermehrung des weiblichen Geschlechts setzen. Denn jede gebohrne Bürgertochter bringt etliche leere Waschkästen vor ihre Thüre zum Einkauf von Drell [fester Leinenstoff] und andern Weißgeräthe; und von den Tag an wird zu neuen Betten was aufgehoben, obgleich die bereits da stehende nie verbraucht werden. Gold- und Silber-Arbeiter, die Kupfer-Messings-und Zinnwerkstätte gewinnen ebenfalls bey der Töchter Aussteuer der glücklichen Hamburger. [...] Wenn nun alles fertig, so wird der Schmuck zu aller Bewunderung aufgestellt [...]. Privathäuser ahmen denen Höfen nach, wenn sie gleich keinen gesehen haben. Es muß also was gleiches in der menschlichen Natur stecken.« (Griesheim, 1760, S. 299 – 300.)
→ Braut, → Eheringe, → Ehezärter, → Hochzeit → Trauschemel

B

BÄLLE
»Es sind steife Zusammenkünfte, deren Hauptzweck bey den Mädgen der Putz ist ...«
Haben Sie sich Margarethe Elisabeth auf einem rauschenden Ball, wie durch ein Lichtermeer schwebend vorgestellt? Dann müssen wir Sie leider enttäuschen. Denn die Bälle der hanseatischen Bürger und Bürgerinnen waren eher hausbacken und steif. Es spielte kein Orchester, sondern meist hämmerte eine Tante – jedenfalls eine unverheiratete Verwandte – auf dem Klavier. Sie richtete die Augen nicht nur auf die sehr einfachen und wenig melodiösen Tanzstücke, sondern auch auf das Betragen der Tanzenden, quasi als takt- und tonangebende Frau am Klavier.

19. Menuet

fol. 11ᵛ–12ʳ

20. Menuet

fol. 12ʳ–11ᵛ

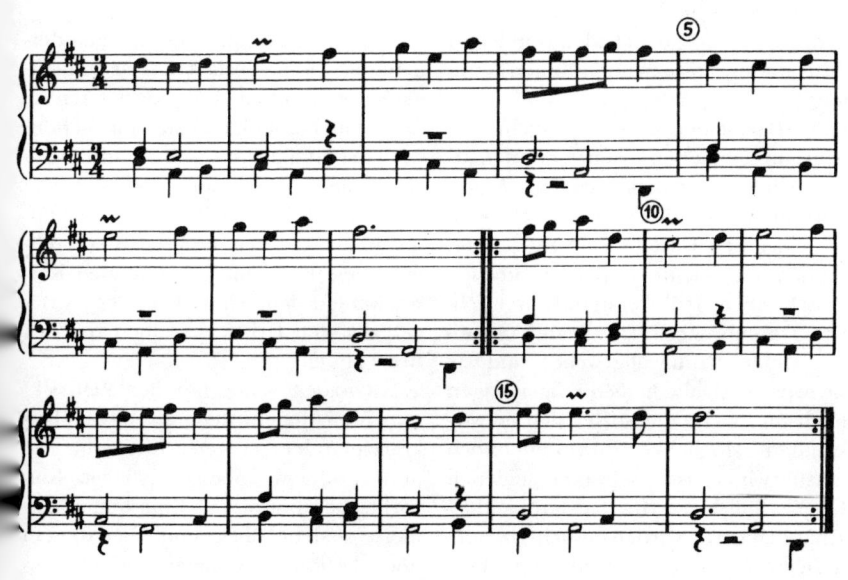

Und was die Musik betrifft, haben Sie da Bach und Telemann im Ohr? Leider nicht, diese Komponisten wurden nur selten bei Hausbällen gespielt. Sie waren schlichtweg zu schwierig. Einen Einblick in die »Hits« auf dem Tanz-Parkett gibt z.B. ein Notenbuch einer Preezer Klosterschülerin aus dem Jahre 1702; eine Sammlung einfacher Menuette und anderer Tänze. → Tanz

BALLKLEIDER
»Bey den andern Bällen hatten wir manchen Verdruß unserer Kleidung wegen. Ich hatte nur 2 und durfte dazu das eine nur selten anziehen, und den andern Putz immer nach der Mode in Ordnung zu halten, das wollten wir gern und konnten es nicht, weil wir zu geringes Taschengeld dazu bekamen.«
Die Ballkleider beschreibt die Schriftstellerin Johanna Schopenhauer (1766 – 1838) wie Rüstungen für einen Ballkampfplatz. Frauen jeden Alters beeindruckten durch gigantische Haartürme, Fischbeinstäbchenkorsetts und ausladende Reifröcke. Ballkleider, von denen die Hamburgerinnen nur träumen konnten.

»Ballkleider hatten wir nicht, aus dem ganz einfachen Grunde, daß damals sämtliche spinnwebenartigen Stoffe noch nicht erfunden waren, welche jetzt die eleganten Gestalten unsrer jungen Damen wie leichte Nebel verräterisch umschweben, Tüll, Petinent [durchsichtiger Durchbruchstoff aus Seide], Organdy [leichtes Baumwollgewebe], und wie sie sonst noch alle heißen mögen, lagen noch im Reiche der später sich entwikkelnden Möglichkeit. Und dennoch tanzten wir in unsern schweren, seidenen Gesellschaftskleidern, tanzten leidenschaftlich gern, wurden gesucht, bewundert, mitunter auch etwas adoriert [angebetet], genauso wie eben heutzutage unsre Enkelinnen; wie dieses in unserer damaligen entstellenden Vermummung möglich war, ist mir jetzt selbst unbegreiflich. Hoffentlich wird niemand mich unerlaubter Eitelkeit beschuldigen, wenn ich aus der Erinnerung mein Ballkostüm hier mit wenig Federstrichen leicht skizziere.

BALLFRISUREN. Ein ungeheurer, mit Drahtgestellen und Roßhaar unterbauter, mit großen Massen von Federn, Blumen, Bändern gekrönter Haarturm setzte über meinem Haupte meiner Länge wenigstens eine Elle zu; die weißen, kaum mehr als zolldicken Stelzechen [Stelzen] unter den mit goldgestickten Schleifen gezierten Ballschuhen suchten dagegen am andern Ende meiner kleinen Person dieses Mißverhältnis auszugleichen; obschon sie die Höhe des Kopfputzes bei weitem nicht erreichen konnten, waren sie doch hoch genug, um mich fast nur mit den Fußspitzen den Boden berühren zu lassen.

KORSETT. Ein aus dicht aneinandergefügten Fischbeinstäbchen zusammengesetzter Harnisch, fest und steif genug, um einer Flintenkugel zu widerstehen, trieb gewaltsam Arme und Schultern zurück, die Brust heraus, und schnürte über den Hüften die Taille zur Wespenform ein. Das Vernünftigste von diesem jede freie Bewegung hemmenden Korsett war ein ziemlich starker eiserner Bügel, der den Druck desselben von der Brust abhielt.

REIFROCK. Und nun der Reifrock! und über diesem der mit Falbeln [gekrauster oder gefalteter Kleiderbesatz] und allerhand unbeschreiblichen Kinkerlitzchen fast bis ans Knie hinauf garnierte seidene Rock, und über diesem noch das mit einer langen Schleppe versehene Kleid vom nämlichen Stoff; dieses ging vorn weit auseinander und war zu beiden Seiten ebenso garniert wie der Rock; Hals und Brust wurden freier getragen, als man es jetzt schicklich finden würde, ein großer Strauß von künstlichen Blumen vollendete den Putz. Die Ärmel reichten bis an den Ellenbogen und waren, bis zu den Schultern hinauf, mit Blonden [eine aus roher Seide, die noch ihr natürliches Gummi hat, auf Spitzenart geklöppelte Arbeit] und Band reich garniert; doch war dies nur die Tracht junger Mädchen, unsre Mamas trugen prächtige Engageanten [Manschetten, Handkrausen] von Blonden oder köstlichen Spitzen, so hießen die kleinen Schleppkleider ähnlichen Manschetten, die man noch an Porträts aus jener Zeit bewundern kann. Lange Ärmel waren durchaus nicht Gebrauch, auch nicht an Hauskleidern; durch Gewöhnung abgehärtet, froren wir deshalb nicht mehr als jetzt eben auch.

DIE BALLKLEIDER DER »MAMAS«. Unsre Mamas waren noch viel reicher gekleidet, und folglich noch weit schwerer belastet als ihre Töchter; Paris sandte ihnen seine Moden, freilich sehr verspätet, durch Übertreibungen verunstaltet, dennoch wurden sie begierig aufgenommen; eine einzige derselben machte eine Ausnahme: der Gebrauch, Rot aufzulegen. Die wenigen Damen, welche sich erkühnten, gegen den Glauben, daß sich schminken sündlich sei, zu handeln, durften dieses nur sehr vorsichtig unter dem Schleier des Geheimnisses wagen, wenn sie nicht einer öffentlichen Rüge von der Kanzel herab sich aussetzen wollten; denn Doktor Holler war gar ein strenger, zu schonender Nachsicht wenig geneigter Wächter der ihm anvertrauten Herde.« (Johanna Schopenhauer, 1958, S. 138 f.)

BAUMHAUS
»Thränenvoll, die Hände ringend, gingen wir Beyde den 15ten August mit meinem Bruder zwischen uns nach dem Baumhause, um von da über Harburg zu reisen.«
Vor allem Reisende besuchten die Gastwirtschaft »Baumhaus« am Baumwall Nr. 18. Sie war 1662 erbaut worden und diente als Anlegestelle für → Ewerfahrten nach Harburg. Denn die Elbbrücken gab es damals noch nicht.

KLEINE BEDIENUNG
»Der älteste Sohn [Bruder von Octav Nolte] bekam eine kleine Bedienung, er war Kanzelist.«
Wer es sich leisten konnte, ließ sich von Dienern, → Dienstboten, Gesinde bedienen. Wenn der Geldbeutel jedoch klein war, reichte es auch nur für eine »kleine Bedienung«, d.h. für einige wenige Diener.

BEGIERDEN
»Die gantze Nacht weinte ich, es kam mir alles wieder vor, mein voriges frohes Leben der Kindheit, und dies wüste, diese unordentlichen Begierden.«
Mit diesen »unordentlichen Begierden« meinte Margarethe Elisabeth wohl vage sexuelle Wunschträume, die ein tugendhaftes bürgerliches Mädchen aber schleunigst zu verdrängen hatte. Denn genaues Wissen über körperliche Liebe war für das weibliche Geschlecht tabuisiert. Statt detaillierter Aufklärung wurden die Mädchen z.B. mit Märchen über den Klapperstorch gefüttert, bis sie dann in der Ehe von den Begierden ihres Mannes überrascht wurden.

»Die natürliche Menschenzeugung bleibt erwachsenen Töchtern so lang ein Geheimnis, bis die wirkliche Hochzeitsvorbereitung angehet. Die Fabel von den

freundschaftlichen Geschäften der Störche in denen Häusern wird von ihnen geglaubt, so lang, bis sie den nähern Unterricht erlangen, oder etwa ein weitläufiger Vetter das Rätsel in verborgenen Lectionen auflöset. Doch die Welt ist in Hamburg, wie aller Orten, voll von so ungebetenen Lehrmeistern hinter den Rücken der Aeltern. [...] In Rücksicht der dunkeln Naturbegriffe mag das ledige Frauenzimmer zu Hamburg immer so bleiben; nur bitte ich dasselbe, ihre Seelenkräfte zu der Absicht ihres Daseins desto ernstlicher anzustrengen, und anständige Dinge in der Jugend zu erlernen, welche aus der Liebe eines Bräutigams die angenehmste Würze der Hochachtung bey vernünftigen Männern erzeugen kann.« (Griesheim, 1760, S. 290.)

BEICHTE
»Den Sonnabend, wie wir zur Beichte gingen [...]. Nach der Beichte war ich gantz selig, gantz ruhig ... «
2 bis 4 mal im Jahr wurde gebeichtet. »Die Hauptbeichte war mit der Vesper am Sonnabend von 1 1/2 Uhr an verbunden, die oft bis in den Abend hinein dauerte, und für die 1699 eine eigne Liturgie vorgeschrieben war.« (vgl. Geffcken, 1860, S. 26 f.)

BELLA DONNA
»Von der schrecklichen Bella Donna ward ich Gottlob erlöst.«
Die Blätter und Wurzeln der Tollkirsche wurden eingenommen und sollten gegen Geschwüre helfen. Bella Donna wurde auch verwendet bei Gelbsucht. Wassersucht, → Keuchhusten, Nervenkrankheiten und krampfhaftem Leiden.
→Krankheit

BETT
Im 18. Jahrhundert schliefen reiche Bürgerfamilien in französischen Imperialbettstellen (Himmelbett; imperial: Himmel), von deren Decke (Betthimmel) seidene, samtene, mit Gold und Silber durchwirkte Bettvorhänge herunterflossen. (vgl. Finder, 1930, S. 259.)
So weich schliefen Kinder und Dienstmädchen nicht. Ihre Traum – und Ruhestatt war noch im 18. Jahrhundert die harte Schlafbank. Schlafbänke konnten als Tisch oder Bank genutzt werden; auseinandergezogen dienten sie als Bett. Durch diese Konstruktion wurde in den kleinen Zimmern Platz gespart.
Und auch die Armen konnten sich Schlafkomfort nicht leisten. Ihre Wohnsituation erlaubte keine Trennung von Wohn- und Schlafraum. Mehrere Personen schliefen in einem Bett, loses Stroh diente als Matratze und statt der weichen Federbetten gab es nur rauhe Wolldecken zum Zudecken.

BETTY
Tochter von Margarete Elisabeth Milow, geb. 30.03.1775. → Margarethe Elisabeth Milow

JOHANN CHRISTIAN BROOK
Lederhändler und Bürgerkapitän, Adressbuch 1793

BEVÖLKERUNG
So genau läßt sich die Einwohnerzahl Hamburgs nicht ermitteln. Denn es zählten nur die Steuerzahler. Die Armen tauchen nicht in der Kopfgeldliste (Steuern) aus dem Jahre 1760 auf. Der Zeitgenosse Ludwig Jonas Heß gibt in seiner Hamburgtopographie folgende Einwohnerzahlen an (Heß, Bd. 2. 1789, S. 359.):

Kirchspiele	Petri	Nicolai	Catha.	Jacobi	Mich.
Verheirat.	4996	3710	4128	5760	787
Ledige	1456	1122	1003	1166	1530
Comptoir-Laden-Diener und Hausjungfern	131	286	108	54	48
Kutscher	39	54	26	10	27
Weibl. Bediente	1486	2027	1157	812	1228
Gesellen Knechte	599	425	352	342	306
Burschen	402	659	449	230	270
Total	9109	8283	7223	8374	4196

Um 1780 wird die Einwohnerzahl Hamburgs auf ca. 100 000 geschätzt. 1/3 davon zählte zur Armutsschicht.

BLANKENESER FÄHRHAUS

»*Mehr wie 20 Mahl stiegen mein Bruder und ich die große Treppe [...] auf und nieder, um ihr [das der Eltern] Schiff zuerst zu sehn.*«
Die Geschwister → Hudtwalcker warteten unruhig an der Schiffsanlegestelle des Blankeneser Fährhauses. → Neustädt

BLOCKADE IN GÖTTINGEN

»*Im Jahre 1761 ward Göttingen blockiert. Alle Hamburger [...] gingen weg.*«
Im Winter 1760/61 wurde Göttingen von einer 6000 Mann starken Truppe unter Ferdinand von Braunschweig belagert. Nach den Friedensverhandlungen Georgs II von Hannover mit Frankreich wurden im August 1762 die Truppen endgültig aus Göttingen abgezogen. Der Siebenjähriger Krieg 1756–63 hielt ganz Deutschland in Atem. Hamburg blieb nach dem 30 jährigen Krieg ein zweites Mal verschont.

FRITZ JOHANN FRIEDRICH BÖHL

(Fritz) (* 25.8.1739 Stralsund, † 25.9.1819 Wandsbek), Kaufmann

DIE ALTE BÖRSE/BÖRSENSAAL

»*Es ist Mittwochen ein Ausruf von Seidenzeug auf dem Börsensaal.*«
Hier trafen sich die Kaufleute zum Handel, gingen abends mit ihren Frauen spazieren. Hier in der alten Börse kamen Commerz und Klatsch zusammen und bildeten die besondere Form der hamburgischen, republikanischen Öffentlichkeit. Der Börsensaal war eine Art Kaufhaus, wo die Bürgersfrauen ihre Stoffe und auch teilweise schon zugeschnittene Kleider kaufen konnten.
»Die Börse liegt dem Rathhause gegenüber, an und über dem Wasser. Die alte Börse ist unbedeckt; über der neuen ist zum Theil der Börsensaal gebaut, der auf den Pfeilern der neuen Börse ruht, und mit drei kleinen Thürmen geziert ist. [...].
Da die Nordseite der Börse weder Wand noch Thür hat, so steht sie zu allen Stunden einem Jeden offen. Die eigentliche Kaufmanns-und Börsenzeit aber ist das ganze Jahr durch an Werktagen von halb 1 bis voll 2 Uhr. Besonders trifft man nach 1 Uhr an Posttagen [→ Briefpost] hier geschäftige Menschen aller europäischen Nationen in Unterhandlungen begriffen an [...].
Die innwendigen 12 Doppelpfeiler sind mehrentheils mit interessanten Nachrichten beheftet und behangen. Da findet man Nachrichten von angekommenen Posten, von Schiffen [...], Auctionsanzeigen und Catalogen, Mäkler- und andre Ordnungen [...]. Die Kämmerei schlägt hier Stadtpläne und öffentliche Dienste zum Verkauf an; hier erbieten sich Privatleute als Zimmervermiether,

Sprachmeister, Abschreiber, Hausknechte u.d.g. [...]. Des Abends dient die Börse auch zum Spaziergang, und ist durch sechs helle Glaslampen erleuchtet, und wird des Winters mit Brettern belegt. Der Börsensaal dient vorzüglich zu öffentlichen Auctionen, zu welchem Gebrauch ihn seine Eigenthümer, die Tuchhändler, vermiethen.« (Heß, Bd. 1. 1787, S. 383 – 386.)
→ Kaufmann → Kleidung

Braut
»*Wie konnte ich ihn [Milow] also empfangen, wie sonst eine Braut ihren Bräutigam empfängt.*«
Vom »Ja« des Brautvaters bis zum kirchlich gesegneten »Ja« des Brautpaares verging eine spannungsgeladene Zeit, in der insbesondere über die Tugend der Braut gewacht wurde.

»Der Bräutigam darf nicht alle Tage seine Braut sehen; das schickt sich nicht, es beunruhigt das Haus, und beleidigt die Ehrbaren. Die Braut ist auch sodann unter steter Aufsicht. Das ist an sich löblich. Man weis, die Tugend bleibet nicht allemal gleich strenge, und wird bisweilen allzu gefällig« (Griesheim, 1760, S. 298.).
→ Aussteuer → Brautzeit → Ehering
→ Ehezärter → Hochzeit → Trauschemel

Brautzeit
»*Eure Brauttage, das wünsche ich, Ihr Mädgen, seyen anders und fröhlicher als die Eurer Mutter.*«
In der Brautzeit wurde die → Braut schon auf ihre zukünftige Rolle als Ehefrau vorbereitet. Sie war auf dem Weg in feste Hände und hatte deshalb »[...] auch Erlaubnis, Wochenvisiten zu geben, oder

nach Hamburgischen Ausdruck; bey dem Kinderdreck zu erscheinen.« (Griesheim, 1760, S. 298.)

Briefpost nach Göttingen
»*Sobald die Posten wieder richtig gingen, bekam Milow Geschenke über Geschenke ...*«
Es gingen mehrmals in der Woche Posten (Postkutschen, reitende Boten) nach Göttingen, die Briefe mitnahmen: die kaiserliche Reichspost ging dienstags und freitags abends um 20 Uhr von Hamburg ab. Mittwochs und sonnabends mittags um 13 Uhr hatte die Königlich-Großbritannische, auch Churfürstlich-Braunschweigische-Lüneburgische Post ihren Abfahrtstermin. Mittwochs und sonnabends abends um 22 Uhr ritt die kaiserliche Reichspost über Göttingen.

Erich Nikolaus Brockes
(* 21.9.1718 Hamburg, † 1769). Studium der Rechte, 1742 fürstl. Legationssekretär in Stockholm. 1749 großfürstl. holstein. Justizrat in Kiel, später Etatsrat und geheimer Legationsrat. Sohn von Barthold Heinrich Brockes (dem wichtigen Hamburger Ratsherren, Lyriker und Epiker zwischen Barock und Aufklärung. Brockes, Verfasser der physikalisch-moralischen Lehrgedichtssammlung »Irdisches Vergnügen in Gott«, die von den Hamburger Handwerkern wie eine Art Bibel gelesen wurde, gab zusammen mit Richey den »Patrioten« heraus).

Brodt-Pudding
»Hiezu nimmt man 6 Rundstücke, schneidet ganz dünne die Rinde ab, schneidet die Kugeln in Stücke, und weichet selbige in eine halbe Boutelje Rohm ein, rührt ein viertel Pfund Butter zur Salbe, dazu acht gelbes von Eyern, eine Handvoll gestoßene Mandeln, kleingeschnittene Succade, Canehl und gestoßene Muscatenblumen, Salz und Zucker. Dann rührt man das eingeweichte Brodt und von sechs Eyern das Weisse zu Schnee geschlagen dazu, und backt ihn eine Stunde, wie bekannt. Beim Anrichten gießt man Citronenmuß darüber.« (Hamburger Kochbuch, 1798)

Brot
»*Wie Papa das Brod schnitt, warf er mir's hin.*«
Brot wurde zu jeder Mahlzeit gegessen. Wer es sich leisten konnte, aß lieber Weizenbrot. Die Bürgersfrauen backten einen großen Teil selber und sparten damit Geld. Die Armen mußten sich mit Kleiebrot begnügen. Wollten sie ab und zu auch etwas besseres, kostete es sie ein Vermögen. Die »aufgeklärten« Bürger Hamburgs, das gute Weizenbrot noch nicht ganz verdaut, entrüsteten sich über solch verschwendungssüchtige Arme und hielten sie dazu an, brav ihr Kleiebrot zu kaufen.
Den Teig für ihr Brot bereiteten die Köchin und die Hausfrau selbst. Im Ofen eines in der Nähe wohnenden Grobbäkkers verwandelte er sich in ein dickes, großes und schweres Brot. (vgl. Finder, 1930, S. 115.)

Brunnen-Aufseher
»*Sein [Milows] Vater war Aufseher der Brunnen in Hamburg.*«
Der Feldbrunnenmeister mußte über die Sauberkeit des Brunnenwassers wachen und seine Funktionsfähigkeit gewährleisten. → Phillipp Milow → Wasser

Brunnen-Trinken
»*Mein Bruder sollte anfangen, den Brunnen außen zu trinken, denn noch immer war seine Gesundheit schwach.*«

Mineralwasser sollte die Gesundheit erhalten oder auch wiederherstellen. Die besten Jahreszeiten zum »Trinken« waren der Frühling und der Sommer. Eine Brunnen-Kur dauerte 20–30 Tage. (Krünitz, Bd. 17. 1787, S. 766 ff.)

BRUSTKREBS
»Ich machte meine Taschen los, zog mein Leibchen aus und setzte mich, die zitternden Knie, fürchtete ich, möchten Grasmeier hindern, er hielt sie zwischen den seinen fest. Seip hielt den rechten Arm in die Höhe, der Gehülfe stand hinter ihm, die Köster hielt die linke Hand, die Kruse das Brett mit den Messern und den übrigen Sachen, ich machte die Augen zu, und – es war geschehen.«

Beschreibungen von Geschwülsten der Brust finden sich schon in den frühesten Epochen der Medizingeschichte. So führt Hippokrates an, daß in den Brüsten Knoten entstehen können, die nicht eitern, aber härter werden und sich zu verborgenen Krebsen gestalten. Hinweise über operative Behandlungen dieser Geschwülste finden sich jedoch noch nicht.

Gegen Ende des 1. Jahrhunderts wird der Brustkrebs bereits näher beschrieben. Auch finden wir Angaben über operative Behandlungen des Brustkrebses, bestehend in einer Kombination von »Schneiden und Gebrauch des Glüheisens«, wobei das letztere sowohl zur Blutstillung wie – nach vollendeter Amputation der Mamma – nochmals zur Zerstörung etwa zurückgebliebener Geschwulstreste angewandt wurde.

Es finden sich bereits Hinweise zu besonderen Stellungen des Operateurs und seines Gehilfen bei der Operation, die erforderlich waren, um bei der Exstirpation [Entfernung eines erkrankten Organs] des Tumors die Ablösung der Haut von der Geschwulst zu gewährleisten. Aus dem 16. Jahrhundert sind uns von Johann Scultetus (1595–1645) u.a. Operationsbeschreibungen mit bildlichen Darstellungen zu Brustoperationen erhalten geblieben.

Gegen Ende des 17. Jahrhunderts werden bereits in der Literatur Diskussionen zur Frage der konservativen oder operativen Behandlung des Brustkrebses geführt. Einige Autoren empfahlen, im Anfangsstadium zunächst die »innere Anwendung« eines »arsenikhaltigen Mittels« zu versuchen. Gleichzeitig wurde jedoch davor gewarnt, bei dieser Behandlung »zu heftige Mittel« anzuwenden, um ein Aufbrechen des Krebses zu verhindern. Andere Autoren vertraten dagegen die Meinung, daß das Absetzen der Brust nicht als letztes, sondern als erstes Mittel der Behandlung zu betrachten sei.

Hinsichtlich der Operationstechnik findet man Anlehnungen an die bereits von Scultetus beschriebenen Methoden; die Anwendung des Glüheisens wird jedoch von vielen Autoren abgelehnt.

Bei der Operation wurden die Arme der Patientin nach hinten durch einen unter den Ellenbogen durchgesteckten Stock befestigt. Von 2 halbmondförmig angelegten Schnitten, die ein Oval oder einen Kreis bildeten, wurde dann versucht, die Geschwulst herauszulösen. Die Adern wurden unterbunden, bei Flächenblutungen wurde durch Aufgießen von kaltem Wasser und durch Auflegen von Eichenschaum versucht, die Blutung zu stillen. Die Wunde wurde dann mit Kompressen belegt.

Die Zeit der Wundheilung wurde mit 14 bis 18 Wochen angegeben. Zur Entfernung von Lymphknoten in der Achselhöhle ging man so vor, daß nach einem Hautschnitt der Knoten freipräpariert, mit spitzen Haken herausgehebelt und von der Unterlage getrennt wurde. Diese Wunden wurden nicht mit Wundgaze ausgelegt, sondern sofort mit einer Naht verschlossen.

Die Mortalitätsrate war natürlich sehr hoch. Es wird jedoch auch über einzelne Heilungserfolge mit Überlebenszeiten von mehr als 10 Jahren berichtet. Man war jedoch zu dieser Zeit allgemein der Meinung, daß bei einem Karzinom nur die »Ausrottung mit dem Messer« den Kranken retten könne. Es wurde daher auch von vielen Chirurgen empfohlen, auch dann, wenn nur ein Teil der Brust befallen war, diese ganz abzunehmen, da »das Sitzenbleiben eines Teiles nie einen Nutzen, leicht aber viel Schaden bringen könne«.

Aus Margarethe Elisabeths Schilderung über ihre Brustoperation ist ersichtlich, daß die Brustoperation von den Ärzten in Hamburg nach den bereits im Mittelalter entwickelten Operationsmethoden durchgeführt wurde. Diese Operationen wurden meistens in den Häusern der Patienten oder im Haus des Arztes durchgeführt. Hamburg verfügte zwar zu dieser Zeit über einige Krankenhäuser, die jedoch in der Hauptsache als Krankenasyle für die Angehörigen der ärmeren Bevölkerung anzusehen waren.

Eines der wichtigsten war der Pesthof. Die häufig wiederkehrenden Epidemien ansteckender Krankheiten, die man mit dem allgemeinen Namen »Pest« bezeichnete, hatten, wie auch in anderen Städten, dazu geführt, ein besonderes Haus außerhalb der Stadt zu erbauen, »um hier eine von der Stadt abgesonderte Anstalt zu haben, die mit der Pest behafteten Personen aufnehmen zu können«. Gleichzeitig sah man jedoch auch die Notwendigkeit, ein besonderes Hospital für die sozial Schwachen zu errichten. Die Mittel zu diesem Bau stammten hauptsächlich aus den vier Hauptkirchen der Stadt, die anfangs auch die Leitung der Verwaltung dieses Hospitals übernahmen. Im 18. Jahrhundert wurde dieser »Pesthof« vergrößert, und es erfolgte – dem Wandel des Hauses entsprechend – eine Umbenennung in »Krankenhof«. Die Patienten dieses Krankenhofes waren hauptsächlich Kranke der ärmeren Bevölkerungsschicht. Die Unterbringung und Verpflegung sowie die ärztliche und krankenpflegerische Betreuung waren ausgesprochen schlecht, und der »neue Krankenhof« bedeutete kein Ruhmesblatt für die Stadt Hamburg. Über Operationen in diesem Krankenhof wird nur selten etwas berichtet. In verzweifelten Behandlungsfällen wurden jedoch auch hier Amputationen von Extremitäten und Operationen von großen Tumoren ausgeführt. Darunter fand sich auch zweimal das »Absetzen der Brust«. An Betäubungsmöglichkeiten wurde lediglich das »Einflößen von Alkohol« erwähnt.

Nach Erbauung des Allgemeinen Krankenhauses (1823) wurden Statistiken zu den einzelnen Erkrankungen und den durchgeführten Operationen erstellt. Nach den Aufzeichnungen von Johann-Carl-Georg Fricke, dem ersten leitenden Arzt der Chirurgischen Abteilung, wurden von ihm im Jahre 1824 drei Brustoperationen durchgeführt.

Die Technik der Brustoperation wurde erst im Laufe des 19. Jahrhunderts verbessert. Der eigentliche Durchbruch kam jedoch erst, als neben der Weiterentwicklung des technischen Geräts insbesondere die Anästhesie, die Anti- und die Asepsis den Chirurgen neue Möglichkeiten eröffneten. → Krankheit *Heinz Rodegra*

Deß Wund-Artzneyischen Zeug-Hauses/

Zum dritten/ die innerliche Wund abwasch-und reinige; Und dann vierdtens/ selbige vollends beschliesse und zuheyle/ durch Beheiff der Sprützen/ in die hole Brust einsprützen.

Die sechs und dreissigste Tafel.

Wie die verborgene Wärtzlein an denen Brüsten der säugenden Frauen/ heraußgezogen; Die gezeitigte Geschwulst in der Brust/ geöffnet; Die/ mit einem Krebs-Schaden behaffte Brust/ hinweggeschnitten; Und dann/ wie die mittle Höle deß Leibs/ mit deß *Sostrati* binden/ inglei= chem auch mit deß *Galeni* Gebände/ von ihme *Cataphracta* genannt/verbunden werden solle.

DIe I. Figur weiset/ wie das/ in der rechten Brust verborgene Wärtzlein/ heraußgezogen; in der lincken aber/ ein gezeitigte Geschwulst geöffnet wird. Es verbergen sich zu Zeiten bey etlichen säugenden Frauen die Wärtzlein dermassen/ daß einem neugebornen Kinde/ wann es zum saugen angeleget wird/ solche zu fassen/ gantz unmüglich ist. In solchem Fall nun ist von nöthen/ daß entweder die Säug-Amme deß Kindes/ den Grund deß Säug-Glases (Tab XII. Fig. VIII.) an das verborgene Wärtzlein ansetze/ und vermittelst der Binden (a) an die Brust anbinde/ darauff das Mund-Löchlein deß langen Röhrleins (b) in ihren Mund nehme/ und durch starckes Saugen/ das Wärtzlein also herauß ziehe: Oder aber/ sie muß ein ziemlich starckes Mägdlein bestellen/ welches mit seinen Lefftzen/ das Höfflin der Brust fasse/ und also durch hefftiges saugen/ das verborgene Wärtzlein herauß ziehe. Ein andere Manier hierzu/ lehret *Amatus Lusitanus*, und sagt: Man solle nur ein gemeines Trinck-Gläßlein/ welches ein enges Mund-Loch habe/ nehmen/ solches mit siedheissem Wasser anfüllen/ welches man aber/ wann das Gläßlein davon auch heiß worden seye/ widerum außgiessen/ und deß Gläßleins Mund-Loch/ stracks über das Wärtzlein stürtzen solle/ an welchem es dann so steiff und hefftig anhanget/ solches auch so kräfftig herauß ziehet/ daß es das Kindlein hernach/ mit seinem Mündlein/ wol werde ergreiffen und fassen können. Und auff diese drey Weise und Manieren zu saugen/ pfleget man nicht allein die verborgene Wärtzlein herauß/ sondern auch die Milch in die Brüste zu ziehen. Im Fall aber/ man nicht für rahtsam hielte/ daß mit denen Wärtzlein/ zugleich auch die Milch herbey gezogen werde/ kan man ihnen einen besonderen/ auß Epheu-Holtz gedräheten Fingerhut/ gar sicher applicieren/ und also dardurch die Wärtzlein allein heraußziehen.

Vielmals begibet es sich/ daß in denen Brüsten die zeitige Geschwulsten von sich selbsten auffbrechen: Bißweilen aber/ wann nemlich das Apostehm zu tieff in der Brust liget/ oder aber das Eyter zu dick ist/ da verweilet sich solche freywillige Oeffnung länger/ als deß *Patienten* Kräfften/ welche nicht allein wegen deß bißhero bereits erlittenen/ sondern annoch anhaltenden hefftigen Schmertzens/ mercklich geschwächet werden seynd/gestatten und zu lassen: Alsdann ist in allweg von nöthen/daß das Apo-

stehm/

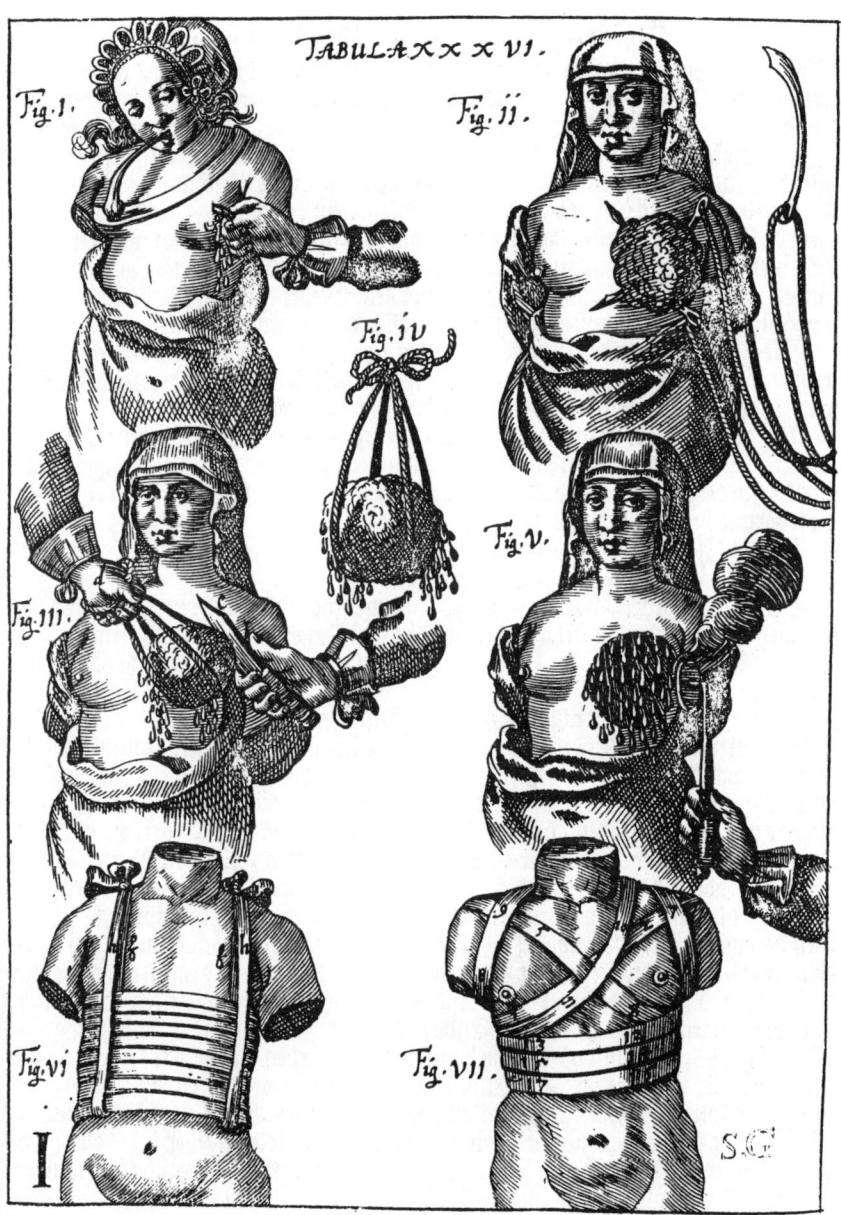

Ersten Theils sechs und dreyssigste Tafel.

stehen/ mit dem Messerlein geöffnet werde: Warein aber die Kinder/ wie auch die forchtsame Weibs-Personen/ schwerlich einwilligen. Derentwegen solle der Chirurgus, den güldinen Ring/ (Tab. XIV. Fig. XIV.) an den Zeig-Finger der rechten Hand/ anstecken/ und ohne Vorwissen deß Patienten, und auch der Umbstehenden/ gleichsam als ob er sonsten etwas zu thun vorhätte/ die zeitige Geschwulst/ mit dem/ in dem güldenen Ring verborgnen krummen Messerlein (c) öffnen. Und dieser betriegenden Weise/ die Apostemata zu öffnen/ solle der Chirurgus, nicht nur wann in denen Brüsten/ sondern wann auch in anderen Leibs-Theilen sich zeitige Geschwulsten befinden; die forchtsame Patienten aber sich vor dem Messer entsetzen/ davon nichts hören/ viel weniger das Apostehem auffhauen lassen wollen/ sichs bedienen.

Die II. Figur zeiget den Grund der lincken/ mit einem offenen Krebs-Schaden behaffteten Brust/ welcher mit zweyen Nadeln (Tab. XIV. Fig. VIII.) deren jede ein starcken zusammengetradelten flachsinnen Faden führet/ durchstochen ist.

Bey der III. Figur ist zu sehen/ wie der Chirurgus alle vier Ende/der hindurchgezogenen Fäden/ mit der lincken Hand (d) zusammen fasset/ und die cancrosiche Brust/ mit dem in der rechten Hand haltenden zweyschneidenden Messer/ (Tab. XIV. Fig. VII.) von Grund herauß hinweg schneidet.

Die IV. Figur weiset den/ bereits von der Brust herauß geschnittenen Krebs/ welcher sechs medicinalische Pfunde gewogen hat.

Die V. Figur lehret/ wie der Chirurgus, nach deme er die/ mit dem Krebs behaffte Brust hinweg geschnitten gehabt/ den schadhafften Ort/ mit einem wolglüenden Cauterisier-Eysen (Tab. XIX. Fig I. und II.) gelinde und sittig brennet. Besihe hievon unten die 44. Observation.

Die VI. Figur stellet vor Augen/ welcher Gestalten die mittele Höle deß Leibes solle verbunden werden: Oder deß Sostrati Band/ dessen man sich dann gar nutzlich bedienen kan/ wann die Brust mit einer solchen Kranckheit behafftet ist/ welche verbindens von nöhten hat. Dieses Band nun beschreibet Galenus, in dem 81. Capitel/ seines Buchs von denen Bünden/ mit folgenden Worten: Deß Sostrati gerechtes Bande dienet absonderlich wol/ wann wir die Brust in der Mitten/ oder den Rucken und die Seiten/ oder die mittle Höle deß Leibes (in welcher entweder eine Fistul/ oder ein Wunde/ oder ein entzwey gebrochene Rippe sich befindet) verbinden wollen. Nehmen derowegen zwey Bändlein/ (g) welche einer gerechten Länge und drey quere Finger breit seyen/ diese legen wir zu oberst über die Achseln an/ und lassen allbeede rechte Ende herab hangen: darauff umbbinden wir mit der auffgewickelten Binden (i) oder der jenigen/ welche nur ein Ende hat (besihe Tab. LI. Fig I E. F.) die gantze Brust/ und Seiten/ also daß sie gantz damit bedecket werden/ darnach knüpffen wir das äusserste dieser Binden an: Die Ende aber (h) welche so wol hinten/ als fornen herab hiengen/ nähen wir an die/ umb die gantze mittele Höle deß Leibes umbgebundene (i) Bünde: Da sie aber was längers wären/ fahren wir mit solchen über sich/ allwo das Rabl-Gebein und Schulder-Blat sich zusamen fügt/ und knüpffens allda aneinander.

Die VII. Figur weiset das Brust-Gebände Galeni, welches er Cataphractam nennet/

net/und es in seinem erstangezogenen Buch von denen bünden/ in dem 79. Capitel/ beschreibet: Es hat aber diesen seinen Nahmen dahero bekommen/weil es sich mit einem Römischen Brust-Harnisch wol vergleichen läst: Und ist bey denenjenigen Patienten gar nutzlich zu gebrauchen/ welchen man das breite Bein deß Schulter-Blates/ nahe an der Kählen/item die Brust/den Rucken/oder die Seiten verbünden muß. Es wird aber die/ nur ein Haupt-habende/ oder zusammengewickelte Bünde (besihe in der LI. Tafel/die I. Figur/ E.F.) also umbgebunden: Erstlich leget man sie umb die Achsel an: Darnach fähret man damit schlims über die Brust/gegen demjenigen Ort zu/ allwo die Kähle/und das Brüstlein zusammen stossen/ von dannen leitet man sie über das Gnicke/gegen dem breiten Beine deß gegen-übergesetzten Schulter-Blates/ darnach fähret man unter der Achsel hindurch/und von dar widerum gegen dem Gnicke zu/über den/zuvor schon einmal umbbundenen Theil/ also daß diese Bünden/ nahe bey dem Genicke/sich übereinander Schrencken/und allda ein X.formiren. Nach diesem/fähret man mit dem überzwerchen Theil der Bünden gegen dem breiten Beine deß Schulter-Blates/auff der anderen Seiten/zu/daselbst unter der Achsel hindurch/ von der Achsel gegen dem Genicke/damit es über dem Gewerb-Beine deß Halses/ die Gestalt deß Buchstabens X. bekomme. Darnach fähret man unter der Achsel schlims übersich/ nahe an den Ort/ allwo die Kähle und das Brust-Bein zusammen stossen/ daß also die Bünde auch allhier/wie der Buchstab X. übereinander geschrencket werde: Welches dann zum vierdten mal geschehen solle; als einmal fornen her/auch einmal in dem Rucken/und dann zweymal nahe an der Kählen. Und auff diese Weise kan man mit der Bünden/so offt man will/oder die Nohtdurfft erfordert/ herumfahren/ darnach ziehet man sie umb die Brust und Seiten ringsweise herum also/daß das gantze Gebände einem Brust-Harnisch der alten Römer/ gleich sehe.

Die sieben und dreissigste Tafel.

Welcher Gestalten die enge Wunden deß Schmeer-Bauches erweiteret; dessen grosse Wunden aber gehäfftet; Auch wie die Nabel-Brüche auff zweyerley Weise curiret werden sollen.

DIe I. Figur lehret Weis und Manier/ wie eine Schmeer-Bauchs Wunde/welche durchgetrungen/ doch aber enge ist/ gantz sicher erweitert wird; damit hernacher das herauß getrettene Gedärme/leichtlich widerum an seinen natürlichen Ort hinein/möge gebracht werden. Dann wann eine Wund in den Holen-Bauch durchgetrungen hat/da weichet gleich entweder das Netze herauß/ oder das Gedärme/ etwan auch alle beede: Wann nun das Netze hervor gefallen wäre/ da solle der Chirurgus in Achtung nehmen/ob's noch frisch und gesund/ oder aber/ ob es faul und verdorbe seye? Findet er's noch gesund/so solle er es alsobalden mit warmen Wein abwaschen/darauff fein saufft und sittig in den holen Leib wider hinein bringen/ und die herbey/ oder zusammengeschobene Wund-Lefftzen/ vermittelst etlicher Heffte (Fig. II.) beysammen behalten. Im Fall aber/daß das herausgewichene Theil des Netzes faul wäre/ da müste er's noch weiters herauß ziehen/ selbiges in dem gesunden Ort/ mit einem einfachen roht-
seidenen

JOHANN GEORG BÜSCH
(* 3.1.1728 Alten-Meding, † 5.8.1800 Hamburg). Sohn eines Pastors. Studium der Theologie in Göttingen. 1756 Professor für Mathematik am → Akademischen Gymnasium in Hamburg. Mitbegründer der → Patriotischen Gesellschaft. Übernahm 1771 die Leitung der von ihm mitbegründeten Hamburgischen → Handlungsakademie, einer frühen Handelshochschule mit Internat.
In seinen pädagogischen Bestrebungen gehörte Büsch der Aufklärung an. Zu jener Zeit entwickelte sich die Pädagogik zu einer eigenständigen Wissenschaft, »die mit dem Philantropinismus [Erziehung zur Natürlichkeit, Vernunft und Menschenfreundlichkeit] einen der wesentlichsten und folgenreichsten Zweige der Aufklärungsbewegung schuf.« (Kopitzsch, 1982, S. 363.)

»Das Selbstdenken sollte an Stelle des Drills, der mechanischen Gedächtnis- und Verstandesübungen treten. Auf die Entwicklungsphase der Kinder und Jugendlichen wurde Wert gelegt, Spiele und Leibesübungen wurden beachtet und einbezogen. Die gelehrten Schulen sollten fortan nicht nur den Bedürfnissen der zum Studium bestimmten Schüler dienen, sondern auch Interessen der für den Kaufmannsstand sich entscheidenden Zöglinge berücksichtigen.« (Kopitzsch, 1982, S. 365.)
Welche Meinung Büsch über die Frauen seiner Zeit vertrat, können wir noch nicht sagen. Dieses historische Forschungsgebiet ist noch nicht ausreichend bearbeitet worden. Eine Untersuchung des Verhältnisses der männlichen Hamburger »Größen« der Aufklärung zu den Frauen ihrer Zeit wäre sehr begrüßenswert.

C

DE CHAPEAUROUGE
»Wir [waren] bei Ch., deren Sohn wir bekamen.«
Familien dieses aus dem Burgund stammenden Geschlechts verließen im 15. Jahrhundert aus politischen und religiösen Gründen ihre Heimat. Im Jahre 1764 wandte sich Jaques de Chapeaurouge nach Hamburg. Er kaufte 1773 ein Grundstück in Hamnn, das er durch weitere Zukäufe zu einem umfangreichen Besitz. dem sog. »Hammer Hof« ausweitete. Bei dem von Milow unterrichteten Sohn kann es sich sowohl um Jean Dauphin (* 4.1.1770 Hamburg, † 26.1.1827 Paris) als auch um dessen Bruder Vorneille Guillaume (* 24.8.1773 Hamburg, † 3.2.1819 Genf) gehandelt haben. Beide wurden später Kaufleute und Mitinhaber der Fa. Chapeaurouge und Co. Jean Dauphin erbte die väterlichen Grundstücke und übernahm in und nach der Französenzeit politische Ämter.

CHINA RINDE:
»... bekam China zur Stärkung.«
Es gab drei verschiedene Sorten China Rinde. Die billigste: China regia seu flavo. Sie war gelb und sollte bei Wechselfieber helfen. Auch galt die Rinde körper- und nervenstärkend, wurde gegen Nervenleiden, Schwäche, Fieber, Blutungen, Eiterungen und nervösem → Kopfweh gegeben. → Krankheiten → Faulfieber

CHIRURGUS

»... so blieb nur die Köster bey mir, die Wärterin und ein Chirurgus, der mit einem andern abwechselte und 2 Nächte und 2 Tage nicht hinter dem Bette weggingen.«
Der Chirurgus, auch Wundarzt genannt, hatte in der Regel nicht studiert. Er war ein Praktiker, der zum Beispiel schmerzlindernde Mittel bei Körperverletzungen verordnete.
Arme konnten sich meist keinen Arzt leisten. Sie gingen deshalb zu einem Kurpfuscher. Erst ab 1779 wurde eine medizinische Anstalt für kranke Hausarme errichtet. Sieben Ärzte und einige Wundärzte machten unentgeltlich Hausbesuche. → Quacksalber

CILCHEN
→ Cäcilie Wilhelmine Hudtwalcker. Schwester von Margarethe Elisabeth.

ANNA REBECCA CLAUDIUS
»Nun ging ich noch den letzten Abend spät mit der Kruse zu Claudius, um von der lieben guten Frau Abschied zu nehmen.«
(* 26.10.1754 in Barmbek, † 26.7.1832 in Wandsbek)
Anna Rebecca Claudius, geborene Behn, Tochter des Zimmermeisters Joachim Friedrich Behn und der Ilsabe Martens. Am 15.3.1772 heiratete sie Matthias Claudius und wurde zur Adressatin vieler seiner Gedichte.
Es ist kaum zu glauben, was in einer Claudius-Monographie – in einer aktuellen Auflage von 1992 – über eine Frau, deren Schicksal nicht unähnlich dem der Milow ist, noch immer zu lesen ist:
»Matthias Claudius war kein junger Bräutigam; als er heiratete, stand er im 31. Lebensjahr. Dafür war die Braut, Anna Rebecca Behn, fast noch ein Kind; ein halbes Jahr vor der Hochzeit wurde sie siebzehn. Sie war ein unverbildetes, hübsches, gesundes Geschöpf, dem einfachen Volk entstammend und dabei mit einer Fülle natürlicher Gaben ausgestattet, vor allem mit großer Lern- und Bildungsfähigkeit, mit Güte und Humor, nicht anders als ihr Mann, dazu, wie sich dann schnell zeigte, eine ideale Geliebte, Mutter und Hausfrau.« Was will der Mann mehr? Es kommt aber noch besser: »Da stimmte eben alles: Bett und Küche, der liebe Gott im Herzen und die Kuh im Garten, Kindergewimmel, Hausmusik und die Freude über den unerwarteten Braten und die Träne beim Tod eines Lieben. Was die körperlichen Reize, die Fähigkeit zum 'Betthäsgen', das gute Herz und die handfeste Lebenstüchtigkeit Rebeccas betrifft, so denkt man unwillkürlich an Goethes Christiane.« Frau denkt unwillkürlich, ob der unerwartete Braten, den man da riecht, nicht das abgezogene Betthäschen selber ist. Der Wandsbeker Bote war, wie in diesem putzigen Genrebild aus der deutschen Familienseele versichert, kleiner als Goethe im Dichten, jedoch größer im Zeugen: »Tatsächlich ist er Familienvater von Profession gewesen: er zeugte die Kinder nicht bloß mit offensichtlichem Vergnügen, sondern er kochte der Wöchnerin auch die Biersuppe, wickelte und fütterte die Kleinen während des Wochenbettes, er unterrichtete die Kinder zur 'Hochschulreife', er spielte und musizierte mit ihnen, er geleitete sie ins Leben – drei von ihnen auch auf den Friedhof – und er blieb ihnen, seinen Enkeln und Schwiegerkindern, bis zum letzten Atemzug 'der Vater' schlechthin.« Es muß eine Wonne gewesen sein, in einem Haushalt mit Armut und zwölf Kindern geschlagen zu leben. Aber mit Gott im Herzen und dem Häschen in Röhre und Bett ...

D

Dienst auf Martini

»Sie [Vaters Nichte] klagte, daß sie noch keinen Dienst auf Martini wieder bekommen.«
Die »Familie Hudtwalcker« bürgte nicht unbedingt für unbegrenzten Reichtum und Kredit. Arme Verwandte mußten sich ihren Lebensunterhalt auch als Dienstpersonal verdienen.
Übliche Kündigungsfrist für das Dienstpersonal war 1/4 bis 1/2 Jahr vor Himmelfahrt oder Martini. Um eine neue Stellung zu bekommen, waren die Dienstboten auf Empfehlungen angewiesen. Es gab aber auch Gesindebüros, meist von Frauen geleitet, (»Mächenmeederinnen«) die → Dienstboten vermittelten.

Dienstboten

»Es ist in Hamburg Mode, daß alle vornehme und geringe Bediente [...] den Freytag vor der Hochzeit von der Braut beschenkt werden.«
Margarethe Elisabeth hatte wohl für recht viele Geschenke zu sorgen, denn in einem großbürgerlichen Haushalt gehörte Dienstpersonal dazu.
Je nach den finanziellen Möglichkeiten waren in einem bürgerlichen Haus ein Kindermädchen, eine → Amme, eine Köchin, Dienstmagd und Knechte eingestellt. Diese wohnten auch im Hause und hatten in den oberen Etagen ihre Zimmer. Um mehr Unterkunftsräume für weibliche Dienstboten zu bekommen, wurden seit dem 16. Jahrhundert »[...] sogenannte »Hangelkammern« gebaut, die auf Balken ruhten, die in die Mauern eingelassen und an Deckenbalken, auch mit eisernen Stangen befestigt, aufgehängt waren.« (Finder, 1930, S. 251). Nur bei reichen Bürgern waren Köchinnen eingestellt. In den meisten kleinen bürgerlichen Haushaltungen gab es nur ein Dienstmädchen – wie auch später bei Margarethe Elisabeth in Lüneburg –, das alle Haushaltungsarbeiten verrichten mußte. In den reichen Bürgerhäusern arbeitete neben der Köchin noch ein Kleinmädchen, das bei Tische bediente und das Haus sauber machte.

Die Kleidung der Dienstmädchen. Viele Dienstmädchen begannen mit ihrer »Karriere« als Kindermädchen, um dann später als Kleinmädchen oder sogar Köchin aufzusteigen. Die Kleidung der Dienstmädchen war meist die Tracht ihres Heimatlandes, z.B. Holstein, Mecklenburg und Hannover. Erst nach längerem Aufenthalt in Hamburg legten sie andere Kleidung an.

Dienstbotenlohn

Der Lohn für die Dienstmädchen war gegen Ende des 18. Jahrhunderts sehr gering. Nicht Leistung zählte, sondern die Maßeinheit hieß »Moral«. Und so herrschte das Vorurteil, ein hoher Lohn mache das Gesinde bloß trotzig und arbeitsscheu. Mit dem Lohn nach »Moral« wurde nicht nur das Dienstpersonal bezahlt. Dieses Entlohnungsprinzip galt auch für Arbeiter und Arbeiterinnen in der → Allgemeinen Armenanstalt. Ein geringer Lohn sollte zu Fleiß und Disziplin anspornen, ein hoher Lohn dagegen könnte zu Müßiggang und Lasterhaftigkeit verführen. In dieser pädagogisch-ökonomischen Begründung spiegelt sich das vorherrschende Weltbild der Zeit mit seiner als natürlich und gottgegebenen Gesellschaftshierarchie wider. Die weiblichen Dienstboten nahmen in dieser

Hierarchie noch billigere Plätze als die männlichen Dienstboten ein. »Durchschnittlich erreichten die Frauen ein Fünftel des Einkommens der Männer«. (Engelsing, 1973, S. 24.)
Der Lohn war zu niedrig, um sich alle nötigen oder auch wünschenswerten Kleidungsstücke anzuschaffen oder gar für den eigenen späteren Hausstand zu sparen. Bei bestimmten Festlichkeiten war es jedoch üblich, daß die Dienstboten Geldgeschenke bekamen. So erhielten sie zum Beispiel das »Brautstück«, wenn die Tochter des Hauses sich verlobte, das »Umhangsgeld« bei der Entbindung der Hausfrau und bei Gastgebereien von den Gästen ein Trinkgeld. (vgl. Finder, 1930, S. 81.) → Bett → Kirchenbesuch

DOORMANN
Eine großbürgerliche Familie. Franz Doormann war von 1761 – 1780 Ratsherr und ab 1780 Bürgermeister bis zu seinem Tode am 22.8.1784. Hermann Doormann (geb. 1752), Rechtsanwalt in Hamburg und ab 1791 Syndikus (Rechts-Bevollmächtigter einer Stadt, Stiftung, eines Vereins oder einer Firma).

E

JOHANN ARNOLD EBERT
(* 18.2.1723 Hamburg, † 1795). Sohn eines Hamburger Stadtsoldaten. Besuch des Johanneums. Zu dieser Zeit Bekanntschaft mit → Hagedorn. Studium der Theologie. Gedichteschreiber. Freund Klopstocks. Ab 1748 Lehrer für englische Sprachen am Collegium Carolinum in Braunschweig und dort ab 1753 ordentlicher Professor. Seine Fächer: Englisch, Literaturgeschichte und Griechisch. 1773 Heirat mit der Tochter des herzogl. braunschweig. Kammerrates Gräfe. 1780 Ernennung zum Hofrat.
»Ebert war eine der wichtigsten Gestalten der Aufklärung in Braunschweig.« (Kopitzsch, 1982, S. 317.) Er machte jeden Sommer kleine Reisen nach Hamburg. Bei diesen Fahrten mußte er mit der Postkutsche über Lüneburg fahren. So wird er wohl mit den → Milows ein Stück zusammengereist sein.

EHE
»Aber es ist nicht gut, Kinder, daß die Frau, auch wenn sie die Beste ist, über den Mann herrscht ...«
Die Bürgersfrau sollte eine gute Gattin und Mutter sein. »Die stille, rastlose Tätigkeit im Hause – die unvermeidliche Geschäftigkeit – galt als Kennzeichen einer guten Bürgersfrau. Selbst in den Ruhestunden blieben die Hände nicht still im Schoß liegen. Es wurde der Arbeitsbeutel zur Hand genommen und genäht und gestrickt.« (Jaacks, 1983, S. 65.)
Zu ihren ersten Pflichten und Tugenden gehörte weiterhin die sparsame Haushaltsführung. Dazu war eine exakte Buchführung über jede kleine Ausgabe wichtig. (vgl. Jaacks, 1983, S. 66.) Nichts sollte unnütz ausgegeben werden. Dieser Zwang zur Sparsamkeit wurde den kleinen Mädchen schon früh anerzogen – und das galt auch für großbürgerliche

Haushaltungen. Selbst dort »bleibt Sparsamkeit doch die natürliche Einstellung der Frau [...], deshalb waren Frauen auch nicht zum großen Handelsgeschäft geeignet [...], weil ihnen die Risikobereitschaft zum Einsatz großer Summen fehle.« (→ Johann Michael Hudtwalcker über seine Ehefrau Elisabeth geb. Moller. Eine Biographie. Hamburg, 1804. Zitiert nach Jaacks, 1983, S. 66.)

Wie eine arme Frau in der Ehe zu sein hatte, wurde von den mit diesen Thema befaßten Herren nicht diskutiert. Die bürgerlichen Schriftsteller kümmerten sich in erster Linie nur um die Frauen aus ihrer eigenen Schicht. Armen Frauen blieb sowieso nichts anderes übrig als sparsam zu sein. »Nur« Hausfrau sein, konnten sie sich nicht leisten. Sie mußten einer Erwerbsarbeit nachgehen. Denn ohne den Zuverdienst der Frau konnte eine Unterschichtsfamilie finanziell nicht existieren. Manufakturarbeiterinnen z.B. arbeiteten bis zu 12 Stunden in Seiden-, Baumwoll-, Woll-, und Leinenmanufakturen. Kamen sie nach Hause, hatten sie auch noch den Haushalt zu verrichten und bedingt durch ihre materielle Misere sah dieser ganz anders aus. Diese Frauen hatten andere Sorgen; ihnen ging es um das nackte Überleben. Allerdings: dem Typ »Frau«, den sich das Bürgertum wünschte, sollten alle Frauen entsprechen. So wurden die armen Frauen, die aufgrund ihrer Doppel- und Dreifachbelastung nicht dem bürgerlichen Frauenbild entsprachen, moralisch diskriminiert. Der Zeitgenosse und Arzt Rambach, Verfasser einer medizinischen Topographie über Hamburg, leugnete den Teufelskreis, in dem sich die armen Frauen befanden oder wollte ihn nicht wahrhaben: »Bei den niederen Frauen war eine nicht geringe Anzahl (...) mit allen physischen, moralischen Häßlichkeiten ausgestattet. Niedrige Habsucht, Betrug, Zanksucht und Mangel an allem weiblichen Zartgefühl sind nur zu oft ihre hervorstechenden Karakter-Züge.« (Rambach, 1801, S. 136.)

DER IDEALE EHEMANN und die ideale Ehefrau. »Der Hamburger ist ein vernünftiger Ehemann, ohne übertriebene Zärtlichkeit. Er läßt seine Frau Theil an seinem Glücke und Vermögen nehmen, doch seltner an seine Handlungsgeschäfte. Er, sein Compagnon, und der Buchhalter wissen mehrentheils allein um diese Geheimnisse. Spricht er mit einem Freunde, so geschiehet es unter vier Augen; in seiner Schreibstube, auf der → Börse, oder am dritten Orte. Die Frau ist gleich in der ersten Kindheit von der Tugend der Handlungsverschwiegenheit so unterrichtet; daß sie auch selten eindringet; wo nicht der Mann selbst die Hand darzu biete; sodann ist freylich eine ganz andre Gestalt im Hause. Zuweilen dürfen einzelne Exempel seyn; wo die Frau mehr von der Handelskunst zu wissen glaubt, als es der männlichen Gewalt, und dem wahren Vortheil zuträglich ist.[...] Die Frau ist mehrentheil unbekümmert; wenn gleich der Mann des Mittags, und des Abends nicht zu Hause kommt. Sie hält ihre Essenszeit, und er eifert nicht; wenn er bey seiner Ankunft den leeren Tisch vorfindet. Der Mann ist des Nachts bey den Seinigen als ein ruhiger Hausvater. Die innere Wirthschaft, die Erziehung der Kinder in der ersten Jugend, und die Aufsicht über die Töchter, sind in Hamburg weibliche Geschäfte; daher sind auch die Bediente und Arbeiter zwischen Wirthschaft- und Ladenbediente vertheilet; um jene bekümmert sich der Mann, um diese die Frau nicht. [...] Glücklich ist der Ehestand, wo der Mann das Ganze regiert, wo er die Frau in Mitwerbung des Ansehens, wegen ihrer Vernunft, Tugend und Erfahrung setzen kann, wo er die Geschäfte vertheilet, wo er seine Einrichtung mit der Frau überlegen und ihr Gutachten, als wohlbedacht schätzen kann.« (Griesheim, 1760, S. 285-287.)

DIE KLAGEN DES EHEMANNES. »Sechs Wochen [...] waren in unserm Ehstand verflossen, und während der Zeit ist die ganze Welt für mich tod gewesen. Ich konnte keinen Augenblick vergnügt seyn, als der mir in den Armen meiner Geliebten dahin floß, Kurz, ich war der Verliebteste unter allen Männern. Aber so gehts mit dem Sinnlichen! Von welcher kurzen Dauer ist es nicht! Nach und nach fiel die Decke hinweg, der beständige Umgang hatte mir ihre Reize, die mich in ein solch betäubendes Entzücken gesetzt hatten, schon so gewöhnlich gemacht, daß ich sie, als ich einmal die Augen genauer auf sie warf, sehr mittelmäßig, ja verschiedne Züge an ihr – häßlich befand. [...] In meinem Hauswesen hatte ich bisher nicht die geringste Verordnung gemacht; konnte ich wol in der Trunkenheit meiner Liebe ein einzigmal darauf denken? Itzt aber war es nöthig, wenn ich als ein ehrlicher Mann bestehen wollte. Ich unterhielt mich deswegen mit meiner Geliebten davon. Sorge du für deine Geschäfte, ich will schon das andre besorgen, ich bin Frau – Gut, mein Kind! ich küßte sie, und ließ es gehen. Ich unglücklicher Mann! ich fand in kurzer Zeit, daß meine theure Frau nicht das Geringste von der Wirthschaft verstund, ihre Köchin that was sie wollte; und wenn wir am Tische sassen, so wußte die Frau noch nicht, was wir zu essen bekommen würden. [...]

Ich muß mich doch ein wenig in ihr Portrait einlassen. Meine liebe Frau war sonst schön. Nach ihrem Kindbette aber hat sie so verschiedne Flecken ins Gesicht bekommen; und ihrer Schönheit wegen hatte ich sie doch geheirathet. [...]

Meine liebe Frau hat nicht den geringsten Funken gesunde Vernunft. Das ist überhaupt ein Familienfehler. Meine Frau Schwiegermutter, und unsre ganze weibliche Freundschaft ist davon angefochten.

Meine liebe Frau ist im höchsten Grade stolz. Diß folgt nothwendig aus dem Vorigen.

Meine liebe Frau steckt ferner, (es folgt aus ihrer Erziehung), voll affectirter Wörter, sobald sie sich das Ansehn einer grosen Dame geben will; sobald sie sich aber ein wenig vergißt, so fällt sie wieder in die niedrigste Sprache des Pöbels herab.

Meine liebe Frau ist im höchsten Grade abergläubisch und furchtsam. Sie zittert oft am ganzen Leibe, wenn ihr ein altes Weib fürchterliche Hexen- und Gespensterhistörchen erzählt. [...]

Meine liebe Frau ist so eitel, daß sie glaubt, es läge nur an ihr, die ganze Jugend unsrer Stadt in sie verliebt zu machen. Sie putzt den ganzen Tag an sich; oft legt sie dreyerley Kleider an einem Vormittage an. Seit einem Jahre schminkt sie sich. Sie nimmt blos Besuche von einigen Officiers an, die sie in den Ketten ihrer Schönheit herumschleppt. Nach meinem Tod wird niemand ihre Hand erhalten, als eine Uniform.

Meine liebe Frau ist so unwissend in der Wirthschaft, daß sie kein Ey sieden kann, und kaum den Preis vom Rindfleisch weiß; dem ungeachtet stellt sie sich oft so hochweise darin an, daß ihr bald diß, bald jenes nicht recht zugerichtet ist. Die Canaillen verderben einem die besten Speisen, gar nichts wissen sie von der

Kocherey; wenn unser einer nicht auf die Wirthschaft sähe, und die Menschen so gehen liesse, da wäre man in vier Wochen ruinirt!
Meine liebe Frau ist im höchsten Grade eigensinnig. Ihr dienen zu müssen, ist ein wahres Fegefeuer. Ihre → Dienstboten sind lebendige Märtyrerinnen; und da sie von Natur nichts Vernünftiges leiden kann, so ist sie unversöhnlich, sobald ihre Magd eine Sache so verrichtet, wie andre ehrliche Leute auch. [...]
Noch eins hätte ich bald vergessen, seit ungefähr einem Vierteljahr wird sie des Abends ganz freundlich und gesprächig. Ich konnte im Anfang die Ursache davon nicht begreifen; vor einigen Wochen kam ich dahinter: sie trinkt fast alle Tage anderthalb Bouteillen Wein mehr als vorher.
Sehen Sie hier mein Unglück in seinem ganzen Umfange. Was ist der Fehler von allen diesen Rasereyen? der Mangel der Erziehung. Ist diese gut, so kann sie selbst die bösen angebornen Neigungen in gute verwandeln; sie gibt Verstand, sie bessert das Herz, sie macht gute Christen, gehorsame Kinder, glückliche Eheleute, zärtliche Eltern, sie macht alles. Sobald aber diese vernachlässiget ist, dann werden solche Frauen, wie die meinige daraus, und dann sey der Himmel denen armen Männern gnädig, die sich so, wie ich, vergaffen. Indessen habe ich mein Unglück verdient, warum verliebte ich mich so thöricht in flüchtige Reize? Es ist meine eigne Schuld. Was ist für ein Rath für mich übrig? Ich bin mir selbst verhaßt, kurz ich bin der unglückliche Erast.« (Schreiben eines unglücklichen Ehemanns an die Verfasser des »Redlichen Hamburgers«, Achtes Stück, Hamburg, den 26sten Hornung, 1766, S. 61 – 68.)
→ Schwangerschaft

EHEBRUCH
»*Unser Hertz kann sich binden, muß sich binden an Einen, so nicht das Hertz der Männer, ihr Loos ist Freyheit, das wissen sie, und das lassen sie sich nicht rauben.*«
Unter Ehebruch verstanden Zeitgenossen wie Krünitz folgendes: »Die Verletzung der ehelichen Treue durch fleischliche Vermischung mit anderen verheiratheten oder unverheiratheten Personen.« (Krünitz, Bd. 10, 1785, S. 165)
Eine Ehefrau, die »Ehebruch« beging und deren Ehemann sie daraufhin nicht mehr »behalten« wollte, kam ins → Werk- und Zuchthaus oder wurde an den Pranger gestellt, mit Ruten gestrichen und aus der Stadt verwiesen. (vgl. Samml. Hamb. Gesetze, Teil 5, 1768, S. 412). Der »Ehebruch« einer Ehefrau wurde also öffentlich gemacht, während sich der Mann leichter davonstehlen konnte. Er brauchte nur eine Geldstrafe zu zahlen, die er natürlich leicht verheimlichen konnte. Doch diese öffentliche Tugendtortur mußten Frauen aus dem Umkreis der → Hudtwalckers wohl kaum über sich ergehen lassen. Diese Familien hatten kein Interesse daran, ihren Aufstieg, ihr Ansehen und ihren Einfluß durch skandalöse Liebesgeschichten aufs Spiel zu setzen. → Unzucht

EHERINGE
»*... den 12. Juli, gaben wir unser förmliches Jawort und Ringe auf dem Garten.*«
Erste Zeugnisse über Eheringe in Hamburg gibt es ab ca. 1700. Über die Finger der Bürger wurden einfache Goldringe, aber auch edelsteinbesetzte Trauringe gestreift. (vgl. Finder, 1930, S. 37.) Der Hamburgische Correspondent vom Freitag den 10. Juni 1763 z.B. meldet den Diebstahl eines Eheringes. → Ehezärter
→ Hochzeit → Trauschemel

EHEZÄRTER

»Den Sontag vorher ward unsre Ehezerte gemacht.«
Verkaufte Bräute gab es nicht nur in der Oper; denn zum Brauthandel der Bürger gehörten auch Ehezärter. In ihnen handelten Brautvater und Bräutigam die Höhe der Mitgift und die zukünftige Gestaltung des Haushaltes aus. Wenn diese Vereinbarung nicht eingehalten wurde, konnte der Bräutigam von der → Ehe zurücktreten. (vgl. Finder, 1930, S. 35 f.)
»An dem Tage der Verlobung werden die Schätze zweyer Häuser zugleich zusammen gegeben; derselbe wird mit kostbaren Präsenten, Entwurf des Ehezärters, ausstudirten Glückwünschen, und einem sechsstündigen Familienschmause, feyerlich begangen. Jeder Gast muß wieder einen Schmauß geben, wozu die Verlobten gebeten werden. Der Bräutigam ist munter, die → Braut aber schlägt die Augen züchtig nieder; schweigt, oder antwortet ungemein wenig, wenn sie schon nicht unwissend ist. Das gehört unter die kluge Verstellungskunst.« (Griesheim, 1760, S. 298.)
Mitgift als Heiratsgrund spielte bei den Frauen aus Hamburgs Unterschicht keine Rolle. Ihre Mitgift war oft ihre Arbeitskraft, ihre gesunde kräftige Statur.
→ Aussteuer → Eheringe → Hochzeit

MARGARETHA E. EHLERS GEB. WITTE

(* 14.5.1705, † 12.11.1782). Großmutter von Margarethe Elisabeth Milow geb. Hudtwalcker.

MICHAEL EHLERS

Der → Zuckerbäcker Michael Ehlers (* 8.09.1696, † 20.04.1761.) war der Großvater mütterlicherseits von Margarethe Elisabeth Milow geb. Hudtwalcker.

SARA ELISABETH EHLERS

(* 2.4.1728 Hamburg, † 26.4.1799 Hamburg) Tochter des → Zuckerbäckers → Michael Ehlers.
→ Jakob Hinrich Hudtwalcker lernte sie auf seinem täglichen Weg von seiner Handlung auf dem Kattrepel → Börse hin kennen. Auf diesem Weg mußte er immer durch den Schopenstehl, wo Sara mit ihren Eltern wohnte. Heirat am 21.7.1746. Sie war 18 und er 36 Jahre alt. Sie hatten fünf Söhne und fünf Töchter:
Johann Michael
* 21.09.1747, † 14.12.1818 Hamburg.
Margarethe Elisabeth
* 2.10.1748, † 20.10.1794 Wandsbek.
Sara Elisabeth
* 12.03.1750 Hamburg, † 22.5.1819.
Cath. Magdalena
* 14.11.1751 Hamburg, † 8.3. 1806.
Jakob Hinrich
*28.06.1753, † 7.4. 1799 Hamburg.
Johanna Margaretha
* 15.01.1756 Hamburg, † 22.5. 1785.
Nikolas
* 3.05.1757 Hamburg, † 25.1. 1832.
Caecilia
* 28.01.1759 Hamburg, † 29.6. 1765.
Christian Martin
* 15.10.1761, † 8.9. 1835 Itzehoe.
Daniel Conrad
* 3.09.1765, † 25.6.1796 Neukirchen.

EHLERS (PROF.)

Hohe Brücke; Wund- und Armenwundarzt

EMPFÄNGNISVERHÜTUNG

Biologische, soziale und ökonomische Vorgänge beeinflußten die Geburtenfolge. Wenn die Frau nicht jedes Jahr ein Kind bekam, ist dies noch lange kein Zeichen dafür, daß sie verhütet hatte. Langes Stillen z.B. konnte die nächste

Empfängnis verzögern. Eine hundertprozentige sichere Verhütungsmethode war dies allerdings nicht. Physische wie psychische Faktoren spielten eine sehr große Rolle. Überlastung, unzureichende Ernährung oder große körperliche Anstrengungen führten zum Aussetzen des Eisprunges oder auch zu Fehlgeburten. Demographen stellten nach all diesen Überlegungen die These auf, daß Geburtenabstände bis zu 31,5 Monaten ohne Empfängnisverhütung erreicht werden konnten. (vgl. Kammeier-Nebel, Hamburg, 1984; und Kammeier-Nebel, Düsseldorf, 1986, S. 136 – 154.)

Margarethe bekam ihr erstes Kind im Alter von 22 Jahren; ihr letztes mit 35 Jahren. In dieser Zeit wurden 8 Kinder im Abstand von ca. 1 1/2 Jahren geboren. Nur zwischen dem 7. und 8. Kind lag ein Abstand von 46 Monaten. Von Empfängnisverhütung bis zum 7. Kind kann also keine Rede sein. Da wir keine Kenntnis über eventuelle Fehlgeburten haben, können wir auch nicht von Verhütung zwischen dem 7. und 8. Kind sprechen. Es bleibt die Frage offen, was Margarethe nach ihrem 35. Lebensjahr für die Verhütung tat?

In diesem Zusammenhang ist auf eine weitere Form der Empfängnisverhütung einzugehen, nämlich die Enthaltsamkeit. Frauen hatten die eheliche Pflicht, für viele Nachkommen zu sorgen, damit die Erbfolge gesichert war. Wenn sie diese Pflicht erfüllt hatten, waren sie vielleicht ganz froh darüber, nun nicht mehr »produzieren« zu müssen. Außerdem war nun das Hauptargument für den Beischlaf, Kinder zu zeugen, hinfällig. Nur aus reiner Lust miteinander zu schlafen, das war unchristlich und unschicklich. Und vielleicht war den Frauen ja auch schon längst die Lust vergangen. So gesehen konnten bereits »erfolgreiche« Mütter sich zurückziehen.

Aber Empfängnisverhütung wurde praktiziert. Das beweisen schon die Bußbücher des frühen Mittelalters (6.– 10. Jahrhundert.) (Die Bußbücher gaben dem Priester eine katalogartige Zusammenstellung der Verfehlungen und deren Bußen, darunter wurden auch empfängnisverhütende Methoden und Mittel angegeben. (Vgl. Kammeier-Nebel, Hamburg, 1984.) Es handelte sich oft um Getränke aus Sade (nordafrikanischer und ostasiatischer Wacholder), Sellerie, Petersilie, Raute, Wermuth und Fenchel. Deren ätherische Öle wirken auf den Beckenbereich und lösen dadurch die Menstruation oder eine Fehlgeburt aus. Das bekannte Kinderlied vom Rosmarin und Thymian deutet auf diese Mittel der Empfängnisverhütung hin:

»Rosmarin und Thymian
wächst in unserm Garten
Jungfer Aennchen ist die Braut,
kann nicht länger warten.
Roter Wein und weißer Wein;
Morgen soll die Hochzeit sein.«

Für die erste Zeile kommen Varianten vor wie: Lavendel, Myrte: Rosmarin und Suppenkraut; Petersilien, Suppenkraut. Wie diese Getränke wirkten, läßt sich nicht ermitteln. Das hing wohl auch von der Konzentration des Trankes ab. Petersilie in hoher Dosis konnte tödlich sein. Das bestätigt auch ein alter Volksspruch: »Petersilie hilft dem Mann aufs Pferd, den Frauen aber unter die Erd«.

Das Wissen um Verhütungs- und Abtreibungsmethoden wurde schon von den → Hebammen im Mittelalter verbreitet. Neuere Untersuchungen über die Hexenverfolgungen (16. bis 18. Jhd.) stellen die These auf, daß Hebammen deshalb

verfolgt wurden. Die wirtschaftspolitischen Verhältnisse (Aufkommen kapitalistischer Wirtschaftsformen, Produktivitätssteigerung, größere Betriebe) sollten durch ein riesiges Arbeitskräftepotential angekurbelt werden. So hatte der Staat kein Interesse – zumal Hungersnöte, Seuchen, Kriege sowieso schon die Bevölkerungszahl dezimierten, auch noch Geburtenkontrolle zu dulden.
Ob nun im 18. Jhd. das Wissen über Empfängnisverhütung durch die Hexenverfolgung schon vernichtet war, läßt sich nicht sagen. Vielleicht waren einige Wirkungsweisen bestimmter Pflanzen nicht mehr bekannt. Deshalb wurden möglicherweise andere bekannte Verhütungsmethoden angewandt.
Neben der schon angesprochenen Verlängerung der Stilldauer, auf die auch der im 18. Jhd. lebende Joh. Peter Süßmilch in seiner »Göttlichen Ordnung in den Veränderungen des menschlichen Geschlechts«, Bd. 1, Berlin 1775, auf Seite 194 hinweist, scheint auch der »Coitus interruptus« praktiziert worden zu sein. Auch Kondome und Diaphragmen sollten unerwünschten Nachwuchs verhüten. In den Büchern des Casanova (* 1725, † 1798) »Mémoires écrites par lui-même« T. III, Paris, 1843, S. 208, werden kleine goldene Kugeln beschrieben, die sich die Frauen vor den Muttermund legten. Ähnliche Verhütungsmethoden waren Leinwandfetzen oder 1 cm dicke und im Durchmesser ca. 5 – 10 cm breite Platten aus geschmolzenem Bienenwachs, die den Muttermund versperren sollten. Pasten aus Raute und Gummi oder das Bestreichen des Muttermundes mit Öl, Honig und Absinth sollten die Spermien töten. Auch Scheidenspülungen scheinen schon gebräuchlich gewesen zu sein.

Als Schutz gegen Geschlechtskrankheiten wurden schon im 16. Jhd. Leinwandüberzüge für den Penis empfohlen. Glücklich war Mann/Frau darüber wohl nicht. Die Baronesse Stael-Holstein geb. Necker, verheiratete de Rocca (Madame de Stael 1766 – 1817) nannte das Kondom einen ›Panzer gegen das Vergnügen und eine Spinnwebe gegen die Gefahr‹. Das Kondom wurde aus Lämmerblinddärmen hergestellt, getrocknet und mit Öl und Kleie bestrichen, damit es Elastizität bekam. Aber auch Fischblasen und Goldschlägerhäutchen wurden als Kondome benutzt.

EMPFINDSAMKEIT
»Der offenbar älteste Beleg des Wortes »empfindsam« ist ein Briefseufzer aus dem sozialen Gewissen des philanthropisch diskutierenden Jahrhunderts, der sich der Gottschedin (1713-1762) am 4. September 1757 über die »geheimen Beschwerlichkeiten dieses Lebens« entrang. Aber erst 1771 wurden ihre Briefe herausgegeben, während Lessings vermeintliche Neuprägung anläßlich von J.J. Bodes Verlegenheit bei der Übersetzung von Sternes »Sentimental Journey« (1768) die literarische Öffentlichkeit eroberte und mit Lessings Namen die Geltung als Begriff verbunden wird«. (Handlexikon zur Literaturwissenschaft, 1978 S. 106.)
Empfindsamkeit, als Empfindelei, Empfindsamlichkeit, Afterempfindsamkeit und Empfindsamelei von der Aufklärung verhöhnt, ist dennoch ihre andere untrennbar mit ihr verbundene Seite als Anspruch des Bürgertums nicht nur auf Rationalität sondern auch auf die Macht seiner eigenen Gefühle.
Unter dem Sigel der Verschwiegenheit durften sich auch Frauen am → literari-

schen Leben beteiligen. Sie haben die Literatur der Empindsamkeit ebenso – und im Gegensatz zu früheren literarischen Epochen ebenso deutlich – geprägt wie ihre männlichen Kollegen. Die Gottschedin z.B., deren Molière Übersetzungen wesentlichen Einfluß auf Lessings Minna von Barnhelm hatten, auch wenn er ihre eigenen Lustspiele verriß, steckte ihren Gatten nach zeitgenössischem und heutigem Urteil mehrfach in die Tasche. Meta (Margarethe) Klopstock, geb. Moller, schrieb für die Mutter der Gebrüder Stolberg den 11. Gesang des Messias ab und wies auf die Vortrefflichkeit der Empfindungen hin, was Ludwig von Stolberg zu der Äußerung hinreißt, daß nur dem »Feuervollen« und »Starkempfindenden« die Zukunft gehöre. Sophie von La Roche, deren Briefroman »Geschichte des Fräuleins von Sternheim« die Palme, die erste weibliche Romanheldin in die deutsche Literatur eingeführt zu haben, zwar der »Schwedischen Gräfin von G.« und damit Gellert überlassen mußte, deren Roman aber zusammen mit den Schriften der gutsherrlichen Schwestern Reventlow und Baudissin, die Literatur der Empfindsamkeit erst auf den Begriff brachte. Damit bereiteten sie für ihre nachfolgenden Kolleginnen den Boden. Die von uns schon zitierte Johanna Schopenhauer, Mutter von Arthur, der sie wegen ihres Erfolges mit äußerster Bitterkeit bekämpfte, schreibt: »Der weibliche Geist ergreift jetzt jede Blume im Gebiet der schönen Literatur, betrachtet alles und behält das Beste, mit nicht minderem Gelingen und nicht minderer Auswahl als der männliche.«

Was allen diesen Frauen allerdings gleich ist, ist die fast bedingungslose Unterwerfung unter den männlichen Willen ihrer Väter, Geliebten und Gatten. So auch Johanna Schopenhauers in »Gabriele«.

»Denn dieser Bildungsroman eines Engels durchbricht zunächst nicht das traditionell fixierte und gesellschaftlich sanktionierte Bild der Frau. Gabrieles Lebensweg besteht ja gerade in der widerstandslosen Unterwerfung unter den männlichen Willen, den ihr Vater und ihr Gatte bis hin zur Karikatur vertreten. Bleibt dieser öffentlich-gesellschaftliche Bereich auch tabuisiert, so erweitert sich zugleich der Innenraum der Gefühle, der zum eigentlichen Schauplatz ihrer Bildung wird. Als Hippolit der Geliebten einmal bedeutet, daß ihrer hingebungsvollen, selbst die eigene Person verleugnenden Liebe nichts Irdisches mehr anhafte, antwortet Gabriele entschieden: »So lieben Frauen.« Damit kann Gabriele als Frau für all diejenigen zum Vorbild werden, die »aus gröberem Stoffe geformt wurden«. Wenn Hippolit und Ottokar – beide sind sie je in ihrer Art ihre »Zöglinge« – nach dem Tod der zur »Heiligen« verklärten Freundin gemeinsam auf Reisen gehen, haben sie von Gabriele die Lektion gelernt, »daß nur in der Kunst, entsagen zu können, der echte Stein der Weisen verborgen liegt.« (Schopenhauer, 1985, S. 413.)

Wenn Heinrich Heine später ein kleines Harfenmädchen das alte Entsagungslied, das Eiapopeia vom Himmel, womit man einlullt, wenn es greint, das Volk, den alten Lümmel, singen läßt, dann hätte er neben Gellert & Co. sicher auch die schreibenden Frauen der Empfindsamkeit einbeziehen können. Durchbrochen wurde dieses Opferlied der Opfer erst durch die Frauen der Romantik und auch in dieser Erkenntnis waren sie, wie alle neueren Forschungen beweisen, ihren männlichen Kollegen sicherlich ebenbürtig. *P.Dölling*

ENTBINDUNG
»*Jeden Abend legte ich mich voll Schmertzen zu Bett und erwartete voller Angst meine Entbindung.*«
MITTEL GEGEN GEBURTSSCHMERZEN. »So lange die Geburtsschmerzen dauern, muß man keine andere Nahrungsmittel geben, als dann und wann ein wenig Biersuppe, Hafer- und Gerstengraupensuppen mit kleinen Rosinen. Eine Tasse Kaffee ist denen, die dieses Getränks gewohnt sind, so wie Wohlhabendern ein Glas alten Rheinwein, gut. Wenn der Leib kurz vorher verstopft gewesen ist, oder die Oeffnung durch sich selbst nicht erfolgen kann noch will, so muß ein Klystier aus einem Decoct von Käsepappeln oder Kamillenblumen, und ein wenig Oehl, gesetzt, und, nach Befinden, alle vier Stunden wiederholt werden. In den Zwischenzeiten zwischen den Klystieren, läßt man die Frau über einem Dampfbade sitzen, nähmlich über einem Geschirre oder Nachtstuhl, worin warmes Wasser ist. Man reibt die Theile des Durchganges mit ein wenig ungesalzener Butter, und leget auf den Unterleib Umschläge von warmen Wasser. Auch ist ein Gemische aus Lorbeerblättern, oder aus Lorbeeren selbst, zu Pulver gestoßen, und mit Baumöhl zu einer Salbe gemacht, warm in Leinwand gethan, und auf den Unterleib gelegt, ein sicheres Mittel, die → Geburt zu befördern und zu erleichern, wofern die Lage oder Figur des Kindes nicht das Hinderniss ist; wie es denn auch bey Schwangern wider die falschen Wehen sehr dienlich ist. Man thut ferner den Gebärenden sehr vielen Schaden, wenn man zur Winterzeit die Stuben allzu sehr heitzet. Es ist freylich nöthig, alle kalte und Zugluft zu vermeiden; aber eben so nöthig ist es auch, die zu heiße zu verhüten. Die Stube muß mäßig warm seyn. Man muß dann und wann ein Fenster öffnen, aber so, daß die Gebärende in keinen Zug komme. Die Wehmütter müssen sich sehr in Acht nehmen, die Weiber zur Arbeit zu früh zu nöthigen, wodurch sie ihnen unendlich viel Schaden thun, und wodurch sie die Geburten unglücklich machen können, die mit etwas Geduld vollkommen glücklich abgelaufen wären. Weil man sich für die Schwachheit fürchtet, worin eine Gebärende zu seyn scheint, daß sie nicht Kräfte genug zur Geburt haben werde, so glaubt man, daß es nöthig sey, derselben herzstärkende Sachen zu geben. Dieses aber ist lauter Einbildung. Eine Gebärende verliert die Kräfte nicht so geschwind. Leichte Schmerzen matten ab; allein, je stärker sie sich vermehren, desto mehr erheben sich die Kräfte wieder; sie verschwinden nie ganz, wenn kein fremder Umstand vorhanden ist; und man kann ganz sicher glauben, daß bey einer gesunden und sich wohl fühlenden Frau, die Schwachheit niemals die Geburt verhindere. Wenn eine Gebärende dermaßen abgemattet wird, daß sie in einen todesähnlichen Zustand fällt, so muß man die Entbindung, so bald als möglich, zu bewerkstelligen suchen, um doch wenigstens das Kind am Leben zu erhalten. Nach der Entbindung ist auch die Nachgeburt nicht sogleich zu lösen, weil die Gebär-Mutter alsdenn in einer völligen Unwirksamkeit ist, und die offenen Blutgefäße sich nicht zeitig genug schließen würden. Hernach sucht man einer solchen Person labende, jedoch nicht hitzige Getränke zu geben.« (Krünitz, Bd. 16, 1779, S. 516-518.)
Arme Frauen wurden bei ihrer Entbindung nicht so umhegt. Oft mußten diese, weil sie sich keine → Hebamme leisten konnten, allein unter den schlimmsten

hygienischen Umständen entbinden. Ihre körperliche Verfassung war in der Regel schlecht. Viele arme Frauen litten an Rachitis, einer Vitamin-D-Mangelkrankheit, vor der auch kleine Mädchen und Jungen aus Bürgerfamilien nicht sicher waren. Für die Frauen hatte diese Knochenkrankheit schwerwiegendere Folgen weil ein deformiertes Becken die Geburt erheblich erschwerte.

KOSTEN DER ENTBINDUNG. Ab 1788 erhielten die bei der → Allgemeinen Armenanstalt registrierten Frauen »kostenlose« Entbindungen. Jedoch ganz umsonst war dies auch nicht. Während der → Schwangerschaft und des Wochenbettes mußten die Frauen für die Armenanstalt Flachsspinnen. 1796 wurde von der Allgemeinen Armenanstalt eine Entbindungsanstalt eingerichtet, in der hauptsächlich unverheiratete Frauen entbanden. Ziel war es, der großen Anzahl unverheirateter Frauen, die wegen der rigiden Strafen bezüglich ihrer unehelichen Schwangerschaft verfolgt wurden, meist heimlich und unter unhygienischen Bedingungen entbanden, eine bessere Möglichkeit zur Entbindung zu bieten. Die Entbindungsanstalt befand sich in einem leerstehenden Saal des → Werk- und Zuchthauses. In dem Kreißsaal mit neun Betten und in dem großen Wöchnerinnenzimmer gab es keine Toiletten, keine Waschstelle, und der Nachtstuhl stand wegen Platzmangels an einer Zimmertür. Totenkammer und Dienstpersonal fehlten, so daß alle Hausarbeiten von den Schwangeren und der Hebamme erledigt werden mußten. → Geburt → Geburtsstuhl → Hebamme → Schwangerschaft

EWER
»... dann nahmen wir einen Ewer und fuhren zu Wasser. [...] unser kleiner Ewer ward von einer Seite zur andern geworfen.«
Ein kleiner, flacher, anderthalbmastiger Kahn mit Gaffelsegel. Das Verkehrsmittel, um die Orte auf der anderen Elbseite zu erreichen. In den Ewern ruderten auch die Bauersfrauen und Hökerinnen aus den umliegenden Dörfern mit ihren Gemüsewaren und frischer Milch zu den Hamburger Märkten.

EYER IN ZUCKER GEBACKEN
»Man läutert den Zucker, daß er ganz hell wird, dann schlägt man Eygelb aus und rührt es mit Orangenwasser ganz fein durch, dann setzt man den Zucker zum Feuer, daß er heiß wird, dann läßt man die Eyer durch einen Trichter laufen, welcher unten vier bis fünf Löcher haben muß, in den Zucker als einen Spritzkuchen und läßt es auch darin herumlaufen, wenn es den Zucker in die Höhe wirft. Ist es gahr, so zieht man es auf ein Blatt Papier, dann angerichtet mit ein wenig gehackten Thimian und mit etlichen Eyern und Rohm vom Feuer zum Teig gerührt, aber mehr gelbes vom Ey als Weißes, dann läßt man Wasser aufkochen und setzt Klütgen ein, nicht zu klein, wenn sie gahr sind, giebt man ein wenig frische Butter darüber.« (Hamburgisches Kochbuch, 1798)
Auch die armen Frauen leisteten sich Süßspeisen. Aber nicht aus Naschsucht, sondern anstelle einer warmen Mahlzeit. Denn ein warmes Mittagessen war oft zu teuer, Zuckerkringel dagegen waren erschwinglich.

F

FASTNACHT
»*Doch kams nicht zur Erklärung bis 1764 in Fastnacht, wo wir, weil es schönes Frostwetter war, nach dem Garten gingen.*«
Am Fastnachtsmorgen gab es Hedewekken (halbgare Brötchen) und Kaffee. Die Hedewecken wurden noch heiß aufgeschnitten und mit Butter bestrichen. Nach dem Frühstück ging man zu Freunden und Bekannten. Zuhause wurde mittags Grünkohl mit gebratenen Kastanien und Rauchfleisch gegessen. (Smidt, Bd. 2. 1836/37, S. 145 f.)

FAULFIEBER
»*Ich ward die Nacht [...] immer schlechter [...]. O, es ist eine fürchterliche Empfindung, der Anfang einer so schrecklichen Krankheit wie das Faule Fieber.*«
Erste Anzeichen waren starke Kopfschmerzen, Übelkeit und Niedergeschlagenheit. Erst dann traten hohes Fieber, Mundgeruch und Fieberkrämpfe auf. Patienten mußten sich mit Brechmitteln (Brechweinstein und dünner Tee) behandeln lassen. Faulfieber dauerte oft bis zu sechs Wochen. Die Kranken erholten sich nur langsam und bekamen zur Stärkung Chinarinde (chininhaltige Baumrinde) und Quitten. (Krünitz, Bd. 13, 1786, S. 689–709.) → Krankheit

FEHLGEBURT:
»*Den 13ten ward ich krank. Ich war doch schwanger gewesen.*«
Die vorboten einer Fehlgeburt (Abortus): Blutflüsse, viele geronnene Blutklumpen. Im 18. Jahrhundert glaubte man, daß häufiger Beischlaf Fehlgeburten verursachen würde. Bei drohender Fehlgeburt wurde geraten, sich ins Bett zu legen und kaum zu gewegen. Man war der Meinung, daß die erste Fehlgeburt oft mehrere nach sich ziehen würde.
→ Krankheit

FIEBERGETRÄNKE
»*Die Mutter besorgte die [...] erquickendsten Getränke.*«
Die Kinder werden wohl Tee, Brotwasser mit Weinessig oder Zitronensaft bekommen haben. (vgl. Krünitz, Bd. 13, 1786, S. 285.) → Krankheit

FLECKFIEBER WEISSER UND
ROTER FRIESEL
»*Den andern Tag hatte mein Bruder [...] den weiß und roten Friesel und das Fleckfieber.*«
Das Fleckfieber, der rote und weiße Friesel waren fiebrige Hautausschläge (oft in Bläschenform). Je heftiger der Ausschlag, desto schwerer die Krankheit.
→ Krankheit

FLITTERSTAAT
»*... auch bekümmerte sie [Mutter] sich um unsere gantzen übrigen Anzüge nicht und wir waren daher nicht geputzt, liehen bloß etwas Flitterstaat zusammen und das war alles.*«
Flitterstaat war ein aus Flittern bestehender Putz. Flittern = kleine Figuren oder auch Plättchen aus geschlagenem Messing oder Silber. Die Flittern wurden häufig an Hauben oder Komödiantenkleidern getragen. (Krünitz, Bd. 14, 1786, S. 268 f.) → Kleidung

BENEDICTUS GILBERTUS FLÜGGE
(* 4.10.1740, Haselau bei Pinneberg † 9.4.1792, Hamburg) Sohn eines Pastors in Haselau. Nach seinem Studium Haus-

1. Lämmchen für die Kinder. Lämmermarkt um 1820. **2.** Hamburger Taufzettel vom 23.4.1770. Ein Erinnerungsstück an die Taufe. Auch bürgerliche Taufpaten sahen sich gerne in aristokratischer Kleidung. **3.** Die Bürgerskinder mußten ihren Eltern zu Weihnachten in Schönschrift Weihnachtswünsche schreiben.

Hüt dich, Lascivia! daß bey so frechem Tantz
Dich Herr Phlegmaticus nicht bringe umb den Krantz.

1. Illustration aus einem Sammelband mit dem Titel: Ankunft der Göttin Veneris zu Hamburg und bei ihren geliebtesten Nymphen gehaltene Visitation. (Anfang 18. Jhd.) **2.** Ein Hamburger Dienstmädchen, welches zum Ball gehen will. 1797. **3.** Waisengrün – ein Kinderfest um 1800.

lehrer bei den → Hudtwalckers. Von 1767 1770 Pastor in Altenwalde und ab 1770 Diakon an der St. Michaeliskirche in Hamburg.

FORTIFIKATIONSHAUS
»*Gegen Ende dieses Sommers wurden wir [...] zu einem kleinen Feste auf dem Fortificationshaus gebeten.*«
Ein privates Gebäude, gelegen an der Bastion Albertus an der Elbe in der Nähe des heutigen Stintfanges. Die Bürger nutzen diese Anlage zum Spazierengehen und den Gartensaal für kleine Gesellschaften.

FRAGMENTEN-STREIT
Eine kritische Debatte über Religion und Religiosität paßte nicht in das Weltbild der orthodoxen Lutheraner.
Doch immer wieder gab es Strömungen, die es wagten, den konservativen Staub aufzuwirbeln. Ein Beispiel dafür ist der von Lessing und → Goeze geführte Fragmentenstreit.

»Die Apologie oder Schutzschrift für die vernünftigen Verehrer Gottes« von → Hermann Samuel Reimarus war Auslöser des Fragmentenstreites. Aus dieser Schrift, die Reimarus nicht gewagt hatte zu publizieren, gab Lessing Fragmente heraus. Inhalt der Schrift war die Auseinandersetzung mit dem Glaubenszwang und der Heuchelei in Glaubensfragen. Lessing setzte sich mit den »Fragmenten« auseinander und veröffentlichte sie, in der Hoffnung, [...] ein offenes, freimütiges Gespräch über die Religion, über das Christentum herbeizuführen [und] größere Klarheit über wesentliche Glaubensfragen [zu bekommen]. Doch der überwiegende Teil der Theologen sah in dieser Auseinandersetzung statt einer Chance nur eine Bedrohung und ging auf Lessings eigentliches Ziel nicht ein.« (Loose, 1976, S. 46.)
Goeze rief schnell nach der Obrigkeit. Er und seine Glaubensbrüder ließen sich auf keine Diskussion um Glaubensinhalte ein. Der Rat beschäftigte sich 1779 mit dem Fragmentenstreit und reagierte letztlich mit dem Verbot, weitere Fragmente zu publizieren.

»Die ›Goezekriege‹, wie der Lessing-Biograph Waldemar Oehlke diese über drei Jahrzehnte hin kaum einmal für einige Monate unterbrochene Folge von Auseinandersetzungen treffend nannte, bewegten die hamburgische Öffentlichkeit in besonderem Maße, galten doch viele seiner Angriffe Geistlichen, die mit und neben ihm in der lutherischen Kirche, der ›Stadtkirche‹ also, wirkten.« (Kopitzsch, 1982, S. 480 f.)

FRANZÖSIN
»*Das war nun mal eine Wonne, wenn wir [...] dann Sonnabends Abends ohne Französin (denn es war kein Platz für sie da) nach dem Garten gingen.*«
Als »Französin« wurden die Frauen bezeichnet, die als Lehrerinnen in die Bürgerhäuser kamen und dort die Mädchen in Handarbeit und Anstandsregeln unterrichteten. Der merkwürdige Begriff »Französin« weist auf die Hugenottenverfolgungen hin. Viele Hugenotten flüchteten nach Hamburg und Altona. Darunter befanden sich auch ledige bürgerliche oder adlige Frauen, die gezwungen waren, ihren Lebensunterhalt allein zu bestreiten.

FRÜHLING
»*Sie [Margarethes Freundin] las den Frühling von Kleist, aber schöner habe ich ihn nie lesen hören.*«

Der Offizier Ewald Christian von Kleist (1715–1759) war ein dichtender Haudegen und ein Freund Lessings. (Dieser nutzte ihn als Vorbild für den an alten Ehrprinzipien leidenden Tellheim in »Minna von Barnhelm«.) Kleist dichtete zunächst im Stil der Anakreontiker [Lyrik in der Nachahmung des griechischen Dichters Anakreon. Er huldigte der Liebe, dem Wein und der Natur.], ließ sich aber später auch von Klopstocks → »Messias« beeinflussen. Ein Beispiel für diese, auch von den Zeitgenossen geschätzte Orientierung an einem neuen Naturbewußtsein, ist Kleists 1749 erschienener »Frühling«, in dem er u.a. jubelt: »... Ihr seyd zur Freude geschaffen, der Schmerz schimpft Tugend und Unschuld.« (Kleist, 1982, S. 147f.)

Der Frühling.
1. Strophe
Empfangt mich heilige Schatten!
ihr Wohnungen süsser Entzückung
Ihr hohen Gewölbe voll Laub und
dunkler schlafender Lüfte!
Die ihr oft einsahmen Dichtern der
Zukunft Fürhang zerrissen

Oft ihnen des heitern Olymps azurne
Thoren eröffnet
Und Helden und Götter gezeigt;
Empfangt mich füllet die Seele
Mit holder Wehmuth und Ruh!
O daß mein Lebensbach endlich
Von Klippen da er entsprang in euren
Gründen verflösse!
Führt mich in Gängen voll Nacht zum
glänzenden Throne der Tugend
Der um sich die Schatten erhellt.
Lehrt mich den Wiederhall reitzen
Zum Ruhm der verjüngten Natur.
Und ihr, ihr lachenden Wiesen!
Ihr Labyrinthe der Bäche,
bethaute Thäler voll Rosen!
Ich will die Wollust in mich mit eurem
Balsamhauch ziehen
und wenn Aurora euch weckt mit ihren
Stralen sie trinken.
Gestreckt im Schatten will ich in güldne
Sayten die Freude
Die in euch wohnet besingen.
Reitzt und begeistert die Sinnen
Daß meine Thöne die Gegend wie
Zefirs Lispeln erfüllen
Der jetzt durchs Veilchen-Thal fleucht,
und wie die rieselnden Bäche.

G

GALLENFIEBER:
»Sie (Karoline) bekam eine Art Gallenfieber.«
Im 18. Jahrhundert glaubte man, daß das Gallenfieber von allzu vieler und scharf gewordener Galle, die sich imit dem Blut vermischte, herrühre. Bei dieser Vermischung würde auch das Blut scharf, so daß dadurch die inneren Häute der Blutgefäßte rissen. Das epidemische Gallenfieber herrschte 1775 in Schllesien in den Monaten Juli, August und September. Die Witterung war erst heiß und trocken, dann folgen vier kühlte Tage, danach gab es wieder Hitze und Gewitter. Solch eine Witterung sollte schlecht für die Menschen sein. Gallenfieber trat also häufig im Sommer auf. Es wurde begleitet von Erbrechen und Durchfall.

Als Gegenmittel wurde abgekochtes Wasser aus Gestengraupen gegeben, was die Galle verdünnen sollte. Als Brechmittel gab man Brechwurz. → Krankheit

GARTEN
Der Sommer in Hamburg war kein Vergnügen. Der Gestank in den Straßen war unerträglich, denn Schweine und Hühner liefen frei herum, Kot und Dreck »zierten« die Straßen und Wege. Wer es sich leisten konnte, floh aus der Stadt und mietete sich einen Garten außerhalb der Stadtmauern. Im satten Grün und Blumenmeer blühte das Gefühl, die Seele der Bürger auf. Aber dieses Aufatmen war wieder gesellschaftlich reglementiert, und die Standesschranken wurden nicht eingerissen. So blieben die Reichen und Vornehmen auch in ihren Gärten unter sich, für die sie ganz bestimmte Gegenden bevorzugten.

»Gegen Ende des 17. Jahrhunderts (...), als die Neustadt aufgesiedelt wurde und für Gartenanlagen nicht mehr den geeigneten Rahmen abgab, verlagerte sich das Gartendasein der Bürger vor die Tore und weiter hinaus vor allem in die Gebiete Billwerder, Hamm und Horn. Die Entfernung zum Garten wurde also größer, und daraus erwuchs der Wunsch, das Haus im Garten für die Sommerzeit bewohnbar zu machen, so daß man von Sonnabend bis Montag zusammenhängend dort verweilen konnte, ja daß unter Umständen sogar Frau und Kinder auch die ganze Woche dort zubringen konnten, während der Hausherr in der Stadt seinen Geschäften nachging.« (Jaacks, 1975, S. 46.)

DIE GÄRTEN DER HUDTWALCKKERS.
→ Johann Michael Hudtwalcker schreibt: »Der Garten, den mein Vater 1754, als es durchaus nothwendig geworden war, seinem Häuflein Kinder mehr Bewegung im Freyen und Luft zu verschaffen, ihm Rahmen [Wandrahm] für 40 Thaler gemiethet hatte, wurde bey dem Heranwachsen der Kinder doch zu klein; auch war das Haus nicht mehr geräumig genug, und nun fing er an auf ein größeres zu denken, wozu ihm auch wohl ein sich mehrender Wohlstand veranlaßte. Dabei ging er den Gang, der bis zur Mitte des vorigen Jahrhunderts der allgemeine seiner Mitbürger war. Wenn der Garten im Rahmen nicht mehr hinreichte und man sich nicht bis St. Georg versteigen konnte, so suchte man einen außer dem Dammthor, wo die Miethe viel geringer war. Die Gegend war fast noch gar nicht angebaut; sie war also zu einsam für den damals herrschenden Geschmack. Die sogenannte schöne Welt sucht immer ihres gleichen; man fand sie nur in den großen prächtigen Alléen vor dem Steinthor, an dessen Seite zu Anfang des vorigen Jahrhunderts die diplomatische, große, reiche Welt ihren Corso in Carossen gehalten hatte, und daher strömte alles, was nicht Equipagen hielt und sich nicht bis zu Hamm und Billwärder erheben konnte, wo die palastähnlichen Gartenhäuser viel schöner als die Wohnhäuser in der Stadt waren, nach der Vorstadt St. Georg hin, deren beyde Aussichten sowohl über die Wiesen nach Billwärder, als von der Seite auf die Alster immer schön blieben und die in ihrem Innern den Sommer über fast nur von Gartenbesitzern bewohnt war [...]. → Harvestehude ward fast nur von den Officieren der Bürger-Compagnien zu Ausfahrten gebraucht, und die erhebende und erhabene Gegend an der Elbe war fast ein unbekanntes Land. Außer dem Dammthor rechter Hand, wo die Gärten bis an die Alster gehen, stand ein verfallenes Haus,

dessen zweiten Stock mit dem Gebrauch des Gartens zum Spazierengehen mein Vater für sich und seine Familie miethete. Böye, der Besitzer des Hauses, war ein 70jähriger Mann von einem kräftigen, gesunden Aussehen. Er lebte mit seiner Frau von dem Ertrage des Gartens, der größtentheils in Spargeln bestand, die er selbst zu stechen und zu verkaufen pflegte.« (Hudtwalcker, 1894, S. 163 f.)

LUST- UND LANDHÄUSER. Vorläufer der Landhäuser waren die Garten-»Lusthäuser«, die im ersten Stock einen Saal hatten, in dem man bei Sonne oder Regen Schutz suchen konnte. »Für Übernachtungen oder einen längeren Aufenthalt einer Familie waren diese Häuser jedoch nicht geschaffen.« (Jaacks, 1975, S. 45.) Die Landhäuser behielten den Saal im ersten Stock mit dem » [...] Altan [Balkon] zur Betrachtung der Gartengestaltung [...]. Das Erdgeschoß (…), das ehedem nur Lagerräume für Gartengeräte und Vorräte sowie allenfalls eine Anrichtküche aufgenommen hatte, wurde um die Wohn- und Schlafräume der Familie erweitert. Ein großer Hauptraum, von dem aus man direkt in den Garten gelangen konnte [...], wurde zum Sammelplatz der Familie, wenn man unter sich blieb. Daraus ergab sich jedoch sehr bald eine Veränderung in der inneren Gliederung des Hauses. Je mehr man während des Sommers den Aufenthalt im Garten und den Aufenthalt zu Hause auch bei Festlichkeiten als Einheit empfand, desto unvorteilhafter war es, die Gesellschaftsräume in das obere Stockwerk einzuplanen, so daß sich die Verlagerung der offiziellen Zimmer in das Erdgeschoß allmählich überall durchsetzte. Das Obergeschoß enthielt dann im allgemeinen nur noch die Schlafräume und ähnliche inoffizielle Gemächer.« (Jaacks, 1975, S. 45.)

GARTENLEBEN. »Die Besitzer pflegten die Landwirtschaft als Steckenpferd, falls nicht ein Pächter die zugehörigen Ländereien und auch den Garten bewirtschaftete; als Gegensatz zu dem Hocken bzw. Stehen an den Kontorpulten in dämmerigen Räumen empfanden sie die Arbeit im Garten als angenehmen Zeitvertreib, der überdies durch selbst gezogenes Obst und Gemüse den häuslichen Speisezettel bereichern konnte. Mittlerweile galt es bei Festlichkeiten im Haus als »fein«, wenn die Hausfrau bei der Tafel behaupten konnte, diese oder jene Zutat habe der eigene Garten geliefert. Auch wurde gern der Familien- oder Freundeskreis »auf den Garten« geladen; [...] Schon in den 20er Jahren desselben Jahrhunderts hatte der »Patriot« den Ablauf der Garten-Festivitäten gerügt, es werde meistens nur gegessen, mit Karten gespielt oder gewürfelt, Kaffee und Tee getrunken und zwischendurch geschlafen.« (Jaacks, 1975, S. 47.)

FAMILIE UND FREUNDE im eignen Garten. In den Gärten gab es zwei verschiedene Besuchstermine: Die Familientage und die Gesellschaften. Dazu wurden unterschiedliche Personenkreise eingeladen. Entscheidend war der Verwandtschaftsgrad zum jeweiligen Besitzer. Zur Gesellschaft zählten Gäste wie auswärtige Besucher wie Diplomaten, Gelehrte und Künstler. Aber im Großen und Ganzen blieb man doch unter sich.

»Bei den Familientagen pflegte man die zwanglose Gastlichkeit, genoß den Spaziergang durch den Garten, probierte die jüngsten Erzeugnisse des eigenen Anbaus, und die Kinder hatten – sofern die Anpflanzungen es erlaubten – Gelegenheit, die allerorts und auch heute noch bekannten Freiluftspiele wie Federball, Reifenfangspiel und dgl. zu spielen. War dagegen zur »Gesellschaft auf dem Garten« geladen, so unterschied sich das Zeremoniell des Beisammenseins kaum von dem derartiger Veranstaltungen innerhalb der Stadtmauern. Große Toilette war unerläßlich, und das Lustwandeln im Garten zwischen den Mahlzeiten erfolgte nach denselben Anstandsregeln, wie sie die Etikette beispielsweise für städtische → Bälle vorschrieb. Daß Gartenausflüge dieser Art, angetan mit Reifrock [→ Ballkleider] oder ausgerüstet mit Degen und Perücke, für die Gäste nicht immer ein reines Vergnügen waren, erfahren wir aus Senator Hudtwalckers vergleichender Rückschau: »Noch vor 18 Jahren (d.h. 1779) hatten wir Schmausereien auf unseren Gärten, wo wir in brennender Hitze mit städtischem Prunk beladen, Chapeaubas und Degen hinfuhren, um drei Stunden am Tisch zu schwitzen und drei Stunden nachher am Spieltisch den Schweiß abzutrocknen. Sie sind verschwunden und lächerlich geworden – ohne irgendeine Verabredung, bloß durch befolgtes Beispiel, durch Aufklärung, durch besseren Geschmack« (Schramm, Generationen I, 344, zitiert nach Jaacks, 1975, S. 47.).«

»NATÜRLICHE MODE«. Inspiriert vom englischen Landadel wurde der »[...] Justaucorps [eng anliegender Männerrock, durchgeknöpft mit Schößen und breiten Ärmelaufschlägen] der Herren für den Aufenthalt auf ihren Landgütern und bald auch allgemein für das Geschäftsleben (...) als unpraktisch abgelegt und der Frack oder Tuchrock aus dunkleren, widerstandsfähigeren Stoffen vorgezogen. Die »robe à l'anglaise« der Damen verzichtete auf den für das ländliche Dasein so unpraktischen Reifrock und die dazugehörigen empfindlichen Seidenstoffe; ein schlichtes Oberteil mit kleinem Ausschnitt und anliegenden langen Ärmeln, dazu ein lose fallender, weiter, in lockere Falten gelegter Rock bestimmten das Erscheinungsbild der englischen Dame auf dem Lande. Ein weich gerafftes Fichu [großes Hals- und Brusttuch] ergänzte das Gewand, und ebenso durfte die Schärpe um die Taille nicht fehlen. [...] Die Hamburgerinnen nahmen diese Kleidungsform begeistert auf, paßte sie doch so recht zu dem neu erwachten Gefühl für die freie Natur. Allerdings, so natürlich wie sie sich gab, war diese Mode wiederum auch nicht, das Korsett [→ Schnürleib] blieb notwendiger Bestandteil, und die lose und lockig fallende Haarpracht war vielfach ebenso Perücke wie die kunstvollen Gebilde der Jahrzehnte davor. Und die Zofe, die für die Pflege der Kleider verantwortlich war, hatte damit kaum weniger Mühe als zuvor; die Gewebe konnten ihrer Herrin nicht fein genug sein, folglich rissen sie leicht, und sie knitterfrei zu halten, war eine eigene Kunst.« (Jaacks, 1975, S. 48.)

GEBURT
»*Oft glaubte ich, es nicht ertragen zu können.*« Die Geburt war in jeder Hinsicht Frauensache. Bis weit ins 19. Jahrhundert hinein wurden 90 % der Kinder zu Hause unter tatkräftiger Hilfe von → Hebammen zur Welt gebracht. Die Geburt war ein bewegendes, zerreißendes, angstbesetztes Ereignis.

Doch immer mehr versuchten Ärzte Einfluß auf die Geburtshilfe zu nehmen und erfanden Mittel und Geräte, die aus männlicher Sicht der Frau die Geburt erleichtern sollten [→ Geburtsstuhl]. Die Geburt und alles was damit zusammenhing, war aber für sie im großen und ganzen etwas Fremdes. Doch in ihrer Fürsorglichkeit für das »schwache« Geschlecht meinten sie, als Beschützer mitreden zu können und zu müssen. Sie waren davon überzeugt, daß ohne den starken Mann das gebärende »schwache Weib« hilflos dem Geburtsschmerz ausgeliefert sei.

»Gibt es doch kein schöneres Zeichen unserer fortgeschrittenen Kultur und Humanität, als wenn der Starke auch den Schwächeren ehrt, wenn der Mann mit sorglicher Treue alles, was die Natur Linderndes hat, aufspähet und anwendet, um dem zarten Weibe die lange schwere Stunde der Geburt zu erleichtern.« (Wigand, 1806, S. 7.)
Auch Prediger äußerten sich in diesem Sinne von der Kanzel zur Geburt: → Johann Hinrich Vincent Nölting in seiner Predigt vom 24. April 1780 für Ehemänner, Ehefrauen und Kinder, die er in der Hauptkirche zu Altona hielt: eine Danksagung an seine Frau und deren Schwester zur überstandenen Geburt seines Kindes. »An meine liebe Frau Johanne Elisabeth Hedwig Nölting und ihre gute Schwester, unsere Freundin in der Noth, die Frau Senatorin Magdalene Eleonore Westphalen.«

GEBURTSSCHMERZ. »Du, meine herzlich geliebte Frau, hast den ersten Antheil an dieser Predigt. Sie war in der Ausarbeitung auf die Hälfte vollendet, als nach Gottes unerforschlichem Rath, wider alles unser Denken deine Stunde und mit ihr die Geburtsschmerzen kamen. Da hattest du Traurigkeit, die bis zur Angst stieg. Das war sehr natürlich, zumal da du schon eine geraume Zeit am Leib und Gemüth gelitten, durch beschwerliche langwierige und unverdrossene Sorgfalt für unser kleinstes krankes Kind deine Last vergrössert hattest, und daher zugleich in Ansehung der nöthigen Veranstaltungen zu dem neuen Wochenbette noch sehr zurück warst. [...] Und sieh, Gott half ohne das alles in wenig Minuten; alle Schwierigkeiten wurden, fast ohne zu wissen wie, gehoben, und du warst deiner Bürde entledigt.«

TOD DES KINDES. »Zwar gefiel es Gott nicht, dich der ausgestandenen Angst durch die Freude vergessen zu machen, daß ein lebendiger Mensch zur Welt gebohrn sey. Ich müste nicht mit dir so einstimmig denken, wie ich thue, und nicht so unaussprechliche Freude an Kindern haben, als ich wirklich habe, ja ich müste deine grosse Sehnsucht, von dem Leben deines Kinds versichert zu werden, nicht wahrgenommen haben, wenn ich nicht sehr deutlich begreifen könnte, wie nah es dir gegangen sey und noch gehe, daß die Hoffnung des fröhlichen Anblicks auch diesmal vereitelt worden. [...] Und wenn wir denn so vieles andere bedenken, was bey diesem Unfall, an dem wissentlich keiner schuld ist, uns überaus tröstlich sein muß: so haben wir grosse Ursache, unserm gütigen Gott herzlich und immerdar zu danken. Unsere kleine Kranke hatte sich grad in den letzten Tagen vorher so merklich gebessert, daß sie deiner bisher ununterbrochenen Pflege entbehren kann; und du bist ihretwegen mit Grund ausser Sorgen. Der Unfall selbst muste dich zwar ausser unserm Haus, aber nur einige Schritte von dem Haus deiner Schwester treffen, und dir wenigstens so viel Zeit lassen, daß du, obwol mit schwachen Tritten, zu ihr eilen konntest. [...]«

GEBURTSHELFERIN. »Gott hat Sie [die Schwester wird angeredet] wunderbar mit Gegenwart des Geistes und mit Kraft ausgerüstet, meiner guten von aller unentbehrlich scheinenden Hülfe verlassenen Frau einen Dienst ganz zu leisten, zu dessen kleinstem Theil Sie sich kaum

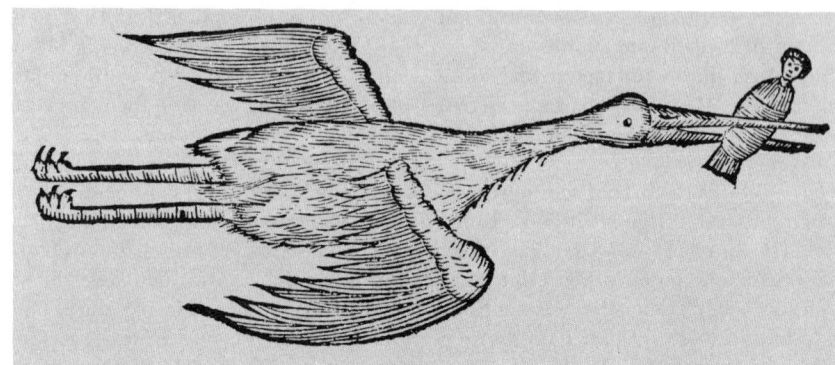

1. Der Klapperstorch flatterte in der Sexualaufklärung herum und inspirierte Satiriker zu Aufsätzen wie: »Beweis sowohl aus heiliger Schrift als denen Rechten, daß Verlobte Beysammenschlaffung vor Priesterlicher Copulation keine so grosse Sünde und Schande, als die mehresten Herren Orthodoxen und Prediger solche aus zugeben und daraus zumachen pflegen, zu halten und zu achten. Dahero auch solcher päbstische Sauerteig der so genandten Kirchen = Busse bey denen numehro auch in Teutscher Sprache ausgefertiget von einem aufrichtigen Thomasianer.« (Anfang 18. Jhd.) **2.** Komplikationen bei der Geburt (Querlage). Ein Fötus aus einem Hebammenlehrbuch von 1756.

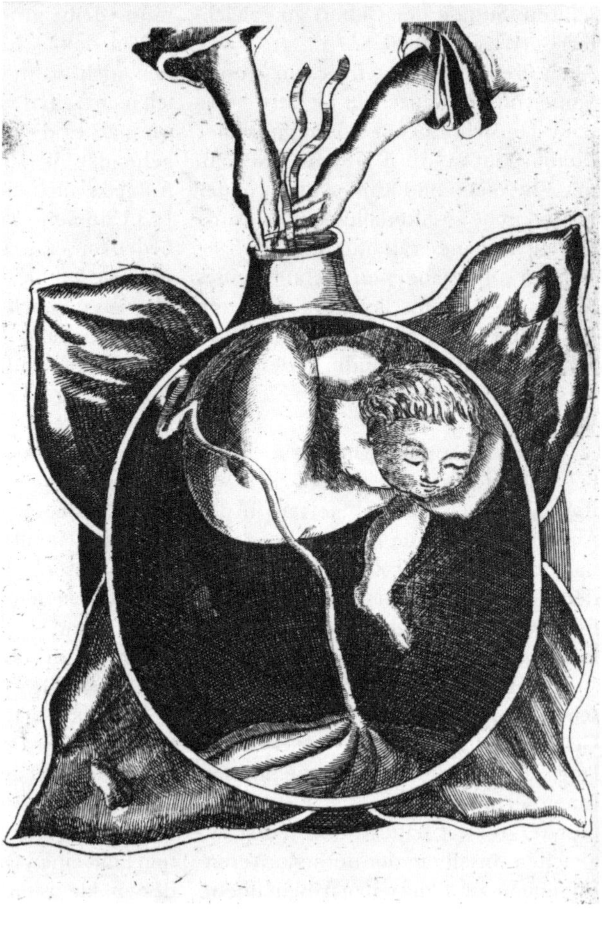

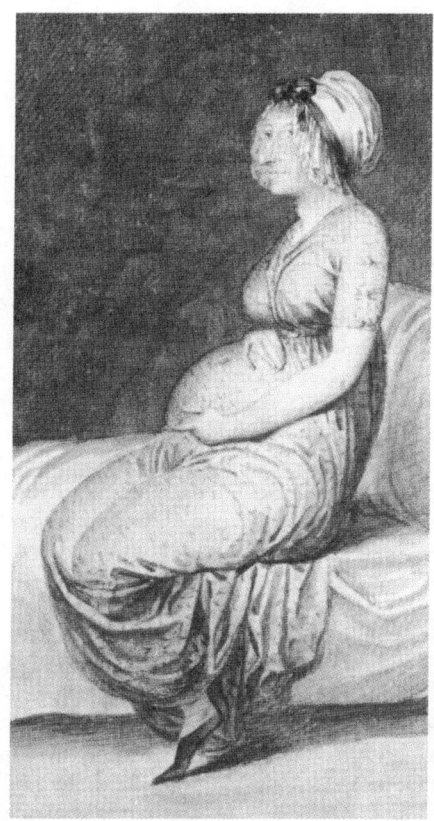

1. Geschafft von der Schwangerschaft. Eine schwangere Frau auf dem Bett sitzend von Nikolai Abraham Abelgaard um 1800. **2.** Im Bürgertum wurde gestillt. Eine Methode, um Schreihälse zu beruhigen. Deshalb nannte J.B. Greuze sein Bild »Still!« (1759). **3.** Ob das Gebären mit diesem Geburtsstuhl leichter ging? Der Rücken wurde von dem aufgeklappten Betteil gestützt, die Hände umklammerten die Handgriffe (b) und ihre Füße fanden Halt auf den Fußstützen (a). Die Hebamme saß ihr gegenüber auf dem Querbrett (c). Nach der Geburt wurde aus dem Stuhl wieder ein Bett; mit Gurten und einer Matratze.

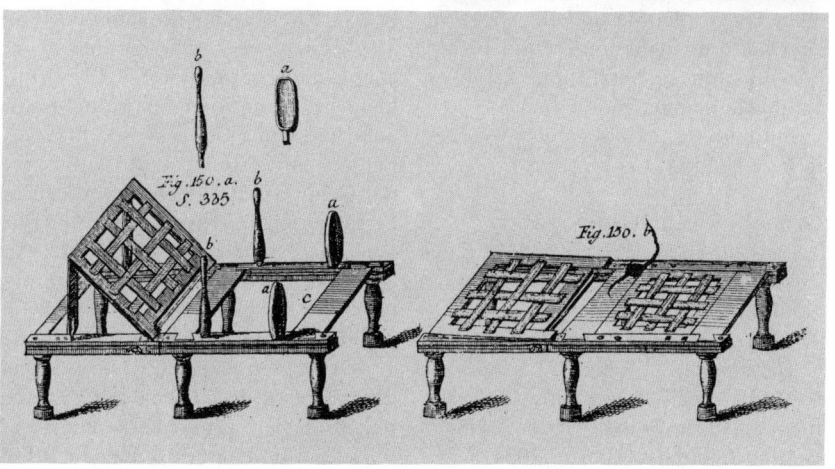

tüchtig hielten; und Ihre schwesterliche Liebe hat alle die Angst verdrängt, wodurch Sie auch in diesem Fall mehr, als vielleicht in vielen andern, würden verhindert sein, die schleunige Hülfe zu leisten. Gott, wenn ich an die Zeit denke, da Sie ohne alle Vorbereitung und mit einer Entschlossenheit und Standhaftigkeit, davon ich kein Beispiel weiß, das thaten, was tausende an der Stelle, auch bey dem besten Willen, nicht hätten thun können: so ist mir wie einem Träumenden, der sich beim Erwachen auf einmahl aus aller der Angst gerissen fühlt, worin ihn augenscheinliche Lebensgefahr gestürzt hatte. Und hier war nicht eingebildete sondern wahre Lebensgefahr. Sie ist [...] vorüber gegangen, und Sie sind das Werkzeug seiner Hand gewesen, die, welche meinem Herzen die nächste ist, zu retten. Ich schweige von der unbeschreiblichen Sorgfalt, mit der Sie alles übrige veranstaltet, und die mannigfaltigen ausserordentlich dienstfertigen Bemühungen ihrer Kinder und Hausgenossen und der zugerufenen Fremden angeordnet und gebraucht, und von der mehr als schwesterlichen und brüderlichen Pflege, die Sie und Ihr vortrefflicher Gatte, mein theurer Freund, bis hieher und mit so herrlichem Erfolg in Ihrem Haus angewandt haben.«

→ Entbindung → Hebamme → Kindbetterin → Nölting → Fehlgeburt

GEBURTS-STUHL / GEBURTS-BETT
»... um 2 Uhr war der Junge [...] da. Kaum wollte ich es glauben, [...] schlug noch auf dem Stuhl meine Hände zusammen.«
»In den deutschen Städten begannen die → Hebammen (...) im 15. Jahrhundert von Italien den Geburtsstuhl zu übernehmen, wo solche Stühle seit der Antike in Gebrauch waren.« (Shorter, 1984, S. 76.)

Sobald die Preßwehen einsetzten, wurde die Gebärende auf den Stuhl gesetzt. Hinter ihren Rücken stellte sich eine Frau, die die werdende Mutter mit den Armen umschlang. Links und rechts von der Gebärenden standen zwei Frauen, die ihr Mut zusprachen und der Hebamme halfen.

Ärzte griffen immer mehr in diese Frauendomäne ein und pochten auf ihre Anatomieausbildung an den Universitäten. Auch an dem bewährten Geburts-Stuhl wurde gesägt. Gegen Ende des 18. Jhds. wurde ein Geburts-Bett entwickelt, das in der zeitgenössischen Literatur auch Geburts-Stuhl genannt wird.

Das erleichterte die Arbeit der Ärzte und der Hebammen, denn die Geburt konnte besser beobachtet und das Kind leichter herausgeholt werden, ohne daß die Geburtshelfer dabei zu viele Verrenkungen machen mußten.

War das Geburts-Bett auch für die Frauen eine Erleichterung? Schließlich wurde die Frau aus vielen starken, helfenden und tröstenden Armen gerissen, die sie bis dahin bei der Geburt gehalten hatten, und stattdessen auf das starre, stumme Bett verbannt. Es bot ihr kaum noch die Möglichkeit, selbst zu bestimmen, in welcher Lage sie gebären wollte. Dieses Problem wird heute unter dem Motto »natürliche und sanfte Geburt« diskutiert.

Für viele Ärzte des 18. und 19. Jhds. war das Geburts-Bett jedoch eine nützliche Errungenschaft. Nissen, ein Arzt aus Schleswig-Holstein schreibt 1801: »Andernorts, so auch in Hamburg, hatte man die Notwendigkeit, »Geburtsstühle zu schaffen« wohl eingesehen, zumal bei der Geburt sonst so häufig Hilfspersonal gebraucht wurde. Es ist ein großer Nachteil, wenn vier bis fünf starke Frauen erforderlich sind, um die Füße, die Schul-

tern und den Kopf der Gebärenden zu halten, wenn außerdem diese jederseits einen Fuß gegen den Schoß einer starken Frauensperson stemmen muß, wobei die tägliche Erfahrung uns lehrt, daß auch der stärkste Mensch dieses kräftige Gegenstemmen der Kreissenden nicht lange aushalten kann. Wie sehr wird nicht schon dadurch, daß so viele Personen ganz dicht um die Kreissende beschäftigt sind, die atmosphärische Luft verdorben!« Auch Wigand, ein in der Literatur mehrfach zitierter Hamburger Geburtshelfer, sehnt sich 1806 nach einem Geburtsstuhl, wenn er schreibt: »Unsere neuere Kunst hat zwar auf mancher Seite, z.B., um das Leben der Mutter und des Kindes zu sichern, einige recht gute Erfindungen gemacht, hat manche hübsche Idee entwickelt und manche brauchbare Methode in Gang gebracht. Sie hat aber immer noch lange nicht genug dafür erfunden und getan, um den Frauen im schwersten und bittersten Augenblick ihrer Bestimmung jede nur mögliche Linderung ihrer Schmerzen zu verschaffen.« (Brack, 1930, S. 38–39.)
Beschreibung des Geburts-Bettes nach Krünitz (bei Krünitz Geburts-Stuhl genannt): Der Stuhl konnte in der Mitte geteilt werden, es befanden sich dort Scharniere. Für die Füße und Arme gab es Stützen.

a = Stützen für die Füße
b = Handgriffe
c = Querbrett. Sitz für die Hebamme.

So konnte die Gebärende in der Zeit, in der sie keine Wehen hatte, ihre Füße in den Schoß der Hebamme legen.
Auf den Gurten lag eine Matratze, darauf ein Bettlaken, auf dem wiederum ein Fell oder eine gewachste Leinwand ausgebreitet wurde. Für den Kopf gab es ein Kopfkissen und für den Körper eine Dekke. Aber nicht nur als Schutz vor Kälte, sondern auch als Schutz vor Blicken. Für die Entbindung wurden die Gurte herausgenommen und nach der Geburt wieder eingesetzt, um so bequemer liegen zu können.

Geburtstagsfeste
Geburtstagsfeste wurden im Prunkzimmer der → Kaufmannshäuser gefeiert. Dieses Zimmer befand sich im Mittelhaus und konnte über eine Nebentreppe von der Diele (→ Kaufmannsdiele) aus erreicht werden. → Wohnen

Gellerts geistliche Lieder
»Das Lesen, oh davor ekelte mir, Andachtsbücher war mein Lesen, Gellerts geistliche Lieder waren viel für mich.«
Der Schriftsteller Christian Fürchtegott Gellert (1715–1769) war schon zu Lebzeiten eine Kultfigur. Er schrieb Fabeln, Erzählungen, rührende Lustspiele, Anleitungen für einen musterhaften Briefstil – und geistliche Lieder, die Katholiken und Protestanten begeisterten. »Gellerts geistliche Lieder wurden in die lutherischen wie in die reformirten Gesangbücher aufgenommen.« (Biedermann, 1969, S. 22.) »Gellerts leichter, gefälliger Stil hat besonders auf das Bürgertum gewirkt – und verschmolz Aufklärung und Empfindsamkeit mit christlichem Glauben.« Seine gesittlichen Oden bringen einen neuen Ton in die meist eher nüchternen, philosophisch lehrhaften Oden der Aufklärungszeit.« (Best, 1982, S. 156.).

Preis des Schöpfers
»Mein Auge sieht, wohin es blickt,
Die Wunder deiner Werke.
Der Himmel, prächtig ausgeschmückt,
Preist dich, du Gott der Stärke!

Wer hat die Sonn an ihm erhöht?
Wer kleidet sie mit Majestät?
Wer ruft dem Heer der Sterne?«
(reclam, Nr. 9617, S. 156 f.)

1788 wurde in Hamburg ein neues Gesangbuch eingeführt, in dem die meisten Lieder von Christian Fürchtegott Gellert stammten. → Empfindsamkeit

PATRIOTISCHE GESELLSCHAFT
Die auch heute noch bestehende Patriotische Gesellschaft war eine Vereinigung von Männern, die teilweise selbst in der Staatsverwaltung saßen, hier aber als Privatmänner auftraten. »Sie wollten Patrioten sein, [...]. Sie wollten für ihre Patria, für ihre Heimat, praktisch tätig sein und sich nützlich machen«. (Hamburger Patrioten, 1965. S. 1.)
An der Gründungsversammlung am 11.4.1765 nahmen Kaufmänner, Gelehrte, Senatoren, Juristen, Pastoren und Künstler teil. Am 8.4.1767 erhielt sie vom Senat die Genehmigung, den Namen »Hamburgische Gesellschaft zur Beförderung der Manufacturen, Künste und nützlichen Gewerbe« öffentlich zu führen. Die Patriotische Gesellschaft förderte und regte u.a. an: die Einführung des Blitzableiters, Verbesserung der Straßenbeleuchtung, die Allgemeine Armenanstalt, die Anlage öffentlicher Flußbäder, die Creditkasse für Erben und Grundstücke (Vorläufer der Hypothekenbanken)

GEVATTER
»... Nichts von der Taufe wollte ich sehen, keine der Gevattern...«
Beliebt waren reiche Taufpaten [Gevatter], denn man spekulierte auf ihre schönen und teuren Taufgeschenke. Selten lehnten die Taufpaten ihre Gevatterschaft ab, denn sie hatten Skrupel, ihre Christenpflicht zu vernachlässigen. Aber bei den Taufen mußten sie nicht persönlich anwesend sein, sie konnten Vertreter schicken. Üblich waren drei Taufpaten pro Kind. → Tauftag

GICHT
»Meines Bruders Gesundheit war so schwach, daß er jährlich ein paar schwere Krankheiten aushielt, außer Gicht und Kopfschmertzen, welche er fast immer hatte.«
Gicht, auch Podagra genannt, war eine sehr häufige Krankheit eine Purinstoffwechselstörung (Harnsäure). Die Veranlagung dazu ist erblich. Ausgelöst wird sie oft durch übermäßiges Essen, viel Schweinefleisch und Alkohol.
Männer waren weitaus häufiger als Frauen davon betroffen. Es war die Krankheit der Reichen, deshalb nannte man sie auch eine »Galanterie à la mode«. »Es ist eine vornehme Krankheit, welche nicht in armer Leute Hütten, sondern in den vornehmsten Häusern und prächtigsten Palästen sich ein zu logiren pfleget«, stellte die lustige Fama fest. [Die lustige Fama aus der närrischen Welt, Hamburg 1718, S. 26] und der Literat Dreyer gab die Begründung: »der Gott des Weins ist der Vater des Podagra und die Göttin der Liebe die Säugamme.« [Dreyeriana, Handschriftlicher Nachlaß von J. M. Dreyer. Commerzbibliothek Hamburg.] (Finder 1930, S. 186.)
Gegen Gicht wurden viele volksmedizinische Mittel angewendet. So wurden 13 Regenwürmer in Branntwein ertränkt, Katzenfett auf die Gelenke geschmiert oder mit Menstrualblut getränkte Leinwandstücke als Umschläge benutzt. Gegen Gicht wird noch heute eine Roßkastanie in der Tasche getragen.
Gicht wird oft mit Rheuma verwechselt.

An Rheuma erkrankten in der Regel die Armen. Der degenerative Rheumatismus (Entzündungen an den Sehnenscheiden, Gelenk- und Muskelkapseln) wird häufig durch körperlich einseitige Belastungen ausgelöst. Feuchte Wohnungen, anstrengende Arbeiten in Nässe und Kälte begünstigten damals dieses Leiden.
→ Krankheit

JOHANN MELCHIOR GOEZE (GOETZE)
»Meine Eltern waren eifrige Anhänger seines [Albertis] Antagonisten Goetzers.«
(*16.10.1717 Aschersleben, † 19.05.1786 Hamburg). Sohn eines Pastors. Studium in Jena und Halle. Diakon in Magdeburg. Ab 1755 Pastor an der St. Katharinenkirche in Hamburg. 1760 Senior. 1770 legte er dieses Amt nieder.
Goeze war nicht nur ein Hauptstreiter im → Fragmenten- und → Theaterstreit, an ihm entzündeten sich auch Generationskonflikte. Die Eltern der →Hudtwalcker waren ›pro Goeze‹, die »aufgeklärten« Kinder ›pro Alberti‹.

»Als Schriftsteller hatte sich Goeze insbesondere durch seine Andachtsbücher und Predigtsammlungen einen Namen gemacht. Als unermüdlicher Streiter gegen alles von seiner Meinung abweichende trat er dagegen erst in Hamburg hervor. Binnen kurzem wurde er zur beherrschenden Figur der deutschen Orthodoxie, zu einem der entschiedensten und unnachsichtigsten Verfolger aller religiösen und theologischen Neuerungen wie aller Toleranzbestrebungen. Nur der lutherische Glaube war der allein seligmachende, die Bibel der absolute Maßstab.« (Kopitzsch, 1982, S. 357.)
»›Ruhe der Kirche‹ und ›bürgerliche Ruhe‹ standen für ihn in Wechselwirkung, die durch Neuerung nur gestört werden könnte. [...] Goeze war ein starrsinniger und isolierter Mensch, bei dem Persönlichkeitsstruktur und Wirksamkeit offenbar unlösbar einander beeinflußten.« (Kopitzsch, 1982, S. 482 f.) Aus einem Spottvers auf Goeze:
»Da steht er, seine fette Wange färbt keine Scham mehr roth; und Hamburg, abergläubisch bange, horcht fromm auf sein Gebot und ehrt mit knechtischem Entsetzen den von ihm selbst erhöhten Mann. So schuf sich Juda einen Götzen, ein goldenes Kalb, – betet's an.« (Daur, 1970, S. 132.)
→ Fragmentenstreit → Reimarus
→ Theaterstreit

GOEZE-ALBERTI
→ Goeze und → Alberti, die beide an der St. Katharinenkirche in Hamburg predigten, hatten grundverschiedene Ansichten über Vermittlung und Handha-

Johann Melchior Goeze, Gegenspieler Albertis.

bung des christlichen Glaubens. Daraus entbrannte ein jahrelanger Streit zwischen ihnen. »Am Vormittag predigte der Hauptpastor und griff seinen Kollegen Alberti an und am Nachmittag predigte Alberti und griff den Hauptpastor an.« (Daur, 1970, S. 139.)
Goeze als der »lutherische Zion des Nordens«, focht für die lutherische Orthodoxie, Alberti dagegen vertrat die Gedanken der Aufklärung. Die Orthodoxie

J. G. Alberti

wurde unterstützt von der Unterschicht und vom Kleinbürgertum, den Zunftgesellen und den Bootsleuten. Auf der Gegenseite »[...] zeigten sich gerade bei jungen Leuten, die im Geiste der Aufklärung erzogen und unterrichtet wurden, Unzufriedenheit und Ungenügen an dem, was an polemischer und dogmatischer Lehre von den Kanzeln verkündet wurde.« (Kopitzsch, 1982, S. 359.)

Auch die → Hudtwalcker Kinder hatten Alberti zum Idol. → Johann Michael Hudtwalcker schreibt dazu: »In dem nun folgenden Winter führte mich mein Vater jeden Morgen zur Kirche, wo Goeze predigte, dessen Vortrag so elend war und mir, da ich nun soviel weitergekommen, noch widerlicher als im vorigen Jahr erschien. Indes wußte ich mich durch die Flüge meiner Phantasie zu entschädigen, so daß ich von dem Prediger und seiner Predigt weder etwas sah noch hörte.« (Hudtwalcker, 1894, S. 173.)
Eine Auseinandersetzung, die nicht nur zwischen Goeze und Alberti lief, »[...] sondern die gesamte hamburgische Orthodoxie auf den Plan rief, entzündete sich an Albertis »Anleitung zum Gespräch über die Religion, in kurzen Sätzen, besonders zu Unterweisung der Jugend«, einer auf den neueren theologischen und pädagogischen Grundsätzen aufbauenden Abhandlung zum Religionsunterricht.« (Kopitzsch, 1982, S. 465.)
Alberti starb 1772, doch der Streit ging weiter. Gegen Albertis Werk gaben die orthodoxen Geistlichen 1773 eine spezielle Schrift heraus: »Erinnerung des hamburgischen Ministeriums«. Die in den Auseinandersetzungen um Alberti »[...] erkennbare deutliche Unterstützung der Orthodoxie durch breite Bevölkerungsschichten, von den Handwerkern bis zu den Arbeitsleuten, blieb noch lange bestehen. [...] In die mittleren und unteren Schichten drang das Gedankengut der Aufklärer nur vereinzelt ein. Von ihm wurden zunächst die akademisch gebildeten und mit diesen gesellschaftlich und kulturell verbundenen Kaufleute erfaßt, die Kräfte und Schichten also, die in der Stadt wirtschaftlich und politisch dominierten.« (Kopitzsch, 1982, S. 486.)

War Alberti wirklich so fortschrittlich für seine Zeit? Oder war er in dieser Hochburg der Orthodoxie einer der wenigen Lichtblicke? In seiner Predigt »Warnung vor gewissen Gedanken, welche uns zum Dienste Gottes ganz unfähig machen...« (aus: Sammlung einiger Predigten, 1762) entwarf er das Bild eines Gottes, dessen Zorn gefürchtet werden mußte. Gott war nicht »lauter Liebe«. Wer seinen Zorn gering schätzte, war zum Dienste Gottes unfähig. Gott »vergilt den Menschen, nach dem er verdienet hat, und trifft einen jeglichen nach seinem Thun.« Besonders harte Worte fand Alberti gegen die Sinnlichkeit. »Freylich ist die erste Ursache in derjenigen Verschlimmerung unserer Natur zu suchen; die durch den Sündenfall auf uns vererbet worden; in der von Natur in uns herrschenden Sinnlichkeit.«

JOHANN HEINRICH GOSSLER
(1738 – 1790), Elisabeth Gossler geb. Berenberg (1749 – 1822). Eine Hamburger Kaufmannsfamilie (→ Kaufmann) (Im- und Export) mit 10 Kindern.

GEORG VON GRAFFEN
Zögling bei Milow. Georg (* 3.6.1780, † 6.12.1851) Sohn des Bürgermeisters Friedrich von Graffen (1745 – 1820), am 18.9.1805 zum Sekretär und am 14.4.1826 zum Protonotar gewählt.

DR. PAUL F. H. GRASMEYER
(* 1756 Hannover, † 1825 Hamburg). Studium der Chirurgie und Medizin in Berlin und Göttingen. 1789 Promotion. Praktischer, sehr bekannter Arzt in Hamburg. Wohnung Böhmkenstraße 117. Er amputierte Margarethe Elisabeth Milow die Brust. Ab 1791 auch Augenarzt für die → Allgemeine Armenanstalt.

AKADEMISCHES GYMNASIUM
»Nach dem Besuch des Johanneums absolvierten die meisten jungen [männlichen] Hamburger, die eine Universitätsausbildung anstrebten, das Akademische Gymnasium. In dieser Institution waren es vor allem zwei Professoren, die eine Kontinuität von der ersten zur zweiten Phase der Aufklärung sicherten: Michael Richey und →Hermann Samuel Reimarus.« (Kopitzsch, 1982, S. 327.)

H

HACHT
»Wir blieben die Nacht im Hachte.«
Die heutige Gemeinde Niedermarschhacht, auf der Lüneburgischen Elbseite. Von dort fuhren → Ewer nach Hamburg.

FRIEDRICH VON HAGEDORN
(* 23.04.1708 Hamburg, † 28.10.1754 Hamburg). Sohn eines dänischen Staats- und Konferenzrats. 1726/27 Studium der Rechtswissenschaften in Jena. Von 1729 bis 1731 Privatsekretär des dänischen Gesandten in London. Seit 1733 Sekretär der englischen Kaufmannsgesellschaft »English Court« in Hamburg.
Friedrich von Hagedorns »poetische Fabeln« (1738) und »horazische Lyrik« (1729 – 1752), für das gebildete Hamburger Bürgertum geschrieben, begründeten die anakreontische Belletristik [→ Frühling] in Deutschland.

GOTTHELF IMMANUEL HAHN
(* 1743 in Dresden, † 21.8.1772). Studium der Philosophie und Theologie in Leipzig. Schüler → Gellerts. Ab 1767 war er Hauslehrer bei den zwei Söhnen des → Barons von Schimmelmann. 1769 Prediger in Wandsbek. Heirat mit Franziska Catharina Benzen. Bei seiner Wahl zum Prediger trat er gegen den → Candidaten → Johann Rist an und bekam durch Intervention von Schimmelmann seine Stelle.

HANCHEN
Schwester von Margarethe Elisabeth Milow geb. Hudtwalcker. → Johanna Margaretha Hudtwalcker

HANDLUNGSAKADEMIE
Milow bekam »[...] eine Stelle an der Handlungsacademie als Aufseher..«
→ Johann Georg Büsch übernahm 1771 die im Jahre 1768 gegründete Handlungsakademie in Hamburg. Ziel der Schule war die Ausbildung von → Kaufleuten und Staatsbediensteten des Finanzwesens.
»Neben den speziellen kaufmännischen Fächern wurden Geschichte und Geografie als für Handel und Schiffahrt nützliche Wissenschaften gelehrt. Theoretische und praktische Ausbildung waren eng miteinander verbunden.« (Kopitzsch, 1982, S. 365.). [Die Handlungsakademie] »errang rasch europäischen Ruhm und zog junge Leute aus allen Teilen Deutschlands [...] an. Sie stand Mitgliedern aller christlichen Bekenntnisse offen [...]. Eine solche Offenheit war damals bei einer unter staatlich-kirchlicher Aufsicht bzw. Einflußnahme stehenden Lehranstalt unmöglich.« (Kopitzsch, 1984, S. 366.)

Berufsschulen gab es nur für Bürgerssöhne. Hier bekamen sie eine von der Gesellschaft als qualifiziert angesehene Berufsausbildung.
Die Ausbildungsmöglichkeiten für Mädchen sahen schlechter aus. Sie wurden zu Hause auf ihre zukünftige Rolle als Mutter und Hausfrau vorbereitet. Wenn sie nicht an den Mann gebracht werden konnten oder die Familie verarmte, blieb ihnen nur die Möglichkeit, dieses Wissen als Privatlehrerin weiterzugeben oder sie verdienten ihren Unterhalt mit den in ihrer Erziehung erlernten »weiblichen Fertigkeiten« wie Nähen, Klöppeln etc. »Wenn ich Busen kriege, werde ich Mutter, wenn ich keinen kriege, werde ich Lehrerin« war wohl damals schon ein geflügeltes Wort. Als erste Berufsschule nicht nur für bürgerliche Frauen plante die → Patriotischen Gesellschaft gegen Ende des 18. Jhds. eine Zeichenschule für Musterzeichnerinnen. Dieses Vorhaben wurde aber von den Kattundruckereibesitzern, die sich finanziell daran beteiligen sollten, abgelehnt. Sie hatten Angst, daß die Mädchen nach dieser »qualifizierten« Berufsausbildung zur Konkurrenz in andere Städte abwandern würden. → Comptoir → Valentin Heins → Kaufmann → große Schatzkammer ausrechnen

HANNA AGATHA HARTUNG
»Auch schloß sie einmal ihr Hertz auf dem Wege nach Hartungs auf.«
Hanna Agatha Hartung, geb. Martens († 30.10.1824), Witwe von Moritz Nikolaus Hartung (* 19.2.1725 Leezen/Segeberg, † 23.6.1791 Hamburg), Kaufmann und Oberalter (ab 3.8.1787). Sie heiratet 1792 → Dr. med. Philipp Fr. Wilhelm Seip.

HEBAMME
»*Wir waren kaum zu Bette, so merkte Mama, daß es nun ernst werden würde, rief meinen Mann und schickte zur Wehmutter.*«
Seit Jahrhunderten halfen sich die Frauen selbst in Kindesnöten. Weise Frauen, die auf einen reichen Erfahrungsschatz zurückgreifen konnten, entwickelten Arzneien und Handgriffe, um ein Kind auf die Welt zu bringen. Das Wissen wurde mündlich überliefert. Erst allmählich eroberten sich die Ärzte das Geburtswissen. Noch im 17. Jahrhundert vertrat der Hamburger Arzt Rodericus a Castro, der ein geburtshilflich-gynäkologisches Werk herausbrachte, den Standpunkt: »... daß diese Kunst den Mann schände.«
HEBAMME / ARZT. Die Kontrolle und Reglementierung der Hebammen begann im 16. Jahrhundert. Die Entstehung der Hamburger Entbindungsanstalt im Jahre 1796 war der erste Schritt in Richtung stationärer Geburtshilfe, wie wir sie heute kennen. Für die Hebammen war es ein entscheidender Schritt von der Selbständigkeit zum medizinischen Hilfsberuf.
HEBAMMENLOHN. Hebammen mußten für wenig Geld hart arbeiten. Der Lohn für eine Geburt war gering. Und selbst diese Beträge konnten Arme, die rund 1/3 der Hamburger Bevölkerung ausmachten, kaum aufbringen.
ANFORDERUNGEN an die Hebammen: Ein Multitalent. Es blieb wenig Zeit für Weiterbildung oder für die Entfaltung so hehrer Fähigkeiten, wie sie P.S. de Chaufepie in seinem 1783 in Altona erschienenen »Handbuch zum Gebrauch der Hebammen« forderte:
»...Dem Leibe nach wird von einer Person, welche Hebamme werden will, erfordert, daß sie einen gesunden und dauerhaften Körper habe. [...] Eine Person, welche schwächlich und kränklich ist, befindet sich nicht im Stande, ganze Nächte nacheinander, wie es doch bisweilen nöthig ist, ohne Schlaf zuzubringen, und eine solche Arbeit zu unternehmen, die auch den Stärksten öfters aufs äusserste abmartert. Zum 2. muß sie vor allen Dingen tüchtige Hände und Arme haben. Es ist ein großer Vortheil für eine Hebamme, wenn sie schmale Hände und dabey lange Finger hat [...]. Es müssen überdem die Hände und Arme geschlang und beweglich, nicht plump oder unbehülflich seyn, auf das sie dieselben, wie es die Umstände erfordern, biegen und lenken könne, auch muß sie dabei Stärke und Kräfte haben, so daß sie damit eine Zeitlang arbeiten kann, ohne zu ermüden. Es ist auch sehr nötig, daß sie ein zartes und genaues Gefühl habe; Sie muß also keine harte Haut oder Schwielen an den Händen und insbesondere an den Spitzen der Finger haben, [...]«

GEMÜTSEIGENSCHAFTEN der Hebammen. »Die Gemütseigenschaften, so von einer Person, welche sich auf die Geburtshülfe legen will, nothwendig erfordert werden, sind 1.) ein guter Verstand und ein gelehriger Kopf, 2.) Geduld und Unverdrossenheit und 3.) ein gesetztes Gemüt. [...] Ausser diese angezeigten Eigenschaften sind noch einige, die insbesondere sich bey denenjenigen, so die Geburtshülfe wirklich treiben, befinden müssen. Eine Hebamme, welche ihrer Pflichten Genüge thun, und ihrem Amte mit Ehren vorstehen will, soll folgende Tugenden an sich haben. Sie muß 1.) höflich und freundlich, 2.) mitleidig, 3.) bescheiden und nicht eigensinnig oder halsstarrig, 4.) verschwiegen, 5.) der Nüchternheit ergeben, und 6.) gewissenhaft sein.« (ebenda)

Eine Frau in Kindesnöten wäre froh, könnte sie sich auf eine solchermaßen perfekte Hebamme verlassen. Aber woher sollten die meisten Hebammen die körperliche Konstitution, die zarten, schwielenlosen Hände und das ausgeglichene Gemüt nehmen, wenn sie unter extrem schlechten Verhältnissen für wenig Geld hart arbeiten mußten? Die Überheblichkeit der Ärzte gegenüber den Fertigkeiten der Hebammen wird an folgenden Beispielen deutlich:

»Vielfach lag die Geburtshilfe übrigens lediglich in Händen von Hebammen, die meist ohne Arzt auskommen zu können glaubten und allerhand eigene Erfindungen und »Erleichterungsversuche« für die Schwangere machten; dazu drei Beispiele: »Einige Hebammen haben die verwünschte Gewohnheit, die Kreissenden stehend zu entbinden; sie befestigen alsdann an irgendeinem Deckenbalken des Zimmers ein Handtuch, daran die Gebärende sich mit ihren Händen bei jeder Wehe festhalten muß. Muttervorfälle und Blutstürze sind hier fast unvermeidlich. Ferner haben mehrere Hebammen die verderbliche Sitte, daß eine starke Person, gewöhnlich der Ehemann, seiner kreissenden Frau mit aller Gewalt während der Wehe den schwangeren Leib tüchtig herunterdrücken und bis zur nächsten Wehe herzhaft festhalten muß, damit das Kind nicht wieder zurückgleite und fein bald an's Tageslicht komme. Es ist kaum zu glauben, daß ich einmal in dem zum Amte Rendsburg gehörigen Dorfe Jevenstädt eine beeidigte, folglich vormals unterrichtete Hebamme antraf, die die Geburt eines eingekeilten Kopfes dadurch zu befördern glaubte, daß sie die ganze Mutterscheide mit zerschnittenen Zwiebeln vollgestopft hatte. Sogar eine besondere »Säge zur Schambeindurchtrennung« kannte man schon 1790! Auch allerlei Mammainstrumentarium kannte die Geburtshilfe schon 1780; so lese ich von einem »Milchrecipienten«, später von einer Milchpumpe, »einem Milchsauger mit Brustglas und elastischer Röhre«, ferner von »Brustwarzenformationsgläsern«; Gummiballons mit feiner Kannelierung besitzen wir – natürlich in stark eingetrocknetem, unbrauchbarem Zustande – in unserer Sammlung.« (Brack, 1930, S. 38 – 41.) *Heidi Reiling*
→ Entbindung → Geburt → Geburtsstuhl → Tauftag

HECHT AUF DEM ROST GEBRATEN.
»Selbiger wird wohl geschuppt und eingekerbt, dann wohl abgewaschen und mit Salz eingesprengt, wenn er so eine Weile mit dem Salz gestanden, trocknet man ihn mit einem Tuch ab, bestreuet ihn mit feinem Mehl und auf den Rost gebraten, unterdessen macht man ein gut braun Mehl mit viel Butter und Chalotten, thut das braune Mehl in einen saubern Topf, giest Essig und Wein darauf, auch thut man dabey Capern, Nelken, Muscatenblumen und Pfeffer, dann den Topf zu Feuer gesetzt, daß die Sauce durchkocht. Ist nun der Hecht wohl gebraten, richtet man ihn an, und giebt die Sauce darüber. Solche Sauce macht man zu gebratenen Karpen und Barsen.« (Hamburgisches Kochbuch, 1798)

HEERINGE MIT EINER BUTTERSOSSE
»Man nimmt gewässerte Heeringe, zerschneidet sie und läßt sie sieden. Dann legt man ungefähr ein halbes Pfund ausgewaschene Butter auf eine zum Anrichten gehörige Schüssel, streut etwas Weißbrod und Muscatenblüthe darauf, gießt ein wenig Wasser daran, setzt es auf Kohl-

feuer, legt die Heeringe darein, deckt sie mit einer Schüssel zu und läßt sie eine gute Weile dampfen. Beym Anrichten bestreut man sie mit Muscatenblüthe.« (Hamburgisches Kochbuch, 1798) Heringe waren ein Volksnahrungsmittel und auch die Armen konnten sie sich ab und zu leisten – allerdings nicht mit diesen edlen Zutaten.

DIETRICH HERMANN HEGEWISCH
(* 15.12.1740 Quakenbrück bei Hannover, † 4.4.1812 Kiel). Studium der Theologie in Göttingen. Hauslehrer in Hamburg. → Hofmeister und Privatsekretär bei → Schimmelmann. 1778 Redakteur der »Hamburgischen Neuen Zeitung« und der »Adreß-Comtoir-Nachrichten« in Hamburg. 1780 außerordentlicher Professor für Geschichte an der Universität Kiel. Bekannt mit Klopstock und → Büsch. Seine historischen Forschungen waren vom Rationalismus und von der Aufklärung geprägt.

VALENTIN HEINS
(* 15.5.1637 Hamburg, † 17.11.1704 Hamburg), gründete eine »Kunst- und Rechnungsliebende Societät«, aus der die mathematische Gesellschaft hervorging. → Große Schatzkammer

JOHANN MICHAEL HEINZE
Stand von 1753 bis 1770 der Michaelis-Schule in Lüneburg vor. Über seine Lebensdaten ist Weiteres nicht bekannt. Er war Mitglied der deutschen Gesellschaft in Göttingen und übersetzte verschiedene griechische und lateinische Autoren ins Deutsche. 1770 verließ er Lüneburg.

DR. JOHANN ARNOLD HEISE
»Die Wybrandt wurde wieder Braut.«
(*5.2.1747. † 5.3.1834), Senator 1790, Amtmann von Ritzebüttel 1794, Bürgermeister 1807-1810, kehrte nach der franz. Besetzung 1814 zurück und blieb bis zu seinem Tod Bürgermeister. Heiratet am 10.7.1792 seine dritte Frau Catharina Magdalena, geb. Hudtwalcker, verw. Wybrandt (* 14.11.1751, † 8.3. 1806).

NEUER HERING
»Auch kam der neue Hering an.«
Die Firma → Hudtwalcker handelte mit Salzheringen, die aus Holland, England oder Schottland importiert wurden. Hering war ein Hauptnahrungsmittel. Neuer Hering: Matjes; wird ab Mai geliefert.

HERINGSGESELLSCHAFT
»Den folgenden Posttag kam die Nachricht, Papa habe Schimmelmann bey der Heringsgesellschaft gesprochen.«
Eine Gesellschaft von 12 Heringspakkern, die bei Antritt ihrer Stellung vom Hamburger Rat vereidigt wurden. Die Salzheringe wurden in Heringstonnen schichtweise aufgepackt und dann weiterversandt. »Das eingebrannte Hamburger Wappen und der Cirkel, der in Hamburg auf die Tonnen gesetzt wurde, bot eine Garantie für die innere Beschaffenheit, und der Credit des so versandten Herings erhielt sich unerschüttert.« (Hudtwalcker, 1894, S. 154.)

PETER LORENZ HERTEL
»Zuckerbäcker Hertels Sohn«
Zögling bei Milow, Kehrwieder,
→ Zuckerbäcker (Adreßbuch 1793.)

HERZOG MICHEL
»Das Nachspiel war Herzog Michel, er Herzog, sie Hanchen; aber dabey wurden die Umstände nicht gemacht, er drückte und küßte ihr die Hand, auch wohl gar den Mund, ohne daß beyde die geringste Verlegenheit darüber hatten«
Viel gespieltes und beliebtes Theaterstück von J.Ch. Krüger (1722 – 1750).

Hochzeit

»Je näher nun meine Hochzeit herankam, je bänger ward mir ums Hertz.«
Das Bürgertum feierte seine Hochzeiten im Elternhaus der → Braut oder bei Verwandten. Polterabende sind erst ab 1784 belegt. (vgl. Finder, 1930, S. 61.)
»Am ersten Hochzeitstage gehet es überaus ehrbar, aber kostbar im Aufputz der Mobilien her; wer in der Nachbarschaft nicht begierig ist, die Braut in ihrem Schmucke zu sehen; der weis nicht zu leben; der ist kein getreuer Nachbar des Hochzeithauses. Niemand ist Gast, als die nächste Blutsfreunde, die sich zu standesmäßigen nützlichen Geschenken, nicht aber zu lächerlichen Tändeleyen, wie in Oberdeutschland, anschikken. Das Gesinde hat hiebey eine solche Freude, als wenn sie die Heirath selbst gestiftet hätten. Denn sie bekommen Geld, Kleider, und niedliche Speisen; das macht sie beredt, und dienstgeflissen.« (Griesheim, 1760, S. 301.)
→ Aussteuer → Braut → Eheringe → Ehezärter → Trauschemel

Hofmeister

»1759 kam er [Milow] als Hofmeister bey einem reichen Kaufmann Schütt im Hause.«
Die Söhne wohlhabender Eltern wurden in Nachahmung der sogenannten Kavaliererziehung von Hofmeistern unterrichtet. Diese Hofmeister hatten Theologie oder Jura studiert, erteilten Unterricht und hatten, neben dem Inspektor, die Aufsicht über die Akademisten. Sie saßen mit den Schülern bei Tisch, führten sie in die Kirche, achteten auf Ordnung in den Zimmern und auf Fleiß und Betragen. Die Hofmeister unterrichteten aber auch »ritterliche Exerzitien« wie Reiten, Fechten, Tanzen, Waffenübungen und höfische Zeremonien. Ihr sozialer Status war niedrig. (vergl.: Die Tragikkomödie »Der Hofmeister oder Vortheile der Privatziehung« von Jakob Michael Reinhold Lenz (1751 – 1792), anonym erschienen in Leipzig 1774; Uraufführung: Hamburg, 22.4. 1778, durch die Schauspielergesellschaft Schröders)
→ Johann Nicolaus Milow

Horazier

»Damahls kam unser Lehrer [...] auf den unglücklichen Einfall, diese Gesellschaft (...) sollte ein Trauer- und Lustspiel zusammen aufführen. Er wählte die Horazier.«
Trauerspiel in Versen und fünf Akten von Georg Behrmann, (*1704 Hamburg) → Kaufmann. Besuch des Johanneums, ab 1735 Amsterdamer Bote (Postmeister), Aufklärer, Freundschaft mit → Hagedorn. (vgl. Kopitzsch, 1984, S. 304.). Wahrscheinlich basierte die Fassung, wie auch die von Corneille und Aretino auf einem Stoff des Livius. Eine blutrünstige Geschichte, bei der die Schwester des Römers Horazio, Camilla, sich in den Feind verliebt und dafür vom Bruder, dem die Ehre der Stadt Rom höher steht als die der Schwester, getötet wird. Als Stoff wohl wegen des sich damals in den Stadtstaaten entwickelnden Patriotismus interessant. → Theaterspielen

Das Heilige Geist Hospital

»Auch sorgte er [Milow], daß sie [seine Mutter] 1760, als er nach Göttingen ging, in ein gutes Armenhaus, welches man den Heiligen Geist nennt, kam.«
Eine Art Altenheim. Urkundlich wurde das Hospital zuerst 1247 erwähnt. Vor der Reformation stand es den durchreisenden Pilgern und Armen offen. Nach dieser Zeit wurde es der Armenverwaltung unterstellt. Heute gewährt die Stiftung

bedürftigen Personen Wohnungen am Hinsbleek 11, Hamburg 65.

Die Hospitalgebäude lagen an der Westseite des Rödingsmarktes. Sie erstreckten sich vom alten Millerntor (Graskeller) längs der Stadtmauer bis zur Kaakstwiete. An der Nordseite befand sich die Kapelle und an der Südseite standen kleine Wohnhäuser.

150 MENSCHEN IN EINEM SAAL. Das Hospital war dreigeschossig. Der Schlafsaal für Männer befand sich in der zweiten Etage und in der dritten Etage lebten die Frauen. Die Säle waren in kleine Parzellen aufgeteilt, so daß jede(r) ihr/sein kleines Reich hatte. In den Sälen waren je 150 arme, alte und gebrechliche Leute untergebracht. Die meisten Hospitalinsassen waren Frauen. Ihr Durchschnittsalter lag im 18. Jhd. bei über 60 Jahren. Bei der Aufnahme mußten sie ein Geschenk, ein gutes Bett, Leinenzeug, eine Kommode, zwei Stühle und kleines Gerät mitbringen. In der Armenverordnung stand nichts davon, daß die Insassinnen und Insassen arbeiten mußten. Dennoch wurde von den Frauen erwartet, in der Frauenstube Garn zu spinnen. Die Vorsteher beschweren sich über das »schlechte Betragen« der Armen. Besonders aufgebracht waren diese »Hüter« der Armen, wenn ihre »Schützlinge« nur

betrunken und aggressiv ihre Lebenssituation ertragen konnten, von der Religion auch nicht viel hielten und ihre Freiheit außerhalb der Anstalt suchten. Tabakrauchende Arme waren den Vorstehern ebenso ein Dorn im Auge wie Spinnerinnen, die nur mit »mangelndem Fleiß« arbeiteten. (vgl. Bake, 1985, S. 37.)

SPEISEORDNUNG des Heiligen-Speise-Hospitals. 1760 mußten die Armen nach der Einschlachtung mit folgender Speiseordnung leben:
Sonntagmittag: Brauner Kohl, frisches Fleisch und gelbe Wurzeln, wenn man sie bekommen kann. Abends: Suppe mit Weißbrot.
Montagmittag: Hafergrütze und Stockfisch oder graue Erbsen; die 32 »kümmerlichen« Personen erhalten ein Rundstück und Suppe mit Reis oder Brot. Abends: Buchweizengrütze.
Dienstagmittag: Brauner Kohl und Pökelfleisch mit Rüben oder Weißkohl oder Rauchfleisch mit gelben Wurzeln; außerdem Wild oder Schweinefleisch. Abends: Pökelfleisch, Suppe mit Graupen oder Graupengrütze mit Milch.
Mittwochnachmittag: Hafergrütze mit Milch, Leber. Für die »Kümmerlichen«: Kalbfleisch, Suppe mit Fleisch und Klößen. Abends: Buchweizengrütze.
Donnerstagmittag: Brauner Kohl und Würste mit rohen Äpfeln, auch Kaldaunen und Schweinemagen mit Rüben. Abends: Graupengrütze.
Freitagmittag: Hafergrütze und Klippfisch mit Butter und Mehl; für die »Kümmerlichen« 32 Rundstücke. Abends: Buchweizengrütze.
Sonnabendnachmittag: Reis oder Graupengrütze mit Milch und jedem ein 1ß-Rundstück [ß = Schilling]. Abends: Warmbier mit Weißbrot.

Speiseplan für die Zeit, in der die eingeschlachteten Vorräte aufgebraucht waren
Sonntagmittag: Graupen mit Milch, auch Brauner Kohl und frisches Fleisch mit gelben Wurzeln, wenn man sie kaufen kann oder sie noch gut sind. Abends: Suppe mit Weißbrot.
Montagmittag: Hafergrütze und Stockfisch mit Butter und Mehl; den »Kümmerlichen« 32 Rundstücke und Suppe. Abends: Buchweizengrütze mit Milch.
Dienstagmittag: Brauner Kohl, solange man ihn bekommt oder Graupengrütze und Ochsenfleisch. Abends: Suppe mit Weißbrot.
Mittwochmittag: Hafergrütze und weiße türkische Bohnen in Fett gestobt; im Sommer grüne Erbsen, große Bohnen, grüne türkische Bohnen oder grüne türkische Erbsen. Abends: Buchweizengrütze mit Milch; im Sommer Bickbeeren-, Kirschen- oder Zwetschenmus mit Weißbrot. (Boedecker, 1974, S. 141.)

CAECILIA HUDTWALCKER
(* 28.1.1759 Hamburg, starb im Alter von sechs Jahren am 29.6.1765). Schwester von Margarethe Elisabeth Milow geb. Hudtwalcker.

CARL JAKOB HUDTWALCKER
(* 19.8.1791 Neukirchen, † 14.11.1812 St. Petersburg), Chirurg.

CHRISTIAN MARTIN HUDTWALCKER
(* 15.10.1761 Hamburg, † 8.9.1835 Itzehoe) 1786 Pastor in Malente, 1789 in Neukirchen und 1801 in Kopenhagen. Erste Heirat am 16.6.1786 mit Sus. Winckler. Zweite Heirat am 15.8.1808 mit Johanna Carol. von Haffner. Bruder von Margarethe Elisabeth Milow geb. Hudtwalcker.

DANIEL CONRAD HUDTWALCKER
(* 3.9.1765 Hamburg, † 25.6.1796 Neukirchen). Jüngster Bruder von Margarethe Elisabeth Milow geb. Hudtwalcker.

JAKOB HINRICH HUDTWALCKER
(* 20.11.1710 Altona, † 28.10.1781 Hamburg). Sohn eines Käsehändlers aus Altona. 1727 Lehre bei dem Herings-, Tran-und Fischwarenhändler Meinert von Winthem in der Deichstraße. 1745 Erwerb des Hauses von Bürgermeister Anderson in der Katharinenstraße 83. 1767 → Jurat an der St. Katharinenkirche, 1768 Commerz-Deputierter, 1778 Börsenalter und 1781 Oberalter. Margarethe Elisabeth Milows Vater.

JAKOB HINRICH HUDTWALCKER
(* 28.6.1753 Hamburg, † 7.4.1799 Hamburg). Fünftes Kind der Hudtwalckers. → Kaufmann, Bankschreiber. Heirat am 1.2.1778 mit Maria Magd. Behrens, († August 1779). 2. Heirat am 25.5.1780 mit Johanna Maria Lübbers († 29.4.1834). Bruder von Margarethe Elisabeth Milow geb. Hudtwalcker.

JOHANN HUDTWALCKER
Margarethe Elisabeth Milows Großvater (* Altenbruch, † 8.10.1720 Ramhusen).

JOHANN MICHAEL HUDTWALCKER
(* 21.9.1747 Hamburg, † 14.12.1818 Hamburg) → Kaufmann. Ab 1788 Mitglied des Rats. Heirat am 21.6.1775 mit Elisabeth Moller (* 6.7.1752, † 22.11.1804), neben ihrem »Hausfrauendasein« Malerin. Wohnung im elterlichen Haus in der Katharinenstraße 83 → Stadtplan. Bruder von Margarethe Elisabeth Milow geb. Hudtwalcker.

JOHANNA MARGARETHA HUDTWALCKER
(* 15.1.1756 Hamburg, † 22.5.1785 Hamburg). Heirat am 20.11.1777 mit Dr. med. Seip. Schwester von Margarethe Elisabeth Milow geb. Hudtwalcker.

MARGARETHE ELISABETH HUDTWALCKER
(* 2.10.1748 Hamburg, † 20.10.1794 Hamburg). Heirat am 17.10.1769 mit Pastor → Johann Nicolaus Milow. Margarethe Milow bekommt ihr erstes Kind mit 22 Jahren, ihr letztes im Alter von 37 Jahren.
Margarethe Milow spricht im dritten Teil ihrer Aufzeichnungen von 11 Geburten, die sie überstehen muß.
1. Jakob Heinrich
* 10.11.1770 Lüneburg
2. Johann Nicolaus
* 10.02.1772 Lüneburg
3. Margarethe Elisabeth
* 30.03.1773 Wandsbek
4. Karoline
* 6.11.1774 Wandsbek
5. Johanna Christiane
* 13.03.1776 Wandsbek
6. Cäcilie Wilhelmine
* 13.09.1777 Wandsbek
7. Henriette
* 2.05.1779 Wandsbek, † 11.4.1808
8. Maria Susanne Nicoline
* 25.03.1783 Wandsbek
9. Erwähnung wahrscheinlich im verschollenen 2. Teil ihrer Aufzeichnungen.
10. Erwähnung wahrscheinlich im verschollenen 2. Teil ihrer Aufzeichnungen.
11. 21.12.1785.
Das Kind stirbt einen Tag später.
13.11.1786 Fehlgeburt
Am Ende ihres Lebens spricht Margrethe Milow ihre acht lebenden Kinder an. Das 9. u. 10. Kind scheinen demnach gestorben zu sein. → Johann Nicolaus Milow

NIKOLAS HUDTWALCKER
(* 3.5.1757 Hamburg, † 25.1.1832 Hamburg). Siebtes Kind der Hudtwalckers.
→ Kaufmann, dann Assecuranzmakler (Versicherungsmakler). Heirat am 15.11. 1786 mit Charlotte Amalie Ohmann (* 6.9.1767, † 2.3. 1842). Bruder von Margarethe E. Milow geb. Hudtwalcker.

HYPOCHONDER → MELANCHOLIE

SARA ELISABETH HUDTWALCKER
(* 12.3.1750 Hamburg, † 22.5.1819). Heirat am 4.7.1775 mit dem Auctionator M.J. Köster. Schwester von Margarethe E. Milow geb. Hudtwalcker.

I J

INSTITUT
In seinem Aufsatz über »Das Haus Parish in Hamburg«, 1905, charakterisiert Richard Ehrenberg eine solche Lehranstalt: »Der zur Handlung bestimmte junge Hamburger wird gewöhnlich von seinen Eltern so bald wie möglich in ein Erziehungsinstitut gesteckt, um von der Sorge der Erziehung und der Last, die die Aufsicht der Kinder von seiten der Eltern immer erfordert, ganz entledigt zu werden. (...) Die Erziehung der Söhne kostet nirgendwo mehr Geld als in Hamburg. Die Väter müssen den Unterricht sehr teuer bezahlen, und sie haben keine Schuld, wenn ihre Söhne das nicht werden, was sie gern sähen.« Milow folgte in Wandsbek seinem Hang zum Pädagogen, indem er im Pastorat eine Unterrichtsanstalt für hamburgische und auswärtige Kaufmannssöhne einrichtete. In einer Chronik über Wandsbek findet diese Einrichtung folgende Erwähnung: »Das Wort Institut läßt eine vielseitige Auslegung zu; Im Allgemeinen unterscheidet man sie als Vorbereitungsschulen der Jugend entweder für den menschlich-christlichen oder für den bürgerlich-gesellschaftlichen Beruf, und die Instituteurs übernehmen danach entweder das ganze Erziehungswerk oder nur die Unterweisung für bestimmte Fächer. So zerfallen die Institute in Knaben-, Mädchen-, Forst-, landwirtschaftliche Institute, etc. und für jeden Stand kann es am Ende vorbereitende Bildungsanstalten geben, wie denn ihre Zahl seit 20 Jahren außerordentlich vermehrt ist. Wohl organisiert und klar in ihrem Zweck aufgefaßt, hat jede Anstalt dieser Art ihre unverkennbare Lichtseite, nur wolle der Direktor derselben nicht viele Zwecke vereinigen, die nach ihrer Natur zu heterogen sind; es verträgt sich z.B. nicht, die Jugend zugleich für den Gelehrten- und den Kaufmannstand heranzubilden, die Bildung mag freilich bis zum 14., 15. Lebensjahre des Knaben eine allgemeine seyn, auch mag bis dahin eine gewisse Rücksicht auf seinen wahrscheinlichen Beruf eintreten, ist dieser aber entschieden gewählt, dann dürfen die Unterrichtsgegenstände nicht länger amalgamirt werden. Es leuchtet von selbst ein, daß den Knabeninstituten in und um Hamburg größtenteils die Richtschnur gezogen ist, die Kinder sollen die gesellschaftliche Bil-

dung empfangen mit hauptsächlicher Berücksichtigung des Kaufmannstandes. ...« (Hansen, Adolph Ulrich: Chronik von Wandsbek, Altona 1834.)

EMANUEL JENISCH
(*13.7.1764, † 27.4.1829), Kaufmann. Zögling bei Milow.

GROSSE JOHANNISSCHULE
»Milow kommt nach der großen Johannisschule und lernt mit großem Fleiß.«
Die St. Johannis-Gelehrtenschule des Johanneums. Eliteschule für Bürgersöhne. Eröffnet 1529 in den Räumen des St. Johannisklosters (heute steht dort das Hamburger Rathaus). Gelehrt wurde: Religion, Latein, Griechisch, Mathematik, Musik und Gesang.

JOHANNISTAG
»Johannistag Nachmittag hatten die Alten sich schlafen gelegt.«
Der 24. Juni war ein Feiertag zum Andenken an Johannes den Täufer. Wenn das Wetter schön war, unternahm man Ausfahrten ins Grüne.
»Mit dem Johannistage und der Johannisnacht verknüpften sich mancherlei abergläubische Gebräuche und Meinungen, besonders im niederen Volk. Bereits am Vorabend des Johannistages zogen Frauen in großer Zahl in das Eimsbütteler und Wandsbeker Gehölz um dort das sogenannte »Johannisblut« zu suchen, dem als Heil- und Zaubermittel vielfältige gesundheitliche Wirkung zugesprochen wurde.« (Finder, 1930, S. 328.)

JUNGENSPIELE
Ertüchtigungsspiele, Drachensteigen, das Kräftemessen mit der Natur sollten den Jungen auf seine Rolle als extrovertierten, im Leben stehenden Mann und Beschützer der Frauen vorbereiten.
Jungen durften laut sein (Trommel), sich ausleben, ihre Kräfte messen (Flitzbogen) und das Gefühl von Dominanz erfahren. Die erwachsenen Männer erinnerten sich sehnsüchtig an ihre Jungenspiele, die sie aber nicht in ihrer eigentlichen Funktion sahen – als spielerische Vorbereitung auf die Rolle des Patriarchen; egal, ob sie dann als einfacher Comptoir-Bediensteter oder als großbürgerlicher Firmenchef arbeiteten. → Johann Michael Hudtwalcker erinnert sich:
»Es herrschte damals die Sitte, daß die Kinderspiele nach den Jahreszeiten geordnet waren und jeder Monat sein eigenes hatte, so zum Beispiel der papierene Drachen für den windigen September, der Kräusel für den trockenen Boden, den der Ostwind im Frühjahr macht. Der Kräusel war mein ausgezeichnetes Lieblingsspiel; ich hatte es durch viel Uebung zu großer Fertigkeit gebracht, kannte die technischen Benennungen der verschiedenen Gattungen, deren es wohl 20 gab, bis zum Brumkräusel hinauf und spielte noch damit in dem Alter, als ich schon einem Mädchen einen ' Kuß stahl. Außer dem Kräusel waren es der Ball, der steigende Drachen, die Trommel, der Flitzbogen und die Seifenblasen, welche mir selige Freuden gewährten.« (Hudtwalcker, 1894, S. 169.)

JUNGFERNSTIEG
»Ich war also mit Hanchen allein zu Hause, und war schwach genug, Octav zu fragen, ob er nicht nach Tische des schönen Wetters wegen mit uns in Jungfernstieg gehen wollte.«
Spazierengehende Frauen gaben dieser mit Bäumen bepflanzten Straße ihren Namen. Früher hieß der beliebte Fußweg längs der Alster »Reesendamm« oder

»auf dem Damm«, der 1665 gepflastert wurde. Doch es ging nicht nur ums Spazierengehen auf dem Jungfernstieg. Er soll in der Mittagsstunde – zur Börsenzeit – als »Pantoffelbörse« dem Paradeplatz der Mädchen, die von der »Nicht-Jungfrauschaft leben«, gedient haben. (Merkel, 1801, S. 49.)

Mit diesen Mädchen waren hauptsächlich die Vierländer Blumenmädchen gemeint, die auf der Straße ihre Blumen verkauften. Diese meist noch sehr jungen Mädchen in ihrer kurzen Vierländer Tracht konnten mit dieser Arbeit nur sehr wenig Geld verdienen; und so blieb vielen jungen Blumenverkäuferinnen nichts anderes übrig, als mit den Blumen auch sich selbst zu verkaufen.

Interessant, daß viele männliche Autoren, die Hamburg beschreiben, weibliche Armut mit einem lüsternen Blick wahrnehmen. Sie sehen nur das große Dekolleté der Manufakturarbeiterinnen und den kurzen Rock der Blumenverkäuferinnen. Aber die Existenzsorgen, die Frauen in die Prostitution treiben, werden nicht in zweideutige Reime gefaßt.

»Beförderer vieler Lustbarkeiten,
Du angenehmer Alsterfluß
Du mehrest Hamburgs Seltenheiten
Und ihren fröhlichen Genuß.
Das Ufer ziehrt ein Gang von Linden,
In dem wir holde Schönen sehn,
Die dort, wenn Tag und Hitze schwinden
Entzückend auf und nieder gehn.«
(Hagedorn: Die Alster, aus: Köster, 1898, S. 65.)

JURAT
»Papa war an der Katharinenkirche Jurat.«
Juraten waren bürgerliche Kirchenpfleger und zuständig für das Bauwesen, den Unterhalt, das Vermögen und die Einkünfte der Kirche, also für die gesamte weltliche Kirchenverwaltung. Die Juraten bildeten ein Zweierkollegium, aus dem jährlich der Amtsälteste ausschied. Seinen Nachfolger wählten ehemalige und amtierende Juraten aus den Bürgern des Kirchspiels. Wegen des erforderlichen Arbeitseinsatzes und Wissens kamen sie durchweg aus der kaufmännischen [→ Kaufmann] Oberschicht.
→ Kirchenorganisation

K

KALTES FIEBER
»Den 27sten May bekam ich einen kleinen Ansatz vom kalten Fieber.«
Kaltes Fieber soll durch feuchte Luft in regenreichen Zeiten verursacht worden sein. Feuchte Wohnungen, zu reichlicher Genuß von Kernobst, alles was die festen Teile im Körper schlaff machte und die Ausdünstung verhinderte, führe zum kalten Fieber – so glaubte man im 18. Jahrhundert. Die Patientin wurde ins warme Bett gelegt, der Raum zugfrei gehalten und im Zimmer ein saurer Geruch versprüht. Da die Kranken oft heftiges → Kopfweh hatten, wurde ihnen ein dünnes Tuch über den Kopf gelegt und kalte Umschläge aus Brotkrumen und Essig bereitet. Außerdem bekamen die Patienten abführende Mittel und schließlich → China Rinde verabreicht. → Krankheit

Kandidaten

»*Damals bekamen wir auch einen Kandidaten, der uns in der Religion, Historie, Geographie unterrichtete.*«

Die Berufsaussichten für die Candidaten, Absolventen des Theologiestudiums, waren schlecht. Viele schlugen sich als Hauslehrer in Hamburger Bürgerhäusern durch. Mit dieser Arbeit überbrückten sie die Wartezeit für ein Predigeramt. Die finanzielle Situation und der soziale Status der Lehrer waren im Gegensatz zu heute mehr als bescheiden. Ein gefundenes Fressen für Satiriker und Karikaturisten. So heißt es z.B. 1783 in der anonymen Schrift eines Kosmopoliten über den Privatunterricht:

»Diese Sündenböcke haben hier das Privilegium, die armen unschuldigen Kinder der unkundigen reichern Kaufleute an Leib und Seele zu verschandflekken. Es sind so meistentheils gescheiterte Personen, die auf dem Schiffe der Liebe, oder des Bacchus strandeten, und sich auf einem Bretchen nach Hamburg, der Freystadt aller armen Sünder, retteten. Hier spielt der allerdümste Kloß, der nichtsnutzigste Narre eine glänzende Rolle, wenn er nur Form oder Maulwerk hat, und kniffig und galant genug ist, sich ins Frauenzimmer zu sagen. Wenn du künftighin einmal einem Menschen begegnest, Lieber, mit einer weiß-ge-puderten Perücke, zwey Rheinländische Schuhe im Durchmesser, und hinten gebildet, wie ein Storchnest, Kleid und Oberrock mit schwarzen Knöpfen und Einfassung, nebst zwei großsprechenden schwarzen Brustschleifen, und das Gesicht sehr anständig in Falten gelegt, wie ein Rindsmagen: – ich bitte dich, geh ihm aus dem Wege, das arme Thier läuft nach Brodt aus, für Madame Kandidatin des heiligen Ministerii und ihre Kinder. Hamburg ist groß, und seine Gassen sind so schief und zwerg, wie seine Köpfe. – Oft müssen diese armen Menschen also von einem Hause zum andern eine halbe Stunde laufen, um 4 bis 6 Schillinge zu verdienen. Aber – kein Ding so schlecht – es ist wo gut zu, sagte ja meine seelige Großmutter! Kriegten sie zu den 40-60 Jahren, die sie unter der Perücke tragen, noch den Hypochonder in Leib – wehe! den guten Kindern.« (Kleine Charakteristik, 1783, S. 59–63.)

Kanzelist

Vieles, was heute zum Aufgabenbereich der Sekretärinnen gehört, war früher Männerarbeit. Kanzlisten waren Schreiber oder Angestellte einer Kanzlei (Büro). Sie sorgten für die Reinschrift aller Schreibarbeiten und hatten Siegelvollmacht.

Kaufmann

Der Kaufmannsstand war die führende und auch regierende Schicht in Hamburg. Untereinander war man versippt und verschwägert, schanzte sich die lukrativen Posten zu – und blieb unter sich. Wehe, wenn sich die Kaufmannstochter in einen nicht standesgemäßen Mann verliebte. Diese führende Kaufmannsschicht, die auch heute noch in Hamburg großen Einfluß hat, rekrutierte sich z.B. aus den Familienclans der → Sievekings, → Hudtwalckers, Amsincks und → Mutzenbechers.

Es gibt auch Beispiele für Frauen, die die Handelsgeschäfte ihres Mannes vertretungsweise weiterführten, wenn der Mann auf Reisen war. Starb der Mann, wurden auch schon einmal die Geschäfte auf eigene Rechnung weitergeführt. Als Witwen leiteten im 18. Jhd. z.B. Eva König und Elisabeth Schramm die Handelsfirmen ihrer Männer, bis die Söhne groß genug waren, die Firma zu übernehmen. Damit waren die Frauen weitgehend auf eine Übergangs- oder Ersatzfunktion beschränkt. Die Rechtsverhältnisse ließen es außerdem nicht zu, daß Frauen Verfügungsgewalt über größere Kapitalien besaßen. Das beeinträchtigte die Geschäftsfähigkeit der Frauen. Das Pendant zum Großhandelskaufmann – die Großhandelskauffrau – gab es für Hamburg nicht. Auch im Berufsleben mußten Frauen sich mit den kleineren Angelegenheiten zufrieden geben. Sie konnten als »Kleinkauffrauen« tätig sein, d.h. im Kleinhandel, in der Hökerei.

Für ihr Geschäfts- und Privatleben hatten die Kaufmänner strikte Sittenkodizes ausgehandelt, die über Jahrhunderte galten. Hier ein Beispiel aus dem Ende des 17. Jhds.

»Der jungen Kauff- und Handels-Leuthen Wollgemeinte Erinnerungs-Regeln: Vor allen Dingen fürchte Gott und ruffe ihn an umb seinen Segen in deinem Gewerbe: Ehre die Obrigkeit/ und liebe deinen Nechsten. Iß und trinck mässig/ meide vielfältige Gastereyen/ und sey nicht lieber noch öffter in den Garten/ oder bey dem lustigen Kräntzlein/ weder in der Schreib-Stu- ben.Mit viel Spazierefahrten spazirt die Zeit [...]. Halt dich in Kleidern sauber/ doch nicht zu prächtig/ noch über deinem Stand; und hüte dich vor der/ die dir an der Seiten schläfft/ daß sie mit allzukostbarem Schmuck dich nicht verderbe.

Dein Weib sey im Haushalten das lincke/ du das rechte Auge; und verlaß dich dergestalt auff ihren Fleiß/ daß du nicht unfleissig seyst. [...] Sey ja so kindisch nicht/ daß du ihr das → Kindbett ihres Gefallens schmücken woltest/ über dein Vermögen. [...] Geh zur rechten Zeit schlaffen/ und früh wieder an deine Gewerbe. [...] Fertige deine Schreiben zur rechten Zeit ab/ damit die Boten nicht auffgehalten/ noch die Posten versessen werden. Sortiere deine Wahre sehr ordentlich/ und ins Auge: denn das macht dem Käufer offt eine Lust. [...] Schreib ein/ ehe du ausgibst/ und nimm ein/ ehe du auffschreibest: Lege dich nicht zu Ruhe/ bevor du des gantzen Tages Handlung auffgezeichnet/ und was du einschreibest/ das sey lauter/ klar/ verständlich und sauber eingetragen. [...]« (Auszug aus einem Hamburger Flugblatt vom Ende des 17. Jhds. aus: Vierhundert Jahre Hamburger Börse, 1558 1958, Hamburg, S. 16.)

→ Ehe → Kontordiener

KAUFMANNSDIELE

In den Kaufmannsdielen trafen die männlichen Kaufmannsgeschäfte auf die weiblichen Haushaltungsarbeiten. Die Kaufmannsdiele war sehr groß und hoch und machte oft das ganze Erdgeschoß aus. Hier standen Waren, hier spielten die Kinder, von hier kam man zur → Toilette und gelangte zum Kaufmannskontor [→ Kontor]. In ihrem hinteren Teil lag die → Küche.

Die große Diele war der Hauptraum des Hauses. »[...] Sie diente als Empfangs- und Geschäftsraum; von der Straße durch eine schwere, eicherne Flügeltür unmittelbar zugänglich, durchquerte dieser eigenartige Raum das ganze Erdgeschoß und stand mit dem sich bis an den Speicher erstreckenden Hofplatz durch eine zweite Tür in Verbindung.« (Melhop, S. 19.)

Dem Kontor gegenüber lag das »Zirbürken«, ein bewegliches kleines Gehäuse mit Fenstern, in dem die Einhüterin saß und bei einer Näharbeit die Haustür beobachtete. Als Einhüterin arbeiteten arme alte Frauen. → Kontor → Kaufmannshaus → Küche → Wohnen

KAUFMANNSHAUS
Die Ehrbarkeit und das Ansehen des → Kaufmanns sollte auch sein Haus repräsentieren.

»Weite Waarenräume, bequeme Brauplätze, hohe Kornböden (...) geräumige und kühle Dielen zu haben, war der Hauptzweck derer, die sie [Kaufmannshäuser] aufführen liessen. [...] Die [Kaufmannshäuser] mehresten bestehen aus einem Wohnhause und dahinter gelegnem Speicher, die mit einem Seitenflügel und dazwischen mit einem gepflasterten Hofe vereinigt sind. Das untere Stockwerk besteht aus einer weiten Diele [→ Kaufmannsdiele], die in einem Winkel ein kleines Wohnzimmer [→ Wohnen], und hinter demselben, oder in einem andern, eine → Küche hat. [...] Im Mittelgebäude liegen die altmodischen Prunkstuben, und im dritten Stock war allenfalls noch ein geräumiger Sahl zur Feier von Hochzeiten, Leichbegräbnissen, Geburtstagen und andern Galas bestimmt. Die Treppen gehen schneckenförmig, die Fußboden sind von rothen Backsteinen oder Sandschiefern, zuweilen mit Marmor ausgelegt. Dämmerung und Düsterkeit herrscht in diesen altväterlichen Gebäuden, und von Sonnen- und Mondlicht fallen wenige Strahlen hinein. Das dichte und veste Mauerwerk der vordern Facade thürmt sich mit Absätzen zu einem gespitzten Giebel, worin, statt der Fenster, hölzerne, mit Farbe bestrichene, sogenannte Luken sind. [...] Von den später gebauten Häusern, die zwar immer noch im Ganzen, aber hie und da verschönert und bequemer eingerichtet, nach dem Geschmack ihrer angestammten Muster aufgestellt wurden, stehen noch sehr viele, und werden zum Theil von den angesehensten Familien bewohnt. Sie sind eben so unregelmäßig hoch und lang, und haben keine Breite. [...] Die Treppen winden sich nicht mehr so krumm, sind mehr in den Winkeln angebracht, und haben bessre Absätze. Die Küchen sind meistentheils nicht auf der Diele, sondern hinterwärts, unten wie ein Keller niedergeholt. Die Giebel haben keine Luken, sondern Fenster, und Zimmer, oder wenigstens Kammern. Die Zimmer des untersten Stockwerks sind gemeiniglich dumpfig und von einander getrennt; so wie man überhaupt nicht leicht mehrere Zimmer antrifft, die in einander gehn, falls ein neuer Besitzer nicht Aenderungen vorgenommen hat. Bei aller angewandten Pracht und Verdeckung der ursprünglichen Mängel sind sie schiefwinklicht, und haben zum öftern kein gehöriges Verhältnis von Länge, Tiefe und Breite. In diesen Gebäuden der Mittelzeit herrscht mehr Helle und Luft, wiewol auch hierin dem Auge und der Gesundheit manches abgeht. Sie sind nur der Altstadt eigentlich eigen, und haben gewöhnlich drei bewohnbare Stockwerke über der Erde und einen zwiefachen Boden.« (Heß, Bd. 1, 1787, S. 148–150.)

Hamburgs Unterschichten lebten und wohnten mehr als bescheiden. Die alleinstehenden Frauen, die die größte Anzahl der Hamburger Armen ausmachten, wohnten in sehr engen, dicht bebauten Gängen und Höfen. Sie lebten in Buden, Kellern oder Sälen. Die Buden hatten eine sehr niedrige Diele und eine Stube. Es gab keinen Ofen, nur ein offenes Kohlenfeuer brannte. Die Wohnungen waren kalt, feucht und klamm; nur wenig Licht drang in die Buden.

In den obersten Stockwerken eines Hauses lagen die Säle, die nur über eine steile, schmale Treppe zu erreichen waren. In den Wohnungen gab es weder → Toiletten noch Wasserstellen [→ Wasser], die sich auf dem Hof befanden.
Viele der alleinstehenden Frauen konnten es sich noch nicht einmal leisten, allein oder mit ihren Kindern solch eine Wohnung zu mieten. Die Mieten waren so hoch, daß viele Frauen in einer Wohnung in sogenannten »Wohngemeinschaften« zusammenleben mußten.
→ Kontor → Dienstboten → Kaufmannsdiele → Küche → Toilette → Wohnen

KEUCHHUSTEN
»Nachher wurden fast alle Kinder an Keuchhusten krank.«
Schon im 18. Jahrhundert wurde der Keuchhusten als Folge einer Ansteckung erkannt. Man wußte jedoch noch nicht, wie man ihn heilen sollte. Keines der Hausmittel half wirklich. → Krankheit

KEUSCHHEIT
»Die Mannsleute nehmen sich auch da [Ball] Freyheiten, die sich mit der reinen, zarten Knospe jungfräulicher Keuschheit nicht vertragen.«
Oberstes Gebot für Frauen war Keuschheit; denn Keuschheit bedeutete gezähmte Wünsche und für den Mann ungefährliche Passivität. Sittsam, bescheiden und keusch sollten Frauenblicke sein, die Augenlider gesenkt, nicht umherschweifend, ihr Reden demutsvoll. In diesem Sinne betonte auch Griesheim, daß die Bürgertöchter »[...] auf das sittsamste die jungfräuliche Unschuld sehen lassen ›müssen‹; denn ein Frauenzimmer mit frechen Augen, und Ausdrücken bekommt nicht leicht einen Mann.« (Griesheim, 1760, S. 289.)

Keuschheit war also eines der wichtigsten Verhaltensmuster, das Frauen mitschleppen mußten. Beim Sprechen, Sehen, Gehen, Denken und natürlich auch beim Geschlechtsverkehr hatten sie darauf zu achten.
Als größter Verstoß gegen die bürgerlichen Sexualnormen galt für Frauen der voreheliche »Beischlaf«. Der praktische Grund für das Verbot des vorehelichen Geschlechtsverkehrs lag in der immensen Bedeutung gesicherter Vaterschaft in einem patrilinearen Erbschaftssystem. Dagegen wurde der sexuell aktive Mann vor der Ehe zwar offiziell getadelt, doch augenzwinkernd entschuldigt.
→ Sexualität

KINDBETTERIN
»... den andern Tag bekam ich Fieber, den dritten wars noch ärger [...]. Die Hitze und Kopfschmertzen waren unbeschreiblich.«
Kindbetterin: Eine Frau, die nach der Geburt ihres Kindes sechs Wochen im Kindbett liegt. Doch diese Erholung wurde nur Bürgersfrauen gegönnt. Arme Frauen mußten kurz nach der → Entbindung wieder ihren Lebensunterhalt verdienen.
Zur »Schwangerschaftsnachsorge« gehörten weniger medizinische Untersuchungen als »abergläubische« Verhaltensregeln: z.B. – Eine Wöchnerin durfte in dieser Zeit nicht in den Keller gehen, weil ihr Kind später ins Gefängnis kommen könnte. – Sie durfte vor der sechsten Woche weder Treppen steigen noch jemanden zur Haustür begleiten, weil sich sonst in einem dreiviertel Jahr wieder Nachwuchs einstellen würde. – Eine Kindbetterin sollte nicht in den Spiegel sehen, sonst würde sie ihre bleiche Farbe behalten. (Krünitz, Bd. 37, 1786, S. 699-709.)

Angst vor der nächsten Schwangerschaft, Angst um die Zukunft ihres Kindes und um die eigene Gesundheit sind der Kern dieser Verhaltensregeln.
Komplikationen nach der Geburt. Die Gebärmutter sorgte nach der Geburt für Komplikationen. Die Ursachen dafür waren u.a.: das voreilige und gewaltsame Herausreißen der Nachgeburt. Dadurch blieben Teile der Nachgeburt in der Gebärmutter zurück.
Häufig auftretende Krankheiten im Wochenbett waren Infektionen, die z.B. hervorgerufen wurden durch unsaubere Geburtsinstrumente und Hände sowie verdrecktes Bettzeug. → Entbindung → Geburt → Hebamme → Schwangerschaft

KINDERMÄDCHEN → Dienstboten

SAMMELN IN DER KIRCHE
»Den ersten Monaht mußte mein Vater in der Kirche sammeln.«
Die Kirchenverwaltung vergab jedes Jahr Hunderte von Posten, die von den Hamburger Bürgern übernommen wurden.
→ Kirchenorganisation

KIRCHENBESUCH
»Ich war ein Mädgen von 19 Jahren, kam wenig anders aus, wie nach der Kirche.«
Der häufige Kirchenbesuch im 18. Jahrhundert galt nicht nur der Predigt, sondern für viele Frauen war er oft die einzige Möglichkeit, aus ihrer abgeschie-enen Häuslichkeit herauszukommen. Bürgersfrauen benutzten solche Gelegenheiten auch, um ihre Sonntagskleidung zu zeigen. Sie wurden von einem Dienstmädchen (→ Dienstboten) begleitet, das ihnen ihr Gesangbuch im »Booksbeutel« und im Winter auch noch die Feuerkike (eine Art Stövchen für die Füße) nachtrug. (vgl. Finder, 1930, S. 70.)

KIRCHENORGANISATION UND KIRCHENVERWALTUNG
Der Rat der Stadt Hamburg und das Collegium der Sechziger hatten die Aufsicht über die Kirchen.

GEISTLICHE VERWALTUNG: Hamburg war in fünf Kirchspiele, d.h. Verwaltungsbezirke, eingeteilt.
Beschäftigte in jeder Kirche:
Ein Pastor, drei Diakone;
Aufgaben: Unterstützung des Pastors.
Der Archidiaconus (ältester Diakon) verwaltete die Sakramente und den Beichtstuhl.
Ein Candidat des Ministerii (oberste geistliche Verwaltung);
Aufgaben: Unterstützung des Pastors im Predigen, Führen der Kirchenbücher
Alle Prediger der Stadt bildeten das MINISTERIUM. Aufgabe: Entscheidung über alle Kirchenangelegenheiten
Hierarchie: An der Spitze: SENIOR. Ein Pastor, der vom Rat der Stadt unter den PASTOREN der fünf Hauptkirchen der Stadt ausgewählt wurde.

WELTLICHE KIRCHENVERWALTUNG: Geistliche und weltliche Kirchenverwaltung waren kunstvoll miteinander verzahnt. Weltliche Würdenträger wurden in die Kirchenverwaltung eingespannt.
Hierarchie: Das COLLEGIO JURATORIUM
Darin: alle, die die Kirche verwalteten
Präsidat: Die PATRONE (Bürgermeister)
KIRCHSPIEL-HERREN die beiden ältesten Senatoren eines jeden Kirchspiels. Aufgaben: Mitteilungen des Rates an die Hauptkirchen weitergeben.
Aus dem COLLEGIO JURATORIUM: An jeder Kirche: Das GROSSE KIRCHEN-COLLEGIUM.
Aufgaben: Alle anfallenden Kirchenangelegenheiten, von den Rechnungen bis zu den Wahlen der Leichnamsgeschworenen und Juraten.

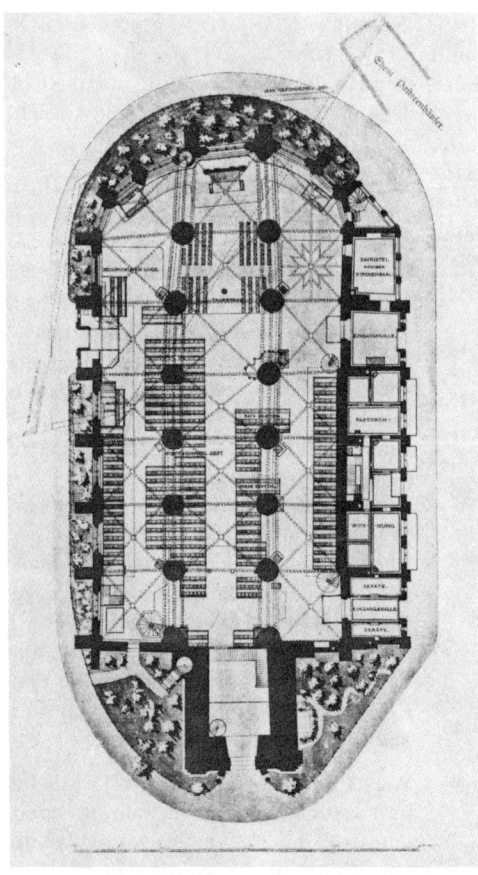

1. Grundriß der St. Katharinenkirche. Wohlhabende Bürger konnten sich ihre Plätze in der Kirche kaufen. Sie saßen links und rechts vor dem Altar in festen Gestühlsreihen. Frau und Herr Pastor hatten Sonderplätze an der Nordseite – vor dem dritten Pfeiler. **2.** Die Hudtwalckers gehörten zum Kirchspiel der St. Katharinenkirche. (Ansicht der Katharinenkirche um 1700 von Peter Schenk.) **3.** Im Dienst trugen Prediger als Oberbekleidung einen langen schwarzen Rock, einen großen Kragen und eine kurze Perükke.

Verwaltungsbehörde für dies alles ist die BEEDE
Hierarchie:

1.) Die 2 LEICHNAMS-GESCHWORENEN gewählt vom GROSSEN KIRCHEN-COLLEGIO aus den ältesten Kirchen-Geschworenen eines jeden Kirchspiels Amtszeit: lebenslänglich Aufgaben: Unterhaltung des Altars, der Kanzel, Bekleidung, Sacristei, Chor
2.) Die 2 JURATEN gewählt vom GROSSEN KIRCHEN-COLLEGIO aus allen DIACONEN eines jeden Kirchspiels Amtszeit: zwei Jahre
3.) Der UNTER-KÜSTER. Gewählt von den LEICHNAMS-GESCHWORENEN, den JURATEN und dem jeweiligen PASTOR
4.) Der KIRCHEN-KNECHT gewählt: s.o.
5.) Der KIRCHEN-VOIGT gewählt: s.o.
6.) Der TÜRMER gewählt: s.o.
7.) Der TÜTER (Bläser) gewählt: s.o.
8.) Die LEICHEN- und KUHLENGRÄBER gewählt: s.o.

KLEIDUNG

Die Kleidung der Bürgersfrauen: Das eigene äußere Erscheinungsbild spielt in den Erinnerungen der → Milow nur eine sehr geringe Rolle; auch die Kleidung ihrer Umgebung wird lediglich zum Vergleich herangezogen. Die wenigen Textstellen, die dieses Thema berühren, bleiben überdies auch noch weitgehend derart allgemein, daß der Leser keinerlei konkrete Vorstellung gewinnen kann, wie die Schreiberin sich eigentlich ausstaffiert hat. Nur eine Bemerkung hinsichtlich der Kleidung wird ständig wiederholt: die Betonung der eigenen schlichten Aufmachung gegenüber dem modischen, von anderen zur Schau gestellten Aufputz.

Das zu dieser Zeit, also in den 60er und 70er Jahren des 18. Jahrhunderts, üblicherweise von den Damen der städtischen Oberschicht – zu der die → Hudtwalckers ja gehörten – getragene Kleid bestand aus Jupe und Manteau. Der Manteau war das Obergewand, das Rock und Mieder mit Ärmeln zu einem zusammenhängenden Kleidungsstück verband, vorn jedoch nicht geschlossen war. Am Oberteil wurde dadurch der sog. »Stekker« sichtbar, ein vom Dekolleté bis zur Taille – mit seiner Spitze wohl auch darüber hinaus – reichender, durch Fischbeinstäbchen versteifter Einsatz, während der aufspringende Rock, der überdies noch seitlich und hinten gerafft werden konnte, die darunter getragene Jupe, einen zweiten Rock zeigte. Das Dekolleté wurde gelegentlich mit einem Schleiertuch bedeckt. Manteau, Jupe und Stecker konnten aus demselben Material sein – in dieser Zeit in den bürgerlichen Schichten meist die Regel –, sie konnten aber auch aus verschiedenen Stoffen gearbeitet sein; sie zusammen bildeten den »Anzug«, französisch ausgedrückt: die »Parure«, die die Voraussetzung für ein Auftreten in der Öffentlichkeit war. Im Hause und für nicht offizielle kleine Ausgänge gab es daneben noch etliche Möglichkeiten des »Negligés«, was keineswegs »Nachtzeug« bedeutet, sondern lediglich »nachlässiger«, also nicht-formeller Anzug. Typisch dafür war, daß eine Jupe allein getragen wurde, dazu eine lose oder auch anschließende taillen-bis hüftlange Jacke, gelegentlich mit Schößen, die vorn geschlossen war oder das taillenkurze ärmellose Mieder mit dem Hemd darunter sehen ließ. Diese Formen, besonders die lose geschlossene Jacke, waren für die Frauen sehr bequem und darum bei ihnen sehr beliebt, weil man sich darunter nicht so eng bzw. überhaupt nicht schnüren mußte, und sie gewannen allmählich auch

Eingang in die formelle Kleidungsweise, doch war es weitgehend verpönt, sich in diesem Aufzuge noch nach dem Mittag sehen zu lassen, wobei natürlich in Betracht gezogen werden muß, daß die Mittagszeit zu jener Epoche durchaus erst auf die Stunden um 16 Uhr angesetzt werden kann.

Diese Grundformen wurden nun als schlicht zugeschnittene Kleider in allen Stoffarten hergestellt und blieben über den hier betreffenden Zeitraum relativ konstant, abgesehen von geringfügigen Wechseln in der Rocklänge. Die modischen Variationen, die zugleich die Eleganz der Trägerin verrieten, schuf erst der sog. »Aufputz«, der Besatz des Kleides mit Schleifen, Rüschen, Falbeln und Volants, Bändern, Spitzen und – in dieser Zeit besonders beliebt – künstlichen Blumen. Auf ihn verwandte die modisch orientierte Dame von Welt viel Zeit und viele Gedanken, er war meist teurer als das Material und die Anfertigungskosten des »ungeputzten« Kleides zusammen, und durch ihn allein konnte die Dame letztlich über ihre Konkurrentinnen bei Assemblées oder → Bällen triumphieren; denn den schlichten Grundschnitt hatte schließlich jede – lediglich der mehr oder weniger gute Sitz verriet, ob man sich nun die teurere oder nur die billigere Schneiderin leisten konnte.

Dieser »Aufputz«, der von den Eltern nicht oder nur in bescheidenem Maße gestattet wird, gibt denn auch das Hauptstichwort für die Bemerkungen über die Kleidung. Allerdings dürfen die wiederholten leisen Klagen, gipfelnd in dem Ausspruch: »Wir waren damals wirklich unter unserm Stande gekleidet«, nicht allzu wörtlich genommen werden. Abgesehen von der pädagogischen Intention der Erinnerungen, die den Kindern das bescheidene Vorbild liefern sollen, ist nämlich die Betonung der Schlichtheit in der eigenen Kleidung geradezu ein literarischer Topos in den Briefen, Memoiren und Erinnerungsschriften dieser Frauengeneration. Man findet sie – um nur einige herausragende Beispiele aus Hamburg zu nennen – in den Aufzeichnungen der Meta Klopstock oder der Eva König ebenso wie in den Gedenkschriften Johann Gottfried Mislers für seine Gattin Maria oder in der Biographie, die → Johann Michael Hudtwalcker über seine Frau Elisabeth verfaßte.

Zumindest bei der Frisur scheint dieses Prinzip auch bereits durchbrochen, denn es darf »Fleiß auf die Frisur« verwendet werden, »ein Mädchen, die frisieren konnte«, wird für die Töchter engagiert und zum ersten Ball nach der Krankheit werden die Töchter mit »großen französischen Kopfzeugen« ausgestattet, was sich sowohl auf die hochfrisierten Perücken beziehen kann – während die hamburgische Damenwelt zu dieser Zeit sich üblicherweise noch mit recht schlicht zurückgekämmten, kaum gelockten, niedrigen Frisuren präsentierte – oder aber wahrscheinlicher auf die raffinierten Haubengestelle, die über falschen Haarteilen mit allem möglichen Aufputz wahre Fantasiegebilde auf die Köpfe zauberten. Auch als es gilt, die Tochter »an den Mann zu bringen«, spielt die Frisur in den Augen der Mutter eine beträchtliche Rolle.

Konkrete Einzelheiten zur Kleidung erfährt der Leser nur aus einigen Randbemerkungen zum Kauf von Materialien, wie bei dem »Ausruf von Seidenzeug auf dem Börsensaal [→ Börse]«. Dort gibt es ein »schön gesticktes Kleid«, vermutlich ein Halbfertigprodukt also; bei solchen Warenangeboten waren entweder die

1. Spazierkleidung: Zum Spazierengehen schmissen sich die Bürger und Bürgerinnen in Schale. Diese Kleidung nach einem Kupferstich von 1775 war nicht so aufwendig wie die der Aristokraten. **2.** Die Haartürme und Hutkreationen der Bürgersfrauen erreichten nicht die von Aristokratinnen geschätzten gigantischen Ausmaße. (Frisuren und Hüte nach Chodowiecki um 1775) **3.** Schlicht und ergreifend dagegen die Dienstmädchen-Kleidung. (Chodowiecki 1780) ↗ Kirche

ganzen Stoffbahnen bereits von den Stikkern den modischen Schnitten entsprechend an einigen Rändern bestickt, oder es handelte sich um bereits zugeschnittene – und zwar für verschiedene Größen mit entsprechender Nahtzugabe variabel gehaltene – Kleiderteile, die ebenfalls bereits bestickt waren. Daneben werden gestreifte Seidentafte erwähnt und später, bei der ersten Begegnung mit ihrem zukünftigen Mann, ein →»rotzitzenes Kleid«, also ein Kleid aus Baumwolle, dessen Stoff vermutlich sogar aus den ortsansässigen bekannten Hamburger Kattundruckereien bezogen worden war.

Zeigt sich schon in diesen Materialien, daß im Hause →Hudtwalcker trotz aller gegenteiliger Behauptungen durchaus zeitgemäß mit der Mode umgegangen wurde, so beweisen z.B. die Äußerungen der Schreiberin, wenn sie »in Kleidung gewesen« wäre, hätte sie vielleicht in ihrer Verzweiflung für immer das Elternhaus verlassen, daß sie, völlig der Norm ihrer Epoche und ihrer sozialen Schicht entsprechend, zwischen gebührendem Anzug für draußen und inoffizieller Kleidung fürs Haus zu unterscheiden wußte und diese Etikette selbst in den schwersten Stunden noch ausschlaggebend sein konnte. Nicht eindeutig zu interpretieren ist dagegen der Begriff »Nachtzeug«, der im Zusammenhang mit dem Sichgehenlassen während der ersten ' Schwangerschaft fällt, doch wird auch hier kaum das eigentliche »Nachtzeug«, also Nachthemd und Nachthaube gemeint sein, sondern wiederum die nachlässigste Form des bereits angesprochenen häuslichen »Negligés«.

Völlig auf der modischen Höhe der Zeit ist dann die Erwähnung der »Saloppe«. Die Etymologie dieses Wortes ist schwierig und offensichtlich mehrschichtig zu entwickeln. In den Wörterbüchern und Modelexika taucht das Wort noch in den 50er Jahren des 18. Jahrhunderts nicht auf. Die erste Erwähnung im Deutschen findet sich in Christian Felix Weißes Lustspielen von 1768. Im Französischen zu dieser Zeit als »Enveloppe« in die Damenmode eingetreten, ist dieser Umhang binnen kurzem zu einem der offenbar beliebtesten Garderobenstücke der Frauen geworden. Die »Enveloppe« ist eigentlich nur ein aus einem Dreiecktuch entwickelter Umhang, der ursprünglich vor allem beim Frisieren übergelegt wurde. In größerer Ausdehnung bei Beibehaltung des Grundschnittes, aber mit Verlängerung der beiden vorderen Zipfel und der hinteren Spitze, stets ärmellos, bot sie jedoch als Umschlagtuch den besten Mantelersatz zu einer Zeit, als die ausladenden Röcke ebenso wenig wie die zahlreichen Schleifen und Rüschen am Oberteil den Damen das Tragen eines fest umschließenden Mantels mit Ärmeln gestatteten. Das lockere Umlegen dieses Kleidungsstücks zusammen mit einer sprachlichen Verschleifung in der täglichen Benennung brachte die ursprüngliche französische Bezeichnung dann in Verbindung mit dem ebenfalls französischen Fremdwort für »nachlässig« und »locker«: »salopp«, und damit wurde aus der »Enveloppe« die »saloppe«, im Plattdeutschen noch bis in das 19. Jahrhundert als »Slupp« geläufig. Frisch aus Frankreich importiert, war also die »Saloppe« sofort auch im Hause Hudtwalcker gebräuchlich.

Daß die Tochter des Hauses dann als Pastorenfrau in Lüneburg allen dortigen Damen als modisches Vorbild dienen konnte, weil in dieser Kleinstadt »die Moden wohl um 6 Jahre oder mehr zurück« waren, darf als weiterer Beleg gelten, daß die Verfasserin der Erinnerungen sich sehr wohl und mehr, als ihre Ausführungen widerspiegeln bzw. widerspiegeln wollen, um die jeweils neueste Kleidermode gekümmert hat und sie offensichtlich auch getragen hat; denn schließlich lag Lüneburg nicht so weit entfernt von Hamburg und hatte genügend Unterrichtungsmöglichkeiten, um unbedingt und ausschließlich auf die modischen Informationen der aus Hamburg gebürtigen Pastorenfrau angewiesen zu sein, wenn diese wirklich so schlicht gekleidet gewesen wäre. Diese Textstelle setzt voraus, daß die Milow tatsächlich, zumindest als junge verheiratete Frau, ihrer sozialen und lokalen Herkunft entsprechend sich stets nach der neuesten Mode gekleidet haben muß, sonst hätte sie nicht das Vorbild abgeben können, »wonach die galanten Damen« – selbst in einem so abgelegenen Städtchen, als das Lüneburg hier geschildert wird – »sich richteten«. *Gisela Jaacks*

Die Kleidung der von der → Allgemeinen Armenanstalt unterstützten Frauen war sehr trist und grau. Sie bestand aus einem braunen Leibchen, braunem Wollrock, grauen Wollstrümpfen und Holzschuhen. Damit sie ihre Kleider nicht verkauften, mußten sie das Abzeichen der Allgemeinen Armenordnung (AO) an ihre Kleidung heften. So waren sie im Straßenbild als Arme auffällig kenntlich gemacht. Und wenn es sich dabei um junge Frauen handelte, die nicht auf den ersten Blick irgendwelche körperlichen Gebrechen aufweisen konnten, wurden sie von großen Teilen des Bürgertums als »faul« und »lasterhaft« beschimpft.

→ Ballkleider → Dienstboten → Garten

KLÖSSE VON KIRSCHEN

»Man wäscht getrocknete Kirschen ganz sauber, und läßt sie weich kochen; darnach macht man die Steine heraus, und schneidet sie fein, (wann die Kirschen frisch sind, werden zuvor die Steine heraus gemacht, bevor man sie kocht,) röstet geriebenes Weisbrodt in Butter braun, thut dieses mit ein paar Eyer, Nelken, Citronenschaalen und viel Zucker zu den Kirschen, macht Klöße daraus, und backt sie in abgeklärter Butter gelb braun. Diese Klöße sind sehr gut in Kirschensuppe zu gebrauchen.« (Hamburgisches Kochbuch, 1798)

KNÜPPEL SCHULE

»Seine Mutter [Milows] hatte eine Knüppel Schule [Spitzenklöpplerinnen-Schule], welche Arbeit damahls sehr Mode gewesen. [...] Seine Eltern ernährten sich kümmerlich, doch hatten sie durch den außerordentlichen Fleiß der Mutter, welche gantze Nächte gearbeitet und ihre Arbeit dann verkauft hatte [...] so viel, daß sie eben leben konnten.«

Witwen oder alleinstehende Frauen verdienten sich häufig ihren Lebensunterhalt mit einer Knüppelschule, die sie in ihrem Haus oder ihrer Wohnung eröffneten. Dort brachten sie den Mädchen das Klöppeln bei. Die fertigen Spitzen (meist Gold- und Silberspitzen) wurden von den Knüppellehrmeisterinnen an Hamburger Händler verkauft.

FRAU KÖSTER

»Noch hatte ich keine Freundin, welche mir in der furchtbaren Stunde beystände. Die gute Köster hatte sich dazu erboten.«

Es ist sehr schwer, Näheres über bestimmte Frauen zu erfahren, wenn diese nicht den großen Hamburger Bürgerhäusern entstammten. In den Hamburger Adreßbüchern aus dieser Zeit werden lediglich

Frauen aufgeführt, die eine Handlung betrieben oder Bürgerwitwen waren, deren Ehemänner öffentliche Ämter bekleidet hatten. Nach einer freundlichen Auskunft von Herrn Edmund Matthaei (Heinrich und Caroline Köster Testament-Stiftung in Hamburg) besteht eine direkt familiäre Verbindung zwischen den Milows und dem Gründer der Kösterstiftung. Magarethe Elisabeth Milow war die Großmutter des Heinrich Köster geb. 13.01.1803, gest. 30.08.1884. Seinen Mutter war Margarethes Tochter Henriette. Da also Henriette in eine Kösterfamilie einheiratete, ist Frau Köster wohl in dieser Familie zu suchen.

SUPPE VON BRAUNEN KOHL
»Der Kohl wird verlesen und verwaschen, nebst etwas Burrè und Sellerie, einigen Zwiebeln und rothen Rüben. Nun läßt man ihn auf einem Durchschlag ablekken und stößt alles im Kohleimer ganz klein, zuletzt wirft man noch pro Portion des Kohls einige Hände voll Habergrütze hinein und stößt sie mit dem Kohl recht durch. Dann kocht man Schweinefleisch, wenn es alt ist, eine gute Stunde eher, als man den Kohl zuschüttet, damit es zusammen mürbe wird; ist es aber sehr jung, braucht es nur so lange vor dem Kohl zu kochen, daß es gut geschäumt wird. Man kann auch geräucherten Speck und Wurst darinnen gahr kochen, des Rauchs wegen muß es aber vorher in einem andern Gefäße eine halbe Stunde kochen.« (Hamburgisches Kochbuch, 1798)
Kohl mit Speck und Wurst wie in diesem Rezept war sicherlich eine nahrhafte und delikate Speise. Für Arme war zwar der Kohl noch erschwinglich, aber anstatt Wurst und Speck mußten sie sich mit Knochenstücken begnügen.

KOLIK
»*Ich war seit meiner ersten Kindheit nicht krank gewesen, und außer Zahnschmertzen und Kolik kannte ich keine körperlichen Schmertzen.*«
In der Volksmedizin wurden Koliken mit Wärmflaschen, Massage mit einem heißen Bügeleisen oder heißgemachten Servietten gelindert. Bei Menstruationskoliken wurde ein Stück Flanell in heißen Kamillentee getaucht und dann auf den Bauch gelegt. → Krankheit

KONFIRMATION
»*Aber wie er [Prediger] nun würklich kam, war meine Angst groß, und ich vermochte vor Verwirrung nichts zu antworten und zuletzt wie ich erst hinein kam, gings gut und er konfirmierte mich sogleich ...*«
Im 18. Jahrhundert fand die Konfirmation noch nicht in der Kirche statt. Die Pastoren kamen entweder ins Haus der Bürgerkinder oder ließen die Konfirmanden zu sich kommen. (vgl. Geffcken, 1860, S. 26.) Der Konfirmationsunterricht wurde nicht von der Kirche, sondern vom Hauslehrer 1/4 Jahr vor der Konfirmation durchgeführt. Eine Konfirmationsfeier war noch unbekannt.
Für arme Mädchen begann nach der Konfirmation der endgültige Einstieg ins harte Erwerbsleben. Als Kinder hatten sie ja auch schon z.B. in der Spinnschule der → Allgemeinen Armenanstalt arbeiten müssen, nun galten sie aber als erwachsen und erfuhren den Frauenalltag einer Unterschichtsfrau am eigenen Leib. Ein Großteil der Mädchen aus Hamburgs Armutsschicht arbeitete als Kattunschilderinnen in Kattundruckereien. Dort hatten sie mit einem Pinsel Farben in die Baumwollstoffe einzumalen (einschildern). Von diesem Verdienst konnten sie allein nicht leben.

KONFIRMATION DES KÖNIGS

Margarethe Elisabeth Milow schreibt über die Konfirmation des Königs, die in Ahrensburg bei den → Schimmelmanns stattgefunden hat. Doch welchen adligen Herrscher sie gemeint haben könnte, bleibt unklar. Der geisteskranke König Christian VII. von Dänemark war zu diesem Zeitpunkt schon 19 Jahre alt (* 1749, † 1808), also schon ein bißchen zu alt, um konfirmiert zu werden. Somit käme der erst 15-jährige Erbprinz Friedrich (* 1753, † 1805) als Konfirmand in Frage. Er hatte an Stelle Christians VII die Regierungsgeschäfte übernommen.

KONTOR

»Mein Bruder, der schon konfirmiert war, kam aufs Kontor.«
Das Kontor, dieses kleine Zimmer auf der → Kaufmannsdiele, war eine reine Männerwelt. Selbst Sekretärinnen gab es damals noch nicht. Mit diesen Geschäften hatten Frauen in der Regel nichts zu tun. Aber ganz aus dieser Welt verschwunden waren sie nicht. Sie sorgten im Stillen für das Butterbrot und überhaupt für das leibliche Wohl (im wahrsten Sinne des Wortes). Diese Arbeit, die es den Kaufmännern erst ermöglichte, ihren Geschäften nachzugehen, wurde gesellschaftlich nur wenig gewürdigt.
Die Arbeit ihrer Eltern lernten die Kinder schon früh kennen. → Johann Michael Hudtwalcker z.B. half im Kontor seines Vaters und fand diese Arbeit spannender als Schule. Seine Schwester Margarethe Elisabeth wird in Vaters Berufswelt kaum hineingeschnuppert haben. Johann Michael Hudtwalcker schreibt:
»Die Beschäftigung in der Handlung meines Vaters war nur sehr einförmig. Vor 8 Uhr im Sommer und um halbneun im Winter mußten wir im Comtor seyn, welches ein kleines Vorzimmer in dem Hause meines Vaters war. Um 9 Uhr begannen meine Laufdienste. Ich ging zur Bank, um die aufgenommenen Posten aufzuschreiben und bestellte die Rechnungen, auch die wenigen Wechsel. Der Hauptzweck dieser Runde war aber die Eincassirung der ausstehenden Gelder oder das sogenannte Mahnen, welches mir bey meiner Furchtsamkeit das unangenehmste Geschäft war. Man verkaufte damals fast alles auf vier wöchigen Credit, und 6 Wochen nachher fing man an zu fragen, ob man gelegen käme. Es gab viele reiche Kaufleute, die sich, ohne sonderlich dabey an ihrem Credit zu leiden, vielfältig mahnen ließen. Gewöhnlich war ich um 11 rund, lief dann zu meiner Mutter, erzählte ihr die kleinen Stadtneuigkeiten, die ich etwa gehört hatte und lief dann in die → Küche, um mir eine Schnitte Roggenbrod mit Sierob oder Gänseschmalz oder Butter bestrichen als zweites Frühstück geben zu lassen. Nach dieser Pause ging ich wieder ins Comtor. Hier hatte ich die eingeholten Gelder abzuliefern und anzuschreiben und die sonst eingegangenen Zahlungen, die meist in Schillingen be- standen, nachzuzählen. Dann holte ich die ankommenden Briefe von der Post, notirte das Porto und hatte so bis 12 1/2 Uhr zu thun, wann mein Vater zur → Börse ging. Während der Börsenstunde wurde mein Unterricht in Religion, im Englischen und Französischen fortgesetzt, aber der Reiz der Neuheit der kaufmännischen Beschäftigung zog mich so sehr an, daß ich die wissenschaftlichen darüber vernachlässigte und nur wenig Fortschritte machte.« (Hudtwalcker, 1894, S. 176.) → Handlungsakademie → Valentin Heins → Kaufmann → Kaufmannsdiele → Kaufmannshaus → große Schatzkammer ausrechnen

KONTORDIENER

Junge Männer, meistens Söhne von Kaufleuten, sollten die Handlung möglichst praxisnah in einem »Comptoir« erlernen. Der Zeitgenosse Johann Ludwig v. Hess berichtete, daß junge, vermögende Männer auch von auswärts nach Hamburg kamen und sogar Lehrgeld zahlten, um überhaupt einen »Lehrherrn« zu finden, vor allem in einem guten Handelshaus. Es gab zu viele Lernwillige, »tausende suchten einen Patron«. Zu den Tätigkeiten der Comptoirdiener gehörten u. a. Boten und Laufdienste, die Eintreibung ausstehender Gelder (das sog. Mahnen), Schreibarbeiten und sonst allerlei Hilfsdienste. Während der Lehrzeit, die in der Regel 7 – 8 Jahre dauerte, wohnte und lebte der Comptoirdiener im Hause seines »Patrons«, von dessen Bereitschaft es allein abhing, ob die Lehrzeit erfolgreich war.

»Geld zählen, namenlose Briefe abschreiben und auf die Post tragen« beschreibt der Zeitgenosse Hess die Lehrzeit der Comptoirdiener, »sie mußten erlauschen, was man vor ihnen verbarg.« In einem guten Handlungshaus verpflichtete sich der »Patron« jedoch, »seinen Lehr-Knaben in der Handlung guten Unterricht zu geben«...»auch dereinst nach seinem guten Verhalten, wenn sich die Gelegenheit zeigt, zu seinem Glück beförderlich zu seyn.« → Kaufmann (Hamburger Kaufmanns-Lehr-Kontrakt zwischen Patron Caspar Vogth und Lehrburschen Georg H. Sieveking, 1766)
Irmtraut Gensewich

KOPFSCHMERZ

»*Nun kamen heftiges Zahn- und Kopfweh.*«
Gegen Kopfschmerzen wurde empfohlen: Umschläge aus Kamille, Kümmel, Brotkrumen, Hollunder- und Lindenblüten und Weinessig, oder Wachholderbeeren und Branntwein. Man war der Meinung, daß Kopfschmerzen z.B. durch überspannte Nerven verursacht würden.
→ Krankheit

FRANZÖSISCHE KOPFZEUGE →Kleidung

KORSETT → Ballkleider → Schnürleib

KRANKENWÄRTERINNEN

»*4 Kinder lagen an Faulem Fieber und 4 hatten heftigsten Keuchhusten. Es kam niemand in unser Haus als der Doctor. So gar hatten wir Mühe, Wärterinnen zu bekommen.*«

Nur vermögende Frauen konnten sich Krankenwärterinnen leisten. In ärmeren Familien mußte die Ehefrau und Mutter diese Arbeit übernehmen. Die Krankenpflege war eine sehr schwere Arbeit. An Schlaf war in dieser Zeit kaum zu denken. Außerdem mußte wie immer die Hausarbeit erledigt werden. So war die Hausfrau sehr erleichtert, wenn sie Hilfe durch eine Magd oder größere Tochter bekam. Die entlohnte weibliche Krankenpflege vereinigte all die Eigenschaften, die in der bürgerlichen Gesellschaft ausschließlich Frauen zugesprochen wurden. Krünitz führte im 18. Jahrhundert die Gründe an, wonach nur Frauen diesen Beruf ausüben konnten:

1. waren mit der Krankenpflege Arbeiten verbunden, die angeblich nur von Frauen verrichtet werden konnten, wie zum Beispiel das Wäschereinigen.
2. schickte es sich nicht, wenn Männer kranke Frauen pflegten.
3. waren nur Frauen in der Lage, kranke Kinder zu betreuen, denn Männer wußten scheinbar nicht, wie sie kleine Kinder zu pflegen hatten.
4. hatten Frauen, natürlich, bei solch ei-

nem beschwerlichen, langweiligen und oft ekelerregenden Geschäft mehr Geduld als Männer. Ob angeekelt oder ausgelaugt, die Krankenpflegerinnen mußten liebreich, duldend, weder mürrisch noch eigensinnig sein. (vgl. Krünitz, Bd. 47, 1789, S. 608–625.)

KRANKHEIT
»*Ich ward den Körper nach bald wieder besser, auch Karoline. Meine Seele aber blieb trübe.*«
Im dritten Teil ihrer Lebenserinnerungen ist Margarethe Milows Alltagsleben geprägt von Krankheiten – Krankheiten der Kinder, Zöglinge, Verwandten, ihres Mannes und ihren eigenen.
Margarethe Milow scheint an Erschöpfungsdepressionen zu leiden. Ein medizinischer Terminus, den es damals zwar noch nicht gab; aber Margarethes oben zitierte Aussage über ihren körperlichen und seelischen Zustand läßt auf diesen Krankheitszustand schließen. Krank wird sie meist nach der Pflege ihrer ihr anvertrauten kranken Menschen. Besonders die Krankheit ihes Mannes ist für sie sowohl körperlich als auch seelisch sehr belastend – und gegen Ende des Jahres 1791 fühlt sie die ersten Schmerzen in der Brust und eine Verhärtung. Aber es dauert noch – trotz der schnell erfolgten Diagnose: Brustkrebs – 14 Monate, bis sie sich Ende Januar 1793 operieren läßt. Sie überlebt, besiegt aber nicht den Krebs und stirbt 20 Monate nach der Operation.
Die Jahre 1785 – 1793 sind geprägt von vielfältigen Krankheiten im Hause Milow. Margarethe reagiert auf jede einzelne.
Die Chronologie des Leidens:

1785
Januar: Ein Zögling bekommt Nasenbluten und Fieber. Er stirbt. Margarethes Schwester stirbt nach der Geburt ihres Kindes.
Sommer: Milow ist Hypochonder.
September: Margarethe leidet.
Oktober: Milows Unpäßlichkeit bereitet Margarethe seelischen Kummer.
Dezember: Margarethe bekommt ein Kind. Es stirbt. Trauer um das Kind.

1786
Januar: Wochenbett. Margarethe leidet an Entkräftung. Während dieser Zeit wird Milow schwach und krank. Er nimmt sich einen Streit mit einem bei ihm angestellten Lehrer sehr zu Herzen. Margarethe bleibt monatelang entkräftet.
Juni: Margarethe überfällt Traurigkeit.
Juli: Milow wird krank und verdrießlich, dies macht Margarethe krank.
August: Milow ist wieder krank.
Oktober: Ein heftiger Streit zwischen Margarethe und Milow führt bei Margarethe zur Krankheit.
November: Margarethe ist traurig. Sie erleidet eine Fehlgeburt. Nach einer Krankheit folgen traurige Tage für Margarethe.

1787
Januar: Alle Kinder sind an Keuchhusten erkrankt.
März: Die Kinder Henriette und Jakob sind krank, Milow nicht heiter.
Juni: Margarethe hat traurige Tage.
Oktober: Wieder traurige Tage für Margarethe.
Bis November: Margarethe gekommt Fieber, Zahn- und Kopfweh, Krämpfe und Koliken. Melancholie, Entkräftung.

1788
Februar: Milow bekommt Husten. Der Husten dauert bis Ende März.
März: Nikolaus bekommt einen Blutsturz. Jakob wird krank.

April: Nikolaus ist melancholisch. Margarethe fühlt sich entkräftet. Sie weint oft.
Mai: Milow ist krank.
August: Ein Zögling wird krank und stirbt. Milow ist nicht wohl.
Oktober: Milow ist krank und erschöpft.
April: Milow fühlt sich nicht wohl.
Juni: Margarehtes Mutter wird krank.
Oktober: Hanchen hat Husten und muß Blut spucken.
November: Milow wird krank.

1790
Das Jahr 1790 bringt für die Kinder Husten (Jakob), Krämpfe (Cilchen) und Gallenfieber (Karoline). Milow ist immer wieder krank. Er leidet an Husten, der Auswurf ist mit Blut gemischt.

1791
Im November 1791 fühlt Margarethe zum erstenmal Schmerzen in der Brust und eine Verhärtung. Im Dezember wird der Schmerz stärker. Ein Arzt rät zur Operation.

1792
Im Januar dauert der Schmerz in der Brust an. Milow ist weiterhin krank. Im Juni geht Margarethe zu einm Quacksalber. Der Schmerz wird schlimmer, der Knoten härter.

1793
Ende Januar läßt Margarethe sich in Hamburg operieren.

Johannes Peter Kruse
Schreib- und Rechenmeister. Bei der Alster (Adressbuch 1793)

Küche
Die Hamburger Kaufmannsküchen sind historisches Niemandsland, ihre Erforschung wird erschwert durch eine spärliche Quellenlage. Wer sich intensiver mit der Koch- und Küchenkunst des 18. Jhds. beschäftigen will: Der Duft in den Lübecker Küchen ist schon genauer nachzuschnuppern. Doch können wir einige Details aus den Hamburger Kaufmannsküchen auf dem historischen Büfett anrichten: Die Küche befand sich im hinteren Teil der Diele (→ Kaufmannsdiele) in einem abgetrennten Raum und war wohl in zwei verschiedene Funktionsbereiche unterteilt: in eine Prunkküche, in der das Zinn und Kupfergeschirr auf Hochglanz poliert den Besuchern des Hauses präsentiert wurde. Und in eine Arbeitsküche, in der tatsächlich gekocht wurde. Der Herd war aus Ziegelsteinen und Lehm gemauert und darüber hing der Kochtopf an einem verstellbaren Kesselhaken. Feuer wurde schon im 17. Jahrhundert mit »Schwefelsticken« entfacht. (vgl. Finder, 1930, S. 253.)
Die Eßgeräte, (aus Holz, Metall oder Ton) wurden in einem »Schapp« aufbewahrt, einem Schrank, der auf der Diele stand. (vgl. Finder, 1930, S. 253.) Und manche Teller und Krüge warteten in der »Richtbank« auf ihren Einsatz, einem Tisch zum Anrichten der Speisen. In einigen Kaufmannshäusern jedoch wurde nicht im hinteren Bereich der Diele gekocht, sondern im Keller. Kellerküchen sind bereits im 18.Jahrhundert bekannt. (vgl. Finder, 1930, S.252.)
Von einer eigenen Küche konnten Arme nur träumen und auch von den dort zubereiteten Gerichten. Denn sie hatten in ihren Buden nur einen Feuerherd auf der Diele, den sie nur selten in Betrieb nahmen. Das Feuerholz zum Heizen des Herdes war zu teuer, so daß warme Mahlzeiten kaum auf dem Speisezettel der Armen standen.

→ Kaufmannsdiele → Kaufmannshaus

»Was ein Kuß sey, bedarf wohl keiner Erklärung. Es kann seyn, daß hier und da ein unempfindlicher Stoiker niemahls in seinem Leben geküsset hat; aber, die Natur lehrt selbst den strengsten Einsiedler, sich davon einen allgemeinen Begriff abzuziehen. [...].
Wie man küßt, weiß ein Jeder; aber wie der dem Ohre so willkommene Laut dabey entsteht, daran dürfen wohl Wenige gedacht haben. Wenn es ein freundschaftlicher hellklatschender Herzens-Kuß seyn soll, so zieht man die Lippen in eine runde Form, als ob man einen Kirsch-Kern aus dem Munde heraus sto-

Liebe-
Amour

Praktische Kenntniß der Welt.

Jack, hilf mir! Heda Bursche

II. Aufz. 10 Auftr.

ßen wollte, und drückt sie auf den Gegenstand, den man küssen will, fest auf; dadurch werden die Ränder des runden Loches so verdrückt, daß sie sich ganz an einander schließen, und gar keine Oeffnung bleibt. Man verweilet in dieser Lage eine kurze Zeit, und bestrebt sich während derselben die Lippen aus einander zu ziehen; weil aber der Druck, mit dem sie durch den vordern Theil der Kiefer auf den zu küssenden Gegenstand aufgepreßt sind, zu stark ist, so lassen sie sich nicht von der Stelle bewegen, zugleich zieht man den Athem stark an sich. Wenn man nun aus dieser Lage mit dem Kopfe jähe zurück fährt, und dadurch den Mund von seinem Gegenstande losreißt, so fahren die schon vorhin durch das obige Bestreben angespannten und nun des Druckes auf einmahl entledigten Lippen aus einander, und die Luft fährt mit ei-

Die Freundschaft. L'amitié.

nem lauten Schnalzen zum Munde hinein. Noch ist dabey zu merken, daß auch der geküßte Gegenstand zu dem lauteren Schallen beyträgt, weil er in dem Augenblicke, wenn unsre Lippen von einander abspringen, noch nicht weit genug entfernt ist, folglich der eindringenden Luft noch im Wege steht, so, daß sie sich zwischen den küssenden und den geküßten Körper durchzwängen muß, welches dem Schalle eine noch größere Lebhaftigkeit giebt. [...] Bey dem leisen Küssen ist nur der Unterschied, daß man da die Lippen nicht so fest auf seinen Gegenstand aufdrückt und den Athem nicht so gewaltig an sich zieht. [...]

Alle Stiche aus: Daniel Nikolaus Chodowiecki. Das druckgrafische Werk. Hrsg: Jens-Heiner Bauer, 1984, Hannover.

Kuss

»... er [Flügge] küßte mich, [...] auf eine solche Art, mit solchem Feuer, daß ich wieder zurückschreckte.«

Es wurde oft geküßt: beim freundschaftlichen Begrüßen und Abschiednehmen, im Ehebett, im Laubengang. Männer küßten Männer, Frauen küßten Frauen, Frauen küßten Männer usw ... Auch die Lexikonschreiber widmeten dem Kuß einen langen schriftstellerischen Erguß. Krünitz schreibt:

»Was ein Kuß sey, bedarf wohl keiner Erklärung. Es kann seyn, daß hier und da ein unempfindlicher Stoiker niemahls in seinem Leben geküsset hat; aber, die Natur lehrt selbst den strengsten Einsiedler, sich davon einen allgemeinen Begriff abzuziehen. [...].

Wie man küßt, weiß ein Jeder; aber wie der dem Ohre so willkommene Laut dabey entsteht, daran dürfen wohl Wenige gedacht haben. Wenn es ein freundschaftlicher hellklatschender Herzens-Kuß seyn soll, so zieht man die Lippen in eine runde Form, als ob man einen Kirsch-Kern aus dem Munde heraus stoßen wollte, und drückt sie auf den Gegenstand, den man küssen will, fest auf; dadurch werden die Ränder des runden Loches so verdrückt, daß sie sich ganz an einander schließen, und gar keine Oeffnung bleibt. Man verweilet in dieser Lage eine kurze Zeit, und bestrebt sich während derselben die Lippen aus einander zu ziehen; weil aber der Druck, mit dem sie durch den vordern Theil der Kiefer auf den zu küssenden Gegenstand aufgepreßt sind, zu stark ist, so lassen sie sich nicht von der Stelle bewegen, zugleich zieht man den Athem stark an sich. Wenn man nun aus dieser Lage mit dem Kopfe jähe zurück fährt, und dadurch den Mund von seinem Gegenstande losreißt, so fahren die schon vorhin durch das obige Bestreben angespannten und nun des Druckes auf einmahl entledigten Lippen aus einander, und die Luft fährt mit einem lauten Schnalzen zum Munde hinein. Noch ist dabey zu merken, daß auch der geküßte Gegenstand zu dem lauteren Schallen beyträgt, weil er in dem Augenblicke, wenn unsre Lippen von einander abspringen, noch nicht weit genug entfernt ist, folglich der eindringenden Luft noch im Wege steht, so, daß sie sich zwischen den küssenden und den geküßten Körper durchzwängen muß, welches dem Schalle eine noch größere Lebhaftigkeit giebt. [...] Bey dem leisen Küssen ist nur der Unterschied, daß man da die Lippen nicht so fest auf seinen Gegenstand aufdrückt und den Athem nicht so gewaltig an sich zieht. [...]

Aus den mannigfaltigen Bewegungsgründen der Küsse, entstehen auch die verschiedenen Gattungen der Küsse. Die Haupt-Eintheilung ist ungefähr diese. Ein Kuß ist entweder 1. erlaubt, als: ein geistlicher, zur Versöhnung und zum Frieden, aus Landes-Sitte und Gewohnheit, theils zum Gruß; beym Begegnen, zur Ankunft, oder beym Weggehen; theils aus Höflichkeit, theils aus Scherz; ferner aus Ehrerbietung, zur Feyerlichkeit, oder aus reiner Zärtlichkeit; zwischen Ehegatten, bey Verlobten, bey Aeltern und Kindern, bey Anverwandten, oder bey guten und vertrauten Freunden. Oder 2. unerlaubt, als: aus Falschheit, Bosheit oder Verrätherey, oder auch aus verbothener Wollust. [...]« (Krünitz, Bd. 57, 1792, S. 138–143.)

Zu den Küssen unter Liebenden schreibt Krünitz:

»Freylich verdienen auch diese Küsse zuweilen Tadel: nämlich, wenn sie öffentlich gegeben werden. Liebende müssen keinen Kuß recht süß finden, der nicht unter vier Augen gegeben oder geraubt wird. Die gestohlnen sind immer die angenehmsten und entzückendsten; und stehlen thut man doch nicht gern vor den Augen der Welt? Die rechte Zeit zum Küssen ist der vertrauliche Abend. Das ist, wie Vater Hagedorn sagt: Die Zeit erwünschter Finsternisse, Die schlauer Töchter stille Küsse Den Müttern unerforschlich macht. Wer seine Infantinn in Gegenwart Anderer, als etwa einer Zofe küßt, der verräht entweder einen Trieb, der eben nicht platonisch ist, oder wohl gar, daß seine Liebe ihre erste Kraft und Stärke verloren hat, und von einer reinen stillen Flamme zu einem rauchenden Feuer geworden ist.

Die wahre erste Liebe verhält sich zur Sinnlichkeit, wie die Naphta [Roherdöl] zum Wasser; sie geht nicht in Luft zum Küssen über, ehe sie ihre feinern geistigen Bestand Theile verloren hat. Der bloße Anblick ist in der ersten Liebe ein wesentlicherer Genuß, gewährt mehr unaussprechliche Wollust, als ein ganzer neuer Harem dem Morgenländer. Wenn er die Geliebte reden hört, muß er in saphoischen Gefühlen zerfließen. Wenn er nur ihr Kleid anrührt, muß er einen elektrischen Schlag empfinden, wie der junge Knappe in Götz von Berlichingen. Ja, der Ort, wo sie Athem schöpft, muß ihm ein Paradies scheinen, [...]«
(Krünitz, Bd. 57, 1792, S. 196.)
→ Liebe → Sexualität

L

LÄMMERABEND

»*Wir schämten uns mit unsrer Kleidung uns sehen zu lassen, gingen nicht anders spazieren als wenn wir niemand vermuhteten, selbst die Tage Lämmer Abend [...] wo wir uns so gerne auch geputzt hätten, waren uns fatal.*«
Der Lämmermarkt war ein Kinderfest, auf dem am Freitag vor Pfingsten Menschen aller sozialen Schichten auf einem freien Platz vor dem Steintor feierten. Dort bekamen die Bürgerskinder von ihren Eltern Lämmchen geschenkt, »[...] die unter Jubel nach Hause geführt [wurden, und] den Kindern als Spielzeug dienten bis man ihrer überdrüssig wurde.« (Finder, 1930, S. 323.)

LEHRERINNEN → Winkelschulen

LIEBE

»*Denkt auch nicht, Ihr meine Töchter, daß die Liebe eines Ehemannes das ist, was die eines Liebhabers ist, selbst dann nicht, wenn der Erwählte Eures Hertzens Euer Mann werden sollte.*«
Margarethe E. Milows Liebesgeschichte war keine Einzeltragödie ... Ähnlich erlebte auch Gerdrut Lucia → Mutzenbecher ihre ersten Annäherungen an das andere Geschlecht. Der lange Titel ihres lebenslangen Ehestücks: »Kurzgefasste Erzählung der Geschichte unsrer Liebe von der ersten Stunde unserer Bekanntschaft an, biß auf den glücklichen Tag, wo wir durch die heiligen Bande der vergnügtesten und beglücktesten Ehe unzertrennlich verbunden worden.«

DAS KENNENLERNEN auf → Bällen. Der Ball als »Eheanbahnungs-Arena«. »Es war den 17. April 1777 da Herr Westphalen den ersten Ball gab, als ich das Glück hatte, meinen geliebtesten Freund kennen zu lernen, den gantzen Abend, war er sehr höflich und freundlich gegen mir, ohne daß ich ihn kannte; erst gegen das Ende der Versammlung erfuhr ich wer er war, und fühlte gleich etwas für ihn, daß ich mir selber nicht erklären konnte, und ich war auch aus allen Kräften bemüht, es zu unterdrücken, welches mir die Vernunft zu Pflicht machte. Nachher habe ich ihn den Sommer über nicht weiter gesehen, außer daß er mir einmahl begegnet ist, wo er mich aber nicht kannte ich mochte aber gerne von ihm reden, nur verrieth mein Hertz ofte durch rothwerden hierbey, den geheimen Antheil den es an ihm nahm. Ich wußte es daß er aufn Bosselhof engagirt [Bei der Englischen Planke. Von den Engländern seit 1643 als Spielplatz gemieteter Platz. Im 18. Jhd. nicht mehr zum Ballspielen benutzt, sondern als Saalgebäude für Tanzveranstaltungen verwendet.], als daher die Rede von denselben war, konnte ich mich nicht enthalten sogleich insgeheim an ihn zu dencken, und eben deswegen wünschte ich mit dahin zukommen. [...]«

LIEBE auf den ersten Blick. »er war der erste Gegenstand der sich mir darstellte, was mein Hertz wünschte erblickte mein Auge gleich, und von den Augenblick wurde ich gleichgültig gegen alle übrige Gegenstände, die hier und allenthalben waren,«

DIE HOFFNUNG, Interesse geweckt zu haben. »ich sahe, daß er mich nicht so gantz vergessen hatte, denn er erinnerte sich des Versprechens daß er mir gethan das erste mahl daß wir wieder auf einen Ball wären, den ersten Tanz mit mir zu tantzen, und erfüllte es sogleich, den Abend war er fast beständig um mich, führte mich zu Tische, und bezeigte sich so gegen mir, daß ich mercken konnte ich sey ihm nicht völlig gleichgültig.«

DIE SEHNSUCHT nach ihm. »Aber von der Stunde an war alle Ruhe des Hertzens verlohren, ich wußte selber nicht wie mir war, ich hatte ihn immer vor Augen, ich konnte nirgends vergnügt seyn ohne ihn, und hatte doch nicht die geringste Gelegenheit ihn zu sehen, hiezu kam daß in mir aus Unerfahrenheit, so wie er mit mir sprach, der Gedanke aufstieg, wer weiß ob dieß nicht der Mann ist durch den dein gütiger Gott dich glücklich machen will, ich unterdrückte ihn freylich aus allen Kräften, aber so oft ich den Engel sahe, wurde er wieder stärcker, biß ich schwach war, ihn zu widerstehen.«

TRICKS, um ihn wiederzusehen. »Ich wußte daß mein lieber M, bey seinen Eltern des Mittags speisete, denn ich erkundigte mich sehr sorgfältig so viel es nur geschehen konnte nach ihn; in der Hoffnung also ihn zu sehen gieng ich den folgenden Dienstag als den 21. Oct., unter dem Vorwande im Marckt zu gehen durch die Gaße, ich hatte die Freude ihn zu begegnen,«

DIE KONVENTIONSSCHRAUBE faßt. Frau darf ihre Gefühle nicht zeigen: »erst kannte er mich nicht, hernach kam er wieder zurück, und bot mir sogar an mit mir im → Jungfernstieg zu gehen, aus vielen Gründen aber glaubte ich es ihm abschlagen zu müssen,«

ÄNGSTE, BANGEN. »Gott wie gereuete es mich gleich darauf, ich vergesse nie mit welcher Empfindung ich ihm nachsahe als er umkehrte, aber die Unruhe in die ich nachher gerieth war unbeschreiblich, tausend Vorwürfe marterten mich, daß ich selbst Störerin meines eignen Glücks sey, daß er es übel genommen, und sich weiter nicht um mich bekümmern werde, ich muste aber doch 8 Tage in diesem traurigen Zustande ohne die mindeste Gelegenheit zu haben ihn zu sehen und mich zu vertheidigen, zubringen, wie gerne hätte ich alles in der Welt davor hingegeben, biß den Mittwochen das Concert von Zinck, [Harnack Otto Conrad Zinck, dänischer Komponist und Organist, 1746 – 1832] am 29. Oct. war, hier verließ er mich den gantzen Abend nicht, und ich sahe aus seinen gantzen Bezeigen wie ungegründet meine Besorgnis gewesen, ich hatte wenig Mühe mich bey ihm zu rechtfertigen, nun war ich wieder gantz ruhig und fröhlich, solche zwey angenehme Tage hatte ich noch nie gehabt als diesen und den folgenden vornehmlich den 30. Oct., wie der zweyte Bosselhof war,«

EIN WIEDERSEHEN mit Hoffnung. »Hier öffnete er den Ball mit mir, und bewieß sich in Reden und Handlungen so gegen mich daß die Liebe zu ihm sich gleich einer Flamme meines Hertzens bemächtigte, und mir nicht länger verborgen bleiben konnte. Er hatte sich erklärt daß er wünschte im Hause Umgang zu haben, dieß ließ ich nicht aus der Acht und erhielt auch von meinen Eltern, daß sie ihn in Weihnachten zur Mahlzeit baten, und darin willigten daß er kommen möchte wenn er wolte, Sonntag den 2ten Nov. war er vor der Kirchthüre hingegangen um mich zu sehen, wie ich mir dieses als gewiß vorstelle, und gieng beynahe den gantzen Weg nach Hause mit mir, gab mir auch ein Gedicht, welches ich noch denselben Abend abschrieb und es ihm wieder zuschickte, in der Hoffnung daß dieß ihn vielleicht noch einen Augenblick an mir erinnern möchte.« [...].

MANN darf seine Gefühle nicht in der Öffentlichkeit zeigen. »Den folgenden Donnerstag als den 13ten Nov. war wieder Bosselhof, voller Freuden gieng ich mit dem Auftrage meiner Eltern hin, aber wie erstaunte ich, als ich meinen lieben M, meiner Meynung nach gantz verändert fand, er war immer höflich aber kalt, und that gantz fremd gegen mich, wie mir da zu Muthe war weiß ich selber nicht, ich konnte es nicht aushalten, und mußte wissen ob ich hiezu Gelegenheit gegeben, er erklärte mir darauf daß es aus Liebe und Achtung gegen mir geschehe, um mich nicht ins Gerede zu bringen, dieß war genug um mich zu überzeugen, daß ich sehr thörigt gehandelt, daß ich mir die geringsten Vorstellungen gemacht, daß er daran dencke mich zu heyrathen, denn (so schloß ich nach meinen wenigen Einsichten) hätte er sich dieses vorgenommen so würde er sich nicht so viel aus den Reden der Welt machen, daß er dir deswegen solchen Kummer verursachen solte, dem sey nun wie ihm wolle, ich wurde dadurch in den traurigsten Zustand versetzet, der sich nur empfinden nicht beschreiben läßt. Er führte mich zwar am Tische aber ich merckte wohl daß er es ungerne that, ich überbrachte die Einladung meiner Eltern, und versicherte ihm daß es ihnnen allemahl lieb seyn würde wenn er kommen wolte und daß er nur einen Tag bestimmen möchte.« [...]

GEFÜHLSGEWÜHL. »Den Dienstag, also als den 18ten Nov., war der glückliche Tag da mein liebster Freund zuerst in unserm Hause kam und meine Eltern kennen lernte, Empfindungen der Freude der Furcht und der Hofnung waren es die diesen Tag über in meiner Seele abwechselten, ich hatte just viel zu thun so daß mir die Zeit bald vergieng und der Gedancke an den Abend erfüllte mich mit unbeschreiblichen Vergnügen. Er kam, und ich werde die Empfindung nie vergessen mit der ich ihn im Hause hereintreten sahe. Wie sehr unterschieden war nun seyn Betragen, von dem letztern wie freundlich wie gefällig war er gegen mir, alle seine Blicke zeugten von Liebe, er kam nicht von meiner Seite, wie geschwind verflossen die beyden Stunden, sie wurden zu Minuten für mich. Ich spielte auf dem Clavier und sang auch, aber der Himmel weiß wie viel meine Gedancken darauf gerichtet waren, ich wolte es zwar gerne gut machen alles in der Hoffnung meinen Geliebten dadurch etwas zu gefallen. Nun war ich wieder so froh als jemahls, den ich wußte daß ich ihn den folgenden Donnerstag wieder zu sehen kriegte, er versprach mir frantzösische Arien, die er mir auch den Mittwoch schickte, Donnerstag den 20ten Nov., war das Concert von Celestino, ich sprach ihn zwar nur wenige Augenblicke, aber was er mir in denselben antwortete wie ich ihn frug ob ich die Arien wohl etwas behalten könnte nehmlich es sey kein Unterschied unter seyn und mein, war hinreichend, um mir wieder die gröste Hoffnung zu geben.« [...]

HOFFEN UND BANGEN bis zum nächsten Treff. »Den 18ten sahe ich ihn in der Kirche, er sagte mir daß er den Abend mit Mad. Ewald ins Concert [Concertsaal am Valentinskamp] führe. Den 22ten war wieder Bosselhof, und hier erhielt meine Hoffnung wieder einen ansehnlichen Zuwachs, er führte noch eine andre Dame mit mir zu Tische, unterhielt sich aber den gantzen Abend mit mir, und oft floß ein Wort, und eine Mine (denn keines blieb mir unbemerckt) mit ein, die mir deutlich zeigten, daß die Erfüllung aller meiner Hofnungen und Wünsche nicht weit entfernt sey,«

DIE SEHNSUCHT verzehrt. »Aber dem ohngeachtet, schwebte ich doch in der gantzen Zeit biß zur völligen Gewißheit zwischen Furcht und Hofnung, weil ich von andern Seiten bald dieß bald jenes zu hören kriegte, und mein Hertz war doch schon so empfindlich gerührt, daß das geringste es beunruhigte, ob es gleich nach den Grundsätzen und Ueberzeugungen, die darinn von Gott, und seiner Fürsorge für mich herrschten, billig gantz ruhig hätte seyn sollen, denn mein Schicksal war nicht in meinen Händen, es war in den besten Händen, denn ich hatte es ja von der ersten Stunde an dem übergeben der alles in seiner Gewalt hat, und der es gewiß zu meinem besten hinausführen würde. Das Gebet war daß einzige Mittel wodurch ich meinem beklemten Hertzen einige Erleichterung verschaffen konnte, und wie gerne und ofte dieses von mir angewendet worden, das weist du, o Allwissender, dem keiner meiner verborgenen Seufzer unbekannt geblieben. [...] Den 4ten kam Papa vom Rathhause und voller Freuden mir die angenehmste Nachricht zu bringen ließ er sich nicht Zeit sich auszukleiden, sondern rief mich herein un mir zu sagen daß Hr. Westphalen ihm völlige Gewißheit gegeben, weil der Vater meines Geliebten gesagt hätte daß sein Sohn nun völlig entschlossen sey. Da ich den Nachmittag allein war, so konnte ich mich gantz den Empfindungen der Freude und des Danckes gegen Gott überlassen und was war auch wohl natürlicher und billiger als dieses. Den folgenden Tag war Bosselhof.«

DAS WARTEN auf die Aktivität des Mannes. »Da es mir verboten war so ließ ich mich auch nichts an meinen liebsten mercken, hier war es wo er zu mir sagte der Sommer würde auch seine Freuden

für uns haben, und überhaupt konnte ich aus allen seinen Reden mercken, welchen Entschlus er gefaßt habe. Er gab mir darauf den Neujahrs Wunsch den er mir zu gedacht hatte, worauf ich ihm den folgenden Montag eine Antwort schickte, weil ich den Sonntag ihn nicht in der Kirche gefunden, so wußte ich mich nicht besser zu helfen, als daß ich mich niedersetzte und an ihn schrieb. [...] Den folgenden Montag war ein Concert im Concert Saal, er kam auf eine halbe Stunde hin um mir zu sagen daß er am Sonnabend in eigner Persohn kommen und ansprechen würde, den Donnerstag waren wir noch aufn Bosselhof, aber wie verschieden waren da schon unsre Gespräche, von den vorigen aller Zwang war verschwunden und wir konnten unsrer Liebe freyen Lauf lassen. Den 21. Feb. Abends um 6 Uhr kam er selber um um mich anzuhalten, seine Worte sowohl als die Empfindung mit der er redete, sind mir unvergeßlich. Den 25. März wollte er erst das solenne Jawort haben, und an diesem Tag wurde auch der ' Ehezärter unterschrieben. Den 6ten May am Mittwochen war die Verlobung und Dienstag den 26ten May der glückliche, für mich in aller Absicht höchst glückliche Tag unsrer völligen Verbindung. [...]«
(aus: Materialien betreffend Gerdrut Lucia Mutzenbecher 1758 – 1809, S. 189 – 199.)
→ Kuß → Umarmung → Verliebtheit

LITERARISCHES LEBEN
Hamburgs literarisches Leben war zu Lebzeiten Margarethe Milows gut bestückt. Im vom 30jährigen Krieg verschont gebliebenen Hamburg blühten die literarischen Zirkel und Gesellschaften und Autoren wie Ewald von Kleist und Gellert, Barthold Heinrich Brockes und Friedrich von Hagedorn, aber auch Lessing und Klopstock, wurden in den lesenden Familien der Privatbürger verschlungen. Der »Hamburgische unparteyische Correspondent« ist lange Zeit die meistgelesene Zeitung Deutschlands und auch der von Brockes und Richey herausgegebene »Patriot« wirkt über die Grenzen Hamburgs hinaus.
Die jungen Männer in den Großbürgerfamilien Voght, Sieveking und Hudtwalker bildeten literarische Zirkel, in denen auch der Streit zwischen lutherischer Orthodoxie und Aufklärung sehr frei diskutiert wurde. Folgt man den Erinnerungen Mararethe E. Milows, so findet dieser Streit in den Familien als Generationskonflikt Einlaß. Caspar Voght schreibt über die fünfzehnjährigen Sieveking und Hudtwalcker:
»Beide hatten ihre Prosa nach Lessings Muster gebildet und in der lyrischen und idyllischen Gattung treffliche Sachen geliefert, aber ihre Reden blieben ein Geheimnis der Freimaurerlogen, und ihre Gedichte nur ihren Freunden.« In fröhlich-feierlichen Wallfahrten zogen sie zu Meta Klopstocks Grab.
»(An einem Morgen, 1766) mit Sonnenaufgang ging der Zug an. Nach Beendigung desselben tranken wir unseren Kaffee unter den Bäumen, die in einem Strich, mit denen seines nachherigen Elisiums das Ufer der Elbe krönten. Da entstand die Idee: Jeder soll eine Grabinschrift von vier Zeilen schreiben. Wir verteilten uns im Grase; wir waren unserer fünfe. Sie wurden in einer Viertelstunde fertig; Begeisterung schwebte über uns; sie wurden vorgelesen, mit Blumen an das Grab geheftet ...« (Zitate nach Galitz, 1986, S. 131 f.)
Die Begeisterung der Jungen am Grab der Frau des von ihnen hochgeschätzten

Dichters hatte allerdings kaum Auswirkungen auf ihr Verhalten ihren Frauen und Schwestern gegenüber. Deren Lektüre wurde von den Brüdern und Männern ausgewählt und kontrolliert und zu den sich revolutionär gebärdenden Lesegesellschaften waren sie nur bedingt zugelassen. Für Margarethe Elisabeth kam erschwerend hinzu, daß sie z.B. gegenüber der sehr geschäftigen und einflußreichen Elise Reimarus mit ihrem Weggang nach Lüneburg den Anschluß an die gebildeten bürgerlichen Kreise fast völlig verlor. Später in Wandsbek hatte sie zwar Kontakt mit Claudius, aber wahrscheinlich und ausschließlich wohl nur mit Frau ' Claudius – und das auf fraulich-nachbarschaftlicher Ebene.

Die Gesellschaft freier, mündiger Bürger war die freier, mündiger Männer, denen bei der Feier des Jahrestages des Sturms auf die Bastille am 14. Juli 1780 in Harvestehude die anwesenden weiß-gekleideten Damen mit der National-Bande am Strohhut, als Chor der Jungfrauen assistieren durften.

Einer der anwesenden Herren, der sich voller Stolz die Kokarde der Freiheit von den Damen anstecken ließ, war der berühmte Freiherr von Knigge, dessen »Über den Umgang mit Menschen« – Kapitel Frauenzimmer –, wohl am deutlichsten macht, was die aufgeklärten Männer von lesenden und schreibenden Frauen hielten.

»Ich muß gestehn, daß mich immer eine Art von Fieberfrost befällt, wenn man mich in Gesellschaft einer Dame gegenüber oder an die Seite setzt, die große Ansprüche auf Schöngeisterei, oder gar auch Gelehrsamkeit macht. Wenn die Frauenzimmer doch nur überlegen wollten, wie viel mehr Interesse diejenigen unter ihnen erwecken, die sich einfach an die Bestimmung der Natur halten, und sich unter dem Haufen ihrer Mitschwestern durch treue Erfüllung ihres Berufs auszeichnen! Was hilft es ihnen, mit Männern in Fächern wetteifern zu wollen, denen sie nicht gewachsen sind, wozu ihnen mehrerenteils die ersten Grundbegriffe, welche den Knaben schon von Kindheit an eingebläut werden, fehlen? Es gibt Damen, die, neben allen häuslichen und geselligen Tugenden, neben der edelsten Einfalt des Charakters und neben der Anmut weiblicher Schönheit, durch tiefe Kenntnisse, seltene Talente, feine Kultur, philosophischen Scharfsinn in ihren Urteilen und Bestimmtheit im Ausdrucke, Gelehrte vom Handwerke beschämen. Dürfte ich es wagen, hier öffentlich ein paar Namen zu nennen, die ich nie ohne Ehrfurcht ausspreche, so könnte ich beweisen, daß ich Originale zu diesem Bilde nicht weit zu suchen brauchte. Allein wie gering ist nicht die Anzahl solcher Frauen und ist es nicht Pflicht, die mittelmäßigen weiblichen Genies abzuschrecken, auf Unkosten ihrer und andrer Glückseligkeit nach einer Höhe zu streben, die so wenige erreichen?

Ich tadle nicht, daß ein Frauenzimmer ihre Schreibart und ihre mündliche Unterredung durch einiges Studium und durch keusch gewählte Lektüre zu verfeinern suche, daß sie sich bemühe, nicht ganz ohne wissenschaftliche Kenntnisse zu sein; aber sie soll kein Handwerk aus der Literatur machen; sie soll nicht umherschweifen in allen Teilen der Gelehrsamkeit. Es erregt wahrlich, wo nicht Ekel, doch Mitleid, wenn man hört, wie solche arme Geschöpfe sich erkühnen, über die wichtigsten Gegenstände, die Jahrhunderte hindurch der Vorwurf der mühsamsten Nachforschungen großer

Männer gewesen sind, und von denen diese dennoch mit Bescheidenheit behauptet haben, sie sähen nicht ganz klar darin; wenn man hört, wie ein eitles Weib darüber am Tee-oder Nachttische in den entscheidendsten Ausdrücken Machtsprüche wagt, indes sie kaum eine klare Vorstellung von der Materie hat, wovon die Rede ist. Aber der Haufen der Stutzer und Anbeter bewundert dennoch mit lautem Beifalle die feinen Kenntnisse der gelehrten Dame, und bestärkt sie dadurch in ihren unglücklichen Ansprüchen. Dann sieht sie die wichtigsten Sorgen der Hauswirtschaft, die Erziehung ihrer Kinder und die Achtung unstudierter Mitbürger als Kleinigkeiten an, glaubt sich berechtigt, das Joch der männlichen Herrschaft abzuschütteln, verachtet alle andern Weiber, erweckt sich und ihrem Gatten Feinde, träumt ohne Unterlaß sich in ideale Welten hinein. Ihre Phantasie lebt in unzüchtiger Gemeinschaft mit der gesunden Vernunft. Es geht alles verkehrt im Hause. Die Speisen kommen kalt oder angebrannt auf den Tisch. Es werden Schulden auf Schulden gehäuft; der arme Mann muß mit durchlöcherten Strümpfen einherwandeln. Wenn er nach häuslichen Freuden seufzt, unterhält ihn die gelehrte Frau mit Journalsnachrichten, oder rennt ihm mit einem Musenalmanach entgegen, in welchem ihre platten Verse stehen, und wirft ihm höhnisch vor, wie wenig der Unwürdige, Gefühllose, den Wert des Schatzes erkennt, den er zu seinem Jammer besitzt.
Ich hoffe, man wird dies Bild nicht übertrieben finden. Unter den vierzig bis fünfzig Damen, die man jetzt in Deutschland als Schriftstellerinnen zählt – die Legion derer ungerechnet, die keinen Unsinn haben drucken lassen – sind vielleicht kaum ein halbes Dutzend, die, als privilegierte Genies höherer Art, wahren Beruf haben, sich in das Fach der Wissenschaften zu werfen, und diese sind so liebenswürdige, edle Weiber, versäumen so wenig dabei ihre übrigen Pflichten, fühlen selbst so lebhaft die Lächerlichkeiten ihrer halbgelehrten Mitschwestern, daß sie sich durch meine Schilderung gewiß nicht getroffen, noch beleidigt finden werden. Ist es aber nicht bei männlichen Schriftstellern auch der Fall, daß unter der großen Menge derselben nur wenige ausgezeichneten Wert haben? Gewiß, nur mit dem Unterschiede, daß Begierde nach Ruhm oder Gewinst diese irreleiten kann; die Frauenzimmer hingegen nicht so leicht Entschuldigung finden können, wenn sie, mit mittelmäßigen, oder weniger als mittelmäßigen Talenten und Kenntnissen, eine Laufbahn betreten, welche weder die Natur, noch die bürgerliche Verfassung ihnen angewiesen hat. Was nun den Umgang mit solchen Frauenzimmern angeht, die auf Literatur Anspruch machen, so versteht sich's, daß, wenn diese Ansprüche gerecht sind, ihr Umgang äußerst lehrreich und unterhaltend ist, und was die von der andern Klasse betrifft, so kann ich nichts weiter anraten, als – Geduld, und daß man es wenigstens nicht wage, ihren Machtsprüchen Gründe entgegenzusetzen, oder ihren Geschmack zu reformieren, wenn man sich auch nicht so weit erniedrigen will, den Haufen ihrer Schmeichler zu vermehren.«
(Knigge, o.J., S. 181 f.)

HÄNGEN AN LOFFEN
Löfflern oder Leffeler: verliebter Geck, Buhler. Sich an einen verliebten Gecken hängen.

M

TANTE M.
Gemeint ist Tante Möller. Nach dem Hamburger Geschlechterbuch Band 7 Anhang Pauly handelt es sich wohl um Margaretha Elisabeth Möller geb. Rodatz (* 25.2.1735, † 1.3.1799), verheiratet mit Hermann Johann Möller.

MÄDCHENERZIEHUNG
»Meine Mutter hatte nach der damahligen Gewohnheit in Hamburg, die Töchter zu erziehen, Ordnung und Fleiß in häuslichen Geschäften und Handarbeit gelernt, etwas Schreiben, etwas Katechismus ...«
Die jungen Bürgersfrauen wurden nicht in die große weite Welt des Lebens und der Wissenschaft geschickt; denn Frauen gehörten ins Haus. Nur der Kirchenbesuch und ihre Einkaufstouren an den Markttagen, begleitet von einer Magd, waren schickliche Schritte in die Öffentlichkeit. (vgl. Finder, 1930, S. 68.)
»Die Eintönigkeit ihres Daseins wurde nur noch durch gesellige Zusammenkünfte, die sich bei Kindstaufen, → Hochzeiten, Wochenbesuchen, → Bällen oder kirchlichen Festtagen ergaben, unterbrochen. Aus diesem Grunde drehten sich die Gespräche unter den Frauen auf Gesellschaften hauptsächlich um die letzte Predigt, die sie gehört hatten, um den neuesten Todesfall und um Liebesgeschichten.« (Merkel, 1801, S. 239.) Über die Tugend-Haft der Mädchen schreibt eine Zeitgenossin Margarethe Elisabeths, die Schriftstellerin Ernestine Voß:
»Fröhlich, tätig und anspruchslos trat zu meiner Zeit ein Mädchen in die Welt; ihr drohte keine Störung ihrer Heiterkeit dadurch, daß sie manches gelernt hatte, um es zu vergessen. Im Bezirk ihres Hauses war sie gewandt und unverlegen; sie hielt keine Arbeit für zu niedrig. An ihre Eltern und ans elterliche Haus hatte sie eine unbegrenzte Anhänglichkeit. Sie war gewohnt zu schweigen, wenn Ältere redeten, bescheiden in ihren Bedürfnissen, in ihren Wünschen und Vergnügen leicht befriedigt, zuvorkommend und dienstfertig gegen Freunde und Bekannte. Irgend ein Opfer zu bringen, ward ihr nicht schwer, weil sie gewohnt war, wenig an sich selbst zu denken. Gegen die Stürme und rauhen Klippen des Lebens trug sie manchen stillen Trost im Herzen, an einem kräftigen Spruch der Bibel und einem Liede aus ihrem Gesangsbuche. Schüchtern freilich, fast blöde, war sie außer ihren Wänden; wenige gab es, die nicht rot wurden und verlegen, wenn ein Fremder sie anredete.« (Ernestine Voß: Aufsätze, Düsseldorf, 1846, S. 15-21, zitiert nach: Jaacks, 1983, S. 68.)
»Die bürgerliche Erziehung [...] [der Mädchen] ist ausschließlich darauf gerichtet, sie zu guten Hausfrauen und Müttern zu machen und ihnen darüber bestenfalls noch so viel Kenntnisse zu vermitteln, daß sie bei gesellschaftlicher Konversation mithalten können.« (Jaacks, 1983, S. 67.) Während des 18. Jahrhunderts änderte sich kaum etwas in der Mädchenerziehung.
»[...] der Zweck der Mädchenbildung [war] letztlich (...) immer noch derselbe geblieben, lediglich die für notwendig erachteten Kenntnisse waren auf Gebiete ausgeweitet worden, die für den feinen Gesellschaftston nun als unerläßlich angesehen wurden. Grundlegendes Wissen wurde daher außer in den Hauswirtschaftsbereichen – nicht vermittelt

und auch gar nicht erwartet.« (ebenda).
Die Frauenbildung und Mädchenerziehung sollte dem Bräutigam und zukünftigen Ehemann ein angenehmes Leben ermöglichen. Dazu wurden die Mädchen in ein Korsett gesteckt, das ihnen den Körper, aber auch das Gefühl und den Verstand einzwängte. Das registrierten und ironisierten viele männliche Zeitgenossen. In Karikaturen, Spottgedichten etc. zogen sie über die in jeder Hinsicht beschränkten Frauenzimmer her, ohne sich jedoch wirklich um eine leibliche, gefühlsmäßige und geistige Entfaltung der Frauen zu bemühen. Den Grund für diese breit ausgemalte Kritik ohne echte Zukunftsperspektive vermuten wir in einem auch heute noch aktuellen Männertraum. Einem Traum von einem errötenden Gesicht einer doch willigen Frau, die ihre blauen Strümpfe immer rechtzeitig von den tadellosen Beinen streift.

Ein Beispiel für diese wenig konstruktive Kritik an der weiblichen Tugend-Haft bietet der »Patriot« vom 20. Januar 1724 in einem Artikel über Mädchen- und Jungenerziehung. Darin werden ironische Verbesserungsvorschläge für die Mädchenerziehung unterbreitet. Nicht gerade eine aufklärerische Spitzenleistung. Auch den Hamburger Patrioten war wenig an einem Sprung aus ihrer patriarchalen Haut gelegen. So hielten sie die bestehende hierarchische Gesellschaftsordnung für ebenso natürlich wie das Machtgefälle zwischen den Geschlechtern. Die Frau hatte natürlicherweise dem Manne Untertan zu sein.

»Gesetze einer bloß für Frauenzimmer einzurichtenden Academie, nach ihrem ersten Entwurff.

Keine Studentin soll nach 6 Uhren im Sommer, und nach 7 Uhren des Winters, noch im Bette seyn.

Zum Ankleiden wird des Werckel-Tages über eine Viertel-Stunde nicht verstattet; Wenn sie aber in grosse Gesellschaften, oder zu Hochzeiten gehen, eine Stunde, und nichts mehr.

Niemahls soll Thee, Caffee oder Chocolate getruncken werden, ohne was Gutes dabey zu lesen, und insonderheit des Donnerstags nach der Bet-Stunde den »Patrioten«. In diesem Fall wird eine Stunde dazu freygegeben.

Keinem Mit-Gliede der Universität ist erlaubt, sich des Schnupf Tobacks zu bedienen.

Perlen und Juwelen, auch andere als bloß güldene Ohr-Ringe zu tragen, ist verboten.

Niemand unterstehe sich, bey Straffe der Narren-Kappe, sich zu schmincken oder Schönflecken zu legen.

Des Gebrauchs von schwartzem Puder soll sich niemand unternehmen.

Alle Töchter sind gehalten, sich eine kleine Hauß-Bibliothek anzuschaffen, darunter aber keine Romane, ohne mit Vorbewust der Lehrerin, zu dulden.

Andere durchhecheln, lügen und fluchen, wird mit der strengsten Schärffe bestraft.

Wenn sie zu Gaste gehen, wird ihnen auferlegt, sich nicht vorher satt zu essen. Ueber zwey Spitz Gläser Wein sollen sie niemahls über die Mahlzeit trincken.

Keine Tochter soll sich älter ausgeben, oder jünger, als sie ist.

Sich gar zu enge zu schnüren, und die Füsse zu sehr einzupressen, ist verboten. Fischbeinene Röcke sollen nicht breiter getragen werden, als sie lang sind.

Niemand soll sich jemahls unbewaffnet, oder ohne Zwirn, Garn, Seide, Nadeln, Schere antreffen lassen.

Wenn sechs Frauens-Personen beysammen sind, sollen ja nicht mehr, als fünff davon, zu einer Zeit sprechen, und die sechste soll verpflichtet seyn, den übrigen Gehör zu geben.«

1748 glaubte »Der Hamburger« schon erste Veränderungen in der Mädchenerziehung anzeigen zu können. Aber was veränderte sich? Die Mädchen durften ein bißchen mehr Religion, Sittenlehre, Schreiben, Rechnen und Zeichnen lernen.

»Wussten vor diesem unsere Töchter ihren Katechismus herzusagen, einige Gesänge zu singen, Kaldaunen zu stopfen, Kopffleisch, Sulzen und allerley Früchte einzumachen, mit den Mägden zu zanken, in Gesellschaften angenehm zu schweigen, bey Gelegenheit roth zu werden, zu sparen, mit ihren Möpsen zu spielen, und etwa auf dem Capitains Convivio alle Jahre einmal zu tanzen, so wussten sie genug. Wie hat sich dieses in und nicht umgekehrt? Gegenwärtig müssen sie nicht nur in den Grundsätzen der Religion und in der Haushaltungskunst, sondern auch in der Sittenlehre, im Schreiben, Rechnen und Zeichnen, im Clavierspielen, in der französischen und italienischen Sprache, und in der Art zu leben unterrichtet werden. Ließ meine Tochter jemals eine Neigung zu dergleichen verführerischen Eitelkeiten blikken, sie sollte gewiß die Würkungen meines väterlichen Zorns empfinden. Mit Füssen wollte ich sie treten, das Genick wollte ich ihr umdrehen, meinen Fluch wollte ich ihr geben, enterben wollte ich sie. Meine angebohrne Sanftmuth verhindert mich, daß ich mich über diesen Punct nicht deutlicher erkläre.«
(Der Hamburger 3.12.1748.)

Dieser Vater, der mehr Bildung und Wissen für Frauen zu verführerischen Eitelkeiten und damit für gefährlich und unnötig erklärt, macht seiner Wut auf selbständigere Frauen brutal Luft. Damit dürfte der auch heute oft beschworene Einwand, »aber die Mütter erziehen doch die Mädchen und Jungen« widerlegt sein. Auch Margarethe Elisabeth spürte, daß der Vater das letzte Wort in der Erziehung hatte.

Als die Mütter noch Mädchen waren: Wie sah ihre Erziehung aus? Auch die Mutter von Margarethe Elisabeth ließ wilde Neugier und Wissendurst gar nicht erst aufkommen. Die Gesellschaft verlieh ihr dafür den Ruf einer treusorgenden, pflichtbewußten Ehefrau. Über die Erziehung seiner Mutter schreibt → Johann Michael Hudtwalcker:

»Mit der weiblichen Erziehung war es um diese Zeit in Hamburg schlecht bestellt, und meine Mutter war als Mädchen nicht mehr, als was fast alle ihre Zeitgenossinnen damals waren. Das weibliche Geschlecht war damahls viel untergeordneter als jetzt und stand zu weit gegen das unsrige zurück, um ein anderes Verhältniß erlangen zu können. Obgleich mein Großvater ein sehr gebildeter Mann war, so konnten doch seine Frau und seine erwachsenen Töchter nur etwa so viel schreiben und rechnen, als sie im Haustande gebrauchten. Meine Mutter hatte ihren Katechismus gelernt und war danach confirmirt, hatte ihren Tanzunterricht genommen und etwas Klavierspielen gelernt, das beydes bald nicht mehr gebraucht wurde. Sie konnte aber fertig weißnähen, sticken und die ' Küche selbst besorgen, ohne sich um etwas, was außer Hamburg in der Welt vorging oder vorgegangen war, zu bekümmern. Sie wußte nicht, was Liebe als Leidenschaft war, aber Jugend, Treue und Anhänglichkeit machten sie zu einer vortrefflichen Frau, und die Ehe meiner Eltern war sehr glücklich.« (Hudtwalcker, 1894, S. 161.)

MÄDCHENSPIELE

»... *sonst mußten wir beständig von 8 des Morgens bis 8 des Abends nähen oder lernen, und nur Sontags hatten wir Zeit und Erlaubnis zum Spielen.*«

Mit typischem Spielzeug sollten sich die Bürgermädchen auf ihre spätere Rolle als Hausfrau und Mutter einspielen. Hier hat sich bis heute nicht viel geändert. Was der Margarethe die geputzte Puppe im Stil des 18. Jahrhunderts war, ist heute der kleinen Nicole die Barbie-Puppe. Der Zeitgenosse Griesheim schreibt dazu:

»Die Töchter sind nicht aus der Mutter Augen gekommen, und damit sie nicht auf ausschweifendes Nachdenken verfallen mögen, so bescheret der sogenannte heilige Christ, der unter dem Sprengel des Doms seine Bude hat, nichts verschenket, sondern Tendeleyen theuer verkauft, alle Jahre schöne Puppen; mit denen spielen die Töchter bis an die Zeit, da nach ihrem Vermögen gefragt wird, welche man ohne die Person selbst nicht in Besitz bekommen kann. Die Mutter putzt die Docke [Puppe] selbst zu ihrem eigenen Vergnügen, vielleicht aus langer Weile mit oft gewechselten Kleidern an, weil ihr das Lesen von artigen Schriften was unbekanntes ist.« (Griesheim, 1760, S. 296.)

MAIBAUM

»*O, die Jahre der Kindheit, die wir uns wegwünschen, weil wir uns Wunder was von den andern Jahren vorstellen, o sie kommen nicht wieder, solche Weyhnachtsfreude, solche Freude über einen Maybaum, der Pfingsten an unsere Betten kam ...*«

Frisches Maigrün und Birkenreiser schmückten schon im Mittelalter die Hamburger Kirchen. Ab dem 17. Jahrhundert holten sich auch die Bürger diese Fruchtbarkeitssymbole ins Haus. (vgl. Finder, 1930, S. 319.) Der Maibaum wurde auch als Freiheitsbaum verehrt. In → Harvestehude tanzten z.B. Klopstock, Hudtwalcker und Sieveking um den Baum.

MASERN

»*Hermann hatte die Masern.*«

Im 18. Jahrhundert kannte man die der Masern vorhergehenden katarrhalischen Erscheinungen. Auch wurden schon die typischen Flecken der Wangenschleimhaut beschrieben. Masern wurde auch als »wässrige Geschwulst« bezeichnet. Im 18. Jahrhundert wurde die erste Masernimpfung durchgeführt. Francis Home (1719-1813) aus Edingburgh übertrug Blut von Masernkranken auf die scarifizierte Haut Gesunder. Die Einpfropfung der Masern auf die Haut konnte sich aber nicht durchsetzen.
→ Krankheit

MELANCHOLIE

Gelegentlich benutzt Margarethe E. Milow die bis heute schillernden Begriffe »Hypochonder« und »Melancholie«. Was aber meint sie konkret, wenn sie schreibt: »*Milow war diesen Sommer mehr Hypochonder wie sonst*«.

Könnte das auch, bei allem Mitgefühl für das Leid des Ehemannes, als indirekt formulierte Klage über seine ständigen Krankheiten, vielleicht sogar als kleine Stichelei zu verstehen sein? Nur er bekommt das Etikett »Hypochonder«, weder sie noch irgendein anderes Familienmitglied scheint unter dieser Krankheit zu leiden.

Und was bedeuten Stoßseufzer wie: »*Den 12ten zuerst hinunter, aber tiefe innere Melancholie, Krankheitsgefühl, äußerste Entkräftung, die mich jedes Geschäft zur Last machte.*« Sieht Margarethe E. Milow einerseits den Zusammenhang zwischen

ihrer »Melancholie« und entnervenden Lebensumständen, so vermittelt sie Seiten später das Gegenteil, wenn sie ihre »Melancholie« als grundlos beschreibt, trotz Krankheit und Erschöpfung: »Ich fing an, mich wieder zu erholen, zwar kamen der entkräfteten, ohne Ursachen melancholischen Stunden mit unter, aber die zärtlichste Liebe meines Milow versüßte mir alles.«
Doch sind diese Körpererfahrungen und Gefühlslagen überhaupt für uns nachvollziehbar? Ist Margarethe Elisabeth Milows Melancholie mit heutigen Vorstellungen von Traurigkeit oder Erschöpfungsdepression (siehe Stichwort »Krankheit«) zu vergleichen? Welche Diagnosen und Heilungsmethoden wären aus heutiger Sicht den Eheleuten Milow vorzuschlagen?
Es läßt sich nicht eindeutig klären, was Margarethe E. Milow und ihre Familie und Freunde meinten, wenn sie Begriffe benutzten, die um »Hypochondrie« und »Melancholie« kreisten. Margarethe E. Milow gibt keine klare Definitionen, selbstverständlich scheint jede(r) zu wissen, was gemeint ist. Auch sagt sie nicht, welche Lexika oder medizinischen Ratgeber in der Hausbibliothek standen.

DAS 18. JAHRHUNDERT: EINES DER VIELEN ZEITALTER DER MELANCHOLIE. Über Ursachen, Symptome und Heilchancen von Hypochondrie und Melancholie wurde im 18. Jahrhundert viel diskutiert und geforscht. »Das 18. Jahrhundert erweist sich als das, was es selbst verbietet – als ein Zeitalter der Melancholie«. (Ute Mohr, S. 212.)
Fortschrittsglaube, Optimismus, Vernunft – das ziert die täuschende Oberfläche eines zähen, fast die gesamte bürgerliche Gesellschaft durchziehenden Stromes aus körperlichem und seelischem Leid, dem Erklärungsmodelle von »Hypochondrie« und »Melancholie« übergestülpt wurden. Melancholie, ein geschichtlich schwer vorbelasteter Begriff, in dem auch Genialität und Auszeichnung mitschwangen, betont im 18. Jahrhundert teils die Krankheit, teils die natürliche Anlage, teils die trübe Stimmung.« (Charlotte Kahn, S. 5.)

»DER LEIDENDE KÖRPER ALS VERDICHTUNG VERGANGENER KLAGEN« (Barbara Duden: S. 172.). Für die zwei nahen Verwandten Hypochondrie und Melancholie gab es für Margarethe E. Milows Zeitgenossen verwirrend viele und widersprüchliche Erklärungsmodelle und Behandlungsmethoden. So galten vielfach, als Nachwirkung der antiken Lehre der vier Körpersäfte: Blut, Phlegma, gelbe und schwarze Galle letztere als Verursacherin melancholischer Symptome. Doch setzten sich Tendenzen durch, weniger den Einfluß der schwarzen Galle auf das Gehirn zu betrachten, als vielmehr die entscheidende Rolle von Nerven und Nervensystem: »Nerven und Hirn diktieren dem Individuum geistiges und körperliches Verhalten (...). Von jetzt an wird diese Krankheit als innerhalb des Nervensystems sich abwickelnd angesehen: die Melancholie bleibt nun eine Erkrankung des sinnlich reizbaren Seins.« (Jean Starobinsky, S. 55.)

Eine anschauliche Zusammenfassung zeitgenössischer Diskurse über Hypochondrie und Melancholie bietet Krünitz in seiner Enzyklopädie, in der Margarethe E. Milow nachgeschlagen haben könnte: »Hypochondrie (...) eine der beschwerlichsten chronischen Krankheiten, welche ihren Sitz vornehmlich in dem Unterleibe, in der Gegend unter den kurzen Rippen hat, und am meisten und heftigsten diejenigen Personen anfällt, die ein sehr reitzbares Nervensystem haben, und dabey viel sitzen; auch oft in Schwermuth und Melancholie ausartet. Man nennt sie auch die Milzbescherung, und den höhern Grad derselben die Milzkrankheit, die Milzsucht und das Milzweh, weil man ehedem die Milz für den Sitz derselben hielt.« (Krünitz, Bd. 27, S. 567.)

Doch wen befällt diese Erkrankung der Organe der Unterrippengegend, auf griechisch »Hypochondrium«, etwa vornehmlich Männer? Krünitz will da zunächst nicht scharf geschlechtsspezifisch differenzieren: »Bei dem weiblichen Geschlechte heißt diese Krankheit die Hysterik (dem Ton auf der letzten Sylbe) (…) und oder mit einem anständigeren und modischen Nahmen Vapeurs; sie ist der Hypochondrie des männlichen Geschlechtes, dem Ursprunge und den meisten damit begleiteten Zufällen nach, ähnlich, und unterscheidet sich davon nur durch eine Beklemmung der Brust, ein Zusammenziehen der Luftröhre, und durch die Empfindung einer rollenden und drückenden Kugel im Unterleibe, welche Empfindung der große Haufen aus Unwissenheit Aufsteigen oder Aufstoßen der Mutter zuschreibt, und diese Krankheit daher mit dem Nahmen der Mutterbeschwerde, Mutterbeschwerung, Mutterkrankheit, Mutterplage, Mutterschmerzen, Mutterstaupe, Mutterweh, auch nur die Mutter schlechthin belegt.«

Krünitz behauptet, daß das Leiden für beide Geschlechter »dieselbe Quelle« hat, trotz unterschiedlicher Fortpflanzungsorgane. Deshalb handelt er die Auswirkungen der Hypochondrie auf beide Geschlechter in einem Artikel ab. Bei allen Erkärungsmodellen für die Hypochondrie spielt die körperliche Befindlichkeit eine wichtige Rolle. »Während die moderne Bedeutung den Hypochondristen eher mit dem Hypochonder gleichsetzt, ist der Begriff im achtzehnten Jahrhundert noch eindeutig mit den Symptomen der Traurigkeit und Angst verbunden, hebt jedoch stärker auf die körperlichen Beschwerden ab als die Melancholie.« (Ute Mohr, S. 7.)

Hypochondrie – eine Krankheit, die keine Grenzen zwischen den Geschlechtern, Klassen und Berufsgruppen kennt?

»Man hält die Hypochondrie gemeiniglich für das Erb- und Eigenthum der Gelehrten, und nennt sie daher auch im Scherze die gelehrte Krankheit oder eigentlich Gelehrten-Krankheit, ob sie gleich der Handwerker und Holzhacker so wohl als den Gelehrten plagen kann. Sie ist diejenige, welche sich so mancher zu seinem Schaden einbildet, wenn er sich durch Unordnung in der Lebensart die Verdauung gestört hat.«

Obwohl »man in Ansehung der Ursache dieses Übels noch sehr uneinig und unwissend ist«, (Krünitz, Bd. 27, S. 582.) wie Krünitz zugeben muß, scheint er bereits seinen sicheren Standpunkt gefunden zu haben: für ihn gibt es eine bestimmte körperliche Konstitution, die Hypochondrie auslösen kann. Eines seiner Rezepte: wehret den Anfängen, damit das Leiden nicht chronisch wird. Außerdem schildert Krünitz ausführlich auslösende Faktoren wie: zu viel sitzen – zu viel schreiben – zu wenig Bewegung. Alles Arbeitsbedingungen, die auch Milow, in seiner Funktion als Prediger gekannt und erlitten haben wird – keineswegs aber bürgerliche Hausfrauen wie Margarethe E. Milow und ihr Hauspersonal.

»Zu den Ursachen oder Veranlassungen der Hypochondrie rechne ich 1. den Mangel der Bewegung, oder anhaltendes

Sitzen. Bewegung und Ruhe, Ansträngung und Erholung, scheinen die beyden Hauptgesetze zu seyn, denen die Natur den Kreislauf unserer Thätigkeit und unseres Daseyns unterworfen hat. (...) Die Bewegung ist zur Gesundheit des menschlichen Körpers unumgänglich nothwendig. Das Blut und alle Säfte des Körpers werden dadurch, wenn alles übrige von natürlicher Beschaffenheit ist, in gehöriger Flüssigkeit, Reinigkeit, Wärme und Leben erhalten.« (Krünitz, Bd. 27, S. 587.)

Aber auch vor einer »übertriebenen Anstrengung des Geistes, Schreiben, heftigen oder anhaltenden Affecten, insonderheit unmäßiger oder unnatürlicher Genuß der Liebe« (S. 586.) wird gewarnt.

Eine Berufsgruppe ist besonders von Hypochondrie betroffen – eine der vielen Widersprüche in Krünitz Ausführungen: »Die meisten Hypochondristen wird man unter den Gottesgelehrten antreffen« (S. 593.). Die Zwänge, die gesellschaftliche Bedeutung ihres Berufes und ihre Verantwortung für die Gläubigen, können sensible und intelligente Prediger in schwere Krisen stürzen – oder, in Krünitz Redeweise – »zur Hervorbringung oder Vermehrung der Hypochondrie beitragen«. Dazu gehört: »die Gefahr, innerliche, oder doch größten Theils äußerliche, von den vorgeschriebenen Vorstellungen abzuweichen, oder die Geißel der Ketzermacherey; endlich, daß manche Vergnügungen, oder wenigstens Zerstreuungen, welche andere Stände aufheitern, für sie entweder schlechterdings sündlich, oder doch nicht schicklich seyn müssen.« (Krünitz, Bd. 27, S. 594.)

Daß Milow unter seinem Beruf leidet, die öffentlichen Predigten fürchtet und lieber ganz der Forschung leben würde, berichtet Margarethe E. Milow. Ohnehin hatten sich beide Eheleute ihr Leben eigentlich ganz anders vorgestellt: »Aber alle diese Wünsche mußten unterdrückt werden. Hinunter Hertz mit Deinen Wünschen, hieß es, wie es schon oft in meinem Leben geheißen hatte.« (S. 87.) Und auf diese hinuntergeschluckten Wünsche reagierten ihre Körper. Krünitz Empfehlungen: mehr Bewegung, Ausfahrten, gesellschaftliches Leben, Ablenkung, keine Einsiedeley hätten sich nur schwer in diesem eng abgezirkelten Lebenskreis umsetzen lassen.

Doch trotz aller ernsthaften, um Verständnis bemühten Ursachenforschung, zieht der Hypochonder auch Spott und Kritik auf sich, sein Leid provoziert Argwohn. Krünitz streut altbekannte Vorurteile in den 130 Seiten langen Lexikontext:

»Diese Kranken sind von Seiten des Körpers elend, von Seiten der Seele aber sind sie lächerlich.« (Krünitz, Bd. 27, S. 573.)

»Wenn ich nun hieraus schließe, daß die Hypochondrie ein wirkliches Übel ist, so läugne ich deswegen nicht, daß es durch Einbildung vergrößert werde.«

»Oft ist Hypochondrie ein bloßes Modewort, manche Unarten des Herzens und der Erziehung dadurch zu bemänteln.«

»Die Hypochondrie ist nicht allemahl eine Krankheit des Körpers oder eine Krankheit, deren Ursache im Körper liegt, sondern sie ist mehrentheils auch eine Krankheit der Einbildungskraft, da die Seele den Anfang macht. Vermöge der Gemeinschaft des Leibes mit der Seele, kann eine verdorbene Einbildungskraft ebenso leicht den Magen, als ein verdorbener Magen die Einbildungskraft verderben. Es kann also zwey Arten der Hypochondrie geben; eine, wenn die erste Ursache derselben von einer körperlichen Krankheit herstammet, und eine andere, wo die verdorbene Einbildungskraft den Anfang macht und den Körper ansteckt.« (Krünitz, Bd. 27, S. 688.)

FATALES AUS UNTERLEIB UND EINBILDUNGSKRAFT: Insbesondere bei der Bedeutung der Organe des Unterleibes und der Einbildungskraft zeigt sich die Verwandtschaft von Hypochondrie und Melancholie. Und wie erkennt man einen Melancholiker? Auch hier läßt Krünitz keinen Raum für Zweifel: »Die Patienten erschrecken leicht, sie hängen mehrentheils einem gewissen Gedanken nach und werden von anderen Gegenständen weniger gerührt. Manche machen sich Religions-Scrupel, wo man denn sagt, daß die Leute geistliche Anfechtungen haben. Sie lieben die Einsamkeit, sind still, nachdenkend, argwöhnisch, oft grämen sie sich um eine Kleinigkeit willen.« Der Kern des Übels liegt allerdings im Unterleib: »... allein die eigentliche wahre, wiewohl entferntere Ursache ist in den allermeisten Fällen im Unterleibe, in einer fehlerhaften Beschaffenheit der Verdauungswerkzeuge aufzusuchen ...«. Aber das Leid der Melancholiker äußert sich weniger körperlich als bei den Hypochondern, welche wesentlich größere Fürsorge beanspruchen. So schreibt Margarethe E. Milow nichts von Pflegebemühungen ihres Mannes, wenn sie krank und melancholisch ist, eher erwähnt sie, selten genug, seine heilsame »süße Liebe«. Und was stellten sich Zeitgenossen der Milows unter Melancholie vor?

»Melancholie ist eindeutig eine Krankheit, eine Bewußtseinstrübung, die von Furcht, Schwere und grundloser Traurigkeit begleitet ist und sich vom Wahnsinn allenfalls graduell unterscheidet. Die unruhige Bewegung der Lebensgeister, das schwere, zähe und klebrige Blut, die Trockenheit der Hirnmembran, die fehlende Kraft und Beweglichkeit beschreiben eine im Ganzen defizitäre Konstitution, der es an Vitalität, Lebensfreude und Realitätstüchtigkeit fehlt.« (Ute Mohr, S. 8.)

Über zeitgenössische Debatten zur Melancholie konnte Margarethe E. Milow sich wohl kaum einen Überblick verschaffen. In ihrer persönlichen Vorstellung von Melancholie fließen nur einige dieser Aspekte ein. So berichtet Margarethe E. Milow durchaus von Lebenssituationen, in denen Krankheiten, Erschöpfung und Streß auf die Stimmung schlagen, sie melancholisch werden lassen. Doch verbietet es ihr Tugendkanon, sich einer der »süßen Melancholie« hinzugeben, wie sie z.B. in der Lyrik beschworen wird, wo »Wollust ... selbst aus der Betrübnis entspringt.« (Kahn, S. 20.) Denn, bei allem Nachdenken über die Vergänglichkeit, ja Sinnlosigkeit alles Strebens darf die Arbeit einer vorbildlichen Hausfrau nicht vernachlässigt werden. Aber stolz betont sie ihre Empfindsamkeit, ihre Gefühlsstärke und Leidensfähigkeit: »Ich glaube, daß vielleicht wenig Menschen mit so feinem Gefühl, so tiefer Empfindung geschaffen sind wie ich und dies Gefühl, dies mein Hertz, das mir freylich unendliche Leiden gegeben, vertauschte ich für keinen Schatz der Welt, das wird mich auch dort begleiten, selbst dort meine Seligkeit erfahren.«

Margarethe E. Milow ersucht seelische und körperliche Schmerzen zu ertragen, indem sie sie umdeutet, wie eine Meisterin des leidvollen Selbstgenusses.

»Leiden ist im 18. Jahrhundert mit einem positiven Vorzeichen versehen, denn bei keinem Gefühl spürt der Mensch so intensiv, daß er innerlich lebendig ist, daß er empfindet, als wenn er sich unglücklich fühlt. Und nicht denkend, sondern fühlend sich des eigenen Daseins bewußt werden, war die Sehnsucht aller.« (Kahn, S. 20.)

Eine wichtige Rolle spielt auch ihr Glaube, um (siehe Kapitel: Religion) »Arbeit, Gram, Sorge, Verdruß aller Art«, »des Nachts Schlaflosigkeit«, die Angst, daß eine Erkrankung Milows tödlich verlaufen könnte, durchzustehen. Und wenn Gott gelegentlich seinen Beistand versagt, dann werden Glaubenszweifel sofort erstickt, kaschiert. »Es kamen Augenblicke und Stunden, wo ich mich durch übermäßige Traurigkeit (...) und Zweifel versündigte. Es ging mir, wie es mir schon oft in meinem Leben leider gegangen war, ich glaubte nicht so viel Leiden verdient zu haben. Vergieb diese Gedanken, mein Vater, du weißt ja wie bald nachher sie wieder bereut werden, wie bald ich durch den kleinsten Strahl der Hoffnung, durch den geringsten Freuden Genuß wieder erheitert ward.« Margarethe E. Milows Leid scheint, zumindest aus heutiger Sicht, nicht »grundlos« ein häufiger Vorwurf gegen Melancholiker. Trauer, Verzweiflung wurde auch zu Margarethe E. Milows Zeiten nur dann ernst genommen, wenn sie eindeutige Ursachen und im gesellschaftlich akzeptierten Rahmen verlief. Eine Hausfrau, die unter der selbstverständlich von ihr erwarteten Last zusammenbricht und ihre Klage hinter permanenter Melancholie verbirgt – war und ist nicht akzeptabel.
Margarethe E. Milow beschreibt, trotz aller Idealisierung etc. ihre konkreten Probleme, Widerstände, verzichtet aber auf Wut oder offenen Widerstand. »Ich will aber nicht murren« Zur Sanftheit erzieht und zwingt sie auch ihre Töchter, die ihrer Meinung nach mit Temperamentsproblemen zu kämpfen haben, sich nicht fraglos anpassen wollen. Traurigkeit und Resignation dürfen Margarethe E. Milows Pflichtenkatalog nicht aufhalten und sich nicht im Tagebuch ausbreiten, denn es gilt das Ideal der selbstlosen, anspruchslosen, tugendhaften Frau vorzustellen. Vielleicht kannte sie das Gedicht Charlotte Unzers »Unbeständigkeit«, in dem es heißt:

»Wie so plötzlich wandeln sich
Glück und Ruhm und Freuden!
Nichts blüht unveränderlich,
Was wir uns beneiden.
Keine Güter dieser Welt
sind auf Felsengrund gestellt:
nur geweiht sind wir dem Leiden.«

Margarethe E. Milow unterscheidet nicht zwischen begründeter Traurigkeit und grundloser Melancholie. Melancholie ist auch für sie ein schillernder Begriff: eine besondere Gefühlsqualität, die aber nicht dazu führen darf, ihren Glauben zu Gott zu bezweifeln und ihre Aufgaben als Frau zu vernachlässigen. Während Milow seine Hypochondrie ausleben darf, hat Margarethe E. Milow ihre Melancholie zu kontrollieren.

Auch ihre Kinder leiden an Melancholie, insbesondere nach und während körperlicher Krankheiten: »Nikolaus' Besserung ging langsam vonstatten. Er war immer so traurig, so melancholisch und dadurch ward auch ich es.«

Traurigkeit, Melancholie sind übertragbar. Insbesondere unter den Stimmungsschwankungen ihres Mannes leidet Margarethe E. Milow. Heiterkeit ist da

ein unvermutetes Geschenk: »Milow war aber bey seiner Krankheit ungemein heiter und da sah ich recht, welch einen Einfluß seine Laune auf mein Glück hat. Sogar seine Krankheit fühlte ich nur halb, sobald ich ihn nur heiter sah.«
→ Psyche

MESSIAS
»Mein Bruder las uns den Messias.«
Für Friedrich Gottlieb Klopstock (1724 – 1803) war die Arbeit an seinem Epos »Der Messias« sein »erster Beruf«. In 25 Jahren dichtete er 20 Gesänge, die ersten 3 Gesänge publizierte er zum ersten Mal 1748. Einmal in dieser langen Schaffenszeit kommt es zu einer ernsthaften Krise. Klopstock stellte fest, daß ihn Meta, mit der er ganze vier Jahre bis zu ihrem Tod verheiratet war, liebte. »Ah, mon cher Gleim, voila donc ma resolution prise: je n'ecrirai plus. Le Messie, toutes mes Odes sont finies«. Der über alles erhabene Dichter schwebte am Rande der Katastrophe in die Tändelei abzugleiten, sich zu einem Anakreontiker [→ Frühling] herab zu entwickeln. Nur die ausdrückliche Versicherung Metas: »sie hätte noch alle Religion und denke beständig an Gott, was sie seliger mache als Klopstocks Umarmungen« konnte den Heros der deutschen Poesie aus seiner schweren Krise retten. Eros wurde aus ihrer Ehe verbannt und Meta verfaßte als »weiblicher Klopstock« religiöse Hymnen. (zit. n. Wuthenow, 1980, S. 241.) [→ literarisches Leben]
Klopstock ging es im Messias nicht nur darum, das Leben Jesu literarisch zu verarbeiten – gleichzeitig war die epische Handlung »der sündigen Menschen Erlösung«.
Die Gesänge werden weniger durch pakkende Handlungsstränge zusammengehalten, als durch die Reflektionen der Sterblichen und Unsterblichen über Gedanken und Gefühle. Sie sollen direkt auf die Leser wirken, sie »rühren«. Revolutionär war Klopstocks Umbildung der Sprache zu einem individuellen Ausdrucksorgan, von den Zeitgenossen weniger als syntaktisches und rhythmisches, also sprachliches, sondern eher als Experiment des Fühlens verstanden.
Um den Messias richtig verstehen und genießen zu können, ist eine genaue Bibelkenntnis, aber auch Vergnügen an in Hexametern gesetzten deutschen Versen nötig. Beides fehlte zunächst auch vielen Zeitgenossen Klopstocks. Verse voller bombastischer Bilder und kompliziertester Stilfiguren führten Lessing zu dem etwas spöttischen Urteil:
»Wer wird nicht Klopstock loben?/ Doch wird ihn jeder lesen? – Nein./ Wir wollen weniger erhoben/ Und fleißiger gelesen sein.«
Die Leser um 1750 waren an eine klare Syntax gewöhnt – trotzdem wurde der »Messias« ein großer Erfolg. Der religiöse, gefühlvolle Inhalt fesselte die Menschen, ohne sie dogmatisch und formelhaft zu belehren. Die Begeisterung zeigte sich hauptsächlich bei der Jugend. Auch J. M. Hudtwalcker gehört zu den Subskribenten. Die Älteren standen dem eher ablehnend gegenüber. »An den ersten Gesängen ist auch ganz zeitgenössisch, daß die Motive des Freundschaftskultes Sprache und Gestik bestimmen und daß gerade sie das Miteinander der Menschen im Umkreis des Messias beleben und die Irrealität der gegenseitigen Zuwendug von Menschen und Engeln begreiflich machen.« (Höpker-Herberg, 1986, S. 240.)
Klopstock wurde »[...] zu einem Mittelpunkt der hamburgischen Aufklärungs-

bewegung [...]. Für die Weckung und Verbreitung literarischer Interessen zumal bei den Damen der hamburgischen Gelehrten und Großkaufleute und bei der hamburgischen Jugend hat er viel geleistet. Aufklärung und → Empfindsamkeit [...] gehörten untrennbar zusammen.« (Kopitzsch, 1984, S. 381.)

MILCHSUPPE MIT GEFÜLLTEN MILCHBRÖDTCHEN.
»Man nimmt Milchbrodt und schneidet oben eine runde Platte ab, nimmt alle Krumen heraus, weichet sie mit Rohm oder süßer Milch, rührt sie gut voneinander, schlägt dazu Eyer, auf jedes Milchbrodt ein Ey gerechnet, thut dazu etliche bittere Mandeln, recht fein gestoßen, etwas Zucker, zwey Löffel voll geschmolzene Butter und ein wenig Salz. Dies rührt man alles wohl durcheinander, füllt es in die ledigen Milchbrödte, legt sie in eine Tortenpfanne auf Papier, und macht nur auf dem Deckel der Pfanne Feuer. Wenn sie oben braun werden, so kocht man zur Suppe Milch auf, nimmt ein wenig Zukker, rührt sie mit Eyern ab, gießt sie in die Schüssel, und legt die Milchbrödtchen hinein.« (Hamburgisches Kochbuch, 1798)
Die Milch, die sich die Armen leisten konnten, hatte eine schlechte Qualität: der Rahm war schon zum Extraverkauf abgeschöpft worden, oft wurde auch mit Wasser gepanschte Milch verkauft. Deshalb kam eine so gutschmeckende Milchsuppe, wie in diesem Rezept, nicht auf den Armentisch.

CATHARINE E. MILOW GEB. LÜDERS
(* 16.3.1701 Husum, † 16.3.1762). Heirat mit → Phillipp Milow. Schwiegermutter von Margarethe Milow. → Knüppelschule

JAKOB HEINRICH MILOW
(* 10.11.1770 Lüneburg, † 30.3.1837 Hamburg) 1. Kind der damals 22-jährigen Margarethe Elisabeth Milow geb. Hudtwalcker. Heirat mit Juliane Dorothea Frederking († 12.7.1798)

JOHANN N. MILOW
(* 31.10.1738 Hamburg, † 10.1.1795 Wandsbek). 17.10.1769 Heirat mit → Margarethe Elisabeth Hudtwalcker. Klosterhofmeister [→ Hofmeister] an der Lüneburger Ritterakademie. Milow wurde am 15.11.1772 Pastor in Wandsbek. Er richtete ein Lehrinstitut für Jungen im Alter von acht bis fünfzehn Jahren ein, die auch bei ihm wohnten.
Professor für morgenländische Sprachen an der Universität Kiel. Seine Hoffnungen auf eine Professur am hamburgischen akademischen Gymnasium schlugen fehl. er war kurze Zeit an der Hamburger Handlungsakademie von Joh. Georg Büsch tätig und wurde 1769 zum Prediger in Lüneburg gewählt. In Wandsbek schloß er sich dem Kreis um Matthias Claudius an und nahm auch an Kegelabenden des Freundeskreises teil. Offenbar herrschte hier ein etwas derbfröhlicher Ton, da man sich veranlaßt sah, wenn Pastor M. anwesend war, »nicht wie sonst zu singen.«

MARGARETHE E. MILOW
(* 30.3.1773 Wandsbek, † 30.12 1850). Genannt Betty. Tochter von Margarethe Elisabeth Milow. Heirat 1790 mit Franz Carl Mertens.

NIKOLAS MILOW
[Johann Nicolaus] (* 10.2.1772 Lüneburg). 2. Kind von Margarethe Elisabeth Milow, geb. Hudtwalcker. Heirat mit Wilhelmine Koch.

PHILLIPP MILOW
(* 6.2.1689 in Anclam, † 6.2.1756 Hamburg). Vater von Johann Nicolaus Milow. Feldbrunnenpfleger in Hamburg.
→ Brunnenaufseher

MITGIFT → Ehezärter

MUTTERLIEBE
».. meine Mutter war immer sehr strenge gegen mich [...]; sie war nicht so gegen mich von gantzer Seele Mutter, wie sie´s gegen die andern war.«
In der Sozialgeschichte ist es heute zu einer Mode geworden, die Geschichte von Gefühlen zu beschreiben. Auch die »Mutterliebe« ist davon nicht verschont geblieben. Von Thesen wie »Im 18. Jhd. war es Mode, eine strenge und abweisende Mutter zu spielen« (Badinter, 1984, S. 100.) halten wir nichts. Verallgemeinernde Theorien über Gefühle verhindern einen genauen Blick auf individuelle Erfahrungen. Liebe zum Kind war und ist eine ganz individuelle und komplexe Erfahrung mit ungewissem Ausgang. Liebe zum Kind, in unserer Gesellschaft unter »Mutterliebe« gefaßt, weckt negative wie positive Gefühle. Liebe, die aufkeimt und wächst oder auch nicht. Alles ist drin. Nur angeboren ist sie nicht. Aber was wurde und wird mit diesem individuellen Gefühl gemacht? Der Begriff »Mutterliebe« wurde und wird zum Politikum, zum Machtinstrument und so definiert, daß nur die Frauen die Verantwortung für die Kinder tragen. Und ohne solche »Mutterliebe« gab es keine neuen und mehr Untertanen für den Staat. Deshalb wurde und wird »Mutterliebe« den Frauen eingeimpft.
Mutterliebe sollte im 18. Jhd. den genehmen Untertanen formen und den berufstätigen Vater von den unberechenbaren Mutterpflichten freihalten. Die sich entwickelnde Industrie und das Militär brauchten Menschen. Dazu war eine hohe Geburtenrate notwendig, da viele Säuglinge und Kleinkinder starben. Auch die Kirche propagierte die Menschenproduktion. Pastor → Nölting predigte »Mutterliebe« von der Kanzel:
»Mit dieser ersten Mutterpflicht ist das liebreiche und anhaltende Bemühen verbunden, für die körperliche Erziehung des Kinds und für die Bildung seiner Sele zu nützlichen Kenntnissen und Geschicklichkeiten und zu allen Tugenden so zu sorgen, daß man wahrnahme, sie freue sich der Gabe ihres Gottes ferner so, wie sie sich ihrer bey dem ersten Anblick freute, und sich, so viel an ihr ist, die himmlische Wonne zu bereiten, einst vor seinem Thron ihr Kind zugleich als sein Kind zu umarmen. Die redliche Ausführung dieses Entschlusses wird mit häufiger Mühe Beschwerde Entbehrung und Aufopferung verknüpft sein, zumal da die Erziehung der ersten Jahre fast ganz auf die Mutter fällt. Aber aus Mutterliebe wird sie das gern übernehmen, keinen Augenblick anstehen, Freude und Leid mit ihrem Kind zu theilen, und eher alles andere als das Bewußtsein zu verlieren, daß sie wehrt sey, Mutter zu heissen. Eine so dankbare fromme Mutter wird gegen das von Gott erbetene Kind auch sofern Mutterliebe unterhalten, daß sie sich ihm in jedem Alter desselben liebreich schonend und erbarmend erweise, und, wenn etwa Gleichgültigkeit und persönlicher Haß sich eindringen wollen, an die Freude zurück denke, welche dies Kind ihr bey seinem Eintritt in die Welt machte. So wird sie ihr Gemüth leicht zu der edlen Sanftmuth stimmen, die der sorgfältigen Bemerkung und zuweilen nothwendigen Ahndung der Unarten und Untugenden

»Die gute Erziehung«. Die liebend sich sorgende Mutter gibt Lektionen in weiblicher Tugend.

keinen Eintrag thut.« (Nölting, 1780, S. 30.) Nölting war sich des großen Opfers, das eine Mutter aufbringen mußte, bewußt. Um ihr dies Opfer zu versüßen und sie davon abzuhalten, eventuell doch auf den Gedanken zu kommen, daß es nicht in der Natur der Sache liegt, sein Kind ständig zu lieben, aktivierte er die Schuldgefühle der Frauen – nicht genug »Mutterliebe« zu zeigen.

Auch wenn Mütter gerne zärtlich für ihr Kind sorgen wollten, konnten die materiellen Voraussetzungen die Entfaltung ihrer Liebe zum Kind behindern. Durch Doppel- und Dreifachbelastung konnte und kann »Mutterliebe« sehr leiden. Die Hamburger Bürgersfrauen im 18. Jahrhundert hatten es da vielfach besser als ihre erwerbstätigen Geschlechtsgenossinnen. Bürgersfrauen hatten die Chance, im ausgeruhten Zustand ihre Kinder zu lieben und zu umhegen; sie konnten Liebe zeigen, wenn sie es wollten. Ansonsten hatten sie die Möglichkeit, durch bezahltes Dienstpersonal ihre Kinder betreuen zu lassen.

GERDRUT L. MUTZENBECHER (* 14.10.1758, † 29.9.1809). Tochter des Senators und Bürgermeisters Franz Anton Wagener. Heirat am 26.5.1778 mit Andreas Mutzenbecher (* 10.9.1744, † 17.10.1813). Kaufmann (Kaffeegeschäft). Drei Kinder.

N

NÄHERIN
»Abends, bis wir zu Bette gingen, saßen wir bey einer Näherin, die so schöne Geschichten zu erzählen wußte, daß wir manche hertzliche Thräne dabey vergossen...«
Frauen aus Hamburgs Unterschicht versuchten, sich ihren Lebensunterhalt mit Nähen zu verdienen. Den Bürgern stopften, nähten und flickten sie die Kleidung. Ihre Arbeit war Lohnarbeit. Die Näherinnen kamen entweder für einige Tage oder auch länger in das Bürgerhaus, um dort die anfallenden Näharbeiten zu erledigen. Manchmal lebten sie während dieser Zeit dort oder gingen nach getaner Arbeit wieder in ihre Wohnungen. Häufig hatten die Näherinnen im bürgerlichen Haushalt die Funktion einer angenehmen Hausgenossin für die Kinder. Sie genossen manchmal eine Vertrauensstelle. So fühlten sich diese Frauen wohl auch der Bürgersfamilie zugehörig, und das ließ sie oft den geringen Lohn in Kauf nehmen. Der Lohn der Näherinnen war aber so gering, daß die Frauen häufig von der Armenfürsorge abhängig wurden. Die Arbeit der Näherin galt als ungelernte Arbeit. Ihre Tätigkeit wurde gesellschaftlich nicht anerkannt, sondern als minderqualifiziert eingestuft. Diese Bewertung galt als Rechtfertigung für den geringen Lohn. Frauen bekamen 40 % weniger Lohn für gleichwertige Arbeit als Männer. Ungelernt, schlechtbezahlt und frauenspezifisch – so läßt sich die Näharbeit »umsäumen«. Also nichts für Männerhände. Denn Arbeiten, die hauptsächlich von Frauen verrichtet wurden, wurden von vielen Männern für sich selbst nicht akzeptiert. »Ein Kerl [...] haut lieber eine halbe Stunde Holz, als daß er eine Viertel-Stunde mit dem Besen das Haus ausfegt.« (Guden, 1768, S. 185f.)
»Nähen« galt als eine Arbeit, die auf wunderbare Weise typisch weibliche – also angeblich angeborene Eigenschaften – vereinigte. Dazu gehörte z.B. Ausdauer, Fingerfertigkeit und Geschicklichkeit. Diese »typisch weiblichen Fertigkeiten« wurden und werden nach Meinung vieler Geschlechtsrollenlehrer mit dem zusätz-

»Näherin«. Angestrengt, bei schlechter Beleuchtung, den Rücken krumm und nach vorn gebeugt, gingen Frauen einer der »weiblichsten« Arbeiten nach.

lichen X-Chromosom vererbt. Die Realität sah und sieht nur ganz anders aus: Schon kleine Mädchen erlernten diese bestimmten Verhaltensweisen und Fähigkeiten; und waren damit fit für einen Arbeitsmarkt, der gerade diese Fähigkeiten verlangte. Diese »Vorbildung« besaßen Männer nicht. Frauen waren also »Spezialistinnen« mit jahrelanger Ausbildung.

Neustädt
»Mein Bruder und Fl [Flügge] begleiteten sie [die Eltern] bis Neustädt und kamen Mittags wieder.«
Nienstedten. Heute ein Hamburger Stadtteil, an der Elbe vor Blankenese gelegen. Vom Blankeneser Fährhaus fuhren die Eltern ab.

Nicoline
Maria Susanne Nicoline Milow. (* 25.3.1783 Wandsbek, † 24.1.1837 Bielefeld). Tochter von Margarethe Elisabeth Milow.

J. H. V. Nölting
(* 23.2.1736 Schwarzenbek, † 23.8.1806 Hamburg). Sohn eines Predigers an der Michaeliskirche in Hamburg. Studium der Theologie in Jena. 1. Heirat 1761 mit Ernestine Catharina Tympe († 1761), Tochter eines theologischen Professors zu Jena. 2. Heirat 1770 mit seiner Cousine Johanna Elisabeth Hedwig († 1806), Tochter von Johann Heinrich Lokewitz und Anna Ludovica geb. Nölting. 1761 Professor der Logik, Metaphysik und Beredtsamkeit am Hamburgischen Gymnasium.

O

Johann Octav Nolte
Das ist Octav. (* 29.11.1744 Hamburg, † 28.11.1822 Lübeck). Von 1787 – 1797 Kaufmann in Hamburg und Generalkonsul zu Livorno. Nachdem er zu Geld und damit zu Ansehen gekommen war Heirat am 13.6.1786 mit Johanna Maria Matsen (* 17.4.1766, † 23.1.1829 Plön), Tochter des Hamburger Senators Vincent Matsen. Sie hatten acht Kinder.

P

JOHN UND RICHARD PARISH
»Wir bekamen die beiden Parish.«
John (* 23.3.1774, † 1858) und Richard (* 24.7.1776, † 1855). Söhne von John Parish, der acht Kinder hatte. Beide mußten von der Pike auf im väterlichen Kontor lernen. 1797 übernahmen sie Vaters Handelshaus Parish & Co., das aus dem amerikanischen Unabhängigkeitskrieg und dem Sklavenhandel Gewinne erzielte. John führte die Abteilung für englische Truppentransporte und Lieferungen, Richard fungierte als Kassierer. Den Geschäftssinn ihres Vaters hatten sie nicht geerbt – 1847 ging das Geschäftshaus Parish ein.

GEORG LUDWIG PAULI
(* 15.10.1759 Berlin, † 13.4. 1797 Hamburg) Prediger der Deutsch-reformierten Gemeinde.

PFÄNDERSPIEL
»Jeder wählte sich ein Mädgen und dann war Küssen und Pfänder-Einlösen unser Spiel.«
Wer küßte hier wen? Bei den Pfänderspielen gab es die Gelegenheit der ersten Annäherungsversuche an das andere Geschlecht. Diese Spiele boten beiden die Möglichkeit, unter dem Deckmantel des Spiels mit klopfendem Herzen zärtliche Fingerspiele und scheue Küsse auszutauschen.
Jedes Pfand wurde beim Pfänderspiel durch → Küsse ausgelöst. »Küsse und Umarmungen wurden überhaupt in jener Zeit des Gefühlsschwanges verschwenderisch ausgeteilt«. (Finder, 1930, S. 377.)

HINRICH PETERSEN
(†19.8.1810), Ratsherr 1785

PFLASTER
»Er legte ein Pflaster auf..«
Es gab verschiedene Sorten Pflaster: Wachspflaster, Blasenpflaster, Wundpflaster. Herstellung: Es wurde ein Teig hergestellt, mit dem man den Körper überzog. Der Teig wurde zwischen den feucht gemachten Fingern erweicht und durchgeknetet. Eine Leinwand wurde damit dünn bestrichen und dies Ganze auf den Körper gelegt. → Krankheit

CARL WILHELM PISTORIUS
»Am 8ten starb Pistorius Frau.«
Margaretha Wybrandt (* 23.5.1766, † 8.3. 1787 Hamburg). Heiratet am 14.11.1782 den Kaufmann Carl Wilhelm Pistorius.

POST HAMBURG-LÜNEBURG
»Dazu kamen die Briefe aus Hamburg, die ich jeden Mittwochen einen von meinen Eltern, jeden Sontag einen von meinem Bruder erhielt.«
Es gab noch kein einheitliches Postwesen. Mittwochs und sonnabends kam und ging um 23 Uhr die Kayserl. ord. Reichs-Post nach Lüneburg. Die Lüneburger Post kam dienstags, donnerstags und freitags morgens an und ging montags, donnerstags und sonnabends abends wieder ab.

PREDIGERFRAUENSTUHL
»Wie ich da nun mit traurigem Hertzen [...] saß, dachte ich nicht, [...] mein zukünftiger Mann [würde] Prediger an dieser Kirche wer-

den, und ich [würde] im Predigerfrauen-Stuhle sitzen.«

Vom hohen gesellschaftlichen Status des Predigers fiel auch etwas für seine Frau ab. »Frau Pastor« war eine Autorität in ihrer Gemeinde. Und ihre Stellung machte sie auch beim Sitzen in der Kirche deutlich. Denn »Frau Pastor« lauschte dem Gottesdienst ihres Gatten nicht auf den gewöhnlichen Kirchenbänken, sondern im Predigerfrauengestühl. In der St. Katharinenkirche waren die ersten acht Plätze vor dem Brautgestühl (das erste lange Gestühl an der Nordseite vor dem dritten Pfeiler) für die Prediger und ihre Frauen reserviert.

PREDIGERGEHALT

»Dies Leben ward getrübt [...] durch Sorgen der Nahrung. 300 Marck nehmen wir ein, und 500 geben wir aus.«
Üppig war das Predigergehalt nicht. Die Prediger hatten ganz schön zu knapsen, aber das gehörte zum Beruf. Denn sie sollten ihre Arbeit, ihren Dienst an Gott und den Menschen nicht des schnöden Mammons wegen verrichten. Gute Verdienstquellen boten Hochzeiten, Taufen und Beichten. Dabei waren die Prediger vom Wohlwollen und der Gebefreudigkeit der Kirchenbesucher abhängig. Doch nicht immer gab es Geld, die Gläubigen zahlten auch oft in Naturalien. Griesheim schreibt 1760:

»Der Geistlichen Häuser sind mehrentheils wohl gebauet, und an der Kirche ihres Sprengels gelegen; die baare Einnahme ist nicht groß, wie überall in der Evangelischen Religion. [...] Das mehreste der Predigereinnahmen muß von der Liebe der Zuhörer in Accidentien verdienet werden. Die besten Häuser geben selten Beichtgeld, aber desto reichlicher ein Neujahrsgeschenk an Gelde und Victualien; wobey Zucker, Coffee, Thee und Wein mit gehören. [...] Die Kindstaufen gehören denen Diaconis, die Trauungen sind willkührlich, das Aufgebot gehöret denen Oberpfarrern. Die Fürbitten und Danksagungen sind eine schöne Einnahme. Je weitläufiger selbige ist, je mehr bringet sie ein.« (Griesheim, 1760, S. 51.)

PREDIGERKLEIDUNG

Prediger trugen im Dienst einen langen schwarzen Rock, einen großen Kragen und eine kurze Perücke.

PREDIGERSTATUS

»Die Achtung, worinnen zu den zeiten die Prediger in Hamburg waren, ihre Kleidung hatte ihn [Milow] so gereizt, daß er wünschte studieren zu können.«
Prediger waren gesellschaftsfähig und als Heiratskandidaten für Bürgertöchter willkommen. Denn ein Intellektueller in der Familie, ein Studierter, galt schon etwas. Außerdem war es schicklich, seine Tochter in die Hände eines Vertreters von Moral und Tugend zu geben. Und da die Kirche auch noch gesellschaftliche Macht besaß, war es nicht ohne Vorteil, einen Verwandten darin zu wissen.

»Ein Geistlicher [ist] in allen Häusern hochgeschätzt, und wenn er die Gunst seiner Zuhörer durch gerechte Mittel zu gewinnen weis; so fehlt es ihm nicht an Eingang in die menschlichen Herzen; nicht an Vertrauen; seine zeitlichen Umstände sind glücklich. [...] Ein Geistlicher kann aber bald seinen Beyfall, zuweilen ohne erhebliche Ursache verlieren. Denn der Hamburger denkt frey; wer das thut, tadelt gern, nicht eben allemal nach der Wahrheit: sondern nach Leidenschaften. Kleine Fehler werden vergrössert.« (Griesheim 1760, S. 49–50.)

PREDIGERWAHLEN
»Er [Milow], der nie Prediger zu werden dachte, und nur den Professor im Kopf hatte, einmahl in seinem Leben erst gepredigt hatte, wird aufgefordert in Hamburg zur Wahl zu predigen.«
Gesellschaftliche Beziehungen spielten auch in der geistlichen Sphäre der Prediger eine wichtige Rolle. Ohne sie war eine Karriere kaum möglich. Griesheim schreibt 1760 dazu:
»Der Hamburger ist von jeher gewohnt gewesen, die Hauptpriester, und oft auch die ersten Diaconis von fremden Orten zu hohlen. Während der Vacanz werden die neuen geistlichen Schriften fleißig nach der Prediger Kunst und der Orthodoxie beurtheilt; sie schicken auch wohl insgeheim jemanden ab, der den Vortrag anhöret; sie stellen eine weitläufige Wahl an; lassen jeden auswärtigen in Ruf stehenden Geistlichen erforschen: ob er kommen möchte. Zuweilen ist die Liste weit über zwölfe angestiegen, und doch weis noch niemand, wen die Wahl treffen wird. Aus der ganzen Zahl werden per majora viere herausgenommen, und wem sodann die meisten Stimmen treffen, der wird Oberpastor. Von einem solchen, wird keine Gastpredigt verlangt, wol aber von denen, die auf die Wahl der Diaconaten kommen, und zwar auf eigene Kosten. [...] Eine starke Aussprache ist in dieser Stadt, wegen der großen Kirchen, unentbehrlich. Eine starke Lunge, ist das, was das feine Metall in denen Glocken ist.« (Giesheim, 1760, S. 51 f.)

DIE WAHL. Auch vor Predigerwahlen wurde intrigiert und gezittert, denn das Intrigenspiel war nicht immer von vornherein zu durchschauen.

»Dieser [Kandidat] wird alsdann dem Ministeria ad scrutinium et preces mitgetheilet, und, sofern selbiges gegen das Leben und die Lehre der darin enthaltenen Personen nichts einzuwenden hat, wählt sodann aus diesen, an drei auf einander folgenden Sonntagen, in allen Kirchen gehaltener Fürbitte, das große Kirchen-Collegium mit Zuziehung aller eingepfarrten Senatoren, so wie des Seniors, welcher letztere über sämmtliche vier Wahl-Candidaten seinen Bericht abstattet, einen derselben vorschlägt, stimmt, und in die Sristei abtritt, worauf vermöge aufgerollter Zettel gestimmt wird. Der Name des Erwählten wird in die Kirche hinein und auf den Kirchhof hinausgerufen, die Wahl dem Senator angezeigt und das große Kirchen Collegium macht, ohne Zulassung von Bewerbungen, nach zuvor entworfenem Projekt, den sogenannten weiten Aufsatz auf.« (Westphalen, 1828, S. 246.)

DER WEITE UND DER ENGE AUFSATZ. Im weiten Aufsatz wurden 8–12 → Kandidaten für die Predigerstelle zugelassen. Aus dem weiten Aufsatz wurde der enge Aufsatz gefiltert. Als Filter fungierten die Beede, unter Zuziehung der Patrone und der beiden Kirchspiels-Herren. An dem engen Aufsatz durften nur noch vier Wahl-Candidaten teilnehmen.

PREDIGTEN
Im 17. und 18. Jahrhundert nutzten viele Pastoren die Predigten zu politischen Demonstrationen und beeinflußten dadurch die Meinungsbildung der Bürger. Das paßte dem Rat der Stadt nicht, denn oft widersprachen die Pastoren seiner politischen Linie. Um diesen Einfluß einzudämmen, zwang der Rat die Pastoren, ihre Predigten vor Drucklegung von den Ratsherren genehmigen zu lassen. Erst dann konnten die Predigten auch an den Kirchentüren unters Volk gebracht werden. (vgl. Merkel, 1801, S.281.)

Q

QUACKSALBER
Kurpfuscher. Quacksalber waren manchmal die erste Hilfsstation oder der letzte Rettungsring. Sie ließen sich die Hausbesuche nicht bezahlen. Dafür berechneten sie aber oft ihre Medizin sehr teuer. Gewöhnlich kurierten sie nur mit wenigen Mitteln. Besonders beliebt waren schweißtreibende Brechmittel, Mittel, die eine sichtbare Wirkung zeigten. Gegen die große Beliebtheit der Quacksalber kam der Rat nicht an. Deshalb wurde den Quacksalbern erlaubt, ihre Heilmittel an den freien Markttagen (15. Juni und 20. Oktober) anzubieten. Damit versuchte man, sie unter Kontrolle zu halten.

R

ALTE RABE
»... *mein Bruder, Hanchen, Octav und ich führen mit einem kleinen Boot nach der Rabe.*«
«Die Rabe« war ein beliebtes Ausflugslokal, mit einem Anlegesteg für → Archen und einer Bootsstation für die Überfahrt nach St. Georg. »Die Rabe« lag vor dem Dammtor an der Alster an der heutigen Ecke Badestraße/Alte Rabenstraße. In der 2. Hälfte des 18. Jahrhunderts wurde ihr gegenüber eine Konkurrenzwirtschaft eröffnet: »die neue Rabe«. Um Verwechslungen vorzubeugen, präzisierte der Wirt den Namen seines alt – eingeführten Lokals. Aus »die Rabe« wurde »die alte Rabe«. Für die Plattdeutschkenner: Ursprünglich sagten die Gäste »de Rabe«. Doch bald wurde aus dem »de« ein »die«, weil immer öfter Hochdeutsch gesprochen wurde.

HERMANN S. REIMARUS
(* 1694 Hamburg, † 1768 Hamburg). Sohn eines Lehrers am Johanneum. 1727 Professor der orientalischen Sprachen am → Akademischen Gymnasium in Hamburg. Seine Schriften (wie z.B. »die vornehmsten Wahrheiten der natürlichen Religion, in zehn Abhandlungen auf eine begreifliche Art erkläret und gerettet« (1754), die »Vernunftslehre«, (1756) und »Allgemeine Betrachtung über die Triebe der Thiere, hauptsächlich über ihre Kunsttriebe, zur Erkenntnis des Zusammenhanges der Welt, des Schöpfers und unser selbst.« (1760) [...] waren Standardwerke der Aufklärung. Seine kritische Auseinandersetzung mit der kirchlichen Orthodoxie war Auslöser für den → Fragmentenstreit.

JOHANN A. H. REIMARUS
(*11.11.1729 Hamburg, † 6.6.1814 Rantzau). Sohn des Professors am → Akademischen Gymnasiums → Hermann Samuel Reimarus. Studium der Medizin u.a. in Göttingen. Promotion zum Dr. med. Praxis in Hamburg. Zu seinen Freunden in Hamburg gehörten Lessing und Klopstock. Reimarus war Mitbegrün-

der der → Patriotischen Gesellschaft. Er wurde 1796 wegen seines Wirkens auf dem Gebiet der Naturwissenschaften zum Professor der Naturlehre und Naturgesetze am Akademischen Gymnasium ernannt.

RELIGION
»Ich ging zu meinem Tempel, meinem mir durch so vieles geheiligten Eichenwalde zu. Dies ist mein Allerheiligstes, hier ist mirs als sähe ich Gott von Angesicht zu Angesicht...« Und hier in der Natur betet Margarethe Milow – fernab vom Haus, der Familie und der Kirche. Margarethe Milow beschreibt eine nahezu mystische Gebetshaltung. Nicht etwa weil Frauen irrational und dem Herzen leben, sondern weil Frauen aus den rationalen, gelehrten Erörterungen des christlichen Dogmas ausgesperrt waren, weil die reformatorischen Staatskirchen das religiös-gesellschaftliche Leben der Frauen reduzierten, fühlten sich Frauen von mystisch gefärbter Religiosität angezogen, suchten im Umkreis freikirchlicher Gruppen, in Deutschland vor allem im Umkreis der Schwärmer und Pietisten, nach Wegen für sich. Außerhalb des offiziellen kirchlich-religiösen Rahmens sucht Margarethe Milow nach ihrer ganz persönlichen Gottesbeziehung, berichtet daher auch kaum von Gebeten in der Kirche. Sie versucht, sich mit diesem religiösen einen selbständigen Bereich aufzubauen, unabhängig von dem ihres Ehemannes, des Pfarrers. Ihr Selbstbewußtsein, das sie aus der Gottesbeziehung schöpft, zeigt sich unter anderem darin, daß sie ihren Kindern ihr Leben schreibt, »weil (sie) an (ihrem) Leben überall (Gottes) besondere Vorsehung, die er für (sie) von (ihrer) ersten Jugend an gehabt, sehen soll(en)«.

Kein einziges Mal berichtet Margarethe Milow, die Pfarrersfrau, von theologischen Gesprächen mit ihrem Ehemann - sie wird sie wohl nicht geführt haben. Wie auch andere Frauen im 18. Jahrhundert hatte sie in theologischen Fragen zu schweigen. Daher liegen in der Frömmigkeitsgeschichte, die – anders als die Theologiegeschichte, die die religiösen Gedanken einer Zeit verfolgt, – den religiösen Erfahrungen und Ausdrucksformen verschiedener Sozialgruppen nachgeht, noch nicht wahrgenommene Chancen, die Religionsgeschichte der Frauen zu schreiben. In Erlebnisberichten und Frauenbiographien wie die der Margarethe Milow ist sie versteckt. Immer wieder beschreibt Margarethe Milow, wieviel ihr das Beten bedeutet: »Thränen und Gebet waren immer meine erste Zuflucht, wenn mirs Herz voll war (...).« Und: »Gott lenkte meine Seele, Gott regierte mich.« Gebet ist Zuflucht, Fluchtpunkt, wenn die Bedrückungen ihres Lebens ihre Kräfte zu übersteigen scheinen. »(...) bey der Gelegenheit hatte mein Mann einigen Verdruß und daher ich einige traurige Wochen, (...) ich schüttete mein volles Herz im Gebet zu Gott aus. Solche Erquickungen sind köstlich, sie stärken und lindern zugleich.« Mit dem Gebet schafft sich Margarethe Milow eine psychische Stütze, durch die sie sich von ihrem Ehemann und der durch ihn geprägten Lebenswelt abgrenzt und sich ihre eigenständige Persönlichkeit zu erhalten sucht. Gott vertraut sie alle ihre Geheimnisse an, durch ihn erfährt sie Zuspruch und Stärkung. Aber: Von welchen Stärkungen spricht sie hier? Stärkungen zum Erkennen ihrer eigenen Bedürfnisse, zum Austragen von Auseinandersetzungen? Findet sie im Gebet vor Gott Sprache für das, was sie wünscht und beklagt?»Beten ist Wünschen, nur leidenschaftlicher«, Jean Paul (Veit, Marie S. 461ff.). Keineswegs. Empfindet Margarethe Milow das Beten in der Einsamkeit für sich auch zunächst als Trost, so hilft es ihr letztlich doch nur auszuhalten und innerlich zu überleben. Sie schafft sich das Gefühl von Eigenständigkeit und innerer Ausgeglichenheit, indem sie ihre eigenen Bedürfnisse dem von ihr Geforderten angleicht. Ihr Gebet ist daher letztlich Einübung in die Unterwerfung. Margarethe Milow gerät mit ihrem Ehemann in einen sie sehr bedrückenden Streit, als sie im Gegensatz zu Milow mit der Kündigung Mertens, eines jungen Theologen, an dem ihr ausgesprochen viel liegt, nicht einverstanden ist. Um Mertens fester an sich zu binden, wünscht sie sich ihn sogar insgeheim als Schwiegersohn. Sie sieht aber alle ihre diesbezüglichen Wünsche als unerfüllbar und akzeptiert diese Unerfüllbarkeit sehr schnell im Glauben an einen höhergeordneten göttlichen Plan: »Aber das nun nicht Gottes Wille, nicht sein Plan, also Unterwerfung. Er hat noch niemahls was versehn in seinem Regimente.«

Margarethe Milow gibt im Gebet alle Verantwortung an Gott ab. Psychologisch gesehen handelt es sich dabei um eine Regression, der erwachsene Mensch kehrt in infantile Verhaltensweisen zurück:»Freylich bat ich auch wie die lieben Kinder ihren lieben Vater bitten, um Abwendung großer Leiden, aber doch nur wenns sein Wille wäre (...).« Als Vater redet Margarethe Milow Gott erst ab dem Zeitpunkt ihrer Verheiratung an. Vielen erscheint die Bezeichnung Vater für Gott als eine naheliegende und geradezu ursprüngliche. Doch für die biblischen Schriften war das Symbol Vater keineswegs vorrangig: Im Alten Testament wird Jahwe nur ganz selten als Vater bezeichnet, auch in den neutestamentlichen Schriften taucht das Symbol Vater nur in drei Zusammenhängen auf. Erst in der Folge der Reformation und ihrer Betonung der Familie erlangte dieser Begriff größere theologische Bedeutung. Luther leitete im Großen Katechismus die staatliche Macht von der Macht der Eltern ab, also vom 4. Gebot. Dahinter steht sozialgeschichtlich eine zunehmende Hochwertung der Familie in der aufsteigenden bürgerlichen Klasse, die der Betonung der adligen Familie mit ihren langen Stammbäumen ihr eigenes Familienideal entgegensetzt. Bestimmt war diese bürgerliche Familie durch die väterliche Autorität. Im weiteren Verlauf des Protestantismus, besonders gefördert durch den Pietismus, bildete sich in Deutschland immer mehr das Ideal der Hausvaterfamilie heraus. Der Hausvater, Vorsteher des gesamten Hauswesens, hatte sowohl in weltlichen als auch in religiösen Angelegenheiten das alleinige Regiment inne. Theologisch legitimiert wurde seine Allmacht durch den allmächtigen, nun eben auch wie selbstverständlich als Vater bezeichneten Gott. Hausvater wie auch Vater-Gott fordern absoluten Gehorsam, belohnen Pflichttreue, bestrafen Ungehorsam strengstens und belehren durch Zufügung von Leiden. Diesen Vater-Gott interessieren Frauen nur in zweierlei Hinsicht: als Mutter seiner Söhne und als Gattin. In der Rolle der Ehegattin wird der Frau vor allem die Rolle der klugen, sparsamen und kundigen Wirtschafterin des umfangreichen Hauswesens zugewiesen. So urteilt Johann Ludwig Ewald 1798: Jeder Mensch verliert viel,»wenn ihm Religion nichts ist. Aber das Weib verliert alles. Die

zarte Pflanze ihres sittlichen Gefühls kann nur auf dem gut gebauten Boden ächter Religiosität gedeihen. (...) Alle irreligiösen Weiber hören auf, Weiber zu sein, (...) Gattinnen ihrer Männer, Mütter ihrer Kinder, Vertreterinnen ihrer Haushaltung.« (Ewald, Johann Ludwig, S. 294.)
Margarethe Milow wurde während ihrer gesamten Kindheit und Jugend nahezu ausschließlich auf diese Frauenrolle vorbereitet. Auf diese läßt sie sich im Wissen um ihre Verheiratung innerlich ein, übernimmt mit der zu vollziehenden Einordnung in diesen Lebensbereich den dazugehörigen theologischen Überbau, verinnerlicht ihre Rolle im Bewußtsein ihrer theologischen Legitimiertheit umso mehr. Hausvater und Vater-Gott bilden für sie so sehr eine Einheit, daß sie sie in ihren Aufzeichnungen schließlich sprachlich kaum auseinanderhält:»Du bleibst doch Vater, auch wenn du züchtigst Vater, denn die Leiden sind uns ja gut und wieviel mehrere hätten mich nicht noch treffen können, die du alle abgewandt hast, wie leicht hätte nicht Vaters Tod, nicht Tod der Kinder eingeschrieben werden müssen (...) Freylich ist Vater noch nicht ganz gesund (...) Aber ich will dir nichts vorschreiben mein Gott, sondern alles aus deiner Hand nehmen, was du für gut (...) findest. Es ist völlige Unterwerfung unter deinen Willen. an meiner Seele gib mir nur Geduld, um alles mir bevorstehende zu ertragen.«
→ Melancholie. *Birgit Bentrup*

ENGLISCHER RINDER-BRATEN
Er wurde »[...] mit Mehl bestreuet, und wenn er ohngefähr einen halben Finger dick durchgebraten und mit der Butter wohl schäumet, lasse man eine Schüssel unterhalten, schneide mit einem scharfen Messer das Braune alles herab, und lege es in eine Schüssel, den Saft aus dem Braten auf das Geschnittene, und so fährt man fort bis nichts als Knochen übrig sind; man kann auch die Schüssel mit ein wenig Scharlotten reiben, es muß aber auch eine zinnerne oder silberne Schüssel seyn, und auf etwas Kohlenfeuer wieder durchhitzen lassen. Wenn man es anrichtet drückt man den Saft von einer Citrone dazu.« (Hamburgisches Kochbuch, 1798)

JOHANNES CHR. FR. RIST
(* 3.7.1735 Hamburg, † 8.4.1807 Niendorf). Sohn des Organisten am St. Marien-Magdalenenkloster. Ab 1765 ist er → Kandidat in Hamburg. 1770 Pastor in Niendorf bei Hamburg. 1773 Heirat mit Magd. Elisabeth Werkmeister.

KÖNIGLICHE RITTERAKADEMIE
»Er [Milow] bekam eine Stelle als königlicher Hofmeister an der Ritteracademie in Lüneburg.«
Die Ritterakademien entstanden im ausgehenden 16. Jahrhundert und widmeten sich der Erziehung von Jungen aus Adelsfamilien. Hier lernten die kleinen zukünftigen Herrscher männliche Gesellschaftsformen. Diese Schulen waren eine Mischform zwischen Gelehrtenschulen und Universitäten. Sehr praxisorientiert wurden Realfächer und moderne Fremdsprachen gelehrt. (vgl. Barner, 1981, S. 61.)

DR. MED. CULIN ROSS
(1736-1793), siedelte aus Schottland nach Hamburg über. Arzt der englischen Kolonie und einer der angesehensten Ärzte Hamburgs. Er war ein Freund von John Parish senior.

ROTZITZEN
»Das vorige Jahr hatte ich ein rohtzitznes Kleid bekommen, welches mir am besten unter meinen Kleidern stand.«
Zitz = Baumwolle. Rotzitzenes Kleid : rotes Baumwollkleid. Die Farbe »rot« – sonst so symbolbeladen – hat in diesem Zusammenhang keine Bedeutung. Rote Stoffe gab es in reichlicher Auswahl.
→ Kleidung

RUTE
Margarethe bekam auch »..Rute Pillen.«
Rute wurde zu zahlreichen Zwecken verabreicht. Es wirkte brennend, erwärmend, harntreibend. Förderte die Mensis, half gegen Durchfall, sollte die Leibesfrucht abtreiben, half gegen Leib- und Brustschmerzen, Bandwürmer, Kopf- und Ohrenschmerzen und Geschwüre. → Krankheit

S

SALOPPE → Kleidung

SAMMELN IN DER KIRCHE → Kirche

OFFENER SCHADEN
»Schon 4 Jahre hatte sie [Caecilia Hudtwalcker] an einem offenen Schaden krank gelegen, welcher täglich verbunden ward, und mit Geduld einer Märtyrerin gelitten.«
Offener Schaden = Spina Bifida. Spaltbildungen in der Rücken- und Kreuzbeingegend. Mißbildung des Fötus während der Schwangerschaft. → Krankheit

SCHÄFERSPIEL
»Den Herbst darauf führten wir auf unseres Vaters Geburtstag ein Schäferspiel auf ...«
Schäferspiele fanden sowohl auf der Bühne als auch in Inszenierungen des Alltags statt. Ihr Inhalt versinnbildlichte die Sehnsucht der Adligen und Bürger nach natürlichem Leben, nach lebendiger Sinnlichkeit, unschuldiger Erotik und Zärtlichkeit.

SCHARLACH
»[...] und wir vermuhteten auch das Scharlachfieber, welches Daniel auch hatte.«
Eine epidemisch auftretende Kinderkrankheit. Im 18. Jahrhundert bezeichnete Krünitz den Scharlach als hitzigen Ausschlag. Anzeichen der Krankheit: Müdigkeit, Schwindel, Steifheit des Halses, Kopfschmerzen, trockener Husten, Übelkeit, Brennen im Hals. Bekämpfung: Aderlaß, kühlende Getränke, Umschläge und Brechmittel. → Krankheit

GROSSE SCHATZKAMMER AUSRECHNEN
»Milow hatte im 11ten [Lebensjahr] schon die große Schatzkammer ausgerechnet.«
Logisches Denken und gute Kenntnisse in Mathematik wurden weitaus mehr von Jungen als von Mädchen verlangt. Die künftigen Hausfrauen sollten keine Zeit mit Mathematik und Logik »verlieren«. Die jungen Kaufleute in spe hingegen lernten schon früh Zahlenakrobatik, Geldgeschäfte und den Vorgeschmack von Macht kennen. Margarethe Elisabeth war stolz darauf, daß ihr Mann bereits mit 11 Jahren das Schlüsselbuch des kaufmännischen Rechnens beherrschte. Bis Mitte des 18. Jahrhunderts galt dieses Buch von → Valentin Heins: »Gazophylacium mercatorio –arithmethicum

das ist: Schatz = Kammer der Kaufmännischen Rechnung« von 1686, als das Standardwerk für das kaufmännische Rechnen und grundlegende Buch für die → Handlungsakademie.
Hauptkapitel des Buches: Addieren, Subtrahieren, Multiplizieren, Dividieren, Maße, Zeitberechnung, Bruch- und Rabattrechnen, Gewinn- und Verlustrechnen, Assecuranzrechnung, Sollrechnung, Faktorenrechnung.
→ Comptoir → Handlungsakademie
→ Valentin Heins → Kaufmann

FRAU SCHEEL
Eventuell ist Frau Bürgermeisterin Gertrut Scheelen gemeint.

SCHIMMELMANN
»Schimmelmann versprach nun meinem Vater, alle Stimmen, die er für sich und durch seine Leute habe, zu Milow zu geben.«
(* 13.7.1724 Demmin (Pommern), † 15.2.1782 Kopenhagen). Sohn eines Kaufmanns und Ratsherrn. Heirat 1747 mit Caroline Tugendreich Friedeborn (* 29.9.1730 Görlitz, † 30.11.1795 Hamburg), Tochter eines preußischen Oberstleutnants und Pflegetochter des Kursächsischen Geheimrats Heinrich Ernst von Gernsdorff. 9 Kinder.
Heinrich Carl von Schimmelmann war → Kaufmann und Heereslieferant Friedrichs II. 1757 kam er nach Hamburg. 1759 kaufte er das alte Rantzausche Gut Ahrensburg und 1762 das Gut Wandsbek. Da er ein Finanzgenie war, bemühten sich viele Fürsten um ihn. Schimmelmann ging an den Hof des dänischen Königs Friedrich V. Er war für die Staatsfinanzen zuständig. 1768 wurde Schimmelmann von König Christian VII. zum Schatzmeister ernannt. Damit übernahm er die Funktion eines Finanzministers. Schimmelmann betätigte sich auf vielen Gebieten der Wirtschaftspolitik. In Altona zum Beispiel wurde eine vom Staat (Dänemark) subventionierte Heringsfischerei-Kompagnie gegründet. In dieser → Heringsgesellschaft war auch der Vater von Margarethe Elisabeth Milow geb. Hudtwalcker Mitglied.
»Als Eigentümer von vier Plantagen mit rund 1000 Negersklaven war Schimmelmann einer der größten Sklavenhalter seiner Zeit; als Gutsherr der adligen Güter Ahrensburg und Wandsbek sowie der Grafschaft Lindenborg übte er feudalherrschaftliche Rechte über Hunderte von Leibeigenen und Hörigen aus; als Fabrikant beschäftigte er mehrere hundert Lohnarbeiter, vom Meister bis zum kurzfristig zu entlassenen Handlanger.« (Biographisches Lexikon für Schleswig-Holstein, 1985, S. 277.)
Das Finanzgenie Schimmelmann besaß soviel politische Macht, daß er die → Predigerwahlen in Wandsbek – seinem Herrschaftsbezirk – nach eigenem Willen beeinflussen konnte.

CAROLINE TUGENDREICH SCHIMMELMANN
Berühmt waren ihre glänzenden Fähigkeiten, Feste mit Charme und Geschick zu gestalten. Während ihr Mann mehr seinen Geschäften und Ämtern lebte, sorgte sie für den erforderlichen gesellschaftlichen Rahmen. Nach dem Tod ihres Mannes 1782 zog sie sich auf die holsteinischen Güter Ahrensburg und Wandsbek und das Stadtpalais in Hamburg zurück, wo sie 1795 an Wassersucht starb.
Matthias Claudius widmete ihr folgende Worte, die nach der Renovierung 1959 in der Grabkapelle des Mausoleums angebracht wurden:

»Wohltaten, still und gegeben,
sind Todte, die im Grabe leben,
sind Blumen, die im Sturm bestehn,
sind Sternlein, die nicht untergehen.«

JOHANN L. SCHLOSSER
(* 18.10.1738 Hamburg, † 9.1.1815 Bergedorf). Sohn des Hauptpastors an der St.Katharinenkirche in Hamburg Johann Ludwig Schlosser. 1758 Studium der Theologie in Jena. Schrieb Schauspiele. 1766 Pastor in Bergedorf bei Hamburg. Den Ideen der Aufklärung zugeneigt. Heirat am 4.5.1773 mit Johanna Charlotte Hedwig, Tochter des → Kaufmanns Just. Carl Funck. Sie hatten 4 Kinder.
→ Theaterstreit

SCHNÜRLEIB
»Heute sind wir bei Möllers, zieh dein bestes Schnürleib an..«
Die Wespentaille gehörte zum Schönheitsideal. Deshalb schnürten modebewußte bürgerliche und adlige Frauen ihren Oberkörper mit einem Schnürleib gnadenlos zusammen. Der Brustteil des Schnürleibs war ungeteilt, steif und gerundet und nahm seine korrigierend-einzwängende Arbeit erst auf, wenn das Schnürleib am Rücken zugeschnürt wurde. Der Busen wurde mit der Schnürbrust »hochgepfercht«. Die Schnürbrust bestand aus vielen Fischbeinstangen, die zwischen den doppelten Leinenstoff neben einander gesteckt wurden. Viele Ärzte erkannten die Schädlichkeit des Einschnürens und machten sich Gedanken um die Gesundheit der Frauen. Denn ihre Patientinnen trugen Verrenkungen der Schulter und des Rückgrades davon – und fielen in Ohnmacht. Arme Frauen dagegen hatten keine Schnürleiber, sie verloren vor Hunger das Bewußtsein.
→ Ballkleider

JOHANN A. SCHÜTT
(* 22.7.1737 Hamburg, † 7.4.1801 Hamburg). Sohn des Käsehändlers Carsten Cornelius Schütt (1705 – 1776) im Eichholz. Johann Albert Schütt übernahm die Geschäfte seines Vaters. Er hatte seinen Käsehandel Ecke Neuestraße/ Bäckerbreitergang. Schütt wurde 1793 Bürgerkapitain im St. Katharinenkirchspiel.

SCHWANGERSCHAFT
»Ich fühlte die Beschwerlichkeiten der Schwangerschaft im höchsten Grade ...«
Jede Schwangerschaft war mit der Vorfreude auf ein Kind und mit Todesangst vor der Geburt verknüpft. Die Angst, bei der Geburt zu sterben, hing wie ein Damoklesschwert über der Schwangeren, und das immer wieder, bei jeder der zahlreichen Geburten.
DIE LIEBE DES EHEMANNES zu seiner schwangeren Frau. »Milow liebte mich nun beinahe noch inniger, herzlicher als vorher, wandte nun Alles, was mir schädlich sein möchte, von mir ab... « Die Liebe der Ehemänner zu ihren schwangeren Frauen konnte von Zärtlichkeit, Fürsorge und Angst um die Frau und Geliebte geprägt sein. Aber diese Liebesbezeugungen galten wohl nicht immer in erster Linie der Frau, sondern vielmehr dem noch ungeborenen Kind besonders, wenn man einen Sohn erhoffte.
Die nachdrückliche Beschäftigung zeitgenössischer Autoren mit der Liebe der Ehemänner für ihre schwangeren Frauen läßt vermuten, daß es damit vielleicht doch nicht so weit her war. Obwohl die schwangere Margarethe Elisabeth von der innigen Liebe ihres Mannes spricht, muß sie feststellen, daß er sich von ihr abwendet und Augen für attraktivere Frauen hat. Für seine Vernachlässigung sucht sie die Schuld natürlich nur bei

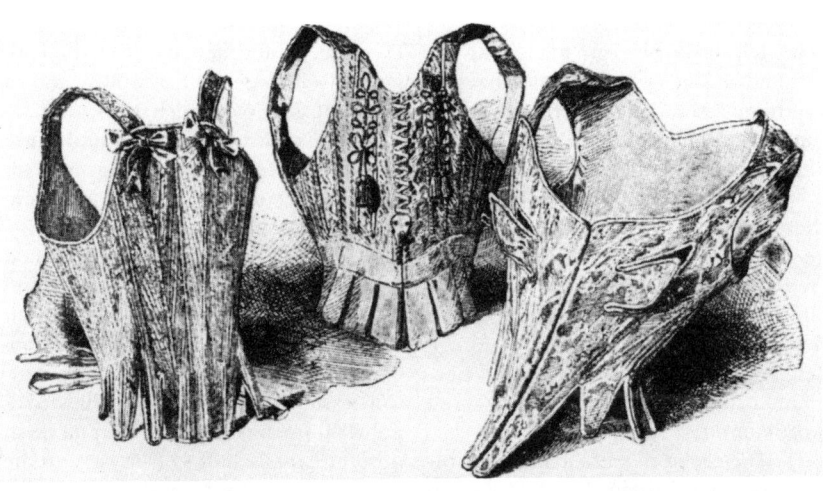

„Alles Hübsche wurde hochgebunden", die Taille auf einen männerhandlichen Umfang zusammengeschnürt. **1** Korsetts (Aus der Sammlung Leoty). **2** Kupferstich von Daniel Nikolaus Chodowiecki.

sich.« »Ich vernachlässigte mich, ging immer im Nachtzeug [...]. Mama hingegen war immer reinlich, immer gleich gut angezogen, kein Wunder, daß sie auch hierin in Milows Augen den Vorzug hatte.« Hier wird ein Problem angesprochen, unter dem viele Frauen auch heute noch leiden: Wenn die Attraktivität der Frauen durch einen dicken Bauch abnimmt, sie sich »vernachlässigen«, gehen viele Männer »fremd«. Lassen wir einige Zeitgenossen über die Liebe der Ehemänner zu ihren schwangeren Frauen zu Wort kommen:

»Die Liebe der Ehemänner ist besonders in dem Zustande der Schwangerschaft, und in dem Kindbette [→ Kindbetterin] seiner Frau sehr lebhaft. Er sucht ihr sodann doppelte Gefälligkeiten zu erweisen, und unterdrückt allen Verdruß in der Wirthschaft. Wie sorgfältig sucht er nicht eine Säug-Amme [→ Amme]! Der Patriot erzehlet das sehr munter. Wie regelmäßig werden die Wochenvisiten abgelegt; mit was prächtigem Anstande sitzt die Kindsmutter; wie wird die Unterhaltung von den Frau Muhmens [Hebammen] gewehlet; damit die Geschichte der Schwangerschaft, und der Geburtsstunde [→ Geburt] nicht verlohren gehen. Zu der Zeit sind die Geschenke des Ehemannes gegen die Frau sehr reichlich.« (Griesheim, 1760, S. 288.)

Und Pastor → Nölting schreibt dazu: »So konnte keines andern Zuspruch sie so aufrichten, als des rechtschaffenen Ehegatten, dessen Freude an der Geburt seines Kinds sie für alle vorhergegangene Bekümmernisse schadlos halten sollte. [...] Wer eine gute Sele hat, und das erfährt, wird seiner Gattin die stärksten Beweise der dankbarsten Liebe geben, und ihre Lasten so sehr, als in seinem Vermögen ist, erleichtern! Ja, meine Freunde, wir alle, denen Gott ein tugendsames Weib gegeben hat, wollen, wie zu aller Zeit, ganz vorzüglich dann, wann sie voll Liebe zu uns so vieles trägt und duldt, und bey der redlichsten Emsigkeit doch oft ausser Stand ist, für sich zu sorgen, desto williger und anhaltender ihren Bedürfnissen abhelfen, ihr die möglichsten Bequemlichkeiten verschaffen, und durch wahre Gefälligkeiten ihr Gemüth ermuntern. Wenn das einem oder andern durch besondere Umstände saur würde; so lasst uns bedenken: ihr wird es wahrlich noch viel saurer. Und da sie in unserer Gesellschaft so froh ist, und die Schwere ihrer Bürde und die Sorge für die Zukunft nur halb empfindt, wenn sie in unserer Miene und unsern Worten ungeheuchelte innige Theilnehmung wahrnimmt: so wollen wir auch aus dieser Ursache mit Freuden das thun, wozu uns ohnedas unsrer Neigung treibt, ihr, so sehr es geschehen kann, Gesellschaft leisten. [...]«. (Nölting, 1780, S. 31.)

DIE ÄNGSTE DES EHEMANNES vor den »Gelüsten« einer Schwangeren. Schwangere Frauen machten Männern Angst. Die »neuen Gelüste« der Schwangeren, die sich nicht nur auf saure Gurken beschränkten, schienen ihnen unberechenbar. Aus einem zeitgenössischen fiktiven, satirischen Leserbrief an die medizinische Wochenschrift »Der Arzt« aus dem Jahre 1769:

»Mein Herr, weil meine Frau in guter Hoffnung ist, so hat mich dieses veranlaßt, die medizinischen Bücher nachzuschlagen, um zu erfahren, wie man in solchen Fällen die Weiber recht pflegen müsse. Ich habe vieles von dem wunderlichen Appetite der Weiber in diesem Zustande gelesen, und weil ich finde, daß ein Mann schuldig sey diesen Appetit zu befriedigen, so ist mir ein entsetzlicher Ge-

danke eingefallen, welcher mich Tag und Nacht quält. Ich habe nicht gewußt, daß dieser Appetit zuweilen auf lasterhafte Dinge verfallen könnte: aber in Stephan Blancards Sammlungen habe ich es gefunden. Eine Frau zu Amsterdam, schreibt er, hatte so oft sie in diesem Zustande war, große Begierde zu stehlen. Es geschahe, daß sie etlichemal von dem Feigendamme einige Stoffe holen ließ, von welchen sie, wenn sie ihr gebracht wurden, etliche Ellen abschnitte. Der → Kaufmann, der dieses allezeit merkte, gieng zu ihr; da sie ihm dann auf hartes Zureden bekennte, daß sie allezeit dieses Laster an sich habe, wann sie in Wochen kommen sollte. Sein Schaden ward ihm zwar reichlich ersetzt: mir aber ist damit die Sorge nicht benommen, daß meine Frau ebenfalls auf solche Laster verfallen möchte. Wegen des Stehlens bin ich wohl sicher. Allein, es geht ein langer Westphälinger bey mir aus und ein, der meiner Frau nie mißfallen hat. Was meynen Sie, mein Herr, wenn ihr Appetit einmal auf diesen Lümmel fiele? Sagen Sie mir um Himmels willen! sollte es ihr wohl schaden, wenn sie sich diesen Appetit vergehen lassen müßte? Wie weit erstrecken sich in diesem Puncte die Pflichten des Ehemannes? Ich verharre mit großer Aengstlichkeit, Ihr Diener J. Horn.«
(aus: »Der Arzt« Bd. 3. 1769)

Anweisungen für die Zeit der Schwangerschaft. In der ersten Hälfte der Schwangerschaft sollten die Frauen keine schwere Lasten tragen und keine einzwängende Kleidung anziehen. Auf Intimpflege und saubere Wäsche wurden sie besonders hingewiesen. Zärtlich, rücksichtsvoll und nicht zu oft sollten die Ehepartner miteinander schlafen. Denn viele zeitgenössische Autoren vermittelten die Vorstellung, daß der »Beischlaf« natürlicherweise heftig und verletzend sei.

Es wurde an das rücksichtsvolle Feingefühl der Ärzte appelliert, die bei der Untersuchung vor den Frauen knieten oder saßen. Sie sollten die Frauen niemals mit kalten Händen untersuchen, ihnen keine Schmerzen bereiten und nur sanft mit ihren Händen in die Scheide fahren. (vgl. Krünitz, Bd. 150, 1829) Das sind sehr modern anmutende Forderungen, die auch heute noch von vielen Frauen an Gynäkologen gestellt werden, denn die Praxis sieht oft anders aus.
→ Kindbetterin

Schwindsucht
»Wir hatten schon seit einigen Jahren ein Mädgen, das uns frisierte, und das unsre Geissel war. Sie war schwindsüchtig.«
Tuberkulose; auch Auszehrung genannt. Die Schwindsucht galt lange als die »volkstümlichste« Krankheit, an der besonders die Unterschichten litten. An TBC erkrankten häufig Menschen, die nicht genügend zu essen hatten und in feuchten Wohnungen lebten.
→ Krankheit

Philipp F. W. Seip
(* 29.6.1749 Hamburg, † 2.10.1807 Hamburg). Arzt. Heirat am 20.11.1777 mit → Johanna Margarethe Hudtwalcker, der Schwester von Margarethe Elisabeth Milow geb. Hudtwalcker. Johanna Margarethe Seip starb 1785 im Alter von 29 Jahren.

Sexualität
»Bey seinem [Milows] so feurigen Temperamente, bey seinem so gewaltigen natürlichen Triebe zur Wollust, bey den vielen Gelegenheiten, es unentdeckt, ungestraft zu thun, [blieb er] doch standhaft ... verlor diese Krone [der Keuschheit] nicht.«

Margarethe Elisabeth Milow schreibt über die Wollust ihres Mannes, über ihre eigene Sexualität hüllt sie sich in tugendhaftes Schweigen. Überhaupt gibt es nur zwei Formen der Sexualität, die in den Quellen behandelt werden: den ehelichen Beischlaf und die Unzucht. Lustvoll ausgelebte Sexualität – davon durften Frauen nur träumen – und noch nicht einmal das. Hatten sie Lust, dann sollten sie sie bitteschön unterdrücken.

»Mitten im Rausche der Sinne sey doch stets die holde Schaamhaftigkeit in ihrem Busen mächtig. Nie lasse sie diese vernichten. Sie dulde, gleich der sanften Rose, daß der Mann ihre Reize geniesse, aber sie zeige ihm nicht, daß Begierden in ihr toben, die ihre Würde, ihre Achtung vermindern würden. Geilheit und Schaamlosigkeit. Unersättlichkeit im Genusse der ehelichen Freuden schänden das Weib [...].« (Becker, 1816, S. 72.)

Was die Frau wirklich empfand, das sollte sie ihrem Mann nicht zeigen. Aber völlig unlustig darniederliegen durfte sie auch nicht. Denn sie hatte ein Spiel zu spielen: die Geilheit des Mannes anzuheizen und ihn nicht in Frage zu stellen.

»Es ist (...) vernünftig, in jenen Augenblicken sich zu verstellen, wo der natürliche Reiz zum Beischlafe mangelt. Nichts verabscheut der feurige Ehemann mehr, als unschickliche und lächerliche Andächteley im Ehegenuß [...]. Eine schlaue Gattin protestirt nie gegen die Art, mit welcher der lüsterne Mann ihre Reize genießen will, vielweniger verachtet sie seinen Begattungstrieb und seine zärtliche Zudringlichkeiten in diesen Augenblicken.« (Becker, 1816, S. 74.)

Doch wer jetzt erleichtert seufzt und sich über unsere moderne Zeit freut, dem sei nur eine Entscheidung des Bundesgerichtshofes aus dem Jahre 1966 zitiert:

»Die Frau genügt ihren ehelichen Pflichten nicht schon damit, daß sie die Beiwohnung teilnahmslos geschehen läßt. Wenn es ihr in Folge ihrer Veranlagung oder aus anderen Gründen, zu denen die Unwissenheit der Eheleute gehören kann, versagt bleibt, im ehelichen Verkehr Befriedigung zu finden, so fordert die Ehe von ihr doch eine Gewährung in ehelicher Zuneigung und Opferbereitschaft und verbietet es, Gleichgültigkeit oder Widerwillen zur Schau zu tragen.« (zitiert nach: Spiegel, Nr. 27. 1987, S. 23.)

Doch zurück ins 18. Jhd., in die Epoche der Empfindsamkeit und der Aufklärung. Hier wurde Männern und Frauen auch der letzte Rest Lust an der Lust von der Kirche und von Ärzten vermiest. Ärzte z.B. verbreiteten abschreckende Geschichten über die Sexualität. Mit Donnerworten malten sie gräßliche Folgen wie Auszehrung und Tod aus.

Den Frauen wurde die Angst vor unehelicher Schwangerschaft, vor dieser größten Schande, eingeimpft. Den Männern dagegen stand ein gewisser sexueller Freiraum zu, der nur beschränkt wurde von Warnungen vor sexuellen Ausschweifungen, die Geschlechtskrankheiten und körperlichen Verfall nach sich zogen.

Der Altonaer Arzt Unzer bot der Sexualität nur ein stilles Plätzchen in der Ehe an. In den folgenden Ausführungen spricht er in erster Linie über die männliche Sexualität:

»Wir selbst wüten gegen uns, wenn wir einen Trieb, den die Natur schon hoch getrieben hat, aus Uebermuth noch schärfer anspannen. Wie sehr diese Art der Ausschweifungen den Körper schwäche, und zu auszehrenden Krankheiten den Grund lege; und daß, mit einem Worte, die Wollust eine schmeichlerische Sirene sey, welche die Sterblichen, die ihr die Hand bieten, mit einer lachenden Miene an die Stuffen des Grabes führet, und hernach auf einmal verschwindet, ist mehr als zu bekannt; und man sollte vielmehr froh seyn, wenn uns nicht zu viel Gegenstände zu dieser Leidenschaft reizten, als daß man noch gar auf Mittel denkt, sie zu reizen und sie zu vermehren. Alle Schriftsteller, von Hippocrates an bis auf unsre Zeiten, haben beobachtet, daß keine Ausschweifung die Kräfte des Lebens mehr schwäche, als diese; und sie halten sie hierinn für viel nachtheiliger, als die stärksten Verblutungen.« (Unzer, 1769, S. 236 f.)

Unzer schreibt 1769 im 3. Band seiner medizinischen Wochenschrift »Der Arzt« über die Krankheiten, die durch ein nicht der gesellschaftlichen Norm entsprechendes Sexualverhalten entstehen konnten: Schreckliche Folgen hatte das sexuelle Verlangen: der Blutdruck steigt, er kommt in Wallung, die körperlichen Kräfte schwinden.

»Wenn ein Verliebter die Macht seiner Leidenschaft zuerst fühlt, so fängt sein Herz mit großer Heftigkeit an zu schlagen; sein Geblüt wird erhitzt, und schäumt in seinen Adern; die Lunge wird damit überhäuft und geängstigt, und diese Seufzer müssen den Umlauf desselben durch die Brust befördern und erleichtern. Alles dieses sind die Wirkungen eines jeden heftigen Verlangens, und jeder heissen Sehnsucht; daher man auch die Seufzer mit Recht das Unterscheidungszeichen der Sehnsucht nennt. Das erhitzte Blut erregt im ganzen Körper eine Art von Fieberhitze, welche auf eine langsame Weise die Säfte und Lebenskräfte verzehrt.«

WARNUNG VOR DER WOLLUST, denn durch sie schwinden die Sinne. »[...] Das Gemüth der Verliebten ist in einer grausamen Unruhe, ja wirklich in einem Anstoße von Verrückung; und dieses ist so allgemein, daß man von den Arzneyen, welche eine Verrückung verursachen, bemerkt hat, daß sie zuweilen die Wollust bey kaltsinnigen Leuten erzwingen, weshalb der Abschaum der Wollustigen dieselben zu Liebesträncken gebraucht. Selbst an den Leuten, die von andern Ursachen verrückt werden, bemerkt man eine große Neigung zur Wollust, und eine ganz viehische Unenthaltsamkeit; und wenn je Liebesträncke ihre Wirkung gethan haben, so ist es gewiß auf keine andre Weise geschehn, als daß die Gifte die Leute wild machen.«

LIEBE JA/AUSSCHWEIFUNG NEIN. »[...] Ich würde eine thörichte und vergebliche Arbeit thun, wenn ich meinen Lesern den Rath gäbe, die Liebe zu meiden. Nein, nein, das ganze Geschlecht der Thiere und Menschen soll und muß lieben. Es findet ein jeder seinen Gegenstand, worauf früh oder spät seine Blicke hängen bleiben, und der sein Herz wie ein Donner rührt, und es lieben lehrt, noch ehe es die Vernunft darüber zu Rathe ziehen kann. Nur vor den Ausschweifungen dieser gefährlichen Leidenschaft kann ich mit Vernunft meine Leser und Leserinnen warnen; ob ich gleich eben keinen großen Reichthum von Mitteln vorzuschlagen weiß, welche sie davor beschützen könnten.«

NUR IN DAS KORSETT DER TUGEND gepreßte Liebe bewahrt vor Krankheit und Tod. »Es ist gewiß, daß man die Raserey der Liebe würde vermeiden können, wenn man nur kein Vergnügen darüber fände, sie rasen zu lassen. Eine große Zerstreuung des Gemüths, die Wahl andrer Arten von Vergnügungen, eine tugendhafte Erziehung; alles kann etwas

dazu beytragen, daß ein Mensch nicht in das Elend verfällt, wie eine Bestie zu lieben. Inzwischen sind dennoch diese Mittel oft nicht hinlänglich, und selbst Hunger und Durst, Wassertrinken und strenge Arbeit, vermögen nicht zu allen Zeiten etwas gegen diese grausame Sehnsucht. Die Arzneyen sind fast durchgängig verwerflich und schädlich, aber doch wenigstens unkräftig. Ein einziges Mittel ist vorhanden, welches diese Krankheit sicher, geschwind, glücklich und noch dazu auf eine angenehme Weise, heilet. Man wird mir dafür verbunden seyn müssen, wenn ich es, aus Krügers Lebensordnung, hier abschreibe. Dieses ist es:
UNZERS REZEPT GEGEN RASENDE LIEBE: Ehe ist aller Laster Ende.»Wer das Unglück hat, sich heftig zu verlieben, dem kann nicht besser geholfen werden, als wenn er den Gegenstand seiner Wünsche heirathet. Niemals ist wohl ein Rezept so kurz und zugleich so kräftig gewesen, als dieses: denn es besteht nur aus einem einzigen Worte, und heilt gleichwohl eine Krankheit, bey der die Bemühung der größten geistlichen und leiblichen Aerzte, öfters ganz fruchtlos ist. Man wird antworten, daß dieses ein bekanntes Mittel sey, aber man wird auch einräumen, daß öfters die gemeinsten und bekanntesten Dinge die größte Kraft besitzen. Derjenige ist glücklich, welcher weder unvernünftig genug, sich von den Affecten foltern zu lassen, noch auch so vernünftig ist, sich durch seine Betrachtungen in eine Schlafmütze zu verwandeln.«
(Unzer, 1769, S. 232-235.)
→ Empfängnisverhütung → Keuschheit → Liebe

GEORG HEINRICH SIEVEKING
(* 28.1.1751 Hamburg, † 25.1.1799 Hamburg). Sohn eines → Kaufmannes in Hamburg. (Handlungshaus »Voght und Sieveking«). 1782 Heirat mit Johanna Margaretha Reimarus. Mitglied der Commerzdeputation und der → Patriotischen Gesellschaft.
1793 erwarb er mit seinen Freunden Conrad Johann Matthiesen und Peter Poel einen Landsitz in Neumühlen (bei Altona). Dort entwickelte sich um → Büsch, Klopstock, → Reimarus und J.M. Hudtwalcker ein literarischer Zirkel.
→ literarisches Leben

LORENZ SIEVERS, CHIRURG.
Sein Name findet sich im »Zeit- und Namen- Register anzeigend wenn und wer bey dem Collegio E. Ehrbaren Amts derer Chirurguim allhier in Hamburg sind auf- und angenommen worden, Hamburg December 1775.«

SILHOUETTEN
Portraits in Schattenrissen. Die Silhouetten wurden an die Wand gehängt, in Gläser geschliffen, auf Tassen gemalt und in Alben geklebt. In der Epoche der Empfindsamkeit, in der Gefühle, Stimmungen, Freundschaft und Liebe so hoch im Kurs standen, wollte jede und jeder die Gesichtszüge von geliebten Freundinnen, Freunden und Verwandten ständig gegenwärtig haben. Außerdem war das Silhouettieren einfach zu erlernen und kostete wenig, so daß fast jede und jeder geliebte Wesen in Schatten riß.

SPANISCHE FLIEGE
»Nachmittags kam Seip, verordnete eine spanische Fliege.«
Die spanische Fliege ist ein kleiner grüner Käfer (Cantharides). Seit dem 16. Jahrhundert wird er zu Pulver, Essen, Tinktur, → Pflaster oder Salbe verarbeitet. Seine Wirkung: blasenziehend; wird

bei Wassersucht angewandt. Er soll die Harn- und Geschlechtsorgane reizen.
→ Krankheit

SPAZIERENGEHEN IN DER ALLEE
»Von unsrer Bekanntschaft durften wir uns [Margarethe und Octav] nichts merken lassen, [...] doch kamen wir in der Allee zum Spazieren zusammen.«
Alleen wurden in St. Georg und vor dem Millerntor ab Mitte des 17. Jahrhunderts angelegt.

SPAZIERGÄNGE AUF DEM WALL
»Dies war mahl eine Wonne, übern Wall sontags dahin zu gehen, wenn wir die gantze Woche in unsern Mauern gesessen hatten.«
Im 17. Jahrhundert wurden die breiten Wälle mit Ulmen bepflanzt. Der Spaziergang auf dem Wall, der ca. 1 1/2 Stunden dauerte, war wegen der schönen Aussicht auf Hamburg sehr beliebt.

SPEISEZIMMER
Das Speisezimmer befand sich neben den Prunkzimmern im Mittelhaus. Die Fenster dieses Zimmers gingen nach dem schmalen gepflasterten Hof hinaus.

STILLEN IM BÜRGERTUM
»Ich wollte die Plicht einer Mutter gantz erfüllen und also gantz natürlich mein Kind selbst stillen.«
Viele Bürgersfrauen verweigerten das Stillen, in Anlehnung des standesgemäßen Stillboykotts der adligen Frauen. Nach wie vor wurde der adlige Lebensstil nachgeahmt. »Zur Erklärung dieses naturwidrigen Aktes beriefen sich die Frauen der begüterten Kreise auf eine Reihe von Argumenten, die weniger ihr Handeln rechtfertigten, als vielmehr ihr Nichthandeln entschuldigen sollten. Manche nannten jedoch die Dinge beim Namen, indem sie sagten: Das langweilt mich, und ich habe etwas Besseres zu tun.« (Badinter, 1984, S. 69.) Für Frauen von Rang waren die gesellschaftlichen Verpflichtungen wichtiger.
Von Männern und Frauen vorgebrachte Gründe für den Stillboykott sind: – das Stillen ist körperlich schädlich und nichts für die schwache Konstitution der Frau, – erschlafft die Brust, – ist nicht schicklich. Aber nicht nur Schicklichkeit, Gesundheit und Schönheit spielten eine wichtige Rolle, auch die → Sexualität. Viele Ärzte hätten gern während der Stillzeit »keinen Sex« verordnet. Denn sie vermuteten: das Sperma läßt die Milch gerinnen. Auf der anderen Seite galt Stillen auch als Empfängnisverhütung.
In der 2. Hälfte des 18. Jhds. wurde durch die Schriften Rousseaus ein neuer Frauentyp gesellschaftsfähig gemacht: die gute, sorgende, stillende Mutter. Stillen gehörte wieder zu den mütterlichen Pflichten, die unterstützt wurden durch die Parole »zurück zur Natur«. Sie ertönte im 18. Jhd. in verschiedenen Lebensbereichen: in Gärten, Lesezirkeln, Liedern, in der Mode und in der Kinderstube. Die Frau wurde als Naturwesen entdeckt. Ein Weiblichkeitsideal, daß es Moralisten erlaubte, den Frauen Vernunft und Willen abzusprechen. Das naturhafte Weibchen war geboren. »Was sie [die Männer] brauchten, waren gute Gebärerinnen, ohne Neugier und ohne Ehrgeiz.« (Badinter, 1984, S. 149.) Die Frauen wurden sogar mit säugenden Kühen und Ziegen verglichen.
Diese neu entdeckte Naturhaftigkeit der Frau ließ sie nicht nur praktisch für das heimische Bett erscheinen, auch für die staatlichen Interessen. Denn Militär, Wirtschaft und Kirche brauchten Menschenmaterial: mehr Kinder, mehr Arbei-

ter, mehr Soldaten. Nur waren die Herren bisher noch nicht Herr der Säuglingssterblichkeit geworden. Einen Ausweg aus diesem Dilemma sollten die Frauen bieten, indem sie hingebungsvoll die Kinder stillten und aufzogen. Doch diese von verschiedenster Seite propagierten Vorstellungen nahmen nicht alle Frauen sofort bereitwillig an, sie ließen ihre Kinder nach wie vor von → Ammen stillen. Diese Uneinsichtigen sollten mit Versprechungen zu ihrer natürlichen Mutterpflicht gezwungen werden. Als Belohnung wurde ihnen die Liebe der Kinder und des Mannes versprochen. Halfen diese Versprechungen nichts, folgten Drohungen. Ein französischer Arzt behauptete sogar, daß sich die Milch in die übrigen Körperteile ergieße, wenn sie zurückgehalten werde. (vgl. Badinter, 1984, S. 155.) Außerdem wurden die stillunwilligen Mütter moralisch verurteilt, da sie Unrecht an den Kindern begingen. Schließlich seien die Mütter allein für die Gesundheit des Kindes zuständig.

Trotz dieses massiven schriftstellerischen Drucks änderten sich die Stillgewohnheiten nur langsam. Auch von den Kanzeln wurde das Stillen proklamiert:

»Die erste heilige Pflicht also ist, daß sie [die Mutter] ihrem Kind, was unter ihrem mütterlichen Herzen lag, auch die mütterliche Brust gebe. Nichts, als offenbare Unmöglichkeit, oder augenscheinliche Gefahr, daß sie ihre Gesundheit unwiederbringlich aufopfern und ihm eine zu schwache Nahrung mittheilen würde, kann eine gutdenkende Mutter abhalten, von der so deutlichen Regel der Natur eine Ausnahme zu machen. Die, welche gewissenlos genug sind, aus Nebenursachen ihrem Kind die Mutterbrust zu entziehen, folglich Gott zu widerstreben und dadurch seiner weisen Einrichtung zu spotten, mögen bedenken, wie sie das einst vor ihm, der nicht mit sich spotten lässt, verantworten wollen.« (Nölting, 1780, S. 27.) → Mutterliebe

STIPENDIEN FÜR ARME STUDENTEN
Seit dem 15. Jahrhundert wurden von Privatpersonen, Geistlichen und vom Rat der Stadt Stipendien an arme Studenten vergeben. Privatpersonen wie z.b. Kaufleute unterstützten ein bis zwei Studenten, die in der Regel Theologie studierten. (vgl. auch: Stieder, 1911, S. 284 ff.)

STUHLSETZERINNEN
Platzanweiserinnen in der Kirche. Eine Erwerbsarbeit für arme alte Frauen. Ein Rentenalter oder eine Altersgrenze für Erwerbstätige gab es nicht. Für diese Frauen bedeutete das, daß sie, solange sie irgendwie noch körperlich dazu in der Lage waren, erwerbstätig sein mußten. Dieses Problem traf natürlich auch für arme alte Männer zu. Unter Hamburgs Armen war der Prozentsatz der alten Frauen wesentlich höher als der der alten Männer. (Ein Beispiel aus einem Armenbezirk um 1796: 45 arme Männer im Alter zwischen 60 und 90 Jahren standen 176 armen Frauen in diesem Alter gegenüber.) Männer starben eher, deshalb auch der hohe Prozentsatz alter Witwen unter den Armen.

»Jedes Glied des Kirchspiels hat seinen angewiesenen Platz, und die Aufsicht über das Ganze führen – alte Weiber. Auf jedem Chor, in jedem Gange ist ein solches stets bereit, jedem mit anständiger Höflichkeit eine Bank anzuweisen und zu öffnen, oder auch mit einer fürchterlichen Zunge jedes Vergehen gegen die gute Ordnung zu rächen.« (Merkel, 1801, S. 185.)

T

Tagleiche

Bis Mitte des 18. Jahrhunderts waren die Särge mit den Tagleichen ein alltäglicher Anblick in Hamburgs Straßen. Die Leiche wurde von Reiterdienern oder anderen Leichenträgern getragen, begleitet von Ratsherren, Pastoren und Angehörigen. Die Anzahl der Begleitpersonen war abhängig vom Stand des/der Verstorbenen. Manchmal waren bis zu 1000 Personen an einem Leichenzug beteiligt.

Die Leichen der bei der → Allgemeinen Armenanstalt gemeldeten Armen wurden von acht Trägern zu Grabe getragen. Arme wurden in sogenannten Bauernkuhlen (gemeinschaftliche Gräber für Arme) bestattet. Die Gräber blieben häufig solange offen, bis sie voll waren und wurden dann nur oberflächlich mit Erde bedeckt.

Tanz

Stippvisite in eine Welt, in der der Eros prickelte, die Glieder anmutig zappelten, der bürgerliche Alltag vergessen war? Nicht so für Margarethe Elisabeth. Denn auch der Tanz normierte die Bewegungen, preßte sie in vermeintliche Grazie und bremste die restliche Wildheit der Töchter. Der Tanz gehörte in einen Erziehungskatalog, der von Mädchen Anmut, Sittsamkeit, Selbstbeherrschung, gesellschaftliche Etikette forderte. Im Krünitz heißt es: »Daher muß eine junge Person, die sich mit gutem Anstande tragen und bewegen soll, zuerst Tanzen lernen, und dieses neben andern Leibesübungen fortsetzen, welches auch bei der regelrechten vornehmen Erziehung geschieht.« (Krünitz, Bd. 179 S. 673.) Die vornehme Erziehung des Bürgertums orientierte sich am Adel, trotz vieler Abgrenzungsversuche.

Bürgerliche Tänzerinnen und Tänzer liebten den ursprünglich aristokratischen Einzelpaartanz, das »Menuett«, das wohl auch Margarethe Elisabeth auf das Parkett gelegt hatte. Außerdem beherrschte Margarethe Elisabeth die Quadrille, die von mindestens vier, im Carrée aufgestellten Paaren getanzt wurde. Sie bestand zunächst aus fünf, später auch sechs Touren, die man auf 32 musikalische Takte tanzte (2/4 oder 6/8 Takt.). Beliebt waren Potpourris aus bekannten Opern und Operetten.

Tauftag

Schon am ersten oder zweiten Tag nach der → Geburt fand die Taufe des Kindes in der Kirche statt. So groß war die Angst, daß der Säugling ungetauft sterben könnte. Die Taufe mußte ohne die Mutter stattfinden, denn sie lag noch im Wochenbett.

»Der Familie nahestehende Frauen zogen mit der das Kind tragenden → Hebamme »in Prozession« zur Kirche, wo an Sonntagen nach der Hauptpredigt und an Wochentagen nach zwei Uhr nachmittags die heilige Handlung vorgenommen wurde.« (Finder, 1930, S. 15.)

Theaterstreit

Margarethe Elisabeth wird kaum im Theaterstreit mitgestritten haben. Theater war jedoch in ihrer Jugend wichtig. Sie schreibt zwar nichts von Theaterbesuchen als Ehefrau des Pastors Milow, der aber als Anhänger → Albertis und damit der aufgeklärten Glaubensrichtung, eine theaterfreundliche Position vertreten haben wird.

Zwischen dem Bergedorfer Pastor → Johann Ludwig Schlosser und dem Hamburger Hauptpastor → Johann Melchior Goeze begann 1769 ein Streit über die Sittlichkeit des Schauspiels.

Johann Ludwig Schlosser hatte in seinen Studienjahren Dramen (»Der Zweikampf« und »Maskerade«) geschrieben, die 1767 und 1769 aufgeführt wurden. Auch → Johann Heinrich Vincent Nölting mischte sich in diesen Streit ein und ergriff die Partei Schlossers.

Der Streit wurde 1769 geführt und endete nur deshalb, weil der Rat am 23.11. 1769 weitere Veröffentlichungen zu diesem Thema verbot. (vgl. Loose, 1976, S. 28.) Der Streit drehte sich um 2 Fragen.:
– Darf ein Pastor Theaterstücke schreiben? – Ist das Schauspiel eine sittliche Angelegenheit?

Goeze, der ein scharfer Gegner des aufkommenden Rationalismus war, verfaßte ein anonymes Schreiben gegen Schlosser, der sich den Ideen der Aufklärung zugewandt hatte. Goeze vertrat die Ansicht, daß das Komödienschreiben einem Prediger nicht anstehe und verwerflich sei. Außerdem sei es → Candidaten und Predigern sowieso verboten, Komödien zu besuchen.

Johann Hinrich Vincent Nölting griff in diesen Streit mit seiner Schrift »Verteidigung des Herrn Pastor Schlosser« ein, »zerpflückte die anonymen Schreiben [Goezes] und erklärte das Verbot für Prediger Schauspiele zu besuchen damit, daß früher nur Zoten und Possen gebracht wurden, was nun aber nicht mehr vorkäme, und damit dieses Verbot nicht mehr gerechtfertigt sei. Daraufhin verfaßte Goeze wieder eine Schrift, die 1770 erschien und 204 Seiten umfaßte. Darin bezeichnete er den Besuch des Theaters als »Geldfressenden Müßiggang« und betonte noch einmal, daß Pastoren schon gar nicht Theaterstücke drucken lassen dürften.« (Daur, 1970, S. 134f.)

THEATERSTÜCK

Margarethe Elisabeth hatte in einer Privataufführung von Lessings »Minna von Barnhelm« die Rolle der aktiven und kritischen Minna gespielt. Doch was rettete sie von diesem Charakter in ihren eigenen Alltag hinüber? Was bedeuteten diese Privatauftritte für sie? Bürgersfrauen durften sich nur im privaten Rahmen auf die Bühne wagen. Doch wehe, wenn sie das Theaterfieber gepackt hätte. »War dagegen das Talent so weit ausgeprägt, daß eine künstlerische Tätigkeit sinnvoll erschien, wurde sie in den Hamburger Familien möglichst unterdrückt und auf dem Niveau des Dilettantismus gehalten. Musizieren, Singen und Zeichnen im Familienkreis galten als fein und einer höheren Tochter wohlanstehend, aber bitte nicht als Beruf mit öffentlichen Auftritten! (Jaacks, 1985, S. 8.) Hinzu kamen bei Schauspielerinnen der »[...] am Ende des 18. Jhd. noch kaum überwundene Makel der Unehrlichkeit und der Nähe zur Prostitution« (ebenda)

Auch Margarethe Elisabeth berichtet über ihren anfänglichen Spaß am Theaterspiel, an den sie sich später, als tugendhaftes Mädchen nur noch schaudernd erinnert. Denn es wurden nicht nur die ersten Schritte in die hohe Literatur gewagt, sondern auch die ersten Gehversuche in Richtung »anderes Geschlecht«. Ohne schlechtes Gewissen schildert dagegen ihr Bruder → Johann Michael Hudtwalcker die Aufführung des Theaterstückes → »Die Horazier«:

»Unter den aus Sachsen durch den siebenjährigen Krieg vertriebenen Familien, welche nach Hamburg kamen, war auch eine mit Nahmen Winckler, welche dicht an dem Hause von Dr. Schütze wohnte, wo mein Lehrer Hausfreund war. In diesem Hause war ein sehr geräumiger Saal. Dieser ward die Veranlassung oder der Vorwand, daß mein Lehrer seinen lange gehegten Wunsch erfüllen konnte durch seine Schüler und deren Schwestern und Freundinnen ein theatralisches Stück aufführen zu lassen. Dieses war damahls eine große Ketzerey, und das Unternehmen hatte mit großen Schwierigkeiten zu kämpfen, da wenige Familien Muth hatten, sich über herrschende Vorurtheile hinwegzusetzen. Auch die Wahl des Stückes, da man keine Uebersetzung wollte, ward bey der damahligen Armuth des deutschen Theaters schwer und man wählte: Die Horazier von Georg Behrmann. [...] Die Vorstellung wurde oft wiederholt und fand vielen Beifall. Meine älteste Schwester, Betchen, machte die Hauptrolle: die Camilla, und konnte in ihrem 13. Jahre schon alle ihre Talente entwickeln. Ich spielte Horaz, den Vater, mit großer Ernsthaftigkeit und bey einer Stelle: man ruft mich in den Rath, war es mir wie eine Weissagung, daß dies einst geschehen werde.« (Hudtwalcker, 1894, S. 174.)

PETER DIETRICH TÖNNIES
(*17.3.1737, †2.6.1793)

Bey dem Tapezier-Johann Christof Franzen sind zur Miethe die schönsten Trauschemel, sowol mit roth- als grünem Sammet, auch göldenen Tressen und Backschen Decken; letztere in roth und grünem Belag und der besten Garnituren, alles zu billigem Preise.

Verkaufsanzeige eines Trauschemels im Hamburger Correspondenten vom 6.12.1771

TOILETTE
Toiletten waren auch noch im 18. Jhd. Luxus. (vgl. Finder, 1930, S. 250.). Standen die Bürgerhäuser mit der Rückseite zum Fleet, befand sich die Toilette in einem hölzernen Anbau (Laube). Die sinnreiche und kostensparende Anbringung der »Privets« an der Hauswand oberhalb der Fleete hatte insofern Nachteile, als sie unter Umständen die Verkehrssicherheit auf dem Gewässer darunter ernstlich gefährdete, ganz zu schweigen von der Qualität des aus den Fleeten entnommenen Trinkwassers. [→ Wasser]. Hamburgs Arme konnten nur eine Toilette auf dem Hof benutzen – oder den Misthaufen.
→ Kaufmannshaus

TORSPERRE
Bei Einbruch der Dunkelheit wurden die Stadttore geschlossen. Bis 1784 mußte man auch tagsüber an Sonn- und Feiertagen während des Gottesdienstes mit Torschluß rechnen. Erst ab 1798 standen die Tore bis nachts um 23 Uhr offen.

TRANLAMPE
Ein eiserner Lampentiegel, der mit einem Baumwolldocht versehen war, wurde mit Tran gefüllt. Die Tranlampe war schmucklos und diente noch bis zum 19. Jahrhundert der ärmeren Bevölkerung als Lichtquelle. → Kaufmannshaus

TRAUSCHEMEL
Auf dem Trauschemel knieten die Brautleute und erhielten vom Pastor den Segen. Der Trauschemel war ein mit Tressen und Fransen verzierter, rot gepolsterter und mit einer niedrigen Lehne versehener Hocker und konnte gemietet werden. → Eheringe → Hochzeit

U

UHLENHORST
Hamburger Vorort

UMARMUNG
»... *und nun das würkliche Aufgehn der HausHthüre, die erste Umarmung, - o ich habe keine Worte, es auszudrücken, die Freude der Seligen kann nicht größer sein.*«
Umarmung war die unverfänglichste Liebeserklärung. Ein gesellschaftsfähiger Körperkontakt, den Verwandte, Freunde, heimlich Verliebte, Eheleute, Kinder ... genossen – oder auch nicht. Krünitz schreibt:
»DAS UMARMEN ist zunächst eine symbolische Handlung, welche anzeigt, daß man ein anderes lebendes Wesen, einem Vater, einer Mutter, einer Geliebten, einer Schwester, einem Bruder oder Freund seine Zuneigung oder Liebe beweisen will, in dem man dadurch anzudeuten sucht, daß man den Umarmten gleichsam sich zum ausschließlichen Eigenthum machen möchte. Nur der Mensch kann umarmen. Schon das Kind äußert seine Neigung und Zärtlichkeit durch das Umklammern des mütterlichen Halses. Bei ihm hat es mehr die Bedeutung des Schutzsuchens und Festhaltens an dem geliebten Wesen. [...] Das Wort umarmen wird auch euphemistisch [beschönigendes, verhüllendes Wort] für die Ausübung des Beischlafs gebraucht.« [...] (Krünitz, Bd. 193, 1847, S. 598.)

UNZUCHT
»*Sie [Mutter Hudtwalcker] ward vielen Verführungen ausgesetzt, aber der hohen Würde einer Frau hat sie nie was vergeben. Ihrem Mann blieb sie treu.*«

→ Sexualität wurde vom Staat nur dann gebilligt, wenn sie die Gründung einer Familie zum Ziel hatte. Deshalb wurde außereheliche Sexualität bestraft. Doch nach den Gesetzen des 18. Jhds. kamen die Frauen dabei weitaus schlechter weg als die Männer. Entscheidend für die Bestrafung außerehelicher Sexualität war der soziale Stand. Die höfischen außerehelichen Liebesabenteuer eines Casanova oder Münchhausen sind in der Regel selten durch Strafmaßnahmen unterdrückt worden. Und auch der angesehene Bürger hatte wohl kaum Schwierigkeiten, seine außerehelichen Sexgelüste ohne Strafe auszuleben.
Denn am härtesten bestraft wurden Unterschichtsfrauen wie Mägde, Tagelöhnerinnen, Arbeiterinnen.

WENN EIN MANN beschuldigt wurde, »Unzucht« begangen zu haben, interessierte sich das Gericht zunächst nur für den Ruf der »Geliebten«. Galt diese Frau als »liederlich«, wurde dem Mann Straffreiheit zuerkannt. Doch was bedeutete schon dieser schwammige Begriff »liederlich«. Er kommt nicht als Straftatbestand in den historischen Rechtswörterbüchern vor. Mit diesem Wort wurden Frauen beschimpft, die als »arbeitsscheu« galten oder aus dem sittsamen, keuschen Rahmen fielen. Sie durften keinen Rechtsschutz in Anspruch nehmen.

WENN EINE SOGENANNTE liederliche Frau einen Mann der Unzucht beschuldigte, konnte er sich mit einem Reinigungseid in der Gerichtsstube von allen Vorwürfen rein waschen. (vgl. Sammlung Hamburgischer Mandate, T.3. 1732, 27. Juni, S. 1176–1180.). Auch bei einer außerehelichen Schwängerung wurden Unterschichtsfrauen am härtesten bestraft.

Wurde eine Magd mit gutem Leumund von einem Bürger geschwängert, mußte er zwar Alimente zahlen und die Aussteuer entrichten; zu heiraten brauchte er sie jedoch nicht, denn schließlich war sie unter seinem Stand. Anders war die Rechtslage bei Knechten und Männern niedrigeren Standes. Hier mußte der Mann die Schwangere heiraten. Doch es gab natürlich noch einen Fluchtweg für die Männer. Sie durften die Frau mit einer billigen Aussteuer abfinden.

Dies billige Trostpflaster bekamen nur unberüchtigte Frauen, d.h. Frauen mit gutem Leumund. Leer gingen Frauen mit »schlechtem« Ruf aus. Überhaupt war der Ruf einer Unterschichtsfrau schnell ruiniert. Einige uneheliche Schwangerschaften genügten.

Wurde die Frau zum zweiten Mal schwanger, brauchte der Schwängerer keine Aussteuer zu entrichten. Und bei der dritten Schwangerschaft mußte der Vater nur noch für das Kind zahlen. Die geschwängerte Frau wurde aus der Stadt verwiesen. (vgl. Samml. Hamb. Gesetze, T.5. 1768.) → Ehebruch

V

Verliebtheit

»Den Verliebten selbst Regeln über ihren Umgang miteinander zu geben, das würde verlorne Mühe sein. Denn da diese Menschen selten bei gesunder Vernunft sind, so wäre es ebenso unsinnig, zu verlangen, daß sie sich dabei gewissen Vorschriften unterwerfen sollten, als wenn man einem Rasenden zumuten wollte, in Versen zu phantasieren, oder einem, der die Kolik hat, nach Noten zu schreien. Doch ließe sich einiges sagen, das gut zu beobachten wäre, wenn man hoffen dürfte, daß solche Menschen der Vernunft Gehör gäben. [...] [so] ist es mit einem paar unschuldigen Herzen, die, zum erstenmal vom wohltätigen Feuer der Liebe erwärmt, so gern ihren süßen, schuldlosen Gefühlen Luft machen möchten, und immer nicht Mut fassen können, mit Worten zu sagen, was Augen und Gebärden oft schon so deutlich gesagt und beantwortet haben. Der Jüngling sieht die Geliebte zärtlich an, sie errötet; ihr Blick wird unruhig, unstet, wenn er mit einem anderen Mädchen zu viel und zu freundlich redet; sein Auge möchte zürnen, er möchte gleichgültig vor ihr vorbeiblicken, wenn sie einem andern vertraulich etwas in das Ohr gesagt hat; man fühlt den Vorwurf, gibt augenblickliche Genugtuung, bricht plötzlich und fast unhöflich das Gespräch ab, welches den Argwohn erweckt hat; der Versöhnte dankt durch das zärtliche Lächeln und durch die fröhlichste, plötzlich aufwachende Laune. Man nimmt mit den Augen Verabredungen auf morgen, entschuldigt sich, warnet vor Beobachtern, erkennt sich gegenseitige Rechte aufeinander an – und hat sich doch noch mit keinem Wörtchen gesagt, was man füreinander fühlt. Allein man sucht von beiden Seiten ernstlich die Gelegenheit dazu; sie kommt, kommt oft und man läßt sie ungenützt vorbeistreichen, drückt sich höchstens einmal leise die Hand, und doch auch das nie ohne irgendeinen

schicklichen Vorwand, sagt sich aber kein Wort, ist mißmutig, zweifelt an Gegenliebe, und hat sich oft noch nicht gegeneinander erklärt, wenn man schon die Fabel der ganzen Stadt und der Gegenstand der schändlichsten Verleumdung ist. Ist endlich das längst im Busen pochende Bekenntnis den furchtsamen Lippen stotternd entflohn, und mit gebrochenen, halb erstickten Worten, von einem bis in das Innerste dringenden Händedrucke begleitet, beantwortet worden, dann lebt man vollends erst ganz füreinander, ist so wenig um die übrige Welt bekümmert, sieht und hört nichts um sich her, ist in keiner Gesellschaft verlegen mit seiner Person, wenn nur der teure Gegenstand uns freundlich anlächelt, findet alles Ungemach des Lebens leicht zu ertragen an der Seite des Geliebten, glaubt nicht, daß es Krankheit, Armut, Druck und Not in der schönen Welt geben könne, lebt mit aller Kreatur in Frieden, verachtet Gemächlichkeit, köstliche Speise, Schlaf – o ihr, wenn ihr je so wonnevolle Zeiten verlebt habt, sprechet, ist auch ein süßrer Traum zu träumen möglich? Ist unter allen phantastischen Freuden des Lebens eine, die so unschuldig, so natürlich, so unschädlich wäre? Eine, die so überschwenglich glücklich, fröhlich, so friedenvoll machte? – Ach, daß dieser selige Zustand der Bezauberung nicht ewig dauern kann, daß man oft nur gar zu unsanft aufgeschreckt wird aus diesem elysischen Schlummer!«
(Knigge, o. J., S. 163 ff.)
→ Kuß → Liebe → Umarmung

W

WAISENGRÜN
»Donnerstag [...] war Waysenkindertag. Meine Mutter hatte schon eine große Gesellschaft auf den Tag lange vorher gebeten.«
Am ersten Donnerstag im Juli, ab 1633 jährlich gefeiert. Zweck: Einnahme für das Waisenhaus. Feierlich wurde mit Musik durch einige Hamburger Hauptstraßen gezogen. Zwei Geiger gingen dem Zug voran, und die Waisenkinder sammelten die Spenden ein. Der Zug führte bis vor das Steintor. Dort wurde in einem Zelt gegessen und den Kindern auf dem Rasen zum Tanz aufgespielt.
(Vgl. Finder, 1930, S. 329f.)

Erinnerung an Hammonia

Waisenkinder, zwei und zwei,
Wallen fromm und froh vorbei,
Tragen alle blaue Röckchen,
Haben alle rote Bäckchen –
O, die hübschen Waisenkinder!

Jeder sieht sie an gerührt,
Und die Büchse klingeliert;
Von geheimen Vaterhänden
Fließen ihnen reiche Spenden –
O, die hübschen Waisenkinder!

Frauen, die gefühlvoll sind,
Küssen manchem armen Kind
Sein Rotnäschen und sein Schnütchen,
Schenken ihm ein Zuckerdütchen –
O, die hübschen Waisenkinder!

Schmuhlchen wirft verschämten Blicks
Einen Taler in die Büchs –
Denn er hat ein Herz – und heiter
Schleppt er seinen Zwerchsack weiter.
O, die hübschen Waisenkinder!

Einen goldnen Louisdor
Gibt ein frommer Herr; zuvor
Guckt er in die Himmelshöhe,
Ob der liebe Gott ihn sähe?
O, die hübschen Waisenkinder!

Litzenbrüder, Arbeitsleut,
Hausknecht', Küper, feiern heut;
Werden manche Flasche leeren
Auf das Wohlsein dieser Gören –
O, die hübschen Waisenkinder!

Schutzgöttin Hammonia
Folgt dem Zug inkognita,
Stolz bewegt sie die enormen
Massen ihrer hintern Formen -
O, die hübschen Waisenkinder!

Vor dem Tor, auf grünem Feld,
Rauscht Musik im hohen Zelt,
Das bewimpelt und beflittert;
Dorten werden abgefüttert
Diese hübschen Waisenkinder.

Sitzen dort in langer Reih,
Schmausen gütlich süßen Brei,
Torten, Kuchen, leckre Speischen,
Und sie knuspern wie die Mäuschen,
Diese hübschen Waisenkinder.

Leider kommt mir in den Sinn
Jetzt ein Waisenhaus, worin
Kein so fröhliches Gastieren;
Gar elendig lamentieren
Dort Millionen Waisenkinder.

Die Montur ist nicht egal,
Manchem fehlt das Mittagsmahl;
Keiner geht dort mit dem andern,
Einsam, kummervoll dort wandern
Viel Millionen Waisenkinder.
(Heine, Bd.11. 1976, S. 223.)

WANDSBEKER GEHÖLZ
»Auch fuhren wir einmal nach Wandsbeck und waren kaum ins Holtze angekommen, als Pastor Hahn uns nachkam.«
Sonntags machte die Hamburger Bevölkerung Ausflüge u.a. ins Wandsbeker Gehölz. Ursprünglich war es ein Wald, der in den 70er Jahren des 18. Jhds. in eine Parkanlage mit Bildsäulen und großen Vasen umgewandelt worden war.

WASSER
In der Speisekammer neben der → Küche stand in den → Kaufmannshäusern eine Pumpe für unsauberes Alsterwasser, das z.B. zum Putzen gebraucht wurde. Das Trinkwasser konnte am Wasserwagen oder von Wasserträgerinnen gekauft werden.
Das beste Wasser floß den reichen Leuten ins Haus. Wohlhabende Kaufleute bezogen ihr Wasser direkt aus Hamburgs Umgebung (z.b. vom Hamburger Berg) durch ein Röhrensystem. Diese Brunnenleitungen aus hölzernen Baumstämmen wurden bis an ihre Häuser gelegt. Solch ein kostspieliges Projekt war nur zu realisieren, wenn sich mehrere Bürger zu einer Brunneninteressentschaft zusammenschlossen. (Feldbrunnenleitungen). An jedem Haus, das mit seiner Rückwand an einem Fleet stand, war eine »Watertucht«, eine Hebevorrichtung mit Eimern, befestigt. In der Hamburger Neustadt, wo es keine Fleete gab, übernahmen die Wasserträgerinnen die Trinkwasserversorgung. Wasser war teuer. Deshalb mußten Arme ihr Trinkwasser aus den unsauberen Fleeten schöpfen. Es gab allerdings auch einige öffentliche Brunnen, z.B. am Gänsemarkt. Doch deren Wasserqualität wurde häufig von den Armen bemängelt.
→ Brunnen-Aufseher

WASSERFLUT – BUSS- UND BETTAG
»Es war das Jahr, wo die große Wasserfluht um Hamburg herum war, und dieser Wasserfluht wegen ward vom Rahte in Hamburg ein großer besonderer Buß und Bettag angesetzt.«
Der Buß-, Fast- und Bettag wurde anläßlich der großen Sturmflut von 1771 am 28. Juli begangen. An die Kirchen erging eine Verordnung, wie der Gottesdienst an diesem Tag zu gestalten sei.

WEYHNACHTSWÜNSCHE
»... besonders die Weyhnachtsfreuden, das Hoffen darauf, das Lernen der Weyhnachtswünsche, der kleinen Adventsgebete, alles das war eine herrliche Sache.«
Seit Beginn des 18. Jahrhunderts verbreitete sich im Bürgertum der Brauch, Weihnachtswünsche (Weihnachtsbriefe) zu schreiben. Sie wurden am Heiligen Abend

vor der Bescherung den Eltern überreicht. In den Briefen wurde in überschwenglicher Weise den Eltern für all ihre erwiesene Liebe gedankt und Gottes Güte gepriesen. Die Weihnachtswünsche wurden häufig unter Aufsicht eines Hauslehrers geschrieben. (vgl. Finder, 1930, S. 297.)

WERK- UND ZUCHTHAUS
»... das traurige Schicksal von 2 Knaben war, daß sie kurtz nachher in liederliche Gesellschaft gerieten, [...] einer von seinem Vater im Zuchthaus gesetzt ward...« Gelegen am heutigen Ballindamm/Ecke Alstertor. Ins Werk- und Zuchthaus kamen Bettlerinnen, Bettler und Kriminelle. Aber auch Jungen wurden zur Besserung von ihren Eltern ins Werk- und Zuchthaus gesteckt. Und wenn Ehemänner ihre Ehefrauen loswerden wollten, konnten sie diese auf eigene Rechnung für besondere Kost und Aufwartung dorthin abschieben.

WINKELHEIRATUNGEN
Es »[...] wurden alle Geschichten von unglücklichen Verheyrahtungen ohne Eltern Willen erzählt, von Winkelheyrahten...«
»heimliche → Ehe«, eine Ehe, die ohne Zeugen geschlossen wurde. Die Gültigkeit der christlichen Ehe war an die Mitwirkung von einem Pastoren und zwei oder drei Trauzeugen gebunden.

WINKELSCHULE
»Von der Zeit an, da ich mich erinnern kann, ging ich in die Schule, um Lesen zu lernen.«
Schulen für kleine Kinder ab dem 3. Lebensjahr gab es an allen Hamburger Hauptkirchen. → Johann Michael Hudtwalcker schreibt in seinen Lebensaufzeichnungen folgendes über die Winkelschule, die er mit seiner Schwester besuchte:

»In meinem dritten Jahr ward ich mit meinen Schwestern in eine Leseschule auf Catharinen Kirchhoff zu einer Frau Klug geschickt. Sie nahm uns der Reihe nach vor. Das Buch lag auf ihrem Kniee, das der Katheder war; das Sitzen auf ihrem Schooße war die Prämie, und ich ward ihr Schoßkind. Wir lernten hier auch, noch ehe wir lesen konnten, Sprüche und einzelen Strophen von Gesängen auswendig, welches man derzeit beten nannte. Die Ruthe steckte hinter dem Spiegel, ward aber nie gebraucht, und nur ein Wink dahin war zur Erhaltung der Ruhe und Subordination genug. Wir wurden des Morgens um 9 Uhr in die Schule getragen oder bei gutem Wetter geleitet, kamen Mittags um 12 zurück, und so ging es des Nachmittags wieder um 3 Uhr hin bis 5, wo wir wieder zurückkamen, so daß wir also mit Ausnahme der Nachmittage von Mittwoch und Sonnabend 5 Stunden in der Schule zubrachten, die, da sie nicht mit Lesenlernen ausgefüllt werden konnten, viele Langeweile hatten.« (Hudtwalker, 1894, S. 161.)

DIE LEHRERINNEN. Die Winkel- oder Kleinkinderschulen wurden fast ausschließlich von Frauen betrieben. Es handelte sich meist um verarmte Witwen oder ledige Frauen aus dem Bürgertum, die durch diese Arbeit ihren Lebensunterhalt verdienten. Die Kleinkinderschule der Frau Klug auf dem St. Katharinenkirchhof, die Margarethe Elisabeth Hudtwalcker besuchte, wird 1772 schriftlich erwähnt (Extract aus des Herrn Catechet Schultz Bestallung 1772. 1. Juli, zitiert nach: Rüdiger, 1903, S. 318f.)
Die Lehrerinnen unterrichteten sowohl die Kinder aus dem Bürgertum als auch Kinder armer Eltern. Doch innerhalb der Schule blieben wohl die Standesschranken bestehen. Die armen Kinder beka-

So sah Daniel Chodowiecki eine "Kleinkindschule" für Danziger Bürgerkinder.

men anscheinend zu anderen Tageszeiten Unterricht als ihre bürgerlichen Altersgenossen.

Die erwähnte Quelle belegt, daß die Kinder unvermögender Eltern montags, dienstags, donnerstags und freitags von 17 – 19 Uhr Unterricht hatten. Zu dieser Tageszeit war der Unterricht der Hudtwalcker Kinder schon beendet.

Die Lehrerinnen bekamen ihr Gehalt von der Kirche (von den Herren Leichengeschworenen, den Herren Kirchengeschworenen und von den Herren der Beede). Außerdem erhielten die Frauen Geldzuschüsse für Licht und Feuerung.

WOHNEN
→Johann Michael Hudtwalcker beschreibt die Wohnverhältnisse seiner Kindheit in der Katharinenstraße 83:

»Im Jahre 1754 gab mein Vater, der nun schon in eine bessere Lage gekommen, bey der vermehrten Zahl und dem Heranwachsen seiner Kinder, die Einnahme auf, die er von dem Vermiethen des zweyten Stocks im Mittelhause gehabt hatte und räumte die Zimmer den älteren Kindern ein. Dadurch bekamen wir auch einen großen Spielraum für die lange Winterzeit.« (Hudtwalcker, 1894, S. 168.)

BELEUCHTUNG. In den →Kaufmannshäusern war es ziemlich dunkel. Talkkerzen und Trankrüsel flackerten und rußten in den Zimmern. Bei Festlichkeiten wurden Wachskerzen angezündet. Im Prunkzimmer hing wahrscheinlich ein Kronleuchter – ein Holzkranz mit Lichtdornen.

KINDERSTUBE. Die Kinderstube lag im 3. Stock des Hauses. Dort waren die kleinen Kinder mit zwei Kindermädchen in einem niedrigen, dunklen Zimmer untergebracht.

WOHNZIMMER. Die Wohnzimmer – wie überhaupt die bürgerliche Wohnung – waren sehr einfach eingerichtet. Es gab nur wenig Möbel, Bilder oder Nippes. Von der Diele [→ Kaufmannsdiele] führte eine Wendeltreppe hinauf zur Galerie,

1. Auf der Diele gings rund: Hier trafen sich geschäftige Kaufleute und Hausfrauen, spielende Kinder und Dienstboten. 2. Catharinenstr. 47. Ein Nachbarhaus der Hudtwalckers. 3. Toiletten waren auch in Bürgershäusern selten. Standen die Kaufmannshäuser am Fleet, befand sich die Toilette in einem hölzernen Anbau (Laube). (Die kleine Alster um 1700.)

1. Grundriß eines Kaufmannshauses. Mit dieser Skizze läßt sich das Liebesdrama von Margarethe Elisabeth und Octav nachspielen. Octav hatte ein Zimmer im 1. Stock. Eigentlich ideal für diese Liebesgeschichte; mit einer Wand lag es zum Speicher, mit der anderen zum Schlafzimmer von Margarethe Elisabeth. In gerade dieser Wand befand sich eine abgeschlossene Tapetentür, die die beiden Liebenden zu überwinden wußten. Und das ging so: Octav erreichte sein Zimmer durch eine Treppe im Speicher, Margarethe Elisabeth kam durch das Dielentreppenhaus, denn im ersten Stock gab es keinen Flur, die Räume waren Durchgangszimmer. Für ein heimliches Rendezvous erfanden sie eine raffinierte Spiegeltechnik an der Tapetentür, die ihnen ein Ferngespräch plus Blickkontakt ermöglichte – allerdings ohne Hautkontakt. **2.** Chodowiecki besucht die kranke Frau Gerdes in Danzig. Weiche, pompöse Himmelbetten für bürgerliche Schläfer und Schläferinnen – und Hausgetier.

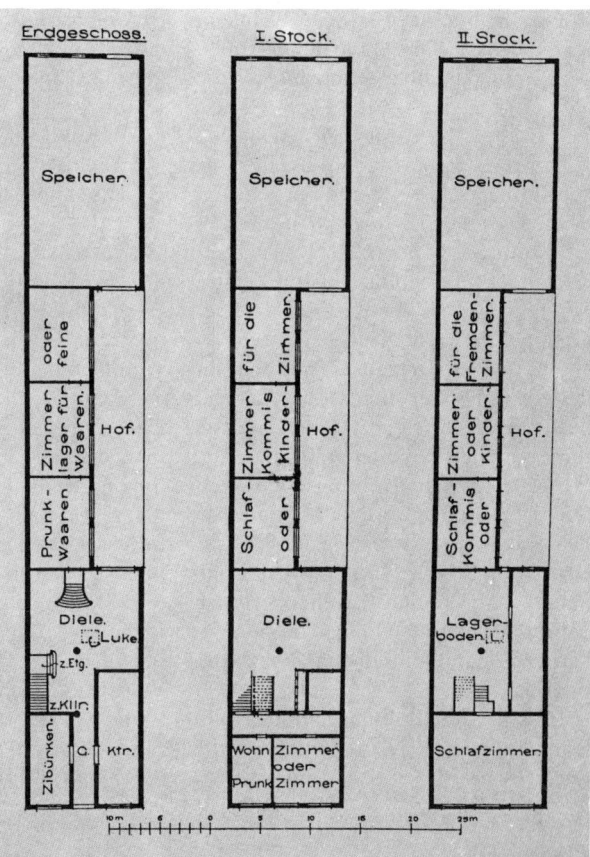

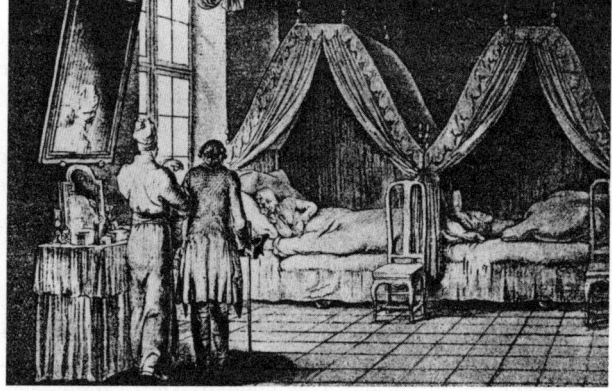

von der man in die niedrigen Wohnzimmer gelangte. Die Wohnzimmerfußböden waren manchmal schon mit Holzdielen belegt.

TEPPICHE. Im Winter wurden die Fußböden mit braunen Matten ausgelegt, die aus Kuhhaaren gesponnen wurden. Teppiche herstellen: Zwangsarbeit für Frauen. Kuhhaare wurden im → Werk- und Zuchthaus versponnen und waren Zwangsarbeit für die dort einsitzenden Frauen. Diese Tätigkeit gefährdete die Gesundheit, denn beim Verspinnen wurde sehr viel Staub aufgewirbelt, der sich in den Lungen festsetzte und zu schweren Lungenerkrankungen führte.

HEIZUNG. Als Heizung diente ein Ofen. Zusätzlich wurden Miniöfen die Feuerkiken – benutzt. Die Feuerkike war ein kleines Stövchen, das mit Holzkohle gefüllt war und einen Tragehenkel besaß. Sehr häufig nahmen Frauen die Feuerkiken überall mit hin selbst zu den Gottesdiensten.

MÖBEL. Im 18. Jhd. stand im Wohnzimmer oft ein mit Glasscheiben versehener Teeschrank aus Nußbaum oder Mahagoni. Darin wurde das Porzellan und das Silber aufbewahrt. Außerdem zierten Tee-und Spieltische, vereinzelt auch schon ein Sofa, welches seit der Zeit des Rokoko aufkam, das Wohnzimmer.

→ Dienstboten → Kaufmannsdiele → Kaufmannshaus → Küche → Toiletten

WUNDFIEBER
»Ich bekam ein Wundfieber.«
Da in den Krankenhäusern des 18. Jahrhunderts nach Operationen häufig Wundfieber auftrat, ließ sich Kranke, die es sich finanziell leisten konnte, lieber zu Hause operieren. Aber auch dort war man, trotz der besseren hygienischen Bedingungen, nicht gegen das Wundfieber gefeit. Deshalb blieb das Wundfieber, hervorgerufen durch kleine Spaltpilze, bis ins 19. Jahrhundert eine sehr gefürchtete Krankheit. Als Heilmittel wurde lediglich zur Ader gelassen./Krankheit

SUSANNE MARIA WYBRANDT
»Wybrandt sein Tochter Hochzeit«
Susanne Maria († 28.11.1790). Tochter von Johann Wybrandt, Kaufmann.

Z

J. J. D. ZIMMERMANN
(* 27.10.1710 Salzwedel, † 2.1.1767 Hamburg). Sohn eines Pastors in Salzwedel. Ab 1738 Katechet (Religionslehrer) im Hamburger → Werk- und Zuchthaus. 1741 Diakon an der St. Katharinenkirche.

ZUCKERBÄCKER
Im Gegensatz zu anderen Gegenden Deutschlands, wo unter Zuckerbäcker »Konditoren« verstanden wurden, bezeichnete man in Hamburg die aus den Niederlanden im 16. Jhd. kommenden Raffinadeure als Zuckerbäcker. Sie verfeinerten den importierten Zucker. Einige wurden Großhändler oder -fabrikanten; die meisten aber blieben arme Handwerker, die im Gängeviertel der Neustadt mit ein oder zwei Gesellen den beliebten hamburgischen weißen Hutzucker herstellten. Die weißen Zuckerhüte nahmen Frauen mit, wenn sie zu Kindstaufen eingeladen oder zum »Zieren der Leichen« gebeten wurden. 1766 kam es zum ersten Arbeiterstreik Hamburgs, dem der Zuckerbäckergesellen.

Zeittafel
Ausgewählte Hamburger Ereignisse im 18. Jahrhundert

1701
Am 7. Februar wird zum ersten Mal ein Maskenball gefeiert. Er findet im Hause der Herzogin von Holstein auf dem Speersort statt.

1708
Am Waisenhaus wird ein Drehkasten (Torno) zur Aufnahme von Findelkindern errichtet. Der Spender dieses Tornos war der Kaufmann Overbeck. Durch diese Einrichtung sollte versucht werden, dem Kindesmord und der Kindesaussetzung vorzubeugen.

1710 – 1712
Ein neuer Verfassungsrahmen, um alle strittigen Fragen zu beenden, wird entworfen und findet seinen Abschluß in dem unwiderruflichen Hauptrezess von 1712. Er enthält auch ein Reglement der Ämter und Brüderschaften, den Entwurf einer neuen Kirchenordnung, einer neuen Gerichtsordnung.

1713
An der Pest sterben 12.000 Menschen. Beim Nordischen Krieg wird Altona von schwedischen Truppen eingeäschert.

1714 / 15
Es werden Stocklaternen eingeführt. Wegen der Straßenkriminalität ist es verboten, bei Dunkelheit ohne Licht auf den Straßen zu gehen. Der »Heimleuchter« (Männer mit Stocklaternen) wird Beruf. Es kommt der Brauch auf, sich in Sänften tragen zu lassen.

1717
Michael Richey (1678 – 1761) wird Professor für Geschichte und alte Sprachen am Gymnasium in Hamburg. Er bleibt 44 Jahre im Amt.

1721
Georg Philipp Telemann (1681 – 1767) wird Musikdirektor und Kantor an der Johanniskirche.

1724
Die Zeitschrift »Der Patriot« erscheint zum ersten Mal.

1725
Die Oper »Die Hamburger Schlachtzeit« wird wegen Unsittlichkeit verboten. Textprobe: »Ich bin zwar ehrlich, fromm und keusch, doch hungert mich nach Jungfernfleisch.«

1729
Eine breite Alleestraße wird vom Dammtor zum Rothenbaum und Grindel gebaut.

1733
Der Dichter Friedrich von Hagedorn (1708 – 1754) wird Sekretär beim English Court in Hamburg.

1734
Erscheint der »Relations-Curier«. erschienen bis 1818).

1735
Die Commerz-Bibliothek wird gestiftet.

1737
Durch eine in Hamburg stattfindende erste »Freimaurer«-Versammlung, wird das Freimaurertum in Deutschland eingeführt.

1746
Die bis dahin im Norden Deutschlands noch unbekannte Kartoffel, wird in den Vierlanden angebaut.

1749
Die staatliche Navigationsschule zur Ausbildung von Seemännern wird bei der Admiralität gegründet.

1750
Ein Blitzschlag zerstört die 1678 erbaute große Michaeliskirche.
An der Elbchaussee entstehen die ersten Landsitze.

1756 – 1763
Der siebenjährige Krieg.

1760
Der Gastwirt Carsten Vicke wird überführt, seinen Gästen jahrelang Hunde und Katzen als Lamm- und Hasenbraten serviert zu haben.
Der Konzerthof am Valentinskamp wird erbaut.

1762
Die große St. Michaeliskirche ist fertiggestellt und wird eingeweiht. Architekten: Johann L. Prey und Ernst Georg Sonnin.

1765
Auf dem Platz des Opernhauses wird durch Conrad Ernst Ackermann ein neues Schauspielhaus errichtet.
Gründung der Patriotische Gesellschaft.
Ein Bürgerlusthaus wird am Stintfang gebaut.

1767
Das von C.E. Ackermann gegründete Theater wird als »National-Theater« und unter Berufung von G. E. Lessing als Dramaturg weitergeführt.
Gründung der »Handelsakademie«, der ersten Lehranstalt für kaufmännische Bildung in Deutschland, unter der Führung von Johann Georg Büsch.

Samuel Heinicke gründet in Eppendorf die erste Taubstummenanstalt Deutschlands.
Die »Adress-Comtoir-Nachrichten« erscheinen. (erschienen bis 1846).
Georg Philipp Telemann stirbt.

1768
Die jahrhundertealten Auseinandersetzungen mit Dänemark werden durch den Gottorper Vertrag beendet. Gegen sehr hohe Zahlungen wurde die Reichsunmittelbarkeit der Stadt Hamburgs anerkannt. Hamburg erwarb die ihr gegenüberliegenden Elbinseln und setzte die Beseitigung aller dänisch – holsteinischen Besitzungen und Rechte im Stadt- und Landgebiet durch.

1769
Theaterstreit zwischen Goeze und Schlosser.

1770
Der Dichter Friedrich Gottlieb Klopstock (1724 - 1803) zieht nach Hamburg.

1771
Der Schauspieler C. E. Ackermann stirbt.
In Hamburg große Überschwemmungen

1772
Am 14. 5. Erstaufführung von Lessings »Emilia Galotti« und Erstaufführung des »Messias« von Georg Friedrich Händel.

1773
An der Westseite der Großen Johannisschule wird das Krameramtshaus neu erbaut. Das Krameramt umfaßte die Seidenkrämer, die Krautkrämer, die Eisenkrämer und Kuchenbäcker.

1782
Ein Anonymus, der sich »Kosmopolit, drey treppen hoch« nennt, schreibt eine bissige »Kleine Charakterisierung von Hamburg.«

1783
Das Hamburgische Schiff »Elise Katharina« fährt nach Nordamerkia (Philadelphia). Dorthin wurden viele Frauen, die wegen sog. liederlicher Lebensweise im Spinnhaus saßen, abtransportiert.

1784
Blanchard startet erste Luftballonfahrt.

1787
J. L. von Hess Topographie von Hamburg erscheint.
Das erste Adreßbuch wird gedruckt.

1788
Straßennamen werden an den Straßenecken angeschlagen. Die Häuser werden numeriert.
H. Schlottmann stellt erste Zigarren her.
Graf v. Schimmelmann gibt den leibeigenen Bauern von Ahrensburg Land auf Erbpacht.
Der Übersee-Kaufmann Caspar Voght gründet die »Allgemeine Armenanstalt«.

1790
Am 15. 11. feiert die Stadt das Krönungsfest des Kaisers Leopold II. An diesem Tag bekommen 13 000 Arme Essen und Getränke.
In Harvestehude wird am Jahrestag des Sturms auf die Bastille (14. Juli) unter Klopstocks Leitung ein großes Freiheitsfest gefeiert.

1794
Es wird ein Vermittlungsbüro für Dienstboten eröffnet.

1795
Der Maler Philipp Otto Runge († 1810) kommt nach Hamburg.

1796
Die Allgemeine Armenanstalt errrichtet eine Entbindungsklinik.

1797
Eine Fußbotenpost (Briefträger) wird eingeführt.
Der Pesthof in St. Pauli erhält den Namen »Krankenhof«.
Die Kosten für eine Verbreiterung des Fußweges auf dem Jungfernstieg, und die Aufstellung von 40 Öllampen werden durch Spenden aufgebracht.

Anhang

Literaturverzichnis

Bibliographien und Lexika

BÜCHERKUNDE zur Hamburgischen Geschichte. Hrsg. v. Verein für Hamburgische Geschichte. Teil I-IV. Hamburg 1939, 1956, 1971, 1983.

Hamburgisches GESCHLECHTERBUCH. Bd. 1-12. Limburg a. d. Lahn 1910-1975.

HANDLEXIKON zur Literaturwissenschaft. Hrsg. v. Diether Krywalski. Bd.1. Reinbek bei Hamburg 1978.

KRÜNITZ, Johann Georg: Oekonomische Encyklopädie oder allgemeines System der Staats-, Stadt-, Haus- und Landwirtschaft. Bd. 1-242. Berlin 1773-1853.

Biographisches LEXIKON für Schleswig-Holstein und Lübeck. Hrsg. im Auftrage d. Gesellschaft f. Schleswig-Holsteinische Geschichte und des Vereins f. Lübeckische Geschichte u. Altertumskunde. Bd. 1-7. Neumünster 1985.

SCHRÖDER, Hans: Lexikon der hamburgischen Schriftsteller bis zur Gegenwart. Bd. 1-7. Hamburg 1851-1879.

Quellen

Staatsarchiv Hamburg, Familienarchiv MILOW, 1: Lebenserinnerungen der Margarethe Elisabeth Milow.

Staatsarchiv Hamburg, Familienarchiv MILOW, 2: Stammtafel der Familie Milow. Hrsg. von Erik Samuelson.

Zeitschriften

Hamburgischer CORRESPONDENT vom 06.12.1771.

Der HAMBURGER. Das 2. Blatt vom 03.12.1748.

Der Redliche HAMBURGER. 9. Stück vom 15.03.1766.

Der PATRIOT. T.1-3. Hamburg 1724-1726.

UNZER, Johann August: Der Arzt. Eine medizinische Wochenschrift von Johann August Unzer. Bd. 3. Hamburg, Lüneburg u. Leipzig 1769.

Gesetzessammlungen

Sammlung der hamburgischen GESETZE und Verfassungen in bürger-und kirchlichen, auch Cammer-, Handlungs- und übrigen Policey-Angelegenheiten und Geschäften samt historischen Einleitungen. Hrsg. v. Johann Klefeker. Th.1-12. Hamburg 1765-1774.

Sammlung der von E. Hochedlem Rathe der Stadt Hamburg ... vom Anfange des siebenzehnten Jahrhunderts bis auf itzige Zeit ausgegangenen allgemeinen MANDATE, auf beliebten Auftrage und verkündigten Anordnungen. T.1-6. Hamburg 1763-1774.

Literatur

ALBERTI, Julius Gustav: Prediger an der Catharinenkirche in Hamburg. Sammlung einiger Predigten. Hamburg 1762.

BAASCH, Ernst: Der Einfluß des Handels auf das Geistesleben Hamburgs. Leipzig 1909.

BADINTER, Elisabeth: Die Mutterliebe. Geschichte eines Gefühls vom 17. Jahrhundert bis heute. München 1984.

BAKE, Rita: Vorindustrielle Frauenerwerbsarbeit. Köln 1984.

BAKE, Rita, Gröwer, Karin, Kammeier – Nebel, Andrea, Lorenz, Sabine, Piezonka, Beatrix, Reiling, Heidi, Uhlmann, Gordon, Jaacks, Gisela: »Finsteres Mittelalter«? – » Gute alte Zeit »? Zur Situation der Frauen bis zum 19. Jahrhundert. In: Hammonias Töchter. Frauen und Frauenbewegung in Hamburgs Geschichte. Hamburg Porträt. H. 21/85. Museum für Hamburgische Geschichte.

BAKE, Rita, Dalladas, Jutta, Dreßler, Ute, Gröwer, Karin, Kammeier – Nebel, Andrea, Lorenz, Sabine, Piezonka, Beatrix, Reiling, Heidi, Riegler, Claudia, Uhlmann, Gordon: Trotz Fleiß keinen Preis. Historischer Stadtrundgang zur Arbeits- und Lebensweise von Hamburger Frauen im 18. Jahrhundert. Hamburg 1985.

BARNER, Wilfried: Lessing. Epoche – Werk – Wirkung. München 1981.

BECKER, Dr.: Der Rathgeber vor, bei und nach dem Beischlaf. 6.Aufl. Leipzig 1816.

BEHN: Die hamburgische Familie Hudtwalcker. Hamburg 1879.

BEST, Otto, F.: Aufklärung und Rokoko. Stuttgart 1982.

BIEDERMANN, Karl: Deutschland im 18. Jahrhundert. Bd. 1-2. Aalen 1969.

BOEDECKER, Dieter: Die Entwicklung der Hamburgischen Hospitäler seit Gründung der Stadt bis 1800 aus ärztlicher Sicht. Hamburg 1974.

BOEHN, Max von: Deutschland im 18. Jahrundert. Berlin 1922.

BOEHN, Max von: Die Mode. München 1909.

BRACK, E.: Über allerlei christl. Gerätschaften, so in Hamburg in früheren Zeiten im Gebrauche waren. Hamburg 1930.

BUEK, F. G.: Album hamburgischer Kostüme. Hamburg 1843-1847.

CLAUDIUS, Matthias: Aus dem Wandsbecker Boten. Auswahl u. Nachwort v. Konrad Nussbächer. Stuttgart 1981.

Kleine CHARAKTERISTIK von Hamburg von einem Kosmopoliten drey Treppen hoch. Hamburg u. Leipzig 1783.

DAUR, Georg: Von Predigern und Bürgern. Hamburg 1970.

DIRKSEN, Victor: Ein Jahrhundert Hamburg 1800-1900. Leipzig 1935.

DUDEN, Barbara: Geschichte unter der Haut. Stuttgart 1987.

ENGELSING, Ralf: Einkommen der Dienstboten. In: Jahrbuch des Instituts f. dt. Geschichte. Bd. 2. 1973, S. 11-67.

EWALD, Johann Ludwig: Das Weib ohne Religion. In: Frauenleben im 18. Jahrundert, hrsg. Andrea vob Dülmen. München, Leipzig und Weimar 1992.

FAULWASSER, Julius: Blockhaus und Baumhaus im alten Hamburger Hafen. Hamburg 1918.

FAULWASSER, Julius: Die St. Katharinen Kirche in Hamburg. Hamburg 1896.

FINDER, Ernst: Hamburgisches Bürgertum in der Vergangenheit. Hamburg 1930.

GEFFCKEN, Johannes: Das kirchliche Hamburg vor 100 Jahren. Hamburg 1860.

GELLERT, Christian Fürchtegott: Leben der schwedischen Gräfin von G***. Hrsg. v. Jörg – Ulrich Fechner. Stuttgart 1971.

GELLERT, Christian Fürchtegott: Die zärtlichen Schwestern. Ein Lustspiel von drei Aufzügen. Hrsg. v. Horst Steinmetz. Stuttgart 1983.

GERNET, M.: Mitteilungen aus der älteren Medizinalgeschichte Hamburgs. Hamburg 1869.

GOSPERMANN, Theo: Skandale gab es damals schon. Hamburg 1964.

GRÖNING, Karl: Chronologie der Stadt Hamburg. Hamburg 1948.

GRIESHEIM, Christian Ludwig von: Verbesserte u. vermehrte Auflage des Tractats: Die Stadt Hamburg. Hamburg 1760.

GUDEN, Phillip, Peter: Polizei der Industrie oder Abhandlung von den Mitteln, den Fleiß der Einwohner zu ermuntern. Braunschweig 1768.

HABERLAND, Helga, Pehnt, Wolfgang: Frauen der Goethezeit in Briefen, Dokumenten und Bildern. Stuttgart 1960.

HAHN, Wilhelm: Pastor Gotthelf Immanuel Hahn (1743-1772) und seine Beziehungen zu Matthias Claudius und Baron Schimmelmann. In: Die Heimat. Nr. 3. 1974, S. 63-65.

HEINE, Heinrich: Sämtliche Schriften. Bd. 7. u. 11. München 1976.
(Bd.7.: Schriften 1837 – 1844.)
(Bd.11: Schriften 1851 – 1855.)

HESS, Jonas Ludwig von: Hamburg topographisch, politisch und historisch beschrieben. Th. 1-3. Hamburg 1787-1792.

HÖPKER – HERBERG, Elisabeth (Hrsg.): Friedrich Gottlieb Klopstock, der Messias Gesang I – III. Stuttgart 1986.

HOVORKA, O. V.: Vergleichende Volksmedizin. Bd. 1-2. Stuttgart 1909.

Mitteilungen auf dem handschriftlichen Nachlaß des Senators Johann Michael HUDTWALCKER, geboren 21. September 1747, gestorben 14. Dezember 1818. Hrsg. von Oscar, L. Tesdorpf. In: Zeitschrift des Vereins für Hamburgische Geschichte. Bd.9. 1894, S. 150 -181.

JAACKS, Gisela: Brautkleidung in Hamburg. In: Beiträge zur dt. Volks- und Altertumskunde. H. 19. 1980, S. 123-129.

JAACKS, Gisela: »Fröhlich, tätig und anspruchslos ...« zum Selbstverständnis der Frauen in der zweiten Hälfte des 18. Jahrhunderts. In: Beiträge zur deutschen Volks- und Altertumskunde. H. 22. 1983, S. 63-74.

JAACKS, Gisela: Landhausleben. In: Gärten, Landhäuser und Villen des hamburgischen Bürgertums. Ausstellung 29. Mai – 26. Oktober 1975. Museum für Hamb. Geschichte. Hamburg. 1975 (Aus d. Schausammlungen d. Museums für Hamb. Geschichte. H. 4.), S. 45-53

JAACKS, Gisela: »Musikleben in Hamburg zur Barockzeit«. In: Hamburg-Porträt des Museums f. Hamb. Geschichte. H. 8. 1978.

KAHN, Charlotte: Die Melancholie in der deutschen Lyrik des 18. Jahrhunderts. Heidelberg 1932. (Beiträge zur Neueren Literaturgeschichte. Heft 21).

KAMMEIER-NEBEL, Andrea: Empfängnisverhütung, Abtreibung, Kindestötung und Aussetzung im frühen Mittelalter. In: Frauen in der Geschichte. Werner Affeldt, Annette Kuhn (Hrsg.). Bd. 8. Düsseldorf 1986, S. 136-154.

KAMMEIER-NEBEL, Andrea: Familienplanung im frühen Mittelalter. Wissenschaftl. Hausarbeit zur Erlangung des Magista Artium. Hamburg 1984.

KLEIST, Ewald Christian von : Ihn foltert Schwermut, weil er lebt. Frankfurt a. M. 1982.

KLOPSTOCK, Friedrich Gottlieb: Der Messias. Leipzig o.J.

KLOPSTOCK, Meta: Geschichte der Meta Klopstock in Briefen. Hrsg. v. Franziska u. Hermann Tiemann. Bremen 1962.

KLUCKHAHN, P.: Die Auffassung der Liebe im 18. Jahrhundert. Halle 1931.

KNIGGE, Adolph Freiherr v.: Über den Umgang mit Menschen. Berlin o.J.

Hamburgisches KOCHBUCH oder vollständige Anweisung zum Kochen in sonderheit für Hausfrauen in Hamburg und Niedersachsen verfaßt von einigen Frauenzimmern in Hamburg. Hamburg. 1798.

KÖSTER, Albert: Hagedorns Gedichte. Hamburg 1898.
KOPITZSCH, Franklin: Grundzüge einer Sozialgeschichte der Aufklärung in Hamburg und Altona. Hamburg 1982 (Beitr. z. Geschichte Hamburgs. Bd. 21.).
KOPPMANN, Karl: Aus Hamburgs Vergangenheit. Hamburg 1885.
KRUSE, Ernst: Kleine Hamburgische Kirchenkunde. In: Hamburger Kirchenkalender. 1961, S. 102-104.
LANDAU, Fabian: Denksteine aus d. Geschichte v. Hamburg u. Altona. Hamburg 1907.
LESSING, Gotthold Ephraim: Hamburgische Dramaturgie. Hrsg. u. kommentiert v. Klaus L. Berghahn. Stuttgart 1981.
LOOSE, Hans-Dieter: Gelehrte in Hamburg im 18. und 19. Jahrhundert. Hamburg 1976.
LORENZ-MEYER, L.: Breitenfenster und Hecke. Ein Bilderbuch alter Hamburgischer Häuser und Gärten. Hamburg 1906.
MELHOP, Wilhelm: Alt-Hamburgische Bauweise. Hamburg 1925.
MENCK, Ursula: Die Auffassung der Frau in den frühen moralischen Wochenschriften. Diss. Hamburg 1940.
MERKEL, G. H.: Briefe über Hamburg u. Lübeck. Leipzig 1801.
MOHR, Ute: Melancholie und Melancholiekritik im England des 18. Jahrhunderts. Frankfurt/Main 1990. (Münsteraner Monographien zur englischen Literatur, Bd. 2).
MUTZENBECHER, Gerdrut Lucia Mutzenbecher geb. Wagener (1758-1809). Kurzgefasste Erzählung der Geschichte unserer Liebe. Hamburg 1914.
NIRRNHEIM, Hans: Zur Geschichte der Bäcker in Hamburg. In: Mitteilungen des Vereins f. Hamb. Geschichte. H. 8. 1905, S. 517-536.

NÖLTING, Johann Hinrich Vincent: Predigt für Ehemänner, Ehefrauen und Kinder über die Werke unsers Herrn: Eine Frau, wann sie gebiehrt, hat Traurigkeit: denn ihre Stunde ist gekommen. Wann sie aber das Kind gebohrn hat, denkt sie nicht mehr an die Angst um der Freude willen, daß ein Mensch zur Welt gebohrn ist. Gehalten in der Hauptkirche zu Altona. Hamburg 24.04.1780.
Hamburger PATRIOTEN. Zum zweihundertjährigen Bestehen der Patriotischen Gesellschaft von 1765. Hrsg. v. d. Hamburger Sparcasse von 1817. Hamburg 1965.
RAMBACH, Johann Jacob: Versuch einer physisch – medizinischen Beschreibung von Hamburg. Hamburg 1801.
RÜDIGER, Otto: Urkunden zur hamburgischen Schulgeschichte. In: Zeitschrift des. Vereins f. Hamb. Geschichte. H. 11. 1903, S. 259-349.
SCHADENDORFF, H.: Die Leichenrede Pastor Milows auf den Schatzmeister Grafen Heinrich Carl von Schimmelmann. Wandsbek 1785. In: Hamburgische Geschichts- und Heimatblätter. H. 10. 1937, S. 8-12.
SCHELLENBERG, Carl: Das alte Hamburg. Leipzig 1936.
SCHOPENHAUER, Johanna: Gabriele. München 1985.
SCHOPENHAUER, Johanna: Jugendleben und Wanderbilder. Hrsg. mit einem Nachw. von Willi Drost. Barmstedt/Holst. 1958.
SCHRADER, L. A. G.: Beherzigungen über die moralischen und politischen Folgen des Ammendienstes in grossen Städten auf die umher liegenden Distrikte. In: Schleswig-Holsteinische Provinzial Berichte. Bd. 1. 1787, S. 457-461.
SCHRAMM, Percy Ernst: Die Hamburgerin im Zeitalter der Empfindsamkeit. In:

Zeitschrift des Vereins f. Hamb. Geschichte. H. 41. 1951, S. 233-268.
SCHRAMM, Percy Ernst: Neun Generationen. Bd. 1. Göttingen 1963.
SCHREIBER, Ilse: Heinrich Christian Boies Briefwechsel mit Luise Meyer. München 1975.
SCHWARZ, Wilhelm: But'n Dammdoor. Hamburg 1928.
SELLE, Götz von: Die Georg-August-Universität zu Göttingen. Göttingen, 1937.
SHORTER, Edward: Der weibliche Körper als Schicksal. München, Zürich 1984.
SIEVEKING, Heinrich: Elise Reimarus (1735-1805) in den geistigen Kämpfen ihrer Zeit. In: Zeitschrift des Vereins f. Hamb. Geschichte. H. 39. 1940, S. 86-138.
SITTARD, Josef: »Geschichte des Musik- und Konzertwesens«. Altona u. Leipzig 1890.
SMIDT, Heinrich: Hamburger Bilder. Bd. 1-3. Hamburg 1836-1837.
STAEL, Madame de: Corinna oder Italien. München 1985.
STAROBINSKY, Jean: Geschichte der Melancholiebehandlung von den Anfängen bis 1900.
STIEDA, Wilhelm: Zur Geschichte der hamburgischen Handlungsakademie von Johann Georg Büsch. In: Zeitschrift des Vereins f. Hamb. Geschichte. H. 15. 1910, S. 1-13.
STIEDA, Wilhelm: Das Hamburger Stipendienwesen für Universitäten. In: Zeitschrift des Vereins f. Hamb. Geschichte. H. 16. 1911, S. 284-292.
STUDT, Bernhard, Olsen, Hans: Unser kleines Hamburg-Buch. Hamburg 1954.
THOMSEN; Helmuth: Hamburger Patrioten. Hamburg 1965.
UNZER, Johann August: Medizinisches Handbuch. Leipzig 1780.
VEIT, Maria: Gebet und Engagement. In: Der evangelische Erzieher, Zeitschrift für Pädagogik und Therapie, 11/1972.
VERG, Erik: Ein Abenteuer das Hamburg heißt. Hamburg 1977.
»VERGEWALTIGUNG in der Ehe«. In: der Spiegel. Nr.27. Jg.41. 29.6.'87, S. 22ff.
VERHANDLUNGEN und Schriften der Gesellschaft über den Vorschlag zur Errichtung eines Säugammen-Comtoirs in Hamburg. In: Verhandlungen u. Schriften der Hamburgischen Gesellschaft zur Beförderung der Künste und nützlichen Gewerbe. Bd. 2. 1791, S. 333-378.
VOIGT, Johann Friedrich: Geschichtliches über die Gärten um Hamburg. Hamburg 1870.
VOIGTS, Johann Heinrich: Cantzley- und Post banco- und Comtoir-Schreibkalender auf das Jahr Christi 1691. Hamburg 1691.
WEHL, Feodor: »Hamburgs Literaturleben im 18. Jahrhundert«. Leipzig 1856.
WESTPHALEN, Nikolaus Adolf: Versuch einer geordneten Zusammenstellung. Kurze Nachweisungen über sämmtliche Hamburgische Staats-Verwaltungs-Behörden. Hamburg 1828.
WIGAND, Justus Heinrich: Über Geburtsstühle und Geburtslager. Hamburg 1806.
WUTHENOW, Ralph- Rainer (Hrsg.): Zwischen Absolutismus und Aufklärung: Rationalismus, Empfindsamkeit, Sturm und Drang. 1740 1786. Reinbek bei Hamburg 1980.
(Deutsche Literatur: Eine Sozialgeschichte. Hrsg. v. Horst Albert Glaser.)

Bildnachweis

Die kleine Alster von H.F. Schneider um 1700. Staatsarchiv Hamburg Pl 126 - 11, 5/ 170.01
Alsterfahrt mit Lustschüten. Aquatinta Blatt von C. Suhr um 1800. Aus: Dirksen, Victor: Ein Jahrhundert Hamburg. 1800 - 1900. Leipzig 1935. S. 68.
Aufgang zum Fährhaus in Blankenese. Radierung von 1790. Aus: Alt Hamburg. Sammlung handkolorierter Hamburgensien aus der Zeit von 1568 bis 1850. Hamburg 1913. Staats - und Universitätsbibliothek Hamburg.
Das Baumhaus. Erbaut von Hans Hamelau i.J. 1662. Aus: Lorenz - Meyer, E.D.L.: Breitfenster und Hecke. Ein Bilderbuch alter Hamburgischer Häuser und Gärten. Hamburg 1906. S.5.
Blick vom Altan des Baumhauses. Nach einer Zeichnung v. Hans Speckter 1881. Staatarchiv Hamburg. Pl 131- 6, 27/ 191
Catharinenstraße Nr. 47. Aquarell von R. Loewendey, 1880. Staatsarchiv Hamburg. P 50776.
Chodowiecki besucht die kranke Frau Gerdes in Danzig. Zeichnung aus des Künstlers Skizzenbuch: Die Reise nach Danzig 1773. Aus: Boehm, Max von: Deutschland im 18. Jahrhundert. Berlin 1922, S. 447.
Diele in einem Althamburger Kaufmannshaus. Zeichnung von Marie Zacharias um 1890. Aus: Dirksen, Victor: Ein Jahrhundert Hamburg 1800 - 1900. Leipzig 1935. S. 312.
Ein Hamburger Dienstmädchen, welches zum Ball gehen will. 1797. Staatsarchiv Hamburg, Pl 288 - 9.
Das Innere der Nikolaikirche von Martin Gensler 1848. Museum für Hamburgische Geschichte.

Der Jungfernstieg von der Alsterseite. Aquatinblatt von Morasch nach Fr. W. Skerl. 1796. Aus: Dirksen, Viktor: Ein Jahrhundert Hamburg 1800 - 1900. Leipzig 1935. S.6.
Grundriß der Katharinen Kirche. Aufgenommen und gezeichnet von Julius Faulwasser. Aus: Faulwasser, Julius: Die St. Katharinen Kirche zu Hamburg. Hamburg 1896. Taf. 14.
Grundriß eines alten Hamburger Kaufmannshauses. Aus: Melhop, Wilhelm: Alt – Hamburger Bauweise. Hamburg 1925. Abb. 236.
»Hüt dich, Lascivia! daß bey so frechem Tantz Dich Herr Phlegmaticus nicht bringe umb den Krantz.« Aus: Ankunft der Göttin Veneris zu Hamburg und bey ihren geliebtesten Nymphen gehaltene Visitation.[Anfang 18. Jhd.]. Staatsarchiv Hamburg, Sammelbd. 72.
Lämmermarkt. Aquarell von C. Suhr 1820. Staatsarchiv Hamburg, P 52152.
Näherin. C. Suhr 19. Jhd. Staatsarchiv Hamburg, Plankammer.
Noten für Menuetstücke. Aus: Haensel, Uwe (Hrsg.): Das Klavierbuch der Christiane Charlotte Amalie Trolle (1702). Neumünster 1974.
Die alte Rabe 1796. Aus: Schwarz, Wilhelm: But,n Dammdor. Hamburg 1928. S. 34.
St. = Katharinen = Kirche. Kupferstich von Peter Schenk um 1700. Aus: Schellenberg, Carl: Das alte Hamburg. Leipzig 1936. Bild 84.
Vor dem Steintor. Grisaille von Jens Juel 1764. Staatsarchiv Hamburg. P 51968.
Hamburger Taufzettel vom 23.4.1770. Staatsarchiv Hamburg, Plankammer.
»Waisengrün - Procession um 1800«. Kol.

Lithographie von C. Suhr. Staatsarchiv Hamburg, P 2274.
Weihnachtswünsche aus Hamburg 1772. Staatsarchiv Hamburg, Plankammer.
Prediger. Aus: Buek, F.G.: Album hamburgischer Kostüme. Hamburg 1843-47.
Schwangere Frau auf einem Bett sitzend von Nikolai Abraham Abeldgaard um 1800. Staters Museum for Kunst. Königl. Kupferstichsammlung Kopenhagen.
Föten. Aus: Justinen, Sigmundin: Die königliche preußische und Chur - Brandenburgische Hof – Wehe – Mutter. Hebammenlehrbuch. Berlin 1756.
Klapperstorch. Aus: Beweis sowohl aus Heiliger Schrift als denen Rechten, daß Verlobter Beysammenschlaffung vor Priesterlicher Copulation keine so grosse Sünde und Schande, als die mehresten Herren Orthodoxen und Prediger solche aus zugeben und daraus zumachen pflegen, zu halten und zu achten. Dahero auch solcher päbstische Sauerteig der so genandten Kirchen = Busse bey denen Evangelischen billig abzuschaffen seye. Anfangs in Lateinischer, numehro aber auch in Teutscher Sprache ausgefertiget von einem aufrichtigen Thomasianer. o.J. [ca. Anfang 18. Jhd.]. Staatsarchiv Hamburg. Sammelbd. 72.
Geburtsstuhl. Aus: Krünitz, Johann, G.: Oekonomische Encyklopädie oder allgemeines System der Staats-, Stadt-, Haus und Landwirtschaft. Bd.4. Berlin 1783.
Frisuren und Hüte. Coeffages Berlinois. Daniel Chodowieckis Modekupfer um 1775. Museum für Hamburgische Geschichte.
Julius Gustav Alberti. Aus: Landau, Fabian: Denksteine aus der Geschichte von Hamburg und Altona. Hamburg 1907.
J.M. Goeze. Aus : Landau, Fabian: Denksteine aus der Geschichte von Hamburg und Altona. Hamburg 1907.

Spazierkleidung. Franz. Kupferstich um 1775. Museum für Hamburgische Geschichte. Inventar Nr. 1913/1062.
Dienstmädchenkleidung. Daniel Chodowieckis Modekupfer 1780. Museum für Hamburgische Geschichte. Inventar Nr. 1912/1199.
Die Musikstunde. Öl auf Leinwand von Emmanuel Handmann 1769. Öffentliche Kunstsammlung Basel. Aus: Besseler, Heinrich, Bachmann u.a. (Hg.): Musikgeschichte in Bildern. Leipzig 1971, S.70.
Börsenhalle. Aquarell von F. Chr. Heuer. Museum für Hamburgische Geschichte.
Porträt: Johann Nicolaus Milow. Staatsarchiv Hamburg, Familienarchiv Milow,1.
Porträt: Margarethe E. Hudtwalcker. Staatsarchiv Hamburg, Familienarchiv Milow, 1.
Das Heilige Geist Hospital. Museum für Hamburgische Geschichte.
Abris des Feld = Brunnen in Altenau wie von diesen das Wasser durch die Haus - Leidung unter der Erden nach der Stadt und durch Ableitung nach einen jeden denen H.H. Interessenten Brunnen geleitet. Von H. Hasenbanck 1742. Staatsarchiv Hamburg.
Pl 131- 14, 1/ 35
»Still!« von J.B. Greuze um 1759 London. Aus: Eva und die Zukunft. Ausstellungskatalog Hamburger Kunsthalle. Hamburg 1986, S. 41.
Gergica curiosa aucta von Wolff Helmhard von Hohberg Nürnberg 1687. Aus: Möbius, Helga : Die Frau im Barock. Stuttgart 1982, Abb. 83.
Näherin von Geertruydt Roghmann. Aus: Möbius, Helga: Die Frau im Barock. Stuttgart 1982, Abb. 50.
Daniel Chodowieckis Reise Berlin nach Danzig. Begrüßung der Mutter. Federzeichnung. Berlin, Staatl. Museen, Kupferstickkabinett. Aus: Möbius, Helga: Die

Frau im Barock. Stuttgart 1982. Abb. 85.
Die gute Erziehung von Jacques Philipp le Bas nach Jean -Baptiste Siméon Chardin um 1749 (gemalt) gestochen nach 1753. Kupferstich Dresden, Staatl. Kunstsammlungen, Kupferstichkabinett. Aus : Möbius, Helga: Die Frau im Barock. Stuttgart 1982. Abb.77.

Brustoperationen. Aus: Sculteti, D. Joannis: Wund = Artzneyisches Zeug= Hauß in zween Theil abgetheilt: Welches auß dem Lateinischen/ von deß Authoris Brudern Sohn/ Herrn Johann Schultes/ der Philos. und Artzney Doctore, auch bey wol= löbl. deß Heil. Röm. Reichs Statt ULM/ gewesenen Physico ordinario, reformirtem/ verbessert = und an vilen Orten vermehrtem/ auch mit 56, neuen/ sehr nutzlichen Kupfferstücken geziertem Exemplar in die Teutsche Sprache übersetzet hat/ Ihr Hoch = Fürstl. Durchl. zu Würtemberg/ Statt und Herrschafft Haydenheim bestellter Physicus D. Amadeus Megerkin. Mit drey vollkommenen Registern aller denckwürdigen Sachen. Frankfurt 1666.

Die Texte schrieben:

Rita Bake, Dipl. Bibliothekarin, Dr. phil., geb. 1952 in Bremerhaven. 1972 – 1975 Studium an der Fachhochschule Hamburg Fachbereich Bibliothekswesen. 1975 – 1983 Studium der Sozial- und Wirtschaftsgeschichte, der deutschen Altertums- und Volkskunde, der Vor- und Frühgeschichte. Mitarbeit an Ausstellungen, Vorträge und Veröffentlichungen auf dem Gebiet der Frauengeschichte. Lehrbeauftragte an der Fachhochschule Hamburg Fachbereich Bibliothek und Information und am Historischen Seminar der Universität Hamburg. Referentin in der Landeszentrale für politische Bildung, Hamburg.

Birgit Bentrup, geb. 1961 in Neukirchen-Klupe. 1981 – 1988 Studium der Germanistik und evangelischen Theologie in Aachen und Tübingen, 1989 – 1991 Referendariat für das höhere Lehramt in Hamburg. Arbeit in der Jugend- und Erwachsenenbildung, Verlagstätigkeit, seit 1993 Studienassessorin in Hamburg.

Gisela Jaacks, Dr. phil., geb. 1944 in Güstrow/ Mecklenburg. 1964 – 1966 Buchhändlerlehre in Lübeck, Verlagspraktikum in Stuttgart. 1966 – 1970 Studium der deutschen Altertums- und Volkskunde, der Geschichte, Germanistik, Musik, Theater- und Kunstgeschichte in Hamburg und Kiel. Seit 1970 am Museum für Hamburgische Geschichte tätig, seit 1971 dort als wissenschaftliche Abteilungsleiterin für die Bereich Kostümgeschichte, Musik- und Theatergeschichte, Spielzeug, Kirchengeschichte, Brauchtum und Graphik. Zahlreiche Ausstellungen und Veröffentlichungen auf diesen Gebieten.

Birgit Kiupel, M.A. geb.1960 in Hongkong. 1980 – 1982 journalistisches Volontariat in München. 1987 – 1991 Studium der Geschichte, Literaturwissenschaft und Philosophie in Hamburg. Freie Autorin beim NDR. Zahlreiche Schulfunksendungen zum Thema: Frau und Musiktheater und Frauen in der heutigen Gesellschaft. Vorträge und Veröffentlichungen zu verschiedenen Frauenthemen: z.b. Hildegard von Bingen. Zweites Standbein: Karikaturen. Buchillustrationen und eigene Ausstellungen.

Heidi Reiling, M.A. geb. 1957 in Dortmund. Krankenschwester und Studium der Sozial - und Wirtschaftsgeschichte in Hamburg.

Heinz Rodegra, Priv. Doz. Dr. med., geb. 1930 in Wien. Studium der Rechts-, Wirtschafts- und Sozialwissenschaften in München und Köln. 1959 med. Staatsexamen und Promotion. 1961 Approbation als Arzt. 1961 –1965 wissenschaftlicher Assistent an der Hals-Nasen- und Ohrenklinik der Universität Hamburg. Ab 1966 Facharztpraxis in Hamburg-Altona. Ab 1970 med.-hist. sozialmed. Forschungen. 1975 – 1983 Hospitant am Institut für Geschichte d. Medizin an der Universität Hamburg. 1978 Habilitation für Geschichte der Medizin. 1977 erster Preis für eine Arbeit zur Strukturverbesserung der med. Betreuung. 1980 Preisträger der Doktor Martin Stiftung in Hamburg. 1983 Umhabil. an die med. Fak. d. RWTH Aachen.

Michael Stoffregen, geb. 1955 in Hamburg. 1976 – 1977 Studium der politischen Wissenschaften in Hamburg. 1977 – 1980 Studium an der Fachhochschule für öffentliche Verwaltung, Fachbereich Allgemeine Verwaltung, in Hamburg. Seit 1980 Referent im Staatsarchiv Hamburg.

Inhalt

Vorwort: Seite 4

Mein Leben, erster Theil:
Seite 11

Mein Leben, dritter Theil:
Seite 177

Sach- und Gefühlslexikon:
Seite 327

Zeittafel
Seite 465

Anhang:
Seite 469

Alle Rechte an Texten, Abbildungen
und deren Zusammenstellung sind vorbehalten.
Jede Verwertung ist ohne schriftliche Zustimmung
des Verlags unzulässig.
Dies gilt insbesondere bei Vervielfältigungen,
Übersetzungen, Mikroverfilmung und die Verarbeitung
und Verbreitung mit elektronischen Systemen.
Copyright © 1993 Dölling und Galitz Verlag GmbH
Ehrenbergstr. 62, 22767 Hamburg, Tel.: 040/389 35 15
Gestaltung: Wilfried Gandras
Gesetzt aus der New-Baskerville im Verlag
Satzbelichtung: Ulla Penselin
Druck und Bindung: Ebner Ulm
Printed in Germany
ISBN 3-926174-62-5